DAS PRINZIP HOFFNUNG

ERNST BLOCH

上海译文出版社

上海出版资金项目
Shanghai Publishing Funds

希望的原理

（第一卷）

[德]恩斯特·布洛赫 著
梦海 译

中译本序

一个更美好生活的梦

——恩斯特·布洛赫《希望的原理》

梦　海

“我在。但是我并不拥有我自己,因此,我们才处于形成过程之中。”

——E·布洛赫:《蒂宾根哲学导论》

《圣经·新约》曰:“如今常存的有信、有望、有爱:这三样,其中最大的是爱。”①爱是无可比的,信望皆不如爱。哲学家L·费尔巴哈也曾讴歌爱的不朽意义和陶冶作用。在他说来,爱是一种崇高的宗教感情:“爱就是上帝本身,爱使人成为上帝。”爱是上帝与人、精神与自然的真正统一。不仅哲学家,文学家也常常赞美爱的力量和不朽。例如,列夫·托尔斯泰就曾说道:“人靠什么生活,不是面包,不是牛奶,而是爱。”但是,也有人宁愿以“信”为本,常常把信仰、信念、信心等看作人生座右铭。例如,20世纪英国哲学家罗素就把“信”当作生活的原动力:“勿怯弱沮丧,须坚毅刚勇,弗论奔向何处,上帝与汝同在。”

与此相对照,20世纪德国哲学家恩斯特·布洛赫(Ernst Bloch,1885—1977)则以“望”为本,把希望视为“更美好生活的梦”,揭示了希望的人类学–存在论内涵，奠定了希望的形而上学，从而获得了20世纪“希望哲学家”的雅号。

一、“希望”概念的由来

1. 希腊语、拉丁语中的“希望”

“希望”（Hoffnung）一词标志着某种期待情绪。在希腊语 Ελπίδα 中，在拉丁语 spes 中，希望意味着某种愿望的实现。从心理学上看，希望是指指向未来的某种强烈的“情绪”（Emotion）；从历史哲学上看，希望是指历史过程的某种终极目标；从神学上看，希望是指与人生态度息息相关的某种神学德性。由此可见，希望概念涉及各个领域，内涵不尽相同。

但是，归结起来有一点是共同的，那就是：希望不是与现实的既成事实相联系，而是与未知的未来事实相联系。在消极的意义上，希望通常被认为是一种盲目的期望，意味着把人的期待意识一厢情愿地加以主观化、理想化，以致诱人理论脱离实际，好高骛远、盲目乐观。然而，在积极的意义上，希望却是乌托邦的基本原理，作为想象的形而上学，希望照明未来视域、纵览全体，构成各种未来思想的理论基础。特别是，在存在论上，由于希望关乎某种形而上学的绝对者，并赋予人们以这一体验的根据，希望便能够作为乌托邦动因激励人们立足当下，回首流逝的过去，展望即将到来的未来。

2. 作为哲学边缘概念的希望

然而，希望是依附于存在的，有了存在就有了希望。作为乌托邦动因的希望理念并非人类一朝一夕的奇思妙想，而是贯穿全部西方思想史的哲学主题之一。众所周知，古希腊哲学家柏拉图著有《理想国》，近代F·培根

---

① 参见《圣经·新约·哥林多前书》，13章。

著有《大西岛》,T·莫尔著有《乌托邦》,T·康帕内拉著有《太阳城》等;现代哲学家也对"希望"大书特书,乐此不疲,其中,代表作G·马塞尔的《旅人》[①]、J·皮珀尔的《希望论》[②]、H·金默尔勒的《希望的未来意义》[③]、A·埃德迈尔的《希望的视域》[④]等等。然而,在众多"希望"之书中,布洛赫的《希望的原理》可谓卓而不群,一枝独秀,无论在理论体系上,还是在内容上,都包容并超出了所有现代的希望哲学。因此,一旦人们谈论希望,就免不了谈论《希望的原理》,一旦谈论希望哲学家,就免不了谈论布洛赫。

但是,在正式介入布洛赫的"哲学与希望"问题之前,有必要对希望概念再作些预备性的背景考察。从形式意义和内容意义上看,一方面,希望(spes)是"作为纯粹作用的希望"(spes qua);另一方面,希望是"作为被期待目标的希望"(spes quae),前者意味着指向未来现实的热情,相当于非个人的,亦即一代人乃至整个人类的先验情绪,而这种情绪具有不安宁因素,它不顾计划、诊断、评价等客观尺度,始终趋向绝对而不确定的目标;后者则指单个人对未来的无穷无尽的盼望,这种盼望仅仅与未来视域中的可能性相联系,而与现实的既成事物完全无涉。宗教、哲学或艺术皆渊源于这一未来与当下之间的张力。

从上述希望概念出发,哲学进一步追问如下三个问题:希望是不是关于存在、自然和历史的存在论-形而上学范畴?第二,如果希望不是基于现实的学问,那么如何区别布洛赫哲学意义上的"已知的希望"(docta spes)与妄想、幻觉和错误?第三,如果希望是对既定现实的超越,那么希望是否意味着盲目热情、非理性或反理性?这三个问题均可从基督教和马克思主义角度作出具体的解答,而这种解答均关乎希望概念,因为希望概念原本就是哲学的边缘概念,本身含有诸如"末世论"、"拯救"、"革命"、"乌托邦"一类的因素。

---

① G·马塞尔:《旅人》,巴黎,1945年。

② J·皮珀尔:《希望论》,奥尔滕,1935年。

③ H·金默尔勒:《希望的未来意义》,波恩,1974年。

④ A·埃德迈尔:《希望的视域》,雷根斯堡,1968年。

3. 基督教中的希望概念

在《圣经》里,“希望”意味着对未来的一种乐观期待。在《圣经·旧约》里,上帝与希望是同义词。希腊哲学家们在“准备乃至关怀”意义上使用“希望”(Eλπίδα)一词,而以色列人则在耶和华神的“诚实乃至忠义”意义上使用希望一词。以色列民族的尘世事业就是服从神,听从神的旨意,走向一个牛奶和蜂蜜如同泉水涌流的国度。在此,希望意味着许诺,即可以静静入睡的“希望之乡”。但是,在广义上,希望被表述为信仰、忍耐、期待,亦即“信、望、爱”。尤其是,信仰(Glaube)与愿望一脉相承、难解难分,因为按照《圣经》信仰,愿望(希望)的必要条件始终是对耶稣基督的信仰体验。显然,这种希望仅限于基督徒,故不具有普适性。如果有人不信耶稣基督,例如,异教徒就没有希望,就没有得救。因此,基督教的希望仅仅存在于耶稣基督的复活中,存在于创世主的永生之中。在此,希望与理性是截然对立的。

总之,《圣经》里的希望存在于在场的神与不在场的神之间的紧张对峙之中,存在于确信不疑的信仰与尚未实现的希望之间的紧张对峙之中。由于此,在《圣经》里,希望总是变幻不定,不仅回归内在要素被特殊化,甚至还被修正或取代,其结果,作为基督教的德性,希望丧失其本真的意义,历史神学也难免陷于无根基的危机之中。在此,高举基督教批判旗帜的当推费尔巴哈、马克思、尼采、弗洛伊德等,而在现代社会背景下,基督教神学推陈出新,衍生出了J·莫尔特曼等人的“希望神学”、“未来神学”、“政治神学”、“解放神学”等五花八门的新的神学。

4. 马克思主义的希望概念

现代哲学,特别是从G·卢卡奇到法兰克福学派的新马克思主义哲学从宗教批判出发,反对基督教末世论的希望概念,拒斥幻想的、超越的希望原则,要求把希望问题从彼岸世界拉回到现实世界,使其获得一种现实的认知价值。

对马克思主义哲学来说,从来就没有什么救世主,通向幸福的钥匙掌握在人手里。人只有通过劳动,在改造自然和社会的过程中不断由必然王国向自由王国飞跃,才能发现希望的本真意义和价值。归根结底,希望不是植根于某种盲目的来世信念,而是植根于现实的理论与实践的统一。换言之,从社会现实的可能性观点出发,乌托邦(希望一般)恰恰通过理论联系实际,使那种内在于当下又超出当下的希望转变为现实自身的实体。

按照新马克思主义的观点,希望与体系本质上是互不相容的范畴,因为希望是激昂的、沸腾的不安定因素,而体系则是审视的、宁静的、稳固的原理和同一性。有鉴于此,M·霍克海默在探讨理性实现与哲学功能之间的关系时,就竭力排除了"希望"范畴。在分析晚期资本主义结构时,T·W·阿多诺也没有接受这类希望范畴。同样,H·马尔库塞在揭示当代单向度社会的虚假幸福时,也把希望范畴搁置一旁。J·哈贝马斯也不例外,他对"希望"范畴同样兴趣索然,而仅仅致力于揭露与实践无关的玄想和思辨,进而把"理论与实践统一"看作自身哲学的惟一目标。

但是,布洛赫与众不同,别出心裁,把希望视为人类展望未来,纵览全体的原理和范畴。在他说来,人类是不能没有希望的,没有希望就没有梦,没有梦就没有努力,就没有成功,就归于灭亡。按照他的希望哲学观点,马克思主义恰恰表达了一种"已知的希望"(docta spes, begriffene Hoffnung),即辩证-唯物主义地理解了的希望,因为马克思主义让世界的未来前景掌握人类,并动员人类积极投身社会变革和政治变革去造就世界的未来前景,因此只有马克思主义的社会主义原则才能提供世俗的更美好生活的梦想和要求。在此意义上,马克思主义就是一种"希望哲学"①,而希望哲学代表着一种"想象的良知和想象的希望的形而上学"。

① E·布洛赫:《希望的原理》,法兰克福/美因河畔,1959年,第5页。

于是,布洛赫独辟蹊径,直抵深层,从新马克思主义社会哲学角度重构希望因素,奠定了“希望的原理”这一世界形态的新的形而上学。在哲学的贫乏时代,正是通过希望哲学,布洛赫全面扩充了世界内容,详细说明了世界内容的象征形象和模型形态,从而使形而上学重新成为真理与现实。①

二、希望哲学的历史背景和特征

1. 精神世界的奥德赛

那么,布洛赫希望哲学所产生的历史背景又是怎样呢?20 世纪 20 年代,德国哲学舞台风起云涌、潮来潮落,实证主义、黑格尔主义、新康德主义等传统哲学思潮开始退潮,代之而起的是生命哲学、存在哲学、新马克思主义文化批判等新思潮。与此相呼应,这个时期哲学的主题已不是传统哲学的形而上学问题,例如哲学的本质是什么,绝对真理是什么,神的存在是什么,而是源自现实社会的人生问题,例如生命的渴求是什么,人生的意义和价值是什么,怎样建立一种理想社会?

正是在这种时代精神背景下,20 世纪之初,德国出现了三位富于事业心(Engagement)的思想家:E・布洛赫、G・卢卡奇、W・本雅明。三人身世相似,后来都有留亡国外的经历,而且情投意合,共同致力于新马克思主义的文化批判,通过对现代人和现代工业社会的深层文化异化进行了深刻剖析,梦想建立一种人道的理想社会。这个时期,布洛赫的代表作《乌托邦的精神》(1918/1923)既是一部表现主义著作,也是一部存在主义著作,从中折射出布洛赫本人的多幅形象:作家、马克思主义者、启示宗教家、和平主义者、音乐爱好者、人权拥护者等。

从哲学渊源上看,布洛赫全部哲学思维的基础是德国唯心论哲学,康德、费希特、谢林,特别是黑格尔和马克思,对他的思想形成起了决定

---

① 参见 S・马库恩:《恩斯特・布洛赫》,赖因贝克,1977 年,第 122 页。

性作用。此外,柏拉图的厄洛斯(Eros)概念、亚里士多德的物质概念、莱布尼茨的倾向概念、康德的实践理性概念、黑格尔的辩证法概念构成了他的哲学思想的核心内容。另外,在文学方面,受到B·布莱希特、W·本雅明、A·德布林(Döblin)、F·海贝尔(Hebbel)、H·曼等人的强烈熏陶。在政治领域,跟马克思以及傅立叶、圣西门、欧文等社会主义者关系密切。再者,在音乐领域,十分推崇J·勃拉姆斯,在宗教领域,高度重视中世纪异端者托马斯·闵采尔。①

概言之,在布洛赫的哲学中,基督教的弥赛亚主义要素、辩证法哲学要素、人类理想社会的梦以及幻想式自由文笔等要素不可分割地交织在一起。

纵观布洛赫的哲学创作,旅行具有特殊意义。如果说康德故土难离,一生未曾离开过柯尼斯堡,那么布洛赫则一生居无定所,四海为家。对于他来说,旅行不仅是地理体验,也是通向世界之路的精神的奥德修斯。1905年他于路德维希港中学毕业,之后就开始了漫长的"世界旅行"。他先后求学于慕尼黑、维尔茨堡、柏林、海德堡等地。随后,他历经漂泊,奔波于苏黎世、维也纳、巴黎、布拉格、纽约、坎布里奇等地。

1948年他终于结束了长达10年的美国流亡生活,回到前德意志民主共和国莱比锡大学任教。但是,东德的现状令他越来越感到失望,他发现,东德的社会主义并不是他心目中的社会主义。② 1961年他移居西德蒂宾根,在这座历史悠久的大学,在这所荷尔德林、谢林和黑格尔的故地找到了最后的归宿。然而,这里同样不是他的理想之乡。他自始至终都是一个坚定不移的理想主义者,这注定了他孤独一生,到处漂泊,寻求他梦中的新故乡。

毋庸讳言,布洛赫是一个彻头彻尾的持异论者。他是两德分裂前的持异论者,美国和前苏联的持异论者,东德的持异论者,西德的持异论

---

① E·布洛赫:《作为革命神学家的托马斯·闵采尔》,法兰克福/美因河畔,1969年。

② 恩斯特·布洛赫在东德的遭遇,参见A·闵斯特:《恩斯特·布洛赫:一部政治传记》,柏林/维也纳,2004年,第275—301页。

者，传统社会主义社会的持异论者，资本主义社会的持异论者。也许，他死之后又成了天国的持异论者。但是，应当承认，他永远是一个人道主义者。作为一个持异论者，他之所以为当代精神世界所引人注目，并非因为他带给人们以非和平的不安宁、不和谐，而是因为他给人们指出了第三条向度，即指向未来的希望哲学。

因此，我们必须明确如下事实：第一，他是马克思主义者，但他不是庸俗的马克思主义者，而是创造性的马克思主义者；第二，他是无神论者，但他不是朴素无神论者，而是末世论启示宗教的无神论者，亦即拒斥上帝王国的犹太人；第三，他是当代哲学家，但他又是设计具体未来的现代的未来启示哲学家。

2. 哲学语言的创造

对于哲学家来说，风格是一种武器，而风格首先表现在哲学家自身的独特语言中。在20世纪德国哲学家中，就锤炼一套创造性的哲学语言而言，独领风骚的人除了M·海德格尔，也许当推布洛赫了。

众所周知，海德格尔在《存在与时间》(1927)中展开了基础存在论的此在分析，创造了适于人的此在问题的一套主观思维语言，例如，“Zeitlichkeit zeitigt”，“Die Sprache spricht”等。反之，布洛赫则通过音乐，通过反自然主义-印象主义的表现主义文学，创造了一套适合于未来人的形而上学语言。所谓“表现主义”(Expressionismus)运动系20世纪初欧洲，特别是德国(1910—1924)流行的一种新文化运动，它渊源于19世纪末20世纪初凡·高(Vincent Willem van Gogh，1853—1890)、高更(Paul Gauguin，1848—1903)、蒙克(Edvard Munch，1863—1944)、恩索尔(James Ensor，1860—1949)等人的艺术概念。①

① 恩斯特·布洛赫与德国表现主义运动的关系，参见梦海：“对新人、新世界的呼唤”，载于《文艺研究》，2006年，第2期。

表现主义作家用“激情”创作，表现主义作品反映了早期资本主义工业社会的各种社会矛盾和异化现象，以感性语言直观地再现了在传统与权威之间挣扎、搏斗、呐喊的现代人的心灵世界。这个文学思潮的特点是，一方面，摆脱缺乏人性美的语言逻辑，强调更强烈、更自然地构思人的内心深处的语言表现，为此使用一种更富于人格表现力的具体词汇（如父亲、妻子、儿子、女儿等）；另一方面，这个文学运动还走出象牙之塔，试图改造世界，建设一个理想社会，由此发展成一场声势浩大的政治运动或社会主义运动。表现主义运动与同时代流行的其他现代主义思潮相比，具有强烈的社会批判精神。表现主义运动将批判矛头直接指向战争、强权和剥削以及现存社会制度对个性的压抑，故有“新狂飚突进”之称。第一次世界大战后，这个运动的许多代表人物纷纷转变为共产主义者。

布洛赫的哲学语言恰恰植根于这一表现主义文学语言之中，但其中还掺杂着辩证法语言、无神论语言、唯物论语言和弥赛亚理想主义语言等。事实上，这种动态的、未完结的多维语言与他的哲学的基本特征（反体系性、实验性、开放性、未来性、创造性等）是完全吻合的。因此，在他的语言表达中，到处回响着暴风雨般的怒吼声、诗一般的抑扬顿挫、半笑话和欢呼声；到处充满着对人的未来的暗示的、启示的、格言的、隐喻的象征表达；到处充溢着对未来宗教的可传达的、可讨论的、现象学的独特表达。

但是，较之海德格尔的哥特式的晦涩语言，布洛赫的语言却生动得多，振奋得多。不过，两者语言的根本差异在于，海德格尔仅仅以思辨语言表达了人的此在自身，而布洛赫则以象征语言表达了未来人的存在，并在辩证启示关系中表达了社会存在。因此，布洛赫的语言乃是社会人的内在灵魂的表现，带有强烈的弥赛亚启蒙主义要素和革命要素。语言是思维的直接现实，在此意义上，他的哲学语言属于一个更美好的未来人类社会这一本质思维，因而是对现存资本主义和前苏联-东欧各国社会主义社会固有矛盾的控告语言，是关于新家乡、新社会的自律语言。

布洛赫哲学的艰涩难懂恰恰在于其语言的自律性和复杂性：即用短小精悍的文体动中求静，静中求动，表现人类心灵深处支离破碎的绝望与悲哀，以此指明尚未到来的、美好的人类新家乡。

如果说海德格尔通过批判新康德主义而确立了自身的“基础存在论”，那么布洛赫则通过接受马克思主义而在自身的未来希望哲学中超越了马克思主义。布洛赫全盘接受了黑格尔哲学和马克思哲学，但他始终处于两者之间的紧张对峙之中。黑格尔哲学是一种唯心的、思辨的、封闭的、完美主义的理想哲学，马克思哲学则是实践的、物质的、实验的、发展的哲学；黑格尔追求人类社会中某种抽象而绝对的东西，马克思则追求人类社会中某种具体而现实的东西；黑格尔借助于思辨探求业已完成的、绝对的事物，马克思则借助于劳动探求社会经济关系中未完成的事物和生成过程中的现实问题。简言之，黑格尔哲学是一种指向过去或现在的哲学，马克思哲学是一种指向未来的哲学。在某种意义上，布洛赫哲学既是黑格尔哲学与马克思哲学的综合，更是两者的超越。

布洛赫既接受了黑格尔的动态辩证法概念，又接受了马克思的未来哲学概念，同时把犹太教的神秘主义要素、音乐哲学要素融入人的理想图像中，从而奠定了一种自然的人类哲学和人类的自然哲学，亦即“自然的人化和人的自然化”的哲学。

在谈到布洛赫哲学对当代精神世界的影响时，I·费切尔写道：“这属于布洛赫效应史的悖论，他今天对神学的影响比对马克思主义的影响更广泛，更持久。”[①]这话不错。当代一大批神学家，如J·莫尔特曼[②]、W·D·马尔施（Marsch）、W·潘伦贝格、P·许茨（Schütz）等人都曾强有力地介入布洛赫哲学，同布洛赫进行了广泛而深入的对话。这一现象绝非偶然，究其原因，在布洛赫本人那里，弥赛亚思想、基督教默示思想

① 参见I·费切尔：“伟大的独往独来者”，载于M·瓦尔泽等著：《关于恩斯特·布洛赫》，法兰克福/美因河畔，1968年，第107页以下。

② 参见J·莫尔特曼：《希望神学》，慕尼黑，1964年。

与黑格尔、马克思思想是辩证地固结在一起的。不仅如此，布洛赫又是基督教的持异论者、无神论的持异论者，主张一种基督教之内的无神论，强调惟有在基督教的持异论者中，才能够发现基督教的真谛。

布洛赫的末世论的宗教哲学表明一种矛盾真理，即否定性的创造性。人并非终结于人，神并非终结于神，矛盾不是终结于矛盾，否定也不是终结于否定。相反，否定意味着真理。人和世界并非一成不变的存在，而是持续发展的可能存在，即趋势-潜势之中的实验性的存在。因此，人不能固步自封，安于现状；人不能丧失自我，丧失本真存在，否则，人不啻行尸走肉。

作为一种指向未来的哲学，布洛赫的希望哲学对神学的意义在于，它以辩证否定方法描绘了人的未来，揭示了建设一种尚未形成的本真宗教和社会的可能性。“神”不在天上，不在彼岸，而在政治变革和社会变革之中，所谓“神的启示”是通过人类解放和实现社会主义的理想而实现的。在此，希望哲学预告了真正的社会主义，承诺了一个没有阶级、没有剥削的人类社会和新生活的理想之乡。这个新的理想之乡，不是五彩缤纷的肥皂泡，不是空中楼阁和画饼充饥，而是意味着永恒理想的具体实践。

但是，在布洛赫看来，迄今为止，马克思意义上的真正的社会主义压根就没有开始，甚至人类历史还处于某种前历史阶段。至于前苏联-东欧的社会主义，不过是对本真的民主社会主义的肆意曲解和否定，与马克思意义上的社会主义毫不相干，故充其量是一种腐败堕落的社会主义。这样，在布洛赫那里，对人的本质的追问就合乎逻辑地转变为对乌托邦问题的追问。

三、《希望的原理》

1. 尚未的存在

《希望的原理》撰写于作者美国流亡时期（1938—1947），本书第1卷、第2卷于1954年由东德建设出版社出版，1959年西德美因河畔法兰克福祖尔坎普出版社完整出版了3卷本《希望的原理》。

“我们是谁？我们来自何处，我们走向何方？我们期待什么，什么东西在迎接我们？”布洛赫对这些问题的回答就是《希望的原理》。

布洛赫的希望哲学最初萌发于《乌托邦的精神》(1915—1917)①一书，从形式上看，正如M·普鲁斯特的《追忆逝水年华》(1913)一样，这部著作也是20世纪初的一部表现主义代表作，但从内容上看，这部著作却从存在哲学和历史哲学角度探讨了辽阔而陌生的世界，内容的范例如音乐问题、自我相遇问题、社会问题和元社会问题(死亡与启示录)等。

此书第一段开宗明义，提出了自我存在和我们存在的问题：“现在，这就够了。现在我们必须从头做起。生命就在我们手中。生命本身早就空空如也。这种生命毫无意义，不过是行尸走肉……因此，我们需要形成共同体，借助于此，我们才能找到实践的正当性，找到生命的正当性，团结一致，拥有时间。我们专注于此，割断虚幻之路，寻求并呼唤尚未存在的东西，把房屋建在蓝天里，建在我们自身的心坎里，在纯粹事实消逝的地方，我们探求真理。”②简言之，“新生活开始了。”

尽管这部著作的主题并不是纯粹的哲学反思，但重要的是，它用预言者的一种语言明确无误地传达了弥赛亚的信息。在此，旗帜鲜明地批判了希腊的尺度和埃及的几何学，前者系小生命(Kleines Leben)，后者系死亡的结晶。在此，马克思和《约翰启示录》构成一幅壮丽的社会主义图像和弥赛亚主义图像，从而普遍的人的自我相遇与“末世论”的全体趋于一致，基督教、犹太教和社会主义浑然天成、融为一体。特别是，在此所谓“旧罐子”并非空洞无物，而是蕴含形而上学的内容。世界历史是一个整体，对此必须从可能的终结上加以理解，而每一个个体恰恰在这个整体中揭示可能的终结。布洛赫的《希望的原理》最充分地表现了这一主题。

---

① E·布洛赫：《乌托邦的精神》(1918—1923)，法兰克福/美因河畔，1964年。

② E·布洛赫：《乌托邦的精神》(1923)，法兰克福/美因河畔，1964年，第11—13页。

但是,在布洛赫那里,历史植根于人和自然,而人和自然是一切历史的基础。因此,首先我们需要了解一下《唯物主义问题》(1936—1937)[①]一书中他的存在论的唯物论。一方面,这部著作阐明了自前苏格拉底到现代哲学(前苏格拉底哲学——苏格拉底、柏拉图、亚里士多德哲学——经院哲学——启蒙主义哲学——德国唯心论哲学——现代哲学和现象学)的全部物质概念的历史及其意义;另一方面,这部著作阐明了古往今来物质自身的普遍概念究竟意味着什么。换言之,这部著作不是探讨唯物主义本身的历史,而是探讨从古希腊哲学到恩格斯的《自然辩证法》乃至现代物理学的关于物质界说的思辨讨论。

另一方面,此书展开了存在与意识、先验性问题以及上层建筑与下层建筑的关系问题,提出了崭新的"物质地平线"(Horizont der Materie)概念。物质乃是基质、母腹(Schoss),作为"可能性中的存在",物质总是像地平线一样远远地拥抱着我们。物质是开放的、向前发展的存在,作为尚未完成的"隐德莱希"(Entelechie),物质停留在两个世界序列中:人类历史与宇宙自然。因此,物质不是固结于经验的、素朴的静态唯物论状态之中,而是在思辨的、过程的、动态的唯物论中向前形成其映像。[②]于是,布洛赫终于在"尚未的存在"(Noch-Nicht-Sein)这一趋势中找到了物质的最终目标及其可能成就。

早在少年时代的著作《关于力及其本质》中,布洛赫就已经把物质称作无穷无尽的"母腹",从中孕育和形成了一切形态,显现了一切现实。在此,他接受了亚里士多德的物质概念,把物质标识为一种"动态存在"(Das Dynamei on),这一物质母胎是包罗万象、无穷无尽的质的自然,而这种自然恰恰是一切可能历史的基础,正是在自然这一基础上才能够形成有意识的人类劳动。因此,人不是远离自然的无意识存在,而是自然自身的一部分。由此可见,布洛赫既是黑格尔主义者,又是亚里士多德

① E·布洛赫:《唯物主义问题,它的历史与实质》,法兰克福/美因河畔,1972 年。
② 参见梦海:"乌托邦-物质之弓",载于《哲学研究》,2006 年,第 2 期。

的推崇者，更是谢林同一哲学和恩格斯自然哲学的追随者。按照恩格斯的自然哲学观点，人作为可能目的，即作为类，是自然辩证法的产物，人被赋予了今后有待完成的使命，而在自然中又正好具备了借以完成这一使命的机遇。

因此，布洛赫全盘接受了恩格斯唯物论的基本命题："用世界本身来说明世界"，但他同时把这个世界理解为"历史地运动的世界"，亦即"不断向高水平的组织提升的世界"。因为物质运动的形式是多种多样的，呈现出"一种连续的非连续性，一种辩证的非连续的连续性：从机械的、化学的、有机的运动上升到经济-历史运动"。迄今劳动者是物质运动的最高形式，这是量变到质变这一辩证发展法则的范例。① 所以，布洛赫把马克思主义理解为一种总体唯物论，并在此基础上，确立了自己的新哲学体系。在他那里，这个哲学体系便是《希望的原理》——"更美好生活的梦"。《希望的原理》撰写于美国流亡期间（1938—1947）。在美国，布洛赫曾打算以"一个更美好生活的梦"为题发表此书，但在这片"乌托邦坟茔"的国度上，他终究未能如愿以偿。此书第一、二卷首先由东德建设出版社出版，1959 年西德法兰克福/美因河畔祖尔坎普出版社重新出版了全书，同年东德建设出版社出版了第三卷。布洛赫把这部书题词献给了他的儿子，但他把这部著作的完成首先归功于妻子卡萝拉。布洛赫毕生对卡萝拉充满了感激和爱慕之情，亲切地称她为"道德-政治上的战友"。对他来说，卡萝拉意味着"爱、协助和友谊"，意味着风雨同舟、患难与共。的确，在漫长而孤立的流亡生活期间，假如没有妻子的友谊和关怀，他就决不能度过难关，决不会完成这部宏伟的、内容丰富的著作。1934 年他们在维也纳结婚，1938 年两人带着儿子扬（Jan）逃往美国。

但是，在此书中，与柏拉图、亚里士多德和黑格尔不同，布洛赫并未凝神专注于存在中业已形成的现象或永恒既定的现象。因为在他看来，历史不是确定的，而是发展的，甚至历史期待着某种动因性的契机，包含

① 参见梦海："能生的自然和自然主体"，载于《自然辩证法研究》，2006 年，第 5 期。

着形式的多样性和进一部发展的永恒可能性。进言之,不但物质本身,自然和历史在质上也总是向新事物敞开着的;未来中的一切现实形态都起源于自身的动态存在,是一种趋势–潜势;包括前意识、无意识在内的人的一切意识乃是对物质自身的反思,是对尚未存在者、尚未完成者的映像。

在他那里,“尚未”(das Noch-Nicht)的反映形式是预先推定、乌托邦、客观幻想等,但这一系列反映形式完全不同于妄想或梦想。如果说妄想和梦想植根于任意主观世界,那么尚未的反映方式则既植根于人的主观性又植根于客观世界的倾向性和潜在性中。对象世界是一个未完成的、不完满的世界,恰恰从对这种未完成实在的主观不满出发,乌托邦等尚未的反映形式转化为一种能动地变革世界的物质力量。这时,人们就能享受更美好的生活,就能以这种清晰的意识做起白日梦。布洛赫把“白日梦”,即“向前的梦”、“清醒的梦”称作“一个更美好生活的梦”(The Dreams of a Better Life)、“希望的原理”(Das Prinzip Hoffnung)等。

在此意义上,他的希望哲学的宗旨就是要预先推定一个更美好生活的梦,即没有贫困、剥削和压迫的社会制度。在他看来,作为人类学范畴的希望最清楚地表达出走向人类发展更美好未来的意图,因为在希望中包含有朝着“尚未存在的事物”的方向上的人的积极因素、人的行动。换言之,“希望”作为宇宙发展和人类社会发展的内在动力,在人与自然、人与社会的相互作用中把一切都组织为一个整体或“总体”,使之奔向理想的目的地。

2. 人的根本冲动:饥饿

希望到底是什么?在布洛赫那里,广义上,希望是指人的意识特性,是指内在于客观现实总体中的根本结构。狭义上,希望是辩证的已知的希望,即尚未意识到的、尚未到来的真正的家乡。这种希望哲学生活在未来,内在于未来思维,内在于社会存在。因此,他在《希望的原理》中宣称:“哲学将拥有明天的良知、未来的党性、希望的知识。”

这是一部鸿篇巨著,洋洋洒洒,1655页,对此,我们可分5个部分解读。第一部分系称作“报告”(Bericht)的“小小白日梦”。“小孩梦想当汽车司机,梦想当糖果店老板;梦想周游世界,梦想每一天都吃香甜的糖果。”[①]在此,布洛赫形象地表达了内在于人的生命中的某种动态要素和贫困要素。人之初,呱呱落地,赤身裸体,一无所有。他(她)的第一个行动就是寻找母亲的乳房,迫于痛苦和贫困,婴儿挣扎着,哭喊着。即使到了成年,人们也因缺少某物而常感到贫困如洗。贫困乃是一种否定性,它催人不安宁,催人思维,催人行动,催人由个人存在转向社会存在。可是,此时的否定性并非意指“无”(Nicht),而是意指双重自我否定意义上的“否”(Nicht)。“否”意味着“非有”(Nicht-Haben),意味着内在于人对占有的零(Zero)。

人活着,思考着,行动着,这本身就是一种贫困。这贫困即是饥饿、憧憬和探求。作为“否”的贫困驱使人们劳动,驱使人们祈祷。因此,在人类学结构上,人是存在内的“否一般”(Das Nicht überhaupt),即匮乏存在(Mangel Wesen)或非存在。这时的非存在不是“无”,而是可被扬弃为存在的那个存在内的否,是尚未的存在。易言之,布洛赫不是把“否”看作某种终极物,而是看作一种“尚未”。人正是一种尚未的匮乏存在,正是这种人类学意义上的“否一般”使人意识到自身的贫困和冲动,使人超越自身单纯的事实存在,向他人、向世界开放。

由此,我们转入第二部分的内容:“预先推定的意识”(Das antizipierende Bewusstsein)。所谓“预先推定的意识”是指白日梦,是指“向新事物前进的黎明”,它有助于人们发现“尚未被意识到的东西”这一希望的场所。如前所述,作为匮乏和贫困的存在,人是一种充满努力、向往和渴望的冲动存在(Triebwesen)。在布洛赫看来,作为这种冲动存在,人的根本冲动是饥饿,除了饥饿,任何东西都不能震撼人类。

---

① E·布洛赫:《希望的原理》,法兰克福/美因河畔,1959年,第21页。

饥饿是人的内心世界的最根本的冲动,这不仅是他的人类学的一个根本论点,也是他个人生活体验的真实写照。在美国流亡期间,迫于生计,布洛赫不得不在餐馆打零工,因此,在他来说,饥饿(Hunger)乃是人的最根本的冲动,与饥饿相比,弗洛伊德深层心理学的"里比多"(Libido)、海德格尔基础存在论的"畏"(Angst)等显得十分奢侈肤浅,不啻纸上谈兵。因此,他的根本结论是:必须从唯物辩证法的现实结构出发,通过政治变革和社会变革来解决"饥饿"这一人的根本冲动。

3. 尚未存在的存在论

在布洛赫之前,荣格、弗洛伊德率先探讨了人的根本冲动问题。荣格关注个体人格发展问题、个体–集体无意识问题、意识设定的形态等问题,最终使人深深埋进无意识之中。与此相对照,弗洛伊德则专注于人的深层心理,让人意识到无意识,从无意识中解脱出来。前者指向还原目标,最终成为催生法西斯主义的精神分析学家;后者则确认市民阶级性,最终成为指向无意识解放的精神分析学家。

在这两者中,布洛赫着重探究了弗洛伊德关于梦的分析,但他并没有沉湎于弗洛伊德的无意识精神分析,而是通过更美好生活之梦的分析,重新奠定了梦的解释学。如果说弗洛伊德的梦是夜梦、完结之梦、无意识之梦、自身内部的封闭之梦、被遗忘的压抑之梦,亦即作为"不再被意识到的东西"(das Nicht-Mehr-Bewußte)的梦的分析,那么布洛赫的梦则是白日梦、未完成之梦、有意识之梦、关于人类历史的开放之梦、亚伯拉罕之梦、约瑟之梦、更美好生活的梦,亦即"尚未被意识到的东西"(das Noch-Nicht-Bewußte)的梦的解释学。

换言之,弗洛伊德的夜梦根源于现代人日益深化的深层无意识心理,而布洛赫的白日梦则根源于未来人的本真自由和根源同一性。因此,这种白日梦绝非个人主义的蒙昧之梦,而是"世界改善之梦"。作为预先推定的历史意识,白日梦激励人们在开放意识中指向尚未被意识到的、尚未形成的希望世界，因而它是内在于人的意识中的现实可能性，亦即历史乌托邦的内容。

按照布洛赫的观点，作为一种指向未来的意识，这一预先推定的意识是建立在"尚未存在的存在论"（die Ontologie des Noch-Nicht-Seins）①基础上的，但是，这种存在论与传统形而上学的存在论有着本质区别。众所周知，传统形而上学一直把"存在"确定为事物的本质，仅仅思辨地追问"存在是什么"，与此相反，尚未存在的存在论则追问未来人的生活是什么，从而把存在论奠定在历史过程中的、物质运动中的、社会变革中的趋势-潜势之上，即奠基在本原的希望之上。这一希望的存在论哲学可分两方面来考察：一方面，预先推定"尚未被意识到的东西"；另一方面，预先推定"尚未形成的东西"（Noch-Nicht-Gewordenen）。前者从主观层面赋予我们以希望，后者则从客观层面赋予我们以希望。从学理角度上看，希望的主观层面乃是人的内心憧憬、期待或关于未来的梦的解释学（Hermeneutik），而希望的客观层面乃是关于社会和劳动的历史趋势学。两者无处不在，无时不有，但是两者都必须处于可能的运动状态、可能的开放状态，否则两者均归于消逝无踪。

归根结底，根据"尚未存在的存在论"，存在是尚未的存在论，世界是永久的实验台，世界过程是永不止息的变化过程。世界的两个层面，即尚未被意识到的东西的解释学与尚未形成的东西的趋势学内在于主观与客观、理论与实践的辩证法中，从而分别构成第一辩证法和第二辩证法。在布洛赫那里，第三辩证法是"趋势-潜势-乌托邦"，这是第一、第二辩证法的进一步综合。第三辩证法意味着尚未形成的"至善"本身，即意味着趋势-潜势之内的人道主义（Humanismus）这一终极的现实可能性指标。

围绕这一辩证关系，布洛赫从"青年人、转折期和创造性"状况中寻求"尚未被意识到的东西"和"尚未形成的东西"。就趋势-潜势而言，

---

① E·布洛赫：《蒂宾根哲学导论》，法兰克福/美因河畔，1970年，第210—310页。

"尚未被意识到的东西"原本就与世界过程的现实相一致,故它与"尚未形成的东西"是密不可分的。在这一存在方式里,"前卫"、"新事物"、"终极物"等概念被用以规定希望的主观层面和客观层面。[①]

所谓"前卫"(die Front)意味着某种"动态物质的最尖端存在",亦即某种朝着历史最尖端瞬间和乌托邦开放的存在。所谓"新事物"(das Novum)是指乌托邦的某种视域,它存在于"尚未被意识到的东西"和"尚未形成的东西"的实际可能性中,并与诸如担忧、准备、确信、幸运、基督降临节意识一类的情绪联系在一起。在此意义上,新事物与主体体验是分不开的,它"首先在心灵上关涉爱,在情绪中还关涉情感"。一方面,新事物标明"乌托邦视域"(Horizont der Utopie),再现历史的进步性创见;另一方面,新事物探索展开着的、尚未完成的总体目标,并照明其过程。最后,所谓"终极物"(das Ultimum)乃是促使事物达到本真同一性的至高的新奇性(die höchste Neuheit),亦即终极的上升。这一新事物的实现有赖于超乎迄今一切事物之上的总体飞跃。

最后,与上述范畴相关的具体概念是物质(Materie)。物质与预先推定、自然与未来是统一在辩证唯物主义和历史唯物主义基础之上的:"没有物质就没有(现实的)预先推定的基础,没有(现实的)预先推定就无法把握物质的视域。"

4. 具体的乌托邦的实践

在上述三个范畴之上,布洛赫又添加了"可能性"范畴。所谓"可能性"(Möglichkeit)范畴是世界存在的最高形式,旨在澄明一切实际存在的事物。对此,布洛赫解释说:"人不仅是在历史中形成了自身的现实,而且是至今尚未形成的万有的实际可能性;物质也同样是潜在于自身怀抱并通过过程而出离物质的一切形态的实际可能性。"由此看来,"可能

① E·布洛赫:《希望的原理》,法兰克福/美因河畔,1959年,第227—235页。

性”是指世界自身的存在状态,是指新事物的未来存在状态,是与世界过程的进程一同发生的存在状态。

概言之,为了扭转形而上学的任务,布洛赫跳出旧形而上学的框框,重新奠定了“尚未存在的存在论”,其基点不是传统形而上学的“存在”(das Sein),而是希望的形而上学的“否”(das Nicht)。在他那里,“否”显现为“尚未”,“饥饿”显现为未完成的前卫世界里的创造力量。因此,否本身显现为一种否定,表现为对某一现存事物之规定的不满和不安宁。因为绝对虚无是与乌托邦的虚妄固结在一起的,而绝对全体是与乌托邦的实现固结在一起的,所以“尚未”就意味着某种处在虚无与全体这两者之间的新事物。布洛赫用下述公式表述了这一关系:“主词还不是宾词”(S ist noch nicht P)。这一公式精确地表达了布洛赫希望哲学和“尚未存在的存在论”的核心思想。

按照他的这一公式,就像人的历史一样,世界过程也充满着各种尚未完结的趋势和潜势。自然界和人类历史的长远目标是建立在劳动基础上的“自然的人化和人的自然化”,而这一过程乃是一种从无到有的内在目的论过程,即“无—尚未—全有”(das Nichts—das Noch-Nicht—das Alles)。进言之,自然界和人是统一的,但在这一统一中,人作为自然实体和自我意识的承担者,具有一种存在论的优先权。人、世界和物本身的理念应该作为人与自然发展的既定目标和创造历史的最高尺度。

《希望的原理》的第三部分内容是“过渡”(Übergang),即“显现于反映之中的诸理想”。广义上,各种陈列、童话、旅行、电影、戏剧等便是这种理想的具体痕迹。在此,布洛赫拒斥虚假希望的低俗之梦,主张一种真正希望的乌托邦形态,为此,他试图在集市、马戏、童话、杂志等理想形式中寻找真正的希望要素。如果说“尚未存在的存在论”是人类意识中希望的主观内容,那么这些理想是人类现实中希望的客观内容,而这种客观内容从人的现实生活里,特别在社会生活和历史生活里用活生生的实例证明了人类绚丽多姿的希望图景。

《希望的原理》的第四部分内容是“构建”(Konstruktion),即作为新事物希望证据的"一个更美好世界的蓝图"。乌托邦是人类与社会发展的原动力。布洛赫十分重视"医学乌托邦",因为它对消除人类的身心疾患具有重要意义。但他更重视政治乌托邦和社会乌托邦,因为它们指向一个更美好的世界,一个更美好的社会。为此,他回溯自柏拉图以来的各种乌托邦主义者,广泛探讨了奥古斯丁、托马斯·莫尔、康帕内拉、欧文、傅立叶、蒲鲁东等人的政治乌托邦和社会乌托邦。不仅如此,他还进一步考察了地理乌托邦、建筑乌托邦、艺术乌托邦、歌剧乌托邦、文学乌托邦、哲学乌托邦等等。此外,他还根据当代工业文明,重点分析技术乌托邦,展开了技术的划界性批判,提出了"可能的自然主体的共同生产率"(Mitproduktivität eines möglichen Natursubjekts)或"具体的同盟技术"(Konkrete Allianztechnik)[①]思想。

从一开始,布洛赫就努力把他的乌托邦设想与以往的乌托邦理解区别开来,进而把他的"具体的",或者是"现实的"乌托邦与以往的"抽象的"乌托邦主义加以对立起来。按照他的观点,"乌托邦是破坏和打碎现有社会或准备打碎它的那些集团的想法,并梦想一个更美好的世界,一个更美好的社会。"因此,"具体的乌托邦"不是怪论,而是"同趋势和潜势的一致,但是趋势在这里是领先的,相对地被实现着,并辩证地得以贯彻。"

他的一个基本论断是,"马克思主义并非不是乌托邦,而是一种具体的乌托邦的新事物"[②],是理论与实践、近期目标与长远目标的高度统一。然而,他清醒地意识到,迄今为止,地球上的任何国度都尚未把这一真正马克思主义意义上的具体的乌托邦付诸实践。因此,必须阐明乌托邦的历史,使之导向具体的乌托邦的实践,创造一个更美好的未来世界,惟其如此,人类才能开启人类历史的新篇章。

---

① E·布洛赫:《希望的原理》,法兰克福/美因河畔,1959年,第802页以下。

② E·布洛赫:《向乌托邦告别吗?》,载于E·布洛赫:《向乌托邦告别吗?》(H·格克勒编):法兰克福/美因河畔,1980年,第76—82页以下。

为此,布洛赫通过考察康德、黑格尔美学的“假象”(Schein)概念,创造性地展开了希望美学概念:人的完美世界的内在“前假象”①。布洛赫的“前假象美学”(Aesthetik des Vorschein)不仅把艺术理解为乌托邦意识的显现,也把它理解为尚未形成的现实的象征。如果艺术家把尚未形成的、激荡现实中的可能性预先塑造为现实的理念,那么这种可能性就不仅仅是一种量的预取,而是艺术本身的预取,即开放现实可能性的一部分。因此,“幻想”(Phantasie)这一人的核心能力不仅成为世界中隐蔽趋势的“器官”,更成为艺术一般的主观-客观条件。

5. 人类学与宗教末世论

最后,作为这种“社会乌托邦”的范例,布洛赫列举了犹太复国主义。但是,他并不是主张一种资本主义的犹太复国主义,而是主张一种类似M·黑斯(Moses Hess)所提倡的社会犹太复国主义的乌托邦。他反对民族的犹太复国主义,而赞成国际主义的、真正人道主义的犹太复国主义。如果现实的以色列是美国的亚洲前哨基地,那么以色列无疑是阻碍本真的人道主义的法西斯国家。惟当犹太复国主义不再是片面的、纯粹民族主义的犹太复国主义,而是世界性的、开放的犹太复国主义时,才会闪现“真正的犹太故乡”的曙光。

《希望的原理》的第五部分,即最后部分的内容是“同一性”(Identität)。所谓“同一性”是指业已实现的人的生活理想,如道德、音乐、死亡理想、宗教、早晨的国度、自然、至善等。诸如此类的愿望是人的本真希望,它显现本原的历史之末的完满状态。然而,这些理想并非抽象的,而是具体的,需要经过人类世世代代的努力才能实现。在布洛赫的心目中,这种具体的人的形象乃是浮士德、奥德修斯、堂吉诃德、唐·乔万尼(Don Giovanni)等。

---

① E·布洛赫:《希望的原理》,法兰克福/美因河畔,1959年,第198页。

与这些生活理想截然对立的是“死亡”(Tod),因为死亡是最极端的非乌托邦。但是,希望图像也关乎死亡理想,即关乎复活、天国和永生,死亡作为此在的毁灭并不是人的命运,而是拓宽了生命的乌托邦意义。作为尚未形成的生存,人的生存永远享有“生成和消亡的治外法权”,作为业已形成的生存核心更享有“死亡的治外法权”(Exterritoriaet zum Tod)。在布洛赫看来,人的最高希望显现在“神根本”(Gott-Hypostase)这一宗教之中。为了最高的希望,人必须从“总体性希望”之中寻求最完满的本质。

“哪里有希望,哪里就有宗教”,因此,问题不在于在宗教与非宗教之间作出选择,而是在有神的宗教与无神的宗教之间作出选择。有鉴于此,布洛赫试图扬弃有神论和无神论,重建“没有神的希望王国”,创建一种“宗教无神论”,将宗教建立在对没有神的弥赛亚王国的信仰之上。宗教无神论也是一种宗教,布洛赫称作“元宗教”(Meta-Religion),其实质是“进行没有超越者的超越活动”,不是信仰天国之神,而是信仰尘世人的理想;不是创立上帝的王国,而是创立人的王国。一方面,宗教无神论旨在克服现代精神世界中庸俗无神论者和虚无主义者的悲观绝望;另一方面,宗教无神论旨在克服有神论宗教的迷信和虚妄不实。在此意义上,布洛赫把哲学原理转变为宗教哲学,试图重新奠定人类学乃至宗教末世论:“不是显现业已完成的目标,而是显现现在才能够形成的承诺目标;不是显现可视的自然神,而是显现看不见的、正义的自然神和正义国度的自然神。”①

耶稣是谁?按照宗教无神论,耶稣是承诺了尘世肥沃土地的人,是完成了乌托邦的人,是叛逆了父亲上帝的人。耶稣不是上帝之子,而是人,但他不是当下的人,而是人类的理想,或者是作为尚未出现的“善本身”的惟一之人,因此,“没有无神论,弥赛亚主义就没有任何位置。”②宗

① E·布洛赫:《希望的原理》,法兰克福/美因河畔,1959年,第1454页。

② 同上书,第1413页。

教本身意味着迷信，然而，基督教中的无神论却意味着真理。"宗教招致持异论者，这是宗教的最佳方面。"进言之，"只有一个无神论者才能成为一个真正的基督徒，只有一个基督徒才能成为一个真正的无神论者。"①这表明，凡是有希望的地方就有宗教，就有无神论。这在双重意义上预示了弥赛亚思想的激情："神不在，但神将在。"（Gott ist nicht, aber er wird sein）布洛赫宗教末世论的使命是进行"没有超越者的超越活动"，创建"宗教无神论"（religioeser Atheismus），构筑"没有上帝的王国"（Reich ohne Gott），由于这一全新的未来历史哲学思想，他被誉为20世纪最重要的思想家之一。②

《希望的原理》的最后内容是"卡尔·马克思与人性"问题。在此，布洛赫围绕人与自然的趋势-潜势，展开了人的本性的全部丰富性。在任何地方，人都还生活在前历史中，在任何地方，万物都还处于世界之创造之前，所以他的根本结论是未来取决于人，取决于劳动着的人。

四、希望与家乡

1. 希望与失望

那么，行文到此，我们不禁要问：希望会变成失望吗？新的希望是什么？1948年布洛赫结束了美国的流亡生涯，但他谢绝了西德法兰克福大学的聘请，理由是他从未想过"为资本主义社会效劳"。1949年他欣然接受东德莱比锡大学的聘请，任哲学教授，这里的生活赋予布洛赫以第一次希望。

起初，他跟东德当局还算相安无事。1955年值70岁生日之际，他被

---

① E·布洛赫：《基督教中的无神论：论"出埃及记"和王国的宗教》，法兰克福/美因河畔，1969年，第24页。

② 参见梦海："没有超越者的超越活动——论恩斯特·布洛赫哲学中超越者与内在者的扬弃"，载于《马克思主义与现实》，2007年，第3期。

授予东德民族奖和祖国建设功勋奖,随后他又被选为德国科学院正式会员。他的功绩在于,“他积极投身于反对帝国主义势力、军国主义势力及其反民主势力的斗争,无私献身于真正的社会主义建设,勇敢捍卫世界和平。”

但是,自1956年以来,东德当局就开始非难布洛赫,攻击他的哲学是与马克思主义政治理念背道而驰的一种“修正主义”哲学。1957年东德德国统一社会党总书记W·乌布利希在德国统一社会党第30次代表大会上,借口“哈里希反革命事件”,含沙射影地批判了布洛赫,随后他被当局宣布为“修正主义者”。不久,当时的持异论者W·哈里希和布洛赫的弟子G·策姆便以反党、反社会主义罪名各被判处10年和4年徒刑。此外,布洛赫的弟子R·洛伦茨、G·茨韦伦茨等也被当局拘留。

当时,东德学界率先攻击布洛赫哲学的是德国统一社会党党员、辩证唯物论教授R·O·格罗普。1957年格罗普在《论坛》杂志上发表“神秘主义的希望哲学与马克思主义格格不入”一文,攻击布洛赫是意识形态的“煽动政治家”,诋毁其理论是“反唯物主义、假辩证法、半吊子学问和非理性之义”云云。[①] 他还断言,“布洛赫是误导青年的持异论者,其希望哲学是一种反马克思主义的世界拯救说,其根本动机是宗教本性。”同年,布洛赫被勒令退休,妻子也被迫下岗,这以后他在东德学界销声匿迹。只是因为布洛赫是一位具有世界声誉的哲学家,东德当局未敢对他下毒手,但当时他已被置于东德国家安全部工作人员的严密监视之下,他的电话经常受到骚扰,他不准授课,不准跟学生见面,东德国家安全部门甚至为以后审判布洛赫收集了所谓的“诉讼材料”。

1961年8月13日,布洛赫移居西德蒂宾根,找到了新的希望。同年9月他作了蒂宾根大学客座教授第一次演讲:“希望会变成失望吗?”[②]。

① 参见R·O·格罗普:“神秘主义的希望哲学与马克思主义格格不入”,载于《论坛》,第6期。

② E·布洛赫:《希望会成为失望吗?1961年蒂宾根开讲词》,载于E·布洛赫:《文学论文集》,法兰克福/美因河畔,1965年,第385—398页。

他怀着沉痛的心情说道:“希望会失望,而且会变成失望,甚至希望在其名誉上也是如此;否则,它也许就不是希望。”这是因为第一,希望是开放的,它并不寓于现存事物之中,而是寓于未来的事物之中;第二,希望是具体的、被中介的东西,它不同于确定不移的事实。因此,“希望与可失望性是直接联系在一起的:希望具有挫败本身的不可靠性;希望不是确信。”但是,希望总是革命的,如果没有希望,那么任何行动都是不可能的。“一个马克思主义者无权成为悲观主义者。”因此,经历了一段彷徨苦闷之后,他并没有抛弃希望,甚至没有抛弃希望的目标。所不同的是,他审视、斟酌了希望本身的阻碍、拖延、拐弯、挫败等因素,重构了希望的“预先推定的意识”(das antizipierende Bewußtsein)。

布洛赫是一位时代哲学家,他始终站在了自身时代的前列。对于他来说,生活就是哲学,哲学就是对人类的命运和前途负责。他以身作则,常常站在风口浪尖上表达自己的理论观点,对于政治问题他毁誉不惧,直言不讳。他无法过一种逍遥的隐士生活,政治责任感和事业心使他一再由大学讲坛回到现实舞台上来。他总是以现实为本,提出超前预言,因此遭到各种非议,但他从不气馁,他的勇气、骨气和责任感,使他敢为天下先。他特别强调青年一代的觉醒意识,抗议德国的反犹运动,抨击核武器生产,反对国家“紧急状态法”(Notstandsgesetz),谴责美国的越南战争和以色列的攻击性,批判斯大林主义的恐怖,反对波兰、捷克的反犹运动,等等。1966 年 10 月 30 日,时年 81 岁高龄的布洛赫参加了反对国家“紧急状态法”大游行。在法兰克福罗默尔贝格广场(Roemerberg)上,他冒着仲秋之寒,足足站了两小时之久。①

2. 民主与新家乡

有朝一日,人类必定生活在自由的国度之中,生活在新家乡中,这是

① 参见 S·马库恩:《恩斯特·布洛赫》,赖因贝克,1977 年,第 106 页。

布洛赫心中不可磨灭的希望。正是出于这一希望,他从具体现实出发,从人类学角度揭示了“饥饿”这一人的最根本的内在冲动,并以百科全书式的泛文化观点阐明了人类的希望图像;正是出于这一希望图像,他把持异论者视为真正基督教的肯定因素,并从辩证统一中解释了人、社会和自然;也正是出于这一希望,他既追求未来人类的理想社会,又设定了现实的总体人性。

总而言之,如下述等式所示,布洛赫希望哲学的基础是:“S 还不是 P” = 无与全体之间的尚未 = 尚未的真正的人的自由向度;或曰:“尚未存在的存在论” = 尚未的辩证同一性 = 尚未到来的未来“新家乡”(Neue Heimat)。人总是渴望希望,而希望总是人性的。由此可见,布洛赫希望哲学的根本结论不是存在论,而是“人类学”。就此而言,布洛赫的希望哲学也是需要重新讨论的。在此,我们不要忘记,事实上“希望”原本就不是存在论范畴,而是人类学范畴。

那么,人类如何通向新家乡呢?布洛赫写道:“人到处都还生活在前历史中,所有的一切作为某种完善的东西都还处于创世之前,现实的起源不在于开始而在于结束,而且这种起源始于社会和此在天翻地覆之时,亦即始于根源上把握了社会和此在之时。但是,社会的根源乃是劳动着的、创造的、改造现实的和超越现实的人。当人领会这一根源,同时无放弃、无异化地把存在奠定在真正的民主之上时,世界中就会出现某种只在童年时代出现而尚无人到达过的地方:家乡。”[①]简言之,民主是不可逾越的现实,是通向新家乡的先决条件,当人类奠定了真正的民主时,人类就能够向往新的家乡。因此,民主与社会主义是不可分割地、循环地联系在一起的:“没有无民主的社会主义,没有无社会主义的民主。这是决定未来的相互作用形式。”[②]然而,真正的民主即社会主义民主既不是现存西方的“资本主义民主”,更不是前苏联-东欧的“国家社会主义民

① E · 布洛赫:《希望的原理》,法兰克福/美因河畔,1959 年,第 1628 页。

② E · 布洛赫:《天赋人权与人的尊严》,法兰克福/美因河畔,1961 年,第 232 页。

主”，而是康德、马克思、罗莎·卢森堡意义上的尚未到来的民主，即未来世界公民共同体的民主，“人的社会形式”的民主。

五、结　　语

布洛赫被誉为第二次世界大战后德国最重要的马克思主义哲学家和对马克思主义传统做出创新的人物。布洛赫的独特人格魅力在于，他既是一位20世纪的顶尖哲学家，又是一位马克思主义者。从20世纪西方哲学史上看，恩斯特·布洛赫与最重要的哲学家马丁·海德格尔、路德维希·维特根斯坦、卡尔·雅斯贝尔斯、让-保罗·萨特、伯特兰、罗素伯仲之间。回眸20世纪西方精神史，最具独创性的西方马克思主义者当属罗莎·卢森堡、卢卡奇、葛兰西和布洛赫，但是相比之下，前三人都是党内理论家，其影响主要局限在左翼知识分子圈子内，只有布洛赫是一位享有世界声誉的哲学家，他的《希望的原理》一书的效应远远超出左翼知识分子范围而渗透了20世纪整个西方精神史：从音乐科学到神学，从语言科学到法哲学，从表现主义艺术到蒙太奇，到处都能找到布洛赫思想的踪影。①

布洛赫的希望哲学是一门博大的哲学人类学，也是一门世界形态的新的形而上学。他的希望哲学不仅百科全书式地描述了人类的希望思想和希望图景，而且全面系统地扩展和丰富了20世纪唯物主义思想；他的希望哲学把人道主义与反法西斯主义紧密地联系起来，不仅象征性地表达了人类渴望摆脱贫困、压迫和剥削的梦，也表达了建设一个更美好的、更人性的世界的可能性。对布洛赫来说，世界过程乃是“希望的素材”，而他把这一素材解释得有声有色，他仿佛是一位卓越的作曲家，为一支管弦乐团谱曲，而这支乐团把地球上的所有歌手联合在一起，唱起

① 参见B·施密特：“作为一个马克思主义的恩斯特·布洛赫”，载于B·施密特编：《恩斯特·布洛赫〈希望的原理〉的材料》，法兰克福/美因河畔，1978年，第15页以下。

了雄浑激昂的希望之歌。①

布洛赫《希望的原理》表达了人类对一个没有剥削、压迫和异化的世界的希望。《希望的原理》的宗旨在于阐明人类精神史的中心,在于预先推定一个更美好生活的梦,即一个没有剥削、贫困和压迫的社会制度,而作为人类学-存在论范畴的"希望"集中体现了人类走向更美好未来的意图。在白日梦、艺术作品和社会乌托邦中,人类预先推定和描画了一个更美好的世界、一个更美好的社会。在大百科全书意义上,布洛赫汇集、解释和系统化了人类的伟大希望方案,这些方案涉及绘画、雕塑、建筑、音乐、诗歌到童话、电影、旅游、时装、橱窗陈列、舞蹈,从宗教、神话到节庆、假期、集市等人类社会的各个领域、各种现象。通过对这些丰富多彩的人类活动和现象的研究,布洛赫令人信服地证明了,这些活动和现象都是人类希望在人类文明中的各种表达方式。

《希望的原理》不仅是一部关于人类梦想和希望的百科全书,也是一部马克思主义传统的创新之作。《希望的原理》极大地丰富了 20 世纪唯物主义思想,深刻地阐明了马克思主义关于"人的天性财富发展"的动因问题。《希望的原理》乃是马克思主义的创新之作,展现了马克思主义哲学的新的广阔视域,例如马克思主义人类学、马克思主义自然过程哲学、马克思主义宗教哲学、马克思主义美学、马克思主义伦理学、马克思主义法哲学、马克思主义宇宙学、马克思主义遗产学、马克思主义历史哲学、马克思主义人的解放哲学、马克思主义社会主义哲学,等等。

《希望的原理》既是一部世纪哲学著作,又是一部优秀散文,荣获 1968 年德国图书业和平奖。自出版半个多世纪以来,这部不朽著作已被译成包括波斯文、阿拉伯文、日文和韩文在内的多国文字。在 20 世纪众多哲学家中,最富于独创性哲学语言的当属海德格尔和布洛赫,但是,与海德格尔的哥特式哲学语言不同,布洛赫凭借音乐和表现主义文学,率

① 参见 A · 闵斯特:《恩斯特 · 布洛赫:一部政治传记》,柏林/维也纳,2004 年,第 429 页以下。

先把历史辩证法的存在论表现为未来人类的形而上学,从而开了"表现主义哲学"之先河。

20世纪西方世界是人性严重扭曲、精神普遍衰退的世纪,与听天由命、悲观绝望和虚无主义相反,布洛赫的希望哲学是一种面向未来、积极进取、富于挑战的思想。在此意义上,他的哲学思想远远超出了20世纪西方哲学史。

进入新世纪以来,全球恐怖主义泛滥,种族冲突加剧,世界充满了信仰和意识形态冲突、生态危机、革命性转变。面对新世纪的趋势和挑战,布洛赫《希望的原理》一书所阐明的一系列中心思想,例如,"未来的预先推定"、"向前的梦"、"具体的乌托邦"(konkrete Utopie)、"直路"(aufrechter Gang)、"天赋人权与人的尊严"(Naturrecht und menschliche Würde)等重新成为国际学界关注的中心问题,并在文学研究家、哲学家、法学家、历史学家和其他社会科学家中间再次引起了富有意义的讨论。

面对新世纪的趋势和挑战,《希望的原理》能够帮助我们建立新的人的自我理解,并更好地理解当下世界,从而有助于纵览整部人类文明史,眺望未来、勾画未来。今天,我们研讨《希望的原理》,思考《希望的原理》,履行《希望的原理》乃是承诺我们的未来,并承诺这个未来的新人。

参考文献

Ⅰ. 原始文献

1. 恩斯特·布洛赫:全集,16卷以及补充卷1卷,法兰克福/美因河畔,祖尔坎普出版社,1959—1978年。(Ernst Bloch, *Gesamtausgabe*, *16 Bände und ein Ergänzungsband*, Frankfurt/Main, Suhrkamp Verlag 1959—1978.)
2. E·布洛赫:《向乌托邦告别吗?》(H·格克勒编),法兰克福/美因河畔,1980年。[Bloch, Ernst: *Abschied von der Utopie*? Hanna Gekle (Hrsg.), Frankfurt/Main 1980.]

Ⅱ. 传记、采访与研究资料

1. K·布洛赫:《来自我的生活》,普夫林根,1981年。(Bloch, Karola: *Aus meinem Leben*, Pfullingen 1981.)

2. A·闵斯特编:《关于直路的白日梦:与布洛赫的六次谈话》,法兰克福/美因河畔,祖尔坎普出版社,1977 年。[Münster, Arno (Hrsg.): *Tagträume vom aufrechten Gang. Sechs Interviews mit Ernst Bloch*, Frankfurt/Main 1977.]

3. A·赖夫、K·布洛赫编:《思维就意味着超越:纪念恩斯特·布洛赫 1885—1977》,科隆-法兰克福/美因河畔,1978 年。[*Denken heiβt überschreiten: in memoriam Ernst Bloch 1885—1977*/Karola Bloch; Adelbert Reif (Hrsg.), Köln, Frankfurt/Main 1978.]

4. S·马库恩:《恩斯特·布洛赫》,赖因贝克,1977 年。(Markun, Silvia: *Ernst Bloch in Selbstzeugnissen und Bilddokumenten*, Reinbek bei hamburg 1977.)

5. A·闵斯特:《恩斯特·布洛赫:一部政治传记》,柏林/维也纳,2004 年。(Münster, Arno: *Ernst Bloch. Eine Politische Biographie*, Berlin/Wien 2004.)

6. R·O·格罗普等:《恩斯特·布洛赫对马克思主义的修正》,柏林,1957 年。[Gropp, Rugard Otto (usw.): *Ernst Blochs Revision des Marxismus*, Berlin 1957.]

7. M·瓦尔泽等:《关于恩斯特·布洛赫》,法兰克福/美因河畔,1965 年。[Walser, Martin (usw.): Über Ernst Bloch, Frankfurt/Main 1965.]

8. B·施密特编:《恩斯特·布洛赫〈希望的原理〉的材料》,法兰克福/美因河畔,1983 年。[Schmidt, Burghart (Hrsg.): *Seminar zur Philosophie Ernst Blochs*, Frankfurt/Main 1983.]

Ⅲ. 梦海(金寿铁)有关恩斯特·布洛赫的论著

1.《思想就意味着超越——恩斯特·布洛赫与马克思主义传统的创新》,吉林人民出版社,2006 年

2.《真理与现实——恩斯特·布洛赫哲学研究》,同济大学出版社,2007 年

3. “布洛赫著作中的精神分析批判”,《江苏行政学院学报》,2003 年,第 4 期

4. “思想就意味着超越”,《现代哲学》,2005 年,第 4 期

5. “布洛赫的希望哲学与马克思主义”,《哲学动态》,2005 年,第 12 期

6. “乌托邦-物质之弓”,《哲学研究》,2006 年,第 2 期

7. “对新人、新世界的呼唤”,《文艺研究》,2006 年,第 2 期

8. “能生的自然和自然主体”,《自然辩证法研究》,2006 年,第 5 期

9. “一个更美好生活的梦”,《求是学刊》,2006 年,第 5 期

10. “人类希望与梦想的百科全书”,《社会科学战线》,2006 年,第 5 期

11. “恩斯特·布洛赫:希望的原理”,《社会科学报》,2007 年,2 月 1 日

12. “风景是人与自然之间的中介机构”,《学海》,2007 年,第 3 期

13. “世界的实验”,《江苏社会科学》,2007 年,第 2 期

14. “我们渴望生活”,《南京社会科学》,2007 年,第 6 期

15. “自然是过程”,《福建论坛》,2007 年,第 4 期

16. "恩斯特·布洛赫哲学体系初探",《马克思主义研究》,2007 年,第 3 期
17. "论恩斯特·布洛赫的乌托邦哲学",《德意志思想研究》,第四辑,2007 年
18. "没有超越者的超越活动",《马克思主义与现实》,2007 年,第 3 期
19. "恩斯特·布洛赫哲学思想引论",《马克思主义与现实》,2007 年,第 3 期
20. "世界是拯救实验室——论恩斯特·布洛赫的历史哲学",《现代哲学》,2008 年,第 1 期
21. "恩斯特·布洛赫:一位马克思主义哲学家——历史定位及其当代意义",《江苏社会科学》,2008 年,第 4 期
22. "只有创造性的马克思主义才能领会我们的时代——恩斯特·布洛赫与马克思主义传统的创新",《福建论坛》,2008 年,第 3 期
23. "天赋人权与社会主义的批判继承——恩斯特·布洛赫《天赋人权与人的尊严》初探",《马克思主义与现实》,2008 年,第 4 期
24. "天赋人权与马克思主义——论恩斯特·布洛赫的法哲学概念",《哲学研究》,2008 年,第 9 期
25. "恩斯特·布洛赫:一位马克思主义哲学家",《国外马克思主义研究报告》,2008 年
26. "人是来自自然的乌托邦生物——论恩斯特·布洛赫的哲学人类学思想",《社会科学》,2008 年,第 12 期
27. "无—尚未—全有——论恩斯特·布洛赫尚未存在的存在论",《自然辩证法通讯》,2009 年,第 2 期
28. "自我,心灵,无神论——恩斯特·布洛赫与神秘主义遗产",《社会科学战线》,2009 年,第 11 期
29. "迈向'人的形态'的社会主义——恩斯特·布洛赫与社会主义理论重建",《社会科学》,2009 年,第 9 期
30. "潘多拉盒子与希望",《中国社会科学报》,2009 年 9 月 15 日
31. "艺术与乌托邦——论恩斯特·布洛赫的艺术观",《马克思主义与现实》,2010 年,第 1 期
32. "马克思哲学-政治思想与 20 世纪马克思主义——恩斯特·布洛赫报告:《马克思,直路,具体的乌托邦》解读",《学海》,2010 年,第 1 期

写作于美国1938—1947年
审阅于1953年、1959年

献给儿子扬·罗伯特·布洛赫

目 录

前　言[①]

我们是谁？我们来自何处？我们走向何处？我们期待什么？什么东西在等待我们？

许多人只会感到困惑迷惘、不知所措。基础[②]开始摇晃，但是人们却不知道何以摇晃，被什么摇晃。这种社会经济状况令人恐惧，而这种状况变得越是明确就越是令人害怕。

曾经有个人为了学习“害怕”(Fürchten)远走他乡。过去，人们到达和走进这个地方很容易，那时的人们精于此道。然而，如今我们仅仅清算了害怕的教唆者，而与我们相称的害怕感已不再有效。

问题取决于学习希望。希望的工作不知灰心丧气，希望的工作不爱失败而爱成功。“希望”(Hoffnung)高于害怕，与害怕不同，希望既不是消极的，但也不是关闭在某种虚无之中。希望的情绪不再胆怯，它不是使人的心胸变得狭窄，而是使其变得辽阔。在外部，希望的情绪是与人结合在一起的，但在内部，并不让人完全熟悉它所指向的目标。因此，寻找希望这种冲动的工作不能忍受狗的生活，因为狗只是被动地投入自身的存在者之中，并且感受到全然无法辨认的、甚至悲惨地认识到的某种东西。这个工作，即反对生命的恐惧、驱逐害怕的工作乃是与恐惧和害怕的教唆者(多半昭然若揭)作斗争，而且，这种工作在世界本身中，寻求有助于这个世界的东西。在此，我们能够发现害怕和恐惧的教唆者。

人们无时不在丰富多彩地梦想更美好的、可能的生活。“白日梦”

(Tagträumen)恰恰贯穿这种人人渴望的生活,在这种白日梦中,也包含着一部分乏味的、同样令人神经紧张的逃避以及作为骗子的牺牲品。但是,白日梦的其他部分刺激我们,它使我们不满足于既定的恶劣现实,它使我们永不放弃梦想。这个其他部分的实质就是希望,而这一实质也正是可教会我们的东西。我们能够从不规则的梦及其狡猾的滥用中取出希望这一实质。可以说,希望是一种积极的活动,它驱散迷雾,劈开混沌。

没有白日梦,任何人都无法生活。但是,问题在于经常地进一步认识白日梦,借助于此,没有欺骗地、大有裨益地坚持旨在追求正义的态度。白日梦想使人的生活更加丰富多彩,这意味着人通过白日梦增加了冷静的目光。换言之,它不是使我们的意识冥顽不化,而是使之变得更加明晰。充满白日梦的生活不是仅仅观望地接受事物(不论事物如何存在或如何定位),而是在事物可以变得更美好的意义上直接参与并能动地接受事物。实际上,白日梦使人的生活丰富多彩,这意味着人的知性变得更明晰、更专一、更好地认识事物,并且更出色地中介进程中的事物。因此,我们要取其精华,弃其糟粕。

思维就意味着超越。③ 然而,现存的东西不应受到暗中破坏和越过。无论现存的东西处在贫困中,还是为了摆脱贫困而处于活动中,我们都不应当这样做。即使贫困的原因变得一目了然,从中转变的出发点业已变得成熟,我们也不能破坏和越过现存的东西。因此,现实的超越决不是单纯的狂热和抽象的想象,亦决不是进入我们面前的真空地带。相反,这种超越包含着一种新东西,这东西正是在动荡的现存东西中被中

---

① 本前言写作于1959—1960年间,即布洛赫与法兰克福/美因河畔的祖尔坎普出版社签约出版本书之后不久。——译者

② 在此,"基础"一词指经济基础。布洛赫认为,现代人生活在资本主义生产方式与社会主义生产方式开始交错共存的时代。——译者

③ "思维就意味着超越"(Denken heißt Überschreiten),这句话是布洛赫的墓志铭之一。——译者

介的东西,尽管为了显露自身,现实的超越最极端地要求指向新事物的意志。

现实的超越不仅认识历史中所具有的、辩证地伸展的趋势,而且使这种趋势活跃起来。每个人活着主要是由于他追求未来。与此相对照,过去姗姗来迟[①],而且真正的当下几乎还根本不在那里。

未来的东西包含令人害怕的东西和迫切期待的东西;根据人不愿失败的意向,未来的东西仅仅包含希望的要素。我们不断体验希望的功能和内容,在上升的社会中,这种功能和内容不断地变成现实并广泛传播开来。但是,在正在衰落的老的社交界朋友中,例如在今日西方社会中,只有某种不完全的、暂时的意向一路下滑,每况愈下。于是,对于无法摆脱这种衰落的人们来说,他们所面对的无非是希望面前的害怕和反对希望的恐惧。于是,害怕和虚无主义就各自显现为危机现象的主观的、客观的假面具。然而,这种假面具仅仅是忍气吞声的人的假面具,而不是真知灼见的人的假面具,这是以泪洗面的人的假面具,但不是采取新的转向的人的假面具。在市民社会的基础上,在业已发生的或与此有关的深渊里,反正这种新的转向是不可能的。即使有人渴望这种新的转向,它也是万万不可能实现的。

市民社会恰恰关注并谋求每一个与这一新的转向正相反的东西,因此必然卷入自身的失败之中。所以,为了减弱对新生活的关注,市民社会把自身的临死挣扎视为一种表面上基本的、存在论的现象。市民存在的悲观绝望干脆被扩展为人类状况一般或存在自身。[②] 然而,长此下去,

---

① 在此,“过去姗姗来迟”并不意味着过去无助于设计未来,而是意味着人们“与其关注过去,毋宁关注未来”。“真正的当下几乎还根本不在那里”,这句话有两层含义:其一是,“大部分的人对现实不满”;其二是“可期望的现实首先不是作为客观存在,而是作为人的批判意识的投影而存在”。——译者

② 布洛赫对市民社会的存在论,例如海德格尔等人的理论持批判态度。市民社会的哲学和伦理标榜一种颓废的虚无主义世界观:“人无法克服痛苦,人所能做的至多是妥协和调和。”因此,在布洛赫看来,这种宿命论的世界观不过是看不出任何出路的悲观主义世界观。——译者

这是徒劳无益的。就像在其中仅仅表达自身的意见一样,市民的空虚化也不具有任何价值,并且,就像献身于自身恶劣的直接性这一假象存在一样,市民的空虚化也不具有任何端正的立场。在时间性和客观性意义上,"无希望"(Hoffnungslosigkeit)是无法忍受的,而且从人的需求上看,这种无希望是完全无法忍受的人生态度。

因此,即使这是一个欺骗,那也是为了生效起见,必须与令人感到谄媚的、腐败的希望一同工作。因此,即使这东西关闭在单纯的内在性质中,或者带来彼岸世界上的虚幻慰安,我们在各种讲坛上也对希望称赞有加。正因如此,最近西方哲学的贫困竟然把上升和超越作抵押,说出贫困的哲学。① 这就是说,人本质上无非是可从未来来规定存在。然而,由于人自身阶级状况的物化,希望也具有某种玩世不恭和自私自利的意义,这就像夜晚酒店的招牌一样,人的未来并无未来可言,人的生命就是虚无。

但是,现在死者应当掩埋自身的尸体。死者面对新开始的一天只会感到源自过熟夜晚的漫长拖延而已。对他来说,新开始的一天腐烂不堪,不啻是闷热的、没有本质的、虚无主义的坟茔钟声。每个人的意向都是在或多或少真实的白日梦这一基础上形成的,迄今白日梦的基础时常富于诱惑力,时而像沙洲一样,时而像吐火女怪②一样欺骗我们。但是,我们只有通过研究客观趋势和主观意向才能解释和澄清白日梦的基础。

"最佳品的腐化乃是最恶劣的腐化"(Corruptio optimi pessima)③。令人眩晕的希望是一个使人神经衰弱的伟大的作恶者,而具体的真正的希望则是最真诚的行善者。因此,主观上,具体认识的希望在害怕中最

① 布洛赫认为,今日西方哲学正经历前所未有的思想贫困,因为这种哲学丧失了乐观向上、积极进取、指向未来和超越的意识。——译者

② 吐火女怪(Chiämra),古希腊神话中狮头、羊身、蛇尾的女怪。——译者

③ 这句话包含了布洛赫希望概念的本质目标内容。最佳品的腐化乃是最恶劣的腐化,意味着我们可以败坏其他东西,但不能败坏最佳品。试比较卢卡奇的下述命题:"就算是不好的社会主义,有总比无好。"——译者

强烈地侵入我们的生活,但是,在客观上,这种希望引导我们最出色地排除害怕内容的根源。通晓内情的不满同样属于希望,因为二者都源自对匮乏的否定。

思维意味着超越。但是,超越至今并未找出十分敏捷的思维。即使在这种超越中发现了某种思维,那也有太多不正确的眼力。这种思维乃是腐朽的代替物,亦步亦趋的代理人,即反动地、图示化地反映时代精神的废物,这种思维势必排挤新发现的东西。与此相对照,在具体的超越的意识化中,马克思却表明了转变。但是,在这周围,一种习以为常、根深蒂固的思维植根于没有"前线"(Front)的世界上。在这个没有前线的世界上,不仅人,而且人的见识都陷于尴尬境地。对新东西的意向从未被谛听为某种预先推定的声调,客观趋势从未被人视为某种预先推定的能力。就像图书馆紧俏的原典一样,惟一崇高的希望特性并未得到好好探究。尽管"尚未被意识到的东西"(das Noch-Nicht-Bewußte),"尚未形成的东西"(Noch-Nicht-Gewordene)充斥着所有人的意识和所有存在的视域,但它们不仅没有被表述为语言,更谈不上当作概念来深入探讨。迄今,在哲学中,这个兴旺的问题地带几乎默默无言地被搁置一旁。

正如列宁所言,"向前的梦"(Traumen nach vorwärts)未曾反映在人们的意识中。因为对这方面的研究零打碎敲、浮光掠影,所以这种向前的梦不可能作为相称的概念出现。期待和被期待的东西一方面被归入主题,另一方面被归入客体。直到马克思,这种梦的来临在这个世界上并没有产生任何重要观点,即没有发现自身应有的核心位置。

在这个世界上,巨大的乌托邦出现了,然而这一假说几乎没有得到明确地阐明。在所有奇异的无知中,这是一件最引人注目的无知。据说,M·特伦提乌斯·瓦罗[①]在关于拉丁语法的最初尝试中,碰巧遗忘了"未来"(Futurum)这一题材。在哲学领域里,迄今"未来"并未得到十分

① M·特伦提乌斯·瓦罗(Marcus Terentius Varro,前116—前27),罗马最伟大的学者和卓然有成的讽刺家,学识渊博,也是一位多产作家。——译者

恰当的注意。这导致一种可称之为占主导地位的静态思维方式，这种思维方式并不理解这一未来特性，而且在业已形成的东西中一再结束未来。

假定从观察性的知识上看，只存在可观察的东西，亦即过去的东西，并且源自完成的封闭的形式内容无非是在尚未形成的东西上画上圆圈。按照这种逻辑，即使这个世界是历史地被把握的世界，那它也不过是一种重复的世界或一个伟大的永恒轮回的世界。

正像莱布尼茨命名的一样，这种世界乃是一座坚不可摧的王宫。就是说，事件成为历史，认识成为重新记起，庆典成为对某个曾在的庆贺。这样，迄今为止的一切哲学都以其完结存在的固定形式坚持理念或实体。这不仅在提出假设的康德那里是如此，甚至在提出辩证法的黑格尔那里也是如此。由于此，身体的和形而上学的需求毁坏了人们的胃口，尤其是它被误解为被期待的、像书本一样的东西的饱和①。

超越任何“既定存在”(res finita)，这意味着，希望具有一种肯定的关系，即尚未完成的此在的明确性，然而，这在科学史上是全然不会出现的关系。希望既不作为心理的本质，也不作为宇宙本质出现，但是希望至少作为未曾存在的东西的机关，即某种可能的新东西的机关出现。因此，在**这本书**中，特别地扩展了这样一种尝试，即试图把哲学与希望紧密地联系在一起。希望既像人们居住的最优秀的文化国度一样的地带，也像南极一样未开拓的广袤无垠的蛮荒地带。笔者迄今出版的一系列著作批判地深入探讨了与此有关的内容，这些著作包括《痕迹》、《乌托邦的精神》、《这个时代的遗产》、《主体-客体》等。

因此，渴望、期待和希望需要自身的解释学，我们面前的黎明要求自身特殊的概念，“新东西”(Novum)要求前概念，这一切都为这一目标服务，那就是通过这一被中介的可能性王国，最终批判地铺设一条通向某

① 此处，“像书本一样的东西”，布洛赫用以指称“某种业已完成的像书本一样的思维”。——译者

种梦寐以求的国度的宽广道路,为此,我们必须辨认方向、认清形势,以便保证这条道路畅通无阻。因此,**“已知的希望”**(Docta spes, begriffene Hoffnung)①照明与这个世界息息相关的、须臾不可离的原则性概念,因为这个概念不仅向来都不曾蕴含在这个世界里,而且在哲学上也长期受到冷落。这样,迄今人们未能有意识地创造历史,因此,在说明趋势的方法上,人们以为仿佛目的本身就包含了一切。在其最佳意义上,乌托邦的原理概念地地道道是一个核心概念,它蕴含了希望和人的尊严内容。是的,对于适当地改变一切事物的意识而言,以此命名的概念位于视域之中,即位于开阔的、进一步开阔的视域之中。对尚未形成的可能性的期待、希望和意象而言,这不仅是人的意识的基本规定,也是在客观现实之内被具体地校正和把握的总体的基本规定。

自从马克思以来,根本就不存在可能的真理探究,也不再存在可以回避世界的主客观的希望内容的某种决断的现实主义。当然必须禁止陈词滥调和死胡同。**哲学将成为明天的良心,代表未来的党性,拥有未来的知识,或者将不再拥有任何知识**。马克思开启的新哲学乃是关于新东西的哲学,这新东西就是我们大家都期待的、毁掉的或实现的本质一样的东西。哲学意识乃是在危险面前及危险条件下去取得胜利的开诚相见。哲学的场所是过程之内的、对象自身轨道之中的客观的和现实的途径。人们所激进地意向的东西在任何地方也都没有得到实现,但在任何地方也都没有受到挫败。从主体上看,必须全力加以推进的愿望停留在这真正可希冀的东西之中:我们值得深入研究这一核心事物的功能和内容。

善良的新东西从来都不是崭新的。这东西超越那贯穿人生并为形象艺术所成就的白日梦之中。乌托邦式的希冀引导一切自由的运动,而且所有基督徒都按其本性了解这一点。因为他们十分熟悉出自《圣经》

① “已知的希望”用以指称具有自身社会变革意志的希望,因此,它有别于私人愿望或“如意算盘”(Wishful thinking)。——译者

的《出埃及记》和弥赛亚主义的宴会，并为此深感震惊。“有”(Haben)与“非有”(Nicht-Haben)彼此交织在一起，从中同样可以构成渴望和希望。迄今，在伟大的哲学中，毕竟发掘出了旨在到达存在之家的冲动，例如柏拉图的“厄洛斯”概念、亚里士多德的更深远的概念，即作为趋向本质之可能性的“质料”概念，莱布尼茨的“趋势”概念等等。在康德的道德意识的假设中，希望直接地起作用，在黑格尔的历史辩证法中，希望针对世界间接地起作用。

然而，在乌托邦领域里，哲学家们进行了这一切启蒙性的侦察乃至探险，但是他们所发现的不过是被中断的某种东西，甚至是借助于观察而被中断的某种东西。这一点最鲜明地体现在探索希望的特征方面走得最远的黑格尔身上，例如在他那里，曾在的东西压倒日益逼近的东西，业已形成的东西的集合体严重阻碍未来、前线、新东西等范畴。

无论在古代的神秘世界(尽管由此有了《出埃及记》)中，还是在都市的理性主义世界(尽管有了爆炸性的辩证法)中，乌托邦的原理都没有达到突破性的表现。究其根本，原因全在于，古代的神秘主义精神形式和都市理性主义精神形式都是观察性的和唯心主义的精神形式。因此，作为一种被动的观察形式，这种精神形式仅仅以某种完成的世界为前提，并且仅仅包含其中反映和投射既定东西的那个超越的世界。古代的神秘主义精神追求完备之神，而都市理性主义精神追求理念或理想，但是，正如所谓经验存在中的此岸事实一样，这些东西都不过是自身想象中的既定事实而已。因此，真正的、类似过程的、开放的未来对每一个单纯的观察性思维都是极度冷漠和陌生的。在这个世界上，只有指向变化的、传达变化意愿的思维才适合于未来(我们面前没有关闭的生成空间)，而且未来不应理解为窘境，过去也不应理解为魔力。从而重要的是，只有有意识的理论-实践的知识才关涉生成中的东西，与此相对照，从概念上看，观察性的知识却仅仅关涉业已形成的东西。这种特征，即直接地表达过去的东西和业已形成的东西乃是神话中的某种自我沉没，是对尚未预先考虑到的东西的冲动，并且像满载一切事件的固定圆形穹顶一样，充满着类似星相神话般的真正异教徒的特性。那种与过去相联系并与未来相距甚远的方法论表述乃是柏拉图的“回忆”(Anamnesis)或“一切知识都是重新认出”的教义。

这就是重新认出出生之前见到过的理念,重新认出远古过去的东西或非历史的永恒。照此说来,“本质”(Wesenheit)压根就是与“过去存在过的东西”(Ge-wesenheit)同时发生的。如果某种生命形态衰老,密涅瓦的猫头鹰就总是在黄昏时起飞①。归根结底,黑格尔的辩证法在其“从圆圈到圆圈”的意义上,也受制于“回忆”这一幻象,最终被驱逐到古董店中。

直到马克思才反其道而行之,重新确立变化的激情,开始倡导一种旨在反对被动观看和静态解释的理论。这样,过去与未来之间的僵硬区分归于崩溃,尚未形成的东西在过去之中变得可见了。付出代价并继往开来的、经过传授并得以实现的那种过去在未来中显现出来了。因此,孤立地被理解、固定化的过去乃是一种单纯的商品范畴,这是缺乏自身工具意识和连续过程意识的某种物化的意识。但是,当下本身中的真正的行为却发生在“过程”(Prozesses)这一总体性中,无论向前或向后,这种作为总体的过程都绝不会终结。唯物辩证法掌握这一过程,从而成为被传授的和掌握的东西的工具。至今还具有进步意义的市民时代的合理性不过是这方面的最近遗产而已(当然要扣除与具体场所结合在一起的意识形态以及内容上的日趋空泛)。

但是,这一“合理性”(Ratio)并不是惟一的遗产,毋宁说,在这种合理性中,先前社会乃至好些神话都为旨在克服市民社会认识界限的某种哲学提供了进步的遗产。尽管应当重新扣除单纯的意识形态,更要扣除前科学上所保留的迷信。但是,我们必须理解这种社会和神话,特别是启发式地批判接受,并且努力改变其功能。例如,想一想前资本主义世

① 密涅瓦(Minerva),指希腊罗马神话中的智慧女神雅典娜,栖落在她身边的猫头鹰是思想和理性的象征。黄昏到来,猫头鹰开始宣示女神的神谕。——译者

界图像中的目标(向何处、为何)作用,或者想一想非机械的自然概念中的“质”(Qualität)的意义。想一想普罗米修斯神话,在此想一想关于黄金时代的神话,马克思把普罗米修斯称之为哲学日历上最高尚的圣人,想一想无数被压迫阶级和民族的弥赛亚主义意识中关于未来远景的图像。

马克思主义哲学是这样一种哲学,它最终对生成和上升持最恰当态度,并且在创造性广度中认识全部过去。因为马克思主义哲学除了懂得活着的、尚未得到补偿的过去之外,根本不知道任何别的过去。

马克思主义哲学是未来的哲学,也是在过去中蕴含着未来的哲学。因此,马克思主义哲学活在这种集合的前线意识中,从而它是信任历史事件的、献身于新东西的、已知趋势的理论-实践。在此,重要的是,在光的假象中,努力塑造和推进类似过程的和未完结的总体(Totum),这里,所谓“光”(Licht)就是**已知的希望,辩证地和唯物主义地理解的希望**。哲学的基本课题是尚未形成的、尚未成功的“家乡”(Heimat),进言之,在新东西与旧东西的辩证的和唯物主义的斗争中家乡是如何得以形成和塑造的。

在此,我们给这一哲学基本课题进一步确立一个标志。这一标志的意义是“尚未”(Noch-Nicht),对此,我们需要正确地理解。与此相称,列宁的一段话意味深长,在很受人们称赞,但并未引以为戒的一段话中,他说道:

“‘我们应当幻想什么?’我写了这几个字以后,不觉吃了一惊。我仿佛是坐在‘统一代表大会’的会场里,坐在我对面的是《工人事业》杂志的编辑和撰稿人。这时马尔丁诺夫同志站起来,咄咄逼人地向我质问道:‘请问,如果不事前向党的各个委员会请示,自主的编辑部有权去幻想吗?’接着,克里切夫斯基同志站了起来,并且(用哲学家的态度来加深早已加深了普列汉诺夫同志的意见的马尔丁诺夫同志的意见)更加咄咄逼人地接着说道:‘我进一步问你,如果一个马克思主义者没有忘记,人类始终只是照马克思的意见,提出可能实现的任务,策略是任务同党一起发展的增长过程,那么从根本上来说,它是不是有权幻想呢?’

“想到这些咄咄逼人的问题,我真是不寒而栗,只想找个地方躲起来。我就试试躲在皮萨列夫背后吧。

“皮萨列夫在谈到幻想和现实之间不一致的问题时写道:‘有各种各样的不一致,我的幻想可能赶过事变的自然进程,也可能完全跑到任何事变的自然进程始终达不到的地方。在前一种情形下,幻想是丝毫没有害处的;它甚至能支持和加强劳动者的毅力……这种幻想中并没有任何会败坏或者麻痹劳动力的东西。甚至完全相反。如果一个人完全没有这样来幻想的能力,如果他不能间或跑到前面去,用自己的想象力来给刚刚开始在他手里形成的作品勾画出完美的图景——那我就真是不能设想,有什么刺激力量会驱使人们在艺术、科学和实际生活方面从事广泛而艰苦的工作,并把它坚持到底……只要幻想的人真正相信自己的幻想,仔细地观察生活,把自己的观察的结果与自己的空中楼阁相比较,并且总是认真地努力实现自己的幻想,那末幻想和现实之间的不一致就丝毫没有害处。只要幻想和生活多少有些联系,那幻想决没有什么不好的地方。’

“可惜的是,这样的幻想在我们的运动中未免太少了。对这种情况应当负最主要的责任的,是那些以头脑清醒和‘熟悉’‘具体情况’自夸的合法的批评家和不合法的‘尾巴主义分子’。”①

我们必须给向前的梦确立其他的标志。本书探讨的无非是超越一朝一夕的希望,本书执笔于 1938 年至 1947 年,审阅于 1953 年至 1959 年。本书分为五部分,其主题是更美好生活的梦。我广泛地接受、研究和检验了梦的直接特性,尤其是梦的可中介的特征和内容。本书越过小小的清醒之梦,探讨了强烈的清醒之梦,越过动摇不定的可滥用的清醒之梦,探讨了严格的梦,越过变化无常的空中楼阁,探讨了尚在期待的急需的惟一之梦②。

因此,一开始我们选择了一般类型的白日梦,这些梦是从青年起到老

① 列宁:《怎么办?》,选集Ⅰ,1946 年,第 315 页。

② 参见《新约·路加福音》,第 10 章,第 42 节:“但是不可少的只有一件,马利亚已经选择那上好的福分,是不能夺走的。”——译者

年期的轻松而自由的梦。这些白日梦填满了第一部分:报告,例如,邂逅在大街上的人们的梦和不规则的愿望。然后第二部分,即奠定基础部分,广泛奠定和拥有一切愿望的基础,深入研究“预先推定的意识”(antizipierenden Bewußtsein)。

由于是基础,即**奠定**事实本身的**基础**,这第二部分的许多地方并非容易阅读,相反,这部分给读者平添了内容上的难度。但是,循序渐进的读者将逐渐熟悉其内容,同样减轻内容上的难度。而且,对研究对象的浓厚兴趣,也会使辛劳变得轻松些,这就好比山顶上的亮光属于登山者,他鸟瞰了无限风光。

在此,有必要强调“饥饿”(Hunger)这一主要冲动,正像饥饿继续行进到否定的匮乏情绪一样,饥饿也继续行进到最重要的期待情绪:希望。第二部分的一个主题是**“尚未被意识到的东西”的解释以及明确的记录**。这意味着,另一个侧面即向前的而不是向后的尚未被意识到的东西。这里,所谓另一个侧面系指破晓中的新东西,迄今未曾意识到的东西。但是,这东西并不是某种可以回忆的被遗忘的东西,不是被压抑的或无意识中沉沦于古代的东西。迄今,莱布尼茨发现了潜意识,浪漫主义研究了夜和远古的过去,弗洛伊德尝试了心理分析,然而,这些发现和研究本质上都仅仅描述和考察了“向后的朦胧”。人们以为发现了这样一个事实:一切当下的东西都储藏在回忆中,即储藏在“不再被意识到的东西”这一过去的地下室中。

但是,人们却没有发现这样一个事实:在当下的东西中,甚至在回忆本身中蕴含着某种推动力和某种被中断的东西,亦即从中蕴含着尚未形成的东西借以孵化和预先认识的东西。这种被中断的和渐渐出现的东西并非发生在所谓意识的地下室里,而是发生在意识的前线。因此,这里的问题是日益逼近的东西的心理进程,尤其是刻画青年期、转折期以及创造性冒险的特性,不仅如此,刻画尚未形成的东西寓于其中的一切现象的特征,并且清楚地表达这些特征。预先推定的意识就这样作用于希望的领域里。因此,作为害怕的对立面(因为害怕也是可以预先推定的),希望**不仅被接受为情绪,而且被接受为认识形式的本质定位形式**。在此,正相反对的概念不是害怕而是回忆。如此标明未来意向的表象和思维乃是乌托邦的表象和思维,但是,乌托邦一词不再被理解为一种狭隘的、甚至仅仅规定坏东西的概念,不再被理解为类似轻率的绘画作业、抽象的游戏形式等,而是被理解为向前的梦、预先推定等新的正当意义上的概念。因此,在这方面,尽管乌托邦概念忽略一般意义上的贬值,但它绝非必然是抽象的或远离世界的概念。相反,它拥有核心课题,努力朝向世界:超过历史事件的自然进程。所以,不难理解,这第二部分的主题是乌托邦的功能及其内容。这部分详细论述了乌托邦与一系列范畴的关系,例如,与意识形态、原型、理想的关系,与象征、前线、新东西的关系,与虚无、家乡的关系,与现在、在此的关系,等等。

在反对一切无聊的和静态的虚无主义方面,必须牢记这一点:即使"虚无"(das Nichts)是一个极端反乌托邦的范畴,它也是一个乌托邦的范畴。扯得远一点,虚无概念以毁灭为基础,或者以此为背景(这样存在之日就位于两个确定之夜之间)。然而,就像家乡、"一切"(das Alles)等肯定的乌托邦(positive Utopikum)范畴一样,虚无也仅仅作为客观的可能性而"存在"。虚无概念巡回于世界的过程之中,但并非纹丝不动地停留在世界之中。作为乌托邦的特征,作为威胁性的或充满这个世界的结果规定,虚无和一切这两个概念都是尚未确定的。

同样,"现在"(Jetzt)和"这里"(Hier)总是起始于与人接近的地方,两者也是一个乌托邦的核心范畴。但是,与毁灭性交往的虚无不同,与闪闪发光的"一切"不同,现在和这里尚未进入时间和空间之中。毋宁说,这种最直接的"邻近"(Nähe)内容完全处在"经历过的黑暗瞬间"(Dunkel des gelebten Augenblicks)①之中,从而成为现实世界的纽结、世

① 布洛赫把"经历过的瞬间黑暗"表示如下:人借以感受生命中最高幸福的瞬间乃是黑暗,这种瞬间之所以黑暗,是因为在瞬间中实现了的渴望是朦胧不清、不甚明了的。因此,布洛赫把这种人的朦胧的生存体验表述为"实现的忧郁"(Melancholie des Erfüllens)或"实现的窘迫"。——译者

界之谜。

乌托邦的意识想要眺望远处的东西。但是,到头来这种意识旨在渗透正好经历过的那个行将来临的瞬间中的黑暗,而一切存在者在这种黑暗中都隐蔽起来活动。

换言之,为了恰好渗透到最近处,人们需要研磨历练的"乌托邦意识"这一最强的望远镜①。因此,乌托邦意识是最直接的直接性,恰恰在这个直接性里蕴藏着人的"存在状态"(Sich-Befinden)和"此在"(Da-Sein)的核心,同时还蕴藏着世界秘密的全部纽结。下述这个命题并不是秘密,例如,世界的秘密只为不可通达的知性而存在,但"事物"(Sache)本身却明晰透明,或者仿佛自身具有某种静止不动的内容。相反,这一点才是实在的秘密,那就是,世界事物本身存在着,而且世界事物在过程和中途中拥有自身的解决办法。

因此,人之中"尚未被意识到的东西"完全属于这个世界上的"尚未形成的东西"、"尚未查明的东西"(Noch-Nicht-Herausgebrachten)、"尚未显现的东西"。尚未被意识到的东西与尚未形成的东西,特别与历史和世界之中日益逼近的东西相联系,并且交替作用。在这种情况下,预先推定的意识的研究根本上应当有助于这样一个目标,即在精神上、物质上理解某种预先推定的更美好生活的映像以及本真的影像。因此,根据某种"尚未被意识到的存在论"(Ontologie des Noch-Nicht)的基础,我们应当获得关于预先推定的东西的知识。这些就是第二部分的内容,这部分着手分析了希望的主观功能和客观内容。

现在我们回到个别的愿望,在此重新发现可疑之处。在第一部分的《报告》中,我们遇见的是不规则的小小愿望,与此不同,现在却可以看见被控制的、被引导的市民社会的愿望图像。如此被引导的愿望图像不仅

① 布洛赫把乌托邦意识称作"望远镜",但它并非为了把握远离世界的事物而存在。相反,乌托邦的工作是在最近处发现尚未得到照明的新东西。因此,这望远镜是旨在锐利地把握人的内在和外在事实的意识显微镜。——译者

会遭到压制,也会遭到滥用,以至于被涂抹成玫瑰色,甚至沾满血迹。第三部分的《**过渡**》指明了重复美化之**镜中的愿望图像**。在此,统治阶级同样渴望弱者所渴望的东西。正像在童话中完全可见的、令人惊异的图像一样,只要镜子源自人民,愿望图像就得到完全的净化。这部书的第三部分充满了镜中所反映的、经常规范化的愿望,作为想象的或真正更美好生活的愿望,五光十色的冲动与这一切愿望是共同的、一致的。化装的刺激、闪烁的**橱窗陈列品**等都可归入这里,但是,接踵而至的内容是**童话世界**、**旅行**中被美化的远方,舞蹈、作为梦的工厂的**电影**,作为范例的**戏剧**等等。娱乐工业中的这些内容或者虚幻地预先描绘更美好的生活,或者真实地预先描绘人生本质上所指明的东西。

但是,这种预先描绘却过渡到自由的、深思熟虑的构思,于是,人们就处于一种真正的乌托邦,即**计划乌托邦**或**概要乌托邦**之中。这些内容填满了第四部分:**构建**,这里涉及的内容不仅仅是关系到历史的内容,而是关系到历史上丰富多彩的内容。这里依次陈述了医学乌托邦、社会乌托邦、建筑乌托邦、技术乌托邦、地理乌托邦以及绘画和文学作品的愿望图像。这样,在此出现了对**健康**的愿望图像,对**没有苦难的社会**的基本愿望图像,对**技术**奇迹以及现存许多**建筑**中的空中楼阁。在**地理发现之旅**中,出现了乐园-天堂,在绘画和诗歌中,出现了令我们心旷神怡的环境风景。在智慧中,出现了某种总体的展望。这一切统统包含着旨在超越既定现实的人的渴望。在此,某个业已完成的世界地段和目标图像并不是含蓄地或明确地构筑经验上业已成就的东西,而是典型地刻画和塑造更为本质的现象。

在此,尽管也不乏许多任意的抽象的逃避行为,但是,伟大的艺术作品本质上显示与完满地形成的事物自身息息相关的一种“前假象”(Vor-Schein)。从中,目光转向预先塑造的本质,转向美学-宗教方面实验的本质,然而每个这一类尝试都在实验地球尚未拥有的某种超越的东西、某种完成的东西。与当时的阶级界限相称,这方面的目光十分多样而具体,但是,当时所谓艺术意志的乌托邦的基本目标并不总是随同其社会一道消失在所谓艺术风格,即意识形态的“剩余”之中。例如,就像渴望石头一样,埃及的建筑乃是变化的意志,它想要的完满性是死亡的结晶;就像渴望“基督的葡萄树”(Weinstock Christi)一样,哥特式建筑乃是生成的意志,它想要的完满性是生命之树。一切艺术作品都凭借显现显示出充实状态。一切艺术作品都象征完满性,都从乌托邦角度推动本质性的终点。然而,在社会乌托邦方面,不言而喻的无非它是乌托邦的东西:第一,因为它就是这样被称呼的;第二,“梦的国家”①一词多半与社会乌托邦联系起来使用,而且,也不仅仅是抽象意义上的乌托邦。正如人们注意到的一样,乌托邦概念因而不仅不恰当地受到缩小,即被限制在“国家小说”(Staatsromane)上,而且,尤其是通过这种国家小说的压倒性的抽象性,恰恰保留了那种抽象的游戏形式。这种游戏形式为从空想到科学这一社会主义的发展所抛弃和扬弃。尽管疑虑重重,乌托邦一词毕竟是由托马斯·莫尔所创,当时还不是哲学上无所不包的乌托邦概念。

与此相对照,人们很少从乌托邦角度思考其他领域的愿望图像和计划,例如技术领域的愿望图像和计划。尽管弗兰西斯·培根著有《新大西岛》,但在技术领域里,某种“边缘学科”(Grenzland)并没有设定自身的先锋地位和自然中固有的希望内容。而且,希望内容还构成美丽的空间,呈现在塑造的、模仿的和预先塑造的建筑物中,但人们同样很少在建筑学中发现这种内容。与此相似,在绘画和诗歌所显现的境况和风景中,乌托邦内容也没有得到令人惊讶的发现,尽管在绘画和诗歌中,蕴含着异想天开的观点,特别是蕴含着深远地向里观看、向外观看的“可能性的现实主义”(Möglichkeits-Realismen)。但是,尽管内容上有所变化,但在这一切领域中,乌托邦的功能都在发挥作用。在微不足道的意识作品中,这种作用狂热地显现,在伟大的艺术作品中,这种功能则以独一无二的方式(sui generis)精确地、现实主义地显现出来。

---

① “梦的国家”(Wolkenkuckucksheim),语出阿里斯托芬的作品《鸟》,用以描述荒诞无稽的空想世界。——译者

人的“想象力“(Phantasie)的充溢连同世界上的一切相互关系(想象力马上变成一种具体的、内行的想象力)都只有借助于乌托邦的功能才能得到应有的探究和清查。正如没有辩证唯物主义,它就无法得到检验一样。艺术所指明的特殊的前假象好比一座实验室,在这座实验室中,进程、人物和特征等均被驱赶到典型的、富于特征的“终点”(Ende),即驱赶到某个深渊或某个终点的极乐境界。人们用简单明了的方法,即“本质观看”(Wesentlichsehe)记录每一件艺术作品的特征和境况,因此我们可以把这一点称之为“莎士比亚最意味深长的类型”,或“但丁最专业的类型”。这种“本质观看”是以业已存在的现实可能性为前提的。在此,展望性的行为和幻想到处指向主观的或客观的梦之路;梦之路从业已形成的东西通向业已成功的东西,通向象征性地环绕的“业已成就的东西”(Gelungenheit)。这样,尚未的概念以及在这方面成形的意向就不再把自身惟一的、甚至殚精竭虑的榜样固定在社会乌托邦中。撇开其他方面不说,社会乌托邦对于某种经过阐明的预先推定的批判认识是十分重要的。

然而,不应当用托马斯·莫尔的方式限制乌托邦事物,或者仅仅根据他的乌托邦把握乌托邦事物,这仿佛是想要把“电”还原为类似琥珀的东西(电的希腊名称源自琥珀,人们从琥珀中首先注意到了电)。的确,乌托邦事物与“国家小说”很少一致之处。因此为了正确地评价乌托邦所表现的内容,哲学对于一切总体性(有时几乎把总体性遗忘殆尽)都是必不可少的。

因此,第四部分《构建》广泛汇集了预先推定、愿望图像、希望内容等。因此,在描绘关于理想国家之神话的同时,这部分还逐一探讨技术乌托邦、建筑乌托邦、地理乌托邦以及绘画、歌剧和文学中所描绘的固有的愿望风景,此外,还涉及这方面的详尽记录和解释。因此,归根结底,这一部分在铭记哲学智慧中,为各种各样的希望风景的描写和特殊展望保留了场所。在迄今为止的哲学思维中,压倒性的激情是对曾在的关注,并且总是专注于现象与本质这一预期的目标,尽管如此,这种关注清楚地表现出一种乌托邦的极性。所有这一系列社会的、美学的和哲学文化的布局都与“真正的存在”有关,按其本真意义,降落在总是具有决定性意义的某个基础之上,并且归结为这样一个问题,即摆脱了剥削的和负荷的劳动的生活,但也是劳动之外的生活,亦即对**闲暇的愿望问题**。

最后的意愿是当下真实地存在。被经历过的瞬间属于我们,而我们同样属于这个瞬间,从而我们能够对这个瞬间说声:“停留一下吧”(Verweile-doch)。① 在现在和在此中,人终于想成为他自身,他想毫无迟延地、毫无距离地进入他的丰富生活。真正的乌托邦意愿肯定不是无限的谋求,毋宁说,这种意愿只不过是想要单纯的直接性而已,从而,它最终想要中介、照明和实现自身的实际境况和此在,将其成就为幸福的、恰当的东西。这就是“停留一下吧,你多么美呀!”这一浮士德的计划所思考的乌托邦的界限内容。

构建所具有的客观的希望图像必然催逼那些心满意足的人们本身,并催逼与此完全相中介的环境,即家乡。因此,这部书的第五部分《**同一性**》试图容纳这种意向。这里出现一种旨在成为真正的人的尝试,即各种道德的核心图像(Leitbilder)以及时常相互对立的、关于正义生活的“核心目录”(Leittafelen)。然后,出现一系列**超越人类界限**的虚构形象:唐·乔万尼、奥德修斯、浮士德等。特别是,浮士德胸怀彻底地体验世界的乌托邦,但他恰恰走在完满瞬间的半路上。堂吉诃德则在“梦想–偏执狂”中警告和要求“梦想–深度”。作为呼吁和“远征”(Zug),以及作为直接的、远程传播的表达路线,音乐浮现了。音乐乃是用歌唱和音响所造成的最富于强度的艺术,它属于这个世界上最富于乌托邦人性的艺术。

而后,所汇集的是**反对死亡的希望图像**。死亡是对乌托邦的最强烈的反击,对于乌托邦而言,死亡是无法忘却的唤醒者。死亡首先与乌托

---

① “停留一下吧,你多么美呀!”,语出歌德作品《浮士德》最后一句。主人公把自己的灵魂出卖给靡菲斯特后,重获一次人生。因此,在此应该停留一下的东西就是时间。参见歌德《浮士德》第一部,1700 行。——译者

邦的特征所吞并存在的那个虚无打交道。在此,即在坏东西的毁灭没有积极地被吸收的地方,既没有生成,也没有胜利。构建**宗教**想象的一切福音都反对死亡和命运,从而神秘地到达顶点。宗教的想象力完全是幻想的,但是蕴含着人性的核心,最终都与摆脱邪恶的拯救有关,都与"自由王国"有关。

此后的内容恰恰关系到把世界变成家乡的此岸意向,关系到承载和统摄家乡的**空间**,即"**自然**"(Natur)以及未来问题(Zukunftsproblem)。在此,中心问题到处停留在愿望价值问题或"**至善**"上。就像人自身的当下存在一样,至善的乌托邦作为惟一的必然性也还完全出于一种预感状态中,但它却支配其余的一切。

如果我们走上废除普遍的贫困,我们就能到达和接近较低的至善。在通向这条路以前,我们的财宝首先受到铁锈和蛀虫的侵蚀①,然后我们才能通向"停留一下吧"这一锦绣前程。这条道路乃是社会主义,我们都停留在这条道路上。社会主义乃是具体的乌托邦的实践。

所有非幻想的希望图像,所有"现实的可能性"(Real-Mögliche)都通向马克思。尽管依据具体境况,各种希望图像总是变化无常、参差不齐,但都为社会主义的世界变化而工作。借助于此,希望的建筑艺术实际上成为某种与人类(迄今他们把希望仅仅当作梦想,当作高不可攀的、遥不可及的前假象)息息相关的、某种与新的地球息息相关的建筑艺术。其实,在更美好的生活的梦中,总是业已询问某种幸福的形成问题,然而,只有马克思主义才能开启人类如何通向幸福的彼岸。在教育学和内容上,希望图像将为创造性的马克思主义提供一条新的通道,而且这条通道是从新的前提以及主观类型和客观类型出发的。

在此,将广泛地描述所涉及的内容。无论问题大小,我们都要尽可能地加以检验,释放出从中所蕴含的真实的东西。惟其如此,才能根据现实的可能性,把现实可能性中的存在者、真正尚在期待中的东西(其他

① 参见《新约·马太福音》,第6章,第19节。——译者

一切只不过是诸如单纯的想法、傻瓜的天堂一类的秕糠而已）归入肯定的存在之中。这种肯定的存在乃是我们急需的某种伟大的简单性或“一者”（das Eine）。一部希望的百科全书经常包含着重复，但是任何地方都不发生冲突。关于重复，在此伏尔泰的命题是有效的：“他将经常重复，直到人们理解他为止。”这个命题显得越发重要，因为书中内容上的重复是尽可能在新的层次上进行的。换言之，重复不仅使人体验到某种东西，也使人得以重新体验到统一的研究目标。

我们所急需的一者的定位同样存在于迄今为止的哲学中。否则，怎能存在智慧之爱呢？否则，怎能存在与本真的东西持续而全面地相关的伟大的哲学呢？否则，怎能存在能够洞察与真实的模拟相关的本质事物的那种伟大的唯物主义哲学呢？这种哲学如其所是地解释世界（并且确信有能力解释这个世界），孜孜不倦地发现这个世界的幸福（并且确信有能力发现这种幸福）。

但是，直到马克思，迄今为止的智慧的朋友们，甚至唯物主义、关闭的东西：从朴素的泰勒斯的“水”到绝对的黑格尔的“自在自为的理念”无不如此。

归根结底，迄今为止的哲学家们始终生活在柏拉图“回忆说”的天花板之下，进言之，包括黑格尔在内的迄今为止的哲学都妨碍了前线、新东西的严肃性，遮盖了辩证的和开放的厄洛斯，使之变成了一种思辨的和好古的东西。这样，哲学中断了展望性，回忆则放松了希望的缰绳。

这样，希望恰恰没有浮现在记忆面前（在过去中的未来面前），同时，即使在涉及希望的时候记忆也并没有兴起（这个希望就是历史地传承下来的、摒弃历史学的、具体的乌托邦）。这样，人们似乎已经走在存在的趋势后面，似乎跟在它的后面亦步亦趋。这样，世界的真实过程似乎已经落在了自身的后面，已经处于静止状态，或处于停顿状态。

但是，对真实的、现实的东西的塑造和模拟哪儿都不会中断，否则，在这个世界中，与此有关的过程一开始就是业已决定的。一旦我们与封闭的和静态的存在概念告别，希望的实际向度就会展现出来。更确切地说,世界充满着某物的素质、某物的趋势、某物的潜势,如此预期的某物也正是被意向的对象的实现。这意味着创造更适合于我们的世界,即没有不体面的折磨、恐惧、自我异化、虚无等。但是,这种趋势就像一条河流中的前浪一样,恰恰在"新东西"的前面打算做某事。现实东西的"向何而去"(Wohin)只有在新东西中才展现出自身基本的对象规定性,而这种规定性呼唤拥抱这个新东西的人。

马克思主义的知识意味着日益逼近的某种艰辛过程进入概念和实践。在新东西的问题领域里,充满着无人知晓的知识的"白色原野",世界的智慧将在其中重新焕发青春,并且变成原创性的东西。如果存在从自身的"从何而来"(Woher)上得到理解,那么它就由此意识到同样是类似趋势的、尚未封闭的"向何而去"(Wohin)。**就像加工存在的意识一样,这个限定意识的存在也只有从"从何而来"、"向何而去"的追问以及依据什么的追问中才能得到最终的理解**。本质并非过去存在过的东西,恰恰相反,世界的本质本身位于前线。

第1部分

报告:小小白日梦

1. 我们空虚地开始

自我是活动的。我们从一开始就寻找什么。一旦渴求某物,我们就呼喊着。我们并不拥有想望的东西。

2. 想要品尝更多的东西

但是,我们学习,同时我们期待。因为小孩所想望的东西很少及时得到满足。是的,我们甚至期待愿望本身,直到愿望变得清晰明确。小孩为了寻找他想要的东西抓住一切。小孩重新扔掉一切,不停地左顾右盼,但他不知道想望什么。然而,这里已经寓居着我们朝思暮想的某种新鲜的、另类的东西。少年毁坏他人赠送给他的礼物。少年寻觅更多的东西,忙不迭地打开礼物。谁也不会预先命名他所期待的礼物,也不会相信自己已经得到了这件礼物。因此,我们所期待的礼物尚未在礼品包裹里。

3. 每天都沉浸在空想中

后来,我们更勤奋地抓住什么。面对日益逼近的那个地方,人们渴求什么。小孩想当汽车司机或糕点师傅。小孩想要驱车远行,想要每天都吃到香甜的糕点。看来,这些愿望都是合情合理的。

对于动物,我们也抱有很大梦想。特别是对小动物,我们想入非非,因为小动物不至于让我们害怕,可以把它掌控在我们的手中。否则,小动物就会落入圈套,借助于此,遥远的愿望变为积极的行动。糕点师傅逐渐变为充满奇异的旷野中的猎人。壁虎凭着绿色和天蓝色爬行,五花八门、眼花缭乱的东西就像蝴蝶一样飞行。石头也是活着的,在这种情况下,它并不是无影无踪的东西。孩子跟石头一起玩,石头也跟孩子一起玩。小孩说"我就这样喜欢一切",并且猜想一块大理石会不会滚到某处后,等待他这个小孩。游戏意味着变化,尽管意味着重新回归这一确信之中的变化。游戏根据孩子的愿望,把孩子本身、他的朋友以及所有他的事物变成借以陌生地信任的贮存。游戏房间的地板本身变为一座野生动物出没的森林或把每把椅子用作小艇的湖泊。但是,一旦恐惧突然袭来,小孩就远离这种习以为常的想象中的环境,或者艰难地重新返回到以前的日常面貌中来。一个玩耍的孩子惊恐地喊道:"瞧,纽扣就是一个女巫",后来这个孩子就没再碰这只纽扣。纽扣并没有变成比孩子所想望的更多的东西,但是它却成了孩子心目中长久恐惧的对象。

孩子所想象的家中的马厩不会继续延伸到梦以外的任何现实中去。那里理应保持为一个壁虎尚未损坏的、蝴蝶尚未威胁的场所。从这个地方,孩子向窗外投去最愉快的目光并收集新的生活图像,瞬间深度透视另一个世界。这只斑斓的动物本身就是一扇五彩缤纷的窗户,这后面坐落着孩子所想望的远方。这无异于一枚邮票,它讲述陌生的国度。这犹如螺号,当人们侧耳倾听时,就能听到大海的浪潮澎湃。少年外出到处收集别人赠送给他的礼物。这东西也许同样会成为守望少年提前上床入眠的见证。在小孩所注视的五彩斑驳的石头中,已经萌发了许多他后来所想望的东西。

4. 隐蔽与美丽的陌生

隐蔽自己

有时我们渴望自身的身体不被人看见。于是,我们寻找可以保护和隐蔽的某个角落。狭窄的地方令我们感到舒适,但是分明让我们从中做想望的事情。有个妇女说道:“我希望进入橱柜底下,我想生活在那里,跟狗一起玩。”有个男人说:“少年时,我们在树枝之间建造了从下面全然不可见的一个隐身处。坐在那上面,根本用不着高高升起梯子,并且可以中断同地面的所有联系,于是,我们感到十分幸福。”恰恰在这所空间里,人们描绘自身的房间,勾画即将到来的自由生活。

中途已经在家

隐蔽的少年还是战战兢兢地溜走了。尽管他与世隔绝,但他还是寻找宽敞的地方,逃跑期间,他只是到处用墙壁遮挡自己。如果激起隐蔽冲动,即隐身行为是逼真的,那么这种冲动就更好。这里也许是这样一个理由:人们异想天开,容易受到不可推测的陌生的人或异样的人的吸引。

中学生内心世界并非总是无所顾忌、不可范围,相比之下,他们取悦于父母和老师的努力却截然不同。他们确实体谅父母和老师,不想让他们感到悲哀。除了后来某处异类的监狱生活以外,再没有比学校生活中的痛苦更令人厌恶的了。因此,被监禁人产生了不可避免的想法,即越狱。因为外部世界并非清晰可见,所以这种想法就变得格外奇异的了。

一个妇女说:“当少女时,我希望一个强盗闯入家中。我想把一切指给他看,银子、现金、衣物等,他可以带走这一切,作为报答,也把我带走好了。”有个男人则说:“当我第一次听见风笛①时,我就像遇见一件珍宝一样,马上跟那个吹奏风笛的人跑。但是,过了一会儿,我也没有返回。通常当我遇见奇异的人、穿过街道的磨剪子的人时,我也尾随其后。我就这样紧紧跟在他们后面,穿过市区、公路、我认识的村庄和不认识的村庄。在此,深深吸引我的不仅是非凡的乐师,而是我所信仰的精神,即充

---

① 风笛(Dudelsack),用兽皮制作的一种苏格兰民间乐器。——译者

满诱惑力的、呼啸而过的精神。也许乐师把这种精神深藏在风笛之中，而我最终成为这种精神本身。”

这样，七岁或八岁少年的狭小空间就变得开阔了，最陌生的想象在其中逐渐产生，如果从地面把梯子高高升起，情形就更是如此。在高高的树上，少年隐藏自己，他跟朋友们一道从藏匿处悄然溜掉。他拖着身子，骑上喘着粗气、鬃毛飘扬的骏马自信地走上冒险之途。黑夜隐藏着无数的小酒店和城堡，其中有甲胄、武器、熊熊的壁炉火焰、像树一样站立的男人，但鸦雀无声。

这期间，少年在练习本的吸墨水纸上绘画，表明他对藏匿处的五彩缤纷的欲望。一个长满荆棘的安全场所跃然纸上：一所房屋、一座城市、一座塞满了大炮的海边要塞。这个安全场所的对面是海岛，它能够击退大海那面的敌人；但是，陆地这面坐落着三重堡垒地带。这些地带监视道路，而这些道路纵横交错，与地下相连，是通向梦的要塞（Traumfestung）的必经之路。

海洋都市就这样静静地躺在大海的怀抱里，这地方是为学校和住家所看不见的地方，是既不能用眼睛一睹其风采，也不能在睡眠中与之攀谈的地方。

但是，这座要塞并没有全然被描绘成一堵坚不可摧的地方，而是描绘为一座朝气蓬勃、青春焕发的地方；进言之，在练习本的空白页上，这座要塞被描绘成一所完全未知的空间。通过高高在上的城垛，少年自身的生活得到了很好的保护。而且，他在任何时候都能向上攀援，登高望远。从此以后，这一狭小的空间与美丽的陌生之处之间的联系绝不会消失殆尽。应该说，从这时起，少年的希望之乡就是一座海岛。

5. 逃避与胜利者的回归

做梦者永远都不会停留在特定场所。他离开某一场所和状态，几乎随意地活动。十三岁的少年发现了随同旅行的自我，因而这个时期形成的对更美好生活的梦显得格外丰富多彩。梦激起渐渐躁动的一天,它跳过学校和家,带给我们美好而珍贵的东西。对更美好生活的梦是逃避中的前骑兵,是为我们日渐明晰的愿望所设的第一个宿地。这门技能得到练习,借助于此,谈论迄今我们尚未经历过的东西。这个时期,一个天资平平的少年也能虚构从中感到幸福安康的轻快寓言和童话。少年编织关于上学路上的故事和同朋友散步的故事,就像一幅悬挂的图像一样,讲故事的人总是位于童话的中心。这个时期的童话几乎都充满了对平庸生活的仇恨,尽管这些童话本身落在离树干不远的地方。愚钝的小孩想要提高自己,粗野的小孩对家庭腐败吐唾沫。少女们像美容师一样反复更换名字,他们把自己的名字弄得比实际名字更刺激,并且开始打扮成某个梦寐以求的他人。也许少年谋求比父亲所经历的生活更高贵的生活、更惊人的行动。人人寻求幸福,但是人人感到这种幸福受到禁止,因而重起炉灶另开张,把一切重新制作。

向着大海

某种性(Geschlecht)的刺激并非总是明晰,至少不是一清二楚,但是在共同作用着。少女长久保持某种后天获得的羞涩,少年则注重某种枯燥无味的冷静。因此,他的高傲和自恋时常妨碍赋予“爱”以特别梦醒的位置。少年少女们对爱缺乏正当的感情,或者仅仅从自身性的角度理解爱。在他们的愿望中,尚未出现对于爱的正当的感情。因此,在这个阶段,少年少女的空中楼阁很少变成欲望楼阁,换言之,爱的闺阁、梦中女人只是到了后来才出现。而且,幼年的教养相当长久地保存在乏味的幻想之中;幼年的孤独恰恰填满了逃避的动机。

关于这个时期,一个妇女说道:“我想成为女画家,梦想一座掩蔽在深山老林里的东方城堡,在那里一个人跟我非婚生的孩子一道生活,我从一个十分高贵的男人那里拥有了这个孩子。”针对“十五岁浪漫故事”的提问,一个男人这样说道:“我希望生活在茫茫大海上,那时我想到一艘无可匹敌的战舰。这艘战舰叫做阿尔戈①。我在地球上的所有海岸制作了诸多标志，以至于那瞬间在这个世界的任何地方都能轻而易举地找到它的踪影。我是阿尔戈的主人，具有舰队司令的称号和军衔，统辖这个世界上的皇帝、国王。而且，借助于电子火炮的威力，重新瓜分世界版图，尤其是支持可爱的土耳其重新收复旧的领土。战舰每年有一次夜间飞行，到这一天，我们离开大海登陆地球上最高的山脉，在那里我的朋友们接待我。他们让我通过特别设置的窗户秘密地操作绿色光束展望未来。在太阳下沉不久后，这光线照耀在寂静的海洋上。我知道如何操作这光线，以此人们能够瞥见所有归于灭亡的帝国。"

这属于青少年类型的荒诞无稽的市民念头。相比之下，无产阶级阶层的青年人收敛得多，他们富于教养和坚实感。在此，虽然内容有所淡化，显得不是那般异想天开、匪夷所思，但它同样鲜明地超越了既定事实。这种荒诞不经的故事不仅清晰地出现在青少年内心深处的情绪中，也同样涌现在报纸、冒险书籍及其绚丽多彩的图画中。例如，回想一下集市售货摊吧，那里，铁链弄得丁零当啷响并被打碎；那里，当半个月亮闪烁时，唱起长庚星之歌。恰恰从这里出现关于阿尔戈、土耳其和诸如此类的童话，同样，恰恰从这里出现童话形象熠熠生辉的那种原始的或粗糙的冒险节目。阿尔戈（这是可代替的，几乎每一个人的经验都可以取而代之）乃是代表幼年期最主要愿望的诺亚方舟：代表王牌愿望。年轻人的意志打碎他感到无聊厌烦的那个家，因为这里最美好的东西受到了禁止。因此，在无边无际的故事中，年轻人的意志构筑起白云环绕的山脊城堡或船型的骑士要塞。

闪烁的服装

此后，甜蜜蜜的欲望开始在年轻人心中激起层层浪花。爱不是任何

---

① 阿尔戈（Argo），船名，希腊神话英雄伊阿松曾为寻找金羊皮毛乘坐此船驶往科尔基斯。——译者

一个人单独梦想的城堡,也不是胡思乱想的海上孤零零的船。现在,年轻人不再寻求和美化孤独,相反,这种行为现在变得无法忍受了,对于十六岁花季少年的生活来说,孤独简直是无法忍受的痛苦。即使可心的姑娘长久不见踪影,我们思念的、臆想的姑娘也会出现在世界的某个地方。于是,失之交臂的痛苦就变得同样阴森可怕了。

当少年没能参加某个节日时,他的心中保留一种想象的愿望图像。少年相信,恰好在错失良机的那个夜晚,少女宛如仙女飘然下凡在这个地球上,但是,现在他与她相遇已为时太晚。因为这个必须找到的姑娘尽管频繁浮现在他的想象的图像中,但她并不出现在具体的现实之中。然而,当他与她幸会时,某种性爱的魔力起作用,而这种魔力把梦的姑娘打扮得分外妖娆。试想,心爱的姑娘居住的街道和城市,那里金光闪闪,一派节日气氛。情侣的名字照射在石材、砖瓦和栅栏上,她的房屋总是位于不可见的棕榈树之下。

年轻人并不确信自身固有的力量,因为想象中的东西比这种力量强大得多,并且相互妨碍。因此,年轻人多半在极度的失败感(直到扪心自问:在这个世界上,是否一个人活该如此)与调停一切的自负心之间犹豫不决。在此,内在窘迫与外在放肆是相连的;那个不平凡且憎恶平凡的年轻人自以为是一个小小的神,而其他年轻人则不想费力证明这一点,他自己就把这种想法付诸实施。他想要第一个达到目标,他想要出类拔萃;这个目标可能是十分外在的,它代表一种未知的东西。

少年们追求的是细嫩的皮肤、修长的大腿以及强健的肌肉带来的幸运,而少女则为所谓英俊的男朋友而倍感骄傲;少年富于虚荣心,渴望在城市或城区看到自己与最美丽的小姐在一起。在他们的深层心理中,蕴含着不确定的东西或自身不确定的东西,由于此,没有哪个时期比青春期更受心灵煎熬,也没有哪个时期比青春期更对最高位置怀有强烈的向往和炽烈的感情。在此,青春鞭打自己,或者给自己戴上桂冠,因而在此并不存在含糊不清的中间心理状态;孤独感剧烈地逃避既定现实,在这孤独的彼岸只有两种现实:一是,拒绝价值要求、未来要求的失败感;二是,证实这种欲望的胜利感。对自身卓越能力的炫耀是自身不成熟性的一种反证,但是这种炫耀并不像未来岁月一样空虚,相反,它使自身变得十分麻烦和充满诱惑力。

一切都如此这般地摇摆不定,但是青年越发想要确定未来的生命之光,越发想要明确所期待的未来的生活图像。确定不移的事实仅仅是,他们的渴望并不包含枝节末梢的东西,在这一点上,其他任何时期都不能被视为春的季节。这种对未来的预先享受使青年备受折磨,他想要突然挑战整个人生;如果他的人生迄今一无所成,他就试图凭借激情、痛苦和暴怒去实现这一目标。

再没有什么比想象自身父母的新婚期更稀奇的了,也没有什么比预先想象与自己的孩子们一道生活更稀奇的了;孩子们长大成人,也会拥有自身的新婚期,拥有看似卓越的人生和他自身的青春。

在这青年时代,我们也是这样表现的,我们之所以融为一体、结成真正的友谊仅仅在于共同期待一个共同的未来,这种友谊同未来的劳动共同体一样实实在在。一旦共同的未来被略去,我们青年时代的友谊就会失去生命的活力(岂有他哉)。

因此,再没有什么事情比多年后重新见到从前的学校朋友更心酸、更拘束的了。他们都成了老师,成了当时的成年人,可是,对此他们在童年时是全都密谋反对的。如果我们重见童年时代的朋友,我们就感到我们年轻的幻象和梦不是业已消逝,而是遭到了背叛。

但是,从这种不合时宜的冲击中得出这样一个结论:恰逢十七岁,我们曾有过多少崇高的冲动和“鲁特利山谷牧场宣誓”①,曾经多么频繁地呼吸过高山新鲜空气,也许,现在的年轻人也会这样做吧。但是,山上的空气也充满着狂风,在人生所有最不明确的时期,呼吸这种空气的年轻人都不时分享这种变幻无常的狂风骤雨。人的智力也是如此:只有

① “鲁特利山谷牧场宣誓”(Rütlischwur),相传,1291 年瑞士最初三个地区的联盟在此宣誓反抗奥地利暴政。——译者

若干年轻人才对自身的天赋才能感到高兴,把这种职业变成天职,不为选择职业而牵肠挂肚。许多年轻的姑娘都梦想当电影明星,几乎每一个年轻的男人都有一脑袋不切实际的、与市场上的通常职业毫无相干的愿望。然而,这些愿望充其量是一般的愿望和方向而已,因为缺乏某种才能,他们的愿望很难侥幸保持长久,例如,画画、写作、爱好音乐等。令人惊讶的是,当年轻人付诸实施这些愿望时,一切都变得严重缩水。

青春期的这种特性表明:正像年轻人的心中燃烧一团熊熊的火焰一样,他们对艺术同样抱有极大的热情。但是,有人想要把握艺术的本质,它就变得干枯、萎缩,以至于连某一侧面都不能满足。在这个时代,言谈得以迅速传播,而且也变得很容易,但是写作却很困难。而且,看上去满腔热情的年轻人所实现的东西"就像一粒烘干的李子"一样干瘪。贝蒂娜·冯·阿尼姆①曾经谈到这一点,她一生都无法超越这种青春特性,因此,她多半选择书信来表达自己所要表达的东西。

青年期的另一种文学形式是日记。日记有理由称作守口如瓶的文学形式,或者被视为适合于沉默不语的东西的文学题材。有些成年人在青年时代曾经写过日记,并且珍藏这些日记。他们在日记中立下水位尺,以便测定自身感情的深度。爱、忧郁、萌芽状态的图像、幼虫一样的思想,所有这一切在这里得以采集并停留在出发点上。

虽然青年期的梦不是走了气的啤酒或不新鲜的面包,但是它本身却恼人地、诱惑性地闪闪发光。这样,这个时期不幸和极乐同时起作用;以后舒畅而自由的春天感觉仍然包含着两方面:不幸和极乐。但是,年轻人对勇敢而多彩生活的崇敬、对崇高而宽裕生活的向往是普遍的。富有正义感的小青年源自一种骑士般的意志,他当年一直是一个

---

① 贝蒂娜·冯·阿尼姆(Bettina von Arnim,1785—1857),德国近代浪漫主义散文家,是海德堡浪漫主义诗人克莱门斯·布伦坦诺的妹妹,阿西姆·冯·阿尼姆的夫人。——译者

骑士。因此，年轻人梦想那种必须克服的冒险、必须发现的美、必须争取的伟大。

年轻人距固有的生活相距甚远，因此美化每一个遥远的梦。年轻人不仅被这种遥远的梦迷住，而且坦坦荡荡地超越这种梦。自身所处的状况越是逼近，年轻人就越是剧烈地行动。作为标志，遥远的梦已经足够了，它把夜间快车带入最小的城市。这是从偏僻的地方想象出来的大城市的遥远空间。

年轻人以这种方式塑造一幅放荡而大胆、漫不经心而绚丽多彩的愿望图像。这幅图像与现实格格不入、相距甚远。在愿望图像的内部有着从中活动的、扩张的灵魂，在外部则有能够满足人的愿望的梦的城市图像。如果人的本性中的最强烈的愿望以及频繁地受到伤害的愿望是十分重要的，这些愿望就尤其与对优越环境的想望愿望相联系。富有才华的姑娘渴望逃入这种优越的环境中。

很早以前，巴黎特别吸引人，约1900年，慕尼黑特别吸引人。一旦大学生步入大城市，他就被这座城市深深吸引住，对于他来说，这城市除了可视的辉煌灿烂以外，还聚集了焦急难耐的希望。在此，他相信拥有了最终适合于生存的一种理由和背景。建筑物、公园和剧院灯火通明、令人遐想万千。在咖啡馆，在一张令人自豪的小桌旁，文人骚客聚在一起，吟诗作画；摆有众多低音提琴的极乐世界翘首等待演奏者，最高的荣誉正在叩击这个地方的窗户。不足为奇，对最高荣誉的渴望同样重现了对凯旋的愿望图像，或者为情欲的光彩所环绕。

如果父母之家不仅狭窄，而且感觉恶劣，那么胜利者所设想的回乡乃是一种特别受欢迎的、令人想入非非地广泛流传的补偿，这种幻想是一种无可比拟的愿望，与此相对照的是从前的痛苦生活。当著名女演员回乡时，他的父母和邻居就战战兢兢地袖手旁观，而她却和蔼可亲地对待他们，欣然原谅他们对她的不敬。小时候受过压制的男孩后来乘坐四匹马拉的车荣归故里，在他身旁坐着“征服”为妻子的美丽的富家姑娘。他现在变得理智了，他作为战役指挥官，或者作为伟大的艺术家出现了，无论如何,他穿着华丽的燕尾服出现了。他的妻子是优雅的、自豪而温柔的公主,从头顶上面散发出一股浓郁的芳香,她的脸上飘拂着银色的旅行面纱;这一切都是通过小宝贝而获得的壮丽景象,这一切都令人感到像在法国浪漫都市尼斯一样舒适自在。

这是非常不成熟的梦想,但是,即使今天这种梦想也出现在青年人所梦想的西方的光辉图像之中。诸如热情的、内行的、深思熟虑的、分享的、强有力的、充满的等一类的词都是支配第二格的形容词,统统反映了市民社会年轻人积极进取的愿望。

但是,在市民社会天空上经常唤起的希望之光却成了鲜血之光;对于愚蠢的或麻木不仁的人来说,希特勒就是他们自己的强人。然而,如果没有执拗的形象,某个平凡年轻人的灰色思考就永远也不会出现;愿望本身把年轻人委身于权力。在这个时期,即在生命期的三月与六月之间并没有片刻的休息,要么深沉的爱充满这个时期,要么某种激情澎湃的尊严充满年轻人的目光。

6. 成熟期的愿望及其图像

对成年期愿望的利用并非四平八稳。因为此后愿望并不减弱,实际减弱的仅仅是我们所想望的东西。成年人的冲动比较接近环境,它熟悉周围环境,适应这种环境。这种冲动是通过成年人的生活而形成的,但它也不是完全按照成年人的既定现实形成的。青年期,人们在小市民意义上形成的东西恰恰是不充分的、乏味的。他们的心中依然缺少很重要的东西,因此成年期的人为了弥补这种空隙,继续坚持遥不可及的美梦。也许,在这种空隙中,同样占据着失败的经验,人的愿望时常不是上升,而是下沉。成年人的愿望表现出某种共同特征,即不再带有光滑而红润的面颊,而是带有老奸巨猾的面孔。但是,做梦者相信,最终获得的是,生活应当给予他的东西。

驽马①

成年人的愿望首先倒退到过去，它试图重新补救某种东西。成年人的梦在设想："如果不是愚笨而是机灵，那会怎样呢？"终于轮到了驽马和良好的突发奇想，这是事后聪明。

成年期的人经常感到痛苦，因为他错过了机会，确切地说，错过了在想象中活动了的、姗姗来迟的机会。这种想象同时包含着后悔和渴望，而后悔则把想象变成旨在改造过去的梦想。

那么，在事后聪明的梦想中，究竟蕴含着什么？那是耳光。在愿望落空的瞬间，做梦者没有勇气把它付诸行动，他深感后悔，以至于给自己一记响亮的耳光。但是，马后炮式的梦想能够补偿损失，这一点是通过回溯尚可避免该损失的那个时机而形成的。做梦者抱着辛酸的心情，回味错失的过去："如果及时进入企业，那么肯定一本万利。"可以说，痛饮了印有错误商标的酒。人们通过梦和蒙骗他人的报告出色地选择了正确的东西。

或者，幻灭像河水一样汹涌，像水龙头一样喷涌。人们事后关掉一切，仿佛一切一帆风顺。后悔（Reue）乃是一种情绪，而这种情绪只有在市民圈内的职业生活中才能了解到。然而，这期间，小市民总是怀有一种英雄姿态，但在危急关头，他们并没有采取英雄般的果敢行动。而且，在这种梦中，还蕴含着当时未曾放射出的雷鸣般的发言。成年的美梦包含着两种愿望：一是，过去能够实现的可期待的愿望；二是，过去应该实现的正当的愿望。所有夸夸其谈都属于这种愿望，所有愚蠢的自尊心都与这种愿望相吻合。此外，"事与愿违"的记忆虽然空洞无物，但添加了某种合理的愿望。

① 驽马（die lahmen Gäule），在此用来比喻从前做过傻事的人的形象。——译者

夜夜磨长剑

各种各样的报复之梦离此并非甚远,做这种梦的人尤其感到津津有味。报复纯然意味着卑劣的行为,但也非常甜蜜。就作恶而言,大多数人未免吝啬,就行善而言,大多数人未免软弱。在复仇之梦中,他们预先享受他们没能做或还没能做的恶事。特别是,小市民满腔怒火,怒不可遏。对他们合适的是挥拳相报,但这种抵抗充其量是避重就轻,采取最省力的途径而已。

希特勒就是夜夜磨长剑上台的。当人们认为这个人有用时,他们就从这种夜梦中召唤了他。从主观上看,纳粹的复仇之梦并不引人注目,也不是充满敌意;这种梦是低沉的愤怒,但不是革命性的愤怒。所谓"严厉措施"(eiserner Besen)所涉及的是,对鹰嘴鼻子和上流阶层非伦理生活的憎恨。因此,中产阶级的美德总是原封不动地泄露自身最本真的梦。中产阶级的小市民具有复仇心理,但他们不是一般地憎恨剥削,而是仅仅憎恨自己没有成为一个剥削者。换言之,中产阶级的美德不是憎恨富人的睡椅,而是憎恨其个人的、特殊的无能。

在这方面,热衷于面红耳赤的、肮脏而低级评论的那些报刊大字标题历来特别刺激小市民的无能和嫉妒。"今日最新揭秘真相:韦特海姆百货商店的鸡汤——动物园别墅①的后宫,耸人听闻的大揭秘。"但是,这种报道披露的仅仅是市侩本身的烦恼之事,无非是关涉雷巴特·韦特海姆犹太女人的淫荡和犹太人的好色而已。因此,小市民们马上会有置身于被毁灭的韦特海姆的那种意向之中,并且在作出了某种报复性的举动之后,这个报复行动在可恨的糟糕状态中只是代替了自我而已。在这种情况下,这种愿望阴险残忍,而且散发出令人作呕的尿骚味,人们向来把这种愿望标明为贱民愿望。贱民(Pöbel)是可以购买的,但也是极度危险

① 在此,动物园别墅(Tiergarten Villa)系指柏林一城区。——译者

的。因此，对法西斯主义的纲领真正感兴趣的、有能力的人就认为，应当蒙蔽贱民，利用贱民。

挑唆者，即守望长剑之夜的人当然是大资本家，但是疯狂的小市民不过是受到大资本家极度诱惑的惊人现象而已。从他们那里，发生可怕的惊恐现象，而这种惊恐现象就像人们现在用英语称呼小市民一样，无异于"大街上的普通人"（Average man on the street）的心中远未清除的毒剂。普通人的报复心是腐败而盲目的；当报复心被搅动起来时，它会带给人们巨大的痛苦。幸亏，贱民也是无信义的①；如果罪行从上到下不再受到惩处，那么贱民就会做复仇之梦，就会特别乐意怒火中烧。

及时赶到②

在梦中，最频繁的生活，即静静的日常生活是怎样变化的呢？我们暂且抛开充满报复心的愿望，除了这种愿望以外，还有温和的、傻里傻气的、五光十色的愿望。缺乏阶级意识的小人物通常满足于重新放置自己的东西。他什么也不改变，但他暂时把迄今感到欠缺的自身此在的洗涤水倒掉了。他的清醒之梦是极其私人的，特别涉及性和商业。在他们的梦中，这两种要素搅在一起，起泡沫并发出嘶嘶声。

人在孤独地散步时，勾画这种图像，开始编制与自我有关的自传小说，而这种图像已不再新鲜，不再充满诸如超人、梦之船、舰队司令等浪漫故事。但是，这种图像十分冒险，足以给油煎马铃薯、荷包蛋点缀莫名的东西。胆怯的男人或有节制的男人享受一个完美的情妇带来的娱乐，他反反复复地享受想象中的炽烈爱情，尽情使用无穷无尽的力量。

---

① 这种表述是一种讽刺，在此"信义"涉及一种无条件顺从的仆人态度，如果贱民否定主人权威，甚至起来反抗主人权威，这种革命行动就把贱民变成一位战士。——译者

② 本节探讨成人的私人愿望，同时批判地讨论了小市民的虚无放荡之梦的形象。——译者

有一张所谓诙谐卡片,在这张卡片上,一个裸体女人犹如橡皮船显现:没有重力,旋转四周,可以任意使用。贫困的巴比特的卡利普索①让普通人心甘情愿地隐隐唤起了幻觉。在他们的幻觉中,多半充满着训练有素的妇女,即混合着自由的爱和妩媚的闺房之女。试想这种幻觉:变换体位性交,集体淫乱,一边是被奸污的妇女,另一边是目睹这种情形的男人。这是源自炽热的眼睛和劈开双腿的梦中森林。通常人们想象的闺房是有礼貌的妇女居住的地方,是无生殖能力的纵欲者一辈子都无法达到的地方。但是,纵情欢乐,花样翻新的性交愿望是不会使人厌倦的。因为那个男人除了爱还要干别的事情,所以庸人们的这种清醒之梦也是非常实际的。

在做梦者的愿望中,也许激起比这更新鲜的力量,就是说,在愿望中,人们把自身当作这种力量本身,并体验到别的什么东西。在兴旺发达的共同体中,人们还能够有所作为,因此,梦中散步者通过思索获得勇气。在他的梦中,他收买街角上很早就兴隆的店家,扩大其规模,使其迎来了全盛期;他早就成了市议员,人们对他纷纷表示敬意,而他对他们不加理睬。他重新出卖店家,开始占领电影所展现的广阔世界。这是林中的狩猎城堡、海洋上的古堡、奇特的游艇。这一切与青春期的想象并无二致,所不同的仅仅是青年时代借助于理想得到理解的东西,现在却借助于金钱得到了理解。

人们的向往经常处于清醒状态,但最后还是确定下来,人们摆脱青年时代的向往,开始想象一堆可购买的安逸生活。虽然这种想象恰恰是虚构的,但并不是着魔的想象。与青年时代不同,这个时期人的浪漫想象也会结束。当游艇劈波斩浪,驶过热带海洋之后,就到达可以纵情娱乐的海滩娱乐场。然而,如同所见,成年的私人之梦并不终结,这种梦,有时傻里傻气,有时又充满异国色彩。虽然这种梦更多的不是培育未

---

① 卡利普索(Kalypso),美国作家辛克莱·刘易斯(Sinclair Louis,1885—1951)小说《巴比特》中的主人公。——译者

来,而是培育过去,更多的不是反映做梦者所陌生的偶然事实,而是反映做梦者所熟悉的执拗预感。一旦事业能力和性能力达到临界状态,人们就开始考虑自己的事情。在这个世界上,尤其在资本主义社会里,诸如“自由之路属于精明强干的人”①一类的口号业已过去。

小人、小市民容易无产阶级化,但他们缺乏任何无产阶级意识,因此他们比自知之明的资产阶级更加梦想月亮上的空中楼阁。资产阶级宁肯苦思冥想业已成熟的东西,与此相对照,小人只认得自己周围的一亩三分地,而且他们行为放荡不羁。只要“捕鼠人”②尚未实施其阴谋诡计,或者只要他尚未识破其不满意的生活环境,小人就置身于一种寂静的、不符事实的想象之中。他仅仅生活在一种类似安乐生活的闪烁不定的想象之中,好像他从从未踏入的疗养院里走出来一样。

某种新的娱乐的发明③

看上去,街上的大多数人好像都在遐想截然不同的东西。这截然不同的东西主要是金钱,但也是某种可以交换的东西。否则,他们不会如此轻浮,浑身珠光宝气,到处引诱人,或以美丽窈窕的身段到处刺激人。否则,就不会有徘徊街头的浪荡子,也不会有想把自己变成他人的坚定倾向。在商业街上,诸如此类的梦潮水般涌现。这种梦涌现在乡村散步者中,或者涌现在郊区人们的生活和冲动中。

有个妇女驻足在橱窗陈列品前,观望用羚羊皮镶边的蛇皮皮鞋,有个男人走过这里,瞥见这个妇女,这两个人显然都渴望什么,因而他们都

---

① 1916年9月28日,在德国帝国国会上,首相贝尔特曼·霍尔维克曾经提出过类似口号。——译者

② 捕鼠人(Rattenfänger),源自德国童话,捕鼠人擅长摇唇鼓舌,不时拐走乡村孩子。此处暗指纳粹,亦即煽动者。——译者

③ 本节中,布洛赫探讨了资产阶级的无聊感,沉浸在物质享乐之中的资产阶级为了摆脱无聊感,可谓绞尽脑汁,煞费苦心。——译者

拥有所渴望的那一部分。世界上,充满了幸福,为什么只有我得不到幸福,这话意味着,愿望到处闲逛,与人失之交臂。但是,这也同时表明,人们只想从这个世界中拆出某种东西,而不想改变整个世界。在此谈论的职员、小市民并非铁板一块,但是属于日益一体化的阶层。他们仅仅满足于一种可望而不可即的物欲,即满足于面对他们的某一陈列品所唤起的物欲。这是把一切市民之梦联合在一起的共同特征。市民之梦无所不至,不仅憧憬异国的纵情欢乐,而且一直延伸到旅行社广告上的蓝色海岸,但是这种梦也重新变得明智,以至于并不能炸毁既定的现实。抱有这种愿望的人生活在自身固有的社会境况中,从不超然于普遍现存的社会境况之上。这一点即适用于中年职员,也适用于迄今抱有模糊的阶级意识的中产阶层。但是,富裕市民对自身的社会境况心满意足,因此,在他们的最冷静的梦中,绝没有炸毁既定现实的动机。富裕市民最容易放弃青年时代的理想,他们只愿确立自身能达到的目标。他们提出各种有利可图的计划,使用精明强干的人,有时自己亲身参与工作。但是,在富裕市民中,总体上不包含他们所轻视的、称作乌托邦的东西。与领取薪金的人不同,富人能够牢记每一个愿望,因此,可以说他们完全不具有由来已久的、渐渐形成的渴望。面对食堂菜单,领薪金的职员总是把目光转向价格便宜的右边,而富人的眼睛则总是固定在价格不菲的左边。但是,这种富裕恰恰起相反的作用。一种十分奇特的现象是,一个中年的愿望所创造的东西不是匮乏而是无聊(Langeweile)。任何豪华汽车的车速、任何奢侈的生活、任何称心的蓝色海岸的休假都不能使资产阶级摆脱掉百无聊赖的生活。尽管娱乐能够带来一时的兴奋,但是长此以往,同样变得单调乏味。在财产的深渊,这种无聊的烟雾像波涛一样翻滚起伏。资产阶级缺少崇高的生活目标。因此,他们不能克服单调乏味的生活。这方面,借以克服无聊愿望的前提仅仅是迫不及待的刺激、附庸风雅、变化无常以及服装式样。

如果衣服式样不是绚丽多彩,资产阶级对服装式样的变化就不是十分敏感。新流行的新潮衣服同样是为大众制作的,因为投其所好,才能提高销售额(仅仅通过粗制滥造并不能保证这一点)。但是,服装式样的刺激首先来自上流阶层,而且这种刺激比销售快乐更为古老。如果失去这种虚荣心,富人就一无所有。就像年度高薪收入者一样,富人总是以更奇特的方式看待服装式样,这样,资产阶级的无聊至少引起人们的注意。泽克西斯[①]很早就曾设立一项奖,用来奖励发明某种新的娱乐的人;因此,在现代生活方式中,逃避优裕生活的企图转入派头主义,或者转入怪僻心理:一个富裕的英国人周游世界,以便拍摄各种建筑的尖形穹顶。如果市民的愿望至少还是私人的生活愿望,那么这种生活方式就以这种奇特的方式结束:正如布莱希特在《三分钱歌剧》[②]中所说的一样,在没有改变的面包店旁,小市民想要切下一块现成蛋糕的一部分,使其变为己有。在富人那里,为了克服无聊感而煞费苦心,越发徒劳地处于兴奋状态。

好客的机会

非市民的做梦者同样喜欢他人拥有的东西。但是,他们想象的主要是一种没有剥削的生活,而这种生活必定是奋力争取的。与坚固的贝壳不同,他不是默默地等待某种偶然事件引导他。无论在行动中,还是在梦中,他都努力克服既定的现实。他所预先推定的幸福位于某种烟雾的背后,即位于巨大的社会变化的烟雾背后。看上去,一个历经沧海桑田变幻后的世界同样是改天换地的世界。在这个世界上,“巴比特”的庸俗之物并没有地盘,或者没有那种舒适地把双腿伸入腐败,伸入无异于自身的腐败之中的现象。舒适本身令人可疑,或者不是仅仅局限在市民形态之中。每个人的锅里都有一只鸡,棚子里都有两辆汽车——这也是一

① 泽克西斯(Xerxes,约前519—前465),波斯国王,大琉士一世之子。——译者

② 参见布莱希特:《全集》,第2卷,法兰克福/美因河畔,1985年,第447页。——译者

种革命性的梦,即不单纯是一种法国式的、美国式的或"一般人类的梦"。

但是,富人舒适生活的价值也会转变成革命理想的前景,因为幸福不是源自其他人的不幸,而是源自其他人的幸福。因为周围的人不再是自身自由的障碍物,而是实现自身自由的伴侣。不是照亮职业自由,而是照亮关于职业的自由,不是想象狐朋狗友的尔虞我诈,而是想象无产阶级阶级斗争的胜利。

此外,这一被照亮的目标是遥远的和平、遥远的机会,亦即人人团结一致,人人友好这样一种和平和机会。恰恰为了这一意愿,革命斗争指向遥远的目标,而蕴藏一切的革命运动发挥着下述作用:也许,单个的非资产阶级的梦比起攫取现有陈列品的那种梦来显得更重要,更富于革命意义。任何商店都不会给穷人送去商品目录,任何高高在上的施主都不会为他们而生活。相反,他们不仅具有无可比拟的显要地位,期望某种未知的东西,而且计划一些不可能实现的东西,当一个市民到了成熟的年纪的时候,这些品质便都荡然无存。

7. 年老的时候留下的愿望①

年老的时候,我们学会遗忘。尽管刺激性的愿望留下自身的图像,但到了这时候它渐渐退去。就像在小时候的阳春三月里一样,在愿望图像里也刻画了逃避:就对新生活的混乱欲望而言,黄毛丫头与更年期女人、衣冠楚楚的半大孩子与傻瓜老人是相似的或相近的。毕竟,年老的时候,不再心甘情愿地屈服于异性的诱惑,即使老人的这种愿望没有减弱,他也无力实现这种愿望。即使力量并不减弱,他也感到格外失望,因为它太缺乏天赋,无法预先描绘自己的未来。恰恰在这种情况下,惟有在这种情况下,心中的不安才会有所减轻。

① 在本章中,布洛赫详细分析了老年意识及心理状态,参见本书第52章:"自我,坟墓之灯,或者希望图像:反对最强有力的虚无-乌托邦,即死亡"。——译者

葡萄酒与钱袋

因此,在老人的心中,油然而生一种想要避免种种恐惧的念头。比起过去,恢复身体不再像以前那样迅速,做事花许多精力;比起过去,老人的手艺不再那么灵巧,经济上的不确定压得更沉重。当老人的需求得到满足时,他并不感到特别的高兴,并对需求的下降感到十分痛苦,青年时代如醉如狂的需求一路下滑,日渐缩小。

但是,为此老人对舒适安逸的要求日益增加,对于一个怨天尤人的老人来说,一切都会变得不方便,比起习以为常的事,他对新事物更不满。青年人对千篇一律的周围世界感到一种毁灭感,并与这种世界交战,与此相对照,壮年全力投身于周围世界,但经常感到他所经历的美好意识,即他的梦想日渐丧失。但是,与此不同,当白发老人对这个世界感到恼火时,他并不像青年人一样与这个世界进行斗争,而是陷于深深的绝望,或者对这个世界极度厌烦,或者爱发牢骚,喜欢与人争吵。那时,老年至少变得闷闷不乐,或者由于守财奴式的吝啬和自私自利而干脆收缩自己。资产阶级的老人所期望的无非是金钱,这种期望不仅源自某种神经症的敛财冲动(在此,手段变成了目的),也源自自身伤残存在的生命恐惧。

对于平凡的人来说,葡萄酒和钱袋是梦寐以求的东西。但是,这种愿望并非总是老一套的、无意义的。葡萄酒、女人和歌咏三位一体,尽管这三者的联系转瞬即逝,但是酒瓶却地久天长。干杯,亲爱的弟兄们!因此,有道是:“老朋友比老情人更好。”

追忆青春;对收获的愿望

年轻人尤其渴望长寿,这是人之常情。但是,这并不意味着他想要成为一个老人。实际上,他根本不想作为白发老人活下去。一个年轻人会把自己想象成壮年,但是,他不会把自己想象成一个白发老人。早晨预示中午,但并不预示晚间。无论对错,一旦感受到过去的美好时光一去不复返,他就会意识到年老这一事实本身多么引人注目,特别是在五十岁左右,人们深感一种茫然若失的悲哀。

对于一个把童年时代甩在后面的年轻人来说,难道他对这个时代就没感到任何损失吗?当一个度过青春期的壮年面对性冲动的枯竭时,难道他对过去就没感到任何丧失吗?当母亲抚摸她的儿子初次长出的发痒的、扎手的胡须时,她就意识到他的童年时代已经结束。当年轻人感受到小玩具、捉迷藏不再适合于成人身体时,他就意识到充满娱乐的童年生活归于崩溃。甚至,当过渡到最初的壮年期时,若有所失的悲哀就悄然而至,那时,年轻人的壮美就归于消逝,开始沾满庸人习气。

然而,年龄划分比过去任何时候都更明晰、都更加充满残忍的否定性。随着年龄的推移,所谓丧失感日益沉重地压迫人的心灵。性行为减退,生育能力枯竭,脸上的红润荡然无存,可谓夏天已经过去。即使上了年纪的人自己觉察不到年老,别人也会觉察到这一点,即使他感到自己的健康状态像年轻人一样良好,他也很容易从效应上发现自己年老的原因。当一个女孩在他面前首次起身让位时,许多上了年纪的人就觉察到这一点,对于领受这种谦恭的老人来说,这不是作为优势而是作为命运起作用。

通常,年老的傻瓜自欺欺人,想望年轻人的小礼物,但是他也为人生短促而感到惊讶不已。在年老的时候,很早以前的过去就像大雨不久前的远山一样历历在目。地地道道的白发老人也同样难以置信地接受这种觉察。跟周围的年轻人是同龄人,这仿佛是昨天的事情。无疑,对老人的感受是五十岁前后,有时特殊情绪更早开始。虽然从前人们也体验过这种情绪,但从未把这种情绪鲜明地体验为**阶段更替**,因此人们有理由很少把老龄作为某种未知的东西加以感受。人们之所以对老年期持否定态度,是因为迄今并没有明确地认识老年期,也没有认真地为此作思想准备,进言之,没有明确地接受年龄带来的收益也是一个原因。对老年期的所有残酷否定都可能与这种不明确态度有关，并且最终与此联系在一起。因此，询问年龄的问候主要是一种告别的问候，它被解释为日薄西山，即死亡[①]。

任何年龄的人都固有一死，但对于高龄的人来说，死近在咫尺，无可逃避。但是，具有典型特征的是，在任何人那里，在任何时间里，死亡并非同样强烈地、无遮无拦地出现。死亡根本不赋予退潮以任何可体验的涨潮的展望。因此，老人如此阴郁地看待老年期这一人生的阶段更替。即使老人把这个阶段与从前阶段加以区别，把死亡延期到来年，死亡也是独一无二的、不可混淆的。当人们由青年退出少年，由壮年退出青年时，他们感到一丝告别之痛，但是他们也许感觉不到年龄的悲哀，因为他们还有余生，所以在此补偿了某种遗憾。因此，一个不寻常的老人也表现出返回到青年时代的愿望，例如，宁愿回到当时当地，重新感受某种东西，弥补某种不足之处。如果重新经历青春时代，那么尽情感受不可思议的青春之花，尽情品尝同样不可思议的、无限的、成熟的青春之果。

就是说，一个用心的老人恰恰不会在冬天阴暗的小屋中品味过去的记忆，但他至少希望重新得到二十岁时渴求的东西。他希望以往舞台背景的魅力重新回来，然而青春不再，当时他所具有的生命的魅力随着消逝的未来(来日“屈指可数”)日趋衰退。因此，在通常情况下，老人生活在一种听天由命、心灰意冷(年轻人只是半信半疑地、暂时地意识到这一点)的情绪之中，以至于把万念俱灰(Resignation)视为真正的、全部的问题所在。当告别人生阶段时，年轻人不会像老人一样痛切地感受到被吹散的、受挫的梦，因为在老人那里，告别人生阶段意味着与漫长的人生本身告别。

---

① 布洛赫把人生比作退潮与涨潮，人的一生好比一杯葡萄酒，青年时喝掉三分之一，还剩下三分之二；壮年时喝掉三分之一，还剩下三分之一；老年时喝掉三分之一，还剩下一个空酒杯，即只剩下死亡。因此，人值青壮年，总有“留得青山在，不愁没柴烧”的感觉，但是到了老年他便深切感受到行将就木的悲哀。世代更替如潮水，一浪高过一浪，但是迎接老年的不是人生的新阶段，而是死亡。——译者

尽管如此,令人奇异的是,老年人的压力还会强烈地显露出来。具有典型特征的是,这种压力并非一切人的强烈感受,也不是在任何时候同样强烈地、同样无遮无拦地显露出来。相反,机体的退潮还伴有某种心理空虚,正如我们注意到的一样,至少年龄带来的收益变得不明确或模糊不清。因此,可以概括地说:如果一个老人生活得很踏实,从而感到身心较为健康,那么当他意识到自己的年龄时,对年老只会感到单纯的痛苦。这是亲身体验过生活滋味的蠢人的特性,而这种特性同样适用于绝望地粉饰青春时代的晚期资本主义社会。有句格言说:"一旦灯灭,就知道它是普通蜡烛还是油脂蜡烛。"如果从假象和现象中塑造的形态显得十分丑陋,那么它就不能归罪于年龄本身。

上流社会与今天没落的市民社会不同,没有把目光畏缩地转向末日,而是处在拥有硕果累累的十分可向往的、值得赞扬的成熟期。这种成熟期发生在古代斯巴达议会、罗马共和国的元老院、社会主义经验的新事物中。那时,从老人那里,人们听到的是完全不同于没落命运的另类命运。老年人被视为重要的、"令人尊敬的、年高德劭的元首"。[①] 因为与没落中的社会不同,一个欣欣向荣的社会并不惧怕看见镜中的老年人的图像,相反,这种社会在此图像中赞扬他们所构筑的塔楼。正如从前的每一个生活阶段表明的一样,老年期完全有可能带来特殊收益,这种收益大得足以补偿向先前生活告别所带来的损失。因此,年老阶段被标明为一种值得想望的时间路程,因为人到老年能够尽可能经验各种幸福的结局。

如果考虑到老人状况,年老这一事实也可表明为一种愿望图像,即老人图像:一种眺望一切的愿望图像,也许是一种收益颇丰的愿望图像。伏尔泰说过诸如此类的话:对于无知的人来说,老年期就像冬天一样荒凉;对于博学的人来说,老年期就像采葡萄、榨葡萄汁的时期一样充实。

---

① 参见《旧约·利未记》,第19章,第32节:"在白发的人面前,你要站起来,也要尊敬老人,又要敬畏你的神,耶和华。"——译者

因此,年轻人不应把老年期排除在自己的生命之外,而是应当把它包括在成熟的过程之中。也许,重返青年时代的愿望恰恰有助于克服老人的痛苦,因为这时老人才感受到借以迎接这一成熟的春天的力量。在老年期,重返青年时代的愿望得到补偿,因为在这个时期不仅实现了坚实可靠的支撑点,也拥有了简单而意味深长的东西。

这样,在非身体意义上,一个人的晚年一般包含比他的青年时代业已收集到的东西更多的东西。这以后的阶段,即晚年阶段,老人失去孤独生命中感受到的尖锐时刻。这种老人和老人中的健康图像乃是精雕细镂的成熟图像。对于他来说,奉献是比索取更舒适的事情。

夜晚与家[①]

如此得以汇集在一起的东西要求没有喧哗与骚动。在老人的全部愿望中,一以贯之的最后愿望乃是不时感受到的、毫无疑虑的愿望,即对宁静(Ruhe)的愿望。就像青年时代追踪消遣的愿望一样,对宁静的愿望也恰恰会折磨自己,使自己变得贪婪。特别是在妇女那里,时常回忆起青春期以前的时期,但是,闪烁不定的性欲因对宁静的愿望而受到挫败。甚至有时富于创造性的老年人酷似年轻人,同年轻人心连心,他也需要比从前更多的(或还要多的)不受干扰的自由。

而且,每一个老人都精疲力竭地向往一种宁静的生活。即使他自己处于人声鼎沸的世界之中,他也想要部分地置身于外。虚荣心是人脱下的最后一件外衣,但是古怪的老人却为了寂静的生活而疲惫不堪地维护着虚荣心。恰恰在老人的非庸人习气中,各种欲望得到了惊人的美化,例如对寂静的田园图像的憧憬,不是对城市生活而是对乡村生活的渴望,摆脱诸多社交活动的欲望等。在特殊情况下,对宁静的愿望被压抑

① 在本节中,布洛赫概述了老年的愿望。老年期并非死寂的坟茔,相反,自有其快乐和价值。——译者

为一种懊悔,即后悔过去犯下的疏忽、错误。看上去,年老的歌德长期漫不经心,对其一生不尽人意的失误几乎毫不在乎。[①] 业已结束的幸福、尚未完成的工作使他很苦恼,但是无论对错,这种情景在记忆中至少具有最后的形象。

雅各布·格林在七十五岁所作的关于老人的报告中,阐明了老年期的所有美好的愿望和情感。这一报告充分表达了"年老是一种幸福"这一感激的意识。在此,身体不变的感受因为一般的宁静愿望而大大缓和,并且附加其内容。按照格林的观点,甚至老人的听觉障碍也可能是长处,即不再打断多余的言谈、无用的空谈等,视觉减弱则有助于对诸多干扰性的细微末节充耳不闻。

格林记起了一个盲人先知。他平静地描述了老人所喜爱的孤独散步以及对自然怀有的敏锐感受力。在自然中,人与自然独处,对近处植物的喋喋不休的对话沉默不语,傍晚的世界渐渐变黑,但是潺潺流水明澈了,最后的余生献给了沉思冥想。过去的困境不再浮现在眼前,过去的幸福只是静静地凭借记忆焕然一新。老人雕塑过去的生活,塑造出某种本质形态,而这种本质的东西正是他的脑海中栩栩如生的东西。

然而,对宁静的愿望,对几经指出的现有愿望也区别于其他年龄阶段的愿望,事实上,这种愿望因时代而异。毕德麦耶尔派[②]的时代早就过去了。但是,那个时期,毕竟让古老的灵魂(与雅各布·格林的描写不同,有些不属于纯洁无瑕的形象)降临到自身的胸怀里,并且使其记起在这一长长的公用餐桌(Table d'hote)旁受到的热情款待。对于老人来说,晚期资本主义世界至少是一条让人抱有美好愿望的公园长椅。由于储蓄存款缩减或变得可疑,中产阶级的冬季休假也受到了很大干扰。只有社会主义社会才能满足老人的休闲愿望,然而,这里是指积极意义上的,

---

① 在此,年老的歌德不是指作家歌德本人,而是用来比喻不拘小节、豁达贤明的老人。——译者

② 毕德麦耶尔派(Biedermeier),1814—1848年间德国的一种文化艺术流派,政治上持消极保守主义立场,艺术上追求极端简单化的实用主义风格。——译者

即不同于旧社会的另一种社会,在此,世代差异不再泾渭分明、不可逾越。

在政治上,今天的生活四分五裂,触目惊心。这使得我们不可以说:老人深思熟虑却反动透顶;年轻人新鲜活泼却进步向上。然而,情况恰恰相反。仅仅举一个征兆,今天依然存在法西主义的青年同盟。在这个时代,老人对休闲的愿望(并非到处如此)无异于冥顽不化,固执己见,傲慢地把头朝后一仰。对于老人来说,采取两个极端行为,即借助于勇气与经验、新的意识与已知的遗产来铤而走险比以往任何时候都更容易了。在凉爽的夜晚,年老的人坐在自家门口的长椅上如数家珍,追忆陈旧的生活。格林所描述的那种老年期的愿望图像特征,不仅在经济上无效,内容上也归于失效。但是,依然有效的是,与寂静相匹配的实实在在的愿望,亦即终止周围的空虚生活的愿望。比起把人生混同于追逐猎物的青年人,在资本主义社会匆匆度过的老人更不会喜爱寂静的生活。在资本主义世界里,老人再也没有什么可着手的事情,因此他们有权因循守旧、安于现状。他们行为正派、举止得体,使用高尚的语言,并对过去的历史或与己无关的事情投以眺望的目光。老人时而专注于任何地方都尚未运作的事情,时而见异思迁,重新终止这种关注。对于今日老人而言,这一点有可能变成一种明显的、可理解的联系:在新社会,在没有赶时髦的、投机取巧的、弱肉强食的社会里,亦即在社会主义社会里他们将变得贤明,老有所为,尽享天年。愿望与能力,没有卑贱的匆忙,重要的要领会,不重要的要遗忘:诸如此类的生活乃是老人本真的**生活**。

8. 转折的标志[①]

如果有人妨碍我们的事情,那么事情就索然无味。但是,值得注意

① 在本章中,布洛赫从“转折”中寻求愿望的价值。转折的作用在于使人摆脱私人冲动和无聊,重新构筑坚实可靠的愿望。——译者

的是,某种新颖的、出乎意外的东西却容易使我们受到影响。任何生命的位置都不是如此美好,以至于我们并非任何时候都可以离开这个位置。对另类生活的欲望不仅诱惑我们,也经常欺骗我们。但是,这种欲望总是把我们从所居住的地方赶出去。

被铭记的新东西,即铭记在人心的某种新东西必然出现。尽管空洞,但迄今这种与众不同的东西刺激过许多人,不论其内容是什么,我们都感到一种新鲜感。在此,即将发生某事这一点已经带给我们很多乐趣,我们只是不希望这事情带给我们任何不幸而已。当听到陌生人争吵的消息时,最卑劣的行为莫过是散布流言蜚语。然而,报纸大都靠提供异常的消息而生存,当时的最新新闻对读者极具诱惑力。因此,再没有什么东西比过了一天之后、或甚至过了几天之后的报纸更无关紧要、更乏味的了。人们过高评价今日报纸,过低评价昨日报纸,因为昨日报纸中摘录了"令人刺激的惊异"。所有这一切平庸的或一般的需求都是以必须加以消除的无聊为前提的,但是这种需求同时在运动状态中带来某种更高级的东西。

毕竟,对新东西的欲望朝着某种迄今所期待的、某种被解放的消息奔跑。当面对这种消息时,人们不是对其内容漠不关心,而是把这个消息变成迄今所期待的、最终到达的、成功的消息。新东西犹如朋友受到热烈欢迎,它来自太阳升起的遥远的地方。对于一个软弱无力的平凡的人来说,引起轰动的愿望本身是平庸的、自欺欺人的,但对于强有力的、目光深邃的人来说,这种愿望却是根本性的。愿望盼望人不再失手,并且使人与自身的场所和自身的劳动和谐一致。愿望不仅使人不靠施舍生存,而且最终终止古老的贫困之歌。

在那里,我们聆听愿望之歌,这首歌响彻大地,显得铿锵有力。与此有关的意志源自匮乏,只要不消除匮乏,这种意志就不会消逝。小时候,当外面的门铃响起时,我们有时毫无惊讶地向门口跑去。特别在傍晚时分,门铃的响声打破房间的寂静和沉闷。也许,现在我们一再寻求的某种黑暗的想法正在来临。这种想法送给我们的礼物将改变一切,改善一切;它带给我们一个新时代。这一门铃的响声停留在每一个人的耳朵里,它把从外面听到的一切正义的呼唤与自身联系在一起。现在,恰恰倾听到在那里日益逼近的伟大呼唤;然而,单是期待还不能带来这种呼唤。但是,如果想要转达响声究竟意味着什么,我们就会听到期待之声,期待不会永远欺骗我们,因为欺骗不会持续很久。不论谎言多么精巧、老奸巨猾,多么市侩式地哭闹不停、造谣中伤,它也不会维持太久。因为社会主义新事物的发生不是借助于废话,而是借助于力量;不是借助于背信弃义的胡诌,而是借助于艰苦的实验性的劳动。即使更美好的东西长期受到阻碍,对更美好的东西的愿望也会继续存在下去。一旦出现我们朝思暮想的东西,我们当然喜出望外、欢欣鼓舞。

第2部分

奠定基础:预先推定的意识

9. 作为渴望进行的东西[①]

在我们之中有什么东西在驱动?一旦这东西活动起来,我们的身体就马上温暖和敏锐起来。活着的东西必定兴奋起来,而且,这东西首先通过自身而兴奋起来。只要这东西存在,它就呼吸,并刺激我们。为了总是从下面重新沸腾起来。

人活着这一事实是无法感受的。把我们规定为活着的东西这一事实(daß)并不显露自身。它位于最下端,即我们开始具备肉体的地方。我们之中的这种冲击意味着什么?可以说,人不是为活而活,而是"因为"他活着才活。谁也没有选择这种生命的紧迫状态,只要我们出生并继续存在,这种状态就同我们一起存在。我们的生命直接发生在我们的存在(Sein)之中。由于生命的空虚,我们贪得无厌,我们到处谋求,因而变得焦虑不安。但是,这一切都不是自己感受到的,而是必须对此坦言才能感受到的。然后,这东西才作为渴望(Drang),作为十分含糊的、未规定的东西被某一活着的生物感受到。任何活着的生物都不能摆脱这种渴望,尽管它会为此弄得精疲力竭。这种饥渴不断地表现出来,但并未得到命名。

10. 赤裸裸的追求与不能满足的愿望[②]

从单纯的内部产生出某种旨在把握某物的东西。渴望**首先**作为强烈渴求到某个地方的谋求(Streben)显现出来。如果人们感受到这种谋求,它就成为一种渴念(Sehnen),而这种渴念在一切人那里都是惟一真实的状态。在含糊不清和一般的意义上,渴念本身无异于渴望(Drang),但它至少明确地指向外部。与渴望不同,渴念不是到处寻觅,而是狂热地漫游(但是,同样忐忑不安)。在此,如果渴念固执己见,它就停留在单纯的一般的嗜好(Sucht)上。盲目地、空虚地漫游的那种渴念根本不可能到达它得到满足的地方。

为此,渴念明确地朝着某物推动过去。当渴念终止于特定东西时,它就拒绝了向一切地方的移动。于是,渴念就是拥有或未拥有所寻求的东西的一种探求(Suchen),从而成为一种目标明确的冲动(Treiben)。指向目标的活动是根据其所指向的某物来进行划分的。在这种情况下,这种活动就成为这样那样地可命名的"冲动"。无疑,人们对冲动这个概念时常反动地加以模糊和物化[③],因此在这个概念之下,冲动也可以理解成诸如"需求"(Bedürfnis)一类的东西。因为"需求"这个词在本义上无法让人听出"目标明确地做努力"(das gezielte Treiben)的意思,所以,需求这个词应当被保留,但要清楚地表达"冲动"(Trieb)的概念。

欲求总是寻求谋求和渴念之中的某种空心的、匮乏的东西,并借助于外部世界的某物来填满自身所渴望的东西。这个多种多样的某物首先是对面包、女人、权力等等的欲求。因此,目标明确的人的活动总是可以划分为许多冲动。所以,我们也可以说:如果我们感受到的谋求仅仅是一般的渴念,那么我们**感受到的冲动**就总是个别的"热情"(Leiden-schaften)、"情绪"(Affekten)等特殊的东西。如果冲动得到满足,这个某

---

① 在本章中,布洛赫从现象学角度描述了人之中各种原始的、沸腾不息的愿望。——译者

② 在本章中,布洛赫指出了源自生命事实的赤裸裸的、不知满足的渴望和追求。——译者

③ 这里暗指弗洛伊德"里比多"的冲动概念,布洛赫明确反对这种含糊不清的、物化的冲动概念,因为在他看来,这种冲动指向过去,植根于所谓儿童期的性反应和创伤,具有明显的施虐攻击倾向。——译者

物就可以减轻或暂时地终止冲动。因此，冲动区别于那种不知厌倦地继续进行的嗜好。[①] 如果准备就绪，冲动所指向的目标就是满足这一目标。动物仅仅以其当时的欲望本身针对目标，但是人甚至还在心中预先描绘自身的目标。

因此，人不仅渴求某物，而且想望某物。想望持续不断，它比渴求更富于色彩。因为"想望"（Wünschen）借助于某种想象而处于待发状态，在这种想象中，欲望（Begierde）可以描绘它的欲求对象。欲望的行为比对某物的想象确实古老得多，然而，由于欲望转入愿望，愿望便给某物添加自身或多或少的特定想象。而且，这是对某种**更美好的**某物的想象（Vorstellung）。对于愿望的要求恰恰借助于更美好东西的想象日益增加，并借助于业已成就的某物日臻完善。

那么，我们不是对于欲望的要求而是对于愿望的要求可以说：即使愿望不是从想象中产生，也是与想象一道产生。愿望同时受到欲望的进一步刺激，从而在同一程度上，愿望承诺了被描绘的图像、预先描绘的图像的实现。因此，正是在想象更美好的东西的地方，进而最终实现完满的东西的地方产生愿望。有时，愿望十分不耐烦，迫不及待地要求某物。所以，单纯的想象就变成一种守株待兔式的**愿望图像**："命中注定"。

尽管在此所谓愿望也是剧烈的，但它与原来的"意欲"（Wollen）截然不同，因为愿望是与渴念相似的被动型行为。在愿望中并不具有任何工作和活动，相比之下，在一切意欲之中都具有某种行为意识。即使我们什么也不做，我们也可以想望明天是个好天气。甚至愿望也可以是完全非理性的，它可以想望："X 或 Y 还活着"。有时，想望这一点是富有意义的，但想要这一点却是无意义的。因此，愿望也就停留在人的意志什么也改变不了的那个地方。

---

① 在此，布洛赫从现象学角度对比分析了人的各种愿望：意志——渴望——冲动——渴念——谋求——嗜好——探求等。——译者

后悔的人想望:要是他不把某件事情付诸实践该有多好啊!可是,他无法渴求这一点。胆小鬼、优柔寡断的人、经常悲观失望的人、意志薄弱者等,所有这些人都满怀愿望,是指满怀强烈的愿望,但是他们不能把这种愿望付诸行动。进言之,尽管人们可以尽情想望各种各样的东西,但是在此选择某物却是一种痛苦。因此,在想望的东西中,他们仅仅渴求所选择的某一种而已。

与此相比,想要某物的人则预先想象某物。他知道他更想要什么,他很早以前就选择了这东西。愿望想象特定目标,并对此密切关注,但它偶尔优柔寡断、悬而未决。与此相比,意欲势必向这一目标积极推进,向外真实地测定实际存在的事物。这是一种日益增强的意欲,因而这种意欲难免走上一条艰苦的愿望之路,在此还可能走上不受欢迎的,即不平坦的或艰辛的地方。

尽管如此,我们还能渴求业已向往的东西:令人感兴趣的愿望引起"冲动类型"、"冲动方式"和"意欲",并给这种意欲唱一支所想要的完美之歌。因此,即使存在没有意欲的愿望,这种愿望也是残缺不全、无所事事的愿望,例如,出现在幻觉中的精疲力竭,或者不可思议的愿望。因此,意欲必须经过愿望才能出现。对于某一愿望图像(与愿望有共同点)的目标想象越是栩栩如生,意欲也就变得越是强烈。愿望什么也不做,但它如实描绘并特别忠实地保持必须做什么。姑娘渴望有人轰轰烈烈地向她求爱,男人梦想未来的丰功伟绩,尽管他们每天都过着食不果腹、衣不遮体的生活。但是,贫穷和苦难的生活并不因为渴望而得到改善。

不过,人通过这种渴望(尽管并不容易),在贫穷和苦难中成长起来。单纯的欲望及其冲动首先坚守它拥有的东西,但是在其中描绘着的愿望想要更多的东西。因此,愿望永不满足,不是存在的东西而是不存在的东西使他更满足。作为特定的谋求,作为对某物的欲望,冲动生动地存在于现存的和非现存的一切东西之中。

11. 人作为广泛的冲动存在

个别的肉体

冲动必定有某人作后盾。但是，正在寻找的、能够感受刺激的是谁？谁在生气勃勃的活动中运动？推动动物的是谁？人之中朝思暮想的是谁？在此，冲动未必到处都以类似自我的方式进行；因为某种冲动“侵袭”我们。这个承载冲动、感受冲动并借助于自身的满足来排遣不快的是谁？但是，这并不意味着，这里就根本不存在一种封闭的存在，相反，这种存在首先是一种活着的、个别的肉体。身体拥有冲动，它因受到刺激而活动、而充满。在意识中，冲动并非一般地浮现的东西，动物吃饱了就感到自身肉体的满足，除此之外，它什么也感受不到。

没有无肉体的冲动①

的确，身体（Leib）感受到的东西本身是十分一般的。身体“处于”某种状态之中，或者处于舒适之中，或者处于病痛之中。但是，这并不是十分清楚的诊断结果。相比之下，似乎每一种冲动都作为某个“谁”而出现，好像它就在背后牵引身体似的。好像不是身体拥有冲动，而是冲动拥有身体，并以这种颠倒的方式规定身体。仿佛涂染成一条头巾一样，冲动总是把身体涂染成五颜六色，愤怒的时候涂染成红色，嫉妒的时候涂染成黄色，生气的时候涂染成绿色。

此外，在本能中还有某种持久的、看似无主体的现象，即在所谓本能中占有的东西。例如，破壳而出的小鸡马上以最合乎目的的方式在预定轨道啄食谷粒。这条轨道由小脑操纵，但此后发生变更。根据巴

① 在本节中，布洛赫重点探讨了肉体与冲动的关系。——译者

甫洛夫[1]的发现，通过大脑皮层和不同的环境体验，动物采取不同的行为，这一点尤其表现在高等动物身上。

但是，就像测定自身的冲动一样，所谓冲动也会错误地起作用，人也具有这种错误的本能，特别是在妇女那里，如果这种本能不是出现在爱情时节里，就出现在母亲的忧虑中。实际上，在此我们有一种难以磨灭的印象：仿佛冲动独立自存，并控制身体，以便在灵魂面前保持沉默，有时，甚至并不适当的冲动也装模作样，独立自主地猎取人。在神经机能病患者那里就是这样。在他那里，某种孤立的、几乎自给自足地显现的冲动方向不仅制服身体，也制服有意识的自我，并作为一种陌生的东西与自身身体相对立。甚至健康的人也会被某种冲动感"制服"，一瞬间体验到仿佛是主人本身一样的冲动。于是我们可以说：姑娘不是由于对爱的悲伤而投水自杀，而是爱的悲伤与姑娘一道投水自杀。

尽管错综复杂，看起来丧失了主体，但是，我们可以说，身体中的任何东西都不能把冲动变成自身固有的载体。鸟儿筑巢，燕子发现去年的巢穴，在这种谜一般的过程中，如此工作的并非自我，但也不是仿佛脱离了身体的、独立自主的冲动。冲动本能也是个别躯体的成员，所谓使用冲动本能仅仅属于这种情况，即身体推动自身的本能，逃避损害自身的东西，寻觅保存自身的东西。因此，存在好多冲动的发条，视情况而异，不仅有推动个别的东西的冲动，也有推动一切的冲动。自始至终存在的东西仅仅是身体，它想要保存自己，因而吃、喝、爱，并为某种感情所压倒。身体仅仅在冲动中活动，并在其中显现出各种各样的形式，同时通过正在露面的自我及其关系而变化。

变化无常的热情

特别是人一定具有好多冲动。因为人不仅保存绝大部分动物的冲

① 巴甫洛夫（Ivan Petrovich Pavlov，1849—1936），俄国生理学家和生理心理学家。——译者

动,而且创造新的冲动。这就是说,不仅是他的身体,而且他的自我也是类似情绪的。有意识的人乃是最不知满足的动物。在自身的愿望得到满足时,人依旧是拐弯抹角地获取某物的动物。人的生命中必然缺乏某种东西,人跟任何其他生物一样感受到这种匮乏。例如,出现饥饿的幻影。如果他拥有必不可少的东西,在他那里便出现令他津津有味的新的欲望。就像从前的赤裸裸的匮乏一样,这种类似欲望带来同样程度的痛苦。富人和过饱的人(但不只是他们)有时忍受不知所云的、特殊的欲望。表面上,奢侈满足一切,但它首先是一个贪得无厌的驱赶者。泽克西斯曾设立一项奖金,用以奖励发明某种新娱乐的人。这里起作用的不仅仅是无聊,而是一种不熟悉的冲动,至少是抑制某种欲望的呐喊。

在历史之流及其变化无常的形态中,欲望需求不断增加,欲望种类也花样翻新。随着新的对象的出现,顿时产生昨天全然没有感受到的东西、其他取向的嗜好和热情。无论如何,最初获得的工作冲动不断扩大,其范围是前资本主义时代完全陌生的。这种冲动甚至以多种形式打乱了性的里比多(die sexuelle Libido)。在晚期资本主义里,打破最高纪录的冲动也是相当新颖的,可是,这种冲动不过是对越来越快的速度的空洞的技术癖好而已。这种癖好首先是通过机械化的交通工具而形成的。

但尤其是,垄断资本为了一味提高最高纪录这个目标,不得不残暴地驱使抽象的欲望,因为不然的话,就不能迅速从工人那里榨取最高利润。而且,法西斯主义者不断制造发狂的、新奇的死亡冲动,这种冲动酷似维特①时代多愁善感的冲动和浪漫主义的黑夜冲动。其他的社会使命激发了死亡冲动,并对准了这种冲动。这种死亡冲动(Todestrieb)之所以

---

① 维特(Werther),歌德小说《少年维特的烦恼》(1774)中的主人公,出生于一个较富裕的中产阶级家庭,受过良好的教育。他能诗善画,热爱自然,多情善感,后因失恋而自杀。——译者

被美化,部分是由于帝国主义战争中的所谓为国捐躯者,即战役之死亡,部分是由于晚期资本主义社会中生存全体的绝望。与此相比,宗教冲动却减退了。如果我们可以把具有这种上层建筑的宗教冲动(religiöse Trieb)称作向上的升力(Auftrieb)、无变化的厄洛斯(Eros),那么情况就是如此。法西斯主义者用腐败的、欺骗的方式刺激宗教冲动,进而以各种各样的方式诱惑这种冲动。在这种情况下,由于纳粹的"血与土壤"①理念,从前的升力荡然无存,失去了原来的基础。

简而言之，这一点很明确：人具有变化无常的、极其广泛的冲动存在，人不仅具有一大堆**变化无常的**愿望，而且具有秩序紊乱的愿望。只要某种永久的愿望发条，即某种惟一的基本冲动不是自主的，以至于无所着落的，那么这种冲动发条将是难以镇静的。在同一时代的阶级、同一时代的人们那里，这个主要的冲动发条从来都不是显而易见、一目了然的。比如，显然我们不能拆卸钟表的内部机构一样，不能从精神分析角度解析这种冲动发条。确实存在好些基本冲动。其中，时而某一种显露出来，时而另一种变得强烈起来，时而它们又像转变帆船的风一样起到反作用。各种基本冲动千差万别，永远不具有相似性。

人渴望交好运,似乎这个词显得陈腐老套,但是,与关于永恒的食肉动物的坏的评论不同,这个词却是可信赖的。然而,如果有人追问,"这是什么幸福,为了什么的幸福",那么在此恰恰提出令人可疑的问题和技巧。在一再出现新的奋斗目标想象的阶级历史中,如果偏偏目标明确的冲动之冲动单相地、确定地、完备地向前进展,那么这也许太惊奇、太不可思议了。

① "血与土壤"(Blut und Boden),纳粹宣传口号,旨在强调人种的纯洁和德国领土的重新占领。——译者

12. 关于人的基本冲动的各种见解

性冲动[①]

但是，人的身体必然谋求某物，特别是优先谋求某物。那么，我们感受到的、想望的，即当下现存的主要的冲动发条是什么？众所周知，弗洛伊德把性冲动(der geschlechtliche Trieb)规定为最初的和最强烈的冲动。照此说来，里比多(Libido)控制人的生命，无论时间上还是内容上，它都是人的生命的基础。据说，婴儿的吮吸行为就已经与性的欲望相联系，而且绝大部分吮吸行为都是由于性的欲望的缘故而发生。甚至饥饿也被隶属于性冲动，饱和意味着性紧张的缓解。与自身身体的关系以及外部关系，特别是与周围人的关系到处都显现为主要的性冲动。在弗洛伊德那里，并非只有里比多是惟一的原动力，至少里比多并不是肯定的欲望意义上的原动力。与此同时，后期弗洛伊德强调了对否定的欲望，即死亡冲动(Todestrieb)的追求。人的创造性意志不仅被归入男女交配行为，也被归入人所面对的死亡。例如，多细胞动物从一开始就趋向死亡，青年时代就已经开始致命的退化过程，例如，血管萎缩等，这样，某种固有的冲动便冷却或走向死亡，这是毁灭的、攻击的冲动。弗洛伊德总是想把这一点认识为具有里比多色彩的、人所固有的性虐待狂欲望，由于同样的里比多，始于里比多的生命的喧哗就重新归于哑口无言，或者遭到破坏[②]。

破坏愿望以这种方式表现出来，那就是，或者在快乐中，把自身的身

---

① 在本节中，布洛赫探讨了“性冲动”这一人的基本冲动。但是，在他看来，比性冲动更紧迫、更重要的冲动是消除饥饿的冲动，即自我保存的冲动。——译者

② 在此，可以看出，布洛赫对弗洛伊德的性冲动学说持批判态度，因为弗洛伊德否认爱欲本能(eros)与死亡本能(thanatos)之间存在质的区别，进而不加分别地把二者笼统归结为所谓“里比多”(性欲)。——译者

体培植得极度贫乏,或者在快乐中采取各种各样的苦行主义倾向。对于陌生的身体和对象,死亡冲动表现为极其残忍的暴虐行为,令人信服地毁灭他人的明显的陶醉。但是,死亡冲动也是里比多欲望,据信,这方面暗示残暴行为与性的欲望之间的一般联系,尤其是暗示某种殉情感(das Gefühl des Liebestods)。无论如何,在此死亡与爱的核心总是停留在性欲上,因此人总是激情澎湃、彷徨不已。

自我冲动与压抑

在人的性冲动之外,只是事后才增添另一种狭隘的力量。当然,人之中,这种狭隘的、尖锐的力量也是十分重要的。因为这是自身的自我(Ich)。弗洛伊德义无反顾,一再表明,在人之中除了性冲动之外,还有与此相似的死亡冲动以及某种纯粹的人的自我冲动。如果仅仅存在里比多,在我们之中就既不会形成心理冲突,也不会形成神经官能症。但是根据弗洛伊德的观点,在肉体的"黑暗的本我"(dunkles Es)及其冲动旁边存在自我。与性的能量相对立的是自我冲动(Ichtrieb)。

弗洛伊德说道,是的,全部精神分析都基于下述工作:"从自我的冲动中,将性的冲动敏锐地分离开来"。这个自我时而赞成,时而否定和审查心中的冲动,因而意识完全依赖于自我。自我拥有某种权力,而这种权力将我们的心灵生活联系在一起。自我具有这种权利,那就是,"在夜间去睡觉时,总是行使梦的审查职能"。每当性的冲动及其内容偏离恰当路线时,自我冲动就从那个地方立刻压抑这种冲动及其内容。这样一来,尽管在此"里比多"着手一切工作,但是我们的心灵生活却是二元的。

生命"在从事关联的自我与从自我分离开的压抑之间"活动。当这种紧张导致尖锐对立时,这种紧张便恰恰导致致命的冲突。从自我那里发生"压抑"(Verdrängung)。通过这种压抑,某种心理努力不仅被意识排除在外,也被其他价值和确信排除在外。而且,精神分析提出下述任务,即废除各种抵抗,这些抵抗乃是自我在同被压抑的东西相违背时表现出来的抵抗行为。

自我通过满足愿望设法拒绝反感,但是他设法以自身的方式满足愿望,即审查冲动,使之伦理化,尤其是考虑到这种愿望在“现实”中的可实现性。根据弗洛伊德的说法,这种伦理化的东西,亦即与弗洛伊德的市民环境合拍的惯例乃是自我的冲动获得的路线。借助于此,甚至形成里比多的突破,就是说,突破通常规定一切冲动进程的那个快乐原则(Lustprinzip)。成年人,或者说得确切点,弗洛伊德从市民社会角度所理解的市民社会中的个体的人就在“现实”轨道上奔跑了。这个现实也就是弗洛伊德所称呼的那个市民环境,例如,商品世界及其意识形态。换言之,由于自我的冲动,人削弱了狄俄尼索斯式的性冲动和快乐原则。“如此受教育的自我变得‘可理解的了’。因此,在市民社会的个人那里,快乐原则不再占统治地位,取而代之的是现实原则(Realitätsprinzip)。在此尽管欲望被延迟、被缩小,但是归根结底,现实原则同样想要指向快乐,不过由于考虑到现实而成为确定的东西罢了。”

但是,如果果真存在自我,那么对审查,对里比多冲动的升华来说,“现实”本身或市民社会的外部世界就显得不充分。此外,即使在自我旁边有“超我”(Über-Ich)或“自我理想”(Ich-Idea)也是显得不充分[①]。与自我相比,超我具有截然不同的内容。按照弗洛伊德的观点,超我体现我们父母的教育,超我制造用以代替虔诚的一切形象。自我代表外部世界的权力,而超我乃是“从中一切宗教得以形成的萌芽”。这样,超我代表父母,就像从前父母管教孩子一样,超我观察、威胁和操纵自我。照此方式,超我给自我提供榜样,进而成为理想形态的根源。

但是,恰恰因为像父母一样继续施加影响的机构,在超我中容易蕴含着某种危险的东西。一方面,良心十分严格;另一方面,义务感十分阴暗。从父母方面看,超我时常保持过去的传承和理想,尽管如此,超我围绕清醒的自我,并朝向里比多画出一条曲线,从而在黑暗中,它与内在世

---

① 由此开始,布洛赫指出了弗洛伊德自我本能说的弱点。——译者

界的本我(Es)浑然一体,占据某种共同的黑暗。

所有这一切议论都加入了原初的里比多理论,至少在晚期弗洛伊德那里,情况就是如此。这样就出现了某种不寻常的“冲动”与“上层建筑”(Trieb-Überbau)。当然,前者多半应是借助于精神分析而重新归于缩小的东西,而后者,亦即有关超我的内容则应当**仅仅**涉及由“幻想”组成的外部世界。在此,超我不仅仅是宗教,而是改变世界的前提条件。恰恰在超我中,内部世界本身发现其辩护人,但是与人的“无意识的本我”,即与里比多或被压抑的冲动相比,这个内部世界总是停留在最后的位置上。

根据弗洛伊德的说法,按其动物侧面和超我侧面,这个里比多的“本我”总是停留在肉体上可满足的冲动领域,停留在环绕我们的动物领域。这个本我总是通过“我们‘经历到的’、未知的、不可克制的情感力量”(应当说,通过由弗洛伊德制造成里比多的资本主义生产方式的陌生统治)而巧妙地起作用。与此相比,精神分析乃是“帮助自我渐次征服本我的一种工具”。但是,借助于此,里比多的基本冲动重新变得无拘无束,这意味着它既没有在压抑中萎缩,也没有在自我理想的联系中发挥超出自己的力量。尽管弗洛伊德想要在被压抑的东西、无意识的东西中揭示合理的东西,确切地说,想要降低虚伪的、神经症的霉味,但是,此后到来的未来仅仅是私人里比多和某种文明“不满”①中的一天而已。在这种文明中所缺少的无非是精神分析的穿堂风。

压抑,情结,无意识与升华

即使不是浅尝辄止,而是触及了方方面面,在此性冲动问题依然是未解决的问题。规矩的姑娘不愿承认性冲动这一事实,庄重的自我压制性欲。这样,性就更加沸腾和催逼人,它不可能在现存生活和文明容许的生活中得到发泄。根据弗洛伊德的发现,性欲及其愿望精巧地隐蔽在

① 此处指弗洛伊德的《文明及其不满》,(1930)。——译者

沉默、伪善和谎言等厚厚的编织物中。这是因为里比多不只是位于社会虚伪之中,而是位于个人自身之中。由于某一检察机关(Zensur)的审查,我们真正的本质无法踏上意识的门槛。这个检察机关封锁一切,它压抑和诽谤"性动机",一旦压抑得不到完全实现,它就抗拒自身的认识。

对于弗洛伊德来说,在此就像惟一的基本冲动一样,里比多也是保持不变的,同样,人的此在的本质内容也是保持不变的。因为正如我们已经注意到,自我仅仅是控制机关,自我仔细审查里比多带来的背包,它要求里比多调整自己,如果可能的话,要求"升华"(sublimieren)为某种精神性的东西。

但是,自我本身是非创造性的。自我借助于道德化的检察官来进行压抑,并且仅仅在表面上排除被压抑的东西。未满足的、彻底地哑口无言的愿望或多或少沉入无意识(Unbewußte)之中。在那里,这些愿望腐烂,形成神经官能症的紧张和情结。然而,患者却完全不了解病因,只是某种被遗忘的、没有消逝的爱好以各种伪装的形式在继续工作。弗洛伊德已经试图在日常心理变态中指出了里比多的芒刺,例如在患者的失言中,过失中,在明显偶然的无意义的失败中,他发现了这种芒刺。未镇定的冲动、未完成的体验、被遗忘的伤痛和幻灭等情绪继续燃烧,这些情绪从自我意识中消逝无踪,但并没有从心灵中消逝无踪。从这里产生出各种表面上无根据的反常症状,例如,敏感性、过激的反应、强迫神经官能症行为,最终,无意义地独立化为各种无内容的综合情绪:**情结**(Komplexe)。

在此,所有幽灵或弗洛伊德式的幽灵都浮现了:阴茎嫉妒、阉割情结、俄狄浦斯情结等等。根据弗洛伊德的观点,全部情结都基于某种性的刺激,进言之,这种情结固定在幼年的被遗忘的精神创伤上。从童年的经历中,产生阉割情结以及所谓憎恨父亲的俄狄浦斯情结(尽管正如切斯特顿①所言,俄狄浦斯是一个确实不具有俄狄浦斯情结的惟一的人,

① 切斯特顿(Gilbert Keith Chesterton,1874—1936),英国作家、批评家。——译者

因为直到最后他也不知道,他打死的拉伊特斯是他的父亲,他娶的女人约卡斯特是他的母亲)。在此,所涉及的这些奇异的、震耳欲聋的内容全都起源于“停留在无意识中的、被中断的、在某处受到干扰的过程”。因此,如果神经官能症患者有意识地走出被压抑的地下室,成功地意识到神经官能症症状的无意识条件,他就会恢复健康。这就是说,他的自我获得了对抗其本我的主动权。一旦一个人了解到自身情结的病因,他就能够治愈自身。但是,只有精神分析才有助于患者意识到自身的情结。为此,患者必须学会私人侦探技巧,例如艰苦地钻透人的心理的深层,注意到看似次要的、特别是无足轻重的建议,但是,对听起来过分美化的意识形态(诸如母性“圣洁”一类的东西)也要采取怀疑态度。这一切私人侦探技巧都是必不可少的,为的是使患者了解到神经官能症症状,并唤起对自身病症的意识。这方面,主要街道,即王道(via regia)乃是尽人皆知的“梦的解释”。确切地说,解释夜梦本身,在夜梦中,进行检查的自我进入昏睡状态,坚实的外部世界变得不可觉察了。按照弗洛伊德的解释,每个梦都是某种无意识的愿望幻想的满足。如果我们分析乔装打扮的象征意义,我们就能破解做梦所欲望的东西。神经官能症患者到处都对这种破解采取典型的抗拒态度,千方百计地想要忘记被遗忘的东西,并且极力伪装自身的神经官能症症状。

但是,在此我们已经认真地注意到,依照弗洛伊德解释,对被意识到的东西的抵抗仅仅在于患者的意识之中,而不在于无意识自身的材料之中,即不在于弗洛伊德所规定的**那个无意识**之中。除了怪诞不经之外,本质上无意识还仅仅涉及里比多的内容,这种无意识主要是一种压抑的产物,或至少是压抑的避难所。在此意义上,压抑本身乃是一种过程,“借助于这一过程,某种意识能力行为,即某种属于前意识(Vorbewußtsein)的行为无意识地发生变化,从而被向后推移到无意识的体系之中。如果无意识的心灵行为根本没有获准进入最近的前意识系统,而是在审查的门槛上遭到拒绝,那么我们就把这种情形命名为压抑。”

这样,被意识到的东西的里比多无非是指示这样一扇门:即重新进入的、卷起的、从前的门。精神分析从一开始就从事下皮层的回忆,这是一项孤独的、与世隔绝的工作,正如精神分析学家弗洛伊德所言,这是探险地下室和地狱之河(acherontisch)①的工作。

因此,在弗洛伊德那里,无意识仅仅构成了我们可以把某种东西搁置起来的领域,或者说,无意识充其量是像一个封闭了的环一样环绕意识的东西。换言之,无意识是一份氏族遗产,它环绕在有意识的人周围。"借助于超我,自我以某种对我们来说十分神秘的方式获取在本我之中积聚的远古时代的经验。"由此可见,精神分析的无意识**绝不是**所谓进步要素意义上的"**某种尚未被意识到的东西**",相反,这种无意识由"退行"(Regressionen)组成。因此,在这种无意识中被意识到的东西仅仅表明过去存在过的东西而已。

在精神分析学的法西斯主义者C·G·荣格②那里,这一点表现得更加明显,他把里比多及其无意识内容完全还原为史前时代的东西。按照荣格的观点,在无意识中仅仅居住着氏族史的原始回忆和想象,而这种回忆和想象被荣格虚假地命名为"原型"(Archytypen)。据说,所有人的愿望图像都回归到这种黑暗中,其目标仅仅意味着史前时代。荣格甚至把黑暗视为如此五彩缤纷,以至于在它面前人的意识黯然失色。作为光的蔑视者,他极力贬低人的意识。

与此相对照,尽管弗洛伊德维护了明亮的人的意识,但是,这样一种意识恰恰是为本我之环所包围的意识本身,亦即为某种固定的里比多的固定的无意识所包围的意识本身。在他那里,即使是富于创造性的艺术作品也没有摆脱这种固定的结构。艺术作品仅仅是自我封闭的里比多的**升华**(Sublimierung)而已:想象力乃是满足冲动的替代品。弗洛伊德

---

① 此处指希腊神话中的一条阴间河流。——译者

② 荣格(Carl Gustav Jung,1875—1961),瑞士心理学家,精神病科医生,受到弗洛伊德精神分析学的影响,奠定了分析心理学的基础。弗洛伊德致力于市民社会的个人心理结构,与此相对照,荣格则致力于人种中的集体无意识以及原型。主要著作有:《里比多的变迁与象征》(1912)、《心理学的类型》(1921)等。——译者

说道:“于是,需要解决的任务就是以这种方式迁移冲动目标,使这些目标不在外部世界中遭遇失败。”性冲动可以教化为博爱,可以教化为他人乃至为人类的幸福安康而献身的精神。高度升华的里比多造就艺术家对自身创作的喜悦,但是,同样造成非艺术家对艺术作品的乐趣和补偿性的满足。

但是,这种艺术作品总是以不羁的塑造方式满足人的愿望:女人、结婚、英雄以及壮美的和悲惨的葬礼等。艺术作品给剧院前排座位的男人提供毕生所渴望的东西,而且提供夜间美梦般的辉煌的黄金素材。艺术作品的观察者和共同体验者就这样镇定自身的愿望,从而对此不再感到痛苦和悲伤。

但是,这种类型的一切“净化”(Katharsis)都是暂时的、虚假的:按照弗洛伊德的解释,艺术仅仅借助于幻象(Illusionen)起作用,而这种幻象很容易被不满足的愿望所欺骗。在此,弗洛伊德采取一种机械论立场,与巴甫洛夫的见解相距甚远。按照巴甫洛夫的见解,高级心理过程恰恰通过它所把握的环境变化的持续影响而对类似情绪的变化和生物机体的变化起作用。因此,这种高级心理过程绝非仅仅是附属物,更不是无本质的替代方式。然而,弗洛伊德仅仅停留在性的里比多以及与自我冲动和意识最低点的里比多冲突上,此外,他还认为,从这种冲突中,各种幻象不可遏止地冉冉升起。

权力冲动,陶醉冲动,集体无意识①

但是,在如此含糊理解的身体中,并非总是活着性冲动。弗洛伊德著书立说之后,他就遭到了他的弟子们的公开反对。这些弟子纷纷改弦易辙,要么标明截然不同的冲动力量,要么给“里比多”重新镀金。所谓

① 在本节中,布洛赫批判地探讨了阿德勒的权力冲动,荣格的陶醉冲动和集体无意识等。——译者

个体心理学的发起人阿德勒①尝试了第一种立场,C·G·荣格则借助于神秘的铜绿尝试了第二种立场。因此,正如弗洛伊德对二人提出的指责一样,“压在一切人身上的性欲问题一下子被排除了。”至少看上去,在其他冲动发条的系统中,性欲问题是可以排除的问题,在人的生命中,这个问题并不是惟一的和全部的问题。

阿德勒从资本主义立场出发,在雌雄两性基础上,干脆把权力意志(Willen zur Macht)规定为人的基本冲动:人首先想要支配和压倒他人。人一心想要飞黄腾达,想要永远停留在上面。在人那里,母系到父系的家庭关系变迁恰恰证实了个体方面是胜利者。按照阿德勒的看法,虚荣心、野心、“男人的抗议”等都是人的激情,从中最明显地显露出人的基本冲动。不仅如此,如果虚荣心受到伤害,性的野心受到挫败,那么这正是大部分神经官能的疾病根源。对阿德勒来说,性本身仅仅是获取最终目的,即权力的手段而已。“这种主导思想也整理里比多、性冲动和性变态倾向等,至于这些倾向来源于何处乃是次要问题。”②

在神经官能症的发展之初,患者深受不安全感和自卑感的威胁。一旦权力冲动得不到满足,就产生自卑情结(Minderwertigkeitskomplex)。但是,就像伤口上的肿胀的皮肤一样,仿佛这是针对未来身体伤害的一种保护性预防措施。例如,在两只肾脏中,如果有一只受损,那么另一只就发挥双倍的功能,从而心灵的自卑感就从自我那里得到过度补偿。部分补偿通过伪装和虚构来进行:权力意志成为假象意志(Wille zum Schein)。但是,部分补偿也通过提升来进行:于是,权力意志在一种美丽的、想象的世界中取得补偿。当然,人们也许看不出这东西是从哪里获得其素材。因为权力意志本身必然是光秃秃的意志,所以它在内容上肯

---

① 阿德勒(Alfred Adler,1870—1937),个体心理学的创始人。他原是弗洛伊德的追随者,后由于不赞同弗洛伊德的“泛性说”,于1911年与弗洛伊德关系破裂,创建了“个体心理学”理论体系。代表作有:《机体自卑感研究》(1907)、《理解人类本性》(1918)、《个体心理学的实践与理论》(1920)、《自卑与超越》(1932)等。——译者

② 阿德勒:《神经质的特征》,1922年,第5页。

定得不到升华。

尽管如此，在权力意志中，本质上保持不变的是想要领先的目标设定。这种目标设定代替了单纯的、先天的、从下沸腾的冲动，即代替了弗洛伊德的性的里比多。单个的人借助于榜样或仅仅借助于伪装和虚构来构筑自己。“令人痛苦地感受到的不安全感缩小为最小的限度，而这个限度重新转向明显的对立面，转向正相反对的东西。于是，感到不安的人就把这种与不安全感正相反对的对立现象当作一切愿望、想象、努力的核心项目，并把这一切设定为虚构目标。”这样，人形成自身的性格。在这种个体心理学中，根本不出现与单个人无关的东西。阿德勒甚至认为，“为了不错过向上的路，为了完善保险转制，他在自身变宽而混乱的心灵领域里标明持久作用的主要路线。”

在弗洛伊德那里，原则上一切个性从一开始就业已造就并栽培好的，进言之，在很大程度上，这种个性不是通过单纯的目标意志，而是通过一种无意识的意识造就和栽培好的。因此，原则上，“目的因”(causa finalis)支配人的意志，生物学要素从属于从资本主义角度感兴趣的目标，在此，所谓目标就是适应个性安全，提升个人情感。借助于此，阿德勒从里比多驱逐了性，并用个体权力取而代之，从而他的冲动概念通向了从叔本华到尼采的那条越发鲜明的资本主义道路，并且这一规定还从意识形态的和精神分析学视角反映了这条道路。

弗洛伊德的“里比多”概念与叔本华的“生命意志”概念是相吻合的。叔本华把性的要求标明为“意志的焦点”。与此相对照，在字面上、部分在内容上，阿德勒的“权力意志”与晚期尼采的基本冲动规定相一致，在此，尼采最终战胜了叔本华。换言之，在精神分析学中，富于攻击性的帝国主义倾向的尼采理论战胜了有利可图的欲望-不满-肉体倾向的叔本华的理论。经济上的竞争使得人们无暇考虑性问题，因此人们不是强调淫荡的色欲，而是强调经济上的上进心。商人的酷热白天掩盖了花花公子及其里比多的酷热之夜。

但是，好景不长，因为变得令人乏味的白天越来越不那么吸引人了。

回首过去,在小市民那里,越来越强烈地滋长出这种愿望,那就是渴望无忧无虑地、或多或少在混乱的黑暗中稍事休息。尤其是,丧失了所谓像从前一样"指向高度的道路"。19 世纪末,垄断资本不仅夺走了自由企业家的利益,也断送了他们的前途。相比之下,对于人们更具有吸引力的并不是某一看得见的目标,而是所谓指向某种深不可测的深度中的道路。

因此,荣格令法西斯主义兴奋不已,但他不是倡导权力冲动,而是倡导陶醉冲动(Rauschtrieb)。在他说来,正如与性欲一样,权力意志乃是从狄俄尼索斯视角加以一般化的里比多的一部分。特别是,在他那里,权力意志完全变为"屠杀陶醉"(Schlachtrausch),从而这种冲动不再是对个人目标追求的陶醉。

也就是说,在荣格那里,里比多简直成了远古时代未分化的一切冲动和厄洛斯的原始统一。里比多无处不在,从早餐到圣餐,从性交到神秘合一(unio mystica),从萨满男巫师乃至狂暴战士(Berseker)的极度兴奋的嘴到弗拉・安吉利科①的狂喜,到处都能找到里比多的踪影。因此,在此尼采同样战胜叔本华,但是,他是通过肯定一种具有狄俄尼索斯致幻剂的墨斯卡灵战胜了对生命意志的否定。因此之故,与弗洛伊德的情况不同,这种神秘的里比多方面的无意识并非充满冲突和斗争,并且不想消解在现代意识之中。按照荣格的观点,过分文明化的、富于自我意识的现代人的神经官能症恰恰根源于一种偏离现象,即无意识中成长的东西,即远离"原始的思考和感情"的东西。

在此,荣格不仅与狄俄尼索斯式的法西斯化的倾向相吻合,而且部分地与柏格森的活力论哲学相吻合。当然,柏格森已经采取了脱离派②和自由主义立场,同时不是利用知性而是利用直觉,不是利用封闭的秩序和僵死的几何学,而是利用创造性的生命骚动。但是,与柏格森的"生

① 弗拉・安吉利科(Fra Angelico,1400—1455),意大利佛罗伦萨画派画家。——译者
② 脱离派(Sezessionnismus),19 世纪末德国的一个艺术流派。——译者

命热情”(Elan vital)截然不同,法西斯主义者荣格全盘接受了柏格森在活力论中所发现的那种浪漫主义和反动主义的扭曲世界观。这种情况也适合于多愁善感的阴茎作家D·H·劳伦斯①和诸如彻头彻尾的人猿泰山②哲学家路德维希·克拉格斯。

柏格森的“生命热情”曾是向前进取的态度,这种态度与19世纪90年代风行一时的“青年风格”或“脱离派”一脉相承,这种口号并不包含任何倒退性的束缚,倒是包含了自由的口号。与此相比,劳伦斯和荣格热情讴歌自由奔放的原始的爱情时代,扼腕痛惜现代人不幸脱离了这个黄金时代。因此,人们在肉体中寻找夜间的月亮,在血液中寻找无意识的太阳。

克拉格斯以抽象方式玩弄同一的“公牛角”。像早期浪漫主义者一样,他不仅自觉地倒退到中世纪里,而且自觉地倒退到“洪积世”③里,恰恰在那里,居住着荣格所探讨的非个人的、阎王殿的里比多。

荣格教导说,尽管存在自我和个人,但是,它们到达不了灵魂的深处。人格仅仅是一种假面具或公益地扮演的角色而已。在个性中,毋宁说,作为人格起作用的是生命压力(Vitaldruck),按照荣格的解释,这种生命压力是从更深邃的、更古老的社会阶层中,从诸如民族一类的神秘集体中产生的。“个体不仅仅是单个存在,而是以自身生存的集体关系为前提。因此,个体形成过程不是导向个别案例,而是导向某种日益增强的、一般的集体关系。”④

---

① 劳伦斯(David Herbert Lawrence,1885—1930),英国诗人、小说家、散文家。主要作品有《儿子与情人》(1915)、《彩虹》(1915)、《恋爱中的女人》(1920)、《查特莱夫人的情人》(1928)等。——译者

② 人猿泰山(Tarzan),美国作家E·R·巴勒斯所作《人猿泰山》中的主角。——译者

③ 地质学上的洪积世(Diluvium)时期,即第四纪(Quatrernary Period),可划分为更新世(Pleistocene Epoch)和全新世(Holocene Epoch),开始于大约二百万或三百万年前,具体时间并未确定,现在也是第四纪。第四纪有两件大事,一件是发生大规模的冰期,一件是人类和现代动物的出现。——译者

④ 荣格:《心理学类型》,1921年,第637页。

在阿德勒那里,经济上的竞争和自由竞争刺激更高的价值,激起更尖锐的个体心理学,但是,在此这种个体心理学走向"民族心理学"和"心理综合学",这恰恰体现了向古代集体的退行。非人格的、非人的无意识油然而生,但这种无意识把当时的个体经验远远甩在后面,因此,它不过是人类对古代遗留物的单纯记忆而已。照此说来,原始记忆栩栩如生地存活在我们动物般的祖先时代里,也就是说,鲜活地存活在比"洪积世"早得多的时代里。为此,荣格使用由西蒙①导入生物学的"深刻印象"(Engramme)概念,这一概念用来指称机体质料的全部记忆以及记忆痕迹。这些记忆是作为原始的动物计划形成的,但是,它们同样完全保持着古代存在过的东西的无意识。因此,荣格的心理综合学不是变成人类内部生活中的白天和外部世界的一部分,而是变成"若有所思地"想出某物的东西,并且借助于通常业已存在的象征返回到孕育了"白天"的"夜"。"就像简化成因果方法的分析在其组成部分中分离象征一样,综合方法为了寻求某种一般的可理解的表达方法而浓缩象征。"

弗洛伊德的无意识具有血统史的古代因素,他深信自己发现了这些因素,而在他的学派中,甚至相信"发掘出了"最初陆地上动物的原始记忆。因此,总的说来,弗洛伊德的无意识具有个体特征,亦即这种无意识得到满足有两个途径,一是借助于个人所获得的压抑,二是借助于源自现代个人的刚刚过去的往日的压抑。相比之下,荣格的无意识完全是一般的、远古的、集体性的,换言之,"在数千年的文明之外,特别在个人生活的一些岁月之外,横亘着一条五十万年的岁月沟壑。"在这种无意识根源里,不存在任何新东西,有的只是这种根源所包含的决定性的古老的东西。一切新东西本身都是无价值的,都是与价值相对立的。

根据荣格和克拉格斯的观点,新东西仅仅是今天的破坏本能,即通

① 西蒙(Richard Wolfgang Semon,1859—1918),他提倡铭记论(深刻印象),把假定的、在细胞内形成的记忆的痕迹称为印记或强烈印象。所谓"印记"或"强烈印象"是指在神经细胞里所发生的像化学变化一样的现象,而西蒙径直把它与物质遗传因子相类比。——译者

过智力去分解古老的想象力根源。同样,神经质的冲突乃是这种冲动根源和想象力根源在智力方面的疾病。或者如同劳伦斯所言,在人的肉体中月亮已经消逝,在人的血液中太阳已经消逝。因此,神经官能症患者不应完全疏远自身中依然存在的无意识,与其转向“古老的生命力量”,毋宁转向集体无意识的引导。

心理综合学(Psychosynthese)就是这样逃避当下,憎恨未来,寻求原始时代。这一点如同词源学上所意味的东西一样,即与过去神秘结合(reli-gio)①。在极度兴奋的萨满男巫师的嘴与艾克哈特大师②的宗教神秘主义之间,似乎并无任何本质区别。当然,萨满男巫师更好。因为不言而喻,最粗野的迷信比启蒙运动更占优势。因为荣格的集体无意识在女巫妄想中比在纯粹理性中流出更浓的血。

“厄洛斯”与原型③

于是,其中发生了什么事情,荣格有意识的自我被剥夺了肉体。他甚至把里比多完全驱赶到黑暗之中,驱赶到作为目标的无意识中。弗洛伊德认为,患者必须记起无意识,以便摆脱无意识。但是。荣格认为,患者必须记起无意识,以便他自己完全沉浸于无意识之中,而且在他看来,无意识位于最深处,位于远古层次上。这样,里比多就成为古代的东西了。血与土壤,尼安德特人与第三纪由此也就融为一体了。

借助于心理综合学和抒情诗的表达方式,荣格和克拉格斯的信徒哥特弗里德·本恩④如此命名了无意识:“在我们的心灵中,我们携带从前的民族的灵魂。当后来的理性在梦和陶醉中放松时,民族的灵魂就借助

① 在德语里,宗教 Religion 一词源于拉丁语 religio,其意思是重新结合。——译者

② 艾克哈特(Meister Johannes Eckhart,1260—1327),德国神秘主义神学家、哲学家。——译者

③ 在本节中,布洛赫尖锐指出,荣格何以是一个梦游病患者或性变态患者。——译者

④ 哥特弗里德·本恩(Gottefried Benn,1886—1956),德国诗人、医生。——译者

于自身的礼俗仪式,借助于前逻辑的精神类型向上喷涌。我们花一小时之多参与神秘的祭典。如果逻辑的上层建筑归于消失,意识就疲惫地冲击比月亮年龄更久远的存在,意识开启自身的外皮,永久的斗争界限就归于打破。于是古老的东西,亦即无意识就显现在神秘的自我变迁和统一化之中,显现在到处都永恒存在的从前的体验之中。"

荣格越发强烈地把里比多与这种古代的无意识连接起来,同时他恰恰把这个起源理解得如此朦胧、如此泛泛,以至于非理性的东西不论意味着什么,它都同样能够发现相互交换的场所。实际上,这里是黑夜,所有的母牛都显得一片漆黑。在荣格看来,夜正是把里比多加以无限扩大的、在自然之腹中集体化的那个里比多,而这个里比多现在也被称作"世界灵魂"。

在荣格那里,他所想象的东西与厄洛斯、柏拉图、印度的神志学、炼金术和占星术图像、普罗提诺等搅和在一起,乱七八糟地打旋,最终一切都在"比月亮年龄更悠久的"里比多中联合起来:"在涉及里比多这一心理学概念时,我在这里总是记起柏拉图和赫西俄德关于厄洛斯的宇宙论意义以及太阳神的神秘形象,即厄洛斯的父亲,亦即最初形成的'闪闪发光的东西'……太阳神的神秘意义等于印度的卡玛,卡玛乃是爱神,他也是宇宙原理。"①

在这一心理深渊上,荣格还附加了越过这一深渊的宇宙论要素。按照他的理解,心理深渊和宇宙世界是统一的:"在新柏拉图主义者普罗提诺那里世界精神乃是人的智力能量。"荣格的里比多就这样开启了"未消化的和返祖现象的秘密"的整个袋子,简直是一派胡言乱语。用荣格自己的话来说,在身后拖着这个袋子"就像身后拖着一条不可视的恐龙之尾;这条恐龙小心翼翼地截断了尾巴,从而成为神秘主义的拯救之蛇"。②因为按其意义,洪积世是最接近旨在开创一切的厄洛斯的时期,在那里,

① 荣格:《里比多的变迁与象征》,1925年,第127页。

② 荣格:《关于集体无意识的原型》,1935年,第227页。

厄洛斯离开意识,沿着前逻辑路线回溯那个时期。

这个里比多的解剖学场所不是脑脊髓系统,而是远古的交感神经。因此,荣格关于里比多的推理法本身几乎是不充分的、过分解释性的,这种思考方法始终停留在神话学上。例如,按照荣格的观点,所谓对母亲的感情维系并非意味着任何与个别的母亲的关系,而是意味着某种远古的普遍的母亲图像。这种感情维系与母性女神盖娅或大地之母,即与古代的本体(Ge-wesenheit)相联系,并且同样建立在爱的女神艾斯塔特、爱西斯、马利亚基础之上。因此,在此里比多角色干脆成了某种进一步拯救的"原始图像",通过每一个个别的母亲的角色来显现和赢得"地球母亲的原型"。原型一般,即布吕尔①的"集合表象"乃是一个标语,借助于此,荣格的里比多召唤集体意识。

按照荣格的见解,无意识,而且只有无意识通常才为原型所挤满:蛇、厨房、火、火上的锅、深水、大地、旧路标等都是若干原型范例。在当今人们之中,恰恰神秘地混合着各种原型图像,据说,这种类原始图像是高度兴奋的:谁谈论原型,谁就无异于用数千个舌头说话。因为依照荣格的说法,具有智力创造性的人与原始时代动物人的冲动生活图像相中介,与血和土壤的巨大共鸣相中介。但是,在荣格看来,集体无意识不仅是这一类健康的场所,也是人的想象力的全部基本形式:荣格所梦想的更出色的、更美好的世界乃是人种的灵魂,原型的时代。

因此,荣格的"从明亮处赶往黑暗处"的说教蛊惑人心,特别富于欺骗性。如果资本主义受害者的意识在业余时间中也变得麻木不仁,那么资本主义企业只会运营得更加顺利。正因如此,荣格把弗洛伊德的无意识全面加以一般化和古代化。荣格认为,无意识不应从理性主义角度加以解决。在此,并不发生任何升华,然而在弗洛伊德那里,升华本身至少导致文明。

---

① 吕西安·莱维-布吕尔(Lucien Lévy-Bruhl,1857—1939),法国社会学家、哲学家、民族学家,法国社会学年鉴派的重要成员。——译者

当经济情况好转时,弗洛伊德的弟子荣格还从“犹太人的心理学”观点出发,宣布了自己的见解。在他那里,富有价值的不是升华,而是充满血的假象和狂欢图像本身的那个“神圣而黑暗的原始之夜”。这种力量本身业已秩序井然,从而它是生活在秩序中的惟一的东西。正如我们将会看到的一样,在此荣格也许与某种重要的想象存在(Phantasiebestand),即与原型存在相碰撞。尽管他从浪漫主义那里获得了“夜”的概念,但他从未曾划分的浪漫主义的半瓶醋知识中査明这个概念。所谓“心理综合学”是惟一可以整批地使用原始图像的心理学,而且这种心理学可以利用受资本主义指使的形形色色的神秘主义空话。显然,这一混乱不堪的里比多报告包含着德国的法西斯主义。至此,梦游者荣格的意识绝非无可非议的。

按照荣格的说法,从法西斯主义立场上看,大部分犹太人对智力的憎恨行为也是“借以补偿今日社会损失的惟一手段”。而且,为了阻挡未来,证实野蛮性,封锁革命,法西斯主义需要一种美化原始时代的死亡礼拜。不管怎样,基本冲动变成这样一种基本冲动,它只会趋向狄俄尼索斯称作“莫洛赫神”①的那个地方。人们把某种“退行-基础”(Regressio-Grund)当作医学和道德来赞扬,而对于这种退行-基础来说,一切人性都重新变得陌生了。

正如我所言,在一定程度上,弗洛伊德与荣格之间表现出某些意见分歧:前者至少从自由主义立场出发想要阐明某种东西,后者则陷于法西斯主义和神秘主义的泥潭而不能自拔,尽管两人都谦虚地提到共同致力于“深蕴心理学”。自由主义者弗洛伊德想要使人意识到被压抑的东西,反动分子荣格却想要把被意识到的东西还原为被压抑的东西,进而把它更深地推回到无意识中去。在弗洛伊德那里,无意识是可控制的东西,而且只要它是从个人角度获得的某种东西,它就局限在个人周围。但是,荣格向无意识致敬,并使其完全定居在古代集体之中。此外,针对

① 莫洛赫神(Moloch),古代腓尼基人所信奉的火神,以儿童作为献祭品。——译者

一切观察到的东西，诸如雾、神功、禁忌等到处波动的生命力，他都采取无限制的宽容态度。

然而，我们又要说：就基本要旨而言，老师弗洛伊德与具有“性变态”倾向的弟子处在同一个平面上。从发展史上看，两人都仅仅把无意识理解为某种过去的东西，即理解为沉入地下室并仅仅存在于其中的某种东西。尽管两人在退行的种类和扩大方面有显著差别，但他们都认为无意识指向过去，或者位于业已存在的意识之内。他们恰恰不具有某种新东西的前意识，如果谈到与冲动理论本身有关的问题，我们可以把这个问题与整个精神分析学派联系起来。精神分析学家们只强调冲动这一调味品而绝口不谈食物，此外，借助于神秘主义的概念方式使冲动离开活生生的肉体。以这种方式，恰恰形成某种里比多、权力意志或原始狄俄尼索斯等偶像，尤其是形成这种偶像的绝对化。其实，人的身体只想保存自身而不想拥有任何其他东西，但是，精神分析学家却把绝对化的偶像理解为与人的肉体全然无关的东西。因此，在弗洛伊德、阿德勒，特别是在荣格那里，这一点根本没有**作为经济社会条件的变数**加以讨论。

但是，如果我们想要明确地标明人的基本冲动，我们首先应当承认，在历史质料上，按照人的个别阶级状况和时代状况，冲动是不断地发生变化的，因此冲动也可以按照人的意向，或作为冲动方向加以把握的。最重要的是，精神分析学家所强调的基本冲动绝不是严格意义上的基本冲动，这种冲动是局部的，因而也是片面的。精神分析学家的所谓各种冲动并不能决定性地说明“饥饿”(Hunger)这一人的基本冲动。饥饿乃是**精神分析学到处加以省略的基本冲动**。作为使人活下来的朴素冲动，饥饿冲动是先于精神分析学的所谓各种冲动的。饥饿冲动是自我保存的冲动，在一切变化无常的冲动中，也许只有这种冲动才是人的最基本的冲动，因为只有这种冲动才使其他冲动开始进行工作。

13. 一切基本冲动的历史界限；自身利益的不同状况；充满的和期待的情绪

紧迫的需求

迄今为止，人们很少、绝少探讨或谈论过饥饿。尽管这根芒刺同样原始地、古朴地暗示重要的人生问题。因为人一旦不摄取营养，他就会很快丧生。相比之下，人没有爱情和性享受至少也能活过一会。特别是，即使不满足权力冲动，我们也能生活下去。尤其是，即使不返回到五十万年前祖先们的无意识中，我们也不会死亡。

但是，一个几天饿肚子的、累垮的失业者的情形就截然不同。实际上，他见证了我们生存的最古老的窘境，而且使这一境况昭然若揭。无论如何，对饥饿者的同情感乃是人们拥有的惟一广泛的情感，或者能够广泛拥有的情感。相比之下，渴望爱情的姑娘或小伙子却不能唤起人们的巨大同情感。但是，在所能提供的最直截了当的悲叹中，也许对饥饿的悲叹（Hungerklage）是惟一最强烈的悲叹。面对饥饿者，人们相信自己也会遭此不幸。相对而言，冻得哆嗦的人本身、患者本身以及患相思病的人不啻小巫见大巫，其痛苦就显得很奢侈了。当一个乞丐贪婪地喝下送给他的一碗汤时，即使是冷酷的妇女有时也不嫌麻烦，把自己的吝啬小气忘得一干二净。毫无疑问，在这种通常的同情感中，显然已经包含着对自身困境的思考和自身饱满的愿望。人的胃好比必须马上注油的第一盏灯，胃的渴念是精确的，它对食物的冲动是不可避免的，因此我们根本无法长久地压抑这种冲动。

最可信赖的基本冲动：自我保存

但是，饥饿者无论多么大声吼叫，人们也很少把他当作患者来医治。

饥饿者不被当作患者,这一点充分表明,精神分析学总是把饥饿者当作更好的“患者”来处置,并且今天也这样处置。对于弗洛伊德及其访客来说,“怎样发现食物”这一忧虑是毫无根据的。

精神分析医生,特别是患者大都出身于中产阶级,因此直到不久之前,他们几乎用不着操心“胃”的问题。但是,当弗洛伊德所生活的维也纳经济不景气时,就出现了旨在阻止自杀者的精神分析咨询处,恰恰在这里,人们有机会认识到里比多之下的冲动,即消除饥饿的冲动。因为在所有自杀者当中,百分之九十的人都出于经济困境而自寻短见,而只有剩下的百分之十的人才出于失恋的烦恼(此外,还出于非压抑的现实问题)而自寻短见。然而,穷困潦倒的维也纳精神分析咨询处的墙壁上却挂上了这样的刻印文字:“此处概不受理经济和社会问题。”不言而喻,照此根本无法理解自寻短见的人的内心世界,同样无法消除人们最频繁地意识到的恼人的情结,即由弗兰西斯卡·雷文特罗①命名的完全非医学的“钱情结”(Geldkomplex)。

因此,正如里比多为沙龙的黑话所封闭一样,饥饿芒刺(Hunger-stachel)为精神分析所封闭。这表明,精神分析的基本冲动研究具有阶级局限性,只对中产阶级以上的阶级才具有影响力。这种研究还受到国家权力的限制。也就是说,如果这种研究不是涉及里比多问题而是涉及自我的道德检查以及压抑,那么精神分析关于基本冲动的研究本身就具有局限性。

许多国家,尤其是法国和德国的中产阶级在性格上有显著差异。假定巴黎的单身汉一周连一次也不把某个姑娘带到旅店房间,或者他连一次也不在外面过夜,那么旅店经理就担忧起账单来,因为这个房客在性方面显得很不正常,所以有理由认为他可能会拖欠房租。这样,比起一般的德国资产阶级或英国资产阶级,法国的资产阶级少一点伪善的空

① 弗兰西斯卡·雷文特罗(Franceska Reventlow,1871—1918),德国女小说家。——译者

话。因此较少流露出性欲霉气,较少流露出里比多的压抑情结。

正如维也纳精神分析学从一开始就认为的一样,无产阶级既没有如此伪善的黑话,也没有如此广泛的关于里比多的想法。就是说,在下层阶层的人们中,饥饿和忧虑限制了里比多。在他们那里,很少有高贵人的痛苦,因而可以说,他们的痛苦具有明显的质朴的理由。

可惜,无产阶级的神经质冲突不是由富贵病组成,即不是由弗洛伊德的“固定于特殊性感带的里比多”组成,或者由阿德勒的“性格面具的滥用”组成,或者由荣格的“面向原始时代的不完全的退行”组成。不仅如此,对失业的恐惧也很难说是一种阉割情结。精神分析有时不得不关注饥饿和口渴,弗洛伊德对自我保存的冲动也感兴趣。但是,奇怪的是,尽管他并不否认自我保存的冲动最内在地固定在胃和肉体组织内,但他并没有把这种冲动整个地归入胃和肉体组织之内。相反,弗洛伊德把自我保存的冲动归入后期的自我冲动类之中,使其从事道德审查工作。维也纳精神分析咨询处绝口不谈自我保存的冲动,至多仅仅把它视为某种添加的冲动。换言之,与推动一切的厄洛斯相比,自我保存的冲动不过是一种“伴随行为”(acte accessoire)而已。

但是,显而易见,如果我们只考虑性爱侧面而不考虑经济侧面,就不能正确地把握人类历史。如果我们忽视经济及其上层建筑,只会导致出现里比多的世界解释和里比多的歪曲现象。因此,我们不得不在此表述一个重要的现实问题:**经济利益**。经济利益问题同样不是这个世界上的惟一问题,但是最基本的问题。在此表明的自我保存乃是好多冲动中最坚实的冲动,而且在各个时代,这种冲动(按其所属的阶级变化而变化)无疑是最普遍的冲动。因此,可以说,我们对自我保存,即作为饥饿者这一最敏感的表达方式感到种种矜持和反感。然而,在名副其实的好多冲动中,自我保存毕竟是惟一的基本冲动,是与载体有关的最后的、最具体的冲动主管机构。

甚至理想主义者席勒也不得不教导我们说:这个世界“通过饥饿和爱”而保持其动因。因此,他把饥饿确定为这个世界上的首要动因,而把爱确定为第二动因。尽管当时席勒的这种表述并未导致正确的结果，但这在上升时期的市民阶层中依然是切实可行的。弗洛伊德的精神分析属于晚期资产阶级，而在晚期资产阶级中，对饥饿的表述被一笔勾销了。或者饥饿变成了里比多的下属阶段，例如里比多的"口腔阶段"(orale Phase)。此后，自我保存根本就没有作为原初冲动出现。但是，按照斯宾诺莎的明确阐述，保存自身的存在(Suum esse conservare)乃是一切存在的"欲望"(apppetitus)。资本主义经济竞争把自我保存的冲动变成了无节制的个人冲动。尽管自我保存的冲动变化无常，但它必然贯穿在一切社会之中。

冲动以及自我保存冲动的历史演变

正如冲动不是僵死不变一样，承载冲动的身体也不是僵死不变的。任何东西都不是一成不变的，至多从一开始具有某种形态而已。不仅如此，冲动不是从一开始就赋予我们的。这样，人的热情不断经历历史性的变化，并且借助于新设定和目标产生新的变化。与此同时，主体之灶(subjektive Herd)也是变化无常的。在主体之灶上，人的热情使七情六欲沸腾起来。在此，既不再存在某种"原初的"冲动，也不再存在某种"原始的人"或"年老的亚当"。

在僵硬的基本冲动研究意义上，所谓"人的本性"在历史进程中历经数百次的栽培和翻耕。由于外部的栽培和内在的改良，在植物栽培和家畜饲养中，可以保持原始的种类，但是，在人之中并不存在原始的种类。例如，在植物栽培和家畜饲养中，朴素的犬蔷薇可以嫁接改良成绚丽奢华的蔷薇，野生鸽子驯化成我们今天的家鸽。这些改良品种有时也可重新还原为过去的样子。

相比之下，人是从多种历史角度被驯化的，因此，这种历史性的人是永远不会重新返回到原始的"野生人"的。当然，人可以变成一个颓废的野蛮人，这种人出现在众所周知的、历史分类的冲动精神变态中。例如，人变成童话里的蓝胡子骑士、尼禄或卡里古拉,或者作为希特勒登上历史舞台。但是,任何尼安德特人都不会来源于“健康的洪积世”(gesunden Diluvivm)[1]。

我们知道,所谓现代原始人绝非那种人类最古老的类人猿,他们毋宁是伟大文化的崩溃产物。这些现代原始人并不具有古代的身体,相反,他们借助于历史获得的特性,早就拥有了新的身体。某个传教士施礼的“异教徒”、基督教徒所描绘的“年长的亚当”本身并不是从前风俗和宗教中的耶稣基督,亦即不是那个从前的历经沧海桑田的耶稣基督。因此,在过去的人与现代人之间,所谓原始冲动的人是哪儿也找不到的,在科学上也是不存在的。人们所说的市民社会的冲动,要么(在弗洛伊德那里)在维多利亚时代的黑话中遭到歪曲或忘却,要么在荣格那里,干脆作用为一种法西斯主义的幻术,用神秘主义的奶瓶招摇撞骗。

因为对基本冲动的研究反映每一个不同时代的特有冲动,所以这种研究到处都导致不同的结果。卢梭的“自然人”是田园式的、合理的,相反,尼采的“自然人”是狄俄尼索斯式的、反理性的。也就是说,前者充满了一种启蒙运动的愿望,后者则充满了帝国主义的愿望(同时充满了潜在的“反资本主义渴念”)。与此相称,正如弗洛伊德所标明的一样,“创造物”的历史场所同样也是可以精确地规定的:1900 年前后,在市民社会中,里比多之人连同其所梦想的愿望满足生活了数十年之久。这里所谓 1900 年系指分离派正式提出“把肉体从精神中解放出来”这一口号的年份。不仅如此,在每个社会和每个社会阶层中,性的觉察方式,从而里比多的兴奋性等也总是变化无常的。

就饥饿而言,甚至不存在任何“自然的”冲动结构,因为人对饥饿的觉察方式,从而刺激环境也是历史地变化不定的。在人那里,饥饿甚至不再是生物学地保存自身的基本方向。人寻求食物的本能不是固定不变的,同样,人寻求食物的方法也不是一成不变的。毋宁说,饥饿乃是历

① “健康的洪积世”,克拉格斯用语,用来指称现代社会。——译者

史地形成并被操纵的需求,它与其他社会需求,与历史地显现的各种需求相互联系、相互作用。旨在消除饥饿的需求奠定各种欲望的基础,而且可以与各种需求一道变样,例如,根据不同社会阶层的人对食欲的不同要求,这两种需求(消除饥饿的需求和其他需求)都可以变样。

简言之,一切基本冲动的规定都是在其时间土壤中得到成长,并受到这方面的限制。因此,不可把任何基本冲动的规定加以绝对化,而且不能使这种规定背离当时人类的经济存在。相比之下,里比多(局限在发情期的动物)和权力欲念(最初与阶级分化同时开始)显得是次要的,此外,这些规定全都在自身中拥有饥饿和食欲。

旨在满足需求的欲望乃是历史灯标上的一束火花,但是,按照变化不定的满足需求的方式,这种需求本身也显现出各种各样的存在方式。从历史的角度观察,人类冲动结构中最终起决定作用的是经济利益,但是,众所周知,即使经济利益的各种形态和不断变化也都表现在生产和交换方式之中。的确,人是想要自我保存的人,人本身就是历史地变化不定的存在。人通过摄取食物生产自身,通过当时的经济形态和自然关系得以共同生产。当然,饥饿是最可信赖的冲动,是相对最普遍的、永久的基本冲动。

从历史上看,人一再饥肠辘辘,以至于不得不疲于奔命,因此,这种饥饿也就成了劳动的手段。历史改变了人,因为在历史中人有可能获取什么,所以,恰恰在历史中才能发现渐次形成的人的核心。

自我保存的冲动不但局限在自私自利的体系和这个资本主义的利己主义阶段,而且存在于这个阶段之前,特别是存在于这个阶段之后。寻求自我保存和人类保存绝不是固守业已成就和获得的自我。因此,自我保存到头来意味着这样一种欲望,即为发展我们自身,首先是在休戚相关的结构内,作为休戚相关的因素为发展我们自身准备一个更恰当、更真实的状态。一旦这种状态来临,人们就开始为自我相遇(Selbstbegegnung)做准备。而且,在所有临近终点的显现和事业中,自我相遇基本上是不可避免的。

情绪活动与自我状态，期待情绪的欲望，尤其是希望的欲望[①]

对于饥饿来说，从一开始直接起作用的不单单是直接的冲动。直接冲动是作为“被感知的东西”，即作为某种冲动感传达给人们的，从中人们强烈地觉察到某种渴望或厌恶。这些冲动不仅作为直接的情绪，而且作为活动的冲动感乃是情绪活动或情感。如果一个人凝神专注于独一无二的情绪之中，那么这种情绪就变成热情（Leidenshaft）。所有情绪活动都穿过我们的身体，但是我们感受到一股十分特殊的活力（Saft）流经我们的身体，这种活力来自心脏，它也可称作“心理之血”（psychische Blut）。与感受、表象不同，在一切情绪中都蕴含着某种内在的温度，所以我们也就感觉到这种温度本身。

这样，作为部分直接传达的自我感情、情绪及其过程就在我们意识的近旁。但是，借助于此，并非最终把情绪与感受、表象区别开来。情绪与活动的感情相关，并浮现为一种**清晰的**外部对象，但是，在如此清晰地浮现为外部对象之前，情绪在这种“对象化的”自我觉察中，只是作为含糊不清的对象而发生。这种情况不仅存在于扩散和不确定的心理状态之中，例如最初存在于“现身情态”之中，而后存在于情调或“气氛”之中，而且也存在于确定不移的心理状态之中，例如至少存在于从小时候起就属于有机体“素质”（Anlage）的那种情绪活动之中。

例如，某个性爱型年轻人毕生沉湎于一种热恋，即“不及物的”（intransitive）情绪活动，可是在这种匪夷所思的热恋中，事后才出现热恋的对象。在此，这种热恋并非那喀索斯式的，尽管爱情的对象含糊不清，但是它预先存在于自身的身体之中。因此，在人之中存在——不是作为情绪活动而是作为情绪状态——某种类似特征的轻快心情（Leichtmütigkeit），即

① Appititus，在拉丁语中，该词指一种天然欲望，尤其指自然而反复的对食物的欲求，即食欲。此处转译为欲望。——译者

希望。希望绝非在清楚地了解到它所期待的东西时才显露出来。

人们曾谈论或正在谈论令人情绪振奋的全部有机素质,例如谈论一种性情开朗的(或正相反对的忧郁的)“气质”(Temperament)。这种气质可以超出单纯的情绪状态,一直延伸到没有对象的情绪活动中,尽管这种气质根本不具有或只具有微弱的“基础性的”表象内容。但是,一旦感受和表象的内容越来越多地出现,这个无对象的希望进程也就越来越清楚地与对象发生关系,越来越明确地寻求自身的目标:通过表象,含糊不清的渴望过渡到具有它所想望的内容的某物,因此在情绪世界中,起支配作用的是对某物的爱,对某物的希望,对某物的快乐。无论如何,对于没有唤起人的情绪的外部某物,我们全然感受不到厌恶或贪婪。当然,这个外在的某物未必一开始就是清楚明白的。

现在,人的情绪不再局限在对自身经历的单纯体验上。唯心主义把情绪的内容仅仅解释为“成分”(Gehalt),而且认为,这种内容不是具体显现为明确刺激人的外部对象。

但是,在情绪的及物化当中,表象与思考之间的差异是绝对不可消失的。进言之,这种差异是通过情绪的意向特性,尤其是通过内部发生的、半直接反转的情绪意向特征来标明特征的。在表象和思考中,同样存在某种意象化的行为,尽管唯心主义把这种行为无可救药地加以夸大,但在弗兰茨·布伦坦诺那里,而后在胡塞尔那里,这种行为与“被意指的对象”隔绝了。不过,在表象和思考中,我们不是原原本本地表象和思考这种行为本身,而是不得不下功夫以达到“内心觉察”。相比之下,在布伦坦诺的意义上,情绪乃是从“内容心理学到行为心理学的解放”,因此对此进行补充分析是绝对不可缺少的:情绪本身是作为意向行为,即作为符合现状的东西来发生的。

不仅如此,情绪又作为状态向度和意向向度发生,因为情绪首先受到努力、冲动意向的推动,这一点奠定一切意向行为乃至表象、思维和判断行为的基础。同样,“利益”(Interesse)是人的基础,实际上,利益是最接近人的东西。因此,正像饥饿这一钻心断肠的基本冲动一样,一切情绪都蕴含原初的自我状态(Selbstzustanden),并且恰恰作为这一自身状态,一切冲动才是最活跃的意向性。由于情绪的自我关涉(Selbstbetreffung),情绪生活不仅包含最切近的和最强烈的存在,即自身中包含巨大的意向目标,而且包含克尔恺郭尔在当时称作“生存的”存在模式。换言之,只有作为情绪活动的总体概念,“情绪”才是一个“生存的”概念;进言之,情绪不是理论的和客观的“精神”,而是某种“关涉性”(Betroffenheit)。因此,所谓生存思维,例如奥古斯丁多愁善感的《忏悔录》(Confessiones)今天业已陈腐不堪,但并非矫揉造作、无病呻吟。在此,奥古斯丁意识的意识化源于对某种强烈的意志本性的自我反省。不足为怪,克尔恺郭尔巧妙地战胜了黑格尔,他用“生存中的自我理解”(Sich-in-Existenz-Verstehen)这一道德-宗教情绪的体验现象来反对黑格尔的客观的“抽象化”(Abstraktionen)。

但是,并非无缘无故,由此出发,克尔恺郭尔的存在主义最终到达了一种嗜杀成性的、令人窒息的生存思考,直至堕落为海德格尔动物的、小资产阶级的体验现象学乃至恐惧、忧虑等“基本现身情态”。据说,“生存状态的模式”甚至提供恰恰与生存本身有关的“基本现身情态”。归根结底,这一切都是不健全的主观主义。尽管这是小资产阶级的和反动的存在主义,但本身至少对死亡的情绪投下某种亲和的、丑陋的目光。

然而,自此我们所描述的不是这种有意识的蒙昧主义①,而是至少基本上正直的克尔恺郭尔的态度;克尔恺郭尔利用他的情绪化的主观思维战胜了纯粹客观化的思维。在这方面,全部客观思维都与作为某种认识器官的情绪背道而驰。笛卡尔在《沉思》中写道:“精神的全部本性在于它的思维。”在笛卡尔那里,一切学说皆渊源于有思维的精神创造,因此在自身的情绪学说中,甚至没有导出任何非思维的精神所创的学说。

---

① 布洛赫认为,海德格尔的哲学是一种“反启蒙主义”,尽管这种哲学致力于阐明事物的根据,但有关论述含混不清,不知所云,故并不能改进读者的固有思维。在此,布洛赫用生造的 Obskurententum 一词指称海德格尔哲学的基础,此词源于 Obskurantismus(蒙昧主义)。——译者

斯宾诺莎如此专心致志于广阔的外部事物，以至于在他的犹如大理石大厅般的书中增补了情绪定义(《伦理学》第三卷)。在此，情绪不是被界定为“状态”，而是被界定为主要涉及仅仅取决于自身的那个客观形式。

笛卡尔和斯宾诺莎都属于理性的客观思想家，为此，他们不得不从方法论上清除情绪。正像狄尔泰准确地觉察到的一样，在情绪学说中，两人都不可避免地“从外部观察情绪，即借助于内部觉察根本无法获得的那种关系来观察情绪”。因此，每一个“生存中的自我理解”都与“情绪邻近”(Affektnähe)结合在一起，每一个纯粹的客观观察都与情绪学说联系在一起。

因此，我们可以说，在克尔恺郭尔意义上，哲学对情感所持的态度到处都是适用的，即源自情感的一切东西都被理解为“废话世界”。相比之下，在斯宾诺莎意义上，哲学思维活动对思维(Cogitatio)的态度到处都是适用的，即人的情绪是“灵魂的扰乱”(perturbatio animi)，因而属于方法论上的“无知的避难所”(Asyl der Unwissenheit)，而人的思维恰恰通过“具有愤怒和热情”(cum ira et studio)的情绪指向终极目标。

但是，对于每一个自我认识来说，与情绪的智力**接触**(尽管后来不再进行)是不可缺少的，并且在无所不包地尝试自我认识的地方，每个人都必须适应这种接触。

不论克尔恺郭尔还是黑格尔，他们都有过这种接触。在《精神现象学》中，黑格尔致力于概念的工作进程，深入探讨了情绪折磨和情绪洞察力，这方面可谓任何著作都无法与之相媲美。黑格尔首先在外部世界中感知“生命的脉搏”，以此想要理解没有世界的十字胸饰。按照黑格尔的观点，没有热情，就不能完成任何伟大的事业，毫无疑问，没有情绪洞察力，就无法把握与自我有关的任何伟大的东西。

人们总是从外部出发看待冲动感，并且仅仅以不可接近的方式整理、划分这种感情。人们把紧迫的感情与缓慢成熟的感情区分开来。例如，恼怒区别于憎恨。人们首先根据个别的冲动感所显现的强度区别各种感情,然后,再根据人与动物的情感活动的具体变化来区别各种感情。外表上,这种划分也是根据各种情绪的强弱,即这些情绪是如何根据心脏的神经分布或外部肌肉的紧张而变得麻木不仁或强烈奔放的。照此说来,存在诸如恐惧、惊吓一类的突发性情绪,但也存在诸如过分的、不可范围的快乐一类的情绪。不仅如此,还存在诸如苦恼、忧虑一类的虚弱的、低强度的不快情绪。

相比之下,虚弱的和适度的欲望情绪随时都会变得强烈,但是恼怒则渐渐地加强,最后才会变得十分强劲有力。反之,快乐(Freude)具有欲望特点,当它突然爆发时,特别是当伴随某种惊异时,它显得特别有力量,但最后渐渐归于虚弱无力。表面上,人的情绪是可以这样划分的,但是当这些情绪具有不同的、甚至对立的感受内容时,就陷入一种同样虚弱的或强烈的类型。

如果进一步强调事实关系,更多地从心理体验考虑问题,那么人的情绪就可以划分为**拒绝**(Abwehr)或**关注**(Zuwendung),因而这些情绪可以归入憎恨和爱这两个基本组。饥饿这一冲动必然伴随人的全部情绪,而这种冲动恰恰在里比多和攻击倾向的分类中最明显地爆发出来。而且,几乎所有情绪都可归入否定与赞成这两个极性,即可归入对自身及其对象的满意或不满意。一方面,**拒绝情绪**包括恐惧、嫉妒、恼怒、轻蔑、憎恨等;另一方面,**关注情绪**包括喜欢、大度、信任、崇敬、爱等。但是,这些情绪重叠为古老的二元性:“愉快”与“不快”。

当然,在人心中,拒绝乃至不快、关注乃至愉快并非直截了当地出现。有时,我们发现,人的固有情绪与相反的情绪非常有趣地调合在一起,例如,消除了憎恨的复仇心以及几乎消除了爱的肉欲,有时这些情绪还觉得很甜蜜。同样,也有贪婪一类的情绪,这种情绪属于关注,但它至少不是喜悦。或者,还有怨恨(Ressentment)一类的混合情绪,在这种情绪中,嫉妒的拒绝意向与崇敬的关注意向难解难分地搅和在一起,且能相安无事。如果嫉妒把现存的崇敬变成诽谤,它就不会有任何理由不满。

总之,人的各种情绪历经磨练,不仅丰富多样,也变化多端,从而不应泾渭分明地被划分成拒绝与关注、憎恨与爱的两极。因此,人们试图维护爱与恨这一人的情绪组,以便把这两种单纯的极性关系转变成适应某种价值的东西。借助于此,拒绝感陷于一种低贱的领域,甚至陷于否定的领域。此外,像舍勒①一样的反作用心理学家意识到阶级斗争就属于这个领域。相比之下,关注感吹捧到高尚的领域,诸如城堡和平、世界主义、资本主义者的和平等就属于这种情绪。在人的情绪中,拒绝与关注这两种情绪错综复杂地交织在一起,因而可以把它们划分为两个系列,但是,借助于部分真理和最低限度的心理体验来极力诋毁拒绝感,或极力吹捧关注感都是毫无道理的。

概言之,如果人们从外部了解情绪学说,它就应当被完全清除。这样,我们才能正确地整理各种冲动感。因为必须借助于被经历到的欲望本身,我们才能发现这种秩序。如果人的情绪被划分为**填满的情绪与期待的情绪**(gefüllte und Erwartungs-Affekte)这两个系列,那么它就是惟一令人满意的情绪。

在这方面,即在拒绝与关注系列方面,还必须考虑到相对正当化的因素,例如,作为**非愿望**(Unwunsche)或作为**愿望**(Wunsch):这一系列因素都延伸到期待情绪组之中。在情绪的一系列实际目录中,我们可以得出下列定义:填满的情绪(例如,贪婪、崇敬等)在冲动意向(Triebintention)上是瞬间性的,而在冲动对象(Triebgegenstand)方面是有准备的。在此,所谓"冲动对象"并不意味着当时的个人所能达到的东西,而是意味着业已存在于世界中的东西。

相比之下,在冲动意向上,**期待的情绪**(例如,恐惧、害怕、希望、信任等)是深思熟虑的,其冲动意向不仅能为当时的个人所通达,而且也并非

① 舍勒(Marx Scheler,1874—1928),德国哲学家、现象学家、哲学人类学的创始人。主要著作有:《伦理学中的形式主义与质料伦理学》(1913—1916)、《论人的永恒》(1921)、《人在宇宙中的地位》(1928)等。也许,布洛赫读了舍勒的后期著作《知识形式与社会》(1928)之后,把他定性为一种反动的心理学家。——译者

想驻足于业已存在的世界之中。因此,这种情绪是在对开始或出现的怀疑中发生的。

按照自身的非渴望和渴望,**期待的情绪**区别于填满的情绪;填满的情绪在其意向、内容和对象上具有**无可比拟的、巨大的预先推定的特征**。一切情绪都非凡地意向某物,从而与时间视域相关,但是期待的情绪在时间视域中是完全开放自身的。

一切情绪都与时间中的真实的类似时间相关联,即与未来模式相关联。反之,填满的情绪仅仅拥有某种非真实的未来,即拥有这样一种未来,那就是其中客观上不再发生任何新的东西。与此同时,期待情绪本质上包括一种真正的未来在内。在此,未来意味着尚未形成的东西、客观上尚未存在的东西。陈腐不堪的害怕和希望也想要虚假的未来,但是,在陈腐的满足中,秘密地、深深地蕴含某种更为总体的东西,进言之,与那种填满的情绪截然不同,这种更为总体的东西超然于现存的事实之外。这样,渴望、欲望及其想望等情绪多半向前突围出来。因为在不存在渴望的地方,并不存在作为愿望之反面的某种"非愿望"。

此外,在此否定情绪与肯定情绪之间的某种对立到处起作用,这样,正如我们将会看到的一样,这种对立情绪在恐惧之梦和愿望满足中一起起作用。特别是,在白日梦的恐惧和希望图像中,这种对立情绪作为在乌托邦方面胜负未定的情绪在恐惧与希望之间、否定的情绪与肯定的期待情绪之间浮现出真面目。但是,最重要的期待情绪、最真实的渴念乃至自我情绪始终是希望。因为尽管人们千方百计地拒绝恐惧、害怕一类的否定的期待情绪,但这种拒绝充满着痛苦、压抑和不自由。的确,在恐惧和害怕中,恰恰显露出一种自我没落和虚无的行为,最终归入某种纯粹被动的热情中。

希望乃是反对恐惧和害怕的期待情绪,因此,**在一切情绪活动以及只有人才能到达的情绪中,希望是最人性的东西。与此同时,希望与最辽阔的、最明亮的视域相关联**。希望拥有主体之中所拥有的那种欲望。不仅如此,希望处在主体情感之中,因为希望是由未得到满足的,但本质性的欲望组成的。

向前的自我扩张的冲动,积极的期待①

饥饿使人不得不一再革新自己。如果饥饿持续不断,并且不以可靠的食物充饥,那么饥饿者就会跌倒。于是,肉体自我就变得倔强无比,不再仅仅指向古老的食物范围,而是试图改变使它饥寒交迫、头晕目眩的境况。对现存的恶劣的东西说“不”,对浮现在眼前的更好的东西说“是”,匮乏者把这种姿态列入**革命旨趣**。

革命旨趣总是从饥饿开始,饥饿启发穷人,饥饿变成炸毁匮乏之监牢的爆炸物。因此,自我不禁试图保存自己,而且变成易于爆炸性的东西。自我保存成为自我扩张,自我扩张推翻一切阻碍上升的阶级乃至无阶级的人的障碍。饥饿使人意识到经济上的贫困,这一意识迫使人作出决定,废除一切不平等的社会关系,在这种社会关系中,人是一个被压迫的、下落不明的存在。同样,在作出这种决断很久以前,在他那里追求饱满的冲动作为某种手上的东西类似想象地存在了很久。人的劳动目的在于把原材料一再转变成丰富的使用价值,在这样的劳动中,意识发展成一种类似想象地超越手上的东西。

人们远没有充分考虑到人的生活中所必需的东西。对此,马克思恰恰写道:“我们要考察的是专属于**人的**劳动。蜘蛛的活动与织工的活动相似,蜜蜂建筑蜂房的本领使人间的许多建筑师感到惭愧。但是,最蹩脚的建筑师从一开始就比最灵巧的蜜蜂高明的地方,是他在用蜂蜡建筑蜂房以前,已经在自己的头脑中把它建成了。劳动过程结束时得到的结果,在这个过程开始时就已经在劳动者的表象中存在着,即已经观念地存在着。他不仅使自然物发生形式变化,同时他还在**自然物**中实现**自己**

① 在本节中,布洛赫把人的愿望,特别是旨在消除饥饿的愿望与马克思意义上的社会变革紧密地联系起来。——译者

的目的，这个目的是他**所知道的**，是作为规律决定着他的活动的方式和方法的，他必须使他的意志服从这个目的。”①

由此得出下述结论：在生命的一切领域里，一个建筑工人在了解自身的计划之前，他必定在内心中计划好了计划本身。在实现自己的计划之前，他预先推定杰出的、决定性的、激励性的某种向前的梦。与蜘蛛和蜜蜂不同，人预先展望这种计划，有鉴于此，如果计划越是属于大胆的，尤其是属于艰难的计划，人就越是必然地在眼下把这种向前的梦加以观念化。**正是**在这个地方，现在形成这样一种东西，那就是期待意识中的类似愿望的东西(Wunschhafte)，而这种类似愿望的东西总是源自饥饿，并不断地刺激人的意识。这就是说，尽管这种类愿望时而被操纵，但时而它也朝着更美好的生活目标紧张地活动着，这一过程形成各种白日梦(Tagträume)。

这些白日梦总是来自某种匮乏，并且想要消除这种匮乏，从而这些白日梦都是一个更美好的生活的梦。毫无疑问，在白日梦中不乏低贱的、空洞的、浑浊的、单纯使人神经麻木的逃避之梦。众所周知，这种梦不过是某种代替品，充其量使人暂时忘记现实处境。这种逃避现实的梦想经常与容忍并支持现实状态联系在一起。这一点从所谓“更美好的彼岸世界”的敷衍空话中得到了最明确地说明。

但是，许多其他的愿望白日梦决不从现实那里掉转目光，相反，这些白日梦密切关注现实进程中的具体变化和现实视域中的具体条件。借助于此，白日梦使人获得勇气和希望。在预先认识未来、超越既定现实和构想更美好社会图像的进程中，很多人坚固了“决不放弃的意志”。因此，发生在白日梦中的这种超越意志并不表明心理学上的任何压抑心理，同样，它也不表明从过去业已存在过的意识中任何下沉了的东西。但是，它也不表明从远古时代的人们中遗留下来的或加以突破的任何返祖现象状态。进行超越的人与现存意识之内的无意识地穴(Boden-

① 马克思：《资本论》，Ⅰ，1947年，第186页。

schacht)毫无关系,他们既不把今日众所周知的弗洛伊德的白日世界当作惟一的出口,也不把荣格、克拉格斯浪漫化的洪积世当作惟一的出口。在向前的自我扩张中,浮现在人们眼前的毋宁是某种尚未被意识到的东西(ein Noch Nicht-Bewußtes),一种过去从未被意识到的和从未存在过的东西,因而是一种向前的东西,即本身就是一种作为新东西的黎明。换言之,尚未被意识到的东西已经能够是最单纯地环绕白日梦的黎明。从那里,这黎明伸展到彻底否定匮乏的辽阔领域,即到达希望的领域。

14. 白日梦与夜梦的基本差异,夜梦中被隐匿的、古老的愿望满足,白日幻想中的童话要素和预先推定的要素

做梦的倾向①

人们总想好上加好,这种愿望并没有沉睡。人们从未摆脱这种愿望,或者至多只是欺骗性地摆脱这种愿望而已。也许,忘却这种渴念比实现这些渴念显得更方便。但是,如今这样行动会发生什么事情呢?然而,愿望绝不会终止,或者它以新的面目乔装出现。如果我们丧失愿望,我们就无异于一具尸体;如果这样,一切邪恶都将越过这具尸体而迈向自身的胜利。同样,匮乏者也不想抛弃愿望,他们梦想有朝一日实现自身的愿望。就像俗语所说的一样,“夜以继日”,人不仅仅在夜间做梦,匮乏与愿望至少在白天是不可分割的,因此只在夜间做梦是十分罕见的。

白日梦够多的了,但是人们没有充分地观察它们。睁着双眼,我们也足以看见五彩斑斓的梦,或者若有所思地走进梦的里面。人的爱好就是不断改善人业已形成的东西,在我们睡眠时,这种爱好并不沉睡。既

① 在本节中,布洛赫描述了白日梦的基本特征,同时探讨了人的情绪中各种梦的特征。——译者

然如此,在清醒时,它怎么会无影无踪呢?在梦中,绝大部分愿望都加重人的精神负担,当它苏醒过来时,情况尤其如此。

而且,白天做梦的人明显不同于夜间做梦者。白日梦者经常尾随鬼火,误入迷途。但是,他既没有沉睡,也没有与迷雾一道下沉。

作为愿望满足的梦①

然而,在梦中,夜间做梦者是怎样满足自身愿望的呢?在梦中,想必愿望首先被发现,因为各种游戏毕竟是在睡眠中开始的。"梦"(Traum)这个词来源于夜间。做梦者以睡眠者为前提条件。一旦入睡,外部感官就不再发挥功能,肌肉得以放松,大脑得以休息。这时重要的是,周围漆黑一片,以便睡眠者沉沉入睡,时常只做梦。对此,睡眠者并未借助于内外刺激来超越意识的门槛。如果刺激是某种外部因素,例如敲击声、灯光、床上移动声等,那么他就想望这些刺激不在梦中发生。如果刺激是某种内部因素,例如口渴、饥饿、小便冲动、性欲激动等,那么他自己就想望这些刺激在梦中销声匿迹。因为每一种刺激并非都是令人愉快的。

弗洛伊德说道:"快乐是与心灵机构中的现存刺激量的减少、降低或熄灭联系在一起的,而不快则与刺激量的提高联系在一起的。"如果睡眠者不做梦,他就对这种刺激感到厌烦,以至于在睡眠中苏醒过来。因此通过内在的熟练敲击声、突发灯光、肉体不安宁等,梦巧妙地保护睡眠。

然而,梦不仅在形式上像罂粟世界一样保护睡眠,而且在内容上像发动机一样满足各种愿望。这一点自从弗洛伊德以来已被澄清,自他以后也将保持不变。梦解除干扰的方法只有一个,那就是把这些干扰所带的刺人刺折断。或者就像弗洛伊德所言:"通过致幻的满足,各种梦排除

① 布洛赫认为,梦并不直接显示愿望的满足图像,但至少与愿望的满足图像相联系。——译者

睡眠的(心理)刺激。”众所周知,弗洛伊德最独特的发现是这样一种见解,那就是梦不是泡沫,当然也不是任何先知的预言,而是同时处于这两者之间。梦的功能正是致幻的满足,亦即无意识幻想的虚假满足。

梦的主题乃是更美好生活的梦,它部分地——小心翼翼地、意味深长地——包含在作为渴望的夜梦之中。尽管姗姗来迟、参差不齐,但梦乃是乌托邦意识这一巨大领域的一部分。也就是说,在夜梦的周围有从前的愿望出现,正是在其中显现出深藏在自我和大脑之下的古老的、早已消逝的图像之光。夜梦具有三个典型特征,这些特征使人的愿望想象有可能变成幻觉。第一,当我们入睡时,苏醒的自我会变得十分虚弱;当我们苏醒时,自我不再审查我们之中不适当地显现的愿望想象。第二,当我们入睡时,从苏醒状态中浮现出来的诸内容还仅仅剩下所谓“白天的残余”(Tagesreste)。这就是说,还留下各种想象,而这些想象以联想方式强烈地诱惑我们,从而适应梦中的幻想。第三,与业已减弱的自我的功能有关,外部世界及其现实乃至实际生活的目标内容受到严重阻塞。自我返回到幼年期的自我,这样,梦中首先出现来自幼年期的,说得更确切些,来自幼年期内在的、全然未曾受到审查的冲动世界。弗洛伊德这样强调说:“梦中的每一个愿望都来自幼年期,一切梦都运用了天真的材料、儿童的内心激动和机制。”

此外,在梦中,由于外部世界的阻滞,感性现实的对立趋势归于终止,同时各种愿望想象充分维持心理能量和心理空间,以便进一步提高幻觉程度。但是,在梦中通常按照道德、审美和现实角度进行审查的那个自我变得虚弱不堪。不过,在梦中,自我并没有完全被切断。在梦中,自我就像一个酩酊大醉的醉汉一样继续进行审查,并要求某种致幻的愿望满足,于是,这些图像就乔装打扮,得以躲过自我的目光。

因此,几乎每一种梦都不是纯粹地反映愿望的满足(Wunscherfüllung),相反,几乎任何一种夜梦都受到歪曲,都被戴上假面具,并以“象征性的”伪装面目出现。而且,做梦者根本不能理解这种象征性的东西,即不理解这种象征性的东西在自身的愿望满足中是经过一番乔装打扮的。在此，足以表明，在某种象征性地歪曲的梦的图像中，永不安宁的里比多得到证实，并得以深深的满足。

只有在儿童之梦中才没有这种被歪曲的梦的图像，因为儿童根本就不知道任何在梦中进行检查的自我。从生理上看，少年期的那些放荡不羁的夜梦是完全正常的，作为后果，遗精也是许可的。这种少年的梦直截了当地进行，并没有值得一提的梦的歪曲现象。在儿童那里，梦中显现的内容与现实的梦的内容基本上是一致的。然而，一切其他"有伤风化的愿望"都以乔装打扮的形式出现，例如，乱伦的愿望、杀害所爱的人的愿望、幼年期的其他邪恶因素等。那么，这些愿望为什么常常以伪装的面目出现呢？这是为了满足自身，为了避开梦中自我的审查，尽管自我在梦中显得虚弱无力。梦的内容深藏在下意识之中，这些潜伏的梦的内容转变成象征性地显现的梦的内容，弗洛伊德把这一过程称作"梦的工作"。但是，梦的工作走相反的道路，即返回到分析梦的意义这样一条道路上来，在此使愿望满足去掉象征部分。

对于梦的意义的分析工作，梦中苏醒过来的人采取极其顽强的抵抗态度。尽管其程度更深远，但这种抵抗态度类似于神经症患者对自身神经症症状意义分析的抵抗。梦的意义的分析工作旨在揭露夜间自我的另一侧面，然而重归强化的白天自我（Tages-Ich）恰恰抵抗对这一侧面的揭露工作。通常在有道德意识的，特别是在正派的人那里，揭露自我的另一面更是令他心神不安的事情。对此，他推测自古以来好多梦的内容，一觉醒来，这些内容使他十分难堪，以至于白天的自我甚至对十分虚弱的夜间自我也感到负有责任。从自身梦的混乱象征中，一旦只留下感性的残余，做梦者就感到特别的羞愧难当。

对此，让·保罗[①]补充说："在我们所构筑的伊壁鸠鲁和奥吉阿斯王的牛棚中，梦令人可怕地显示出深远的光亮；在夜间，我们在任何坟茔都能看见各种野兽和狼群生气勃勃地漫游，然而，在白天，理性却被拴上了

① 让·保罗（Jean Paul，1763—1825），德国小说家。——译者

链条。”

从纯洁无瑕的市民的正直及其白天的自我出发，某些学者甚至提出如下奇异的疑问：从道德上，人能否估价他在梦中所想到的、所行动的善与恶？一位启蒙主义末期的道德主义者和心理学家对此表示赞同，并且得出了令人可笑、但更适于进行批判的某种富有教益的结论：“因此，人们可以断言，人的一项道德义务——只要通过自由这是可能的话——就是在梦中也纯洁地保持幻想。如果一个人的梦是通过自身的欲望而产生或得到更新，并且这种欲望依存于自由，那么他在梦中的所作所为就可以归入善与恶了。”①

因此，对于一个合乎规矩的自我来说，在相对无害的梦中漫游的人是讨厌的。但是，一个人越是道貌岸然，他所做的梦也就越是放肆粗野，在这种梦中，他的幼年期的冲动“象征性”地被掩盖了起来。正因如此，人们顽强违抗精神分析学的梦的解释，也正因如此，人们对自身的梦中形象被视为刑事犯罪故事大为不快。例如，当所谓预言的梦的解释与自身神的形象完全背道而驰时，古代的君王们就十分恼火、耿耿于怀。法老喜欢约瑟②，因为约瑟没有看透他的内心深处，对预言的梦的解释使得主体的内面(Interna)根本没有受到触动。

出于对道德说教的厌烦，自我在夜间进行化装，并且掩盖、装扮梦的内容。然而，对于弗洛伊德来说，里比多的核心部分仅仅是梦中显现的性的象征形象。照此说来，有数百个代表男性与女性生殖器的象征物。匕首和首饰盒是男女生殖器的原型。不仅如此，象征性交的形象也多种多样。性交的原始模式是“爬楼梯”(Treppensteigen)。首饰盒可以变成一种有车厢的四轮马车，匕首可以变成不真实地照耀窗户的一轮明月，进而变成四轮马车里天花板上的灯。而且，就像打碎的蛋黄一样，女性

① 马斯：《试论热情》，Ⅰ，1805 年，第 175 页。

② 约瑟，雅各之子，曾给埃及法老解读过“尼罗河畔七头壮牛被七头瘦牛吞噬之梦”。——译者

生殖器令人联想起柔和的、淡黄色的灯光。

正如拉伯雷[①]或巴尔扎克的《都兰趣话》(Contes Drolatiques)表明的一样,梦实现性欲所暗示和比喻的全部资源,这方面没有什么东西可以与之相比。对于意识而言,这一点处于讽喻性的无罪之中。巴尔扎克谈到一个木匠的故事:他想要关闭他的临街房屋的前门;巴尔扎克还谈到一个宫廷侍童的故事:他已经在王室的原野上树立了四方旗,等等。所有这一切比喻都是与梦相似的东西。此外,在梦中出现宏伟的色情作品所缺乏的,即丢失的各种形象。例如,木头、桌子、水等女性象征物。这些东西似乎包含种族史的深度。正如我们注意到的一样,尽管这一点会使C·G·荣格保持沉默,但对于弗洛伊德及其亲信却不是陌生的。桌子分明是为房间和家而存在,木材象征(Holzsymbol)引向家谱(Stammbaum),即一种十分古老的母亲形象。同样,在这方面,生命木材使人联想起生命之树。按照弗洛伊德最早的合作者弗兰茨基[②]的说法,水象征(Wassersymbol)可以归诸于母性的羊水,从而在种系发生的"坑道"上,水象征可以归诸于作为生命之源的地质学的太古之海。

此外,在神话史上还产生某种截然不同的传说,例如,在池塘生儿育女的仙鹤的传说。但是,关于在深水孵化出神的精神,这深水同样显现出一只母鸡。喷泉乃是一个古老的母性形象,而芦苇池塘则是更古老的、群婚的、远古的母性形象。巴霍芬[③]恰恰把这一事实发掘了出来。

无论如何,所有成年人的梦都是错综复杂、纠缠不清的梦。对此,弗洛伊德恰如其分地用悖谬予以说明:做梦者并不知道他所知道的东西。

---

① 拉伯雷(Francois Rabelais,1494—1553),欧洲文艺复兴时期法国人文主义作家,主要著作有《巨人传》(1532)。——译者

② 弗兰茨基(Sándor Ferenczi,1873—1933),匈牙利精神分析学家,主要著作有与奥托·兰克合著的《精神分析学的发展》(1924)。——译者

③ 巴霍芬(Johann Jakob Bachofen,1815—1887),瑞士人类学家和法学家,著有《母权论》一书,在此书中,他把人类社会的发展划分为三个阶段:群婚制社会、母权制社会和父权制社会。——译者

对弗洛伊德来说,向外显现的梦的内容只不过是被伪装的道具或化装舞会上的假面具而已。梦的解释正是“圣灰星期三”①的工作。在夜梦中,自我审查对里比多及其愿望满足一概放任自流,仅仅戴着小丑面具招摇过市,或者整夜假惺惺地穿过大街小巷。

到头来,弗洛伊德梦的解释重新指向赤裸裸的文本。弗洛伊德的工作就是不顾如此纷繁复杂地表现出来的诸多象征(但并没有失去象征本身),或多或少认清梦中性欲愿望是如何得到满足的。在他那里,愿望满足是通过里比多这一狭隘的和不当的概念而歪曲地出现的,尽管如此,其中依然保留着心灵生活的某种认识。不管怎样,在夜梦中,某种“补做”(Nachgeholtes)在起作用,做梦者以此补偿某物,以各种形象得到满足。至于这种满足是仅仅借助于这些形象发生,还是在这些形象本身中发生,那是无所谓的。

恐惧之梦与愿望满足

但是,夜梦者的愿望真的总是得到满足吗?在梦中,发生好多无关紧要的东西,这些东西转瞬即逝,似乎一点空隙也没有填充。同样,在各种强烈的梦中,幸运的图像,亦即愿望满足的图像也完全不是以多数形态存在。除了这些梦,还有恐惧之梦(Angsttraum),这种梦多种多样,无奇不有:从通常的实验之梦到令人颤栗的噩梦。如果睡眠者从这种梦中醒过来,他就吓得大喊大叫。他逃避只在夜间认识的那个怪人,但是他的汽车突然变成蜗牛壳,他跳下来,拼命逃跑,但是,他的脚粘在地上,很快牢牢扎根在地里。

不言而喻,弗洛伊德有一个困难,那就是把恐惧之梦解释为赠送夜间复仇女神(Nachtfurie)的女妖,尽管这种解释难度不小,他还是以三重

---

① “圣灰星期三”(Aschermittwoch),四旬节的第一天,按天主教习俗,这一天把“圣灰”撒在忏悔者的头上。——译者

方式把恐惧之梦编入了满足理论中。

第一,某种梦是可以中断的,但是,这之后继续存在唤起梦的那种痛苦的刺激,从而导致梦中的愿望满足的失败。

第二,某种梦之所以能够成为恐惧之梦,是因为在这种恐惧之中愿望恰恰实现了满足。这种荒谬现象尤其出现在未曾受到歪曲的、未曾受到审查的梦中。在这种恐惧之梦中,梦中的自我特别厌恶和拒绝某些愿望,而这些愿望却无遮无拦、无拘无束地感到满足。于是,感到恐惧的并不是人,而是梦境中的自我(Ttraum-Ichs)。在此,梦中继续得到发展的恐惧代替了普通梦中形成的审查的位置。由于可怕的噩梦,神经官能症也能与这种恐惧愿望联系在一起,例如,因生怕失去自己的父母而提心吊胆,惶惶不可终日。恐怖症只不过是所谓道德上的倒霉事,或因袒露内心世界而感到的良心上的谴责。

但是,第三,弗洛伊德并非把恐惧与愿望仅仅理解为生硬的对立物,这样,他恰恰不情愿地、辩证地对付这种困难。按照弗洛伊德的说法,恐惧的最后起源是"出生行为"。他举例说,出生行为包括"一系列不快、排泄激动和身体轰动等的混合感觉。出生时的这些感觉成为威胁生命的各种影响的榜样,并且,这以后作为恐惧状态在我们那里反复不已。"

恐惧(angutia)一词等于困境(Enge),它强调一种呼吸窒息状态,这种状态渊源于当时胎儿在母亲肚子里不断感受到的内部呼吸困难。但是,最重要的莫过是,胎儿脱离母怀、呱呱落地时所面对的那种最初的恐惧状态。换言之,初生婴儿意味着一种孤寂、无保护和被抛弃状态。弗洛伊德把这种恐惧状态与所谓阉割恐惧状态(Kastrationsangst)连接起来,在普通人那里,这种阉割恐惧状态贯穿一生,并且时常制造道德麻烦。"对曾经是理想自我的那个更高尚的人形成威胁的正是过去感受到的阉割恐惧。不仅如此,阉割恐惧也许使后来的良心恐惧沉积在周围的核心,而且,这种恐惧作为无时不在的良心恐惧继续起作用。"

但是,在弗洛伊德那里,最明白易懂的是,他关于初生婴儿面对最初的孤寂,即由于出生而不得不挣脱母亲时的恐惧不是所谓阉割情节,而是“夜惊”(pavor nocturnus),即对陌生面孔、黑暗等诸如此类的东西的恐惧。由于陌生的面孔,孩子对母亲的渴念和爱感到失望,于是,孩子的“里比多”就变得毫无用处,找不到自身的对象。这样,里比多发生骤变,并在成年期作为恐惧被排除掉。其结果如下:**所有被压抑的愿望情绪都在这种无意识中变成恐怖症。**

如果里比多情绪找不到任何对象,那么就产生类似恐惧的东西,按照弗洛伊德的推测,这是面对死亡冲动所发生的死亡恐惧,这种症状尤其频繁见诸于神经症患者和抑郁症患者之中。“抑郁症患者的死亡恐惧只容许这样一种解释,那就是自我抛弃自己,因为他感到超我不是爱自己,而是憎恨和迫害自己……正像从前是父亲,后来是天意或命运发挥重要的功能一样,超我代理这种保护和拯救自我的功能。”

即使在健康状态中,人们也会对巨大的现实危险感到恐惧。这时,自我抛弃自己,因为他认为,凭借自身的力量无法克服这种危险。对此,弗洛伊德回忆说:“此外,同样的恐惧状态,即出生时的最初的巨大恐惧状态和幼年期的眷恋恐惧(Sehnsuchtangst)总是基于下述惊心动魄的恐惧,即与保护自身的母亲相分离。”①

如果里比多情绪缺少所爱的母亲这一对象,那么这种情绪必然受到压抑,进而按其辩证的反面发生同样的骤变。只有借助于死亡恐惧(Todesangst),里比多的对象才是真正的自我,确切地说,才是受到超我关爱的自我。

但是,一旦面对恐惧,这个自我陶醉的自我就再也得不到超我的保护了。“也许,死亡恐惧的机制在于,自我在很大范围内解除自身的里比多角色,亦即放弃自身。自我面对死亡恐惧放弃自身,就像它通常面对各种恐惧事件放弃其他客体一样。”这样,里比多骤变为巨大的恐惧,进而从自我中解放出来。

当然,里比多亘古如斯,自始至终永远存在。因此,弗洛伊德式的东

---

① 弗洛伊德:《自我与本我》,1923年,第76页。

西并没有坚持下来，应该说，并没有得到坚持。① 弗洛伊德的里比多带有十足的心理主义特点，全然没有考虑到社会环境因素。如果性的里比多足以产生这种恐惧，那么它对这种恐惧果真必不可少吗？否定的愿望满足或恐惧仅仅来自主体，即仅仅来自“无客体化的里比多情绪”吗？而且，根本就不存在足以威胁人的**类似客观的**对象和状态吗？根本就不存在不是为里比多所占据，而是为其他东西所占据的威胁性存在吗？晚年的弗洛伊德苦心孤诣，直至表达说：归根结底，不是压抑制造恐惧，而是恐惧制造压抑。于是，恐惧先于被堵塞的里比多，并形成心理停止现象。在风烛残年，弗洛伊德远远超出这一生物学上的内在体验和原始体验，甚至认定，“归根结底，一种令人可怕的冲动状态可以追溯到某种外部的危险状态。”②

对于初生婴儿来说，如果他面对的不是母亲，而仅仅是通常诸如陌生面孔、黑暗一类的中性的东西，那么他的自我抛弃感（Preisgegebenheit）就完全不具有任何内容。这一点也适用于成年人，在他们那里，占支配地位的情绪不是自我抛弃感，而是饥饿、生计困难、经济上的绝望、生活恐惧、积极的和客观的感情等。事实上，迄今市民社会将其社会结构建立在自由竞争基础之上，因此即使在同样的阶级和阶层中，也存在着一种尔虞我诈的敌对关系。这样，市民社会从一开始就确立并产生了个人之间的敌对性的紧张关系，从而制造无休无止的恐惧感。

通过外部世界，尤其是通过两次世界大战，市民社会的恐惧感昭然若揭、有目共睹。此外，法西斯主义嗜杀成性，制造了无数骇人恐怖，但几乎不需要母亲分娩时婴儿所经历的那种稚气的心理创伤。尽管有些归诸于休息的夜梦可能向后取向，也许受到保护的孩子们的“夜惊”就是这样。夜梦也可以由被压抑的里比多，由尚未找到对象的爱的愿望组

---

① 弗洛伊德认为，死亡恐惧乃是活动在恐惧之中的里比多的变形。因此，在布洛赫看来，弗洛伊德的死亡冲动说未能摆脱“里比多”这一个人冲动领域。——译者

② 弗洛伊德：《精神分析引论新编》，1933年，第123页。

成，或者由恐惧组成。

但是，甚至与恐惧有关的梦也提供白天的因素，即提供对未来的动机和根源的客观忧虑。例如，这样一种根源，它不是与单纯找不到对象的愿望有关，而是与赤裸裸的自我保存的愿望以及旨在保护支离破碎的身体的愿望有关。尤其是，做梦者感受到深深的恐惧，甚至是一种极度的恐惧。这种恐惧并非仅仅是因为回首往事而产生，这种回顾的目的并不是为了在逐渐消失的自我的里比多对象中寻找恐惧的解释，而是为了在被换位了的母亲的里比多对象中寻找恐惧的解释。本质上，从纳粹主义和退行中，恐惧和死亡恐惧恰恰得不到解释，相反，从终结未来生命的断头台中，从人们客观地等待的夜的痛苦和畏惧中，这种情绪得到解释。如果在死亡恐惧中，自我只是离开自身，而且如果他离开自恋的里比多位置，那么无论是没有自我的动物，还是专注于现实问题的、因里比多而不爱自我的人都根本体会不到所谓死亡恐惧。

这样，弗洛伊德关于死亡的“里比多-主观主义”理论是站不住脚的，但是，他对被压抑愿望所致的恐怖症进行了系统归类，他的这一工作是重要的，也是真实的。这种工作不是着眼于自我陶醉的人，而是着眼于人的愿望情绪的客观内容。在出生过程中，恐惧及其噩梦具有自身的首次刺激原因，同样，在死亡方面，也具有自身的最后的生物学的内容。但是，如果恐惧不仅仅是作为生物学的内容出现，而是作为只在人那里所能遇见的方式出现，即恰恰以噩梦出现，那么，恐惧在此就拥有这样一种基础，那就是自我保存冲动本质上受到**社会方面的**封闭。事实上，这是由于**适得其反而被毁灭的愿望的惟一内容**。正是这种内容给人造成了恐惧乃至绝望。

可是，如果做梦者清醒时的愿望五色斑斓、多种多样，那么他会怎样想望某物呢？如果他的愿望不需要单纯的蜂蜜，而是需要食盐和胡椒，还需要一次震惊，那么情况会怎样呢？弗洛伊德不仅指明了冲动的过渡，也指明了“**内在的**对立的冲动感情”，这样看来，“恐惧和愿望在无意识中是同时发生的”。毋庸置疑，在很大程度上，内在的对立冲动感情在人的情绪中是相吻合的,例如,在抑郁症患者那里,在一般的、孤寂的悲观者那里,两者都希望看到他们的非希望要素得到满足。18世纪感伤主义盛行,从中忧郁症患者大行其道,这种悲天悯人的感伤主义不正是具有诸如垂柳、泪罐子、对消亡的痛苦一类的混合的感情要素吗?

这个时代出现了各种惊险小说,从中更加可怕地透露了莫名其妙的秘密行为。这些小说的主题要么是阴影下的一种愿望满足,要么是黑夜恐惧中十字路口上的家乡。诸如此类的主题业已表明**恐惧的想象满足**,即表明了一种愿望与那种恐惧特性之间相互交换的外表。这种恐惧通过指向自身的希望,尤其是通过棘手的、甚至肯定的希望内容本身而变得令人毛骨悚然。在不切实际的领域里阻挡诱惑,这种做法正是这种粗糙的、极其可怕的愿望满足。

另外,又添加一片黑色,加深色彩,使得在过分透明的,即在平淡的幸福中形成不和谐的局面,强调一种崇高的但同样深不可测的愿望。驱向终点的许多情感陈述都擅长相互交错的令人震惊的内容,直到所谓"甜蜜的恐惧"。这一点充分表现在瓦格纳的《尼伯龙根的指环》[①],在这部艺术作品中展示了巨大的神经症症状。

于是,下述这句话既适合于可怕的梦魇,也适合于泉水灌溉的草地及其象征:"一切梦都是愿望的满足。"

核心问题:白日梦不是夜梦的前阶段

然而,我们绝不相信,人们仅仅在夜间做梦。白天同样占有昏沉沉的空白地带,在此,许多愿望得到满足。与夜梦不同,白日梦在空中可以自由自在地描画所选择和重复的形象。这种梦可能狂热和虚假,但它也思考、规划某物。白日梦悠闲地沉湎于政治的、艺术的、科学的思维。然

---

① 理查德·瓦格纳的歌剧《尼伯龙根的指环》(Der Ring des Nibelungen),1869年首演于慕尼黑,曾轰动一时。——译者

而,这种梦的悠然自得与缪斯、密涅瓦彼此情投意合。

白日梦提供奇思妙想,但这种突发念头不是解释,而是领会,它构筑空中楼阁和计划图像,但并非总是归结于虚构的东西。甚至在漫画中,做梦者也描画一幅截然不同于梦境内容的面貌。于是,他就变成大失所望、一无所获的汉斯①,因此,夜间睡眠者绝不会闭上双眼做梦。做清醒的梦,孤独的散步,或与年轻朋友的热情谈话,或所谓白天与黑暗之间的黎明时分是最合适不过的了。

本书从描述关于小小白日梦的报告入手,这部分也许已经概括地显示了一幅关于白日梦的轻盈的、内在的图像。现在有必要详细研究白日梦的具体结构以及棘手的问题。正如我们将会注意到,借助于此,我们恰恰理解白日梦中的巨大麻烦:即得以理解主观要素中的希望一般。

但是,令人惊讶的是,迄今白日幻想几乎没有被标明为心理学上的原始状态,也没有被标明为固有的愿望满足。白日幻想大都被当作单纯的如意算盘(wishful thinking),但恰恰没有被当作富于洞察力的、有责任感的思考(thinking)。

但是,精神分析把白日梦与夜梦完全等量齐观,在白日梦中,仅仅看见正在开始的夜梦。对此,弗洛伊德说道:"我们知道,这样的白日梦乃是夜梦的核心和典范。从本质上说,夜梦无非是因为不受任何控制或限制而获得自由的白日梦,它借助于夜间的心灵活动披上伪装。"②而且,在同一段落的前一部分,他还写道:"最众所周知的幻想乃是所谓白日梦,它表现为虚荣心、癖好和性欲等愿望的满足。现实越是告诫谦虚和忍耐,这些愿望就越是繁荣昌盛。在那里,我们可以明白无误地意识到白日梦的本质是幻想幸福,即完全独立于现实的同意而重新制造快乐的获得。"的确,精神分析认为,一切梦仅仅是通向被压抑的东西的道路,而且,精神分析仅仅把现实了解为市民社会及其现存世界的现实,因此,始

① 汉斯(Hans),德国最常用男名,作普通名词用时含有讥讽或贬义。——译者

② 弗洛伊德:《精神分析引论新编》,1935 年,第 417 页。

终如一地把白日梦描述为夜梦的单纯的前阶段。对于资产阶级来说,具有白日梦的作者只不过是睁眼睡觉的兔子而已。同时,资产阶级把市民社会的日常生活想象为一切现实的判断尺度,并将其应用于实际生活。

但是,人们否认这种尺度适合于意识世界,甚至人们认为,夜间的愿望之梦在一个依旧开放的世界及其意识这一巨大领域里仅仅被视为姗姗来迟的、参差不齐的部分,于是,白日梦不仅**不是**夜梦的**前阶段**,而且也不是通过夜梦所能解决的梦。鉴于医疗内容,特别是鉴于艺术内容以及前假象的、类似前线的东西的预先推定内容,白日梦并非业已解决的事项。①

因为夜梦大都是由过去的冲动供给的,即由过去的材料(尽管不是古代的图像材料)组成的,而且在赤裸裸的月亮之下,夜梦并不发生任何新东西。因此,把白日梦从属于夜梦,或者置于夜梦后面是十分荒谬的。实际上,白日梦是率先行动、未雨绸缪和预先推定,然而奇怪的是,人们自古以来,就把白日梦与夜梦视为等同、混为一谈。

白日梦这一空中楼阁并非通向夜间迷宫的前阶段,毋宁说,在白天的空中楼阁中,存在作为地下室的夜间迷宫。精神分析学家认为,在白日梦和夜梦中,人们享受到同等的幻想幸福,但是,试问白日梦与夜梦一样"独立于现实的同意,重新制造快乐的获得"吗?并非如此。事实上,白日梦太多了,为了现实的同意,它们曾经凭借充分的活力和经验**改变了**现实。于此相反,睡梦之神(Morpheus)只拥有人们恬然安息的双臂。因此,白日梦要求特殊的知识和经验运用,因为它朝向与夜梦截然不同的某个新的领域,并奋力开启这个全新的领域。

白日梦丰富多样,无所不包:从舒适的、愚蠢的、粗糙的、逃避的、不合情理的、麻木的清醒之梦(Wachtraum)到有责任的、对事实采取敏锐行

---

① 在此,"前假象"(Vorschein)、"前线"(Front)这两个概念是布洛赫的专门用语。按照他的观点,在白日梦中,除了蕴含着许多私人的、一时的冲动之外,还蕴含着新的美学要素和社会改革要素。因此,这种指向新美学和社会改革的白日梦就是"前假象",而这种向前的梦的目标视域就是开拓辽阔无际的前线。——译者

动的以及艺术中形象化的清醒之梦。尤其表明,与通常的夜“梦”不同,白日梦在“梦想”(Träumerei)中有时包含着精髓。不仅如此,其中不是包含着闲云野鹤乃至神经衰弱的自我,而是包含着奋发进取的、不知疲倦的原动力,借助于此,得以实现预先描绘的愿望图像。

白日梦的第一、第二特征:自由的行驶和被保存的自我

第一,清醒之梦本身渴望自由自在,它不想被压得喘不过气来。白日梦位于我们的力量之中,自我起初无不目的地行驶,当我们想望时,它就停止行驶。在此,尽管做梦者充分放松,但并不为各种图像所拉走和压倒,因为这些图像还不够独立自主。在白日梦中,实际事物大为减弱,常常以被歪曲的形象出现,尽管如此,实际事物决不由于预期的图像、自身的主观化图像而消逝得无影无踪。

在通常情况下,各种白日梦的形象并不会幻想化,因此,这些形象无论多么不着边际,也凭借某种暗号重新返回。在这种状态中,白日梦不具有特殊轨道,至少白日梦不具有非自愿设定的、可以随意废除的轨道。清醒之梦的空间是借助于纯粹的自我选择的想象安排的。反之,入眠者却根本不知道在下意识的门槛上到底什么东西在等待他。

第二,与夜梦中的自我不同,白日梦中的自我并不受到长期的削弱,尽管入眠者得到放松,但在此自我依旧安然无恙。

自我极其被动,以至于一味沉湎于自身的梦想中,或者聚精会神、全神贯注于这种梦。在这种情况下,自我与梦想的内容关系十分密切,从而停留在自身生命与清醒世界的关联之中。

与此相对照,夜梦中的自我就像稀粥一样,极易分崩离析、四分五裂。梦中的自我根本感受不到任何痛苦,尽管忍受死亡,但并不消亡。夜梦中的自我与白日梦中的自我截然不同,以至于对自我而言,白日梦中的自我所分享的放松作用可以提高总是令人可疑的某种主观感情。因为自我成为摆脱自身的,亦即摆脱审查的愿望想象,从而,自我本身参

与绿色的(Grünlicht)放松作用,看上去,所谓"绿色的放松作用"使所有其他愿望油然而生。

在夜梦中,放松作用只是降低想象,然而,在白日梦中,这种放松作用却与心中上升的狂热一道不断提高想象水平。这样,甚至是人为地引起这两种梦的**药物**也是不同的。这就是说,从药理学角度看,在人为地激起的幻想之内,由于自我的模糊不清,入睡中的大脑的想象与白天的想象是不同的。

换言之,**鸦片**导致自我的机能减弱,消沉低落,因而可以归入夜梦,**大麻**则导致自我的自由奔放、浮想联翩、热情洋溢,因而可以归入白日梦。在大麻陶醉中,自我很少兴奋,在此,无论自我的天性还是知性都不被收回或没收。尽管外部世界颇受阻断,但是绝不像睡眠时或鸦片中毒时那样完全被中断。相反,外部世界只是与白日梦中显现的各种图像不相称而已,因此,外部世界的介入显得很愚蠢,甚至愚蠢得令人同情。与此相反,白日梦中的外部世界追求幻想,似乎与帕纳塞斯①或傻瓜天堂的水平相称,例如庭院、宫殿、古老而美丽的街道等,这些形象特别适合于唤醒并活跃大麻梦(Haschischtraum)。

中世纪阿拉伯有一个由哈萨辛或阿萨辛统治的什叶派教派,这个教派的人们与族长聚集在山顶上专门从事杀人活动。为从事谋杀活动,这个教派的人们在众目睽睽之下,招募一批年轻人,给他们吸食大麻,使其进入陶醉状态,然后把他们带入灿烂夺目的族长庭院里,这庭院对挑起感官快乐简直绰绰有余。而且,大麻图像恰恰同与某种清醒之梦相称的外部世界相联接。当然,年轻人在幻觉中感受到的周围现实超出这个世界上的每一个尺度。因此,身上具有乌托邦毒剂的这些年轻人以为预先品尝到了天国的味道,为了获得真正的天国,他们准备好把自身的生命献给族长。

如今,被实验者陈述说:吸食大麻之后,他们仿佛着了魔一样,身体

① 帕纳塞斯(Parnasses),希腊山名,古时作为太阳神和文艺女神的领地。——译者

轻飘飘的,即他们体会到了一种类似魔鬼幽灵一样的神奇状态,例如,沥青街道变成蜿蜒伸展的蓝色丝绸之路,某个过路行人变成促膝交谈的但丁和彼特拉克。一句话,对于一个有才能的吸食大麻的做梦者来说,世界变成一个愿望音乐会。

同样,就大麻陶醉而言,也不乏另一种飘飘然的体验。"个人相信,迄今看来根本无法解释的、杂乱无章的计划变得井井有条、迎刃而解,而且,他觉察到实现这一计划简直指日可待。"①吸食大麻者,心中还会短暂产生一种自大狂妄想,这一点可被理解为类似偏执狂一类的预取的成就。

但是,鸦片陶醉十分不同于大麻陶醉。一旦吸食鸦片,自我和外部世界就完全沉睡不醒,这里只有彻头彻尾的夜梦。一旦鸦片陶醉,自我就压制想象力,周围环境就因幻想灌了铅一般沉重,一切都沉陷于无底深渊之中。这样,被开放的空间仅仅是遮天蔽日的、难解难分的下意识:女人、淫欲、洞穴、火炬、深夜等乱七八糟地挤满了这空间,而大部分都笼罩在一片阴沉的、压抑的氛围之中。

在鸦片中毒时,主要起作用的不是光亮,而是遗忘。在古代,正是"夜"给睡梦之神摩耳甫斯分发宝石,即用罂粟制成的鸦片。罂粟种子掌握在冥府女祭司手中,为的是麻醉疼痛。凭借谷物女神赛尔斯(Ceres)的神秘力量,古代希腊的忘川②变成遗忘一切的鸦片水。相传,古代晚期,埃及女神伊西斯(Isis)和希腊女神赛尔斯手中都握有罂粟果。

波德莱尔把鸦片陶醉和大麻陶醉同等地称作"人工天国"(paradis artificiels),因此,两种陶醉都是可恶的陶醉。不过,从病理学上看,大麻陶醉是惟一可归入清醒之梦的陶醉。至此,我们从神经衰弱症视角说明了白日梦与夜梦的区别。简而言之,夜梦的特征可喻为睡梦之神摩耳甫斯掌管的鸦片,白日梦的特征可喻为使人自由想象、浮想联翩的大麻。

---

① 勒温:《妄想》,1927 年,第 159 页以下。

② 忘川(Lethe),希腊神话冥府中一条河流,死者饮其水,忘却前生之事。——译者

因此,在清醒之梦中,自我发现某种生动活泼、奋发努力的东西。弗洛伊德表示说,白日梦统统是孩童梦,只有一个未成熟的自我才具有这种梦。这种见解是十分狭隘的,也是完全错误的。在白日梦中,虽然做梦者的儿童-自我受虐时的记忆、幼年期的自卑情结等不时起作用,但是这些情节并不构成核心内容。在白日梦中,尽管包含着不同程度的对更美好生活的意志,但是白日梦的载体却为有意识的意志、有意识地停留的意志所充满,而且白日梦的英雄总是自身成熟的个人。当恺撒站在加德斯(Gades)亚历山大柱型立像前时,他就完完全全沉浸在白日梦中。他大声喊道:“四十年弹指一挥间,可是,为了不朽却无所事事!”作出如此反应的不是幼年期的自我,而是业已形成的自我,甚至未来的自我。当时,恺撒的自我不是退行的自我而是向前的自我。可以说,在不朽的空间中,为我们所知的恺撒第一次诞生了。在此,自我总是处于一种成熟的力量之中,并在有意识的心灵过程中保持成熟的统一经验。

不仅如此,在白日梦中还蕴含着一个人所想望的、能够生成的乌托邦的主要图像。恰恰在这一点上,白日梦中的自我既与夜梦中的自我不同,更与极度兴奋的、中止了自我意识的那种鸦片梦中的自我不同。正如我们所记起的一样,在弗洛伊德那里,夜梦中的自我仅仅存在到这种程度,即乔装打扮自己的目光,强迫满足于一种致幻的愿望。尽管其中也不乏类似空隙的东西,但是,夜梦中的自我却这样经常地实施道德审查。

但是,与此不同,清醒之梦中的自我既不中止自我意识,也不经常对传统的愿望内容实施审查。恰恰相反,与夜梦不同,在此白日梦中的自我并未受到任何削弱,正是由于自我的安然无恙这一特性,自我的审查就归于完全中止。在白日梦中,自我的审查之所以归于中止,是因为愿望想象,正是这种愿望想象感化和强化白日梦中的自我本身,至少花里胡哨地打扮这种自我本身。因此,与夜梦中的情况不同,白日梦根本不具有那种借助于道德自我的审查。更确切地说,在时常令人目瞪口呆、无忧无虑的蓝天里,过分乌托邦化的自我建造自身幻想的空中楼阁。这一点特别清楚地表现在私人的、粗野的梦想中,例如,至少在深思熟虑的计划中,这一点要比未来的道路更加一目了然。在愿望之梦中,某个小人与某一年轻女子做喜出望外的新婚之旅,借助于此,他平息他的复仇愿望,或者想要他的貌合神离的太太一命呜呼。他做这种不可告人的梦心安理得,并不感到任何良心谴责。在这种想象的、放荡的愿望满足中,他想入非非、不可范围,对自己的情欲毫无忏悔之意。同样,他也丝毫感觉不到作为审查代替物的恐惧。

追求虚荣的做梦者对自己的愿望更加听其自然,任凭自由自在地发泄出来,于是,他展翅飞翔,飞过流芳百世的寺院,以便弄清他是不是名垂青史的恺撒。但是,正如在大多数情况下一样,他只是观望一座"镜山"[①]而已。而且,如果撇开外部关系的障碍不看,他觉察不到任何滑稽的审查,更不用说,觉察到诸如伊卡鲁斯或普罗米修斯一类的恐惧。在十分平凡的清醒之梦中,同样居住着狂放不羁的赛尔斯、米达斯(Midas)王。赛尔斯把一切人变成猪猡,米达斯则把这个世界变成黄金。在清醒之梦中,行动规划总是引人注目地被免除。与夜梦时的情形不同,这时的情形与外部世界的关联绝非黯然无色、漆黑一片。

但是,所有超越的思想之所以可能,仅仅因为未曾兴奋的清醒之梦中的自我(Wachtraum-Ego),亦即恰恰因为及时觉察到的**乌托邦的强化作用**。白日梦中的自我能够从乌托邦角度强化自身乃至与自身相称的东西。在此,还必须附加这样一个特点,那就是白日梦既不是诸如赛尔斯、米达斯一类的妄想,更不是过分膨胀的私人欲望,而是人的心灵中有约束力的、与日俱增的共同愿望:即描绘一个更美好的世界。当这样一种白日梦变为严肃认真的内容,从而转变为一种聪明的、有经验的计划时,更是如此。在这方面,主管部门不是诸如夜梦陶醉中的兴奋的自我,而是具有紧张的肌肉和具体的头脑的自我。某种扩张某物的意志就在

---

① 在此,布洛赫暗示席勒戏剧《强盗》中盲动主义者"施皮格尔贝格"(Spieglberg),其名可译作"镜山"。——译者

头脑之中,这头脑位于身体之上,冷静周密地观察自身。

白日梦的第三特征:世界的改造[①]

也许,清醒之梦中的自我变成如此地步,以至于与另一种特征一道出现。因此,我们获得了白日梦的第三特征,即人类的广度。正是人类的广度这一特征把白日梦与夜梦区别开来。睡眠者仅仅拥有自身的珍宝,而狂热者的自我却能够与他人相联系。这样,如果自我不再倾向于内向性格,或者不只是与自身最接近的环境相联系,那么,他的白日梦就公然想把某物改造得更好。即使是这种根深蒂固的私人之梦也适用于内在活动,借助于此,这种梦想要与其他自我共同改造某物。

这样,这种私人之梦首先从某种渴望完美无瑕的外部世界中获取素材。在《忏悔录》第四卷中,卢梭富有启发地写道:“我照我的心灵充实了本质性的自然。我唤醒记忆,追溯与甜蜜的记忆连接在一起的昔日经历。这样,我照我的兴趣创造一个黄金时代。同时,我照我的渴念,用充满活力的色彩描绘幸福图像。我以迷人的形象,想象我心中的两个理想,即爱和友谊,而且,我用女人的一切美丽装扮爱与友谊。”

因此,从一团幻想的烟雾中出现特定的愿望形态。这种形态把自身圈子中的自我引向一个更美好的外部世界;在这个世界中数百万兄弟缠绕在一起。[②] 总体上看,世界改造之梦(Welt-verbesserungsträume)试图从其内部向外突破,换言之,这种梦作为外向的彩虹或天穹冉冉升起在人们的意识中。正是在这个地方,同时重复夜梦与白日梦的类别差异,对此,前面我们曾以**鸦片**与**大麻**为例加以说明。也就是说,白日梦和夜梦的特征一再出现在精神病中。

---

① 在本节中,布洛赫探讨了白日梦的一个根本特征,即希冀更美好的生活。特别是,布洛赫从精神病理学角度说明了白日梦的特征,即把白日梦与偏执狂对比分析,把精神分裂症与夜梦对比分析。——译者

② 在此,布洛赫间接地引用了席勒的诗:《在快乐之旁》(An die Freude)。——译者

夜梦具有类似罂粟的功能，它与**精神分裂症**相称；白日梦则具有类似大麻的功能，它与**偏执狂**相称。前者是一种退行行动，后者是一种计划妄想（Projektenwahn）。尽管可以命名这两种疾病，但二者的区别并非泾渭分明，相反，有时二者的特性互相融合渗入。精神分裂症和偏执狂的基本特征是，极端背离当下现实或现存现实，尤其是由于迷途难返，精神分裂症与现实实行彻底的决裂。精神分裂症患者应当摆脱自身所处的世界，追溯童年远古的孤独癖状态，从中寻找自身的病因。与此相比，偏执狂患者不是与孤立于这个世界的许多图像相联系，而是与改造世界的妄想图像相联系。

当然，偏执狂经常终结于精神分裂症，尽管如此，这两种精神疾病之间存在一种不易混淆的差异。这是可用乌托邦要素标明的、在想象方向上形成的一种差异。总的来看，精神分裂症是面对无意识的侵入所表现的一种被迫的屈服，与精神分裂症不同，偏执狂的无意识至少向我们表明乌托邦的痕迹。精神分裂症患者无力地屈从于侵袭自己的巨大力量，由此他完全被这种力量吸引住了。这样，他把自身的意识退行为太古时代的妄想，随意描写不知下落的梦，压韵并结结巴巴地表述这种梦。

相比之下，偏执狂患者对侵袭自身的巨大力量，不是以抱怨和被害妄想作出反应。与此同时，他试图通过冒险发明、社会处方、天国之路以及诸如此类的东西来摧毁这种力量。诸如向下或向上、阴暗或明亮一类的方向差异恰恰出现在向下或向上的神经症意识发生剧烈变化的地方。因此，精神分裂症的退行意识沸腾为脱离自我的出神状态，而偏执狂的计划沸腾为超出自身意识的陶醉状态。叙利亚出身的新柏拉图主义者雅姆布里克斯①熟悉人的着魔的虚假意识。在他关于神秘主义的作品中，他表明了精神异常者的“向下”（Abwärts）或“向上”（Aufwärts）的神经症意识：“人们完全错误地推测，通过恶魔的作用同样可以达到一种出

① 雅姆布里克斯（Jamblichos，250—330），阿拉伯酋长和哲学家，著有关于柏拉图、亚里士多德的著作，但大都已失传。——译者

神状态。但是,出神状态仅仅唤起恶魔的幽灵,而陶醉状态(宗教狂热)却是神的作品。因此,宗教狂热完全不是出神状态,毋宁说,陶醉状态是一种朝向善的转向,而出神状态则是一种朝向恶的堕落。"①

这是一种混乱而神秘的解释,当然,这种解释的基础恰恰属于宗教的和心理玄学的领域,但这种解释同样重复了关于精神分裂症与偏执狂的不同解释方向。

简言之,精神分裂症标明了远古的退行性冲动所致的,亦即黯淡无光的、激昂情绪所致的各种疾病。相比之下,偏执狂完成某种类似趋势的东西,即乌托邦地前进的,特别是旨在改造世界的清醒之梦。

正因如此,许多计划策划者都是地地道道的疯子②,但其中至少有若干伟大的乌托邦主义者。的确,一切乌托邦,无论是医学的、社会的还是技术的乌托邦都是出自偏执狂的漫画,现实的先驱者都是由数百个富于幻想的、非现实的疯子造就的。

在精神病院所弥漫的微妙气息中,如果我们能够捕获妄想观念,那么我们除了发现由于荣格而变得知名的精神分裂症的古代图像之外,还会发现源自偏执狂的最惊人的前形态。而且,这种见之于偏执狂的最惊人的前形态并非冥思苦想的夜的象征。诸如埋没在池塘里的心脏、十字模型的喷泉、别出心裁地描写的或诗意地形象化的古代文物等妄想观念与精神分裂症是紧密联系在一起的。但是,在偏执狂妄想观念中,我们发现各种新的发明倾向、世界改造的意志、向前的计划策划等。这是精神错乱的人,但他是红色黎明中熠熠生辉的密涅瓦的激昂的猫头鹰。甚至在如此巨大的疾病之中,患者也表现出一种清醒之梦,亦即自身特有的世界改造之梦。清醒之梦疯疯癫癫,但它制造激昂的猫头鹰,作为童话故事,他描绘这个世界上用黄金和碧玉建造的阿拉伯仙女宫殿。

此外,更重要的是,辽阔无际的清醒之梦向外传达消息。白日梦可

---

① 雅姆布里克斯:《神秘主义》Ⅱ,第 3 页。

② 参见本书"自由与秩序"部分。——译者

以做到这一点。但是,正像每一个过分的私人体验一样,夜梦对此却无能为力,很难向人讲述任何故事。即使讲述夜梦故事,听者也只能传达事情的特殊感情和语调而已。相比之下,由于普遍关注的愿望图像,白日梦是易于理解的。在此,愿望图像立即确立外部形态,而这个外部形态显现在更好地规划了的世界之中,或者显现在一个美学上高扬的、没有任何绝望的世界之中。

弗洛伊德本人强调了白日梦所具有的这些特性。在他看来,反常的是,白日梦不仅是夜梦的前阶段,也是艺术的前阶段:"白日梦是诗歌创作的原材料。因为从自身的白日梦中,作家通过某种变形、化装和放弃来制造某种状况。作家把这种状况反映在中篇小说、长篇小说和戏剧作品中。"①在这段话里,弗洛伊德提及了意识到革新性的那种创造性的乌托邦的真理。但是,弗洛伊德随后立即采用"升华"这一空泛的概念,使白日梦的基本特征变成纯粹的猜测,导致新的心理学伤痕累累、面目全非。

白日梦具有共同性,因此白日梦**广泛地、深远地**延伸开来。白日梦不是被压抑的无意识的性本能冲动升华的领域,而是集中包含了创造性的乌托邦的向度领域。而且,白日梦领域旋即设定一个更好、更美的世界,在"完成的图像"意义上,这个领域乃是地球迄今尚未拥有的领域。在困境中,人们过着艰辛的、粗野的、平庸的生活,但他们规划某物,并把某物加以形象化。借助于此,人们敞开意识之窗,瞻望充满光亮的远方。

作为艺术的前阶段,白日梦具有特殊的意义,它打算改造这个世界,梦想把这个世界改变成一个极其健康的、诚实可靠的世界。戈特弗里德·凯勒在《诗人之死》中写道:"低垂着向前凝视的目光,地球的痛苦/吞噬了快乐的梦的形象。"②在此,凯勒把白日梦连同幻想及其诙谐表明

① 弗洛伊德:《讲座》,1922 年,第 102 页。

② 凯勒(Gottfried Keller,1819—1890),瑞士作家,《诗人之死》系其早期作品,发表于 1840 年。——译者

为诗人的同伴。从白日梦上看，艺术具有这种把现实加以乌托邦化的本质，但是，艺术并非轻率地美化现实，它本身也不包含某种辉煌灿烂的内容。因为优秀的艺术作品包含着仅凭艺术所无法克服的本质，因此，在艺术作品中，作为未来形态的某种快乐也不是被遗忘，而是紧紧缠绕在一起。

同样，白日梦也进入音乐之中，它以其不可视的方式久久回响在扩张世界的空间之中，这样，白日梦就通过动态的、富于表现力的形象蕴含在被扩张的世界之中，从而成为这个世界本身。白日梦树立所有超越现实的人物，例如，从《强盗》到《浮士德》的文学作品中的高贵人物。同样，在绘画中，我们也接触到各种愿望状况和理想风景，例如，从油画中的曙光女神(Aurora)到象征天堂的光环，无一不是这种状况和风景的范例。

在伟大的艺术本身中，借助于奔向终点的白日梦，人与状况一直被驱赶到自身的结局：其结果，客观的可能性变得可视了。在现实主义作家那里，这样的可能性在其所描述的世界中变得一清二楚。尽管现实主义作品不是通过想象力创造自然，但是，它通过某种具体相关联的、未雨绸缪的想象力标明关于自然和社会问题的那个梦。在现实主义作品中，实际问题本身被描写为梦寐以求的现实，从而这种梦属于自身更美好现实的**趋势**，属于**总体**与**本质**的稳定。

相比之下，在自然主义者那里，完全缺乏外向的想象力，因此，恩格斯把自然主义者称之为“归纳法的蠢驴”。因为在自然主义者那里，仅仅显现“实际事实”(matter of fact)和表面关系。

白日梦到处都包括世界扩张(Welterweiterung)的意志，因而白日梦**乃是关于完满性的切实可行的、精确的想象力试验**，并且它又是以业已完成的艺术作品为前提的。当然，白日梦不只局限在艺术作品上。最终，借助于一种预先推定——不言而喻，通过某种特殊类型的预先推定——科学也同样超越表面关系。科学的特殊类型仅仅是由所谓启发式的“假定”组成的，也就是说，科学家在推论某物时，除了关注细节之外，也概略地关注全部事实的图像。但是，某种完满的清醒之梦是可以站立在和谐的自然关系前面的。开普勒①有意从事这样一种世界的完满性,从而发现了行星运动诸定律。

当然,这种定律的现实与关于天体和谐的完满之梦并非完全一致。但是,我们至少可以说,在既定现实之前,人的梦已经发生了。清醒之梦突然翻转那种极其和谐的、井然有序的世界。这一类向前的白日梦与那种退行的夜梦相距甚远,可谓天壤之别。因为夜梦并不沉没人的意识,而且在古代形式中,仅仅表明某种前逻辑的、任何理性所无法解释的诸图像。然而,这些图像不是任何合理宇宙的范畴,而是某种早已消逝的远古社会的范畴。

白日梦预先获取并提高与人相关的东西。社会乌托邦乃至美好的乌托邦、甚至被神化的愿望也都仅仅在白日梦中才有固定的住处。首先,革命旨趣需要这样一种知识,即需要一种改造世界的白日梦:“这个世界多么丑恶,怎样才能改天换地,使这个世界变得更美好?”但是,这一点完全不取决于死守科学的启发式方法,而仅仅取决于坚持恰当的白日梦,即在理论和实践领域里,坚持改造世界的白日梦。

白日梦的第四特征:行驶到终点去②

第四,清醒的、开放的白日梦永不气馁,永不放弃。白日梦拒绝自欺欺人的、虚假的饱和状态,或者仅仅从精神角度去解决愿望。与夜梦一样,白日幻想也始于特定愿望,但是,它激进地导致终点,想要到达愿望得以满足的地方。在作家中,有两种类型的白日梦者。尽管他们具有脆弱和逃避的特点,但他们特别典型地追求他们所渴望的地方。尤其是,在寂静的作家那里,两种白日梦不仅漫游于某种更美好的世界之中,而

---

① 开普勒(Johannes Kepler,1571—1630),日耳曼天文学家,提出行星运动三大定律,终结传统的周转圆理论,开创了天文学的新纪元。——译者

② 白日梦是开放的,它总是预先指向某物,向前构思某物。因此,白日梦者自始至终都谋求某一目标。——译者

且谋求准时到达某一目的地。其一,来自克莱门斯·布伦坦诺的童年①;其二,来自莫里克②的青年时代。这两种梦已经包含着某种诗意理想风景的一切萌芽。布伦坦诺跟他的妹妹贝蒂娜以及孩子们一起在法兰克福自家的阁楼上建造了一座王宫,并将其命名为“瓦杜兹”(Vaduz)。这之后,他获悉“瓦杜兹”这个地方实际存在,是小公国列支敦士登的首都。这时,他很失望,正如他所言,他感到“被逐出了天国”。当时歌德的年迈的母亲安慰他说:“别糊涂,相信我,你的瓦杜兹是你的,任何地图上都没有标明瓦杜兹。所有法兰克福的城市士兵,甚至与反基督徒一道走在最前列的随行斗士也不能从你那里夺走那个地方……。你的帝国不在这个地球上,而在云雾缭绕的地方。如果这个国度涉及这样的土地,那我将泪如雨下。但是,我想望一道恩赐的彩虹。”

莫里克把白日梦幻想直接移入自己的诗作中,他的报告见之于小说《画家诺顿》,这是一部自传作品,其中,他写道:“在求学时代,我结识了一个朋友。他的思维方式和审美志向与我不谋而合。一到业余时间,我们就一同嬉戏玩耍,不久,在我们心中形成了一个特有的诗的区域……借助于我们的想象,形体生动地、郑重地、真实地处在我的精神面前。当时,温暖人心的、激发诗意的太阳依旧金光闪闪,仿佛惟有无与伦比的光线直接渗透我们的灵魂。如果跟我一同玩耍的那个朋友,如今在这芳香扑鼻的风景中悠闲地散步,情况会怎样呢?如果他从岁月的废墟中,如今带给我一块古老的石头,情况会怎样呢?如果这样,我即使是成年男子我也会原谅童年那颗明澈而安宁的心。为了我们的文学作品,我们开拓一片众所周知的世界之外的土地,即一座强健的民族所居住的封闭之岛。这座岛屿称作“俄尔普里特”(Orplid)。人们以为,这座岛屿就位于新西兰与南美洲之间的太平洋上。”

---

① 布伦坦诺(Clemens Brentano,1778—1842),德国浪漫主义诗人,创刊《少年魔笛》,繁荣了海德堡浪漫主义文学。——译者

② 莫里克(Edward Friedrich Mörike,1804—1875),德国浪漫主义诗人。——译者

至此,我们简要考察了布伦坦诺阁楼上的“瓦杜兹”和莫里克向往已久的“俄尔普里特”。一句话,无论把白日梦单纯地归入夜间谎言(Nachtgespinst)和无意义的游戏,还是归入诸如此类的幻想着陆(Phantasielandungen)都是完全不适当的。因为持这种看法的人在白日梦中仅仅寻找升华或远古的回归特征,而不试图表达某种乌托邦的希望内容。在弗洛伊德那里,升华乃至回归特征与外部世界是完全不相符合的。事实上,对于晚期资产阶级来说,外部世界必然显得令人窒息、平淡无味和毫无价值。

各种艺术都是前假象(Vor-Scheins),各种宗教都是幻象(Illusion)。[①] 就白日梦而言,特别是就行驶到终点的白日梦而言,本质性的东西就是关于某种可能现实的一个重大的前假象。夜梦毕竟显现某种类似症状的特征,与此相比,白日梦更明确地显现某种被堵塞的可能的现实。然而,对于白日梦,市民阶层的思想家依然采取一种平庸的、不折不扣的幻象理论,即认为在白日梦中,在白日梦周围,仅仅存在适合于幼稚型的游戏空间,在此,不停地玩耍某种漂亮的、拟古的游戏:

“因此,在幻想活动中,人们继续享受脱离外部强制的自由。在现实中,他们早已放弃了这种自由……在幻想这一心灵王国的创建中,发现与爱护设施、自然保护公园方面存在完全对立的一种模型。在此,对耕作、交通和工业的要求十分紧迫,正处于把原始地球的面目改变到面目全非的程度。自然保护公园保存这一古老的地球状态,但是,在其他情况下,人们却遗憾地、不可避免地到处都牺牲掉了这种古老的状态。在自然保护公园里,各种植物,无论它是有用的还是有害的,均可自由蔓

① 布洛赫的这句格言式的警句需要稍加说明。“艺术都是前假象”,因为从现象学上看,艺术对象是虚构的事实。但是,艺术对象本质上是暗示实际存在的现实。因此,艺术鉴赏者通过艺术作品中显现的假象来类推本质现实,即更美好的未来。同样,“宗教都是幻象”,因为它是人的心灵的投射,但这句话并不预示一种否定的意义。宗教的本质是信任,其核心内容是希望。然而,信仰和希望不是源自天国或极乐世界,而是源自对美好世界的憧憬。因此,宗教渴望具有某种“死而复生”的爆炸力。——译者

生、自由成长。这样一种逃避了现实原则的保护公园也就是心灵的幻想王国。"①

如果一个人随时随地都悠然自得地坐在靠背椅上,仅仅从形式上,或者毫无义务感地观察艺术,那么艺术也就成为人们小心翼翼地享乐的对象,弗洛伊德所谓"自然保护公园学说"也许就完全不成问题了。如果这样,艺术就成为旨在唤起欲望的狂欢者的行为自由,而且在夜间俱乐部酒席与国立画廊之间也就无所谓分别了。但是,市民阶层并非总是仅仅冥思苦想、因循守旧,拘泥于狭隘的传统原则。

市民阶层曾经梦想过人的审美教育,因此也梦想过令人感动的、怦然心动的艺术,梦想过敞开美的早晨的大门。但是,社会主义现实主义②并非这种庸俗的艺术享乐的意思,不仅如此,社会主义现实主义也完全不是弗洛伊德所谓"逃避现实原则的保护"的意思。

在弗洛伊德那里,现实总是显现为某种不可改变的东西,同时显现为与过去年代的世界图像相一致的某种机械的东西。借助于此,弗洛伊德恰恰把乌托邦幻想,特别是行驶到终点的白日梦变成了某种沉思默想的东西。或者,用心理学术语来说,弗洛伊德把白日梦变成可纯粹内向化的、与夜梦毫无二致的东西。

在C·G·荣格那里,这种内向化的梦必须垂直向下挖下去,以便把诗人莫里克的"俄尔普里特岛"迁移到古代中去。这样,从自然保护公园进入了第三纪。这样,幻想着陆只有在早已沉默的神话之乡中才能发现其踪影。但是,具有决定性意义的是,反对这一切见解的事实是肯定的:"瓦杜兹"或"俄尔普里特",这是人们梦寐以求的地方,而这个地方**只有在未来中才能寻找自身的满足场所。**

同样,一旦让这样的童话图像迁入某种"从前有个"(Es-war-einmal)

---

① 弗洛伊德:《讲座》,1922年,第416页。

② 在此,应当指出,作为一种艺术创作与审美原则,布洛赫的"社会主义现实主义原则"与前苏联和东欧的社会主义国家意识形态化的"社会主义现实主义原则"有着本质区别。——译者

之中,那么在作为过去的东西的“从前”(Einst)之中,就总是透射出作为未来的东西的“从前”。正如古老的国家小说所描述的情形一样,这样的童话图像也迁入与世隔绝的山谷或南方诸岛之中,在遥远的未来中,在天涯海角中,包含着乌托邦的行驶目标。

不仅如此,关于古代的真实的、根本的记忆涉及到诸多希望图像:黄金时代、天国等原型描述牵涉到遥远的未来,涉及到乌托邦驶向目标的距离感。作为期待的未来,这些原型同样处于未来的过去之中。可以说,“俄尔普里特岛”有数百个大小岛屿,是迄今还很少有人探究的地方,它关涉到乌托邦之梦的主导思想,由于此,这些岛屿一再地被集合在一起。换言之,通过某种完满性的意愿,把这些岛屿集合在一起,这就像这种完满性的内容总是按迄今阶级和社会状况得到各种各样的描写一样。这样,一切乌托邦意识都贯穿某种行驶到美好的终点的意愿,而这种意愿响彻在永远无法遗忘的童话故事中,活动在更美好生活的梦中,但是,也显现在我们最终所必须把握的自身固有形式(suo modo)的艺术作品之中。

那么,正在改造世界的想象力是如何到达特定目的地的呢?这就是把一切人、一切事物统统驱赶到自身可能性的界限,充分领会人与事物所处的一切状况,并使其全面成形。不仅如此,每一部伟大的艺术作品除了指明自身显现的本质之外,它还指明我们**未来现实侧面的潜势**。也就是说,伟大的艺术作品指明某种未来的内容,尽管这种内容在自身时代中尚未显现,但是它不久将指明某种未知的终极状态的内容。正因如此,每一个时代的伟大作品才告诉我们某种东西,而且告诉我们某种新的东西,即过去时代尚未注意到的东西。正因如此,不仅莫扎特的童话故事《魔笛》,而且历史地严格记述的但丁的史诗《神曲》也拥有自身的“永恒的青春”。

正如歌德所言,重要的是这种伟大的想象力①图像所呈现的“深思熟

① 德文 Phantasie,中文通常译作幻想或想象力,译者根据具体语境,相对于白日梦或乌托邦译作幻想;相对于艺术作品或艺术鉴赏译作想象力。——译者

虑的辽阔光线”(Weitstralsinnige),据此,伟大的艺术作品在既定现实中至少保持出路,有时保持对于某种一般性(Überhaupt)的深邃洞察力。在这一点上,伟大的现实主义艺术作品通过技术潜势(Latenz),即通过总是被节省的一般性的空间,不是较少地而是更多地形象化。于是,一切现实性的东西就与“尚未”一道消失在艺术作品里。

重要的白日梦中的幻想图像并不制造任何虚幻的泡影,相反,它敞开心灵之窗,在这方面至少蕴含着可以形态化的白日梦世界。因此,在这一终点上,夜梦与白日梦这两种梦之间的差异同样显而易见。愿望满足的方式和内容相互分开地包含着这两种梦。这一点一再重复出现:夜梦生活在退行之中,毫无选择地被卷入自身的图像之中。相比之下,白日梦把自身的图像投射到未来的东西之中,因此,它并非毫无选择地被卷入自身的图像之中,而是凭借狂热的想象力加以调适,并通过客观可能性加以中介。

夜梦的内容是隐匿的、曲解的,白日梦的内容是敞开的、构思的、预先推定的,而且自身的潜势位于前面。白日梦本身来源于向前的自我扩张和世界扩张,到处都想拥有更美好的东西的愿望,到处都想知道更美好东西的愿望。无论夜梦还是白日梦,都具有渴念(Sehnsucht)这一共同的特征。因为正如我们注意到的一样,这种情绪是所有人的惟一诚实的品性。

但是,与夜间愿望不同,白日愿望不仅是科学的客体,也是科学的主体。① 白日幻想不需要任何发掘和解释,相反,只要它有能力,它就校正(Berichtigung)和具体化。简言之,与夜梦不同,白日梦原本就不具有一个尺度,但是,与夜间幽灵不同,白日梦拥有一个目标,而且为了这一目标向前发展。

---

① 一方面,白日愿望是客体,因为白日愿望包含着需要科学地加以研究的许多客观因素;另一方面,白日愿望是主体,因为从事科学的行为本身也包含着促进人与社会终极目标的主观因素。——译者

夜梦与白日梦之间的相互游戏及其融合①

夜梦与白日梦相互区别,但是,这并不意味着彼此毫无相干。做梦者与梦的内容层面之间有时存在某种交换关系。夜间发生辉煌灿烂的颜色游戏,但这种游戏也会出现在白天。尽管这种游戏看似罕见,但确实会出现这种游戏。值得注意的是,确有这种类型的故事集,例如,弗里德里希·胡赫②就根据多达一百种记载,发表了《诸梦》一书,以此生动地描写了错综复杂的奇异之梦。此外,阿尔弗雷德·库宾③的长篇小说《另一边》则主要探讨了月亮和睡眠。

与此相反,有关白日文学作品却到处都接受夜梦的要素。这一点最显著、最出色地体现在现实主义者凯勒的作品之中。在凯勒的文学作品中,夜梦描绘得活灵活现,以至于酷似另类事件,但是,这些夜梦也借助于丰富的、坚实的童话故事而轻而易举地溶解掉了。在凯勒所描写的梦中蕴含着一切直观。

在悲剧性地回乡之前不久,绿衣亨利陷入了各种梦的真实的狂欢之中。在他那里,一切梦都是充满责备的愿望满足。他眺望故乡的那一刻恰恰反映这种羞愧难当的自责心理。这正是关于人们所无法企及的土地的一种美化的、变化了的、漂亮的幻景。在凯勒的作品中,不间断地出现山谷和溪流,但是,它们都带有众所周知的名字。赏心悦目的玫瑰花园蜿蜒飘向远方,晚霞一直延伸到天边。

“火红的阿尔卑斯山脉拔地而起,环抱可爱的祖国。”灿烂的朝霞映

---

① 在本节中,布洛赫指出:“即使是夜梦也没有完全排除掉指向未来的要素。”实际上,在许多文学作品中,夜梦与白日梦是相互交织、相互渗透的。——译者

② 弗里德里希·胡赫(Friedrich Huch,1873—1959),德国小说家。——译者

③ 阿尔弗雷德·库宾(Alfred Kubin,1877—1959),奥地利画家和小说家,他的画描绘了对于人类灭亡的奇异幻想和在劫不复的超现实主义世界,而他的小说则描写了令人毛骨悚然的巫术世界。例如,他的代表作《另一边》淋漓尽致地描写了一个幻想的象征世界。——译者

照在故乡的土地上,故乡经历了沧海桑田般的变化,与绿衣亨利离开故乡进山时的面貌已经完全不同。“只是在最后的冰冷的祭坛上,晨星还在闪烁。”现在,日光来自阴间冥府,显示出这种保持不变的希望。原来,母亲居住的房间是朝向外面的昏暗的小室。现在这所房间历历在目,令他浮想联翩。对此,只有夜梦才能提供源源不绝的原材料和图像。

“在壁炉的墙脚和回廊上,整齐地排列着古色古香的银质咖啡壶、酒杯、瓷器和小小的大理石塑像。在有木纹的房门与橱柜之间的昏暗背景前,水晶窗玻璃闪耀着神秘的光辉。在这些门的门锁上插着闪闪发光的钢制钥匙。天空笼罩着这奇异的房屋正面,闪烁着蓝色的光泽。夕阳西斜,映照在幽暗而华丽的桃树上,映照在银色的罐子上,映照在窗玻璃上。”

当然,这一类描写交替地指明了夜与日光之间的交互往来。看上去,夜与日光完全交融在一起,令人阴森可怕,奇特地预兆一种不祥的气氛。与此心心相印,尤其是浪漫主义充分利用这种混合之光(Mischlicht),使其熠熠生辉,耀眼夺目,浪漫主义所描写的现实生活不仅仅是一种生命的游戏,而是一种梦的游戏。对于诺瓦利斯①来说,每一个梦都是“毛骨悚然的厄运中的意味深长的撕裂”,这种撕裂足有一千道褶痕,借助于此,落进我们的内心世界里。尤其重要的是,“梦的形象的变形”正是浪漫主义动力学在白日梦中感受到(几乎是高深莫测地感受到)的要旨。不仅如此,浪漫主义自然哲学所发现的东西正是作为粗野的长篇小说的夜梦。

“因为这些形象并非没有声音和语言。声音和语言本身均来自不同的方向,因此它们有时是可理解的,有时又是不可理解的。这些东西相互遭遇,相互压抑,因而当把内部声音和语言与外部声音和语言相比较时,似乎人的内在本性所具有的那种坚实和宁静就逃之夭夭了。因为这

① 诺瓦利斯(Novalis,1772—1801),德国早期浪漫主义诗人,代表作有《夜的赞歌》等。——译者

样的内在形象来去匆匆,就像浮云一样稍纵即逝。高山不正是在飞逝的乌云面前保护自身的伟大景观吗?树木不正是被狂风卷起的乌云连根拔起吗?恰恰在这一瞬间,在山崖嶙峋、森林密布的地方,顿时显现坦荡无垠的平原,显现为墙壁所围绕的房间。"①

这样产生出来的假象是什么?这就是,除了相互交换之外,夜梦与白日梦还在同一背景上显现出某种相互交融的形象,于是,浪漫主义的渴念与实际对象也就顺理成章地融为一体了。纯粹的浪漫主义者不再想知道,在他的诗意中,居支配地位的是无意识的混沌状态,还是有意识地形态化的、变形了的想象力。对于浪漫主义者来说,反正夜梦与现在变得枯燥无味的一切时空概念相距甚远。而且,夜梦与诸如灰色的文明或文明外皮一类的一切因果律形态和同一性形态相距甚远。夜梦具有前逻辑的性质,因而它是与广度、早晨以及未来正相反对的某种古代的要素。

浪漫主义者交替描写黑夜层面与白日层面,这是一份自古以来就存在的遗产,不过,在这两个层面之间,旨在融为一体的技巧也一再起作用。按其意义,浪漫主义文学作品,重现了黑夜时间与蓝色白日时间的交互重叠,因此,在表面意义上,在单纯的表面关系上,双方时常为此感到骄傲,这意味着,昼夜参半的时间并非枯燥无味的白日时间。于是,浪漫主义从迄今为止的表面现实中进行飞跃,这种行为无异于同时撬开了夜梦的洞穴和白日梦的蓝天。

最终,这种飞跃在表现主义中,特别是在超现实主义(Surrealismus)中得到了淋漓尽致的显现。当然,这些艺术思潮与浪漫主义有着重要区别,即在表现主义和超现实主义中,不是乌托邦要素想要回归过去,而是过去的现实想要回归某种乌托邦要素。例如,在表现主义诗歌中,这种回归同样大都以月亮意象方式进行。"苍白的晚树,在妩媚的月亮池上反射的柳树,透过窗户闪现着银色月亮的残光碎片。"诸如此类的多伊布

① H·G·舒伯特:《心灵的历史》,1830年,第549页。

勒尔①的话,表达了更多内容,即努力把黑夜系谱收入指向未来的乌托邦里。作者之所以结结巴巴地诉说无意义之夜,是因为试图揭示迄今为止的白日关联性,据此引导读者驶向某个新的国度,例如更美好的彼岸,一个合情合理、秩序井然的场所。

詹姆斯·乔伊斯在《尤利西斯》中,提供了有关这种过渡的某种完整的研究对象。这部作品既是一部高度后浪漫主义作品,又是一部高度非浪漫主义作品。在詹姆斯·乔伊斯那里,前述凯勒的无意识在某种短暂的现在中猛然爆发了出来。乔伊斯小说提供一种混合物,其中前意识的口吃、下流话和教会音乐等驳杂要素相互交错、相互交融在一起。在平坦的意识门槛上,作者把滚沸的想象力的浓缩物全都倒进了《尤利西斯》。尽管他用了整整八十页篇幅记述了主人公的自我意识,但其中连一个逗号也没有。主人公的独白复杂多变,反映了人类无数无意识,但这一切仅仅发生在一天之内。然而,在这种过分的喋喋不休中,充分显现了对某种新东西的展望。不仅如此,从方法论上看,乔伊斯使用蒙太奇技巧,把自己的各种写作意图合理地相互联结起来。这种记述方法也就是事物类推法(anlogiae entis)。码头上的女人,紧靠海边码头的古老的爱尔兰小酒店等超时空地遥相呼应、欢聚一堂。显然,他们的彼此相遇,他们的日常生活完全超越了时间和空间。主人公斯蒂芬·达达鲁斯说道:"这样,并非音乐和香味,而是姿势成为一般语言。这种语言不是意味着诸如普通信徒一类的意义,而是意味着可以透视结构节奏的第一次圆满实现。"②

乔伊斯所描写的场所是原始洞穴,其中难免包含着摇篮曲和舌头话语。但是,他却以这种方式唤起具有乌托邦特性的白日幻想,并且重新使这种幻想一直下沉到谷底。因此,在他的作品中,交替出现黑夜鬼脸

① 多伊布勒尔(Theader Däubler,1876—1934),德国诗人,与其他表现主义作家不同,他的乐观主义诗作富于青春活力和明澈的想象力,表达了一种积极向上、奋发进取的精神。代表作有《北方之光》(1910)等。——译者

② J·乔伊斯:《尤利西斯》Ⅱ,1930 年,第 86 页。

和白日轮廓。在超现实主义中,这一点与崩溃时代本身相称,例如,乔伊斯总是把不可协调的东西旋即协调起来,这种描写方法造成卓尔不群的幽默,可谓妙趣横生。例如,时而是可鄙的幽默,时而是对卓绝结构的揭示,甚至,时而是对细小内容的安排等等。在富于双重奇特性的梦之家中,读者们感到十分惬意,但是,在超现实主义中,魔术女神赫卡忒(Hekate)与智慧女神密涅瓦原则上是联系在一起的。在超现实主义作品中,女神幻影大都是由支离破碎、分崩离析的形象拼合而成的。这一点正是超现实主义与复古主义时代浪漫主义的区别所在。在此,浪漫主义原则上把白日梦收入夜的谱系里,从而从一开始就熄灭了指向未来的白日磷光。

无论如何,超现实主义文学致力于心灵深处的无意识与起始之间的混合世界,即致力于一种相互接触的世界,在这个世界里,夜梦的退行利用最后行驶,或者,白日梦中的最后行驶利用退行。从审美角度看,夜梦中的迷宫同样不是空中楼阁的前阶段,但是我们可以说:只要夜梦的迷宫形成其地下室(Souterrain),夜梦中的远古指向要素就与白日梦中的想象力相联系。例如,G·凯勒的《梦之家》就很能说明问题。这个梦之家乃是冥河般闪烁不定的夜的一部分,是母亲之家和青年之家。凯勒的梦之家还澄清了为什么白日梦同样能够与古代要素相联系。

这一点之所以可能,是因为两方面的理由:一方面,无论在心理层面上,还是在客观层面上,未来都生活在过去之中;①另一方面,**好些夜梦同样没有得到补偿或尚未完结**。正因如此,这些梦要求白日梦,即向前的意向。尚未得到补偿或尚未完结的梦确实有话要说,但是,它想要说的并不是苦思冥想的、太古时代存在过的东西,而是尚未形成的东西,这些尚未的东西恰恰部分地隐居在夜梦之中。然而,只要这些东西为清醒幻想所照明、为指向变化的某物所照明,那么它们就能告诉我们某种新

---

① 布洛赫认为,“未来生活在过去之中”,这是因为凡是渴望未来的人都会意识到现在的痛苦生活和过去的辉煌生活。特别是,展望未来,抚今追昔,盘点“黄金时代”,这是人类的普遍记忆。换言之,人们从过去的记忆中,展望更美好的未来图像。——译者

东西。

古代的东西本身是不会说话的。只要作为**没有得到补偿的、未曾得到发展的，一句话，作为乌托邦**孵化的东西，古代的东西本身才有力量产生在白日梦之中，进而面对白日梦得以获得一种敞开心扉的力量。惟其如此，古代的东西本身才能同自由的行驶、被保存的自我、世界的改造、行驶到终点等打交道。因此，事实上，古代要素所孵化的东西可以是某种乌托邦的东西，这一见解最终说明了夜梦与白日梦相互交融的可能性。换言之，一旦考虑到**白日梦与夜梦之间某种交融游戏的部分可能性，我们就会发现借以说明并融合古代要素的乌托邦要素**。

但是，与夜梦相比，清醒幻想总是占有优势：在此，不是因为乌托邦要素得不到补偿而向古代要素屈服，相反，是因为古代要素得不到补偿而不时向乌托邦要素屈服。此外，其他一切白日梦与夜梦的交融情况以及其他一切说明都是假象。特定目标的拟定和完成全然是白日作业。多疑的神[①]赐给做梦者秘密，它让那个阿波罗陈述秘密。尽管阿波罗对烟雾和神谕了如指掌，但在他的神殿里，他就像被击败的人一样，仅仅效劳于这种秘密而已。否则，在荣格和克拉格斯意义上，想象力就会完全退回到浪漫主义化的、虚构的史前阶段。

总之，只有日光才能解释清楚奇特的梦的材料和古代的一般要素。只要古代的东西本身具有乌托邦要素，这些夜梦材料就可以移植为指向未来的乌托邦。因此，只有这个时候，回归原始冲动的渴望才人为地获得好处，尽管在原型之中还隐藏着某种尚未形成的东西，亦即某种未来的可能性。要不然，在夜梦中相遇的那种珍宝就毫无价值。换言之，这就像吕贝查尔(Rübezahl)[②]的白日礼物一样毫无意义。但是，白日梦以及它所把握的东西并非迷宫中的美杜莎[③]，而是包含着人类的迫切事务。

---

① 此处，“多疑的神”(der verdächtige Gott)系指宙斯。——译者

② 吕贝查尔(Rübezahl)，传说中的山妖之名。——译者

③ 美杜莎(Meduse)，希腊神话中的蛇发女怪，被其目光触及者即化为石头。——译者

白日梦选择了更好的部分,尽管白日梦的能力和特性千变万化,但全部迁移到预先推定意识的领域里。

对梦的再一次爱好:作为白日梦媒介的“情调”①

在睡觉当中,身体就像一具死尸一样笼罩在一片黑暗之中。只有在清醒时,人才觉察到身体。首先通过感受自身的健康状态,我们觉察到身体。在这方面,只有觉察到健康时,人们才感受到身体状态。不仅如此,当人们与身体的特殊部分乃至特殊类型的痛苦或快乐相关时,他们才觉察到自身身体状态的模糊不清,觉察到自身状态的混乱不堪。

人的身体状态既有温和的,也有患病的或健康的,对此,人们感到舒适或不适,但是,这种状态非常普通。某种明确的病痛或快感,例如,剧烈的胃痛或位于舌头和性感带上的性欲感受,总是从一般身体状况中作为特例显示出来。而且,与情调(Stimmung)一样,身体感觉并没有什么这样或那样的“情绪”。

因为身体感觉并非某种混合情感,它不是某种源自原本的冲动或情绪的东西。身体感觉本身取决于沸腾的身体过程,特别是取决于内脏感觉,并或多或少取决于下意识的血液循环过程。然而,身体感觉不是任何情感,因为在人的情绪背后自我在起作用。因此,“身体状态”(Befinden)这一组织状态感与那种类似自我的“情绪”截然不同。所以,在前者中,对身体组织感觉的报告是不明确的;而在后者中,对人的情感的再现是不明确的,特别是在这种情况下,一个人时而沉湎于美好的情调之中,时而沉湎于恶劣的情调之中。身体状态与噪音之类的响声相似,例如,它发生于某种自然地赋予的、不规则地伴随而来的乱七八糟的响声之

① 在本节中,布洛赫从海德格尔的“此在”概念中,剥离了作为期待情绪的白日梦。在他看来,海德格尔的“此在”概念依然停留在旧形而上学的框架里,并且未能摆脱含混不清、意气消沉的特征。——译者

中。情调与管弦乐队的混响相似，尽管在演奏之前，一部乐曲的个别段落时有中断，但是一旦演奏起来，它就浑然一体，同时响彻天空。情调不是自然音色，而是进行演奏的、作曲的自我所经历的人为的音色，进言之，情调并不具有像身体状态一样沉闷的、地下的“基本音色”；相反，情调及其“基本音色”是起伏不定的波浪，它类似天空，依存于气氛，它可以绕着极限转动。就像“参天的欢呼，死一般忧郁”①的感情一样，它也完全不了解这种左邻右舍的身体状态。此外，每一种情调都都指明某种固有的扩张能力，即令人记起香气扑鼻的那种芳香物质的扩张能力。特奥多尔·利普斯②恰恰强调与身体状态相距甚远的这种情调的扩张能力。例如，对于快乐（Heiterkeit），他记述说：“通过体验或多或少宽广的情调，亦即通过体验把握全部心理的情调，快乐明显地扩展开来。”③此外，按照鲍勒诺夫④的一种新的解释（这种解释并非在业已来临的存在主义情调冲动上挣扎不已），“心灵的情调乃是在我们生命的感情中相对坚定的气氛根据。恰恰在此，显露出具有特殊色彩的、变化无常的觉察作用，但是，我们的表象和态度同样为灵魂的情调所浸透。”⑤从全部本性上看，情绪具有这种宽松的气氛和不明确的特性。正因如此，情调这一感情延伸乃至超越最初所依附的那个自我。一个房间，一道风景似乎拥有某种“情调”，而且，在此人的情绪越是悬而未决，情调乃至气氛就越是显得毅然决然，也就是说，人在注视某个对象时，转义的情绪状态是混乱不堪的。因此，对于感受舒适自在的情调而言，上午时光比下午时光更合适，晚间

---

① 语出歌德悲剧：《埃格蒙特》（1788），第三幕。——译者

② 特奥多尔·利普斯（Theodor Lipps，1851—1914），德国哲学家，倡导一种直接心理经验的哲学。主要著作有《美学》二卷（1903—1906）、《逻辑的基本特征》（1893）等。布洛赫曾在慕尼黑听过他的课。——译者

③ 特奥多尔·利普斯：《心理学手册》，1903 年，第 71 页。

④ 奥托·弗里德里希·鲍勒诺夫（Otto Friedrich Bollnow，1903—1991），德国哲学家、教育学家，主要著作有《语言的力量》（1971）、《新安全感》（1979）、《情调的本质》（1980）等。——译者

⑤ 莱尔施：《性格结构》，1948 年，第 41 页。

时光比下午时光更合适。

众所周知,驱赶第一道闪电的雷雨情调究竟是什么滋味。就感受情调而言,像茫茫大海一样的巨大对象使人无所适从,但相比之下,一望无际的茂密森林却使人心神惬意。但是,在这方面,我们决不能忘记,即情调广度指向外部,而这种情调广度作为对自然的感觉是决不会支离破碎地出现的,相反,这种情绪广度始终停留在某种一般性的浪涛之中。

惟当作为不明确的东西得到全体的显现时,情调才是本质性的东西。在任何地方,情调都不是由支配性的、压倒性的情绪组成,而是由许多情绪的大杂烩组成。因此,情调作为尚未到达的、尚未得到解决的情绪继续存在下去。这一点恰恰使情调容易显现一种彩虹色的本质,这一点也使情调不同于演奏一部乐曲之前的那种乱哄哄的、全然没有强度的音乐。因此,就像德彪西①、雅各布森②的作品一样,情调轻而易举地被挥霍并变形为单纯的印象派的体验现实。

只要海德格尔刻意描写并屈服于印象派的"含糊"(Ungefähr)特征,那么他的思想也正是出自这种含糊不清的要素。在印象派作品中的含糊要素中,海德格尔寻找所谓同语反复的优点,以此强调"此在总是为情调所决定的"。也就是说,此在如何而在、如何变化,这一点具有某种根源性解释的意义。根据海德格尔的观点,根源性的东西"不是某种觉察着的存在"(ein wahrnehmendes Sichvorfinden),而是具有"某种情调的存在"(ein gestimmtes Sichvorfinden)。"我们在存在论上,用现身这个名称所指的东西在存在者状态上乃是最熟知和最日常的东西:情调,情绪存在。"③但是,海德格尔恰恰没有超越自身所发现的那种含糊不清的、令人

① 德彪西(Claude Debussy,1862—1918),法国作曲家,印象派音乐的奠基人,主要作品有《大海》、《牧神午后》等。——译者

② 雅各布森(Jens Peter Jacobsen,1847—1885),丹麦诗人、小说家和科学家,开启了丹麦文学自然主义运动的先河。——译者

③ 海德格尔:《存在与时间》,1927 年,第 134 页。

沮丧的停滞以及平庸浅薄。海德格尔不加区别地把人的起伏不定的情调理解为某种动物的生动感,因而这种平庸浅薄阻碍了他对每一个实际存在的黑暗的猜想。即使是“被经历过的瞬间黑暗”笼罩在情调之中(这一点后面还要谈到),它也决不能把自己作为“在此的某物”显现出来。[①]这样,令人意气消沉的海德格尔的旨趣就阻碍了情调的所有阐明倾向,即这种旨趣不是阐明情调,而是仅仅再现灰心丧气的东西。“这种常驻不去的、平淡淡懒洋洋的没情调也决不是一无所谓的,恰恰是在这种没情调中此在对它自己厌倦起来。存在作为一种负担被显示出来……另一方面,昂扬的情调则能够解脱存在的公开的负担。即使这种解脱作用的情调也开展此在的负担作用。”[②]

在海德格尔那里,需要对付的问题不是全人类的悲伤,而仅仅是未澄清的、毫无希望的小市民阶层的悲伤。关于这种现身情态的“深渊”,海德格尔这样写道:“这种深刻的无聊,在此在的深渊中如满天沉静的弥漫周遭,把万物与众生以及与它们一起的我自身都混入一种麻木不仁的境界中。这种无聊启示出在整体中的存在者。”[③]在此,情调完全失灵,这样情调仅仅作为某种幻灭的生命,换言之,作为某种没落阶级的幻灭的生命表明什么东西。但是,在海德格尔的所谓“情调”之中,完全不具有愿望的特点。可是,如果没有这种愿望特点,情调就变得模糊不清,就不可能作为人的**情绪**之一而存在。除非海德格尔自身把情调叫做“没情绪”(Ungestimmtheit),它就不可能作为人的情绪之一而存在。

在海德格尔那里,代表**清醒之梦**的颜色媒介恰恰失灵,尽管情调恰

① 海德格尔把“情调”概念引入生存分析,以便从存在论上把握生存概念。与此相对照,布洛赫不是赋予存在论自身以价值,而是通过“白日梦”、“情调”等赋予更美好的生活图像以价值。布洛赫的“被经历过的瞬间黑暗”是关于更美好生活的集中体现。作为一种认识论概念,这一概念与海德格尔“在此的某物”这一客观存在论概念迥异其趣。——译者

② 海德格尔:《存在与时间》,1927年,第134页。

③ 海德格尔:《形而上学是什么?》,1928年,第16页。

恰通过这种颜色媒介描绘出蓝色的希望时间。海德格尔的情调失去了生存论上的存在者状态上的关注,无可奈何地沉入虚无主义的泥潭。事实上,并非每一种可能的日常生活,并非历史地业已出现的每一种实际现象都带有“阴郁的没情绪”。进言之,这些东西也根本不带有显露所谓“全体之中存在者的无聊感”的特征。确切地说,这样的日常情调是本质性的,因而不能仅仅归入机械化的和资本主义的企业。即使在这种企业之内,除了没情绪,除了特有的此在的无可置疑的负担之外,并非一无所有,因为在人的生命中,还响彻具有生气勃勃的冲动感的那种嘈杂音调。其实,正是这种音调描绘人的“情调”,而在这种情调中,人具有做梦的倾向,从而情调成为白日梦的媒介。

当睡觉时,身体变得模糊不清,身体感觉也归于失灵。与此相同,情绪首先是以自我为前提的,情绪不是属于阴暗的黑色时间(schwarze Stunde),而是属于明亮的蓝色时间(blaue Stunde)。情调同时要求我们缓和紧张状态,但是,我们不是在微微入睡时,而是在旅行时才能找到这种缓和状态。特别是,倾向于天蓝色的情调可与迄今受到忽视的白日梦相媲美。现在我们必须重视这些情调、白日梦等。

阴郁的“没情绪”本身还不是精神恍惚状态,作为媒介,令人沮丧的情调即乱七八糟的“**反感**”(unlustigen)情绪也足以轻而易举地立即发展成白日梦。但是,一切**期待情绪**的基本语调中所蕴含的追求更美好东西的稳固倾向恰恰使我们更易于减轻令人沮丧的情调,使我们尽快摆脱这种日益高涨的情绪。正是在这个过渡场所,亦即在阴郁与喜悦之间寓居着**媒介,从中清醒之梦的诸图像得到最舒适的发展**。

逃避与馈赠、防御情绪与现身情绪就在这种明亮而黑暗的情调中同时地混合在一起。这样,我们造就一种特殊的气息,从中出现驶往“塞特拉岛”[①]的航船。试问,这条航船是矮小的还是巨大的,仓促设计的还是事先打算好的?“塞特拉岛”是一个尽善尽美的地方,还是一个闻所未闻

① 塞特拉岛(Cythera),希腊神话中,爱的女神阿芙罗狄蒂居住的海岛。——译者

的地方？或者,“塞特拉岛”是为了有待出售一块面包,还是为了有待出售整个世界？凡此种种并非取决于情调,而是取决于源自微妙情调的那种馈赠情绪的内容和强度。特别是,取决于想象力的顺序和具体化,因为这种想象力预先描绘这种自身意向的情绪。

但是,明亮而阴暗的情调总是停留在天蓝色光亮之中,而这一类颜色的远处光亮早已与清醒之梦相联系。因此,这种情调一直伸进原本形象化的白日梦里,时而消极地、时而积极地照耀这种梦。否则,在白日梦中,就不会存在类似天气的变化无常的特性。实际上,白日梦中的这种变化无常的特性并非仅仅局限在印象主义之内,亦即并非仅仅局限在相对舒适的、虚弱地形象化的和义务化的某种情绪本性之内。否则,就不会存在这样一种白日梦的图像,即不会存在总是处于类似状态的、伴随严格形象化东西的白日梦图像。因此,若明若暗的情调与白日梦的工作相联系,而这种情调并非仅仅以德彪西或雅各布森的方式局限在柔和的情调之内。就像勃拉姆斯第四交响乐的最后乐章一样,若明若暗的情调也激情澎湃、震撼人心。换言之,若明若暗的情调不是构成柔和而甜蜜的氛围,而是构成粗犷而辛辣的氛围。只有在决定性的境况和与无拘无束的气氛相应的某种描述中,这种情调才会开始衰退,渐趋减弱。由此减弱的情调不仅是印象主义的古老的感伤主义情调,也是粗犷而辛辣的**气氛**。特别是,前者作为彩虹色的情调,绝不会超出某种被中断的情绪和模糊不清的轮廓的混合体。

与全部浪漫主义一道,粗犷而辛辣的气氛有助于说明这种刺激白日梦的媒介,这种气氛不再是类似境况的东西,而是自由自在地注视某种决定性境况的东西。这种气氛到处都拒绝各种境况,例如,在艺术的清醒之梦中,这种气氛驱向完美的境况,至少考虑到停留于某处这一立场的境况以及既定的类似状况的东西等。一切艺术所追求的并非仅仅是像天气一样变幻无常的东西,相反,咋看上去,在艺术作品中,似乎不包含动荡不定的案例,不包含活动的激情和时代的激情,也就是说,其中似乎只是描写了坚实地结晶化的存在意志而已。在塞特拉岛、埃及的遗物、拜占庭的镶嵌图案中,或者在阿尔菲耶里[①]的古典主义作品中,并没有像哥特式、巴洛克式或拜伦[②]式的激情世界一样的诸多情调。尽管如此,文艺复兴时期的近代艺术也是以激情情调为基础的。[③] 埃及的古代艺术本身也包含着某种不安情调,尽管这种艺术缓和不安情调,但作为对自身不安的梦想,它想要成为惟一的、冷静的安魂曲。

因为想象力的气氛,即使是一部指向反情调的艺术作品也总是对情调敬佩得五体投地。哪怕白日梦和想象力之梦在作品中归于干涸,以至于离开最后完成的艺术作品,这种白日梦之水也属于每一个白日梦。这样我们可以证实:若明若暗的情调给我们提供某种媒介,在其中,一切白日梦,特别是坚实的白日梦都可以通过令人兴奋的天蓝色(Azur)而开始。

再论期待情绪(恐惧、害怕、惊吓、绝望、希望、确信)和清醒之梦[④]

但是,冲动感本身不再具有类似情调的特征,也不再停留在类似情调的特征上。从这种一般的心境出发,冲动很快明确地显现为"赤裸裸"的嫉妒、"公开的"憎恨、"无保留的"信任等。例如,快活(Heiterkeit)这种无忧无虑的和一般的生命感情乃是一种情调。但是,闪闪发光的快乐(Freude)乃是一种"情绪"(Affekt)。不过,这种情绪并非仅仅出现于某种不明确的状态中,它也出现于相对无关的状态中。因此,即使类似情绪的媒介归于消失不见,清醒之梦也继续发出响声。然后,它通过源自

---

① 阿尔菲耶里(Count Vittorio Alfieri,1749—1803),意大利剧作家、诗人,他的作品大多是写自由战士与暴君之间的斗争。——译者

② 拜伦(George Gordon Byron,1788—1824),英国抒情诗人。——译者

③ 在布洛赫看来,与德国哥特式、巴洛克艺术相比,在意大利近代艺术和埃及古代艺术中,明亮而黑暗的情调特征相对淡薄些,但是,一切艺术作品永远同时显示若明若暗的情调,正是这种情调使人联想起白日梦。——译者

④ 在本节中,布洛赫批判了胡塞尔的期待情绪说,由此进一步探讨了作为肯定的期待情绪的希望和确信。——译者

期待情绪的媒介而从事活动。

在各种情绪中，“期待情绪”（Erwartungsaffekte）占有极其重要的地位，因为这种情绪在情调这一媒介中，有力地促进清醒之梦。因此，在此这种情绪强有力地指向预先推定的意向，借助于此，它显现出一种与“填满的情绪”（gefüllte Affekte）截然不同的面貌。[①] 一切期望中的意向都预先指向某物，而意向内容的时间周遭乃是未来。未来越是摆在面前，期待意向本身就越是强烈地、灼热地“燃烧起来”：如果一个人的某种期待意向的内容越是包罗万象地与预期的效果本身相关，那么这个人就越是全面地投入其中。这时，他的渴望就越是“深远地”成为不可抑制的热情。

不仅如此，某种自我保存的、多少具有否定内容的期待意向（例如，恐惧和害怕）至少像希望一样可以成为热情。于是，这种情绪就对非参与者产生某种“过分夸张的”作用，而且这种情绪也属于病理学案例。但是，期待情绪有时也会把对现实境况的无知仅仅显现为“过分夸张的”东西，即显现为自身对象的“扩充”。不过，此后期待情绪就超出自身的“稳固的”想象内容。与当时既定的想象内容相比，期待内容指明一种更重要的“深度”。作为满足的相关概念，一切害怕都包含着尚未存在的总体毁灭，包含着尚未存在的、即将来临的极乐。

这一点最终把期待情绪与填满的情绪（嫉妒、贪婪和崇敬）区别开来。填满的情绪每次都是仅仅通过已知的东西来“打下基础的”，而且万不得已时，这种情绪意向甚至指向自身对象的“虚假”未来，亦即包含某种可以精确地表象的、客观上毫不新鲜的东西。正如胡塞尔[②]对所有情绪的错误说法一样，所谓填满的情绪的意向内容位于某种“业已确立的视域中”。在此，作为记忆表象的视域，“业已确立的视域”有别于希望表象。希望表象是一种预先把握的表象，因而它是一种唤起真正想象力的、并赋予自身对象以可能的“真正”未来的表象。

---

① 参见原版书第 82 页。

② 胡塞尔（Edmund Husserl，1859—1938），德国哲学家，现象学的创始人。——译者

尽管在记忆表象中,某种期待感作为意向到处都起作用,而胡塞尔本人则相当出乎意外地规定如下:“每一个原始地构成的过程都富于前意向,而这种前意向恰恰空洞地构成并接受未来本身。”①

然而,这种“前意向”在记忆中,在“有其牢固基础的”情绪中,业已接受了自身的东西,因此,前意向仅仅具有某种重新回忆起来的未来视域。② 这种视域位于“业已确立的视域”之中,就此而言,它具有自身虚假的未来。与此相比,期待情绪和真正的想象力表象却在空间中显现自身的对象,而这种情绪和表象同时把这一空间拥有为决定性的时间,这就是说,期待情绪在时间中拥有充沛的类似时间的东西,即拥有真正的未来。因此,即使每一种期待情绪在图像的前景本身中仅仅谋求一种虚假的未来,客观上它也具有报告新东西的能力。这是一种未来的生活,而这种生活正是期待情绪借此含蓄地传达给预先推定的白日梦。

包括类似情调的东西在内的一切冲动感都与外部世界的某一事物相联系。但是,这时内在的感情波动迅速而剧烈地消逝殆尽,最初的、基本的否定情绪是**恐惧**,而这种情绪多半始于类似情绪的情感和不确定的情感。充满恐惧的人从来都看不见眼前的某物,或者从来都发现不到侵袭自身心灵的周围环境。这种恐惧感不仅仅在于其肉体的表现中,也在于其对象的颤抖中。

如前所述,弗洛伊德把恐惧主要归因于出生行为。当出生婴儿呼吸时,第一次感到窒息(angustia),并且在与母亲分离时,首次感到恐惧。这之后的一切恐惧感都只不过是对憋闷和被抛弃这一原始体验的花样翻新而已。从而,按照弗洛伊德的说法,对一切危险境况的反应,对死亡的恐惧本身都仅仅是主观的反应,因而是退行行为。

---

① 胡塞尔:《内在时间意识的现象学》,1928年,第410页。

② 在此,布洛赫尖锐批判了仅仅以过去的记忆为前提的胡塞尔的前意向概念。胡塞尔的前意向概念可以用来解释蕴藏在人的记忆之中的填满的情绪,例如,嫉妒、贪婪、崇敬等,但是它并不能用来解释期待情绪,因为人的期待情绪不是注视过去业已成就的东西,而是前瞻即将到来的位置的东西。——译者

在此，弗洛伊德完全忽略了现存社会境况中司空见惯的有关恐惧的否定关系内容。事实上，对生命与死亡的恐惧不是产生于自身的内心世界，而是产生于具体的社会现实。也就是说，弗洛伊德忽视了得以造成恐惧的客观对象，可是没有这种对象，就根本不可能形成恐惧。另一方面，与弗洛伊德不同，海德格尔虽然没有把恐惧重新归因于过去，但是，他同样没有超越恐惧而对原创性的、肯定的期待情绪提出诉讼。实际上，没有期待情绪，恐惧同样不会存在于人心中。这就像没有山谷就没有深渊一样。相反，海德格尔从恐惧出发，制造了某种绝对的、无差别的生存状态上的“基本现身情态”，即一切之中的“如此之在”(Sosein)。按照海德格尔的说法，这种情态把人更加主观地个别化，更加把自身归因于惟我(solus ipse)。与此相适应，恐惧向人展示“自身最本真的在世之在”。但是，在海德格尔看来，“恐惧之恐惧者就是在世本身。”①

归根结底，海德格尔所谓恐惧的对象与恐惧借以解决的东西是相似的，即“无”，“存在无”这一事实。因此对于海德格尔来说，在无面前，恐惧是作为绝对直接的和卓越的东西提出来的。他的“无”这个概念是“阴森森的存在的基础”，是一切在世之在的死亡与衰弱的基础。根据海德格尔的观点，恐惧的“基本现身情态”恰恰显现这种无的深渊。由此，恐惧乃是“一切生存者的永久的、隐匿不见的战栗”本身。海德格尔有意识地网罗各种直接体验(小体验)和各种情绪，但可以说，为此他罗列了一大堆单纯的语义解释。由于海德格尔的缘故，哲学在语义学面前羞愧得无地自容，在他的书中我们除了形而上学的半瓶醋之外，什么也得不到。由此可见，海德格尔借助于自身的恐惧存在论仅仅反映和绝对化了某一没落社会的“基本现身情态”而已。从小市民阶层出发，他把危机四伏的垄断资本社会反映为正常的社会状态。在海德格尔看来，克服持续危机的惟一选择是战争和战争产品。在无法概观的人的本性中，“不安逸感”(Unzuhause)乃是一种最原始的体验，可是人们完全蒙在鼓里，并不知道

---

① 海德格尔：《存在与时间》，1927年，第187页。

正是这种不安逸感构成社会。进言之,对垄断资本一无所知的人们恰恰成了使他们沦于全面异化的那个巨大企业的牺牲品。

但是,海德格尔——他对社会学一无所知,而这种无知与形而上学的半瓶醋相映成趣——把这种恐惧变成了包括何时何地都无法消除的“无”在内的人的基本现身情态一般。在海德格尔的恐惧“解释学”中,惟一留下来的充其量是小市民对预料不到的恐惧的敏锐了解而已。“这个威胁者在任何地方都不在,这一点标画出恐惧之所恐惧者的特征。”①事实上,恐惧从来就是否定性地、不明确地被期待的某种东西。这样,引起恐惧的和被证明的东西可以发生于四面八方,而这方面,最明显的现象是对幽灵的恐惧和对黑夜的畏惧。就此而言,今天这两种恐惧已被体系化的,但在黑暗中活动的怪物和梦魇代替了。

但是,恐惧并非十分明确地与其外部的某一事物相联系,这一点与**害怕**(Furcht)的第二种否定的期待情绪是不同的。在害怕中,突然浓缩的、模糊的模式乃是惊愕(Schreck),而逐渐增强的模式乃是惊骇(Entsetzen)。在此,威胁至少来自我们的经验所熟悉的暴风骤雨。甚至,在空间上,害怕感也是显而易见的。例如,即使我们没有踏入某处,我们也受到某种冲击。一旦害怕之所害怕者完全地、突然地出现,我们就感受到带有微弱惊骇的惊愕。于是,这种突如其来的情绪就掩盖不住这样的事实,即它本身也是某种情绪,尽管在发生期(statu nascendi)中,这种情绪的对象本身有时(绝非总是)是与生俱来的。如果没有期待,任何东西都不能用惊愕来麻醉。就像从埋伏处忽地飞来的子弹一样,对不同事件的期待意向根本唤不起我们心中的任何情绪。只要某一事件继续存在下来,它就令我们头昏脑胀,眼花缭乱,换言之,就像我们受到某种冲击一样,它也同样令我们胆战心惊。

但是,这并没有促使真正的情绪激动形成惊骇或恐惧,因为它的前提条件肯定是期待意向的产生,而这种期待本身制止对象的惊异又是如

---

① 海德格尔:《存在与时间》,1927年,第186页。

此之少。惊异的情绪特征,不管是积极的,还是消极的(不可思议的),没有期待的准备就根本不会产生。当然,对惊骇的能动的期待是十分短暂的。面对令人害怕的对象就像面对令人惊骇的对象一样。在时间上,害怕是无可逃避的,在内容上,害怕是众所周知的,如果这种害怕的感觉持续地扩展开来,那么它就浮现为最极端、最激烈的界限模式:**绝望**(Verzweiflung)。首先绝望不是恐惧,实际上绝望与虚无是相联系的。恐惧依然是询问的和飘忽不定的情绪,追根溯源,这种情绪源自情调和不确定的东西乃至尚未决定的对象。与此相反,绝望在其情绪状态中是决定性的东西,在其对象中是超乎界定之外的东西。绝望乃是某种经过扬弃的期待,即某种不再发生任何怀疑的否定性期待。因此,一系列否定性的期待情绪就连同这种绝望感一起归于结束。最终,有关绝望感的全部白日梦都围绕一种否定的无条件特征,即类似地狱的感觉。在这种情形下,对于形成白日梦而言,只怕惊骇已没有任何时间了。

与迄今所述的否定的期待情绪相反,**肯定的期待情绪**显现在否定的期待情绪的背后或其中。但是,肯定的期待情绪不仅为数甚少,迄今所能把握的动机也寥寥无几。肯定的期待情绪只有两种:希望与确信。前者使害怕化为乌有;后者坚定应对绝望。就培养情调来说,希望和恐惧所说的都是某种类似情调的东西,但是希望不是那种夜间无家可归、彷徨不定的情调,相反,它是类似曙光女神的、渐渐领悟的、倾泻而出的情调。在托马斯·曼的《威尼斯之死》中,这种情调以新的音色和新的面貌得到了恰如其分的描写:灿烂的朝霞不可名状地放射迷人的光芒;举目远眺,晨光熹微,云蒸霞蔚,仿佛是"在阳光前面弹奏出的琶音"(Arpeggio ante lucem)似的。

然而,希望作为某种最精确的情绪高踞于一切情绪之上。因为希望的情绪坚如磐石,其意向始终如一,尤其是,这种情绪既不应归结为情调,也不应归结为否定的期待情绪,因为这种情绪有能力逻辑地和具体地自我校正和敏锐化。因此,希望不仅是与**恐惧**相对立的概念,而且是在无损于自身情绪特征的情况下,可以代替"**记忆**"的概念。希望的这种特性不属于任何情绪,而仅仅与某种纯粹的认识过程和表象本质相联系。

与恐惧相比,甚至与绝望的虚无相比,希望具有特定的权限,可以说,希望把恐惧淹死。任何时候,关于希望的任何“生存分析”都不能把希望推导为某种“奔向死亡的先行决断”,尽管这种分析实际上是一种没有毁坏(Corrumpere)的生存的决断。相反,在死亡场所旁,希望恰恰是按照光和生命构思的。因此,希望不承认失败(Scheitern)有最后的发言权。因此,希望到处都有意向内容:即在遥远的视域中,还会出现拯救。“有危险的地方,同样滋长出拯救。”荷尔德林的这一诗句直截了当地标明了一种肯定的和辩证的转折契机,而这种转折契机恰恰出现在对死亡场所的畏惧感变得无影无踪的瞬间。在希望中,就像沸腾着畏惧感(Furcht)一样,在希望中,也保留着结局性的不确定性。然而,畏惧感亲近被动的忧虑(Sorge),亲近充满忧虑的虚无之夜,相比之下,希望亲近白日这一人的亲密朋友。

危险和信任(Glaube)是希望的真理,这样两者聚集在希望之中。危险不具有任何畏惧,信任不带有任何寂静主义。这样,希望最终是一种实践的、一种战斗的情绪,它高举旗帜。从希望中,甚至还出现**确信**,于是,**绝对肯定化的期待情绪**就在那里或几乎就在那里。换言之,确信是绝望的对极。与绝望一样,确信也属于期待情绪,它是在不再发生怀疑的视点中扬弃了的某种结局性的期待。然而,蕴藏在情绪中的期待意向仅仅作为尸体出现。

相比之下,蕴藏在确信中的期待意向显现并沉湎于聪明的少女之中。这个妙龄少女羞涩地进入新郎的房间,在那里,她呈现自己的意图,诉说自己的意向。绝望几乎解除所有否定的期待情绪所接近的那个虚无。与此相比,确信却在视域中已经拥有了与十分微弱的、甚至掺杂着虚假未来的希望有关的一切东西。绝望从事超越一切的活动,这样绝望所代表的虚无就表现出确定无疑的没落意向,反之,确信所代表的一切都可以进入确定无疑的拯救意向中。最终,否定的期待情绪及其乌托邦图像想要自身无条件的**地狱要素**,而肯定的期待情绪同样拥有自身的终极意向对象,即无条件的**天国要素**。

总之,如果说**情调**是白日梦的一般**媒介**,那么**期待情绪**(包括诸如在嫉妒、崇敬等填满的情绪中所发现的期待情绪）则赋予白日梦以**引导**。期待情绪提供路线，而预先推定的表象想象力就在这条路线上从事活动。于是，想象力就在否定的期待情绪方面构筑自身的愿望之路或非愿望之路。尽管指向想象力的、带有美丽风景的愿望之路要比希望之路单调乏味，但是，这条路要比非愿望之路或畏惧之路更明晰、更为人所爱、更有活力。人们力图从黑暗走进光明。意味深长的是，两种类似未来的意向，即期待情绪和期待表象都延伸到某种尚未被意识到的东西里面。也就是说，这两种意向都被刻画为某种本身尚未填满的但预先推定的意识类型。

只要清醒之梦蕴含真正的未来，那么这种梦就统统汇入这种尚未被意识到的东西里，汇入尚未形成的、尚未填满的或乌托邦的领域里。因此，首先我们必须从心理上研究这一尚未被意识到的东西的特性。与此同时，我们必须"**带着满腔的愤怒和热情**"，站在向前的、已知的想象力一边，站在心理上接近更美好的生活的客观可能性一边。因为只有揭示尚未被意识到的东西，期待意识才首先赢得自身肯定的价值等级。这是寓于情绪、表象和思维之中的乌托邦功能的价值等级。

15. "尚未被意识到的东西"的发现或向前的黎明的发现。作为新的意识类型和新东西的意识类型的"尚未被意识到的东西"：青年时代，转折时期，创造性，乌托邦功能的概念，它们与利益、意识形态、原型、理想、比喻和象征的相遇

水池蓄水，喷泉涌水。

——威廉·布莱克①

① 威廉·布莱克（William Blake，1757—1827），18世纪末19世纪初英国画家、诗人，主要诗作有《天真之歌》（1789）、《阿尔比昂女儿们的幻想》（1793）、《罗斯之歌》（1795）等。——译者

灵魂的特性是日益增加的共同的东西。

——赫拉克利特

意识的两个边缘①

内在目光在任何地方都不是均匀地发亮。这种目光节省光亮,总是仅仅照耀我们心中的一小块偏僻角落,因此,我们意识不到值得注意的光线。我们只是模糊地意识到仅仅斜视我们心灵的光线,而且,这种光线还按我们注意力的程度而增强和减弱。这样,被意识到的领域十分狭窄,并且四周消失在黑暗的边缘里,从中化为乌有。此外,在这之前,尽管心灵的东西没有被遗忘,但大部分并没有留在记忆之中。

因此,某种痛苦可以毫无感知地存在下去,但某种外部印象却没有被我们明确地感受到,尽管这种印象在心理上绝对存在。这种印象位于意识的门槛之下,只是刺激太轻微,以至于我们感觉不到。或者,我们留神别的地方,分散了注意力,以至于即使是强烈的刺激反复不已,我们也会麻木不仁。

确切地说,在被意识到的领域里,同样存在没有完全被遗忘但变得暗淡不清的地方,对此,我们没有或者仅仅模糊地意识到了而已。当然,意识的固有边缘(Ränder)不是位于当下体验之中,或者位于单纯减弱的体验之中。相反,它发生在被意识到的东西**逐渐消失的**地方,发生在被遗忘的地方。不仅如此,意识的边缘也以另一种方式发生在与遗忘相反的方面。恰恰在这个地方,换言之,意识的固有边缘沉入被体验到的东西的门槛之下,即发生在被遗忘的地方。恰恰在这个地方,迄今未曾意识到的东西**逐渐被意识到**,同样,恰恰在这个地方,存在某种意识的边缘,亦即某种门槛。在这种情况下,这种边缘和门槛位于意识的上部,即或多或少推进到意识的前台,因此,在其背后,它们在心理上并非十分明

① 在本节中,布洛赫着重探讨了人的内在意识的模糊性和边缘性。——译者

晰。然而，在逐渐消失的意识的门槛之上，存在某种相对未被意识到的东西。为了理解这东西，我们首先要强化关注的目光，经常费力地把目光对准它。但是，我们具有预先意识到某物的能力，我们不仅意识到不再被觉察到的意识的下部分，也预先意识到任何人都未曾意识到的新东西借以油然而生的那个意识的上部分。我们能够从其边缘的背后拉出两部分，使其或多或少明亮起来。

前意识的双重意义

无论是早间还是晚间，心灵总是同样地被规定的。夜梦活动在被遗忘的、被压抑的东西之中，白日梦则活动在当下还从未经验过的东西之中。近二百年以来，人们一般把处于意识领域外的东西称之为无意识的东西。心灵生活与意识并非恰好重合的，这一发现乃是一个伟大的发现。如果“未被意识到的东西”（Unbewußtes）不是被设想为诸如石头一样的完全无意识的东西，而是被设想为某种前意识的东西，那么可以说，这东西就不是无意识的东西，而是始终具有前意识能力的东西。但是，迄今心理上“未被意识到的东西”（无意识）仅仅被理解为在意识之下的东西或沉入这种意识的东西。根据这种见解，未被意识到的东西位于底部沉积物中。这种沉积物始于不断被减弱的意识的背后中。因此，这里所谓无意识完全是“**不再被意识到的东西**”（Nicht-Mehr-Bewußtes），它本身仅仅居住在脑髓丧失所致的月光风景之中。所以，在此所谓“无意识”①乃是内容上渐渐被领悟的意识。当精神分析学将这种无意识命名

① 布洛赫一直谨慎使用“无意识”一词，因为无意识一词有时包含着“没有意识”的意思。实际上，在他那里，未被意识到的东西并非没有意识，而仅仅是“未被领会到的意识”而已。因此，布洛赫把自身的无意识用语与精神分析学的无意识用语严格区别开来：第一，精神分析学的无意识是心理上被压抑或被遗忘的东西，布洛赫的无意识是未被觉察到的“前意识”；第二，精神分析学的潜意识仅仅是“不再被意识到的东西”，而布洛赫的潜意识是“尚未被意识到的东西”。——译者

为“前意识”时,它仅仅是沉入意识的门槛之下的东西,或者偶尔重现在平滑的记忆里的带有旧内容的旧意识而已。

这样,在弗洛伊德那里,无意识的东西仅仅是被遗忘的东西(在他那里,这种被遗忘的东西就是原本前意识的东西,通常随随便便地可被意识到的东西),或者,无意识的东西仅仅是被压抑的东西(在他那里,这种被压抑的东西就是原本无意识的东西,这东西“不仅仅是描述的,而是动态的、无意识的”,并且不是随随便便可被意识到的)。

尽管晚年的弗洛伊德强调,在被遗忘的、被压抑的无意识之外,还存在着第三种无意识,即“自我自身中的”某种无意识。“自我的部分,天晓得,自我的极其重要的部分可以是无意识的,肯定是未被意识到的。”然而,这之后,弗洛伊德旋即继续说道:“我们认识到,如果我们被迫提出某种第三种不被压抑的无意识,那么就必须承认,对于我们来说,无意识的特征将失去意义。”①

在此,之所以失去无意识特征,是因为这第三种特征(弗洛伊德甚至令人惊讶地将其现象确定为重要的精神产物)与他的被压抑理论的图式不相符。

尽管与弗洛伊德的概念完全不相配,但我们至此还是触及了那个前意识。总之,前意识应当根据另一个侧面,以另一种意义得到澄清,即不是以任何压抑的东西而是以日益逼近的东西得到澄清。也许,夜梦与不再被意识到的东西相关联并倒退到背后去。但是,白日梦至少带给做梦者新鲜的东西,甚至它自身在其客观内容中带给做梦者新鲜的东西。这样,在白日梦中,敞开了与白日梦有关的新的类型的规定,那就是**尚未被意识到的东西**。

白日梦的最后的心理确定性正是“尚未被意识到的东西”,对此,我们需要加以详细解释。迄今,这一确定性完全在概念范围之外,不仅如此,还没有任何心理学探究过无意识的另一侧面,即白日梦向前的黎明

① 弗洛伊德:《自我与本我》,1923年,第17页。

特征。这种无意识从未被记录下来，尽管它是准备新东西和生产新东西的固有空间。当然，尚未被意识到的东西既是前意识，也是压抑和遗忘所致的无意识，甚至按其方式，它也像被压抑的无意识一样，是一种棘手的、抗拒的无意识。但是，现在清楚明白的意识决不能被置于尚未被意识到的东西之上，相反，一种未来的意识、日益逼近的意识才能被置于这种东西之上。

因此，只有尚未被意识到的东西才是未来更美好生活的前意识，才是新东西的心理出生地。因此，这东西尤其持一种类似前意识的立场，因为其中存在某种尚未完全清楚地形成的、某种在未来才渐渐明白的意识内容，有时，甚至客观上只在世界之中才存在形成的某种内容。因此，尚未被意识到的东西处于能够分娩这个世界上从未有过的东西的一切状态之中。对此，梦具有某种向前的倾向，从而作为意识方式，尚未被意识到的东西装载某种向前推进的东西。在此，主体所觉察到的不是任何地下室的发霉味，而是早晨的新鲜空气。

青春、转折时期和创造性中的“尚未被意识到的东西”①

新东西本身必然拥有一切新鲜的力量，并朝着预先推定的方向不断移动。尚未被意识到的东西的最佳场所乃是青春（Jugend）、正处于变化中的时代以及创造性的创作。一个珍藏某物的年轻人已经知道渐渐领悟的、期待的东西，明日之声到底意味着什么。他觉得自己有做某事的职责，那就是实现在自身中出没的、在自身固有的新鲜中移动的东西。善良的年轻人认为，他们拥有摧枯拉朽的翅膀，一切正义都在等待沸腾的翅膀的到来，借助于此，形成正义的世界，至少借助于此使我们得到翻身解放。

① 在本节中布洛赫试图从青春、转折时期、创造性中寻找“尚未被意识到的东西”。——译者

女性的秘密、生命的秘密、科学的秘密与青春期一道开始。当喜爱阅读的青年人看到尚未研究过的书架时会乐不可支。这种绿色时代随着渐渐领悟而向前,这种时代多半由尚未被意识到的状态组成。在二十五岁至三十五岁的年轻人那里,这种状态肯定是威胁性的。但是,到那时为止,青春所保持的东西总是作为一种温暖而明亮的东西起作用,至少作为对既定现实的某种安慰起作用。例如,人们时常回忆青春时光,发誓不使青春传染上昔日的腐败。在这个时代里,另类存在、更好的存在、更美的存在的声音响彻大地,不绝于耳:生活就意味着"早晨",世界"就是为我们准备的场所"。善良的年轻人总是寻求源自自身梦和书籍的旋律,希望有所发现,他们熟悉所谓"穿过原野和城市的幽暗迷途",等待位于前面的自由。这是一种旨在摆脱逆境的渴望(Heraussehnen),即渴望从外部的、发霉的、或显得发霉的强制的监狱中解脱出来。但是,自由也意味着,他们渴望摆脱自身的不成熟。他们渴望生活,为像成人一样生活的冲动所迫,以至于他们坚信这种成人的生活将改变一切。

就像在今日西方世界中司空见惯的一样,青年人一旦陷入革命时代,亦即陷入**转折时期**(Zeitwende),他们就上当受骗,不知所措。因此,青年人更加了解到向前的梦对于他们多么重要。于是,他们的梦就由含糊不清的,尤其是由私人的预感逐渐变为社会上多少敏锐的、本质性的问题。从前,最好的例子莫过是俄国民粹派。[①] 这个派别深入俄国民众,以便与他们一道为推翻沙皇统治而奋斗。这个派别具有多愁善感或愤愤不平的初始特征。最初,在俄国小城市的遍地废墟且尘土飞扬的街道上,年轻的男女大学生展开了乌托邦式的对话。后来,民粹派在大城市里,与劳动者打成一片,确立了日益发展的、明确的社会主义意识,从而开始得到了坚实的发展,超越了时代的意识状况和现实状况。在十月革

① 民粹派(Narodnik),19 世纪以启迪农民觉悟,推翻沙皇统治为宗旨的俄国农民运动派别,1860—1870 年间这个派别达到鼎盛期。——译者

命爆发半个世纪以前,俄国的消遣小说本身对转折时期的青年人一再产生了巨大效应。在"狂飙突进时期"[①]和"三月革命前的时期"[②],德国也经历了如火如荼的大学生革命运动,即使是今天,德国革命青年也胸怀大志,放眼世界,为建设一个新的共和国而斗争。

在这一点上,青春与向前的运动是同义词。在这个时期,青年人变得十分活跃,这不单纯是由于他们处于生理怀春期,而是由于转折时期的基本特征:转折时期是闷热的,期间似乎没有一片带来雷雨的乌云。因此,天气和出生范畴向来被应用于分析社会诸领域,例如用来分析暴风雨前的宁静,或者用来分析历史上最剧烈、最具体化的变革时期,亦即孕育某种新社会的时期。

例如,我们的时代善于理解转折时期的状况。然而,年轻人的敌人,即意大利和德国的法西斯主义者只会蛊惑人心,招摇撞骗,以此把自己装扮成革命者,把年老体衰(Marasmus)冒充为春天的太阳。在历史上,转折时期本身就是青春时代,这意味着,在客观上,转折时期站在一个新出现的社会的门槛前,在主观上转折时期就像青年人的切身感受一样:青年人感到自己站在迄今从未展开的成年日子的门槛前。

迄今,从意识形态和文化方面看,这种转折时期的最明显的范例是文艺复兴时期。任何时期都没有像这个时期一样清楚地显示了封建社会向现代市民社会的第一次骤变。出发、期待、尚未被意识到的东西作为有意识的预感,凡此种种正是文艺复兴时代的基本特征。"新生活开始了。"(Incipit vita nova)这句话也从心理上标画了时代的曙光女神和质量要素。

进步的企业主不断崛起,与他一道,个性感日益增强。国家的意识浮现在视域之中。个人和远景进入自然感和风景画中。遥远的陆地本

① "狂飙突进时期"(Sturm und Drang),1767—1785 年间,德国文学史上大发展时期。——译者

② "三月革命前的时期"(Vormärz),指 1815—1841 年德国三月革命前的时期。——译者

身冉冉升起来了，并且开启了新的大陆。天幕高高跃起，无限地开阔人们的视野。15—16世纪的一切艺术作品都显示出某种强大的前意识。这一切无异于勇敢地迁移了迄今屹立的海格立斯石柱，开拓了一片崭新的空间。

艺术、生活和科学开始实施总体革新，或者看似开始实施变革。在培根的《新工具》中，这个白天之前的四十五分钟（Dreiviertelstund-vor-Tag）很晚才显现出来，但是，同样表述得很充分："我知道，我与自由的商人一道工作，在我的生活轨道上实现伟大的事业。如果从新世界的海岸风刮得不是如此猛烈，我就不会确信这个事实。即使不刮任何风，我们也试图摆脱我们可怜的自然科学的停滞现象。"

在这个预示历史之春的空气中，充满着寻求其实施的计划，充满着潜伏中的思想。任何时期都没有像这个时期一样具有如此众多的、共同的展望行为；任何文献都没有像这个时期的文献一样充满预先推定的内容①；任何春天都没有像这个时期一样充满着不可抗拒的逼近。这样，一切转折时期都为尚未被意识到的东西所充满，或者填得太满。一个上升的阶级恰恰拥有这种尚未被意识到的东西。

歌德《浮士德》中的一段独白，生动地重现了文艺复兴时期这种奋发向上的状态。在此，厌倦、清醒之梦和朝霞等都是一切向前的要素的组成部分。不仅如此，这样的时代造成现存现实中从未萌发过的那些问题。就像文艺复兴一样，后来"德国的天才时期"也揭示了时代的发展趋势，并为这种发展趋势提供了最初看法和新的观点。这个时代的人们从未清楚地觉得自己是某种固定不变的存在、一个与自身环境一道肩负某种任务的存在。相反，他们觉得自己是一件充满未来的巨大容器。

就像破晓（Aufdämmern）发生在艺术创造本身之前一样，艺术作品中也发生破晓，尤其是精神产品、艺术作品指明"尚未被意识到的东

---

① 参见F·培根：《新工具》，格言113，伦敦，1915年，第114页。——译者

西”所充满的内容。这是潜在于艺术创作中的青春的力量。卓越的艺术作品也是以青春为前提的,在此,青春之梦永不止息。有才能的年轻人拥有稍纵即逝的出发点。正如莱瑙[①]在《窃窃私语的芦苇》中所描写的一样:

我以为,我在聆听
你的轻柔的音响,
聆听你的可爱的歌声
渐渐沉入池塘。

在时间进程中,青春对生成表现出感激之情。与此同时,青春分娩各种奇异的图像。例如,在舞台上的序幕上,歌德塑造了这种奇异的图像:

好吧,重新把时间还给我,
因为我自身还在变化生成之中,
压抑之歌犹如泉涌
不断重新分娩,
因为迷雾笼罩着我的世界,
我依旧许诺了奇迹的蓓蕾,
因为我折断了开满一切山谷的
数千朵花朵。[②]

即使在青春终结之后,它也在艺术作品中留下同样的痕迹,即使在

① 尼古劳斯·莱瑙(Nikolaus Lenau,1802—1850),奥地利诗人,主要作品有《诗集》(1832)等。——译者

② 歌德:《浮士德》,第1部,第184—191行。——译者

艺术作品完结之后,青春也让人感受到无担保的冷静。在着手创作《弥赛亚》三十三年之后,克洛普斯托克①创作了颂歌:《致朋友和敌人》:

青年人的炽热心灵
渴望不朽,
我清醒地梦想
大胆驶向未来的海洋。

再次感谢我早年的伴侣,
我的守护神,你向我显示了那个地方的阴森可怕。
你的黄金棒表明什么!充满了桅杆和船帆的文学作品
可是,被沉没的东西让我万分恐惧!

我严肃郑重直到抑郁寡欢,沉浸在英雄尊严的目标,
基本音调,态度和进程之中,
而且,受到内心生活的引导
试图探究诗的美妙无穷
在祖国的纪念碑下,我思绪飞扬,飘浮不定。
寻找英雄,但是找不到,
最后,我疲倦地倒下,此后我从瞌睡中清醒,
忽然,见到我周围闪耀着熊熊火光。

在太古时代,青春之光也是某种创造之光。也许,它绝对不是太古的东西,而是向我们庄重宣告某物的东西,即可以理解为是某种相遇的

---

① 克洛普斯托克(Friedrich Gottlieb Klopstock,1724—1803),德国诗人,狂飙运动先驱者之一。主要作品有《颂歌》(1771),以友情、恋爱、祖国为主题,洋溢着炽烈的青春气息和自然感情,出版后,在青年中引起强烈反响。——译者

东西。在荷尔德林那里,青春之光乃是我们在这个世界的阴沉昏暗中清醒过来的早晨。他的关于《东方之光》(Ex oriente lux)的伟大赞歌形象地描写了崭新的、栩栩如生的日子:

因为音调十分和谐的管风琴,
在神圣的殿堂里,从永不枯竭的管道
涌出纯粹的序曲
美丽的乐曲响彻周围,从大厅到大厅。
兴高采烈,满怀热情,
但是,现在我醒过来,现在才回答
冉冉升起的节日的太阳
教区的合唱,带着东方之语
向我们传来。
我在帕纳塞斯岩石那里,从古希腊的竖琴那里倾听,
哦,你的声音回荡在古罗马城堡
突然,从阿尔卑斯山朝着我们走下来的陌生的女人
唤醒我们
塑造人的声音。①

青春的创造力不容许这般唤醒,它要由"必说"(Sagenmüssen)的刺激来唤醒。在青年艺术家的脑海中,如果浮现出必须加以艺术形象化的念头,那么他必定浮想联翩,一吐为快;如果这种瞬间念头像卖弄风情的女人一样急速退却,那么情况就更是如此。这等于催促作案人完成一项工作之后,在他的一次新冲锋的突破面前偃旗息鼓、逃之夭夭。如果把艺术家的工作主题物化为某种飘忽不定的、轻声细语的,甚至踌躇不决

① 这是荷尔德林的一首赞歌,写作于1801年,题目为《在多瑙河之源》(An Quell der Donau)。——译者

的东西,那么人们就会指责青年人的“必说”未免太拖泥带水了。但是,列奥纳多·达·芬奇说过,“如果一个人专注于一颗星,他就绝不会掉头”,创造性的道德证明是一种催人奋进的力量,它使一切唤起人们希望的东西趋于完满,使一切在脑海中浮现的内容轮廓得以纯洁地、冷静地昭然若揭。

如果**青春、转折时期和创造力**幸运地**同时**与天赋才能重合在一起,那么锦上添花,好事成三。在《普罗米修斯》中,在《浮士德》这部伟大的艺术意向中,在《浮士德》初稿中,歌德已经形象地刻画了这三种特征。但是,在由此而来的《威廉·迈斯特的修业时代》中的所有深信不疑的句子中,这些特征同样得到了详尽的说明:“愿望乃是对我们内心中各种能力的预先感知。愿望预先告知我们能够做什么。”于是,出于这种期待感,人们从事各种活动,而且为这种期待感所支配的人们总能达到预定目的。这种期待感来自对视域之下坚定的亲和力,来自对尚未出现的东西的力量。但丁告诉我们:“人们从未经验过我所把握的水。”(L'acqua che io prendo giammai non si corse)①但丁的这一格言最终把青春、转折时期和创造力最好地融为一体。这并不是傲慢,而是正确地描写了创造精神将是怎样的,创造精神应当是怎样的。

再论创造性及其三个阶段

当与梦一道前行时,心中的动摇和不安是十分巨大的。这是借助于新的根源来对抗固定不变的东西的活动,而这种根源恰恰形成于某种充满预感的氛围之中。在通常发生的诸情感中,这种预感(Ahnung)也指称开辟某物之意。这种预感是创造性的,所以它与想象力联系在一起,尤其与客观的可能性有关。令我们从事劳动的预感乃是精神创造力,现在它被视为形成工作的媒体。说得详细点,创造性在尚未出现的状态中处

① 这句话出自但丁:《神曲》,天国篇 ii,7(Dante,Paradiso ii,7)。——译者

于三种状态，即处于三种成长中的延伸阶段：潜伏阶段、灵感阶段和阐明阶段。所有这三个阶段都属于向前的能力（Vermögen），它使创造性超出迄今意识的边缘状态。在**潜伏期**（Inkubation）产生某种激越的想法，这想法把艺术家的目光吸引到渐渐破晓的东西的寻求上。适逢浓雾弥漫的时刻也正是耕耘播种的最佳时机。也许激越的想法不只是停留在浓雾阴霾之中，即使它还处于某种黑暗阶段，它也具有变得渐渐明亮的强烈的素质（Anlag）。这种素质状态本身就已经是某种不想被溶解的矛盾。这是无法持续下去的、守不住的状态，正像某种不可言状的幸福状态一样，其中充满着恐惧。换言之，这种状态并不具有人类本性最正直地所谋求的东西。在这种矛盾中，同样存在发达的素质或骚动情绪（Gärung），从中已经准备并配制好轮廓分明的陈述和形态了。无论如何，在此出现一种期待感，至于黎明前四十五分钟的时刻是以巨大的形态着陆还是以微小的形态着陆，那是无关紧要的。

继这个潜伏期而至的多半是类似闪电的突然的澄清。澄清来自外部，或者，在作出错误的解释时，从上至下地出现。对此我们可以使用**灵感**（Inspiration）这一表达方式。灵感使那种突然的澄清状态变得一目了然，这是令人豁然开朗、欢欣鼓舞的打破状态，好似瞬间的骤然洞悉。尽管潜伏本身是一种无言状态，但由于绰绰有余，有时会引起某种空虚的意识。但是，在灵感阶段这种闭锁性得以解决。在一般情况下，通过突发奇想的侵袭，这种解决得以实现。这种突发奇想本身仅仅包含基本思想或预告这种基本思想，有时这种念头也跟着业已发生的基本思想的现象（Erscheinnung）出现。此外，基本现象本身还会强有力地出现，而且看上去那样强有力，以至于成为解决问题的办法，此时，我们顿开茅塞，好像潜伏期间及其苦苦思索的问题压根就不曾存在。而且，高度浓缩的问题，即被标明是最后阶段的闭锁性也得以迎刃而解。丢勒[①]的油画《忧

① 阿尔布雷希特·丢勒（Albrecht Dürer，1471—1528），德国中世纪末期、人文主义初期著名的版画家、画家及艺术理论家。——译者

郁》正是这种集中性的象征。这幅画描画了房间里的石球:这是简约浓缩的、苦思冥想的思维象征之一。这种解决办法与某种飞跃过程一道浮现,看上去直截了当、干脆利索,不包含长期发酵中的潜伏期的意识。因此,除了解放的幸福感之外,灵感感到自身伴随着一种神奇的奇迹感,仿佛接受了某种礼物,确切地说接受了某种富有魔力的礼物。

但是,与灵感一道所与的幻影总是与幸福的陶醉感乃至极度的轻松感结合在一起的,尽管在这方面,我们必须删除古代的魔法、超越的解释乃至一切陈腐的伪宗教的神圣化。从事创造的人不是萨满教中的男巫师,也不是原始时代心理学的蠢货。他既不是出自原始时代这一深渊的一堆炭火,也不是诸如尼采卖弄风情地回忆起的那种更高权力的吹鼓手。这种解释是把灵感加以超越的神秘化,仿佛灵感从上而至,然而,这是空泛之论,也是完全站不住脚的。恰恰由于下述理由,灵感才超越充满魔力的古代解释,即灵感至少超越现存的一切,即想要正确评价精神创造,从而不使其下沉或伪造为一种黑夜的语言。

在创造性行为中,并不发生任何古代的退行现象,例如,与灵感联系在一起的持续的日光体验正好表明这一点。在绝大多数情况下,灵感都是十分明亮的,这一点被记录在意识的深度上。这方面,最著名的例子莫过是笛卡尔。当他发现"我思故我在"(Cogito ergo sum)这一原理时,他兴奋地写道:"1619 年 11 月 10 日这一天,我豁然开朗,蓦地感受到了一道奇迹般的发现之光。"那么,笛卡尔发现的点火物是什么?在此,胜过迷信解释的既不是从下而至的萨满教中的巫术,也不是从上而至的狂热。灵感的点火物位于与某种特殊天才素质的**会合**,即创造性的素质与提供特殊内容的时代素质的会合。在此,所谓特殊内容意味着为某种陈述、形态和实施等作出命名的时机业已成熟。

不仅必须准备好关于某一新东西陈述的主观条件,也必须准备好这方面的客观条件,从而这种新东西从单纯的潜伏中得以脱颖而出,并且由此达成自身的突然鸟瞰。这里所谓诸条件总是包含着经济的和社会的进步类型:如果没有资本主义的使命,"我思故我在"这一主观使命就绝不会发现其灵感。如果没有着手进行的无产阶级的使命,唯物辩证法的认识就不会被发现,或者仅仅停留于“警句妙语”(Apercu)而已。从而,这种认识不会作为霹雳击中在不再天真烂漫的民众居住的大地上。

总之,天才个体中所获得的突破,时常突然地、强有力地击中天才心灵的闪光的两种素材:其一是,激起火花的素材;其二是,他借以阐明的素材。无论如何,天才个体仅仅从时代内容本身之被压抑的新东西中获得这种素材。值得注意的是,即使不考虑这个时代的鼎盛期及其扩张可能性,人们也能感受到某一时代继续发挥作用的趋势和潜势。于是,灵感就从时代使命中应运而生,天才个体恰好侧耳倾听这个时代要求,以期将自身的素质与时代趋势一致起来。这样,时代要求与天才个体的能力就融为一体、浑然天成了。

作为我们的使命,世界的秘密在时代中向前移动,并且通过具有伟大才能的人向前推进。这种秘密十分强大,足以使表达这个秘密的人停留在潜伏期里,但是,它也并非强大到足以溶解社会上现存的各种可能的澄清方式。

如果仅仅关注世界的秘密,而把具体的时代境况置之度外,那么在具有伟大才能的人那里,只会抵达潜伏阶段这条羊肠小路。对此,黑格尔在回顾自己死气沉沉的早年时,曾这样写道:“从自身的经历看,我熟悉心情的情调,确切地说,熟悉理性的情调。理性曾经借助于旨趣及其惩罚把各种现象弄得混乱不堪。的确,人们尚不清楚,理性的内在目标和全体的细节……通常,每个人的一生都会经历这样一个转折点,即集中自身本质的黑暗之点。”①作为构成性的类似天才的特性,通常问题涉及到与历史“时机”(kairos)的必不可少的一致。因此,黑格尔主义者罗森克朗茨②铭记其老师教诲,对此补充说:“天才是类似才能的东西,尽管

① 黑格尔:《书信往来》Ⅰ,1887 年,第 264 页。

② 约翰 · F · 罗森克朗茨(Jahann F. Rosenkranz,1805—1879),德国哲学家、黑格尔主义者,但与黑格尔不同,他根据历史实证论,表达了一种有限与无限的二元论。——译者

在形式的多样性上,才能具有同样的特性。但是,天才却把某一必然领域中的客观要素当作自身主观的命运来加以实现。正因如此,天才仅仅在历史发展中才拥有自身的尺度,因为天才必定直接超越一切既定的东西。不仅如此,一旦天才按照事物的客观进程研究时代中的某物,就会感到一种私人的满足,即感到某种自我成就感。在他所研究的课题内部,笼罩着恶魔般的暴力,但在外部,他却显得特别无力。因此,天才可以塑造多种多样的形态,但并不创造与时代无关的新东西。"①

1843年,当时这种测定与马克思十分吻合。作为年轻的天才,马克思无非是开始把某一领域里的客观必然性当作自身个人的命运来完成,而且这个天才无非是有意识地将当时自身著作所发生的灵感突破与自身时代历史的、社会的趋势完全一致起来。

一切灵感都总是以某种工作形态发生的,即借助于主体与客体的会合、灵感的主观趋势与时代的客观趋势的会合而发生的。借助于此,这种一致性产生了。于是,出现了绝对内在性的点火装置。因此,灵感乃是当时趋势-潜势-存在(Tendenz-Latenz-Sein)自身中的光亮爆发,当然,它是通过当时趋势和潜势的最强烈的意识而引起的。在作者的心目中,以前处于潜伏状态的想法现在猛然上升为一种清晰的著作理念,这样,现在也就可以进一步推进在灵感中还从未付诸行动的东西。而且,从指明新的风景的闪光点出发,某种别的东西必须到达这种风景的地势。

在这点上,心中的不安及其预感所指明的东西终于付诸实施了,这种工作发生于创造性的最后行为中,发生于充满痛苦的、辛劳的、极乐的行为中,即阐明(Explikation)之中。天才就是勤奋,但是一个勤奋工作的人恰恰需要发奋图强,无论在哪里都必须保持持续不断的入迷状态。在工作中,不能出现任何断裂,就是说,既不能在幻影与作品之间,也不能在作品与幻影之间出现任何断裂。

凡·高说道:"在绘画中,初始激起印象的第一道闪电必须持之以

① 约翰·F·罗森克朗茨:《心理学》,1843年,第54页以下。

恒，坚持到最后阶段。”这样，天才就是一种特殊的勤奋，即努力表达那种持续不断的光明，从而业已完成的作品就为规划过的内容既添加作者的强度，也添加作者的深度。

根据真实的观察，叔本华写道：“才能是跟射击同样的东西，它击中一般人所无法击中的目标；天才则击中一般人甚至看不到的目标。”叔本华曾以纯粹静态的世界眼睛解释天才，但是，这段实话却扬弃了叔本华以前有关天才定义的根本错误，即“天才绝不能预先匆忙预见行将到来的东西。”

但是，天赋（Genialität）恰恰通过超越当时现存的视域而集中远边的目标。因此，天才不是沉思的、静态的世界之眼，而是活动在行进中的世界界限的先驱。是的，天赋本身是刚刚才形成的那个世界的最重要的一部分。心理学上，天赋乃是关于“尚未被意识到的东西”和意识能力的某种特殊的高级现象。因此，归根结底，天赋乃是一种特殊能量，天才凭借这种能量可以阐明主体之中、世界之中所蕴含的“尚未被意识到的东西”。“尚未被意识到的东西”将会怎样充满呢？也就是说，凭借何种手段才能超出迄今有意识阐明的东西和形态化的东西呢？这完全取决于天才的才华达到何种程度。

在这一点上，艺术天才与科学天才的区分也并非必不可少。因为在心理学上，但丁的格言“人们从未经验过我所把握的水”并不适用于著名的艺术作品和科学作品。迄今尚未形态化的形态乃是天才作品的试金石，这一点，无论在艺术中还是在科学中都是同样的。例如，艺术致力于某种现实的前假象的类似图像的描摹，而科学则致力于现实的东西的趋势-潜势-结构的概念化描摹。当然，艺术与科学具有不同的客观化层次，但在其阐明中彼此具有共同点，即艺术与科学处于当时客观性本身的过程之中，只要二者包含足够的天才，它们就位于其前线。天才乃是最进步的意识，是引导某种意识的老师。正因如此，天才也是时代及其物质过程中代表突变点的至高敏感性。天才乃是一种力量和能力，他站在时代的顶点，与别人一起知道并告诉人们诸如超然于这样的时代过程之视域以外的新风景。

因此,当卡莱尔①把天才一词赞美为"时代预感的标语"时,这种评价并非言过其实:"一切人所采取的态度与精神斗士说过的东西如出一辙。他们渴望说出这种话。在精神斗士那里,一切人的思考就像从痛苦的、魔术的睡眠中惊起,并且亦步亦趋,完全赞同这个人。"人们时常人云亦云,点头赞同最近世代或后来世代先驱的态度,然而,弹药早已准备妥当,现代人只是充耳不闻,没有听到枪声而已。因为枪声恰恰发生在环绕他们的视域②上。的确,在阐明方面,某种迄今"尚未被意识到的东西"最强烈地显示出来:**在某一时代及其世界中,尚未被意识到的东西是在世界的前线③上心理学地体现尚未形成的东西。**

要想意识到尚未被意识到的东西,并将尚未形成的东西加以形态化,这一点只有在某种具体的预先推定这一空间中才是可能的,只有在具体地预先规定更美好的生活的地方才耸立着创造性的火山,并喷发其熊熊火焰。只有作为新东西(Novum)的现象,天才作品中的高超才能,亦即为习以为常的形成物所陌生的东西才是可理解的。

因此,每一部伟大的艺术作品除了具有自身显现的本质之外,还具有另一个侧面的潜势,其中包含对自身时代尚未显现的未来的内容,包含某种尚未知晓的终极状态的内容。正因如此,一切时代的伟大作品都应当说出过去时代无人知晓的东西,而且都应当说出过去时代尚未注意到的意味深长的新东西。正因如此,像莫扎特的《魔笛》一样的童话歌剧,还有像荷

---

① 托马斯·卡莱尔(Thomas Carlyle,1795—1881),英国历史学家、散文家,引文见之于《历史上的英雄与英雄崇拜》(1841)。——译者

② 在此,"视域"(Horizont)一词指称"期待视域",即超出人的旨趣和智能的未来领域。——译者

③ 在此,"世界的前线"(Front der Welt)一语具有双重意义:第一,天才人物的意识远远超出一般人的意识。因为天才人物总是高瞻远瞩,展望未来,寻找现存世界中最尖锐的问题,并通过具体的预先推定解决这些问题。相比之下,一般人因循守旧,固步自封,总是受制于现行法律、习惯、道德和既定美学规范。因此,世界的前线可被理解为一种场所,在此,各方天才人物八仙过海,各显神通。第二,世界的前线可被理解为一种时间,从中天才人物的丰功伟绩被载入史册。但是,天才人物的意识不是在当代被理解,而是在日后或后世得到承认。——译者

马的《伊利亚特》一样的历史素材的叙事诗才世代相传,永葆青春魅力。

这充分说明,创造性通过阐明而获得天才作品。然而,这种阐明不仅完美地表达了作者自身的时代,也显现了持续不变的至高点的阐明。在此,天才作品的场所,即尚未被意识到的东西的场所至少存在于潜意识的基础之上。在潜意识中下沉的仅仅是有意识地曾在的、业已经历过的和显现的东西。尚未被意识到的东西的场所位于《创世记》(Genesis)继往开来的前线上。是的,某种正义的东西刚刚萌生的地方正是尚未被意识到的东西的场所。遗忘之水流入阴间冥府,但是,**作为一座山**,创造性的卡斯塔利亚之泉[①]乃是发源于帕纳塞斯山上的一泓灵感之泉。因此,尽管创造性源自意识的深层,但它与光一道工作,在**意识的高度**上,一再确定某种新的根源。与阴间冥府的颜色不同,这一意识高度上的颜色是天蓝色,尽管这种颜色有点幽暗苍白,但它却是围绕现实的阐明的透明灵光。作为一种指向远方的颜色,这种天蓝色同样直观地、象征性地标明蕴含未来的内容,同样标明现实中"尚未形成的东西"。归根结底,天蓝色是与意味深长的表达,即作为向前移动的东西联系在一起的。作为某种渐渐发亮的东西,向前的黑暗在其表达中同样把自身归入那个最明亮的意识中。在这种明亮的意识旁边,白日不是放弃黎明的微光,而是使其继续成长壮大。

被遗忘的东西与得到澄清的"尚未被意识到的东西"之间对立抵抗的差异[②]

在心灵生活中,我们作出各种努力,以便侵入位于向后的或向前的

① 卡斯塔利亚之泉(Kastalische Quelle),位于帕纳塞斯山,为阿波罗和缪斯之泉,喻为诗歌灵感之泉。——译者

② 在本节中,布洛赫从创造过程中遇到的各种抵抗、阻碍等棘手问题说明尚未被意识到的东西。之所以出现各种抵抗、阻碍等棘手问题,是由于人们总是重新认识物质和素材。——译者

黑暗中。是的,在靠近记忆的地方,在具有工作能力的预感的地方,意识的门槛转移了。但是,有时我们把意识的门槛降低到下面,以便被遗忘的或被压抑的东西得以跨过意识的门槛。但是,在另一种情况下,我们要把意识的门槛推移到高处的界限。在这两种情况下,某种东西都竭力抗拒这种意识化(Bewußtwerden),这使得我们无法推移意识的门槛。不过,这种抗拒同样根据下述质疑而别具特色:即回忆起被压抑的东西,还是把被预感的东西加以形态化?

精神分析早就试图标明潜意识领域里的这种抵抗(Widerstand),即抵抗乃是旨在重新包装被压抑的东西的不满意愿。按照精神分析的观点,在此被压抑的东西本身是这样形成的,那就是患者顽强地拒绝接受潜意识中正在进行的过程或者正在发生的事件。这样,人的内在心理过程依然是不知不觉的或无意识的,而打发到意识里面去的仅仅是某种神经症而已。

但是,这种症状总是被视为某种心理过程有始无终、经常被中断的预兆,从而患者不能满足自身的心理需求。幼年期致使患者病倒的同一的抵抗重新出现,即在分析治疗期间,患者顽强地抵抗医生新的努力,以阻止在意识中把被压抑的东西加以意识化。这同样是针对意识化的**"不再被意识到的东西的抵抗"**。

简言之,在此这种抵抗是建立在一目了然的意志基础上的。如果这种意志被折断,那么所谓被遗忘的东西就毫无顾忌地浮现出来,而且这种意志被视为纯粹否定性的东西。并且,弗洛伊德说过:"压抑是婴儿判断的前阶段。"这同一个动机使得陈旧的精神创伤日益增强,并为这种创伤的意识化不断制造麻烦,尤其是,尽管如此,如果被压抑的东西暴露出来,那么如今遗忘殆尽的旧的精神创伤就得以克服。

然而,与此相比,在黑暗中向前行驶时所发生的具有某种非意志状态(Nichtwollen)的抵抗是截然不同的。在尚未被意识到的东西的领域里,对意识化工作的抵抗却很少显现或绝不显现神经症的特性。惟当在生产性的意志(Produktionswillen)中,出现能量与意志之间的不协调[①]时,这种抵抗才显现某种神经症的特性。当然,众所周知,这种不协调引起难以忍受的痛苦。

然而,在照亮某物的意志本身中,并不存在任何封闭性这一特性。也就是说,惟当在主体中单纯地提升被压抑的东西时,即当行进到不再被意识到的东西时,这种封闭性才会出现。在主体中,生产性的意志抵抗这种意志及其内容,并且抵抗行驶到尚未被意识到的东西中去的成功及其珍宝(Schätze):在生产性的东西中,根本不出现这种非意志。毋宁说,具有这种非意志倾向的人是作品的**接受者**,常常抱有从前被命名为是抵抗迟钝世界的那种封闭性的**接受力**。[②]

但是,生产性的心理学本身对这里现存的澄清工作并不表现出任何内在的抵抗。确切地说,在人类主体中,根本不存在**生产**(Produktion)所特有的抵抗以及生产中的本地抵抗。

确切地说,抵抗蕴藏在为主体所加工过的事物之中,并仅仅通过阐明这一特殊努力而得到反映,进言之,抵抗蕴藏在"新东西"的艰难航程之中,蕴藏在尚未形态化的、没有任何清规戒律的**新的材料**之中。是的,有时天才作品不仅得不到理解,甚至激起纯粹接受力的抵抗。这种否定的接受力起源于诸如属于精神分析范畴的"怨恨"一类的混合情绪,即起源于某种不可理喻的情绪或不快,但归根结底,它起源于某种棘手的新的事实。因此,在澄清尚未被意识到的东西时,那种特有的抵抗最终会表现为对尚未开辟的材料的抵抗。

在这个领域里,万事开头难。照亮尚未被意识到的东西的工作十分艰难,因为生产性地开拓新东西的先驱者必须本质上从事某种正在到来的事业本身。正因如此,在客观的新事物中,表达其新的真理的工作就总是迟疑不决、姗姗来迟。而且,这工作无非是"布满了荆棘的成功之

① 所谓"能量与意志之间的不协调"意味着"想做而不能做"这样一种心灵失衡状态。一个神经症患者越是"心有余而力不足",他就越是神经过敏、焦躁不安。——译者

② 按照布洛赫的理解,拒绝乃至抵抗不是蕴含在生产性的意志本身中,而是蕴含在反对这种意志的现代陈规陋习中。——译者

路”(astra per aspera)而已。在此,很容易并列在一起的思考是规划或草图。但是,再迈出一步,作品的具体困难就开始了。然而,如果一个人不屈不挠、知难而进,最大限度地发挥自己的能力,这种困难也会得到解决。例如,试想一下,在工作室、实验室、研究室中那些一再受挫的探求吧。而且,从未获得胜利或胜负遥遥无期的无数战场不正是为了生产某种新东西而作的悲壮努力吗?一句话,在上部门槛[①]上,存在禁止通行的特有的看守人,而这种禁止行为位于物质或材料之中。

这种行之有效的禁止行为(Sperre)首先并到处都作为某种历史的禁止行为出现。更精确地说,这种行为作为某种**社会行为**出现。当需要表达的东西或认识的东西本身绝不新颖时,情况尤其如此。因此,如果仅仅获得某种新的认识而不能获得客观的新的事物的认识,即不能获得后来才显现的新事物的认识,那么这种认识就受到社会的阻断。在历史中,存在这种类型的**经济的和社会的视觉障碍物**,而这种障碍物高不可攀,即使是最大胆的英才也是无法攀越。诸多预先认识、未来展望都进入现存的意识之中,并通过这种意识本身强调并照亮尚未被意识到的东西。

然而,社会障碍物极力阻碍某种研究计划的实施。所以,尽管研究者们出类拔萃、遐迩闻名,但由于自身的社会历史地位,自身方面也常常事倍功半,甚至连半个密涅瓦(智慧)也成就不了。例如,古人自己就把这种行为称之为抵抗(Widerstand)。

没有一个希腊数学家能够理解微分学,即使是接近于解决这个问题的芝诺[②]也不理解微分学,当时无限小的数、变数的量等全部处于希腊社

---

① 在寻找尚未被意识到的东西时,首先接触到的始点是上部门槛,而在寻找不再被意识到的东西时,首先接触到的始点是下部门槛。前者属于布洛赫意义上的对未来新事物的动态的、开放的追寻;后者则属于弗洛伊德意义上的对过去心理创伤或压抑的追寻。——译者

② 芝诺(Zenon,前495—前430),希腊哲学家、数学家,他的“飞矢不动”等悖论非常有名。——译者

会的视域之下。只有资本主义才使迄今坚不可摧的要塞和凝固的有限数正常运转起来，即“宁静”（Ruhe）可被理解为无限小的运动，可被设想为非静止的量的概念。不仅如此，希腊的奴隶制社会对劳动（Arbeit）概念一窍不通，对于希腊人来说，劳动仅仅涉及某种认识论行为，而不涉及行为活动。他们总是把认识仅仅视为某种接受性的观看，而从未把它强调为某种能动性的活动。事实上，认识与斯多亚派以及他们所主张的主体因素关系非常密切。

事实上，并非任何时候一切认识和作品都可以产生的，历史有其行车时刻表。因此，超越自身时代的作品根本无人问津，更谈不上付诸实施。马克思用这样的话强调说：人类总只是提出能够解决的任务。人类只能例外地、抽象地提出超越自身时代的任务本身，但绝不能具体地解决这种任务本身。但是，这种障碍物本身也最终仅仅建立在历史的**材料**（Material）状态基础之上，尤其是建立在自身固有的未完结的过程状况基础之上。正像这种状况处于前线和片断之中一样。同样，正是在这个地方，即在新的认识和对某一新事物全然摸不着头脑的地方，必然存在不可逾越的障碍物。正如在劳动概念那里一样，市民社会的一切事业（Sache）都位于视域之下。最终，对于具有创造性的抵抗而言，在此同样决定性地停留在艰难事业的航程上，尤其是作为进行中的世界的那个**全体一般的新事物**仅仅停留在某种定量闪亮的闭锁性之中。从中，我们发现不是任何情况下都显现基础性的，但是历史的、暂时的抵抗本身，特别是，在有人声称无往而不胜的地方恰恰显现这种抵抗。

黑格尔反对不可知论的观点，他豪迈地说道：“宇宙的封闭存在蕴含着可以抵抗认识的勇气的能量。因此，这种封闭存在必须向人敞开心扉，向人展示自身的财富和深度，并带给人以乐趣。”①我们注意到，尽管极少涉及某种潜在意识的对象，但在此也不缺乏抵抗。黑格尔毋宁引证某种全体宇宙的封闭性，而这种封闭性恰恰关系到某种认识的狂放不羁

① 黑格尔：《选集》，第6卷，1840年，第XI页。

的勇气。与黑格尔不同,假定某个宇宙处于泛逻辑状态,并且从中同时处于封闭状态,那么客观性的抵抗在此对主观与客观关系的认识能力会有多大?但是,如果某种未完结的宇宙过程是悬而未决的,那么在这个过程中,就再没有比诸如签有类似理想主义教授名字的“精神”一词更令人熟悉的单词了。然而,恰恰相反,宇宙过程的载体意味着物质(Materie),而物质乃是某种本质存在(Wesen)。物质这一本质存在并非与所谓世界理念业已同一,而且它本身绝不会把主体与客体融为一体。当然,在通过一番顽强抵抗的努力而成就尖锐的工作之后,我们或许能够发现主客一致的世界理念。

宇宙的本质尚未封闭,作为物质,这一本质恰恰还出于自身的客观化这个未完结的过程,但是,这种过程很少作为业已完成的东西,甚至很少作为太阳般的东西明亮地喜形于色或大功告成。这个“尚未形成的东西”、“尚未成功的东西”乃是一片特有的荒野,可比作是人迹罕至的危险地带,但是,这个尚未形成的东西却蕴含着尚未到来的可能性,因而压倒像荒野一类的东西。

在客观方面,这个尚未形成的东西、尚未成功的东西论证了最后的抵抗,而这种抵抗与那种被压抑的东西或隐匿不见的现存的东西显然大不一样。宇宙的秘密本身不是位于某种宇宙解析的废水坑中,而是位于必须赢得的未来的视域中。而且,旨在反对开放这种秘密的抵抗并非某种封闭的箱子,正如魔鬼宝藏的神话中那只带有阴险目光的狗时刻守护那个地方一样。相反,在此抵抗乃是某种本身还处于过程之中的尚未显现的充盈。

具有典型意义的是,客观唯心论和唯灵论并没有弄懂这一点。唯心论和唯灵论大都借助于“思维 = 存在”这一错误的公式来规定现象背后的类似本质的东西,好像这种本质只不过是地理学上依存于另一个地方的东西而已。与此相比较,我们决不能怀疑马克思赞同“不可知论”(Agrostizismus)。其实,他早就亲自谈到“自由王国”,既没有阶级社会特征的社会,或者在万不得已的情况下,赋予自由王国以深远而飘忽不定的意义："人的自然化，自然的人化。"

因此，在自身尚未显现的意义上，这个宇宙的本质尚未封闭起来。**宇宙自身的任务-本性使得我们很难把握其本质**。要消除这种困难，不仅需要挖掘过去曾在的东西，还需要确定将来会成为什么这一计划，以此达到某种目标明确的认识。所以，认识是必不可少的，对于这个世界的变化，更确切地说，对于一个正确变化的世界，这种认识本身具有决定性的贡献。革命和天才使人无限信任这一点，即艰苦卓绝的"向日"事业从未枉费心机，也绝不会徒劳无益。尽管这个世界充满了守口如瓶的抵抗，充满了发酵的生面团，但是人类的崇高事业绝不会徒劳无功。

结束语：关于长久阻碍"尚未被意识到的东西"之概念的障碍物①

将自身的内在目光照得通明，这是一件特别困难的事情。在此，某种固有的抵抗通常发生实质性的事实。在此，心灵生活短暂地、模糊地起作用。过了很久，我们在此觉察到这种被注意到的心灵生活本身乃是某种**有意识的东西**。从二百年前开始，人们才提起潜意识的心灵生活本身。无论如何，我们应该原谅这一点，即这种潜意识进程并未立即引起人们的注意，相反，仅仅从若干暗号中得到部分阐明而已，因为这种认识过程主要包含在被遗忘的内容之中。

但是，即使我们记录意识和潜意识之后，依然存在某种难以理解的东西在起作用。**尚未被意识到的东西**被忽略了太久。因为尚未被意识到的东西并非通过记忆行为才被发觉，而是恰恰作为固有的行为而直接地给予我们，就是说，即使不考虑内容上在此发生的东西，它也是借助于预感而出现的。尽管如此，正如我们已经说过的一样，心理过程所具有

① 可以说，本节系本书中最重要的一部分，因为本节集中探讨了现实中尚未被意识到的东西为何造成种种麻烦和冲突，而且，为何这些麻烦和冲突不被正确地理解。——译者

的飘忽不定的、开放的、想象的东西被描写成这个样子，好像这些东西同样地仅仅发生在潜意识之中，而且恰恰视为迄今隐藏在黑暗之中的东西。

众所周知，心理学上，直到**莱布尼茨**才辨认出"尚未被意识到的东西"，所以，可以说，绕了一个大弯路。对于这一发现而言，不仅观察，而且理论也起到了重要作用。作为一种范例，对某一对象的观察事后起到补充作用，即用实例形象地说明某一理论。莱布尼茨的基本法则之一就是完备无缺的世界的关联性。在任何地方，这种连续性法则（lex continui）都不能忍受中断或空白。然而，如果这种中断或空白好像得到了发现，那么实际上，莱布尼茨配备了肉眼觉察不到的、最微小的某物，即刚刚开始的、成长的某物。例如，微分学精确地把无限小表达为运动的契机。但是，在此，存在最微小的运动冲动。就像这种表达一样，我们也可以根据清楚和明晰的等级化的意识来表达表象的强度。这就是无法感知的"微知觉"（petites perceptions insensibles）。作为范例，莱布尼茨列举了各种"微知觉"，这些微知觉因其虚弱无力而不易被觉察到或意识到。但是，一旦加大到足够强的程度，例如波涛声或嘈杂声就肯定会被觉察到或意识到。因此，这种知觉以前也必定在心灵生活中存在过，同样，通过足够的强度，被遗忘的表象也出现在意识之中。

莱布尼茨在《人类理智新论》前言中，把微知觉立即标明为伟大的发现。"一句话，在精神科学中，未被觉察到的知觉同样具有重大的意义，就像在物理学中未被觉察到的物体具有重大的意义一样。因此借口这些东西外在于我们的感觉之外而不分青红皂白地加以摒弃的行为同样是极端非理性的。"这样，就从莱布尼茨的"连续性"概念中产生了"无意识"（Unbewußten）概念。是的，我们可以"有保留地"（cum grano salis）说：无意识可从微分学角度加以说明，与此相对应，微分学同样适用于说明人的心灵生活。

然而，莱布尼茨所获得的无意识概念同时完全屈服在现存的意识之下。从他著书立说起，无意识就被称为潜意识。由于人之中业已达到的意识，微知觉总是受到夸张或溶解。这样，这些微知觉总是得到解释之后才出现，并且它们全然没有分娩某物，而是至多被理解为某种创造性的要素而已。

尽管启蒙英雄自己①把微知觉指明为一种不同于心灵中现存的意识的东西，但他到头来还是把微知觉仅仅视为意识预感大厅里的月光而已。自我在这里之所以会受到压抑，那是因为他拒绝接受那些构成感觉内容的精神活动或客观事件。恰恰从这时起，尚未被意识到的东西在这种黑暗中不同寻常地隐蔽起来，即屈服在过去中孵化的某种月光世界之下。现在这个尚未被意识到的东西的**假面具**出现了。

某些艺术思潮看似具有尚未被意识到的东西的特征，但现在经过仔细辨认就可以看出是冒牌货，最初在“狂飙突进运动”中，而后在“浪漫主义”中均可以找到这种冒牌货。莱布尼茨逝世五十年之后，他的著作《人类理智新论》问世。在法国大革命前夕，他的“微知觉”这一口号在法国引起了强烈回响，但是，之后在德国并未引起强烈回响。

在狂飙突进运动中，无意识完全停留在意识的某一底层上，即这个概念位于精神史的单纯的开端之中。但是，在狂飙突进时期，这个概念具有不可遏止的涌现和沸腾的作用。因此，在这个时期，无意识不再是诸如最微小的冲动一类的无限小的东西，也不再是诸如微知觉一类的鸡毛蒜皮的东西。相反，从中笼罩着北部浓重的迷雾和史前时代荒凉的氛围。看来，这个时期，莎士比亚《麦克白》②中的异教徒的“芬戈尔洞”以及像斯特拉斯堡的大教堂一样富于希伯来精神的诗作占有一席之地。尽管那样深沉地卷起狂风巨浪，但是，无意识却拥有原始之音、燃烧的激情、火热的青春，以至于敢于狂暴地自我创造、大胆地抛弃自身的守护神（Genius）。这样看上去，狂飙突进运动——广义上属于启蒙主义——所

① 此处指莱布尼茨。——译者

② 《麦克白》（Macbeth）是莎士比亚最短的悲剧，也是他最受欢迎的作品之一。——译者

蕴含的黎明也第一次拥有了未来，而这种黎明在远古时代的夜风中意识到了指向未来的东西。

哈曼（Hamann）①这个窃窃私语的启蒙运动的魔术师大声喊道："不知道未来的东西，有谁能够正确地想象当下呢？未来的东西规定当下的东西和过去的东西。这就像某一意图引用现存的状态和历史材料一样。"关于《旧约·以西结书》，第37章，第1—6节，哈曼继续说道："因此，历史领域总是像横尸遍野、尸骨累累的荒野一样向我显露出来。瞧，这些尸骨变得干枯了。作为一个预言家，没有一个人能够预言这种骸骨，即长满无数血管和肌肉，上面覆盖着厚厚的皮肤的骸骨。"

当时的学者大都墨守成规，并为这种理性主义意识感到骄傲，正因如此，狂飙突进时期，业已形成的东西和死亡的东西尤其遭到了毁灭性的否定。与此相反，受到人们广泛推崇的是根源或自然，即总是作为源泉和自然涌现的东西。尽管如此，这一狂飙突进运动本身却带有这样一种特征，那就是，以令人陶醉的方式混杂着退行要素，例如奥西恩②的月光、长满苔藓的绘画和英雄们的坟墓等全都成了艺术形态化的对象。

对于进行资产阶级革命而言，德国还不够成熟，这一现状导致它以有保留的、不明确的方式挫败了进步的革命理性。恰恰由于这一现状，那些独创性的天才们最终多半把原始时代当作报道未来的信使。在奇特的、错综复杂的**浪漫主义**中，诸如此类的内容越发加强了。

在此，浪漫主义的根源确实生气勃勃，而且从中似乎传达出前所未

---

① 约翰·格奥尔格·哈曼（Johann Georg Hamann，1730—1788），18世纪后半叶德国最重要的基督教思想家之一，被誉为"狂飙运动"的导师或"北方的魔术师"。他倡导非理性主义的信仰理论，与流行的启蒙哲学相对立，主要著作有《一个穿越沙漠的布道者》（1784）等。——译者

② 奥西恩（Ossian），古代爱尔兰传说中3世纪的吟唱诗人。1762年，苏格兰诗人詹姆斯·麦克弗森（James Macpherson，1736—1796）声称"发现"了奥西恩的诗，他假托从3世纪盖尔语的原文翻译了《芬歌尔》和《帖莫拉》两部史诗，并先后出版，于是这些所谓"奥西恩"的诗篇便传遍整个欧洲，对早期浪漫主义运动产生重要影响。德国作家赫尔德、歌德都曾把奥西恩的诗作翻译成德文。——译者

有的内容。但是,浪漫主义有力地提出了狂飙突进运动所不想了解也不能了解的口号,这就是对失去的过去的强烈感情。浪漫主义的世界观是由反动派提供的,他们的历史使命就是反对资产阶级革命,例如,这一反动世界观越来越强烈地影响德国的浪漫主义,最终剔除了浪漫主义运动中依然现存的、无可争辩的进步特征。浪漫主义者狂热地沉湎于过去,其程度可谓望尘莫及,无人匹配。而且,与反动使命相称,他们借助于连续性原则,在月光闪烁的魔法之夜中,主要是仅仅描写了中世纪骑士高耸的城堡而已。历史性的东西日渐与远古的东西联系在一起,并且这种太古的东西与地下的世界紧密联系在一起,以至于历史的内在性径直被视为地球的内在性。例如,入棺情绪(Truhengefühl)、近亲相奸倾向,即渴望进入夜和过去意义上的母亲怀抱里的倾向等,凡此种种倾向,后来在母权制的导师巴霍芬①那里达到了顶峰。不过,与浪漫主义者有所不同,巴霍芬对大地女神得墨忒耳顶礼膜拜,简直羡慕得要死。在心理学上,浪漫主义者还按照夜的侧面,在意识之夜的极性中说明了所有善的侧面、无数预感等。

浪漫主义的创造性不仅与冲动、本能水乳交融,而且与隔代遗传的预见能力和深渊的窃窃私语水乳交融。浪漫主义者对白日侧面,甚至对白日梦的形态化和实现侧面并非很熟悉。但是,显得悖谬的是,在浪漫主义者那里特别富于创造性,恰恰充满某种期待特征,而这种创造性和期待感仅仅在古代图像中,在过去中,在远古的东西中,在神话中聚精会神、沉思冥想。作为立足点,浪漫主义者以过去反对未来,对于他们来说,未来只不过是秕糠、空虚和虚妄不实的风而已。

因此,不足为奇,在浪漫主义文学中青春和所有意识的创造性都取消了尚未被意识到的东西乃至预感崇拜。除了创造性之外,浪漫主义文学缺少其他的爆炸力,即缺少把握历史时代转折点的革命洞察力。同

① 巴霍芬在《母权制》(1861)一书中探讨了父权制社会以前的母权制社会。——译者

样，不足为奇，在浪漫主义的复古主义世界中也不乏时强时弱的期待情绪，但是问题在于，这种情绪总是飞向基督降临节，即业已没落的、响起丧钟的韦尼塔①之城。

格雷斯（Görres）这个弗里季亚之帽②的变节者这样热情洋溢地表达了指向过去的激情："那个业已沉没的过去的世界曾经多么丰富多彩，可是岁月流逝，这世界已成往日辉煌。有时候残垣断壁依然裸露在水面。如果澄清尘封已久的时代的混浊，我们就会发现宝藏就位于底层。如果我们从远方注视令人惊讶的深渊，我们就会发现那里隐藏着这个世界和生命的全部秘密。但是，我们能够探索隐藏在神之中的事物的根源吗？我们的目光朝下指向深渊，但是，深渊却从遥远的过去引诱我们猜想亘古之谜。海潮总是向上拥挤，潜水员则总是冲向现在。"③

在此很能说明特点的是，向上拥挤的海潮总是与潜水员一道投入现在，但未来压根就没有蕴含在人的视野里。尽管遥远的过去深渊的各种谜团早已有之，但这些谜团却是浪漫主义者必须解答的最紧迫的谜团。然而，这些谜团仅仅位于万丈深渊之中，而且遥远的过去依然是太古时代中存在过的东西。

毋庸置疑，德国浪漫主义也具有进步特征，当然，德国浪漫主义发幽古之思情，仅仅致力于过去的抽象性，故这一点不能评价过高。在此，根源、变化、生成等就代表这种进步特征。正因如此，在法学史、日耳曼语言文学等所有科学中，浪漫主义创造了著名的"历史意义"。而且，人们更不会遗忘浪漫主义的"爱国心"，与此相称，浪漫主义运动成了世界文学中代表一切民族作品的喉舌。正如1817年瓦尔特堡节④所表明的一

① 韦尼塔（Vineta），传说中沉陷的古代一城市之名，位于今波美拉尼亚与吕根岛之间的某处。——译者

② 弗里季亚之帽（Phygische Mütze），法国大革命时期雅各宾党人戴的，用来象征自由的尖端下垂的红色圆锥形帽。——译者

③ 格雷斯：《神话史》，1810年，第599页以下。

④ 瓦尔特堡节（Wartburgfest），1817年，德国人在瓦尔特堡集会，庆祝1814年拿破仑军队的惨败。——译者

样,德国浪漫主义中也确有革命浪漫主义因素。然而,在此最炽热的乌托邦黎明本身一再混杂着好古癖的夜的想法,不仅如此,在德国浪漫主义者的作品中,对未来的新奇性的渴望与对过去的过分赞美奇特地混合在一起。

除了德国之外,英国和俄国的浪漫主义并没有位于一颗如此"反动之星"之下,相反,拜伦、雪莱、普希金等人在其作品中探索令人舒心、和真正具有乡土气息的东西,而且是以一种催人进发和充满信心的,而不是以让人垂头丧气的方式。在德国,情况特别反常。当时,两种浪漫主义泾渭分明,但革命浪漫主义敌不过反动的浪漫主义。

让·保罗横竖都不属于真正意义上的浪漫主义者,但他却是一位致力于最欣欣向荣的、最无拘无束的清醒梦想的诗人。尽管他身处漆黑漆黑的夜里,身处施洗约翰节的前夕里,但他对自由主义的信念是确定无疑的,而且他用明亮的朝霞语言描写了他对自由的渴望。然而,虽然他渴望复古主义社会所匮乏的东西,但他依然屈服于对过去的回忆,最终无可奈何地移居其中。

让·保罗这位诗人致力于心中浮现的最美好的理想风景,但是,他的强烈的目光不是出现在有关写作中,而是出现在反思中,因此,最终他不是在未来中而是在过去中寻求这种美好的理想风景。"正是由于这个原因,每一种回忆起来的生活都像天国的大地一样,在遥远的过去熠熠生辉。也就是说,幻想把以往生活的各个部分都集中在某种封闭的明亮的全体之中。也许,幻想同样很好地构筑一种浑浊的全体,但是,西班牙的空中楼阁又怎样呢?在未来中,这种幻想仅仅提供可怕的拷问室,而在过去中,这种幻想仅仅提供风景优美的旅店。与俄耳甫斯不同,通过回溯过去,我们获得我们的欧律狄克,而通过向前展望,我们则失去我们的欧律狄克。"①浪漫主义者就这样深入挖掘"地下井"(Brunnenland),总是诱惑人们在微知觉中寻找某种未被发现的东西。但是,在此,人们总

① 让·保罗:《美学预备学校》,第7章。

是发现不到“尚未被意识到的东西”。人们充满各种浪漫主义情怀的期待感,目光一直聚焦在乌托邦的状态,试图发现乌托邦状态的收获,可是他们始终找不到尚未被意识到的东西。究其原因,最大的障碍在于直截了当地唤起重新回忆的某种记忆(Anamnesis)[①]。

正像弗洛伊德凭借潜意识之梦表明的一样,惨淡无光的夜的现实并非仅仅停留在独一无二的东西上。很少时代像现时代一样充满着变化和过渡性,这个时代使人不可避免地意识到某种过渡,即朝向翻天覆地的变化乃至新社会的过渡。但是,在此市民阶级比以往任何时代都表现得更狼狈、更盲目。例如,他们对初期的反映全然不感兴趣,或仅仅采取敌视态度。对于这个市民阶级来说,未来的东西仅仅预先投下自身的阴影,即未来的东西不过是阴影而已。因此,在资本主义社会里,市民阶级感到未来是无望的,因而对此普遍予以拒绝。在市民阶级中,完全缺乏借以区分尚未被意识到的东西与不再被意识到东西的物质动机。

因此,迄今为止,每一种精神分析都注定是回顾性的,例如这种分析把压抑理解为主要概念,把升华理解为单纯的附带概念,例如,替代物、希望与幻象等。尽管精神分析产生于某种抚今追昔的科学努力,而且它也参加过世纪之交反对所谓文化人传统谎言的斗争,但是精神分析产生于当时业已过时的阶级之中,产生于没有未来的某种社会之中。弗洛伊德把寄生阶级的里比多扩大到多元领域,并且认为里比多适用于一切人。一句话,弗洛伊德并不理解任何其他动力,更不理解浮力(Auftrieb)。

除了知道现在称作厄洛斯(Eros)的那个主人在入睡时感受到的梦之外,精神分析并不知道任何其他的梦。资产阶级心中仅仅储存与性有关的“听天由命”,而对新的社会变化充满恐惧,由于此,越是天长日久,资产阶级就越是对未来疑虑重重。这一点恰恰标明了如前注意到的那

---

① 布洛赫认为,德国浪漫主义者不是关注过去的历史本身,而是关注过去的历史之中显现的美丽的现实。因此,浪漫主义者不仅对邪恶的、病态的历史素材兴趣索然,对自身所处的当时现实也无动于衷。他们一味沉湎于对过去辉煌生命的记忆,被动地期待这种图像重现在实际生活之中。——译者

种障碍，即弗洛伊德在开启尚未被意识到的东西的概念、向前的黎明的概念之前所遇到的限制①。因此，弗洛伊德说出了在所难免的、不折不扣指向过去的话："对于我们来说，压抑乃是无意识的蓝本。"②

最终，这种障碍物在所谓深蕴心理学中绝对化了。也就是说，在意识形态上，精神分析的退行方向被用作"血与土壤的魔术"。C·G·荣格的无意识越来越彻底地陷入意识的地下室中，从而人们可以把荣格的深蕴心理学仅仅用作麻醉精神的鸦片，而法西斯主义则以此麻醉乌托邦。荣格同样把"渐渐破晓的东西"完全解释成古代的和神秘的东西，这东西类似睡眠中显现的先知的预言和梦中显现的神庙形象。

不仅如此，"至高的无意识"(inconscient superieur)，还有"升华综合推论的展望趋向"等浮夸的表达方式也都这样被概念化，然后全然屈服于"退行"(Regression)之下。在下述一段话中，荣格曾描述了"某种未来指向的预感性想法"多么古色古香，多么持久不变，这番话，恰恰富于启发性地说明了"被阻碍的新心理学的历史"。荣格写道："精神分析如同历史一样回顾工作。过去的巨大部分令人出神入迷，以至于历史知识根本遥不可及，同样，无意识规定的巨大部分也是不可企及的。但是，历史并不知道两类事情，即隐匿于过去的东西与隐匿于未来的东西。也许，这两种东西可以借助于某种概率而达成，即前者作为假定，后者作为历史诊断：只要今天中包括明天，并且未来的东西的一切导线都业已摆放好，那么当下的某种深化的知识就能够对未来的东西作出多少充分而可确定的诊断。如果我们把这种诊断……套用于这种心理学，那么我们必会得出同样的结论：即对于有据可查的无意识而言，早已被遗忘殆尽的

---

① 弗洛伊德的"厄洛斯"理论一经出台就遭到奥地利市民阶级的猛烈批判，他们纷纷谴责这一理论伤风败俗，全盘否定社会规范。为了从事进一步研究，弗洛伊德迫切需要来自市民阶级的经济资助，因此他不得不撤回早期厄洛斯理论，开始强调升华乃至批判判断。由于这个原因，弗洛伊德早期的"厄洛斯"理论与后期的升华乃至批判判断理论出现显著差异。——译者

② 弗洛伊德：《自我与本我》，1923年，第12页。

记忆痕迹也是可以通达的,同样,就未来的事件而言,只要综合推论取决于我们的心理学,那么向前的十分精致化的升华综合推论就具有十分重要的意义。但是,如同历史科学很少关注作为政治学对象的未来的综合推论一样,精神分析也很少关注心理学的未来综合推论,相反,精神分析的未来综合推论的对象毋宁是某种无限地精致化的心理学的综合,即这种综合被理解为追随里比多自然流程的综合。我们并不能综合地推论未来,但是我们可以综合地推论无意识,因为在那里发生某种事情,例如,在特定情况下,似乎这种事情在梦的意味深长的片断中偶尔暴露出来,于是,在那个地方,仿佛出现迷信早已要求过的梦的预言意义。今天,人们极端厌恶这类绝不能作为想象表明的精确思维过程,这种心态仅仅是数千年古老的自卑心理的某种过渡补偿而已,但这种心态也反映了人们相信迷信的无节制倾向。"①

这一切都恰恰明白无误地表明了荣格一有机会就对"行将到来的东西"所持的心理学态度:乌托邦意识显现为古代埃及的梦幻之书。按照他的观点,只有太古的东西才出现在漆黑漆黑的夜里,并贯彻所谓未来的综合推论(Zukunfutskombinationen)。但是,一旦在这种黑暗中出现微乎其微的东西,那么这东西就最终表明退行性(Regressio)所是的那个东西。恰恰在与历史有关的微知觉中,再次被人记起的太古的无意识再一次警告说:在伟大的、进步的莱布尼茨那里,新东西(Novum)面前的障碍在市民阶级的无意识心理学中最终成了扼杀新东西的断头台。

现在变得很清楚,我们可以断定,**上升时期市民阶级的心理学本身**并未理解或者至少没有清楚地理解那个意识到新东西的阶级。莱布尼茨强调意识的上升,但是这个处于萌芽状态的微知觉无例外地位于业已获得的意识之内,因此,恰恰表明了直到弗洛伊德还停留在前意识的那个历史标题。

那么,近代得以发展的梦想结构又如何呢?心理学全然没有涉及到

---

① 荣格:《里比多的变迁与象征》,1925 年,第 54 页以下。

社会乌托邦、技术占统治地位的那个世界的乌托邦以及哲学所关注的那些预先认识，而且从莫尔、康帕内拉、培根到费希特以及以后所发现的思想家既没有把这一切扩展为白日梦，也没有把这一切发展成世界之内可能的、现实的场所这一认识论。

究其根本，并非仅仅由于这些学者对未来缺乏信任，肯定不是由于此，而是由于所谓漠不关心，即由于受到**静态生活和思维的持续影响**，对新的心理学和认识论几乎不感兴趣。同样，作为上升阶级的市民阶级的意识也不能摆脱预先整理好的概念乃至完成了的世界概念（事物的永恒秩序）。换言之，封建主义的静态（Statik）世界观持续发挥作用，严重阻碍了新颖性（Neuheit）概念。静态世界观不仅阻碍了莱布尼茨的思想进程，也败坏了他的过程哲学，不仅如此，这种世界观也毁了黑格尔所有迄今为止最明确地开启生成概念的努力。例如，不难看出，黑格尔《精神现象学》中，关于“过程”的著名语句本身也同样被静态世界观所切断。

“但是，胎儿在子宫中长久地、静静地摄取营养之后，第一次呼吸就中断渐渐增强的进步过程，从而导致一种质的飞跃，现在孩子出生了。这样，形成中的精神便慢慢地、寂静地向着新的形态成熟，从而精神按照别的东西分解其先前世界的结构部分。只有个别的症状才预示这个先前世界结构的动荡不定，例如，旨在破坏现存东西的轻率和厌倦，对某种未知东西的不确定的预感等等都是另一种东西快要来临的预兆。世界渐渐地崩裂，但全体的外形并未改变，而这种缓慢的崩裂由于某物的上升而突然中断，可以说，这种中断就像一道闪电一样，一下子塑造新世界。”①在此，就像黑格尔辩证法的全部飞跃特征一样，法国大革命的反射作用是显而易见的。尽管如此，黑格尔把全体同样设想为是完成了的同一性乃至完成了的记忆。在此，新开端的闪电也仅仅意味着这样一种上升，即打开早就已经决定了的封闭的东西，因此，这种新开端并没有开启任何未知的东西，而仅仅在圆圈里打转而已。就像退休之后靠退休金生

---

① 黑格尔：《选集》，第2卷，1832年，第10页。

活的人一样,黑格尔的庞大事业变得空虚乏味了,他的所谓辩证法的运动处在业已完成的成功的宁静之中。

黑格尔写道:"现象就是生成和消灭,这种生成和消灭并非自我生成和消灭,而是作为自身而存在并构成真正生命的现实运动……在作为休息而把握了的全体的运动之中,存在着与某种运动相区别的东西和特殊的此在,在显现为此在的时候,这东西就作为回忆起的、保存的东西而成为知识自身。"①

毋庸置疑,乌托邦存在于萌芽或自身之中,而且产生在黑格尔所指称的发展的每一个阶段。按照黑格尔的说法,乌托邦的这种隐蔽性向来都由于已知的显现而被揭穿。按照柏拉图的知识学说,**一切知识仅仅是记忆,即重新记起从前观察过的东西**。换言之,知识仅对准过去存在过的东西,而问题在于,像柏拉图一样,黑格尔也一再复制诸如此类的知识概念②。这一点正是最后的一道意识形态化的障碍,它严重切断了尚未的存在(Noch-Nicht-Sein)这一独一无二的存在。

正是这种静态思维的反动的"安宁需要"(Ruhebedürftigen)发生着持久的作用,从而在此提供了这种完成的、封闭的记忆世界的图景。这种世界观使得那些身陷没落时代的人们对行将来临的未知事物怕得惶惶不可终日。

如果有人基于这种旧的世界观提出看似新的认识论,那么这个人决不能摆脱这种巨大的认识论障碍。像柏格森这样一个独一无二、标新立异的哲学家最终也未能摆脱这种障碍。在《形而上学导论》中,柏格森曾写道:迄今所观察到的伟大认识是这样的,"好像这些认识一点一点地阐

① 黑格尔:《选集》,第2卷,第36页以下。

② 在布洛赫看来,黑格尔把知识理解为"作为回忆起的、保存的东西",这种立场与柏拉图的"知识即重新记忆"如出一辙。与此不同,布洛赫从"愿望"(Wunsch)乃至非愿望(Unwunsch)视角说明知识概念,因此,知识,确切地说,乌托邦思维不是把过去存在过的东西(Ge-Wesenheit)当作某种本质(Wesenheit),而是获取指向未来的新东西。值得注意的是,布洛赫并非否定过去存在过的东西本身,而是批判一味思幽古之情的退行视角。——译者

明事物中早已预制的某种逻辑，这就像人们在晚会上逐个点燃花环上的煤气焰火一样，在这个花环上，早就标明了某一装饰物的轮廓。”①

但是，在柏格森那里，当作新东西给出的是什么？那就是，反重复、反几何学、生命的热情以及借助于生命之流奔腾不息的直觉等。这一切生命力都是印象主义的、自由主义的和无政府主义的，但是，遗憾的是，这一切并非预先推定的。柏格森的生命热情乃是“像在转弯处不断改变方向的新东西一样的东西。”因此，在此不断渗入动态惊异的是所谓知觉（Intuition），然而，在纯粹的、恶的无限性中，在连续不断的新东西的变化中，并未遇见任何现实性的东西。一切东西一再重新开始的地方，也正是一切东西变得陈旧不堪的地方。因此，事实上，在柏格森的惊异之流中，一切东西都业已约定好，而且凝固成一成不变的公式。柏格森不厌其烦地重复那个僵死的对立物本身，然而，这种对立物总是把新东西贬低为无休无止的、无内容的“之”字形，最终使其成为绝对的偶然。在这种偶然中，既不发生出生，也不发生飞跃，更不发生对迄今形成过的东西的富有成果的超越。当然，柏格森反对怀着目标的过程思想，因为如果这种目标是事先约定好的，那么所谓最高水平上的过程看上去就无异于朝着既定目标的宿命般的推动。

但是问题在于，柏格森消除一切目标，消除每一个向前的（Voran）、向何（Wohin）的、明显可促进的目标。按照他的观点，所谓新东西也无非是“重新记忆”之中的东西，即类似不死鸟的过去始终存在过的东西，在此，柏格森所谓“可变性”就是执迷不悟地回归不变性。因此，在全体中，几乎到处都包含着令人惊讶之处，即“破晓”（Aufdämmerung）这一指向未来的思考深深陷在固定不变的图像之中，最终这种思维或者未曾提及，或者被归入过去存在过的东西之中。

---

①　在《形而上学导论》中，柏格森曾把知识分为两种：第一是分析化、概念化、空间化的知识，在此，事物被理解为固定不变的、非连续性的东西；第二，通过同感（smpathie）到达事物的核心，即总体的、直接的知觉。在布洛赫看来，柏格森的直觉不过是绝对化的偶然而已。——译者

尚未被意识到的东西的巨大心理王国具有朝着目标持续行驶的特点,这个王国迄今尚未被发现,或者即使被发现也未受到注意。同样,正如构成尚未被意识到的东西的相互关系一样,尚未形成的东西的巨大心理王国是十分稳固的,而且,在马克思以前的世界里,与此相关的现实概念根本没有形成理论体系。前线、新东西、客观可能性等范畴是柏拉图的"重新记忆"所无法通达的。

追随者总是仅仅处在可通行的大街上,在他之前,有人曾经创造性地建造和装饰某个地基。但是,当一个人想要记录新东西时,他就表现出只想把迄今为止的创造性了解为模仿者的行为。市民阶级的没落远远超出了反动派的浪漫主义,有力地克服了对曙光女神概念的这种反感。但是,现在到了讨论决定**作为肯定的现代经验**的时候了。也就是说,作为对其摘要内容的赞扬,这种经验可以标明一种意识形态,即同样可以实现始终被隐蔽的青春、转折期和文化的新的意识形态。直到我们的当下才具有促进尚未被意识到的东西的理论的经济、社会前提,而且具有与世界的尚未形成的东西有关的东西。

尤其是,直到马克思主义才把一种知识概念带入这个世界里,但这种知识概念本质上不再与业已形成的东西有关,而是与正在上升的东西(Heraufkommenden)的趋势有关。因此,这一概念通过掌握理论与实践而首次提出了未来的概念。为了按照可能的持续意义探寻尚未被意识到的东西和尚未成功的东西,马克思主义拯救并具体化了理想主义趋势辩证法的合理内核。

浪漫主义并不理解乌托邦,甚至不理解它自身的乌托邦,但是,具体化的乌托邦却理解浪漫主义及其乌托邦。不仅如此,只要在浪漫主义的作品和原型中还包含着尚未沉寂无声的、尚未得到清偿的远古的内容和历史的内容,具体的乌托邦就深入钻研这些内容。这样,最进步的意识致力于在记忆和过去中寻找某种活的东西,而这种工作不是在某种沉没的、封闭的空间中进行,而是在开放的过程及其前线中进行。但是,这一空间仅仅借助于向前的黎明而得到充满,但在自身的范例中,它同样包含着处于延续意义的过去。

换言之,这一空间借助于某种尚未被意识到的东西的可意识到的、可认识到的生命力而得到充满。作为远古的、历史的艺术思潮,浪漫主义沉陷于某种古旧的根源之中,即沉陷于某种错误的深度之中。但是,正如这种意识在眼前的东西本身中解放即将来临的东西一样,它也恰恰在古代的素材中解放即将来临的东西。乌托邦的意识在高处,即**在明亮的破晓处,在最明亮的意识中**发现现实的深度。

"尚未被意识到的东西"中的被意识到的、被认识到的活动,乌托邦的功能①

在此所指的向前的目光不是模糊不清的,而是爱挑剔的。首先,向前的目光要求一种健全的预感(Ahnen),即使处于地下室,这种预感也不是迟钝的。不仅如此,尽管预感可以朝向早晨的黎明,但在自身黎明中,它也根本不具有被意识到的气质。

在科学不够发达的过去,预感中同样定居着歇斯底里或迷信要素。人们把诸如千里眼、第二视觉一类的神经状态以及诸如此类的东西称之为预感,这类预感恰恰是模糊不清、一片黑暗的。但是,这是一种退化的预感,与此不同,真正的预感是自我理解的预感,它既不会也不想降低自身的价值。在通常的情况下,所谓第二视觉的发生大都附着于某种锐利的透视力(Winkelwesen),附着于某种类似痉挛的隐蔽特性和其他并非充满希望的才能中。那种病态的细腻感觉(某种创伤的细腻感觉)就属于诸如此类的才能。在合理的情况下,这种才能预感天气骤变,但有时也能预感所谓天灾或丧事。这类预感总是仅仅涉及明天或后天一再发

① 在本节中,布洛赫强调,尚未被意识到的东西导致预感和预见。真正的预感行为始于青春、转折期及其创造。与预感相联系,想象具有某种未来功能,这种功能恰恰借助未来指向特征而不断得到修正。——译者

生的、业已千次发生过的事件。在这件事上,尤其相称的是潜意识、沉陷在记忆里的东西、隔代遗传现象、结束了生命的东西等等。

梦游者的预感充其量是动物本能的堕落残余,但是本能更是老一套的东西。就本能行为而言,即使直至最个别的东西都是合目的性的,这种行为也旋即成为不合情理的东西。陷于某种新境况的动物,预先觉察到迄今从未存在过的东西。就像鸟儿精确地“知道”未来一样,产卵、筑巢、迁移等都是通过本能而实现的。然而,这种行为宛如命运,世代相传,早在数百万年前就发生了。在内容上,本能是十分古老的东西,它能够自动地知道未来,因此在本能中并不产生任何新的东西,就本能所提到的未来并不是真正的未来。

在人的肉体本能中,许多部分依然模糊不清地起作用,信号系统的研究尚未结束。如果本能中存在冲动形象的生命,那么这种生命依然大惑不解,同样,给予冲动定向的心灵的深度令人困惑。就像本能一样,如果人的预感骤降到某个低级阶段,那么它就难以重现动物的活动。动物的本能活动是预先准备好的,在这种活动中好像过去、现在和未来紧密地收缩在一起,并且按照自身的活动方式,动物相对自然地掌握本能活动。

毋庸置疑,各种预言或民俗学所讲述的所谓未来的预感本能都是虚假不实的。这些本能都是一种重复,无非是在总是同一的圆圈中环绕预先整理好的部分而已。如果本能预感到未来,并且与此相似地开始某种隔代相传的预感,那么这种未来就一再在同一阶段上进行,并且一再以同一的现象出现。

即使创造性的预感出现在所谓直觉形态中,它也完全不同于那种意识化的本能预感。这种预感既不是迟钝的、隐匿不见的,也不是烟雾迷蒙的。从一开始,创造性的预感就强健有力。一旦人们公开地意识到尚未被意识到的东西,他们就怀有学习清醒的尚未被意识到的东西的欲望。这时候,这种欲望就带给人们一种遇见某物环顾周围的能力,从而使人们获得一种审时度势的能力,是的,小心翼翼地观察前面的能力。真正的预感是同青春、转折期和创造力一道开始的,借助于此,预感以最公正的态度无所顾忌地把人的艰难处境改变成安适自在的人类之家。相比之下,在动物的处境中,甚至在心理玄学中都不会出现真正的预感行为。

参加过1525年的德国农民战争、法国大革命和俄国革命的群众除了受到革命口号的引导之外,肯定还受到某种革命冲动形象的激励。在"这里有希望"(Ça Ira)①的口号中就包含着对未来的定向意志。但是,打扮和照明这些冲动形象的正是某种现实的未来场所,即自由王国。显而易见,所谓预见发财、丧事或猜中彩票号码等完全谈不上是创造性的预感。据说,普列弗斯特地区曾有一个患深度梦游症的女预言家,据尤斯提努斯·克尔讷报道,她曾这样说过:"对于我来说,世界是一个圆圈,我在这个圆圈中能够看出这个世界向前转动或向后转动,即过去发生过什么,将来发生什么。"当时浪漫主义作家,还有黑格尔都了解和重视这类预言,不过,对于他们来说,这类预言属于隔代遗传现象、迷信现象,从今天的观点看,只具有十分平庸的意义。例如,关于一个古老世界的气候,从中惟一新颖的东西是公鸡的啼声,渗入墓地的那个人自己变成鬼魂等等。

当然,从西比尔②到诺斯特拉达穆斯③的所有病态的、令人捧腹大笑的预言家都异口同声地表达了"未来"。在他们那里,未来(Zukunft)一词都超出现存所熟悉的概念,而且不只是加以改变的概念。与此相比,尽管培根不是一个预言家,而是一个深思熟虑的乌托邦思想家,在他的《新大西岛》中他谈到了令人惊异的真正的未来。培根认为,为了发现自身时代的客观趋势以及客观的和现实的可能性,必须有意识地探讨特定位置的世界。

向前的目光越是明亮地被意识到,它就越是变得炯炯有神。这种目光中的梦必定是明晰的,作为恰如其分的预感,这种梦是清楚的。直到

---

① 这句话亦译作"这事业一定会成功",出自法国大革命时期一首平民之歌。——译者

② 西比尔(Sibylle),古希腊女预言家、算命师。——译者

③ 诺斯特拉达穆斯(Nostradamus,1503—1566),法国星相学家。——译者

人的理性开始讲话，真实的希望才开始重新开花。尚未被意识到的东西本身必定根据其行动而**被意识到**，根据其内容而**被认识到**。在此，晨光熹微，那里，尚未被意识到的东西渐渐被意识到。因此，我们到达这样一个视点，即"希望"这一向前的梦中的真正的期待情绪。正如在第13章中所描述的一样，希望不再作为自身现状的情绪活动出现，而是作为**乌托邦的功能而被意识到和被认识到**。

希望的功能首先体现在表象(Vorstellung)中，而且本质上体现在幻想表象中。这种幻想表象(Phantasievorstellungen)与那种仅仅记忆某物的幻想表象是截然不同的。记忆表象仅仅在生产过去存在过的知觉，从而越来越沉没在过去之中。不仅如此，这里的多种幻想表象并非任意地仅仅装配现存的东西(例如，石海、金山等)，相反，这些幻想表象通过预先推定，使现存的东西继续进入到自身的另类状态、更好的状态这一未来的可能性中。

关于乌托邦功能的特定想象与单纯的幻想之间的区别仅仅在于，前者本身具有某种可期待的尚未存在的东西。这意味着，乌托邦功能的想象不是在空洞的可能性中徘徊、迷路，而是在心理上预先获取某种现实的可能性，与此同时，正如经常强调过的一样，在白日梦中，乌托邦的特定想象因其真实的可能预取而获得明晰性：在单纯的如意算盘(wishful thinking)中，乌托邦的功能根本不在场，或者仅仅一闪而过。

在《罗斯墨松》中，易卜生以感人的笔触把主人公乌尔利希·布伦德尔描写成一个单纯的、徒劳无功的梦想设计师。相比之下《强盗》的人物施皮格尔贝格不仅层次低得多，而且一点也不令人感动，他这个人物一生致力于一种乌托邦的、婆罗门的行业。与此相比，波萨侯爵①的层次高得多，这个人物一生追求最高的、抽象的和假定的纯洁性。

自古以来，纯粹的如意算盘严重败坏了乌托邦的名誉，以致不仅在

---

① 波萨侯爵(Marquis Posa)，席勒悲剧《唐·卡洛斯》中主人公唐·卡洛斯的好友，他为朋友和争取故乡的独立献出了生命。——译者

政治事件上，而且在可期待的所有其他传达中都使乌托邦威信扫地。好像一切乌托邦都是某种抽象的乌托邦似的。毫无疑问，在抽象的乌托邦中，乌托邦的功能首先还处于某种不成熟的阶段，也就是说，在这种功能中占统治地位的是，其背后没有坚实的主体，而且不涉及现实的可能性。因此，这种功能与向前的、更美好的现实趋势相脱离，从而容易陷入歧途。

但是，至少由于不发达的乌托邦功能的不成熟性（狂热），人们普遍对这一功能表示怀疑。但是，在此值得注意的是，现存的庸人重弹老掉牙的反乌托邦的陈词滥调，即经验论者鼠目寸光，蝇营狗苟，对世界及其变化一窍不通。一句话，大腹便便的资产者与浅薄的经验论者沆瀣一气，总是对预先推定的东西大加批判和嘲笑之能事。他们不仅不分青红皂白地拒绝所有可期望的东西，而且极度怀疑所有将其向前推进的努力。其结果，资产者与经验论者的关系就绕着虚无主义而得到了迅猛扩张。

据此，这一反乌托邦的立场恰恰会导致下述结果："在愿望中，此在向着筹划其存在的各种可能性在烦忙中不仅始终未被掌握，而且简直未想到亦为实现这种可能性（！）。相反，先行于自身的存在在单纯的愿望方式中占上风，这就自然会对各种实际的可能性全无领悟……愿望乃是这种自身筹划的一种生存论变式。这种情况——沉湎于被抛状态中——只是封闭了各种可能性而已。"①

这番话不折不扣地被应用于一种不成熟的预先推定中，毋庸置疑，听起来这套海德格尔的逻辑好像阉人斥责儿童海格立斯性无能。因此，毋庸赘言，只要乌托邦的功能与不成熟和抽象性相联系或潜在地相联系，我们就必须与这种不成熟和抽象性作斗争。但是，这种斗争与海德格尔意义上的资产者的"现实主义"毫无共同之处，同样，这种斗争还必须提防实证主义。

① 海德格尔：《存在与时间》，1927年，第195页。

重要的是,乌托邦的功能满载希望,充满想象的目光,因此,这种功能不能由“坎井之蛙”的目光来校正,而仅仅由预先推定本身中的真实目光来校正。就是说,只有从惟一真实的现实主义(der reelle Realismus)出发,才能校正乌托邦的功能,因为只有这种现实主义才能领会现实的趋势,才能领会属于趋势的那种客观的和现实的可能性。因此,这种真实的现实主义也能够领会现实本身所包含的乌托邦的特性,即含有未来的特性。如此标明的成熟的乌托邦的功能永不迷失方向,尤其显示出哲学社会主义的趋势意义,因而与陷入经验主义泥坑的恶的“事实意义”相区别。梦与生活之间的共同点——如果没有这种共同点,梦仅仅是抽象的乌托邦,生活仅仅是一潭死水般的平庸——是建立在与现实的可能性结合在一起的乌托邦的理解力基础上的。是的,不仅在我们的本性中,而且在全部外部世界过程中,当时既定的东西都合乎趋势地不断得到超越。

因此,在此咋看上去,某种在场的具体的乌托邦概念好像是一个悖谬概念,亦即某种预先推定的概念,它与抽象的和乌托邦的梦想绝对格格不入,而且与单纯抽象的、乌托邦的社会主义的不成熟性坚决分道扬镳。这恰恰表明了马克思主义的威力和真理,即马克思主义驱散乌云,向前推进人的梦想,但是它并不熄灭人的梦中腾起的熊熊火柱,而是通过具体的乌托邦使它变得无比炽烈。

因此,期待意向(Erwartungsintention)的意识和认识便作为这样一种希望的智力保存下来——存在于内在地上升的、唯物辩证地超越的光亮当中。所以,乌托邦的功能是惟一得到保持的超越的东西,并且,是惟一值得保持的超越的东西:一种没有超越者的超越活动。乌托邦的立足点和相关概念是过程(Prozeß)。过程尚未显现其最内在的“什么-内容”(Was-Inhalt),但是这种内容总是处于进行之中。因此,这内容本身就处于希望之中,并作为“尚未完善的东西”(Noch-Nicht-Gutgewordenen)处于尚未形成的东西的客观预感之中。为此,前线意识提供最佳光亮。作为已知的期待情绪、希望的预感活动,乌托邦的功能与世界中晨光普照的一切事物结成牢固的同盟。乌托邦的功能善于领会某种爆炸性的事物，因为它本身就以十分压缩的方式存在。乌托邦的功能的理性乃是“战斗的乐观主义”这一精力充沛的理性。

总之，作为有意识的阐明行为，被知晓的解释，希望的**行为内容**（Akt-Inhalt）乃是**肯定的乌托邦的功能**；希望的**历史内容**（Geschichts-Inhalt）首先体现在想象之中，并在现实判断中百科全书式地得到研究，而这一历史内容**把人的文化与自身具体的乌托邦的视域联系起来**。借助于这一认识，已知的希望（Docta spes）这一复合词便作为理性中的期待情绪、作为期待情绪中的理性从事工作。

对于已知的希望而言，自古以来仅仅与业已形成的东西相关的观察变得不再占上风了，相反，占上风的是一同参与、一同工作的过程与态度（Prozeß-Haltung），由于此，自马克思以后，在方法论上，开放的生成不再被封闭，在素材上，新东西不再陌生冷酷。打从这时起，哲学的主体就在塑造的和介入的意识中、在被认识到的世界中，仅仅探究某种未封闭的、合乎规律的生成领域的类型。这一类型由马克思科学地加以发现——恰恰借助于这一发现，社会主义由空想发展到科学。

再论乌托邦的功能：内在于乌托邦的功能的主体与反对邪恶的现状的对策

但是，如果乌托邦的背后没有自我和我们的力量，希望本身就是枯燥无味的。在被意识到的和被认识到的希望的旁边，挨着它坐下的决不是柔弱的东西，而是一种坚强的意志：“应当如此，因此必须如此。”一旦希望某物，于是就会有力地产生迫切的愿望特征和意志特征。因此，希望乃是旨在超越并超出的一种强烈的愿望。希望的前提条件是“勇往直前”（Aufrechter Gang），一种不为任何业已形成的东西所否决的意志。如果我们想要正直地生活，我们就必须坚持一种不与现实妥协的意志。

主体借以站立和由此作出反应的东西就是勇往直前的意志。在斯多亚派那里，这一特点被标明为自我意识：如果世界毁于一旦，废墟将会打击那个无所畏惧的人。德国唯心主义不再强调美德骄傲，而是强调知性骄傲，从这一前提出发，在德国唯心主义的先验自我中，另行抽象地标明了这一论点，即人的自我意识。从中，自我意识向认识的生产性行为过渡。是的，在笛卡尔那里，认识已经部分地显现为手工制造业，即制造认识对象的工厂。但是，所谓知性骄傲的前提无可救药地被夸耀了，因为这一前提借助于假象来强求自身的绝对制造能力。知性决不为自然立法。不仅如此，这一唯心主义认识论的世界决不是一个乌托邦的世界。相反，先验自我的虚荣心多半恰恰是现存的法则世界，即创造数学经验和自然科学经验的自我的虚荣心。

尽管康德、费希特的知性与德国的不幸相称，[①]采取了某种无内容的和抽象的表达方式，但他们的先验自我要求超越一种道德上邪恶的现存社会。

康德至少假想地建立了一个美好的世界，用歌德的话来说，这是意志的自发性世界，它不会满足于机械的现存经验，它不会毁灭。当然，我们决不能把这种康德的论点与新康德主义混为一谈。

由于抽象性，康德的意志自律世界受到了损害，但是，比起斯多亚派的自我意识世界，这个世界更接近德国唯心主义，充分显示出自身特有的论点，即针对邪恶的既定现实，主体有资格**采取某种矛盾的对策的自由**。尽管康德从抽象形式角度提出了这样一种主观要素，但是他清清楚楚地标明了这一主观要素。当时，在哲学上，他站在市民阶级(Citoyen)的立场上。从狂飙突进到所谓1848年人民之春，每一个德国市民的革命要求都与康德所提倡的唯心主义自我相关联。然而，实际上，主观要素不仅仅在头脑中，而是在实践上摆脱了无可救药的唯心主义的自我吹

① “德国的不幸”(Deutsche Misere)，此处指德国在欧洲史上所走的与众不同的特殊道路(Sonderweg)。德国诗人海涅率先使用该词，马克思在《哲学的贫困》中曾沿用过该词。——译者

嘘。换言之,主观要素具体地被把握为社会主义意识,即无产阶级的阶级意识。在资本主义体制下,无产阶级把自身把握为一种对立活动的矛盾,因此,进而把自身把握为给邪恶的既成现实造成最大麻烦的人。同样,无产阶级反对所有抽象性以及与此相应的漫无边际的意识的自发性,实际上,由于无产阶级的缘故,主观要素与社会趋势,即现实可能性的客观要素相中介。因此,更好的知识活动就成为更宏伟的社会变革活动。世界之路开始了。正如马克思所言,世界的"事实之梦"与意识一道继续进行下去,并且受到正确的引导,从而达到人化。

为此,在社会变革活动中,单凭客观要素是不充分的,相反,必须持续呼吁客观矛盾与主观矛盾的相互作用、相互趋向。否则,最终会产生某种"客观自动主义"①这一失败主义的错误理论,按照这种理论,为使充满客观矛盾的世界革命化,仅仅思考客观矛盾就够了。但是,毋宁说,主观与客观这两种要素应当在持续的辩证交互作用中得到理解,因为它们不是相互分开、相互孤立的。在这点上,人们各方行为也必须避免孤立化,以免受"政变主义"一类的邪恶的行动主义之害,因为这种行动主义带有浓厚的主观要素,以为心血来潮,一个早晨就可以改变客观规律性和经济规律性。但是,社会民主党的自动主义本身同样是十分有害的,它迷信这个世界会自动地好起来。

也就是说,所谓没有主观要素也能过得去,这是不可想象的。同样,隐瞒这一要素的深蕴向度,也是不可想象的,因为,这一向度对邪恶的既定现实恰恰采取对抗措施。换言之,这一向度全力动员出现在邪恶既定现实本身中的矛盾,将其完全颠覆和摧毁。但是,主观要素的深蕴向度之所以能够对既定现实采取某种对抗措施,是因为它不仅否定这种现实,而且**包含着一种可以预先推定成功的强烈愿望,而这种愿望代理乌托邦的功能**。

① 客观自动主义(objektivistischen Automatismus),指排除主体意志及其自发性,由此导致一种失败主义错误乃至邪恶的行动主义。——译者

问题在于,这种强烈愿望是否或多大程度上与单纯美化的现实有相通之处。尤其是,如果人们对邪恶的现实逆来顺受,仅仅从外表上擦亮既定的现实,那么即使这种美化的现实一定普照大地,也无济于事。显然,一味粉饰太平,在其后面没有任何革命使命,而只有对既定现实的辩护。照此说来,主体与现实应得到和解。

这样的意图充满了某一阶级社会的意识形态。尽管这种意识形态依然促进某一阶级社会生产力的发展,从而对上升时代有所裨益,但它已不再是革命性的意识形态。一旦阶级社会的意识形态大行其道,旨在照耀既定现实状况的工作就成为一种欺骗性的工作,不仅蛊惑人心,甚至还会诱使人们相安无事、和睦相处。不仅如此,此时它还为虚假意识的烟雾和香气所围绕。当然,在此某一阶级社会的没落时代,特别是今日晚期市民时代完全不属于这一类,因为众所周知,这种意识形态早已沦为一种虚假的意识,因而是一种赤裸裸的欺骗。

但是,除此之外,在意识形态中还存在着对既定现实进行压缩、完善和赋予意义的某些图像①。事实业已表明,主要与**压缩**(Verdichtung)有关的图像是**原型**(Archetypen),主要与**完善**(Vervollkommung)有关的图像是**理想**(Ideale),主要与**意义**(Bedeutungsfiguren)有关的图像是比喻(Allegorien)和象征(Symbole)。这一切图像都以不同方式意图美化既定现实,当然这些图像不想知道既定现实的邪恶内容,也就是说,欺骗性地使自己离开这些内容。毋宁说,在此既定的现实很大程度上以理想主义、抽象的方式得到补充,而且始终都不是根据任何辩证地爆炸着的东西和现实的东西,但是,在此并不缺少对更好的东西的某种独特的、某种非本真的预先推定:仿佛预先推定属于空间,而不属于或仅仅非本真地属于未来和时间。

现在,问题具体化了:是否并在多大程度上,预先认识到的对策与单

① 布洛赫认为,市民哲学与意识形态有着千丝万缕的联系,其基本倾向是静态性、保守性等。——译者

纯美化的现实相近。因为与在原型中、理想中、比喻和象征中不同,在意识形态中并不存在任何对抗措施,但是,通过自身美化的、压缩的、完善的或有意义的超越也能越过既定的现实状况。不过,另一方面,如果没有某种歪曲的或移植的乌托邦的功能,这种超越是绝对不可能的,确切地说,如果没有在既定现实前边非规则地发现的"某一事实的梦",这种超越是万万不可能的。

于是,在这种非本真的、更好的图像中,我们至少能够部分地发现原创的、具体地形成的乌托邦的功能,并且,在此我们必然面对未完全治愈的、歪曲的和抽象的乌托邦①。当时的生产关系说明为什么会出现当时的意识形态和其他非本真的更好的图像,但是,当时生产关系的人性方面的各自混乱状况不可避免地造成一种移植局面,即意识形态从乌托邦的功能那里借用某种功能,惟其如此,意识形态才能借助于文化剩余一般来构成所谓"补缺"(Ergänzungen)。

按照马克思令人信服的定理,作为某一时代占统治地位的思维的意识形态乃是统治阶级的思维。但是,由于阶级利害关系,这种意识形态也是一种自我异化的意识形态,因为它把统治阶级自身的幸福安康标榜为人类一般的幸福安康。除此之外,意识形态指向的是,怀念并修复一幅没有异化的世界图像,但是,这幅图像首先是一幅市民文化的图像,而且,在自身异化中,通常感到舒适自在的那个阶级部分地显示出乌托邦的功能。

不言而喻,这种意识形态的功能尤其完整地存在于被异化的阶级的革命意识形态中。没有乌托邦的功能,就根本无法说明超过当时所成就的东西的精神剩余,这种剩余并非"前假象",而是依然充满着假象。

因此,在乌托邦的功能面前,必须表明每一个指向未来的预先推定,

① 按照布洛赫的分析,意识形态并不具有独创性的乌托邦功能,但在某一特定部分中带有非纯粹的乌托邦要素。例如,通过原型、理性、意义等,乌托邦的要素被移入意识形态中,但这种要素并非固有的、纯粹的乌托邦功能。——译者

当精神剩余超过迄今所成就的东西和既定的东西时，这种乌托邦的功能悉数没收一切可能的内容。正如我们即将指出的一样，这些内容包括曾经起过进步作用的**各种利益**，并未与自身社会一道完全灭亡的**各种意识形态**，依然包藏不露的**各种原型**，依然处在静态的**各种比喻和象征**等等。

乌托邦的功能与利益的相遇①

如果缩小实情，我们就无法保持一种冷静的目光。相反，人的目光偏要纠正方位，惟其如此，它才不会失去这一尺度本身。人的目光溶解欺骗性的感觉和话语，这目光想要肉眼观看自我、奋斗、动机等，但是，纳入眼帘的内容是未经分割整理的、一知半解的东西。的确，今天商业生活中的经济冲动变成了地地道道的卑劣行为，所谓生意无一例外是坑蒙拐骗、损人利己，在这方面，通行的仅仅是斤斤计较、不讲情面的卑鄙无耻。在此，对利润的贪欲遮蔽了全部人的其他行为，不仅如此，与杀人欲望、休息欲望等不同，这种贪欲不是一次性的，而是永无止境的。同样确定无疑的是，即使在早期资本主义时代，即相对诚实的资本时代，利润的利害关系也不是由最高贵的人的动机组成的。早期资本主义生产方式之所以归于没落，是因为在经济斗争中，总有一种强大的利己心在活动着。如果这一冲动发条减弱，也许利他主义动机早就趁机取而代之了。如果这样，就像曼德维尔②的《蜜蜂的寓言》所正确地、讥讽地指出的一样，整个资本主义企业也就停止运转了。

然而，如果利己主义动机如此赤裸裸地暴露无遗，那么资本主义制度是否至少由于当时的极少数企业主而时常受到限制呢？与这种诸如利己心一类的有意识的野蛮动机不同，如果人们示范某种高贵的、共同

① 在本节中，布洛赫提出“利益”观点，并揭示了其中所蕴含的乌托邦的功能。——译者

② 曼德维尔(Bernard de Mandeville，1670—1733)，英国医生，著有《蜜蜂的寓言，或私人恶德与公益》(1714)等。——译者

的东西,那么情况又会怎样呢?因此,当时现实的利己主义者大都无法忽视某种人工的蜜蜂生活状态,作为一种共同的生活状态,他们也要寻找利他主义的借口,并劝告人们"人人为我,我为人人",以便体面地、看上去温情脉脉地,即所谓正直地赚钱。

这样的情形也见之于亚当·斯密的"利己主义的体系"(selfish system)中,但是,这种体系内在地包含着某种错误的意识。与司空见惯的加尔文主义的立场不同,主观上,斯密的立场不是支离破碎、四分五裂的,而是诚实的、平和的。斯密的立场具有一些信念特征,例如,确信可尊敬的商人、企业主的良知,他相信公正的利润,尤其是,在供求竞赛中,自认为是某种消费者的行善者。不言而喻,具有支付能力的正是消费者,也就是说,恰恰在消费者身上,企业主可以通过出售劳动产品,把从工人身上榨取的剩余价值变成金钱。

然而,这个良知(das gute Gewissen)却由于下述原因变得无比强烈了,即资本主义利益应当持续地涉及消费者乃至消费者的满足。企业主与工人之间的相互利益这一良知由于下述见解而被美化了,即"一切人都被看作成长中的具有交换能力的自由商人",由于此,应该引起注意的一切人的自私自利就这样在被制造的全体利益中抵消殆尽。不管怎么样,资本主义经济显现为最终被发现的、惟一自然的经济。对此,斯密十分迂腐地、乌托邦地表达了他的充分的赞许。

因此,利益本身从乌托邦角度被美化了,但是,对其施加影响的毋宁是某种错误的,但是绝对活跃的意识。如果斯密没有如此美化利己心,那么在市民道德上全然问心无愧的那些巨大野兽们的剥削行为就肯定进展得很好了,而且东印度公司①的先生们在其生意中,就不会发挥任何乌托邦的职能,肯定蒙受损失,付出代价。但是,从事手工业的普通商人,亦即进行最初工业革命的商人需要并坚信"最大系数的尽量大的幸

① 东印度公司始建于1600年。最初,英国人主要是利用东印度公司做生意,慢慢地,东印度公司就成了英国殖民者对印度进行殖民侵略的工具了。——译者

福”,他们把这一信条用作一条纽带,把自己的利己主义动机与预先描绘的、预先梦想的东西(即斯密自身所记录并欢喜的公共利益)紧密联系起来。多数人都把玩世不恭的自私自利归罪于贵族,借助于此,它们越发巧妙地掩盖自身的放荡不羁,这种欲盖弥彰的做法可与同时代理查逊的小说①相媲美。对此,上升中的市民利用“美德”,以便更加疯狂地从别人身上挣钱,可他却美其名曰:“为他人而挣钱。”

当资产者同封建余孽进行最后的斗争时,他特别需要唤起少数英雄阶级强烈的乌托邦的勇气。否则,他也许不会亲自参加斗争了。当然,资产者也只是部分地亲自参加反对封建贵族的斗争,但是,从郊外与贵族展开肉搏的仅仅是工人阶级的男人。否则,资产者也就不会自以为是,轻信自己类似于古罗马时代的格拉古②和布鲁图斯③了。

当1789年市民进入自由订婚期时,资产者也亲自参与其中。也就是说,在当时的情感混乱中,上升中的、经济上自立的阶级内在地需要一种极大的热情。因为,正如马克思所言,为的是“自己隐藏局限于市民视野的斗争内容”。这纯然是自欺欺人。但是,当时这种欺骗并没有被识破,人们也无法识破诸如此类的欺骗,例如,人权维护追求私有财产的人,抽象的市民就是道德的人等。

然而,这种自欺欺人的方式同样显示出某种预先认识到的东西,甚至特别显示出人的特征,尽管这种方式抽象地表达人的特征,并且抽象地、乌托邦地使用人的特征。甚至资产者的旨趣也并非全都是欺骗。否则,我们不仅无法从社会主义角度跟那些反对私有经济的人权的忠实追

---

① 此处指英国作家塞缪尔·理查逊(Samuel Richardson,1689—1761)的长篇书信体小说《克拉丽莎》(1747—1748)。——译者

② 提比略·格拉古(TIB. Sempronius Gracchus,前163—前132)、盖约·格拉古(C. Sempronius Gracchus,前153—前121),公元前133年和123年两人先后推行土地改革方案,史称“格拉古兄弟改革”(Die Reform der Gracchen),改革最终失败,反映了罗马共和国末期深刻的社会危机。——译者

③ 马库斯·尤尼乌斯·布鲁图斯(Marcus Junius Brutus,前85—前42),晚期罗马共和国的一名元老院议员,他组织并参与了对恺撒的谋杀。——译者

随者发生联系,也无法与市民发生联系。市民所许诺的东西,本身正是从社会主义角度可以坚持的东西。至少这种许诺是可以坚持的,也就是说,当时乌托邦所贡献的剩余一直存在于市民的努力本身之中。从道德上看,社会的思想信念(Gesinnung)恰恰在市民之中抽象化,即离开实际的、单个的人,从而必定与其固有的力量(不再作为资产阶级的、个人主义的力量)结合在一起。

毕竟,当时确实存在过这种思想信念,以至于称作“美德”,在这种情况下,它不仅是某种唤起勇气的东西,也是某种唤起新思维的既定的东西。否则,我们除了尊重真正的雅各宾党人之外,还如何尊重杰弗逊[①]呢?因此,即使某种动机在自身时代中表现得十分进步,它在自身中也能够作为其他的、可保持的特征起作用,从而这种动机远远超出直接的、可促进的进步。在道德上,这种动机是可继承的,同样,在本来的意识形态的意识中,在文化上,这种形态化的、业已实现的剩余也是可继承的。善的东西,最好的东西在过去已经多次为人们所渴求,而且始终留在那里。但是,正因为这种渴求一次也未曾到达,它才迁入预期可到达的那个地方,也就是说,在此这种渴求并非与资本主义重合,而是继续与解放进程重合。乌托邦的功能夺取这一欺骗部分,微妙地起作用,即让一切博爱的东西都显得与日俱增地相互亲近起来。

乌托邦的功能与意识形态的相遇[②]

单凭洞察,我们并不能保持一种敏锐的目光。按照这种方式,某种

① 托马斯·杰弗逊(Thomas Jefferson,1743—1826),美国《独立宣言》的起草人,美利坚合众国第三任总统。——译者

② 在本节中,布洛赫从两方面阐明意识形态的本质:一方面,意识形态乃是维护阶级社会的虚假意识;另一方面,意识形态是过去的经济基础崩溃之后留下来的文化遗产。布洛赫把后者称作部分地内在于虚假意识的一种乌托邦的功能,以此阐明了马克思主义文化遗产观点。本节涉及布洛赫独特的美学观点,曾招致东德正统马克思-列宁主义者的异议。——译者

敏锐的目光同样不能像看透一泓碧水一样,看透一切东西,因为并非一切东西都如此清晰透明。相反,有时也存在某种骚动的、自我形象化的东西,所以敏锐的目光恰恰胜任某种东西。在意识形态中,这种未封闭的特征以最广泛、最混杂的形式显现,如果这种特征与其时代的单纯联系尚未耗尽,那么情况更是如此。这不仅仅是由于所有迄今文化所伴随的那种自身时代的大错特错的意识。

的确,意识形态本身来源于分工,正是由于分工,在原始社会之后出现的物质劳动与精神劳动之间的分离才产生了意识形态。从那时起,某一拥有想象余暇的集团便开始借助于这种想象既欺骗自己,又欺骗别人。因此,意识形态原本总是如此属于统治阶级,从而它把现存的社会状况加以正当化,借助于此,意识形态竭力否认现存社会状况的经济根源,隐蔽赤裸裸的剥削现象。这是一切阶级社会的共有图像,但这幅图像最显著地表现在市民阶层之中。

当然,在这种情况下,阶级社会中形成的这种意识形态图像呈现出三个阶段,这三个阶段的形成既借助于多种多样的价值等级,也借助于纯粹精神的上层建筑方面的多种多样的任务。这三个阶段依次为:准备阶段、胜利阶段和下降阶段。意识形态的准备阶段有助于固有的、尚未稳固的上层建筑,为此,这一阶段以自身新鲜的、进步的结构来反对迄今占统治地位的腐朽的上层建筑。

此后,亲自登上统治地位的阶级占据第二个意识形态阶段,为此,这个阶级把这期间显现为下层建筑的固有冲动加以安全化,并从政治上、法律上使其固定化,从政治上、法律上和文化上使其美化。例如,完全删除过去的革命冲动,或者部分地、或多或少典型地使其均衡化(Equilibrierung)。进言之,安全化以及美化工作得到生产力与生产关系之间某种业已达到的,但仅仅是暂时和谐的支持。借助于此,这个阶级给腐朽的下层建筑涂脂抹粉,增添磷光,并给它夜以继日、日以继夜地重新命名。因此,在阶级社会中,经济下层建筑肯定被某种有趣的错误意识的浓雾所掩饰。至于这一点无关紧要:这种虚假意识的幻象是充满激情的、典型的,还是颓废的东西;这种虚假意识的幻象在内容上被划分成上升的、繁荣昌盛的,还是乔装打扮而被利用的东西。简言之,在此不能让剥削露出任何马脚,因此,**根据这一方面看**,意识形态乃是想象的总体,某一社会总是借助于虚假的意识而从中得到正当化和神化。

我们已从道德上、内容上了解到意识形态三个阶段的许多不同的特性。但是,每当我们思考文化时,不是还呈现意识形态的**另一个方面**吗?这正是**在全部范围中**,与单纯的虚假意识以及与阶级社会的辩护,即与某个单纯的、历史了结的阶级社会的辩护不相重合的地方。

按照这种批判性侧面,马克思在《神圣家族》中说过这样一段中肯的话:"只要'理念'与'利益'相距甚远,它就总是丢尽脸。"并且,马克思把这番话与法国唯物论所关注的市民社会业已开始的自我洞察联系在一起。例如,在拉布吕耶尔①、拉罗什富科②,特别是在爱尔维修③那里,人们首次了解到经过正确理解的个人利益乃是这一切道德的基础。但是,马克思同样在同一个地方继续写道:"另一方面,这一点也是容易理解的,即这种利益一旦出现在历史舞台上,那么所有大量的、历史贯彻的'利益'就不仅在'理念'或'表象'中远远超出自身的现实思维,而且干脆与人类的利益混为一谈。"这样便出现幻象,或出现"傅立叶所称之为历史阶段之声的东西"。

然而,除了热情之花(这是一个社会用花环装饰它的摇篮),如此造成的幻象有时还包含某种艺术形象,正如马克思在《政治经济学批判导言》中所言,这种艺术形象使人想起古希腊人:"在某一关系上,这种艺术

① 拉布吕耶尔(Jean de La Bruyere,1645—1696),法国写讽刺作品的道德家,以文学杰作《品格论》著称于世。——译者

② 拉罗什富科(François de La Rochefoucauld,1613—1680),法国箴言作家,关于美德的箴言很有名:"人的美德反过来看,只不过是利己心和自爱心而已。"——译者

③ 爱尔维修(Claude-Adrien Helvetius,1715—1771),法国哲学家、辩论家,百科全书派的代表人物。他从享乐主义的观点强调肉体的感觉,抨击伦理学的宗教基础。他在《人论》(De L'homme,1772)中主张有教无类,批评了卢梭《爱弥尔》中的自然主义教育观。——译者

形象被视为规范和不可企及的典范。”恰恰在这一点上，意识形态问题进入**文化遗产问题的侧面**，即为什么这样一个问题，在自身的社会基础废除之后，上层建筑的作品在文化意识中得以再生产。①

在此，意识形态三阶段的内容差异恰恰是不可回避的，如果“这是与你有关的事”②这句话决不局限于迄今一切阶级社会的革命时代，那么这种差异就更是不可避免的。于是，这个真正的、在此所指的、居住在别的侧面的**现象：文化剩余**就更加显而易见了。因为在某一社会的古典时期，我们面对这种形象要比在某一革命时期面对这种形象多得多。19世纪初形成的艺术、科学、哲学等同样蕴含着指示未来的丰富多彩的内容，尽管在其革命时期，直接的和乌托邦的动力更激烈地反对现存的东西，更强烈地超越现存的东西。

某一社会本身总是拥有虚假意识，同时为了美化自身，它善于因地制宜地利用这种意识。但是，艺术、科学和哲学的花朵总是标明某种超出虚假意识的东西。确切地说，这些花朵可以完全离开自身第一社会的和历史的土壤，因为按其本性，它们与社会历史土壤并非固结在一起的。众所周知，雅典卫城建造于奴隶社会，斯特拉斯堡大教堂则建造于封建社会，尽管如此，它们并未与自身的经济基础一道归于灭亡。与当时的下层建筑不同，与当时的十分进步的生产关系不同，古代的建筑、艺术作品并不具有任何令人痛惜的要素。

由于当时知识水平的障碍，伟大的哲学作品多少都与时代结合在一起，并且带有短暂意识的特征，但是它恰恰由于所标明的意识的高度，可以远远地洞悉未来的东西和本质的东西，同样显示那个真正的古典时

① 经济基础与上层建筑相互关系表现为两方面：一方面，新的经济基础导致产生一种新的意识形态；另一方面，新的经济基础产生之后，部分旧的上层建筑还继续存在下去，特别是部分文化遗产一直保留下来，继续影响和制约人的现实生活。这后一方面正是布洛赫所关注的乌托邦的功能与意识形态的交道：文化遗产。——译者

② “这是与你有关的事”（Tua res agitur），语出贺拉斯（Horatius）《书信》：“如果你邻居的房子在着火，那么问题恰恰与你有关。”（Tua res agitur，paries cum proximus ardet. *Epistles*，Ⅰ，18.84.）——译者

期。这个古典时期不是来自尘封已久的黑暗的深渊时代,而是来自前途无量的永恒的青春时代。在《会饮篇》(Symposion)、《伦理学》(Ethica)、《精神现象学》等古典作品中,各种假问题和意识形态都就地沉没并业已了结。与此相对照,柏拉图的"厄洛斯"、托马斯·阿奎纳的"实体"、黑格尔的"作为主体的实体"却作为目标变奏曲处于一切变化之中。

总而言之,伟大的作品并不像它们面世之初那样有缺点,也不像刚开始那样精彩无比。它们只不过是在后来的时光中逐渐摆脱了原先的不足,褪去了起初的庄严色彩,从而具备了经受后世考验的,甚至可以说最后考验的能力。每一部古典时期的作品都站在每一个时代的前面,作为革命浪漫主义,即作为向前指引的任务,作为未来的解决办法而发挥先导作用。特别是,这种解决办法不是来自过去,而是来自未来,而且自己谈论未来,招呼充满希望的未来,继续呼吁更美好的未来。

但是,我们为什么如此强调文化遗产的微薄部分呢?其理由仅仅在于,**朝向这一侧面的**意识形态尚未耗尽,不仅伴随自身经济基础的虚假意识尚未耗尽,而且伴随自身的当时经济基础的积极工作也尚未耗尽。在虚假的意识本身中,对文化剩余的任何探求都是办不到的。例如,阶级社会的意识形态总是受到虚假意识的支撑,而且,对文化剩余的探求也无须分析根本没有参与任何虚假意识的社会主义的革命意识形态。作为革命无产阶级的意识形态,社会主义只是真正的意识形态,它与已知的活动和业已把握的现实趋势相联系。但是,也许这一关系适合于虚假意识中关于预取的东西的真正的意识形态。

马克思的早期著作①早已表明,在虚假的意识中并非仅仅包含虚假的意识。"因此,我们的口号应当是:意识改革不是靠教条,而是靠分析那神秘的连自己都不清楚的意识,不管这种意识是以宗教的形式或是以政治的形式出现。那时就可以看出,世界早就在幻想一种一旦认识便能真正掌握的东西了。那时就可以看出,问题并不在于给过去和未来之间

---

① 马克思:《致卢格的信》,1843年。

划下一条不可逾越的鸿沟,而在于**实现**过去的思想。而且人们最后发现,人类不是在开始一件**新的**工作,而是在自觉地从事自己的旧工作。”

在过去的伟大作品中所栖息的阶级意识形态同样恰恰导致超过与场所联系在一起的虚假意识的剩余,这种剩余就叫做进步的文化,亦即我们可以继承的文化遗产的实体。现在这一点明晰了:这种剩余无非是由意识形态形体的**乌托邦的功能**所产生的。是的,正如迄今所发生的一样,单是虚假的意识还不足以美化意识形态的包裹。单是虚假的意识还无力制造意识形态最重要的标志之一,即社会矛盾的诱惑性的和谐化。

在一定程度上,意识形态可被理解为没有遇见乌托邦的功能而继续作用着的文化实体的媒介。显然,这一切都既超越虚假的意识,也超越对当时社会下层建筑的单纯的辩护、强化等。同样,如果没有乌托邦的功能,阶级意识形态只会带来暂时的欺骗,而不会带来任何艺术、科学和哲学的典范。这一文化遗产实体的剩余恰恰一如开始的剩余,即这个开始不仅仅是某一历史时代早期的那个开始,而是包含了某一社会完整的一天的那个开始,甚至部分地包含了某一社会没落黄昏的那个开始。迄今为止的一切文化都是某种成功的东西的前假象,只要这种前假象不仅局限于自身的时代,而且至少能够以形象和思维建立在极目远眺的时代高度上,那么它就是真正的前假象。

毋庸置疑,在一切地方,更美好生活的梦都广泛地被觉察到。或者,同样的意思用不同的方式说,除了日常的纯然贬低的意义之外,乌托邦的要素不仅可以在所谓预先推定的意义上使用,也可以在某种无所不包的意义上作为功能来使用。因此,事实表明,首先**从历史的**观点看,乌托邦的广度延伸和深度延伸并非早已局限在最流行的“国家乌托邦”①这一现象上。

按其意义,关于更美好生活的梦远远超出社会乌托邦的根源,一直延伸到每一种文化的预先推定。每一部计划、每一种有关未来的形态都

① “国家乌托邦”(Staatsutopie),在此指“载有社会乌托邦内容的国家小说”。——译者

被推向自身的完满性这一界限,因此,这些计划和形态最终都与乌托邦发生接触。而且,如上所述,恰恰对于总是继续起进步作用的伟大艺术作品赋予**当场超过其单纯意识形态的剩余**,因此,作为文化遗产的实体,如此产生的东西绝非微不足道、可有可无的东西。

迄今为止,人们总是褊狭地理解预先推定的力量,但是,这一力量在恩斯特·布洛赫的《乌托邦的精神》(1918)中开始得到了扩张。在这部著作中,广泛探讨了既定现实中完全外在于某种"尚未到来的东西"的各种物件、装饰物和图像等,尽管这些东西属于过去的现实,但照样表达尚未到来的东西。为了洞悉我们的"同一化"(Identischwerden),我们向更加适当的方向行进,由于这种志向和责任,寄生的文化享乐便告终结。为此,艺术作品必须战略性地开花结果。

但是,现在剩下的问题是,除了多余的误解之外,经过充分理解和表达的乌托邦是否以及在多大程度上能够转移到新的意向和利益?在此,所谓意向和利益绝非那种过去的东西,而是具有当下的崭新性的东西,这东西位于业已发生的从空想到科学的社会主义的发展之中。如果我们考察"乌托邦"术语的历史,就会了解到这一从前的词义经历了许多这样的扩张,这个词所附着的否定意义部分地扣除了。"浪漫主义"一词就属于此例。在界定"意识形态"概念本身的意义当中,人们开始研究某种更细微的差别。由于这种细微差别,列宁才能够把社会主义命名为"革命无产阶级的意识形态"。

尽管如此,预先推定的力量完全处在术语校正和扩张工作之外。试比较:浪漫主义的东西被校正为"革命浪漫主义",意识形态被校正为"社会主义的意识形态"。实际上,预先推定的力量始终拥有自身开放的空间,拥有理应实现的对象和向前实现的对象。正因如此,我们把马克思主义与乌托邦主义(Utopismus)①以及抽象的乌托邦思维区别开来,称马

① 在此,布洛赫用"乌托邦主义"一词指称 19 世纪空想社会主义和现代乌托邦革命主义,从而把它与马克思主义的"具体的乌托邦"严格区别开来。——译者

克思主义为"具体的乌托邦"。当然,如果我们考虑到乌托邦的功能这一范畴的本质上和概念上的正确性,那么就可以说,这一范畴尤其统辖人类文明的各个领域,例如,技术乌托邦、建筑乌托邦或地理乌托邦等,不仅如此,还包括那些曾经环绕并正在环绕我们意欲的"一般性"和"固有性"的一切乌托邦。应该正确理解的是,借助于认识来推论业已解决的**乌托邦主义的东西**,借助于认识来推论**抽象的乌托邦**。

剩下的问题是:尚未了结的向前的梦,这梦无非是由于资产者而丧失名誉的"已知的希望"(docta spes),通过深思熟虑地、有效地把这一概念与"乌托邦主义"区别开来,我们的确可以将其称作真正的乌托邦。如果简洁地、锐利地重新表达真正的乌托邦,其含义就等于:**代表新事物的方法论的构件,即将到来的东西的客观集合体**。

因此,诸如歌德的《浮士德》一类的所有伟大的艺术作品都带有如此程度的不言而喻的(尽管并非总是十分明确的)乌托邦的背景。从哲学乌托邦的概念上看,这些作品不是较高层次的玩笑,而是尝试性的道路和已知的希望的内容。惟其如此,乌托邦才能从意识形态中取出自身的东西,才能说明意识形态本身的伟大作品中历史地继续起作用的进步特性。乌托邦的精神存在于一切伟大陈述的最后谓词中,即存在于斯特拉斯堡的大教堂中,存在于但丁的《神曲》中,存在于贝多芬的期望音乐中,存在于 B 小调弥撒曲的潜势中。进言之,乌托邦的精神存在于作为遗失的东西而占有"必要的惟一性"(Unum necessarium)的那种绝望中,存在于快乐的赞美诗中。

在作为"已知的希望"这一乌托邦概念中,凯利埃①和格雷道以截然不同的方式出现,尽管这种方式与时代固结在一起的意识形态的纯粹反省相去甚远。尚未被意识到的东西的精确想象恰恰以这种方式弥补批判的启蒙,借助于此,这种想象让我们看见未曾受到硝酸损伤的金子。

① 希腊语中,"凯利埃"(Kyrie)指"主","格雷道"(Gredo)指"使徒信经",在此一同构成弥撒音乐的乐章。——译者

如果阶级幻象、阶级意识形态归于毁灭,那么由此涌现的就是最通行的、纯金般的美好内容。迄今为止,文化不过是阶级意识形态的单纯装饰而已,因此,当这种意识形态告终时,文化所遗失的无非是装饰物,即虚假终结的和谐。在这种单纯沉思的腐烂之床上,乌托邦的内容夺取人类文化的事务:在实际赢得的山顶上,乌托邦的功能就这样敞开新的可能性,这种可能性无非是意识形态上真实的、关于人类希望内容的展望。

乌托邦的功能与原型的相遇①

某种深邃的目光在二重深渊化的过程中得到证实。一种视觉是朝下的,按照比较简单的字义,这是指观察基础性东西的视觉。此外,还有朝上的和向前的视觉,这种深度视觉指接受意识深渊中上升的东西。于是,后退和前进就像某个车轮的活动一样,同时被沉入和创造出来。真正的深度总是在二重意义的活动中发生的。

靡菲斯特向浮士德喊道:"下沉吧!我也会说'上升吧!',这是一码事。"②甚至在像海伦娜一样的偶像不再存在的地方,他也会这样呼喊。靡菲斯特善于思考二重意义,是诡计多端、极度危险的人物。但是,并非只有靡菲斯特才这样呼喊,问题是借助于靡菲斯特所呼喊的东西恰恰具有二重意义本身,即这种意义既是古代图像关系又是乌托邦图像关系。这种乌托邦的功能具有十分频繁的二重深渊,即在被沉默的深渊中业已包含着某种希望。

但是,我们只可以说,在古代框架中希望已经部分地提前完成了。更确切地说,在这种框架中,总是存在着与我们相关的激起某种东西的

① 在本节中,布洛赫着重揭示了原型中部分地包含的乌托邦的要素,例如,艺术作品中所包含的乌托邦的要素及功能。从荣格的退行性立场出发,并不能说明原型与既定历史的联系。因此,与荣格的原型理论不同,布洛赫强调,原型的未来指向性和政治进步要素。——译者。

② 歌德:《浮士德》,第2部,第6275行。——译者

原型。作为想象的范畴,原型来自某种神秘的意识形态的时代,因此,原型也许与某种尚未结束的非神秘主义一道得以剩下来。除了继续起作用的意识形态之外,希望同样具有这些原型。因此,在这些原型中,我们与尚未结束的东西打交道,处理这些东西的乌托邦的功能。希望就这样蕴含乌托邦,作为必要修正,把重要的和前进的意识形态归入自身之中。

在此,清楚明白的是,这种工作不仅从下面,即从沉没中是可实施的,而且从上面,即从上升的眺望中也是可实施的。因为一再确定的是:仅仅朝下压抑的东西、潜在意识中可发现的东西不过是夜梦中出现的基础本身,有时仅仅是激起神经症症状的毒剂。在很大程度上,这一下层部分可在众所周知的状态中得到解决,但是,这种解决办法并不是向前的所谓上升的黎明,这在本质上不过是一种无聊的潜势而已。与此相比,那种期望的和预感的东西则包含可能的珍宝,恰恰从中产生日久弥新的那种宏伟的白日幻想。这种向前的和朝上的思维在任何地方都不会作为业已熟悉的、完成的东西得到解决,因此,这种思维根本上具有某种用之不竭的潜势。

当浮士德服了青春妙药之后,他在每一个女性身上都看见海伦娜的影子①,这样,在此活动的全然是源自古代海伦娜的美丽原型。这种美的形象已活动在古代原型的向上涌现之中。但是,这种原型只有从乌托邦观点出发,才能加以引用。而且,只有从上升的眺望而不是从纯粹的沉没中才能加以引用。于是,在原型方面,乌托邦的要素就显而易见了。只有俄耳甫斯才会发现还活在九泉之下的欧律狄克,而且只有对俄耳甫斯而言,欧律狄克才是真实存在的。只有这些原型中的乌托邦形象才使俄耳甫斯倾听到富有成果的传唤,即不是向后关注,而是向前关注。例如,业已在梦中显现的表面的交互游戏图像,还有梦中清醒时,这些假象的溶解就属于这种向前关注。对于**还在分娩中的**母亲们来说,这一切梦的形象都是合情合理的,因为这种形象乃是从乌托邦那里突然闪现的一

① 歌德:《浮士德》,第 1 部,第 2623—2624 行。——译者

道光亮,尽管在浪漫主义中,梦的形象通常带有渴望之坟和地下之灯。

在原型中,真正被孵化的东西恰恰是显示其未完成的东西。但是,借以完成成熟工作的热度并非存在于“退行性”(Regressio)之中。如前所述,一有机会谈到C·G·荣格,我们就会谈到原型。但是,在荣格这个极端反动分子那里,原型就像廷巴图克①一样出现在苏黎世,他把这种原型的全部本质仅仅错误地引用为纯粹的黑暗。所谓原型本身的表达方式最初见之于奥古斯丁,他利用这一表达方式清楚而简要地说明了柏拉图的“像”(Eidos)②,即每个种类形态。但是,直到浪漫主义,原型这一古老的表达方式才与某种形象的和客观的图像联系起来,即浪漫主义把这一表现方式理解为与某种特定的重大事件有关的令人信服的、明确的范畴内容。

因此,在诺瓦利斯那里,罗密欧与朱丽叶成为青春之爱的原型,安东尼与克娄巴特拉成为成熟的、令人感兴趣的原型;腓利门与博希斯③连同他们的茅屋一同聚焦为古老的、流逝的婚姻的全体图像。按照诺瓦利斯的观点,具有决定性意义的是,所有要素在这些原型中非同寻常的和谐统一,由于此,在腓利门和博希斯那里,这种和谐统一达到这样一种地步:“直到把火腿挂到烟囱口上熏黑。”但是,更加起决定性作用的是与各种要素和谐一致相伴随的真正的灵光。这灵光就像圣像头上的灵光,在杰出的建筑物周围隐隐闪现,紧紧围绕着自身意味深长的美丽风景。

---

① 廷巴克图(Timbuktu),西非一地名,1087年为图阿雷格人所建,1488年建国,1591年之前为西非伊斯兰文化的中心,1780年沦为法国的殖民地。荣格因在此探究古代原型而著称。——译者

② 希腊语Eidos,指称“像”,哲学上解释为假象。柏拉图最初把它理解为“各种事物的本质”,亚里士多德则把它理解为“在事物之中,即在质料框架中的真正的本质”。胡塞尔进一步把Eidos与hyle分别解释为“本质”与“实在的事物”。——译者

③ 据希腊神话,腓利门与博希斯是弗吉尼亚一对贫寒而虔诚的夫妇。他们殷勤款待了微服巡访的宙斯和赫耳墨斯,而比较富有的邻人却把两位神祇赶了出去。作为一种恩赐,神使他们免遭洪水之灾,把他们的房舍变成神殿,并应他们的请求,让他们成为这里的祭司。很久以后,他们希望“同年同月同日死”的愿望得到恩赐,并被变成两棵参天大树。——译者

在童话素材中,在冲突、拯救原型中,在反复不已的“动机”中,我们开始注意到类似性,以便指向各种原型,了解各种原型。在伟大的艺术作品中,各个主人公都在原型上达到了高度的统一,例如,令人感人至深的“回忆”(Anagnorisis)的动机,与此相距甚远的素材,即《圣经》中的约瑟及其兄弟,索福克勒斯悲剧中的埃莱克特拉与俄瑞斯忒斯的相遇等。特别是神话包含着全部原始境况及其总和。尽管与浪漫主义的好古主义完全相称,这种立场也不过是不可救药的夸张而已,然而,菲利普·莫里茨[①],甚至弗里德里希·克罗伊策[②]的神话史描述却纷纷借助于上述“诸动机”的尝试性分类,实际上包含了丰富多彩的原型。尤其是,克罗伊策已经把这种原型体系清楚地规定为四种:“瞬间动机、全体动机、神秘莫测的根源动机、必然动机。”通过某一原型本身,克罗伊策事先说明了瞬间动机、形象的和简洁的动机等。“那种唤醒性的、同时令人震惊的动机与某种别的特性,即简短的动机连在一起。这种动机就像一道突然显现的精神一样,或者就像深夜一下子照亮的一道闪光一样,亦即就像占用我们全体本质的契机一样。”[③]在浪漫主义意义上,克罗伊策把这样的简洁象征命名为某种理念的显现。只有为数不多的实体才属于某种业已永恒的透明的理念。在这种情况下,原型不仅见之于象征形态中,也见之于比喻形式中。

然而,就其真正的形态而言,在18世纪至19世纪古典主义之前,比喻(Allegorien)决不是象征性的表达概念[④],这个概念不过是人们喜欢冷冰冰地称呼和加以抽象化的概念。确切地说,与中世纪不同,在巴洛克

---

① 菲利普·莫里茨(Karl philipp Moritz,1756—1793),德国作家,1786年在意大利与歌德结交。著有小说《安东·莱泽尔》(Anton Reiser)、神话学专著《关于诸神的教义》(1791)等。——译者

② 弗里德里希·克罗伊策(Friedrich Creutzer,1771—1858),德国文献学家,著有《象征与古代民族,尤其是希腊民族的神话学》(1810/12,1836/43),其思想广泛影响了谢林、黑格尔、巴霍芬等人。——译者

③ 弗里德里希·克罗伊策:《古代民族的象征与神话》,第1卷,1819年,第118、159页。

④ 在此,布洛赫将巴洛克时代出现的比喻概念与象征加以比较。——译者

时代,比喻同样包含原型,甚至包含短暂而众多的大量原型。恰恰在这种比喻中,产生出诗意形象化的大量原型。这些原型位于世界生活的**多样性**(Ateritas)之中,而象征则无例外地隶属于某种意义的**一元性**(Unitas)之中。因此,象征主要形成宗教原型,或者从宗教上形成原型。

伟大的克罗伊策和卓越的神话学家巴霍芬认为,原型的本质仅仅存在于宗教之中,由此出发,他们不仅揭示了古代民族的原型本质,而且首次试图整理这种原型。原型的本质在娼妓社会、母权社会、父权社会的次序中显现出来。娼妓社会的象征是芦苇和沼泽,母权社会的象征是麦穗和地下洞穴,父权社会的象征是月桂树和太阳轨道。一切社会学史的次序以及神话史的次序都以这种方式处于诸次序之中。如果撇开这三种次序的实体化不谈,这些原型就不可能全面地被编入目录,换言之,这些原型既不能在其比喻形式中被编入目录,也不能在其宗教的、象征的关系中被编入目录。

但是,恰恰在浪漫主义的工作中,至少澄清了乌托邦具有决定性意义的东西。尽管原型拥有一如奥古斯丁指出的柏拉图理念意义上与"原初像"(Urbildern)同一的模型,但是它与原初像很少一致之处,而且,与纯粹的、先验的唯心主义毫无共同之处。如前所述,原型本质上是类似境况的、浓缩的范畴,主要在诗意的和描摹的想象领域中起作用,不仅如此,原型并非与柏拉图的理念相似的,即在种类上实体化的概念。浪漫主义的原型,或者更确切地说,浪漫主义所把握的原型仅仅由于所谓重新记忆(Wiedererinnerung)的特性才与柏拉图的理念联系在一起。不过,浪漫主义的原型同样以某种方式标明了自身与柏拉图不容改变的理念的区别。在柏拉图那里,重新记忆、回忆(Anamnisis)乃是某种史前时代的状态,而在这种亘古如斯的状态中,灵魂处于原始形象的天国之中。与此相比,浪漫主义所谓"重新记忆"总是在历史范围内活动,在时间本身内回归原始时代,从而成为回溯古代的退行行为。

尽管浪漫主义与柏拉图主义的天国理念相距甚远,但至少具有回溯过去的特性,这一点使得人们容易误解浪漫主义所津津乐道的原型与乌托邦的功能之间的关系。一旦采取退行行为,原型就把乌托邦变成某种后退的东西,甚至最终把它变成反动的“洪积世”(diluvial)的东西。于是,原型就是比意识形态的一般掩饰图像更危险的图像。[①] 因为这种意识形态仅仅把当下认识及其动力引入歧途,此外,回溯过去的、被过去深深迷住的原型还严重阻碍面向未来的开放性意识。

然而,某些原型能够胜任乌托邦的操作,这是若干真正的原型,而且,是不同于时常见之于浪漫主义的那种反动的“乌托邦主义”的原型。凭借单纯的太古主义(Archaik)的热情只会错过原型所涉及的全部领域,例如,这种原型经常活跃在诗歌和哲学领域里,并在伟大的文体中发挥明亮夺目的活力。正如我们注意到的一样,只有这种充满活力的原型才能胜任乌托邦的操作,因为在这种原型中到处都显现某种尚未完结的、相对尚未到期的东西和尚未偿清的东西。

具有典型意义的是,封建的、到期的原型恰恰最乐意从属于与政治反动势力相称的退行性,由于此,人们以为,仿佛原型的标志仅仅存在于过去传承下来的东西中,而且这种标志也不是未来的标志(例如,攻克巴士底狱)乃至真正的乌托邦的功能。例如,浪漫主义曾经说过:一切诗意的东西都是从古老的生活中一再重新被认识的东西。

因此,在此重新开始划界,以便真正的朋友彼此认识对方,互相结交。[②] 只有乌托邦的目光才能发现这种对原型的亲和力。资本主义对原型赶尽杀绝,相反,乌托邦的功能却具有重要职务,那就是在思维中努力发现这种亲和力。因此,必须把腐朽的原型同乌托邦实际**未清偿的东西**分开,即通过对失效的过去的事实进行归类,去伪存真,去粗取精。

但是,很明显,自由状态或载有幸福之光的现存原型与过去的事实并非如此直接联系在一起的,因为这些原型逃避过去的事实,至少位于过去的领域之外,因而享有治外法权。这地方不属于那种匆匆打量原型

① 在此,布洛赫暗示浪漫主义与法西斯主义之间的某种相互关联。——译者

② 这是一个比喻。原型中不乏指向过去的反动的要素,但也不乏指向未来的乌托邦的要素。因此,原型与乌托邦不尽一致,但从原型中可以提取乌托邦的要素。——译者

的场所。正如我们后面还要描述，诸原型应放入某一新的逻辑部分里，应放入想象的范畴目录里。如同我们所见，这些原型见之于所有伟大的文学作品、神话和宗教之中。

特别是，未清偿的原型部分属于一种真理的映像，即**笼罩在现实中的乌托邦趋势内容的**映像。具有未清偿的趋势和潜势的某种原型通常披着想象的外衣，例如，它有时是安乐乡（Schlaraffenland），有时是与巨龙的搏斗（圣·乔治、阿波罗、齐格弗里德、米歇尔等），有时是想要杀死年轻的太阳的冬天恶魔（芬里厄①、法老、希律王②、格斯勒③等）。

与此相似的原型是被巨龙拘禁的纯洁无瑕的少女的解放（珀尔修斯④和安德罗米达⑤）。如果这是显现最后胜利的前室，那么这是龙的时代，龙的国度自身（埃及、迦南、耶路撒冷开国之前的反基督帝国等）。占有原型最高乌托邦地位的乃是《费德里奥》最后一幕的小号信号，简约为宣布拯救的那首《莱奥诺拉》序曲，大臣（他代表弥赛亚）的到来体现了复仇和拯救启示录的原型，例如，古老的暴风雨和彩虹原型。

是的，马克思的下述一段话也强调了与此密切相关的、某种十分具体化的古老的原型："一切内在条件一旦成熟，德国的复活日就会由高卢雄鸡的高鸣来宣布。"⑥从这一事例中，我们注意到纯粹内在的东西：原型方面的乌托邦要素根本没有固定在太古之中，相反，借助于一切历史传承中最有用的内容。尤其是，并非一切内容都具有太古的起源，有些原型从创建起（ab origine）就浮现在历史中，例如，巴士底狱废墟上的舞蹈，这是重新被把握的原始图像，通过崭新的内容，这幅图像脱离了有福的

---

① 芬里厄（Fenriswolf），北欧神话里的一头巨狼，身体像天一样高，拥有连神也惧怕的锐利牙齿和怪力。——译者

② 希律王（Herodes），《圣经·旧约》里的著名暴君、罗马的帮凶和傀儡。——译者

③ 格斯勒（Geßler），1470 年任奥地利驻瑞士地方总督，以残暴著称。参见席勒：《威廉·退尔》。——译者

④ 珀尔修斯（Perseus），希腊神话中的英雄。——译者

⑤ 安德罗米达（Andromeda），希腊神话中的埃塞俄比亚公主。——译者

⑥ 引自马克思《〈黑格尔法哲学批判〉导言》，此处"高卢雄鸡"指称法国，引文意思是法国革命是德国革命的先导。——译者

人的古代轮舞。因此,与此相关的贝多芬的第七交响乐并没有涉及任何最初的舞池即常春花草地,而且,与纵酒宴乐的春天的节日和狄俄尼索斯的节日格格不入。在历史的变革方面,即使是清楚地显现历史根源的原型也拥有新颖的、变化无常的内容。如果没有“巴士底狱风暴”,《费德里奥》中的小号信号就不会具有如此扣人心弦的、真正的作用。巴士底狱风暴恰恰构成《费德里奥》的直接模型和持续不断的背景。借助于此,暴风雨原型和彩虹原型与信号和拯救发生联系,由此经历某种全新的根源:这种原型从星相神话踏进革命历史。尽管这是一种原型,但它显得没有一丝太古的痕迹。

因此,最终一切原型并非都仅仅是古代经验的压缩图像。从原型中,一再出现某种幼芽,而这种幼芽不断增加原型的现存内容。只有在历史中,古老的原型才重新获得乌托邦的突破,这正是业已改变的原型职能,进言之,这种焕然一新的职能精通**古代原型中与世隔绝的希望的解放**。

如果原型完全是退行的,而乌托邦完全是回溯原型的,那么就不会存在任何临近乌托邦的原型本身,就不会有任何向前的、借助于古老象征而允诺光明的文学作品。于是,想象似乎具有退行性。

必须把想象规定为一种前进性的想象,以便提防源自古代神话想象根据的一切图像、比喻和象征,因为这种想象本身只具有“中学智力”①(Realshul-Intellekt)水平。因此,这种低水平的想象一旦失去梦,它就违反自身。

但是,《魔笛》无疑是一部人道主义化的幻想作品,它使用几乎纯粹的原型比喻和象征:引导者和僧侣王、自然帝国、光的帝国、水与火的实验、笛子的魔力、变成一轮火红的太阳等。这一切都具有比喻和象征的特点,从而显示作为可利用的东西服务于启蒙精神。在莫扎特之前,还

① 此处所谓“中学”是指撇开可能性和未来之梦,而仅仅考虑当下现实的学习场所。——译者

没有人在充满比喻和象征的大厅里，热情歌颂伟大的人类之爱。是的，在莫扎特的童话音乐中，这种启蒙精神作为反恶魔的寺院出现，给听众的心灵以真正的回家之感。

因此，创造性的和乌托邦的功能同样从绝对有效的过去的东西中抽出某种图像，尽管在这些图像中充满着各种魔力，但只要它们还具有意义双关的未来能力，它们就为乌托邦的创造功能所吸取。为了表达依然存在的东西，乌托邦的创造功能把这些图像变成有用的日出（Sonnenaufgang）。这样，乌托邦的功能不仅发现作为属于自身的乌托邦的剩余，它也从意义双关的原型深度中取回与自身有关的某种要素。这是对位于古代中的、尚未被意识到的东西和尚未成功的东西的预先推定。对于某种辩证的原型本身而言，我们可以形象地说：在此，沉入海底的铁锚也是希望之锚。沉没的东西可以包含扬帆启程的航船之意。的确，如果原型明确地转入反正都是按照自然来加以塑造的那个**类似客观的暗码**（objekhafte Chiffern）中，那么被标明为二重本质的同一要素，亦即能够成为乌托邦的东西就不仅表明自己，而且最终证明自己是可靠有效的。因此，乌托邦的要素存在于数目众多的、压缩的比喻（静静之水深不可测，一切高处皆寂寞等）之中，存在于暴风雨和彩虹原型之中，同样存在于魔笛之光和太阳图像之中。

这种类型的原型绝非单纯地形成于人的素材，既非形成于太古，亦非形成于后来的历史。毋宁说，这些原型显示出一部自然本身的二重文字，因而它是某种现实暗码（Realchiffer）或现实象征（Realsymbol）。作为某种自身对象意义的象征，现实象征还遮蔽在现实客体之中，因而它并非仅仅是代表人的理解的东西。所以，现实象征是对客体本身中尚未显现的“已成物”（Gewordene）的表达方式，但也许是在客体中并通过客体所意味着的东西。为此，人的象征图像仅仅代表性地描摹现实客体。运动路线（火、闪电、音响震动图像，等等）、出色的客体形态（棕榈形式、猫形态、人的脸蛋、埃及的水晶、哥特式的森林风格）使这些现实暗码清晰可辨。这样，鲜明刻印的世界部分就显现为类似客观类型的象征群，而与此有关的数学和哲学还稳定地发挥作用。

在这方面,所谓“形态说”(Gestaltlehre)只不过是一幅抽象的漫画而已。因为现实暗码不是静态的,相反,它处在紧张对峙形态之中。这些暗码是倾向性的过程形态,尤其是,在这条道路上呈现出象征特性。诸如此类的形态说都与类似客观的和乌托邦的形态说毗邻,因而最终都与被遗忘的(毕达哥拉斯)问题,即某种质的数学、新的量的自然哲学问题毗邻。然而,在此,已经表明了类似客观的原型。作为转入现实暗码的原型,这些原型见之于自然这一巨大的遗物(Antiquarium)中,更具体地说,见之于形态化的人的作品之中。但问题是,这些原型只有通过乌托邦的功能才能得到澄清。在人类历史中,原型总是拥有最切近的生存。只要原型还能够是自身所是的原型,它就载有某种乌托邦的简明装饰。乌托邦的功能从过去中,从反作用中,同样从神话中夺取这一部分。这样,一切改变了用途的功能都指明尚未偿清的原型,直到将其改变到可认识的程度。

乌托邦的功能与理想的相遇[①]

某种开放的目光转向自身,从而经受住考验。从青年时代起就很少离开过视野的某一目标浮现在眼前,这目标不在手边,但它要求或带给一线光亮,并作为某种任务或瞄准点起作用。如果这一目标看上去不仅是愿望价值或追求的价值,而且干脆包含着某种完满性的东西,那么我们就称其为理想(Ideal)。无论是否到达,无论是否荒诞怪僻或客观上意味深长,每一个目标都必须首先在头脑中加以想象。

但是,由于强调完满性,对理想目标的想象恰恰区别于对一般目标

① 在本节中,布洛赫主要探讨西方哲学史上的理想特征。通过对比分析理想与乌托邦,布洛赫凸显了乌托邦要素,并简要概括了康德、黑格尔的美学理论与理想的关系。——译者

的想象。就“理想”而言,没有什么东西是可以讨价还价的。在其他情况下,所谓积极的努力、强烈的意欲是可以放弃的,或者,由于经验上令人信服的反对理由,一旦想象入侵目标想象,人们就在经验上聪明地转移这种努力和意愿。与此相比,对理想的目标想象作为某种坚持不懈的东西发挥作用,根据理想的意志决断是不可取消的。如果这种决断得不到实现,它就依旧是决断本身。因为理想事实上是不可放弃的,正因如此,一旦理想得不到实现,就伴随着深深的内疚,至少伴随着某种挫折感。人们所想象的理想的对象,即关于理想的对象,就这样作为强有力地推动要素起作用,看上去,它好像具有某种独特的意愿,它向人们发出强有力的命令:应该如此。

一般的目标想象(Zielvorstellung)以及理想想象(Idealvorstellung)表明某种价值的特性,而且从这两种想象中都可以发现单纯的价值幻象。但是,在一般的目标想象中,这种幻象在经验上是可以纠正的,而在理想中,这种幻象却是相当难以纠正的,因为这种幻象是一种物化的要求。如果某一对象显得过分理想,那么就会导致自身强求性的后果,即这种令人迷惑性强求的魔力也许只有借助于灾难才能得到某种治愈。此后,这种理想对象也就归于消失。对于爱的偶像崇拜往往导致不幸,究其原因,恋人执迷不悟,继续为识破了的异性对象所迷惑。有时,在经历了经验上的灾难之后,幻象性的政治理想也继续起作用:人们依然相信自身的理想不是虚幻的东西,而是真实的东西。这样,从理想图景中引起一种固有的力量,但是,这种力量借助于无数黑暗的动力来贯彻关于某种完满性的明亮而成熟的信念。因此,按其不自由的、幻想的方面,理想图像能够包含诸多虚假的意识、古代的潜意识。在弗洛伊德意义上,这样的古代潜意识已经实现为被压抑的无意识,而在阿德勒的权力心理学中,这样的意识则涉及到过度补偿的核心理想图像。

在弗洛伊德那里,由于来自自身的所有威胁和“应该”(Sollen),理想图像这一超自我的根源以及超自我本身继续发挥“父亲”的作用。自我对超自我的关系就像孩子对父母的关系一样。父母的命令一般长久存在于理想自我之中,亦是每一个理想的命令,当孩子长大成人后,这种命令就作为良知行使道德审查作用。因此,这一理想理论仅仅向后倒退到父亲立场那里去,从总体上看,这种理论只不过是充分钻研父权制时代和专制时代而已。因此,在弗洛伊德那里,一切没有威胁的东西、一切理想的闪光特征都统统被删掉,而且,这种理想只不过是全然被限制为道德的东西而已。

阿德勒的过度补偿理论试图说明这种闪光的特征,但是,这种理论同样仅仅考虑到可以克服核心理想的东西,并且指向从前的"矮人状况"。在此,核心理想或个人性格理想绝非某种记起的、压入的目标,而是某种相对自由选择的目标:人的结局在于,为了达到过高评价的感觉,把性格面具变成理想面具。当然,按照这一理论,一切理想图像最终都重新被限制在道德的东西之内,最终被限制在个人的虚荣心之内。因此,在他那里,更加客观的理想,例如艺术理想是完全缺乏的。对真正的生活方式的二者择一,这一理想渊源于前资本主义时代,但是,在这种纯粹的竞争心理学中,甚至诸如寂寞或友谊、"积极的生活"(vita acativa)或"沉思的生活"(vita contemplativa)等生活方式都没有一席之地。同样,理想状况、理想风景等局限在纯粹的个人核心图像之内,从而停留在非概念化和无家可归状态之中。

这样,弗洛伊德和阿德勒仅仅使人可以辨认出以理想图像为基础的魔力:在弗洛伊德那里是父亲魔力,在阿德勒那里至少是自卑感的魔力。而且,在此也没有开放由此通向剩余特点和剩余图像的行军路线(Marschroute)。在弗洛伊德和阿德勒那里,一切都停留在"应该"上,从而具有生成意愿的想象的目标图像多半变成了可望而不可即的东西。

然而,高瞻远瞩的意志在任何地方都不会耗尽。理想图像绝不会局限在"应该"(Sollen)和"魔力"(Bann)之内,此外,这种图像拥有自身更自由的、更明亮的侧面。当然,理想的这种更明亮的侧面同样显示出强烈的否定性:补充性、退色性、抽象性等。对此,人们在19世纪就谈到了理想的虚假性。但是,理想的明亮侧面与理想图像的幽暗的、不祥的契机毫无关系。特别是，与自上而下的“应该”、魔力、超自我、反对创造物的转变等完全无关。在此，进行引诱的毋宁是高悬的**完满性**(Vollkommenheit)本身。

白日梦的自由特征恰恰在理想的这种更明亮的侧面上流露出来，特别是，当白日梦相当无限地进行时，这种更明亮的侧面就像行驶终点站一样，一览无遗、赏心悦目。当然，有时驶向理想的实际行驶本身全然没有着手，或者这种行驶仅仅停留在自身的图像上，即作为“驶向塞特拉的航船”而存在，此外，这种行驶还满载着纯粹性爱的理想。然而，白日梦总是想要达到终点，并且把这种终点把握为完满性。因此，现在人们不仅更容易感受到完满性，而且更饶有兴趣地想到完满性。因此，理想比意识形态和原型更清楚地概念化(意识形态自然有其特点，那就是掩盖感兴趣的一切)。

现在还没有诸原型的规定和目录，与此相比，有好多关于理想的规定和目录。理想无所不及，向下延伸至理想的家庭主妇、理想的巴赫音乐男中音等等；向上延伸至至善的理想等等。既有真正生活的核心理想，又有与此截然对立的理想；既有从智者、苏格拉底到伊壁鸠鲁①、斯多亚学派的丰富而细腻的某种价值评价理论，又有某种理想标准理论。

在康德那里，理想，即最后终点的压迫以及希望向四面八方显露出来。康德把哲学家称作教导理想的教师，把哲学称作理想中的一种传授。在道德法则的绝对命令中，理想重新作为压迫(Druck)乃至攻击显现出来。在这个法则中，要求受到尊重的人的尊严与一切自然的动力是相对立的。但是，在康德那里，理想显现为最后的方位力量，这样，这种力量并不是自己要求，而是被要求，而且处于无条件的前提性的三位一体之中：自由、不朽和上帝。同样，理想作为希望显现，即作为实践理性

① 伊壁鸠鲁(Epikuros，前 341—前 270)，古希腊哲学家、无神论者，伊壁鸠鲁学派的创始人。伊壁鸠鲁进一步发展了阿瑞斯提普斯的享乐主义(Hedonismus)学说，并将之与德谟克利特的原子论结合起来。他的学说的宗旨是达到不受干扰的宁静状态。——译者

的真正的至善显现。于是。理想应当是美德与内心幸福的有机联系,是某种地上神的王国(尽管总是仅仅近似地)的实现。此后,在康德的美学中,理想重新出现了。这是一种合乎自然规律的完满性的理想,也就是说不包含至善的理想,在这种情况下,美学理想十分富于启发性,从而与道德压迫和理想是截然不同的。康德回避了艺术中的道德理想,因此,艺术中的所谓"应当如此"无疑是十分幼稚可笑的。诚然,存在某种惊人的伦理学,但是,如果存在与此相称的美学,那么这种美学只不过是某种好为人师的美学而已。

康德不想要训诲式的美学,在他那里,艺术天才与自然的冲动发条以及人的道德性并不发生对立或冲突。恰恰相反,天才正好授予"作为自然的规则",天才乃是一种"像自然一样起作用的某种智力"。根据美学理想,康德把一切美化行为界定为"某一个别现象中一种理念的完美体现"。在康德那里,恰恰根据不同的层次,尤其是根据魅力和星光考虑到了作为某种未来希望的多种多样的关系。尽管如此,康德的所谓完满性概念与那种形式的、抽象而激进的理想学说相去甚远,不可同日而语。①

此外,他的诸如"某一个别现象中包含的一种理念的完美体现"一类的美学观点,已从某种形式的理想转变为客观理想主义。因此,这一理想概念最终与亚里士多德的理想概念相一致:例如,亚里士多德从柏拉图的"在一切现象之上都有种类形式"这一命题出发,把理想概念变成"一切现象之内都有目的形式或隐德莱希②"。

由于阻碍性的额外原因,内在于个别事物中的隐德莱希并不能充分

---

① 康德分别从伦理学和美学角度考察理想,而布洛赫对康德的艺术理想提出了部分质疑。在布洛赫说来,如果艺术理想仅仅被解释为"无目的的合目的性"(zwecklose Zweckmäßgkeit),那么未来的希望等于孕育某种脱离价值的艺术作品。——译者

② 隐德莱希(entelechieia),字义上指"内部包含某种目标的东西",在亚里士多德那里,它是使有机体自我发展的内在原则。自文艺复兴之后,这个概念为莱布尼茨和歌德所接受和发展。——译者

地显示出来,在亚里士多德那里,这一点通过雕刻作品,通过文学作品而变得清晰可见。这样,美学的理想描绘就变成这样一种东西,即以模仿的形式出现,同时又按照隐德莱希得到美化。也就是说,美学的理想描绘必须表现出按照事物本性所发生的东西。因此,亚里士多德的话十分有名:"戏剧与其说是历史写作,不如说是哲学写作。"

最终,这是推至终点的美学理想的完满性特点,而这一特点正好把叔本华、黑格尔的美学观点与康德的美学观点——"某一个别现象中的一种理念的完美体现"——衔接起来。叔本华对亚里士多德说了许多话:"自然力表现意志的客观性,根据有机体或多或少克服这种客观性的深度层次,有机体到达自身理念的完满性或不完满性,这就是说,有机体或近或远地位于自身种类中应归于美的那种理想之中。"此外,叔本华以鲜明的笔触描述了静态种类界限之中乌托邦的功能:"惟其如此,天才的希腊人才能发现人的种类的原型,进而将它制定为学派规范,设置为雕塑品。同样,正是由于这样的预先规定,我们才尽可能描绘个别地、实际地获得成功的自然之美。这种预先推定就是理想。对于艺术而言,只要这种理念以下述论点为前提,它就是行得通的,即如果理念本身通过自然而弥补性地迎合后体验地(a posteiori)给予的某物,那么这种理念至少一半是先验地(a priori)可认识的。"①

黑格尔让理想仅仅出现在艺术之中,而根本不让理想出现在日常现实之中,至少不让出现在政治的和社会的领域里。在此,只要他是复辟时代的哲学家,理想对他来说仅仅是某种想象的完满性的妄想而已。与此相比,对于他来说,艺术作为沉思的形象绝对是关于根基(Substrat)的理想,它具有东方的和象征的、希腊的和古典的、西方的和浪漫主义的特性(名誉、爱、忠诚、冒险、信仰等)。而且,艺术的美学显现更清楚地表明亚里士多德本人记起的隐德莱希:"所谓艺术的真理并非局限在单纯模仿自然上的那种纯粹正确性的问题,而是外部的东西必须与内在性紧密

① 叔本华:《选集》,第1卷,格里泽巴赫版,第207、297页。

联系在一起的问题,而这种内在性乃是在自身之中一致的内在性,并以此在外部中可作为自身而开放的内在性。这样,现在艺术把此在中被偶然性和外在性玷污的东西与有关自身真正的概念有机地协调起来,从而艺术抛弃现象中不相一致的一切东西,并通过这种纯化来清除和创造理想。"①显而易见,在此,黑格尔并没有把理想视为对现实的东西漠不关心的东西,他也没有把理想视为退色的美化工作(例如,骗人地把诗与散文,最终把文化与文明一般对立起来)。相反,在此理想指的是某种更强烈的现实的强度,即在现象过程中,实际预期的当时完满性的强度。当然,在任何地方,黑格尔都没有让这种强度成为真正的"尚未形成的东西"。尽管如此,在黑格尔那里,理想到处都表明比大部分原型要纯粹得多的预先推定:理想不是超自我,不是倒退的父亲魅力,也不是所谓推动人的本质的固定图像,即某种纯粹模仿的过度补偿,而且,在理想方面,乌托邦的功能与其说是自身的炸开(Aufsprengung),不如说是自身的校正(Berichtigung):在世界中,借助于同具体的完满性运动相中介,借助于同物质的理想趋势相中介。在物质的理想趋势之外,内外留下的仅仅是一些巨大的单词:应该、要求、压迫等均属于作为魔力的理想。但是,正如我们注意到的一样,理想在自身的自由和预期的完满性中受到各种威胁:衰退的意志、与现实无关的抽象性、非历史的静态性等。甚至,人们还给理想加上各种谎言,而在19世纪这些谎言带来了作为粉饰资产者的华丽词藻:真的东西、美的东西、善的东西等。

冯塔讷②曾描写过一个出身制刷工,后成为商务顾问的燕妮·特蕾贝尔。通过把一个理想的资产者加以滑稽化,冯塔讷让世人看见了资产者的所有虚伪面孔。同时,冯塔讷还生动地描写了燕妮的全部周围环境:"他们持续地采取自由主义的、多愁善感的态度,但是这一切都是可

① 黑格尔:《选集》,第11卷,第199页以下。

② 泰奥多·冯塔讷(Theodor Fontane,1819—1898),19世纪德国作家,被认为是德国写实主义小说的第一位大师。他的小说蕴含浓厚的理想主义色彩,蕴含唯美主义情愫,字里行间充满着对中产阶级的人道描述。——译者

笑的装模作样。他们所熟悉的政治色彩无非是:金钱第一,除此之外,别无其他。”

在大部分戏剧中,易卜生①都表现了这样一种热情,那就是,大声说出的资产阶级的理想与资产阶级的实践风马牛不相及。《玩偶之家》、《群鬼》、《野鸭》等作品都说明了诸如理想的词句一类的主题的变更。但是,这一点并不影响易卜生把最深刻的、几乎是悲剧性的剧本刻画为喜剧作品。在《野鸭》中,格列格斯·韦勒纯然是堂吉诃德式的人物,他在某个颓废的资产者社会里,徒劳地寻找市民理想。而且,当雷林斯不仅把这种理想称作谎言,还把它称作普通人必不可少的“人生谎言”时,他的犬儒主义绝不仅仅是玩世不恭的,他把后期资本主义理想讥讽为“星期日的眩晕”而已。在一定限度内,易卜生自己相信市民理想,并愿意相信市民理想,在执笔《野鸭》之后,他还试图在戏剧中表现这一理想。但是,在他的后期作品中,这种理想并没有陷入雷林斯式的批判之中。

不论冯塔讷还是易卜生都没有创造新世界,作为替代,他们无情地揭露了理论与实践之间被误解的旧世界以及深深扎根于其中的腐烂的伪善世界。对此,批判的现实主义仅仅满足于洞悉这一点,而不需要任何意识形态研究,更不需要乌托邦的功能。

但是,我们必须通过业已把握的物质的趋势来阐明这一乌托邦的功能,以便认识到理想与自身退色的、资产者的生存是截然不同的,惟其如此,理想才能摆脱迄今自身的全部生存方式,即抽象性、静态性等。首先,摆脱掉诸如此类的抽象性,即突显的、很难一般化的抽象性,无力飘忽不定的抽象性。这种抽象性本质上是形式的,其内容是从实际生活中偷窃的,或者,与实际生活严重脱节,以空洞的大话与实际生活相对立。这样,借助于此,理想无法与任何趋势相中介,而抽象性则导致非辩证法的静态性。

① 亨利克·易卜生(Henrik Ibsen,1828—1906),挪威作家、戏剧家,被认为是现代现实主义戏剧的创始人。——译者

抽象性和静态性仅仅增加价值幻象。现在,这种幻象还受到如下态度的支撑,即把理想搁置一旁,把它等同于永远无法实现的建造。于是,抽象性和静态性一同构成所谓理想原则,但是,这仅仅是语言上的瞄准点,而不是行动上的瞄准点。

在英国,如此偏重形式的态度尤为兴盛,而且这种态度由无生命的标语变成宗教而渐渐转入北美洲。例如,《美国独立宣言》和《美国宪法》就包含了生命和自由的权利,追求幸福的权利,自由、正义、道德和法等原则(Righs of life, liberty and the pursuit of happininess, principle of life, justice, morality and law)。因此,美国的宪法可称作市民的财产(property)原理,当然,这一原理并不是从印度的孟加拉视角阐明的,而是作为不可忘记的根本原理阐明的。然而,这一切现在都处于呆滞的天空中,惟一真真切切的是经济基本原理,由于其他原理的形式上的抽象性和静态性,这一基本原理允许理想内容的一切机会主义,特别是允许自由中的机会主义。理论上,如此获得的理想既不能、也不想取消迄今自身内容方面完全倒行逆施的机会主义。由于自身形式上骗人的共通性,理想无所作为;由于自身无力的呆滞,理想不想有所作为。

首先,在德国理想曾显得多么软弱无力?例如,在路德的德国,行为与信仰之间的双重簿记或二元论就充分体现了这种无力。在加尔文主义的国度,理想至少是某种陈述性的、指向形式民主的东西,但它也很快变成了放弃行为方式的空洞口号。因此,伪善犹如恶习向美德奉献贡品。与此相反,在德国理想如此矗立在世界之上,以至于人们与理想毫无联系,与理想保持永恒的距离。由于这种基准点,遥远的理想之星变得可望而不可即,仿佛这种理想之星并非行动,而是无力而踌躇不决的意欲(Velleität)。由此产生了不断地接近理想的幻觉,换句话说,促使人不间断地追求这个理想。

世界总是停留在邪恶之中,道德取决于遥远的天国,人们连一次也没有渴望过美学理想,而仅仅为其富丽堂皇感到高兴。因此,很容易从无限的意义飞跃到单纯的沉思冥想。因为这种永恒的接近也是沉思冥想[①],理想只因为持续的行为假象,只因为行为的行为而受到干扰,从而成了倏忽即逝的东西(ut aliquid fieri vedeatur)而已。

甚至,当某种具体的理想意义来临德国时,人们也仅仅把实现视点中的理想视为无止境的、未实现的东西的反面,即世界中的总体和平。于是,黑格尔在此离开了康德所谓对理想的无止境的接近,但是他为此也否定了借助于**人的工作**接近理想。根据黑格尔的观点,世界过程本身将自我实现自身所规定的理想目的,而人仅仅是单纯的辅助工具,最终人不过是纯粹的观众,充其量哲学地观看名义上得到实现的理想而已。

因此,这一切观点都把理想视为某种软弱无力的东西:不论"对理想的无止境的接近"(康德),还是"设定与世界一致的某种所谓理想世界"(黑格尔),情况都是如此。这两种观点都把理想视为某种本身业已完成的完满性,从中占主导地位的特性是静态特性(Statik)。[②] 在此,我们必须证实这种完成性的乌托邦的功能。但是,这种证实不同于原型的另一种证实,因为就素材而言,理想与乌托邦的关系比原型亲近得多,当然,这种证实更富于兄弟之争。那种使理想向乌托邦开放的东西正是**在此所指的完满性**及其完全独立的预先推定。诸原型把预先推定的东西包裹起来,因此它必须被炸掉。与此相反,理想则抽象地或静态地表现预先推定的东西,而且,我们只需要校正理想:因为诸原型经常在深渊中,并在太古的某物中显现希望。于是,这些东西就像神话中沉没的珍宝一样。在"施洗约翰节"[③]那一天,人们把它挖掘出来,置于阳光之下。与此相反,从一开始理想就在大白天,在向上延伸的拱顶上显示希望。在寂

---

① 在此,布洛赫带着讥讽的口吻,批判了康德的"理想"概念。——译者

② 在布洛赫看来,康德和黑格尔都倾向于把理想的特征归结为某种"终结的完成性"。为此,他主张必须摒弃这种静态特征,寻找理想中的动态特性,并赋予这种特性以乌托邦的功能。——译者

③ 施洗约翰节(Johannistag)为 6 月 24 日,据信,这一天人们感受到人生的新气氛。——译者

静的《厄尔普利特之诗》(Orplidvers)中,默里克不无道理地对大部分原型做了革新:“太古之水/新鲜地涌现在你的臀部的周围/孩子啊”。[1] 与此相反,某种理想的出现本身具有决定性的白昼呼唤(Tagruf),从布朗宁的[2]《皮帕走过了》中,我们可以读到如下诗句:“你的时间之流,长长的、蔚蓝的、明澈的、节日般奔腾的河流,强大的河流,我感受到保护地球、赐福地球的祝福,一切随心所愿。”的确,也存在一些没有栖息于深渊的原型,在这方面,“巴士底狱废墟上的舞蹈”就是最有力的例证。恰恰相反,诸如伊西丝–玛丽亚[3]一类的母亲形象的原型就同时深深植根于理想的原型之中。

然而,从总体上看,理想完全活在前线上,这一点如此明显,以至于理想的完满程度显得与其说是处于沉没状态之中,不如说是处于遥远的地方。乌托邦理应所处的孤立之岛,也许就是一个原型。但是,从中发挥强大作用的是,人们所追求的完满性的理想,即作为自由的或有秩序的人生内容的展开。因此,就像在乌托邦本身方面一样,在理想方面,乌托邦的功能本质上在同一路线上得到了证实。正如我们注意到的一样,在这条路线上,乌托邦的功能与世界之中物质的理想的趋势(Ideal-Tendenz)实现了具体的中介。理想的东西绝不能通过单纯的事实加以纠正或校正。恰恰相反,理想的本质就是与单纯的、事实性的现成物总是处于紧张对峙的关系之中。所谓物化的、固定的事实具有抽象性,相反,所谓理想的东西具有具体性,如果有点用处的话,理想的东西就是与世界

① 引文见之于默里克《维拉斯之歌》(Gesang Weylas),全篇为:“你是厄尔普利特,我的国度!/阳光远远地普照/从大海的深处,你的别样的海滩蒸腾/浓雾笼罩,湿润诸神的脸庞/太古之水/新鲜地涌现在你的臀部的周围/孩子啊!/在你的神性面前,诸王弯腰屈服/他们是你的看护者。”参见爱德华 · 默里克:《选集》,两卷本,第 1 卷,慕尼黑,1976 年,第 724 页。——译者

② 罗伯特 · 布朗宁(Robert Browning,1818—1889),英国维多利亚时代最杰出的诗人之一。他的诗善于运用戏剧独白来描写人物,语言真挚,富于感染力。在此布洛赫所引他的诗《皮帕走过了》(1841)就是一篇戏剧独白形式的叙事诗。——译者

③ 伊西丝–玛丽亚(Isis-Maria),埃及语中叫做阿赛特(Aset),是古埃及的母性与生育之神,九柱神(Ennead)之一。——译者

过程有着密切的联系。如果理想的东西是具体的，那么它就拥有其预先推定的能力，从而与趋势－潜势的客观的希望内容发生某种关联。正是这种关联使**作为典范的伦理理想、作为前假象的美学理想成为可能，而这些理想恰恰预示某种实现的可能性**。于是，这种由乌托邦的功能校正和建立的理想就统统具有某种与人相称的、展开的自我和世界的内容。

因此，最终可以把全部理想的本质概括并简化如下：理想就是总体地**转向"至善"这一基本内容**。与理想为伍的正是这种至高的希望内容以及用作目的之手段的所谓可能的世界内容。因此，存在理想的某种等级，而且某个低级理想可以为高级理想作出牺牲，借助于此，在实现高级理想中，重新萌生低级理想。例如，在政治和社会领域里，向至善的最高转变乃是无阶级社会，所以，为了这一目标，平等一类的理想就位于中间关系（Mittelverhältnis）之中。尽管自由的含义多种多样①，但自由和平等从政治和社会的至善达到自身的价值。

这样，对中间阶段理想（Mittelideale）的规定并非仅仅是内容上的规定，相反，这种规定根据最高目标的内容要求而呈现出各种各样的面貌，也许，时间上还不得不改弦易辙。同样，在美学领域里，向至善的最高转变乃是某种人性完满世界的内在前假象，因此，一切美学范畴都与这一目标相关联，并且最终转变成"为了精神的艺术"（l'art pour l'espoir）的范畴。在理想中，对邪恶形成了的既定世界的主体答复要比在原型中发出更嘹亮的声音，这声音乃是针对不可企及的类似趋势的答复，是对人性的和与人相称的东西的答复。

马克思曾说过："工人阶级不必实现任何理想"，但是，这种反命题的言论绝非指称实现类似趋势的和具体的目标，而仅仅指称与历史和过程毫无相干的抽象了解的理想。马克思和列宁所主张的社会主义即使在其初始阶段也表现为一个具体的理想。这种理想有计划地推广团结互助，而不是抽象的概念。

---

① 关于"自由"的多种含义，布洛赫在后面的《自由与秩序》中予以详述。——译者

政治上最高的理想正是自由的王国。作为“善”的总和,自由的王国对于迄今有意识建立的社会来说是十分陌生的,因此,这种王国作为最具体的王国构成历史的目的性(Finalität)或世界历史的最后一章。因为反对善的总和的某种东西,或作为其他可能的抉择的徒劳并非这种历史的最后一章,而是对历史的删除,亦即并非目的性,而是通往混乱的起点。要么在过程中,不论人类付出多大努力,自由的王国都归于没有背景的灭亡;要么在过程中,借助于人的劳动,理想的现实主义开始运作。除此之外,并没有被赋予第三种可能性(tertium non datur)。

但是,乌托邦的自由功能包含着自身活动和自身特有的理想,在黎明中,在世界过程的前线上,这种功能通过现实的可能性发展尚未形成的“作为理想的存在”(至善),形象地促使其自由自在。

乌托邦的功能与比喻和象征的相遇①

现在依然剩下某种惊愕的目光,这目光尚未得到明确的证实。在此,尚未明确的东西不仅意味着自身特有的事实,而且从中同时意味着某种别的事实。如果这种尚未明确的东西以富有诗意的语言出现,那么这种语言的词汇就肯定是特别感性的和当下的。然而,这些词汇就像在大厅中发出的声音一样。格言早就表达多层次的、意味深长的东西,只要格言是用比喻解释的,它就偏爱这种东西。例如,“静静之水深不可测”这一格言已经是某种比喻性陈述,而且在伟大的诗意比喻中越来越形象化了。

伟大的歌德曾经说过:“诗是被描画的玻璃窗”②,这一比喻句隐秘又

① 在本节中,布洛赫重点探讨了比喻、象征的特征以及其中所蕴含的乌托邦的功能。按照他的理解,比喻本质上属于具有多样图像的艺术领域和多神论领域,相比之下,象征属于艺术中的伟大单纯性以及宗教中的一神教或一神论。——译者

② 参见歌德的早期诗作《不耐烦》(Ungeduld),第2节,第1行。在此,歌德对比分析了艺术家的艺术态度与大众的艺术态度:前者是从教会之内向外看,后者则是从教会之外向里看。歌德:《选集》两卷本,慕尼黑,1981年,第140页。——译者

清晰地表达了固有事实的意义,同时又最好地描绘了某种别的东西。这样的句子乃是一个完美的比喻(Allegorie),当然这种比喻本身并非重新受到某种尚未明确的东西的牵连,因此,没有一个比喻又能够是完备的。因为按照定义,比喻总是多义的,这意味着比喻在对象方面所选择的自身清楚的譬喻(在此,歌德的"被描画的玻璃窗")本身绝不是一清二楚的。实际上,对象本身包含着好多意义,而且不可比拟地与诗作联系在一起,尤其是在与诗作联系中,在透明关系中,在黑暗与光明之间,对象总是预示着某种意义,并且继续延续其他的意义。因此,没有一种比喻是完美无瑕的。

如果比喻真的是完美无瑕的,那么比喻的继续关系(Fortbezug)就不是纵横交叉,但又在同一路线上一再寻求其他意义的东西。换言之,在这种情况下,这种陈述就不是比喻的,而是象征的。如果这是象征性陈述,那么即使这种陈述的意义达到了完美的程度,它也停留在事实上尚未明确的某种状态上。也就是说,象征的意义处于某种显露中的遮蔽状态中,亦即处于某种总是遮遮掩掩的东西的显露之中。与这一象征特征相对照,比喻拥有来自不确切性的这种丰富意义。

因此,比喻的譬喻类型恰恰位于既稳定又浮动的象征背后,而且返回到象征关系的统一之点(Einheitspunkt)。但是,关于比喻与象征的区别不可与其他的价值区别混为一谈。大约从一个世纪以来,人们就以十分错误的方式理解比喻与象征的区别。按照这种理解,比喻仅仅由感性化的或感性装饰的概念组成,而象征则永远建立在所谓直接性的基础之上。或者,此后人们就像贡多尔夫①一样,随心所欲地勾画整理歌德的文学作品,十分愚蠢地表达说:年轻的歌德象征性地陈述了"原始体验",而晚年的歌德只会比喻性地再现所谓纯粹的"教养体验"。

① 弗里德里希·贡多尔夫(Friedrich Gundolf,1880—1931),德国文艺学家,自 1920 年起,任海德堡大学文学教授。按照他的文艺观,作家与作品是高度统一的,伟大的作家本身具有"客观判断"这一试金石。在伟大作家的作品中,象征形态构成艺术的绝对形态。——译者

不仅在歌德方面,这种价值区别是无意义的,而且在总体上,这种区别伴随着传统的错误理解。自浪漫主义以后,比喻才为人所用。借助于这种明智的、缓和的半截子比喻,比喻只配说明单纯的比喻插图,例如,在洛可可时代[①]和路易十四时代(作为美德、真理、友谊等),人们仅仅意识到了比喻的诸现象而已。与此有关,实际上对比喻的浪漫主义贬低缺乏现实比喻的熟练知识,例如,带有自身标志性放荡生活的巴洛克比喻、中世纪比喻,早期教父学比喻等。

在兴盛期,比喻绝不是概念的感性化和抽象性的装饰。相反,这个时期的比喻试图借助于其他事物的意义来重温某一事物的意义,而且,比喻建立在与抽象性正相反对的基础上,即建立在原型基础上,而这种原型就以自身的意义形态把各自的譬喻部分有机地统一起来。同样,在象征和比喻中,原型奠定具有约束力的、居于核心的那种意义的渗透声响(Bedeutungs-Durchklang):这种象征和譬喻不是作为中途的、暂时性的原型,而是作为某种严格一般或终极意义的原型。显然,比喻与象征之间的最后的所谓价值区别,亦即惟一合法的区别并非建立在以固定类型装饰起来的抽象性上,或者建立在肉身的"神的显现"(Theophanien)上。[②] 如上所述(参见第 11 章),我们已经明确地规定了比喻与象征的区别,这就是比喻包含暂时性(Verganglichkeit)的原型,因此,它的意义总是朝向多样性(Alteritas),而象征则无例外地归入**某种意义的一元性**之中。

如果现在追问乌托邦的功能与比喻和象征的相遇这个到期的问题,那么我们就必须在这两种概念中强调**暗码**(Chiffer)这一范畴,即在原型中,被固结的比喻要素或象征要素不仅是**形成某种意义的暗码,也是在对象中真实显现意义的暗码**。照此说来,在各自的个别部分方面,比喻

---

① 洛可可(Rokoko),语源上意指"用蚌制作的美丽的洞室"。从建筑样式上看,洛可可时代指的是巴洛克时代以后以及古典主义和浪漫主义以前的艺术形态。——译者

② 按照布洛赫观点,比喻与象征各自具有不同的内容,因此我们对其无法标明价值等级。比喻要素与象征要素分别存在于原型之中,按其意义,这些要素被区分为大小不等,但无高低之分。——译者

提供某种同样扩展到细节(众多、多样性)上的、被破坏的暂时性意义上的暗码。与此相对,在各自的个别部分方面,象征提供某种细节(众多、多样性)中透明地显现的统一意义的暗码。这样,象征指向某种到来的“必要的惟一性”(着陆、集合等),而不再迂回于暂时性和多义性。因此,这种到达的意向使得象征具有约束力,与此不同,比喻则过分拖拖拉拉,热衷于优柔寡断、彷徨不定。归根结底,比喻本质上属于富于形象的艺术领域和多神信仰的宗教,而象征本质上属于艺术中的简单性,属于一神教和一神论宗教。

现在,象征和比喻必须传达预先认识到的东西,因为这两者本身中,就已经报道指向未来的东西。这既是某种显露的东西的封闭,又是依然封闭的东西的某种显露和开放。因为恰恰在象征中,时代尚未成熟,过程尚未被赢得。在过程中悬而未决的事实(意义)尚未出现,尚未作出决定。因此,在素材本身中,存在某种有牢固基础的乌托邦的功能与比喻和象征的相遇。在此,乌托邦的功能所遇见的东西正是这个客观的意义本身。

我们重复一遍:停留在众多、多样性之中的一切譬喻都体现某种比喻。按此方式,试看下述诗句:“橡树已经穿上了雾衣/一个高高堆起的巨人就在那里/从灌木丛的黑暗里/用数百个眼睛观望。”①然而,这个譬喻说出了统一、核心一般等内涵,从而与最初显现的东西(尽管总是处于无可置疑的包皮之中)相一致,于是,明确地击中了象征性。因此,按此方式,试看下述诗句:“在一切山顶上都有休息。”②以上两种表达方式均属于辩证表达方式,歌德本人也曾把这种辩证紧张的表达方式称作“公开的秘密”。所谓公开的秘密,是指在此期间显露与掩蔽相互交织在一起的、尚未从包皮中取出来的东西。

---

① 引文见之于歌德《欢迎与告别》(Willkommen und Abschied),第 1 节,第 5—7 行。——译者

② 引文见之于歌德《漫游者夜歌》(Wanderers Nachtlied),全诗为:“在一切山顶上都有休息/在一切树梢上/你全然感受不到呼吸/小鸟在树林里沉默无语/只好等待吧/你也会得到休息。”——译者

但是，这样一来，对于从事理解的人而言，由于人的不可企及的理解能力，在客观上一致的一切真正的比喻和象征中，这个公开的秘密仅仅是同一个东西而已，不仅如此，在不依赖于人的外部世界中，这个公开的秘密还构成意义的真正特性。因此，如果说前者是各自现象中意义重大的类型的趋势形态，那么后者则是对世界的潜在核心形象的全部辩证的生活方式和形态的实验。如果把这个世界实际显露的秘密与歌德的现实主义世界加以比较，那是富有教益和启发意义的。

在这个世界上生动发展的隐德莱希全都是许多生动的、类似客观现存的比喻和象征。这些暗码以这种方式存在于现实之中，而这些暗码不仅仅是这个世界的单纯的比喻和象征标志。之所以存在这样的现实暗码（Real-Chiffern），**是因为世界过程本身就是某种乌托邦的功能，而且世界过程与作为实体的客观可能性的物质是结合在一起的**。在此，人们有意识的计划和变化的这一乌托邦的功能只不过是曙光女神的具体体现而已。就像显现世界的曙光女神一样，在一切真正的暗码中，乌托邦的功能显示最向前的、最积极的位置。在漆黑的白昼，一切现实暗码都遭遇并处于世界过程之中。因此，事实上，比喻的形态图像、象征的目标图像实际上指明作为某种譬喻的一切暂时性。然而，作为这样一种譬喻，这些图像本身指明某种固有意义的真正道路。因此，每一个恰当的譬喻同时都是对现实的某种摹拟。这种现实取决于自身的尺度，即在自身的意义方向上充实客观的乌托邦内容，在自身的意义形态上充实现实暗码。

而且，象征与比喻的最后区别在于，象征由此证明自己是从譬喻到譬喻的尝试性的过渡，这就是说，象征是内部与外部的尝试性的同一。在这方面，象征恰恰需要诚实的陈述本身，同一性内容的必要的惟一性（至善）总是在某种神秘的合唱声音中显现出来。不仅如此，这种同一性内容尚未借助于那个适当的叙述性、类似客观的成功（这种成功是世界阐明的边界目标和最后任务）而显现出来。

渴望、预先认识、距离、持续的隐蔽性等正是主体与客体中的比喻和象征的规定。这些规定绝不是永久的类型，而是旨在照亮其中尚未明确的东西的任务。简言之，这些规定乃是旨在不断照亮象征性东西的任务。然而，现实的趋势认识以及其中所蕴含的潜势的确认恰恰会正确评价作为公开的秘密所标明的东西。

16. 乌托邦实现中的图像；埃及的海伦娜与特洛伊的海伦娜

但是，就像光线从乌云中出现一样，
也许从思维中出现精神上成熟的行为？
就像小树林紧随幽暗的叶片一样，
寂静的文字结出丰硕的果实。

——荷尔德林①

梦想要拉长

在我们当中，冲动能指引我们一直向前多久？愿望想要什么，这不单纯是漠然地想要什么，其实，以空虚的心灵感受痛苦是十分罕见的。对于酒足饭饱的人来说，没有什么东西比一块面包更无所谓，对于好奇的人来说，没有什么东西比刚刚读过的报纸更陈旧。然而，这之后一切重新萌发，由饥饿感而开始的愿望绝不是冷却的愿望。不论怎样一种预先描画的安静的愿望的图像，它都偶尔滞留在空中而不会马上烟消云散。对于某一安静愿望的希望和意志继续存在下去，它本身继续存在下去。即使各种可实现的梦安全着陆平坦的大地，那也并非一切都永远停滞不前。经常留下某种剩余。这剩余是轻薄的、空洞的，但是它比肉体更强健，故完全可以觉察到的。一个男子焦急地等待一个美丽的姑娘，他所停留的房间充满着某种温柔的不安。傍晚，最后的光亮令他更加紧

① 引文见之于弗里德里希·荷尔德林的诗《致德国人》（An die Deutschen）。——译者

张不安。可是，一旦他所期待的姑娘踏过门槛，一切都转危为安。那里的一切，即希望本身就不再在那里，希望消失不见了。希望无需再说什么，希望带着现存快乐中沉默无语的遗憾和期待悄然离去。希望与业已成就的完全吻合是十分稀少的，也许从未发生过这种吻合。在心脏狂跳之前，梦中的东西更加美好或者显得更加美好。

心中的不满和其中可隐藏的东西

我们并非总是成功地采摘到来的现在(Jetzt)这一果实。人的肉体是软弱的，但是，经常出现刺激愿望的更细微的原因。状况越好，人们就越充满疑虑。事先附加太多的梦，于是，想象就把现存经验的素材本身消耗殆尽，例如，在爱情中，在一切类型的初恋中。

司汤达①的论文《关于爱》(De l'amour)曾对失败的爱情作出过著名的诊断。按照司汤达的诊断，人的直接幸福仅仅来源于一个地方，在这个地方，男人闪电般地占有女人，即在渴望的瞬间占有女人。于是，只有这一瞬间才担保可靠的爱情幸福：女子的情人根本无暇渴念女人，更无暇通过想象来思念她。是的，为了说明现实背后停留的某种东西，司汤达连想象力的充分游戏也不利用。他斗胆说过这句话："正如一粒热情的种子扎根在心灵中一样，失败的可能性这一种子也扎根在那里。"此外，司汤达冷酷地、令人神经紧张地制造怯场："在胆敢亲密地接触恋人之前，一个男子的爱越崇高，他就越要对自己施加更大的威力。他误以为，他激怒了某种神性一样的存在，因为在他那里，这个存在同时唤起无限的爱和无限的敬畏……现在心灵羞愧难当，并为克服这种羞愧而努力。肉欲受到了堵塞。"与此相比，浪漫主义作家，首先是E·T·A·霍

① 司汤达(Stendhal,1783—1842)，原名亨利·贝尔，法国小说家，代表作有《红与黑》(1830)，按照他的爱情观，所谓爱是某种病态的、失去理智的神魂颠倒。恋爱中的人们往往狂热地美化爱的对象，以此虚构主观幸福。——译者

夫曼对女性更为反感,他极力贬低甚至污蔑女性的天国形象。他们对婚姻的浪漫主义的憎恶恰恰源自这种贪得无厌的、物化的梦。在霍夫曼的《费尔马特》(Fermate)中,一个艺术家就用"魔术已经完蛋了"这一呐喊来表达过度性欲所遭受的惨败。平常用来宣告美妙和庄严之意的内在旋律,由此骤然变成了对打碎的大汤碗的悲叹。

在霍夫曼的《公猫穆尔》中,乐队队长克莱斯勒在同公主的谈话中,说出了同样悲喜交加的内容:克莱斯特称赞那些"真正的艺术家们",因为他们要的是真爱,而不像老实巴交的人那样的同床异梦。但是,艺术家们看上去既没有迷失方向,也没有丧失爱情的能力,克莱斯勒把这些人与宫廷抒情诗人、宫廷歌手、崇拜圣母的艺术家们相比较。关于"真正的乐师",他继续写道:"他们心中珍藏着预定的女士,仅仅为了向她致敬而唱歌、作诗、绘画。总而言之,他们具有最出色的风雅爱情(Courtoisie),可与风流骑士相媲美。"

即使并非克莱斯勒,好多已婚男人也体验到了源自婚姻的爱情的毁灭。但是,在克莱斯勒的预见中,说中了一个现实的音乐家,即最富于浪漫主义色彩的音乐家埃克托·柏辽兹①。这是一座灯光闪烁的华丽舞台,在此,他的偶像发出双重光芒:柏辽兹狂热地爱着一个年轻的英国女演员,她扮演了莎士比亚戏剧中的朱丽叶、奥菲利亚、黛斯德蒙娜等角色,这使她格外光彩照人,借助于此,她拒绝了所有男人的接近。这样,对于柏辽兹而言,她就越发毁灭性地魅力四射了。由于害怕绝望的求爱者寻觅短见,他的朋友肖邦和李斯特一整夜寻遍了圣·康坦区域,据说,有人看见柏辽兹失魂落魄地向那个方向飞奔过去。

几年后,当音乐家一举成名后,他终于赢得他梦寐以求的情人。可是,当自身的偶像成为老婆时,从前如此强有力的爱却通过实现而土崩瓦解了。这种瓦解不仅仅是"打碎的大汤碗"所能造成的。这个夫人与

① 埃克托·柏辽兹(Hector Berlioz,1803—1869),法国作曲家、指挥家、音乐评论家,19世纪上半叶法国音乐最伟大的代表者。25岁与英国演员哈利特·史密森(Harriet Smithson)相爱,6年后与她结婚。婚后9年,两人关系恶化。——译者

在舞台上让少年如醉如痴的梦中形象简直判若两人，不可同日而语。这种体验对希望是不宽容的，但是，希望对体验并非同样是不宽容的。而且，最后的体验让我们大失所望。

失望的第一理由："没有你的地方有幸福"①；失望的第二理由：独立化的梦与海伦娜传说的双重意义②

首先，基本事实在于，现在(Jetzt)和在此(Da)太接近我们。体验行为本身把我们拖延的梦移动到另一种状态，即直接的近处。恰好被经验到的瞬间本身是昏暗的，而且这瞬间具有太阴暗的热度，而且把它的近处(Nähe)变成无定型的东西。尽管现在与在此缺少间隔，彼此处于疏远状态，但它变得清晰可见、一目了然。

因此，实现(Verwirklichung)这一直接体验得以发生的地方，从一开始就比梦的形象更黑暗，是的，有时这种体验荒凉而空虚地起作用。譬如，即使是无边无际的想象之水，也不能完全浇灌借以实现梦的形象的土壤。在想象与现实相遇的地方，可以发生这样的悖谬内容，那就是梦要比自身的实现显得更坚实，至少更明亮。

鲜艳的云彩比灰色的云彩更加亲近地围绕我们。一旦登上山顶，远山的蓝色就地消逝得无影无踪。在童话歌剧《魔笛》③中，塔米诺就像瞥

---

① 这首诗句出自施密特-吕贝克(Schimidt-Rübeck)的《漫游者夜歌》(Wanderer Nachtlied)，弗兰茨·舒伯特曾以此诗为基础，作曲《漫游者》。——译者

② 在此，布洛赫阐明了希望得到实现时所发生的困境。一旦希望得到实现，我们就对所成就的希望的内容感到不满意。在布洛赫看来理由有二：一是，就希望的认识能力而言，与其说是实现的瞬间重要，不如说是实现之前的努力重要；二是，就人的强大动因而言，希望的内容与其说是实在的客体，不如说是心灵的高尚图像。——译者

③ 莫扎特歌剧《魔笛》剧情讲的是王子塔米诺在山中狩猎遇巨蟒追袭，被夜后的三个侍女所救。侍女出示公主帕米娜的肖像，王子一见钟情。夜后送王子一支魔笛，送捕鸟人帕帕吉诺一串神铃，让两人去营救被祭司萨拉斯特罗劫走的公主帕米娜。不过，祭司囚禁公主并非为了加害公主，而是为了公主摆脱夜后的邪恶势力。塔米诺在祭司的帮助下，经受种种考验和磨难，终于与帕米娜结为夫妇，帕帕吉诺借助于神铃之力，也找到了梦中情人帕帕吉娜。——译者

见真实的帕米娜一样，注视萨拉斯特罗城堡画幅上的帕米娜。尽管幸运地喊道："她就是帕米娜！"但他的脑际旋即浮现这样一个疑问，她是否真的是帕米娜，是否这就是塔米诺的思念之歌"这幅画美丽动人"中所表达的那种感情？是否借助于自身的蜡像，在某个十全十美的原作上发现了自身的满足，或者能够发现自身的满足？

正像柏辽兹的情形一样，我们可以把这种蓝色图像(Bild-Blau)与实际发生的两种实验加以比较：一方是充满内心矛盾的莱瑙[①]，另一方是严格遵循基督教精神的高尚学者克尔恺郭尔[②]。尽管两人人生迥然不同，但都经历了海市蜃楼(Fata Morgana)这一同样的爱情灾难。莱瑙有意去往美国，他想到，与其跟未婚妻整天耳鬓厮磨、形影不离，不如劳燕分飞、天各一方，也许能更好地把未婚妻的美丽肖像记在脑海中。但是，在美国，他对单纯的肖像渐生不满，他对她的思念与日俱增，于是他毅然返回家乡。但是，现在却出现了下述诗篇，标题是《思念的变迁》：

我觉得航程多么漫长，
多么忧心忡忡
从辽阔而陌生的海岸
日夜渴望可爱的、遥远的家乡海岸。

终于热切盼望的大地招手，
欢呼雀跃，我奔向珍爱的海滩

---

① 莱瑙(Nikolaus Lenau，1802—1850)，奥地利诗人，主要作品有《诗集》(1832)、《新诗集》、叙事诗《浮士德》(1836)、《萨沃纳罗拉》(1837)、《阿尔比派教徒》(1847)等。1834 年诗人爱上了朋友马克斯・勒文斯塔尔的妻子索菲，毫无结果的单相思使他得了严重的忧郁症，1884 年与法兰克福的贵族小姐马丽・贝伦茨订婚，10 月就在婚礼前夕突然精神分裂。在此后的数年里，他曾多次试图自杀，大部分时间都在精神病院度过。——译者

② 克尔恺郭尔(Søren Aabye Kierkegaard，1813—1855)，丹麦哲学家、神学家、存在主义思想先驱。主要著作有《或者-或者》(1843)、《恐惧的概念》(1844)、《生活道路的诸阶段》(1845)、《哲学片断》(1846)、《恐惧与战栗》(1849)等。——译者

家乡的树木重新披上了绿装
以蓬勃的青春之梦向我问候。

神圣而甜蜜的鸟儿的歌唱,
在我耳畔发出从未有过的美妙音响
当经受了那么多痛苦的思念之后
我多么渴望撕碎心中积压的每一块石头。

可是,当我发现你的时候,一切欢喜
无影无踪,无奈地沉入你的脚下
我心中留下的东西
只有无尽的、绝望的爱。

哦! 我是多么朝思暮想,
重新思念沉闷的海潮的喧响
总想在怒涛汹涌的海上,
只是孤独地与你的美丽肖像交往。①

至此,我们谈到了莱瑙何以无力与现实重逢:在此一旦莱瑙接近帕米娜(理想图像),她就马上崩溃。这种类型的爱具有庄严的虚荣心,因此它所深爱的对象不是某个人,而是关于某个人的自身图像。这种类型的爱是无法经受任何蒙太奇的庆典。

恰恰出于同样的原因,克尔恺郭尔这位彻头彻尾的求爱者也在崇高的人生大海上孤独地与自身的女性图像交往。克尔恺郭尔解除了与他

① 在遥远而陌生的异国他乡,作者把对恋人的爱化作了无比强烈的思念,但是,当他与深爱的女子相逢后,这种思念旋即转变成了深深的失望。因此,作者不得不滞留在大海的客轮上,到处徘徊不定。——译者

的未婚妻蕾吉娜·奥尔森的婚约,于是,蕾吉娜便嫁给了她的从前的追求者。克尔恺郭尔在日记中这样写道:“今天我见到了一个美丽的姑娘,可我对她一点也不感兴趣。没有一个男人会比我更忠实于他的妻子。”

此外,在好色之徒和禁欲者的虚假面具之中,记下了这样的句子:“他正确地理解了要领:必须结婚。”这里正是柏拉图主义最惊人的障碍物:中世纪游吟诗人①的爱情理想以及对马利亚的禁欲爱情。但是,在克尔恺郭尔那里,帕米娜的图像还被迁移到自身类似理念的假象这一图像视域里。

柏拉图主义者、宗教人(homo religiosos)克尔恺郭尔并没有到处拒绝当下,但是,他局限在某种绝对(Absolute)上。正是这一绝对本身保留了当下:“因为面对绝对,只存在一种时间:当下。谁与绝对不一致,谁就无法拥有绝对。”因此,按照克尔恺郭尔的观点,在当下无条件的爱是难以到达的,而且,与此十分相称,他坚信,追随基督教,不折不扣地履行基督教之爱也是不可能的:“自从使徒们开始活动的那天起,不再存在任何基督徒。”不仅在对所谓绝对的关系上,而且在对最近事实的关系上无非都显现出没有视域的内在性而已。这种深刻的丧失感如此强烈,以至于永远都无法消除克尔恺郭尔的窘境:理想注定是无法实现的。在此,当下乃是试验,与浪漫主义的反动使命相称,在克尔恺郭尔看来,在现存社会中,对崇高理想的试验是根本不可能的,这种理想有时只会扰乱现存社会而已。

与当时的社会有关,克尔恺郭尔的理想无疑是悖论,本身毫无革命性而言。尽管本身不是悖论方式,但是,与从前的革命市民阶层本身所提出并放弃的革命理想相比,这种被绝对化的试验疑虑与反动的失败主义是一脉相承的。资产阶级分子只在口头上侈谈自由、平等、博爱,而在实际上“放弃”这些理念。但是,社会民主党同样极度“美化”自身的所谓

① 游吟诗人(troubadour),12—13世纪活动在法国南部的行走诗人,他们出身于贵族、僧侣、骑士、市民等不同阶层,对德国的恋爱歌谣产生过深远影响。——译者

社会主义,以此在社会主义面前打退堂鼓。社会民主党重新把理想社会加以绝对美化,认为要想实现某一理想社会,人人都必须成为所谓“天使”,尤其是从前就已经像天使一样行动。尽管如此,面对“现在”和“那里”,在伟大图像的辉煌灿烂中蕴藏着自身真正严肃的内容。因此,在其他情况下,这种伟大的理想图像一般不可滥用。在一个不怕较真的、进行规划的现实主义者看来,那些可以立即百分之百地付诸实施的东西,那些尚处于“史前史”阶段、在我们还没有完全展开的存在范畴中没有留下什么痕迹的东西,它们很难即刻显现为完美的东西。

事实上,在克尔恺郭尔那里,这种绝对要求正是非浪漫主义的剩余和核心所在,而在莱瑙那里,这种要求甚至变得更加异想天开,更加悲观绝望和无能为力的疑虑重重。于是,在别处的理想剩余就在希望中觉察到**小心谨慎**。[①] 因此,凭借正当和精确性,希望对既定目标抱有最高的良知,并对每一个“大功告成”的浮夸言论表示强烈怀疑。同样,对于一种意识,即对于藐视克尔恺郭尔抽象的激进主义的意识而言,理想总是肤浅地、装饰性地被尊奉为神(Apotheosen)。

在贝多芬的《费德里奥》中响起完美的音乐,特别是,当莱奥诺拉[②]取下弗洛伦斯坦的铁链时响起的音乐,甚至这种超人间的幸福音乐也不能剥夺从前的希望音乐。“那里,停留在黑暗乌云上的灿烂光芒照亮我。”早先莱奥诺拉在深夜里所唱的这支歌表达了某种特有的幸福:“来吧,哦,希望,不要让疲倦的人们的最后星光变得苍白,照亮我的目标吧。尽管如此遥远,但爱一定会到达。”在欢呼喝彩面前,这一纯粹的希望祈祷音乐永不失去光辉。《费德里奥》以此结束,恋恋不舍地离开我们。

莱奥诺拉的希望咏叹调并没有这样的深度,某一成就瞬间的希望几乎不包含寂静无声的神秘主义。诚然,在实现希望的瞬间,亦即在取下

---

① 小心谨慎(Vorsicht)一词原意为向前看。——译者

② 贝多芬歌剧《费德里奥》中的主人公,此歌剧最初标题为《莱奥诺拉》。关于歌剧《费德里奥》剧情,参见本书第51章。——译者

铁链以后，莱奥诺拉才唱起了这首咏叹调，但这首咏叹调借助于看似开放的空间，保留着一种永不消逝的色彩弧线（Farbenbosen）。因此，与希望亲近，总是困难重重。看起来，希望比希望的实现更轻快、更充实，因为至少所期望的东西即将到来，这是可以预感到的。

第二，梦延伸得太远，响起的声音飞逝，这也造成很大的困难。这是梦中独立形成的生命，意味着一种仅仅增强渴念的生命。这种生命不会死于满足，它不想完完全全地退出自身长久居住的舞台，甚至，当人可以做到与梦的内容和满足看似一致时，也是如此。于是，某种偶像化的东西并不立即下台。

的确，反常现象是可能的：偶像作为惟一的东西凝固在现实之中，而梦的满足恰恰作为幻象起作用。从埃及的海伦娜传说中，人们想到了这种反常的动机，即威胁一切愿望图像的独立性。欧里庇得斯①的戏剧就包含着这种独特的、本质上片断式的素材。这种素材理应受到莎士比亚的重视，但事实并非如此，而且，在黑贝尔那里，也未曾发现这方面的素材。最近，霍夫曼斯塔尔②执笔一部歌剧剧本和一篇随笔，但是，如果没有施特劳斯的音乐，这部剧本就意义不大。神话本身就是一种最真实的、最富于意义的生活，人们正是在乌托邦与现实之路上发现这种生活的。

关于神话，霍夫曼斯塔尔这样说道："我们站在埃及或者埃及所属的法老之岛上，站在一座王宫面前。梅涅劳斯闪亮登场，独自从特洛伊踏上归程。几个月以来，他的船迷失方向，四处漂泊，从海滩到海滩，总是偏离归乡之路。梅涅劳斯把失而复得的妻子海伦娜和他的士兵留在一

---

① 欧里庇得斯（Euripides，前 484？—前 406），古希腊悲剧作家，他一生共创作了九十多部作品，《海伦娜》创作于公元前 412 年。与埃斯库罗斯、索福克勒斯不同，欧里庇得斯不是致力于传统神话与古代雅典伦理的关系，而是致力于当时宗教、伦理领域里毁灭性的破坏现象，从而他的作品主题大都是人的灵魂能力所具有的暴力行为、违抗以及与神的冲突等。——译者

② 霍夫曼斯塔尔（Hugo von Hofmannsthalt，1874—1929），奥地利诗人、剧作家，长期与施特劳斯合作，代表作有歌剧《蔷薇骑士》、《埃及的海伦娜》等。——译者

处隐蔽的海湾,孤零零一个人上了岛。他寻求一种忠告、一种帮助、一条神谕,这神谕应当教他如何发现回家之路。正在这时,他在城堡的圆柱拱廊上遇见了海伦娜。但是,她并不是美丽绝伦的、留在船上的那个海伦娜,而是另一个跟海伦娜长得一模一样的女人。她断言,她就是他的妻子,而船上的另一个也许谁也不是,而是一个幻象,是赫拉(婚姻守护神)为了愚弄希腊人而赋于帕里斯的一个假象。为了这个幻想的缘故,人们进行了长达十年的血腥战争,数万最优秀的男子战死沙场,亚细亚的繁荣城市化为灰烬。但是,惟一真实的海伦娜由赫尔梅斯远涉重洋送了回来,并在此王宫度过了漫长的隐匿生活。"①

也就是说,这个纯洁的海伦娜在岛上与世无争、忠贞不渝地生活过。尽管她是最美丽的女性,但她既不为帕里斯所知晓,也不为发动特洛伊战争的人们所知晓。② 她既不是闻所未闻的娼妓,也不是在一切战斗中想起的偶像,更不是获胜者的奖品。幻象的交替来得太突然,偶像的崩溃太广泛,以至于梅涅劳斯无法立刻相信这一点,他也恰恰不愿相信这一点。十年如一日,对特洛伊海伦娜的凝神专注妨碍了埃及的海伦娜。欧里庇得斯也让梅涅劳斯说出了这样的话:"我比你更相信所忍受的痛苦的压力!"梅涅劳斯转身要走,这时船上派来一个信使通知道:在船上人们视为海伦娜的女人在熊熊火焰的烟气中溶解了。因此,特洛伊的娼妓这一纯粹幻想存在以及埃及的贞节女人这一现实都留下了下述疑问:这里是一股灼热火焰的烟气(即使消逝殆尽,也在地下熊熊燃烧),那里则是有血有肉的、惟一真实的存在。事实上,在梅涅劳斯那里,必定不满

① 此处布洛赫没有注明这段引文出处。引文出自霍夫曼斯塔尔:《埃及的海伦娜》,载于霍夫曼斯塔尔:《选集》,第 31 卷,法兰克福/美因河畔,1991 年,第 218 页。——译者

② 特洛伊战争发生于公元前 1193—公元前 1184 年。关于战争起因,一般的说法是,为了争夺一个叫海伦娜的绝世美女。特洛伊国王普里阿摩斯的次子帕里斯访问斯巴达城时,跟宙斯的女儿、斯巴达国王梅涅劳斯的妻子海伦娜相恋,结果帕里斯将海伦娜带回特洛伊,这对希腊人而言,简直是奇耻大辱。为了一泄心中之恨,并夺回海伦娜,希腊人便在海伦娜的哥哥阿伽门侬率领之下,组织了一支 10 万人的船队开到特洛伊,展开了围困特洛伊城 10 年的大战。特洛伊战争神话来自荷马的伟大史诗《伊里亚特》。——译者

足于那个活着的海伦娜。他同并非特洛伊的海伦娜的那个埃及的海伦娜一道回家,回到斯巴达王宫。

在《奥德赛》第4章里,荷马也描写了这段故事。在他那里,海伦娜与其受到周围人的表扬,不如说受到周围人的责骂,她不过是一个默默干活,一心伺候君王的贤妻而已。在她的性情中,并没有关于特洛伊的任何记忆。诚然,荷马简短而轻快地描写了梅涅劳斯的妻子海伦娜,但这种描写与其表达了他对海伦娜的轻视,不如表达了海伦娜是个无足轻重的人物。荷马这样写道:为了她的充满诱惑的目光(hemeio kenōpidos heineka)的缘故,亚该亚人①不得不进军特洛伊(母狗乃是对娼妓的一个古老比喻)。此外,在荷马的作品中,海伦娜为自身所造成的悲痛而痛哭流涕,她把所有的罪责都推到拐骗她的阿芙罗狄蒂。② 也就是说,在此,海伦娜自始至终是埃及的海伦娜,对战争完全保持距离。人们妒忌梅涅劳斯,因为他受到伟大的爱神阿芙罗狄蒂的庇护,人们祝贺梅涅劳斯,因为他拥有规规矩矩的、深爱的妻子。

然而,如果深入**事实的深层**,就发生这样一种事情:特洛伊的海伦娜或者梦中的海伦娜领先于埃及的海伦娜。在希腊人那里,特洛伊的海伦娜在梦中居住了十年之久,并且他们把梦作为梦中形象付诸实现。但是,事与愿违,后来梦的实际实现恰恰让人感到困难重重,总是残缺不全。这时,留下了闪闪发光的梦的剩余,留下了一团灼人的烟气,海市蜃楼独自起作用。因为对于冒险经历本身来说,与梦的对象不同,梦的实际实现对象是不存在的。业已实现的东西仅仅是某种姗姗来迟的相识而已。不是埃及的海伦娜而是特洛伊的海伦娜促使希腊人高举旗帜进军特洛伊。"戴绿帽子的人",这给梅涅劳斯带来无比的愤怒、刻骨的爱憎,整整十年光景,对特洛伊海伦娜的乌托邦思念使他获得了极其强烈

① 亚该亚人(Achaeer),是古希腊大陆上四个主要的部族之一,另三个为爱奥尼亚人、伊奥利亚人和多利安人,在荷马史诗《伊利亚特》中,亚该亚人也指称希腊军队。——译者

② 《奥德赛》,第251—264页。

的印象。为此，他远离家乡，无数个夜晚扎营荒野，预先享受胜利之梦。

这样，两个砝码，即假相和真相轻易交替：由于这种奇异的窘迫，特洛伊的塞壬①对现实近乎迟钝，而现实几乎成为幻象。于是，与特洛伊上空回荡的塞壬的鸣叫一道，这个世界的罪恶、痛苦，尤其是希望就混合在一起了。撇开特洛伊海伦娜的虚荣和光彩，埃及的海伦娜本身并不具有任何乌托邦的光彩。希腊人怀着某种渴望，为赢得愿望图像而冒险战斗，但是，埃及的海伦娜并未与他们一道航行。在希腊人看来，埃及的现实本是微不足道的领域。即使想象的内容如愿以偿，一旦渴望得到满足，想象也会旋即消亡。想象的最后崩溃现象无疑减弱对实现本身的意识，但并不把这种实现本身相对化。②

埃及的海伦娜可以具有众多名字，这是欧里庇得斯的问题。这个问题不单纯是文学上的、陈旧的问题，它也是一个代理问题。作为目标之梦的物化，至少作为这种梦的类似现实化的继续生活，这个问题继续威胁想象的实现。只要这种全体的实现业已是可能的，那么在每一种实现中就都留下希望的某种固有的要素。希望的**存在方式**不是现存的或**暂存的现实**的存在方式，在一切实现中都留下希望的存在方式及其内容。

然而，当希望不在抽象之中，而在超越自身的具体的延长线时，希望**绝不在**现实中的**客观可能性之外**。确切地说，在海伦娜这个人物中，同样预先包含着这个特洛伊的类似海伦娜的人物。否则，在她身上，希腊人就根本发现不到任何活动空间，就不会如此渴望这个不足为信的女人，更不会把她当作奋斗的目标。进言之，在某一客体上可点燃的蜡像，亦即成就之后的某种期待情绪并非毫无根据地飘荡在空中，相反，它也许停留在有待**进一步解释的、具有现实的和乌托邦的可能性的客体本身**

---

① 塞壬(Sirene)，希腊神话中一种半人半鸟的海妖，以美妙歌声诱杀经过的海员。——译者

② 这段话道出了布洛赫思想的核心。人一旦成就宿愿也就产生某种喜悦和遗憾。愿望的实现之所以令人遗憾，是因为无论在量上还是在质上，客体都远远大于业已成就的客体。尽管如此，也不能把渴望的实现或成就理解为某种无意义的结果。——译者

之中。恰恰在此,意向性内容与成就的东西潜在地达到完全一致。这就是说,在此达到同一的东西与非同一的东西的同一。在此,非同一的东西可理解为对实现保持距离的意向以及希望的特性。但是,所谓"宁静"这一天,那就是埃及的海伦娜也一同享受特洛伊的海伦娜的荣光。[①]

对第一、第二理由的异议:静止状态的奥德修斯[②]

然而,梦绝对不想持续不断地引领向前。背后的冲动不满足于纯然被描画的愿望图像。同样,梦的行为本身也不从事那种仅仅喜欢可期望的图像的梦。做白日梦的人毋宁享受这样一种表象:如果诸如梦的内容一类的东西恰巧变成现实会怎样?因此,主观上已存在这种与梦的物化和希望相反的行为。进言之,这种希望行为并非自己到达某一点,而是在希望这一单词的双重意义上停留在人的内心之中。

与希望行为相反的平衡力量被置于意向行为的事实(Daß)之中,被置于对现实化本身的愿望和意志之中。这种梦本身并没有成为现实,这是一个负号,但是,如果添加肉和腿,它就成为一个弥补性的加号。[③] 众所周知,在愿望成真的地方我们不是由于到达、停顿、实现等的暴力,而是由于未曾梦见过的某些内容剩余而惊讶不已。这时我们就会感到,就像盛开的花朵本身不再结果一样,**能够结出类似果实的花朵不再盛开**。而且,看起来,梦的道路比现在踏成的实际道路短促。因此,现在和这里变得黑暗,甚至有时梦的色彩急剧消退,从而仿佛梦之路和实际之路压根就不存在,好像我们眼下所经历的成就早已完全地(toto coelo)存在于

---

① 按照布洛赫的见解,乌托邦只有排除抽象性,扎根于历史的具体性时才具有真正的意义。——译者

② 白日梦未必总是孕育乌托邦这一指向未来的思维。在白日梦中,既有私人的、一次性的梦,也有从一开始就凝固为一种图像的表象,这种多元性正是白日梦所具有的比喻的特征。——译者

③ 在此,"肉"象征具体性,"腿"象征动态性。纯然被描画的愿望图像并不是实现对象,但是,一旦把具体性和动态性添加到这幅图像上,它就会起到可逆反应。——译者

现实状态的集合状态之中。于是,希望看上去就根本不需要实际存在,而只是对这种匮乏感到失望而已,同样,人的经验对希望也毫不留情。一切花蕾绽放时的初恋情感就属于这种情形。此外,**体验**的转折期、时间的宽度,那种令人激动、攫住人心的相遇也属于这种情感。在这方面,戈特弗里德·冯·斯特拉斯堡①关于伊索尔德的作证始终引人注目,即令人记忆犹新、历历在目:对于绝世美女的描述恰恰令人联想起海伦娜。

> 我从这种妄想里走出来,伊索尔德把它从我这里解除
> 从此,我永不妄想,金色的太阳从迈锡尼徐徐回归
> 在希腊,这种纯粹的光彩永不消逝,只有这里才破晓。

戈特弗里德对伊索尔德的想象是随意的,这种想象既可停留在他心目中的另一个地方,也可转移到自身时代某种人工的超希腊的国度,例如,斯特拉斯堡的大教堂。在同时代观看者的心灵中,过去的辉煌图像已化作这座教堂的碑文。伟大作品的自尊心本身尤其存在于创造者的精神之中,在作品完成之日,旭日东升,光芒万丈,仿佛皇冠金光闪闪、绚丽夺目。

在克洛普施托克②那里,正是在完成《弥赛亚》之后,这一瞬间,即无限地预先推定并取得成功的瞬间才最清楚地显现出来。

> 我终于到达目标,到达目标,我能感觉我在什么地方
> 在整个心灵中生活!(我从人的视角谈论神的事情)
> 有朝一日我们会感受到死而复生的兄弟

---

① 戈特弗里德·冯·斯特拉斯堡(Gottfried von Straßburg),德国中世纪伟大诗人之一,生卒年月不详。1205—1210 年执笔宫廷叙事诗《特里斯坦与伊索尔德》(Tristan und Isolde),约 2 万行,是著名爱情故事的古典文本。——译者

② 克洛普施托克(Friedrich Gottlieb Klopstock,1724—1803),德国诗人,著有叙事诗《弥赛亚》4 卷。——译者

当他到来时,犹如置身天堂。

这一切想象都作为历史的果断能力(historische Geistesgegenwart)无条件地起作用。作为停顿性(Stilliegen),这种能力似乎是全部过去的奥德修斯本身所拥有的特性。克洛普施托克的比喻本身表明了在神秘合一(Unio mystica)中,不可思议地标明那种关于着陆(Landung)的最强有力的实例。在这种比喻中,没有留下任何期待,没有保存任何意向,甚至没有诸如"净心"(sursum corda)一类的宗教虔诚。

在此,同样持续地、反复地出现某种从未消逝的残余,因为所有接触还不是真正的接触,对这种接触的目光仅仅是预视(Vorblick),令人激动的感觉本身仅仅是预感(Vorgefühl)。因此,我们获得了若干宁静的图像,通过这种图像,我们很快意识到现在和这里的黑暗以及业已成就的东西方面梦的色彩的丧失殆尽。同样,当克洛普施托克的创作达到顶峰时,客观上正当化的东西无非是对某一最高瞬间的浮士德式的**预感**而已。

如果奥德修斯继续在航行之中,那么某种停顿状态的奥德修斯就还达不到到达与航行之间的同一性。当然,可到达性以及与到达有关的预感本身是十分重要的,因为这种预感与以实现为目标的、确定实现的那个白日梦的事实趋势及其预先推定的完满性是相称的。也就是说,在此,重新潜入的特性绝不是所谓对理想的无限接近,因为,这是完全不把实现当真的那种踌躇不决。然而,对理想的无止境的接近①既不与纯粹的现在相对立,也不与目标中强调达到总体成功相对立,相反,这种对立乃是过程的无限性,借助于此,我们至少可以眺望预先推定与目标之间的距离。

① 布洛赫拒绝接受康德所谓"对理想的无止境的接近",其理由在于,人的希望不是以实现本身为前提,而是以实现的可能性为前提。按照他的观点,人为实现理想而努力,但这种努力本身不是无止境的。因此,坚持梦就是坚持梦的实现可能性,惟有这种梦的实现可能性才孕育新的渴望以及新的白日梦的动因。——译者

这种真正的预感,即蕴含着某种可获得最终状态的预感无疑充满着惊人的革命瞬间,恰恰通过这种预感,我们最广泛地、最民主地、最人性地成就革命,而这种革命以美好的祝福开始,然后以胜利的庆典收场。但是,在此革命并非在现在的月桂冠上高枕无忧、万事大吉,相反,革命宁愿把"胜利",即十分紧迫的事务首先当作**任务**来理解,**同时把幸运的现在当作未来的信物来把握**。

革命实现最古老的人类希望。正因如此,革命包含着崭新的内容,即革命要求作为自由王国的越来越精确的具体性,而且要求一种驶向这里的开放的航行。惟当把某种存在以及乌托邦本身(从而也包括成功这一还完全拖欠的现实)把握为现在和这里的冲动内容时,才能将这种冲动行为的基本状态,即总体意义上的希望列入现实的成功之内。白日梦世界中的这种意向一直起作用,直到这种可能的满足成为现实为止。任何分期付款都不能使这种满足遗忘殆尽。对于某种单纯预感的人和绝对化都不能使我们忘记这种意向中的铭记(Eingedenken)。因为这种铭记乃是我们冲动之中关于基本内容的铭记,而且,这种铭记甚至还作为根本没有进入意识的东西进入成功之中,正因如此,这种铭记处于乌托邦之中。

在《新约·诗篇》①里,有一句诗描述了这种真挚的铭记:"耶路撒冷啊,我若忘记你,情愿我的右手忘记技巧!"即使刨除宗教的成分,不考虑犹太人流亡之前和之后的反差,犹太人的愿望也不可能完全实现。正因为他们的梦想超出了所达到的程度,所以尚有继续努力的必要。

一座山峰征服了,另一座新的山峰会展现。但是,即使出现"超加"(plus ultra)这一新的生活目标,它也不会使实现削弱,相反,它使对目标的目光变得更敏锐。反正,这种持续的存在,即永不放弃的希望图像就在这一持续的问题中实现并在这个问题的根据中,希望图像拥有自身的根源。

---

① 参见《新约·诗篇》,第137篇第5节。——译者

乌托邦剩余图像的第三理由:实现的疑难[①]

在发生某事的地方,还有留在背后的某物。只要行动者和行动并未付诸实施,它们本身就继续存在下去。这种行动者和行动远离摆脱了自身的那种行为,就像工具远离做好的仪器,或者诗人远离自身的诗作一样。在一切成就之中,即使在看似十分相像、简直含混不清的目标图像中也蕴藏着积极行动的某种片断,无论在质上还是在量上,这种片断都承载某种实现的虚弱。

从量的虚弱中,产生出一种不知疲倦的意志(Wllle),而这种意志无结果地继续工作。但是,罗马人发出的建议偏偏违背这种意志:"把你的手从板上移开"[②](manum de tabula)。从这种质的虚弱中产生这样一种决断,即为了使完成的作品与完满的图像一致,不惜重起炉灶另开张。因为完满的图像与不断增加的工作本身一道成长,所以显得倍加不可实现。在这一领域里,既有失败的根源,也有某种埃及的海伦娜问题。霍夫曼的幻想作品《格卢克骑士》让"阿尔梅达"的作曲家(或者想要他扮演这个疯子)在他死后还要安排"少许公演",以便重新演奏"阿尔梅达",而且以卓越的能力重新演奏他的作品,就像来自梦的王国的作品一样。哲学上,迄今人们几乎还没有足够详细地研究关于**实现行为本身**的量和质的赤字,尽管当我们完成某事时,从中获得了不起的内部的、外部的经验。这方面的一个理由在于,人的行为本身只是到了后来才被意识到。劳动曾被理解为仅仅是奴隶、手工业者的事情,人们只是简短地记录这方面的完成和实现。

在古代社会,创造和认识仅仅被视为某一既定事实的单纯摹写(Abbild),这时,占支配地位的是被动的观看,作品仅仅是这种观看的描

① 在本节中,布洛赫探讨了希腊亚里士多德哲学、德国谢林哲学中隐而不显的"实现"思想。就像灯底下一片昏暗一样,在实现的瞬间,人的认识很难认知乌托邦。即使乌托邦被认知,在它销声匿迹之前,也留下其他新的形态的乌托邦的痕迹。——译者

② 语出古罗马演说家西塞罗,亦即"够了,停止"。——译者

画而已。这一点也具有伦理背景:按照苏格拉底的观点,任何人都不会自愿地作出不公正的事情,因为“善”的知识必然同时规定自身的行为。因此,在此既不存在某种抗拒道德上所指明的东西,也不存在抗拒善的意志。这样,实现具有纯粹被动的特性,从中似乎不言而喻,这一点根本不值得一提,更不必说思考了。

人们对这一固有的、积极的实现行为漠不关心、麻木不仁,而这种消极的态度始终没有彻底地转变。例如,近代被称作工具制作人(Homo faber)、制造者、企业家、生产者的时代,但是,即使这个时代人们对此也没有从哲学角度予以彻底的反省。的确,生产行为仅仅被理解为合理化行为,这就是说,这种行为提供合理主义意识形态(并非泛逻辑意识形态)的某种其他动机,这样,几乎不可能涉及实现的反省问题。

在当时的理性主义时代,人们起初仅仅从数学视角把握生产行为,即仅仅从形式内容上规定和确定生产行为,根据这种“结构”的大量认定,最终生产成了世界图像本身。在康德那里,生产主要被理解为一种形式的概念,亦即根据数学确定方向的形式概念,因此,从中理性制造经验世界。此后,生产甚至被理解为是根据艺术创作确定方向的内容上的尝试。因此,在谢林①那里,生产的自发性不仅给自然规定其法则,而且创造自然,即创造作为有意识的生产性自然。这就是说,自发性活跃自然的自由,调动自然自身的发展。最终,在黑格尔那里,生产才被理解为某种内容上完成的尝试。按照他的观点,生产根据历史及其起源确定方向,借助于此,从“精致的继续统治中的理性”中辩证地产生出世界的全部形式内容。概而言之,这就是关于生产、起源、现实图像的古典唯心主

① 谢林(Friedriuch Wilhelm Joseph von Schelling,1775—1854),德国哲学家,1790 年进入蒂宾根大学神学院学习哲学和神学,成为黑格尔、荷尔德林的同窗好友。早期谢林受雅各布·伯麦、费希特等人的影响,致力于唯心主义自然哲学,1800—1808 年,他转而致力于世界与自我的关系,认为个别的存在由神的绝对存在派生。他的思想深受基督教世界观的影响,前后变化很大,主要著作有《论一种绝对形式的哲学可能性》(1794)、《先验唯心论体系》(1798)、《哲学与宗教》(1804)、《对人类自由本质的研究》(1809)等。——译者

义思维,而且这种思维让人清楚地认识到实现问题。

尽管古典唯心主义者注意到了实现问题,但他们并不比古代哲学家恰当许多。因为,在此,实现问题同样不是显现为某种固有的行为,而是仅仅显现为某种横竖都是展开中的逻辑而已。与现实的基础相似,认识的基础保持不变。因为现实的基础本身只不过是世界思维之内的逻辑的和泛逻辑的基础而已。在黑格尔那里,世界终究是由这种思维组成的。尤其是,尽管有其工具制作人及其哲学的背景,但黑格尔并没有放弃这一古代的被动态度:在某种纯粹公开化的行为中,泛逻辑一再异想天开地想象生产。大凡唯心主义的①思维都耽于沉思冥想。这样,根据每一种沉思冥想的思维,实现充其量是把某一目标理念加以"肉体化",而这种理念反正都是某种存在的、某种所谓完成的东西。就是说,理念的骨骼早已存在,它只是由行动者和进行描述的人赋予血肉而已。在此,所谓"实现"(Verwirklichung)乃是来自事物本身的逻辑结果。

这种观点甚至来自独一无二的哲学家,即亚里士多德。尽管生活在古代,他至少把实现变成了范畴,但他并没有把实现变成问题。他注意到了伴随实现过程的各种各样的扰乱,尽管如此,他所关注的理念,甚至依依不舍的理念就是成为"隐德莱希"②的那个理念,亦即作为这种理念的最独特的事务。根据亚里士多德的观点,实现乃是内在于事物的那种形态理念或隐德莱希的独特自我实现。因此,隐德莱希乃是面向自身实现的能量或动因(actus)。

在这位首次探讨实现的思想家那里,同样表现出非逻辑的东西,例如,排除扰乱作用,试图正确评估遥远的实现比喻等,这些都表现出了某种非逻辑的东西。亚里士多德把现存的、隐德莱希背后留下的实现的部

---

① 这里所谓"唯心主义"系指市民唯心主义哲学。布洛赫对以往哲学持批判态度,因为以往哲学把实现问题仅仅理解为从属于逻辑的概念问题。——译者

② 如前所述,语源上,"隐德莱希"一词来源于"完全所有"(entles echein),意指"实际行动的存在"。在亚里士多德那里,隐德莱希乃是"在质料之中得到实现的形态",作为位于组织之中的力量,它对组织性的发展或完成具有巨大影响。——译者

件归咎于机械质料，特别是把这种“扰乱的附带原因”纳入隐德莱希的目的因之中。按照这种方式，在人世间，发生不确定的东西，在自然中，发生偶然的东西，在历史这一蓄意事件的领域里，发生变化无常的命运。

尽管他的思维带有唯心主义特征，但亚里士多德毕竟对实现问题感兴趣，而且他的思维与《浮士德》中歌德的思维何其相似：“同样，就精神所接受的最壮美的东西而言，总是冲来越来越陌生的素材。”①尽管黑格尔全盘限制了自然中的非-泛逻辑主义因素，但他的思维本身与上述实现问题十分相近。“在具体形态的王国中，这种偶然性乃是最庞大的东西，作为自然事物，它只是直接地被具体化……这就是自然的无力，而这种无力仅仅抽象地保存自然的定义，而且使它面临阐明外部状态的可确定性这一特殊问题。”②然而，在此并没有表明实现问题，也没有内在地提出这个问题，相反，把这个问题当作某种替罪羊予以推卸：亚里士多德把这个问题当作“机械质料”予以推卸，黑格尔则把整个自然本身的外部状态当作“无法解决的矛盾”予以推卸。

但是，蜂拥而至的不正是这种总是越来越陌生的行动者和行动吗？这是一种特殊思维，这种思维可以使实现本身准确表现自身依旧一片黑暗的核心。因此，如果我们不指明晚年的谢林，就不能区别与哲学史的记忆、实现以及弱点有关的问题。

不管怎样，谢林是惟一想使实现问题挣脱整体理性主义的哲学家，但是，为此目的，他把这个问题交给了不可救药的神话学：在他那里，原罪、天使的堕落等都成了神话学的讨论对象。根据晚期谢林的观点，从“什么”(Quid)或合理地可把握的某一事物的本质中，根本不能创造自身的“那东西”(Quod)，或者，根本不能创造事实的存在(Daß-Sein)和出现的根源(Eintritts-Ursprung)。确切地说，理念的现实化乃是自身远古根源之中的个别意志，而且作为“理念的堕落”，这种意志业已发生在神自身

① 参见歌德：《浮士德》，第1部，第634—635行。——译者

② 黑格尔：《哲学全书》，第230节。

之中，即发生在神性根据的深渊或无根基之中。

谢林的论文《哲学与宗教》不仅把逻各斯与创造主结合起来，而且把一种原始犯罪或阴暗而邪恶的个别意志置于存在的源泉之上："一句话，从绝对性到现实性并不存在任何上升的过渡。作为绝对的完全中断，感性世界的根源仅仅借助于某种飞跃才是可以想象的。"①因此，与理念所描述的东西截然不同，谢林实际上是把实现带入另一种书页里。换言之，实现中止任何单纯显现客观逻辑性的功能。当然，把这种逻辑要素交给某种类似意志的和事实的意向必然付出下述代价：实现问题不仅被带入神话学中，而且在这种神话学内完全受到诋毁。这方面，还要附加一点：按照谢林的观点，在这个世界上，不仅产生第一次非理性的世界撞击，而且每一个自我形成的东西也因为受到这个非理性冲击的影响而一味地引发产生不和、不规则、怪胎、疾病和死亡。谢林竭力把实现行为与理念拉开到这种地步，从而他以无意义的全体方式，把实现的比喻本身绝对化为某种不可解决的东西。

迄今哲学家们试图解决实现行为与某种完成的理念之间的单纯联系，但是枉费心机、徒劳无功，同样，谢林也没有解决这个问题。他把行为实现与理念之间的联系仅仅表达为某种否定性的东西，即邪恶的个别意志（Partikularwille）致力于实现与宇宙意志（Universalwille）相对立的东西。就像下凡的乐观主义者不允许开放的视域一样，在此无论是实现要素还是自身的目标图像都不允许开放的视域。因此，这正是原因所在，为什么实现的质以及量的弱点一仍其旧，得不到妥当处理。迄今，最好的实现与目标图像之间，要么不完全一致，要么不一致，这充分表明，在乌托邦的问题之外，实现的困境是根本无法处理的。当乌托邦的特性成就某种实现时，实现就越发显得焕然一新、多姿多彩，而且，总是朝着既定目标，朝着新的目标重新闪亮登场。

如前所述，在某种进入现实的某物中，总有在背后留下的某物。这个某物的周围被笼罩在一片黑暗中，并且在发生某物的近处，并未完全

① 谢林：《选集》，第6卷。

摆脱这个“否”(Nicht),这个“不在那里”(Nicht-Da)。上面,我们已经辨认了刚刚经历过的瞬间的模糊不清(Trübe),正是这种模糊不清最直接地妨碍人们经历到某种业已出现的东西本身。但是,与此同时,这个最直接的东西本身无非是冲动中的东西本身的事实要素,因而无非是实现中的东西本身的紧张要素。此外,这个实现中的东西更处于自身行为和内容的“非有”(Nicht-Haben)之中。刚刚经历过的瞬间黑暗恰好表明**这个实现中的东西**的“自身非有”(Sich-Nicht-Haben)。

在实现中的东西中,这正是那个尚未到达的东西,而这个东西最初还遮蔽某种业已实现的东西的“现在”和“那里”。从中,也包含着对“没有抓住当下”、“尚未抓住当下”(Noch-Nicht-Carpe)这一问题的最后的原则性的回答,即与浪漫主义截然不同的解答。业已实现的东西是丰满的,同时也是容易遮蔽的,**因为在实现中的东西本身中就拥有某种尚未实现的东西**。只要产生这种东西,某种未经实现而现实化的东西就把这种自身特有的被动性带入现实化的积极性之中。这是头等重要的事情,因此如同歌德所言,近处给我们造成严重困难。正因如此,根据情势不变原则(rebus sic stantibus),某种显得充分完成的成就同样伴随着某种成就的忧郁。而且,也正因如此,现存的目标图像以及乌托邦的预先推定的内容不会消灭殆尽、无影无踪。相反,目标图像依然剩下,继续推动着,甚至经常无意义地继续推动着。

但是,愿望内容或目标内容本身并非停留在到达目标而占有的那个近处之中。遥远的目标内容恰恰因为自身的距离,即因为远离自身的现在和那里而在刚刚经历过的黑暗之外。然而,在借此进入实现中,乌托邦地预先推定的东西却同时走近那个最核心的直接性的影子,这地方正是作为实现的东西本身尚未明亮的地方。从这一实现的瞬间,继而同时在四面八方产生全部曙光,从中不仅包含实现进程,也必定包含历史过程。

由于自身尚未实现的冲动和根源内容,实现和历史过程依然处于悬而未决的状态之中,所以,这种实现以及历史过程的归宿既是虚无,也是一切,既是总体的徒劳,也是总体的成功。人们兴高采烈,眉飞色舞,在如此神秘的、五色斑斓的世界里,会出现一道可能的"一切"的闪光。但是,另一方面,可能的虚无的毁灭也会发生在前面。这与存在(Sein)集中于死亡这一事实相去甚远,但是,说得严肃点,即使没有自动的否定之否定,也确实存在否定的气息以及跟否定的打交道。

任何生命危险和任何个体的死亡,世界大战中阵亡的数百万青年人都属于这种情况,特别是没有吸取任何教训的逼人的愚蠢事件更属于这种情况。这些事件都属于拖延或挫败,它将打断所有积极的实现条件。总之,因为实现中的东西的"自身非有"(Sich-Nicht-Haben),"否"(Nicht)就不能拥有本质性的趋势内容以及现实化的内容。这样,这种与徒劳和虚无的威胁性打交道已经产生干扰作用,但这种干扰不同于质料中的抵抗,不同于人类愚蠢的、巨大的酣睡,或者与我们过程的艰难航道互不相称。这个与虚无的打交道正是亚里士多德错误地归咎于机械质料的东西。这正是谢林从理性中剥离出来当作古老的撒旦并放置到世界根基中去的东西。两者都从自身完成了的世界中,亦即从静态地规定了终点的世界中,拼命地为不完满的东西寻求某个替罪羊。

与此相比,就作为某种悬而未决的过程的见识而言,并不需要任何替罪羊。无论鉴于现存的部分实现,还是鉴于可想象的最佳实现中尚未完全兑现的目标图像,我们都不需要寻找所谓替罪羊。因为在过程这一现实的最后可能性中,不仅包含着"一切",也包含着虚无。确切地说,尚未出现的实现中的东西的实现性以及与此密切相关的尚未发现的积极的显现,还有实现一般(verwirkliches Überhaupt)和本质——这些才是实现的比喻中的诸要素。

如果存在就像乌托邦一样,如果尚需充分等待的成功状态这一现实类型激烈地显现"现在"和"那里"的冲动内容,那么这一冲动的基本状态就是:希望本身完全被列入业已实现的现实之中。于是,业已实现的内容就与实现中的东西本身的内容完全一致。换言之,作为解决办法的"本质东西"(quidditas)恰恰是事实-根据(quodditas)。

本质,换言之,最卓越的质料尚未出现,因此,迄今成功的一切现象

都缺乏某种东西,而这种缺失状态恰恰体现尚未显现的实现一般。但是,世界对这种缺失状态提供必要的位置,在世界过程的前线上,目标内容和现实的可能性开始酝酿。具体地预先推定的意识正好指向这种目标内容状态,而在这种目标内容状态中,具体地预先推定的意识拥有其开放性和积极性。

17. 乌托邦幻想中拥有某种相关概念的世界;现实的可能性,前线、新东西、终极物和地平线等范畴

批评家可以把任何一种形式的理论意识和实践意识作为出发点,并且从现存的现实本身的形式中引出作为他应有的和最终目的的真正实现。……那时就可以看出,世界早就在幻想一种一旦认识便能真正掌握的东西了。

——马克思:《致卢格》,1843 年

我坚持认为,时代的世界精神发出了进攻的号令,而且人们也会听从这个命令。前进的队伍像全副武装和密不透风的方阵以不可阻挡的气势向前,它的移动像太阳转动那样不知不觉,不管前方是有山还是有水。无数轻捷的军队从侧面辅助它、阻挡它,但是,它们当中的绝大多数并不知道事情的真相,它们只觉得一只看不见的手碰撞他们的头。最安全的做法或许就是牢牢盯住那些向前迈进的巨人。

——黑格尔:《致尼特哈默尔》,1816 年

人并非密闭的

首先,对更美好东西的思考仅仅在内部萌发。这表明,人类中生活

着多少青年,在他们内心中,隐藏着多少期望。这种期望不想入睡,即使这种期望时常被深埋在内心深处。即使在万分绝望时,希望本身也不会全然凝视虚无。即使是自杀者也逃入诸如怀抱(Schoß)一类的否定之中,他期待宁静。同样,令人失望的希望痛苦地东张西望。这就像一个幽灵迷失了公墓回程,四处彷徨。

但是,希望本身并不消失,相反,它本身只是在留下某种新的形态之后才会消失。这样,人就能够在梦中**扬帆**启程,因此,白日梦经常采取完全遮蔽的形式,但它却是可以实现的。这一事实使我们辨认出人的生活中还在开放的、尚未明确的巨大空间。人虚构愿望,并且为此能够发现大量素材,尽管这些素材本身并非总是最好的、可以持久保存的。在意识上形成的这种酝酿和骚动现象乃是想象的**第一相关概念**,它首先仅仅内在地活跃,甚至处在想象本身之中。毕竟最愚蠢的梦也是当前存在的泡沫。[1] 白日梦甚至包含一种泡沫,从中有时维纳斯冉冉升腾。动物在任何情况下都不知道这样的梦,只有人才能沸腾起乌托邦之梦。尽管与动物相比,人更强烈地意识到自身的此在,但人的此在好像更显得虚无。尽管如此,在自身意识上的边缘,人的此在具有更多的酝酿中的存在、更多的黎明存在。这里仿佛留下了某种空洞的东西,从而才形成某种新的空穴,从中,人的一切梦都在伸展,在内部,也许永远不会外化的可能的东西到处出没不已。

世界上许多东西依然是敞开着的[2]

当然,如果得以充满向外的思考,那么自我就不会显现任何内在活动的东西。但是,与这个向外工作的自我不同,外部的生活很少是完成

---

① “梦是泡沫”(Träume sind Schäume),系德国谚语。——译者

② 在本节中,布洛赫区分了客观的可能性与现实的可能性。根据布洛赫的观点,现实可能的东西乃是充分中介了的辩证唯物论所传达的新东西。——译者

了的。如果世界是绝对封闭的、完全固定不变的,甚至是尽善尽美的,那么任何事物都不能如愿以偿地加以改变。然而,世界仅仅作为过程存在,即作为动态关系存在,在这种关系中,业已形成的东西并没有获得充分的胜利。现实的东西是过程,这种过程就是当下、未完成的过去,尤其是可能的未来之间的广泛系统的中介。是的,一切现实的东西都在自身的过程前线上,从而逐渐变为可能的东西,而且,部分地受到限制的一切东西,即尚未齐全的东西或自成一体地界定了的东西都具有多种多样的变化可能性。

当然,在这方面,我们必须把单纯可认识的或客观的可能性(objektiv Möglichen)与现实的可能性(Real-Möglichen)区别开来。作为惟一重要的可能性,事情全看现实的可能性而定。**客观地**可能的一切东西只是由于部分地**认识到**自身的现存条件,即科学上可期待的或至少不可排除的条件而出现。与此相比,**现实地**可能的一切东西乃是在**客观本身**的领域里尚未完全聚集的那些条件。这些条件可以是渐渐成熟的东西,尤其是可以作为新的条件(尽管与现存的事实相中介过)出现,以便产生新的现实。正如辩证地和唯物地所描述的一样,那种活动的、自身变化中的、可变化的存在恰恰在自身根据以及自身视域中拥有这种未完结的生成能力,即尚未结束的特性(Noch-Nicht-Abgeschlossensein)。

由此出发,我们可以说,这个现实可能的东西与充分中介了的,即辩证地和唯物地中介的新事物有关,并且,赋予乌托邦的想象以自身的第二个具体的相关概念:在内在意识范围内打转的,即诸如某种单纯的发酵和泡沫现象一类的外在于思维的相关概念。只要现实尚未完全得到确定,只要在新的萌芽核心的形态中,现实还占有尚未完结的可能性,我们就不能从单纯的事实性的现实出发对乌托邦横加指责,提出绝对异议。这就是说,对于抽象无节制的、恶劣中介的乌托邦尽可提出异议。然而,在**过程现实**中,具体的乌托邦恰恰拥有中介过的新事物(Novum)这一一致概念。因此,只有这个过程现实才能指向乌托邦之梦,而摆脱了这一现实的物化的、绝对的类似事实性(Tatsachenhaftigkeit)只会沦落为单纯的幻象。如果一个人把批判权限全都设定在外部世界中的每一个单纯的事实性上,那么他会把现存事实中固定不变的东西和业已成就的现实加以简单绝对化。

但是,单从今天急剧变化的现实内部就已经看得很清楚,那种把乌托邦仅仅限于事实层面的态度是一种十分不现实的态度。现实本身并未清理完毕,在现实的边缘方面,不仅有梦的开动的东西,也有突然出现的东西。这个时代的人们善于生活在边缘状况之中,即完全外在于迄今成就的一切期待关系。他再也看不见表面上业已完成的事实(Tatsachen)所包围的自身存在,因此,他也不再把这一事实视为惟一的现实。法西斯主义可能导致虚无,它给我们这个现实社会带来了震撼性的效应,但最重要的是,它使得社会主义成为可能,并且加快了后者的到来。

于是,另一种现实概念,即不同于 19 世纪下半叶褊狭的、僵死的现实概念生效了,这一现实概念既不同于不熟悉过程的实证主义,也不同于它的对称物,即源于纯粹假象的不受约束的理想世界。[①] 有时实证主义僵死的现实概念甚至渗透到马克思主义中,从而把马克思主义加以图式化。对此,仅仅谈论辩证的过程还不够,因为这样一来,就会把历史视为一系列相继发生的固定事件,或者把它视为一系列封闭的"全体性"的事件。这里,面临将现实加以压缩和缩小的危险,面临背离"影响力和种子"[②]的危险。这种态度并不是马克思主义。相反,在现实过程中,具体的想象以及由此中介的预先推定的雕像是自己酝酿,臻于完成,并且,在向前的具体的梦中得到塑造。预先推定的要素是现实本身的一个重要组成部分。因此,乌托邦的意志与类似客观的趋势是完全可以结合在一起的,恰恰在这种趋势中乌托邦的意志得到证实并找到在家的感觉。

---

① 在此,布洛赫既反对实证主义的现实概念,也反对市民唯心主义的现实概念:前者只注重当下既定事实,极力抹煞世界变化及其过程;后者则脱离现实世界,一味追求彼岸世界的梦幻之影。——译者

② 参见歌德:《浮士德》,第 1 部,第 394 行。——译者

战斗的乐观主义,前线、新东西、终极等范畴[①]

一个受过精神打击的人恰恰急需重新向外尝试。但是,向外的愿望依然悬而未决,作为沼泽地,愿望可通过劳动变干爽。

由于勇气和知识的二重性,未来不是作为命运袭击人,而是人能动地掌握未来,从而人与自身的存在一道进入未来。知识需要勇气,尤其是决断,但是,这方面不可能包括以往最频繁地使用过的方法,即某种观察的方法。因为这种纯粹观察的知识必然与封闭的东西和过去的东西相关联,所以这种知识对当下问题束手无策,对未来置若罔闻。当研究对象属于遥远的过去并自成一体的时候,在我们看来,它似乎不仅仅是一种知识,但是,假如我们想从过去获取一些有助于认识当今和未来的知识的时候,它却没有什么大用。按照意义,为决断所必需的知识拥有另一种方法:即不仅仅是观察的方法,而是伴随过程的方法。因此,这种决断仔细钻研"善"(Guten),积极地、富于党性地献身于历史过程中的人的尊严。毋庸赘言,这种知识的方法是惟一客观的,因为惟有这种知识的方法才再现历史中显示的东西,也就是说,由劳动的人所造成的事件包括在过去、现在和未来之间紧密地交织在一起的丰富过程之中。

而且,这种类型的知识不只是拥有观察的方法,因此,肯定呼吁有意识地生产某物的主体本身。这样,这种知识就不是寂静主义(Ouietismus),在与被发现的趋势相关时,它并不崇奉肤浅的、自动的进步乐观主义(Fortschritts-Optimismus)本身,因为这种乐观主义仅仅是重复静观的寂静主义而已。进步乐观主义乃是静观的寂静主义的重复,因为这种态度同样把未来装扮成过去,因为这种态度把未来本身凝视为早已封闭的、与世隔绝的东西。这样一来,未来的国家就成了所谓铁的法则范围

① 在本节中,布洛赫揭示了现实可能性中所蕴含的乌托邦的特性,例如,战斗的乐观主义、新东西、终极等范畴。——译者

内的既定结局,于是,面对未来的国家,主体就像聆听神的旨意一样,双手合拢,无所事事。例如,人们让资本主义照常运转到底,以此指定它自身的掘墓人,甚至资本主义辩证法也显得自我满足、自给自足的样子。但是,这一切根本上都是错误的,甚至是人民的全新鸦片。有保留地说(cum grano salis),与其相信平庸而自动的进步信仰本身,不如相信一种悲观主义。因为借助于现实主义的尺度,悲观主义在失败和灾难面前,在惊人的可能性(这种可能性恰恰蕴藏并继续蕴藏在资本主义之中)面前,至少没有束手无策、惊慌失措。

悲观主义的思维(Denken ad pessimum)并非把每一种分析都加以绝对化,这是一种比廉价的轻信更好的同车人。这种态度恰恰构成马克思主义的批判的冷酷性。对于每一项即将尘埃落定的决定来说,自动的乐观主义比绝对的悲观主义更为有害。因为,绝对的悲观主义至少可以让那些不知害羞的人不至于作出盲目的举动,而自动的乐观主义只会使那些知道害羞的人采取容忍的态度,身处一种无所事事的被动状态。

那么,用什么东西来代替虚假的乐观主义呢?我们必须用迄今所获得的知识为基础,作出某种真实的决断(Entscheidung),而属于这种决断的惟一的知识重又是**现实的可能性之中具体和乌托邦理解的相关概念**。作为一种相关概念,这一概念绝不是把一切白天理解为黑夜,但同样也不在非乌托邦的乐观主义意义上把一切黑夜理解为白天。尽管尚未作出某种决断,但是,通过劳动和具体的中介行为可以作出决断,这样一种态度就是**战斗的乐观主义**(militanter Optimismus)。

正如马克思所言,借助于战斗的乐观主义并不能实现任何抽象的理想,但是,也许能够释放关于某种新的、人化的社会,即具体的理想的被抑制的要素。今天,竭尽全力为争取解放进行最后的斗争,这就是无产阶级的革命决断,这是一种把主观要素与经济、物质趋势联合起来的决断。这些主观要素旨在实现自身、改变世界,因此这种要素是不同于特定物质活动的某种要素。正如马克思在《关于费尔巴哈的提纲》中所强调,作为**活动的方面**(生产、生产性、意识的自发性等),这种主观要素首先不是为(机械)唯物主义而是为唯心主义所发展。旨在改变世界的行为似乎属于战斗的唯物主义,但是,如果这种行为不与现实的当下趋势联合在一起,那么实际上它只会在某一瞬间发挥影响,而不能成为持久改变世界的行为。因为一旦主管要素被孤立起来,它就仅仅成为政变主义的要素,而不能成为革命要素,仅仅成为施皮格尔贝格[①]的行动主义,而不能成为真正的行动。

然而,人们有时认识到决断与过程的某些联系,而这种联系正是在决断中担保这种见识的知识。于是,主观要素成为战斗的乐观主义中的**战斗功能**,但对主观要素的力量不可过高评价或过低评价。具体的决断成为照亮胜利的光亮,因此,在过程中,这种具体的决断仿佛是反对失败的对策。这种具体的决断仿佛是自由的对策耸立在过程上,而所谓命运则摆脱过程,千方百计地阻止中断,起到物化作用。这种具体的决断,仿佛是反对源于虚无家庭的这一切死亡现象,仿佛是反对与虚无打交道,即把虚无当作现实可能性本身的另类可能性。因此,归根结底,这种具体的决断乃是反对纯粹否定这一惨不忍睹的废墟(战争、野蛮的降临)的对策,从而,通过对这种毁灭性破坏的转舵,人们也许回心转意,到达否定之否定的位置,辩证法能动地高奏胜利的凯歌。具体的决断总是处于与静态性的斗争之中,但是,它恰恰因为不是基于政变主义(Putschismus),而是**基于**战斗的乐观主义,所以它与反对死亡的静态性本身的某种过程和睦相处。

人与过程,确切地说,主体与客体处于辩证的、物质的过程之中,因而同样处于前线(Front)。为战斗的乐观主义提供的场所无非是**前线的范畴**所敞开的场所。在这种乐观主义哲学中,包含着某种唯物主义把握的希望,作为非观察(Nicht-Betrachtung)的知识,这种哲学本身就是尖端知识,并始终致力于历史的最前面的阶段。不仅如此,这种乐观主义哲学

---

① 施皮格尔贝格(Spieglberg),德国剧作家席勒《强盗》中主观盲动、滥用武力的人物。——译者

同样致力于过去,即致力于过去中尚未清偿的东西。因此,就定义而言(per difinitionem),已知的希望哲学位于世界过程的前线,换言之,位于很少思考过的那种活跃的、作为乌托邦开放的物质的最前面的存在阶段。

并非众所周知的一切都是为人知晓的,如果依然存在某种新鲜的东西,我们对众所周知的东西就一窍不通。因此,与前线概念关系密切的新奇性(Neue)就情况不妙。当我们感受初恋时,当我们感受春天时,新奇性总是萦绕于怀,挥之不去。尽管如此,没有一个思想家曾经发现过这种春天的感受。这种感受不时得到满足,但一再被遗忘,例如,在发生伟大事件的前夜,心灵中就交织着各种独特的情绪:恐惧、精神准备、确信等。当承诺幸福的新东西(Novum)到来时,心灵中就充满了某种降临意识。几乎全部宗教都贯穿着某种对新东西的期待,只要我们正确理解原始宗教以及古代东方的未来意识一般,情况就是如此。全部《圣经》,从雅各的祝福到改天换地的人子,从新的天国到新的人间都贯穿着某种期待的新东西。

然而,迄今没有一个人把**新东西的范畴**标明为从最遥远的地方可通达的东西。而且,在前马克思主义的世界图像中,这一范畴绝无一席之地。或者,似乎见之于鲍特鲁①及其青春风格中,或者,见之于柏格森的分离派哲学中。这之后,人们仅仅在无意义交替的时尚侧面考察并赞扬过新东西。这样,由此形成的新东西只不过是某种千篇一律的东西的另类僵化而已。

这样我们就已澄清了新东西面前的某种障碍物,然而这种障碍物长久阻碍了"尚未被意识到的东西"这一概念。例如,在所谓生命哲学中,渐渐破晓的东西、"新生活开始了"(Incipit vita nova)等一再停留在某种固定不变的东西上。这样,在柏格森那里,行动性的概念仅仅显现为关于重复的抽象对立物,甚至经常显现为机械的统一形态的单纯反面。与

① 鲍特鲁(Emil Boutroux,1845—1921),法国哲学家,柏格森的老师,他根据新的唯心论,批判科学,倡导自然法则的偶然性。在他说来,所谓自然法则只不过是无限进化过程中一时的偶然而已,人的行为的目的在于道德、艺术、宗教等的自由创造。主要著作有《关于自然法则的偶然性》(1874)、《帕斯卡尔》(1900)等。——译者

此同时,他无例外地贬低每一个生命要素,并把这种被贬低的生命要素归咎于新东西。对于柏格森来说,甚至事物的持续,即流动着的、被表象的绵延(durée)也是建立在持续的他在基础上的。

如果事物果真万古不变,那么就无法区别这一状态的开始与结束,从而客观上,开始与结束发生重合,事物恰恰不是持续不断的。而且,在柏格森那里,对新东西的说明不是借助于它的途径、爆炸、辩证法、希望图像和纯粹创造等,而是一再借助于机械主义的对立物,借助于某种生命力(Elan vital)本身的无内容的申明。在他那里,对新东西的"大爱"富有成效,对开放性的"偏爱"映入眼帘,然而,过程却空洞无物,无非是一再生产同一的过程而已。

最终,永恒形而上学的生命力理论不是到达新东西,而是仅仅到达狂喜状态。因为在他那里,所谓方向改变只不过是持续要求的、为了它自身的缘故所要求的东西。与此相关,接踵而至的并非柏格森所赞美的曲线,而是"之"字形,从中,所谓统一形态的纯粹对立物只不过是浑沌的形态而已。于是,他所抽象地把握的未来就合乎逻辑地在某种生命力的"为艺术而艺术"(l'art pour l'art)之中告终。柏格森自己把这种生命力比作"火箭",或"某种巨大的烟火,它使新的火花不断地向外喷出"。①

在此,再强调一遍,在柏格森那里压根就没有什么真正的新东西。他只是出于抬高竞拍价格,把自己的概念带入了资本主义时尚这一新东西中,并且,如此这般地使它固定下来。除了生命力,别无其他,而且,生命力本身停留在某种沉思冥想的固定性(ein Kontemplations-Fixtum)上。柏格森的新东西乃是"伪造的新东西"(Pseudo-Novum),其社会根源在于本身不再拥有内容上新东西的晚期市民阶层之中。与此相称,他的新东西概念的意识形态根源在于,他竭力模仿旧哲学,排除新东西一般的两个最本质的特征:可能性(Möglichkeit)和目的性(Finalität)。在这两个概念中,柏格森注意到了某种破坏性的、敌视交换的知性的同一图式,但

① 柏格森:《创造的进化》(L'Evolution créatrice),1907 年,第 207 页。

是，在其他情况下，他把这个图示看作空间化（Verräumlichung）、因果性、工作机制等。这样，对他来说，**可能性**的宏大领域成为某种回顾性的假象。在柏格森那里，根本就不存在可能性。对他而言，可能性乃是这样一种计划，即进入到过去中去的那个新出现的东西所构思的东西。根据柏格森的观点，这个刚好出现的新东西只是被想象为“可能曾在的存在者”。“可能性无非是包含某种精神行为的现实的东西，一旦形成现实的东西，这种精神行为就把这个现实图像掷回到过去中去……但是，现实涌出的、不可预见的东西，即在任何可能性中都未被预先标明的新东西并不是那种成为现实的某种可能性，而是那种成为可能的某种现实的东西。”①

为此，柏格森典型地仿造了麦加拉学派②狄奥多罗斯·克洛诺斯的“反可能性证明”，而这种证明与爱利亚学派③的绝对的静止理论十分相近。同样，柏格森对新东西的概念也熟视无睹，这样它就不是把**目的性**视为人的意志追求，而是仅仅视为某一最后目的的静态确定。然而，在未来的开放可能性中，人的意志恰恰追寻自身的“向何”（Wohin）和“为何”（Wozu）。确切地说：作为某一工作的目的追求，目的性首先强调了自身的“向何”和“为何”，并且走自己的路。但是，柏格森却通过静态的预先计算而使一切都归于破灭，因此，他不仅错过了创造性地预先推定人的意志中的黎明，而且错过了包括乌托邦的视域的一切真实的新东西。在描写他所谓“新的宇宙”的时候，柏格森变幻无常、漫无边际，而在谈到造就众神的时候，他又不可避免地使用“机器”这样极具目的性的词，前后矛盾显而易见。

概言之，为了使新东西成为真正存在的东西，它不仅应是机械重复的抽象对立物，而且本身应是某种特殊的重复，即尚未形成的全体的目

---

① 柏格森：《思想与流动》（La Pensée et le Mouvant），第133页。

② 麦加拉学派，古希腊麦加拉人欧几里得创立的学派，又称小苏格拉底学派。——译者

③ 爱利亚学派，产生于公元前6世纪意大利南部爱利亚城邦，创始人为克塞诺芬尼。——译者

标内容本身的特殊重复，亦即在历史性的进步这一新奇性中所想望的、趋向的、尝试的，并作为过程制造出来的特殊重复。因此，进言之：这一辩证的全体内容的产生，其特征是，不再借助于新东西的范畴，而是借助于**终极物**(Ultimum)**这一范畴**[1]，由于这一范畴，迄今所发生的周而复始的重复就骤然中止了。但是，在一切进步的新东西中，重复意味着一种不断体现趋势目的的努力，因此它不会无条件地中止。惟当“终极物”在同一范围内描写最高的新奇性时，换言之，当重复上升为最后的、最高的、最根源的重复时，即上升为同一性(Identität)时，它才会告终。

“终极物”之中的新奇性(Neuheit)整体地跳跃迄今为止的一切，借助于此，它恰恰高奏胜利的凯歌，但是，它的这种跳跃乃是旨在中止新奇性或同一性的跳跃。与新东西不同，人们并非通过深思熟虑来掌握终极物范畴。新东西总是充当这样一种宗教的对象，这种宗教思幽古之情，把过去的时间置于现在的时间，这一点尤其表现在犹太-基督教哲学中。然而，在探讨“新东西”这一范畴时，恰恰可以辨认这一点，即恰如其分地领先发生的新东西却几乎未曾有人澄清过。因为在全部犹太-基督教哲学中，从斐洛[2]、奥古斯丁到黑格尔，终极物概念仅仅与“最初”(Primum)有关，而与新东西完全无涉。

因此，新东西仅仅呈现为某种业已完成的、遗失的、或被抛弃的最初东西所达到的回归。这种回归形态接受了前基督教关于焚死而复生的不死鸟的传说，接受了赫拉克里特和斯多亚学派关于世界大战的理论。根据这种理论，宙斯之火把自己所创造的世界收回，然后又把这个世界放回远处，以便重复它的周期。这种说法恰恰表明：**循环运动**无非是把

---

① 布洛赫用“终极”范畴表示新东西的趋势目的。按照他的理解，新东西中蕴含着某种趋向最终目的的努力，当这种趋势目的与最终目的相统一时，新事物进程中便发生飞跃或跳跃。

② 斐洛(Philo Judeaus，前15—？)，亦称亚历山大里亚的斐洛，犹太哲学家和政治家。斐洛第一个尝试将宗教信仰与哲学理性相结合，故被视为希腊化时期犹太教哲学的代表人物和基督教神学的先驱。主要著作有《诸问题及其解决》、《神圣的律法》等。——译者

终极物范畴如此贴紧最初范畴的形态，以至于从中终极物范畴逻辑地、形而上学地被关闭了。

的确，黑格尔在理性的为我之物中发现了自身的终极物概念，但是，在这个概念中，过程就像在"阿门"这句结束语中响出的声音一样。不仅理念的自在之物最初是再生产的，而且最终也是完成了的："被中介的直接性"不是直接源自单纯的自在之物的开始之中，而是业已实现在为我之物之中。正如这种结果停留在世界过程的每一个个别形态时期一样，也停留在自身的全体之中。然而，这是一种完全摆脱了新东西的循环，即"统合中重构"（restitutio in integrum）的循环。"哲学的每一部分都是一个哲学的全体，一个自身封闭的圆圈，……因此，全体表现为圆圈的圆圈。"①

总之，尽管在此不乏深邃的洞察力，但终极物概念到处缓和下来，这样，这个概念的欧米茄②（Omega）就丧失了新东西的力量，遂重新编入阿尔法③（Alpha）之中。在此，阿尔法和欧米茄仅仅机械唯物主义地被世俗化为一团雾气，世界充其量渊源于此，而且从中终极物概念重新化为乌有。在包容某种根源存在的环形物中，有关一切的原初性和原型只留下阿尔法和欧米茄。由于这种环状物，所谓过程就像遗失的儿子一样回归，并且若无其事地挽回其新东西的实质。这一切正是反对现实可能性的监禁形态，受其束缚，人们甚至拒不承认最进步的历史产物，只想把这种产物视为对过去曾经拥有的、太古遗失了的东西的"回忆"或再制造。因此，就像在终极物概念中一样，在以前所有东西中所豁然开朗的东西是什么？这东西只不过是为反对"回忆"、反对奥古斯丁和黑格尔哲学的立场让路，为此，必须反对圆圈，否定从黑格尔、爱德华·哈特曼④到尼采

① 黑格尔：《哲学全书》，第15节。

② 欧米茄（Omega），希腊语最后一个字母。——译者

③ 阿尔法（Alpha），希腊语第一个字母。——译者

④ 爱德华·哈特曼（Eduard von Hartmann，1842—1906），德国哲学家，主要著作有《无意识哲学》（1869）、《认识论的根本问题》（1889）等。——译者

所意欲的环形原则(Ring-Prinzip)。

但是,与最初业已所是的东西不同,希望不想仅仅停留在任何终点上,相反,大胆扬弃尖锐的循环(Zyklus)。恰恰在不安宁中,辩证法拥有自身的动力,在尚未显现的本质中,辩证法拥有其“先于事物”(ante rem)的现存目标内容,因此,果断扬弃坚忍不拔的循环。在世界之中,各种紧张的形象、趋势形态、现实暗码以及关于尚未成功的某一例证的试验,凡此种种,都借助于自身乌托邦的特殊的高百分比,毅然扬弃根本上无结果的循环。

“自然的人化”(die Humannisierung der Natur)并非从一开始就拥有父母之家。孩子逃出父母之家而后浪子复归,在哲学中,以这种浪子回头方式形成了某种祖先崇拜。然而,在过程中恰恰出现无数现实的可能性,尽管这种可能性并未包含在终极问题中,但起初它并非像婴儿一样在摇篮里悠闲地倾听儿歌。

不仅如此,这个终结(Ende)不是归还到原初的地方,而是作为一种“什么的本质”和“事实的根据”的特点,恰恰突然敞开物质的最初动因(primum agens materiale)。换言之,作为“向何”的欧米茄并不能借助于某种原始存在过的东西来说明,亦即不能作为所谓“为何”的、根源的、最现实的阿尔法来说明。相反,这个根源(Ursprung)本身只能借助于某种终结性的新东西来说明。的确,作为本质上尚未实现的存在,这个根源本身必须借助于现实中的这个“终极物”(Ultimum)才出现。根源一定是自我实现的东西。但是,恰恰在这种实现之中,存在着某种尚未成熟的、尚未实现的东西,因此,实现的主体以及实现行为的实现总是需要自己开始。[1] 在历史中,实现乃是历史行为者,即作为劳动的人的自我形成过程。在自然中,实现乃是可命名为假定的“能生的自然”(natura naturans)

① 根据布洛赫的观点,开始与终结之间并不存在循环衔接。如果二者之间存在衔接,终结就只不过是开始的复制品而已。因此,开始或最初的阿尔法只有通过“新东西”的作用才能变成终结或最终的欧米茄。这种变化不是一成不变的,因此,不能通过所谓“回忆”或“再构成”等重复来加以说明。——译者

或物质运动的主体的东西的实现。这是一个迄今尚未有人触及的问题,尽管这个问题明确关系到劳动的人的自我把握,关系到马克思所要求的"自然的人化"这一路线。

在历史与自然中,新东西和终极物概念乃是各自自我把握的调解场所,但是它们仅仅存在于历史过程的前线,而且只有当它们面对可中介的现实的可能性时,它们才拥有压倒一切的作用。**现实的可能性符合于精确的预先推定,符合于作为客观的、现实的关系的具体的乌托邦**。在这个变幻无常的世界的前线上,具体的乌托邦是一种客观的、现实的可能性的尺度,它与"人的自然化和自然的人化"这一"尚未的存在"(Noch-Nicht-Sein)具有同样的意义。因此,按照意义,这样被标明的自由王国不是形成为一种回归,而是形成为一种解放(Exodus),尽管这是人心永远意欲,并通过过程而受到祝福的王国。

"面向可能性"和"可能性之中的存在者",马克思主义中的寒流和暖流

尽管并非总是如此,但是在通向新东西的路上,我们一步步地前行。并非一切东西都随时可能的、可实行的,因为不仅所缺乏的条件妨碍我们,而且阻断我们。有时,也允许敏捷的步伐,特别是在这段历程中,除了令人恐惧的、学究气地构思的东西之外,没有表现出其他的危险时,情况更是如此。因此,在能够成功地谋求社会主义之前,并不需要首先充分地资本主义化。在苏联,同样能够创造社会主义建设的完整的技术条件。技术条件在其他国家业已得到发展,从而可以从那里接受过来。

与此相比,不言而喻,我们只有通过失败,才能跳过或跃过我们压根就没有走过的道路。因为一切都是可能的,可是问题在于,各种条件不是应有尽有,而仅仅是部分的存在。然而,恰恰由于有些条件压根就不存在,所以一切东西事实上都是不可能的。于是,目标图像被证明是主观上、客观上的幻象。于是,向上的运动开始下降。当然,由于现存的、

确定的经济、政治条件,我们的事业得以进展顺利。但是,在这种情况下,我们所能确立的目标至多是与飞跃的、抽象的意图截然不同的某种目标。

不用说,在“人权”(Menschenrecht)这一市民的理想之梦中,从一开始就已经有各种趋势在活动,后来,正是这些趋势造成了最纯粹的资本主义。但是,在此某种兄弟之爱之城,即一种“兄弟之爱”(Philadelphia)本身也会浮现在市民的理想之梦中。尤其是,理想城市之梦与现实的兄弟之爱之城相距甚远,这种梦经常发生在经济史中,但作为现实的城市大白于天下。

如果兄弟之爱之城不致没落,而是按其当时可能性的尺度而达到目标,那么它也会成为地地道道的“千年王国”的纯洁果实。从弗洛尔的约雅金(Joachim di Fiore)到英国的“千年王国论者”关于激进的千年王国意志都忽略了当时的经济条件,而且一旦在成就本身中显露出所期待的东西,他们就会忽略这样一个事实:从中所显露的东西重新依赖于资本主义的议事日程,实际上完全不是爱的国度所注定的最初之梦。这一切都借助于马克思的下述发现而变得完全可理解的了:具体的理论和实践与客观的、现实的可能性这一研究方法有着最密切的关联。

批判的谨慎规定路程的速度,有牢固基础的期待感始终注视目标,保障一种战斗的乐观主义,因为无论批判的谨慎还是期待感都受制于对可能性相关关系的洞察(Einsicht)。确切地说,这个可能性的相关关系已到了必须讨论决定的时候了,它本身重新拥有了前后两面:仿佛其一是后一面,上面写有**当时的**可能性的尺度;其二是前一面,上面写有作为尚未显而易见的**最后美好的**可能性的总体。正好在这第一面包含**决定性的现存的条件**,它教导我们选择什么样的目标路程;第二面设法劝告人们避免以**乌托邦的总体**的眼光看待问题,即不要把前进路程上取得的部分成就看作是整个目标的实现。不管怎么说,我们都可以确定:**这样一种具有两面性的相关概念,即可能性无非是辩证的质料**。一方面,现实的可能性仅仅是关于充分类型的物质的制约性的逻辑表现;另一方面,现实的可能性是关于物质的开放性(质料的母腹的不可穷尽性①)的逻辑表现。

在《实现的疑难》一节中,我们提到了在某种实现过程中难免出现"扰乱性的附带原因",这时我们已经**考虑到了亚里士多德质料定义**的一部分。如上所述,根据亚里士多德的观点,机械质料(to ex anankēs)表现一种抵抗,因此,隐德莱希的趋势形态就得不到完全的形成。由此出发,亚里士多德想要解释布满目标途程上的众多障碍、偶然的扰乱以及进步过程中无数未完成的作品等。如前所见,亚里士多德把这一质料的定义标明为一种替罪羊。只要把物质加以绝对化,它就是替罪羊。任何时候,为了减轻隐德莱希的负担,质料都应令人讨厌地效犬马之劳。

但是,我们在此不是谈论亚里士多德那里所表现的这种全体性、这种绝对化现象,而是这样一个事实:他的质料绝不局限在机械变化中。在他那里,质料的本质不是源自"机械质料",而是从一开始就被归类于最包容性的"动力"(dynamis)概念,或者被归类于客观的、现实的可能性之中。现在,通过这一归类,进行阻碍的质料概念敞开了一种新的含义,即不是到处受到扰乱的,而是进行限定的意义。机械质料借助于趋向势力(kata to dynaton),亦即通过这个**朝向可能性**,通过朝向可能性尺度的存在者而得到补充和扩大。

也就是说,质料根据各种条件场所的这一方面,根据自身隐德莱希的尺度清楚地显现出来。"机械质料"不仅意味着力学,而且进一步意味着更多的东西:即连贯的条件关联性。那种出自"朝向可能性的存在者"(Nach-Möglichkeit-Seienden)的东西叫做阻碍,而这种阻碍在自身途程中体验隐德莱希的趋势形态。② 朝向可能性的存在者带来这样一个后果,那就是,如果一个雕塑家在"最佳条件"下工作,他就会塑造出比与生俱

① 在哲学史上,亚里士多德率先使用质料(Materie)概念。根据他的理解,所谓"质料是尚未完全确定的、未区别的、永恒的根源素材"。此外,根据他的理解,所谓质料建立在运动这一根本法则基础之上。——译者

② 在此,布洛赫意识到,亚里士多德的机械质料概念不仅是一种机械运动的被动存在,也是趋向可能性的能动存在。从后者中,质料摆脱了自身被阻碍、被阻断的特征。——译者

有的身体更优美的人体。不仅如此,一个诗人在描写自身的文学形象时,有意识地背离像小径一样的偶然性和狭隘性。正如亚里士多德在《诗学》中所言,诗人从“朝向个别性的东西”(kath'hekaoton)中寻求某物,或者在“朝向更丰富的东西”(kath'holon)中,或者在某种全体性的可能性中,移植这种个别性。但是,如果亚里士多德不是从另一方面标明“可能性质料”(Möglichkeit-Materie)的前一部分,那么这一切也许都是不可能的。的确,亚里士多德也许认识到了“可能性质料”乃是完全摆脱了阻碍的东西,这是重中之重。

质料不仅是“趋向势力”的存在,也是“动态”(to dynamei on)存在,就是说,一方面,质料乃是根据既定的可能性尺度而总是条件化的东西;另一方面,质料乃是“可能性之中的存在者”(In-Möglichkeit-Seiende),即**富于成果的母腹**(Schoß)。尽管亚里士多德把后者看作是被动的东西,但是恰恰**从这种母腹中,世界的一切形态以不可穷尽的方式冉冉上升**。虽然人们现在可能意识不到这一点,但不可否认的是,后一个规定给人的感觉是友好的,但是它并不是给人带来希望的、客观的和实际的规定。因此,乌托邦的总体包含“可能性之中的存在者”。

我们重复并概括如下:**对当时必须到达的东西的批判性关注被初步整理为“质料的朝向可能性的存在者”;对可到达性本身的有牢固基础的期待被初步整理为“质料的可能性之中的存在者”**。借助于此,泛神论的亚里士多德学派从质料的最后的限定中抹去了被动的内容,这样,质料的“动态存在”就显得是无限定的蜂蜡一样,在这上面,隐德莱希的形态鲜明地显现出来,而这个潜在的质料得以从世界形态一般的新场所中呱呱落地,但是这个地方不是别处而是坟墓。亚里士多德这一质料概念的发展穿过逍遥学派的物理学家斯特拉顿(Straton),越过亚里士多的文献的第一个注释者阿芙罗狄亚斯的亚历山大(Alexander von Aphrodisias),越过东方的亚里士多德研究者阿维森纳[1]、阿威

[1] 阿维森纳(Avicenna,980—1037),阿拉伯哲学家、医学家、自然科学家、文学家。——译者

罗伊[1]及其“能生的自然”、越过研究新柏拉图主义的亚里士多德的学者阿韦塞布朗(Avicebron),越过13世纪基督异端哲学家贝纳的阿马里克(Amalrich von Bena)和狄南特的大卫(David von Dinant)而最终到达了吉奥达诺·布鲁诺(Giordano Bruno)的“世界创造的质料”。[2]

黑格尔的世界理念无疑分娩于质料这一世界的基质。尽管这一世界理念旋即脱离质料,但它包含着大部分质料的潜在性,即潜在地成为质料的东西。列宁在《哲学遗稿》中,特别记下了黑格尔逻辑学中的一段话:“进言之,作为形式的活动所显现的东西与物质固有的运动本身是同样的。”[3]在黑格尔那里诸如此类的句子比比皆是,在他的哲学史中也是如此。[4] 这样的句子与亚里士多德的发展概念有关,在此,至少他的理念的自在之物与亚里士多德的“动力”(dynamis)被等量齐观。因此,这种猜测是有根据的,即没有亚里士多德和布鲁诺的思想遗产,马克思就无法理所当然地颠覆黑格尔的世界理念的好多要素。也许,从所谓世界精神中,无法辩证地拯救出过程辩证法,也无法把握作为运动法则的质料。

但是,与机械大木块(Klotz)截然不同的物质,即辩证唯物主义的物质是如何显现的呢?通常它作为一种千篇一律的口头禅显现。人们不是敏锐地透视辩证法、过程、放弃的放弃(Entäußerung der Entäußerung)、自然的人化等,而是仅仅满足于粘贴外在的修饰语。至此,我们讨论了现实的可能性或质料这一包容性的相关概念,关于可到达的目标的批判性关注以及对可到达性本身的有根据的期待就说这么多。

在具体的预先推定中,蕴含着寒流(Kälte)和暖流(Wärme),与现实的可能性有关的这两方面预先形成了这两种温度。现实的可能性的**不可穷尽的期待感**照耀着作为一种热情的革命的理论与实践;关于现实的

---

① 阿威罗伊(Averroes,1126—1198),伊斯兰哲学家,将伊斯兰传统学说和希腊哲学融为一体,并评注过亚里士多德的作品和柏拉图的《共和国》。——译者

② 参见恩斯特·布洛赫:《阿维森纳及其亚里士多德左翼》,1952年,第30页以下。

③ 列宁:《哲学遗稿》,第62页。

④ 黑格尔:《选集》,第13卷,第33页。

可能性的严格的、不可战胜的确定性要求冷静的分析、谨慎而正确的战略。前者标志着温暖的红色;后者标志着冰冷的红色。

毫无疑问,这两种红色存在方式一同行进,但它们彼此又有分别。它们就像辛辣(Säure)与信赖一样不可欺骗、不会令人失望,每一个都有自身的空间,每一个都可以用来成就同样的目标。境况分析行为(der situationsanalytische Akt)乃是激起热情的行为与预见未来的行为的浑然天成。因此,在辩证法中,在对目标的激情中,在被探讨的素材的全体性中,这两种行为是联合在一起的。然而,根据视野和状况,这两种行为显示出明显的差异。根据可能性尺度,这种差异可被认识为当时条件研究与可能性之中展望研究之间的一种差异。同样,条件分析的研究也表现出对未来的展望,但是,这种展望是某种**受到限制的**、作为限定的可能性的展望。没有这种冷静而客观的分析,也许会突然冒出雅各宾派或异想天开的、抽象的乌托邦的空想者。根据经验看,不仅现实本身要求跋涉一段艰苦的路程,而且客观条件也缺少借以展翅飞翔的翅膀。这时候,人们往往好高骛远,想要超越、越过和飞过,甚至恨不得一下子"把铅倒入鞋底"里。①

但是,在**未扭曲的、未测定的可能性**意义上,在尚未穷尽的、实现的可能性意义上,可能性之中的展望研究(Anssichts-Erforschung)走向视域。于是,这才产生出本真的意义上的展望,即对本真性的展望,对发生着的总体的展望,对必须推进的事情的总体的展望,对当时存在的东西以及对一切历史乌托邦的总体的展望等等。如果没有关于展望的这种热望,那么关于历史的条件以及现实实践条件的第一个分析,就会最终陷于鼠目寸光的经济主义(Ökonomismus)和"目标遗忘"的机会主义的危险。除非走投无路,这种胸无大志的机会主义总是耽于空想家的迷

① "把铅倒入鞋底",欧洲人将铅熔化,铸就各种形体,新形成的形体显示某种盼望或未来之梦。在此,布洛赫借此抨击抽象的乌托邦主义者,这些人热衷于破旧立新,但并未发现承载思想的新基础(鞋底),或试图把自身的思维强加于错误的基础。——译者

雾,陷于市侩主义泥沼而不能自拔,直至妥协让步、变节背叛。

对于具体的乌托邦而言,寒流和暖流一起起作用。因此,无论是道路本身还是目标本身,我们都不能将它们非辩证地彼此割裂开来,更不能将它们加以物化和孤立起来。这时全部历史境况领域的条件分析才以两种方式出现:一方面,揭露各种意识形态的真相;另一方面,去掉形而上学假象的魔力。这一点恰恰属于最有用的马克思主义的**寒流**(Kältestrom)。借助于此,马克思主义的唯物主义不仅成为研究诸条件的科学(Bedingungswissenschaft),并以同样的特征,这种唯物主义成为反对一切意识形态的障碍乃至经济学这一最后主管当局的各种隐蔽条件的战斗的、反对派的科学(Oppositionswissenschaft)。但是,争取解放的意向、唯物主义的和人性的现实倾向(或者人性的和唯物主义的现实倾向)属于马克思主义的**暖流**(Wärmestrom),这种现实倾向的目标就是致力于使一切从着魔状态中清醒过来。在此,被侮辱、被奴役、被抛弃、被贬低的人提起上诉,为人类解放的变革而奋斗的无产阶级提起上诉。目标就是内在于自我发展的物质之中的人的自然化和自然的人化。

共产主义建设是我们惟一的实践空间,除此之外,并没有任何其他的实践空间。在共产主义建设中,这最后的质料或自由王国的内容越来越近。这一点已经澄清了。但是,另一点也澄清了,那就是这一自由的内容处于历史过程中,即马克思主义意味着自身最强烈的理论意识,意味着自身最高度的实践记忆(Eingedenken)。

马克思主义作为暖流学说仅仅与不隶属于任何"去魔化"(Entzauberung)的那种积极的、客观性中的存在发生关系,特别是,这种存在在人的周围中包含着成为现实的不断增长的客观行为。

乌托邦的总体意味着这个人的周围之内的那个自由,那个同一性的家乡,在这个家乡里,无论人对世界,还是世界对人都不采取一种陌生的态度。正面、质料的前线、向前的质料,凡此种种意义即是暖流学说。在这一点上,道路作为目标的功能敞开,目标作为道路中的基质敞开。在这条道路上,人们根据其各种条件进行探索,根据其开放性练达老成。

在这种开放性中,根据自身客观的、现实的内容取向,质料隐藏着下述内容:结束自我异化,抛弃带有陌生特征的客体性,从而事物的质料为我们所认识。

根据指向目标的道路,在历史和世界中发生现存东西的客观超越,即称作过程的那种没有超越者的超越活动,并且,在地球上,通过人的劳动来强有力地促进这一活动。这样,向前的唯物主义或马克思主义暖流乃是一种"到家"(Nachhaus-Gelangen)[①]的理论与实践,或者源自不适当的客观性的出口。借助于此,世界不再使自身的主体与客体异化,也就是说,把它们发展成为自由。作为特定的可能性之中的存在,自由的目标本身无疑首先成为一个无阶级社会的一个立足点。毕竟,人们曾以文化之名形象地寻找的那个自我相遇并非遥不可及。我们与许多意识形态一道,与众多的前假象一道,与视域之中的预先推定一道探究自由的目标。人的第一个手段是劳动,第二个基础是无阶级社会,其基本框架是为真正坚实的希望内容所充满的文化。进言之,这一希望的内容为最重要的、肯定的可能性之中的存在所环绕。

作为可视的前假象的艺术假象[②]

人们说,美是令人喜悦的东西,甚至令人享受的东西。美拥有自身的报酬,但并不能因此就说艺术不是任何菜肴。因为,艺术作品按其享受继续存在下去,即使在最甜美的情况下,它也超出某种"预先描绘的"国度而处于悬而未决的状态中。在此,愿望之梦无可争议地通向更美好

---

① 此处所谓"家"与布洛赫的"家乡"一词是同一个意思。家是一种乌托邦的空间,从中人们当家作主,家是乐园,从中人们享受幸福和安康。但是,这个家与前面所提到的"浪子回归之家"截然有别,因为布洛赫反对那种把开始与结束连接起来的循环理论。"家"不是指称当下现成的父母之家,而是指称自我创造的未来之家。——译者

② 在本节中,布洛赫探讨了艺术作品中所蕴含的可能性的本质。"前假象"(Vorschein),语义上有"显现"之意。布洛赫用来指称"预先显现的愿望图像"。——译者

的东西,这时,与大多数政治之梦不同,它是某种**形态化的**美。问题只是:在艺术作品中,是否活跃着如此形态化的、多于一些假象游戏的东西?也许,艺术作品富于艺术性,但与儿童般的天真不同,艺术品收集并解读无关紧要的素材。

在铃声中,或在硬币的响声中,是否包含着可赞同的某种思想内容?众多美术作品对这种追问无动于衷。因为颜色仅仅处于感官确定性之中,但是,在通常情况下,就对真理的要求而言,颜色承受的负担比语言承受的负担微小。然而,语言不仅服务于文学作品,而且服务于如实的传达。对于这种传达而言,语言比颜色和素描本身更敏感。然而,每一件优秀的作品都通过自身素材的形象化的美而归于完成,通过美丽的假象给我们传达事物、人以及各种冲突。

但是,美与这种最终结果,即从假象角度所发现的东西的某种成熟**真的**有某种关系吗?美与仅仅在幻象中、在视觉假象中、在耳朵假象中所传达的某种丰富性又有一种什么关系?另一方面,席勒曾预言般地表达过如下句子:在此,什么东西作为美为我们所感受,什么东西将来作为真理走向我们?美与席勒的这句话是什么关系?柏罗丁[①],还有黑格尔认为,美是**理念**的感性直观。美与这句话又是什么关系?在自身实证主义的鼎盛时代,尼采以"一切作家都撒谎"这句意味深长的话激烈地反驳了这种主张。此外,他还说过:通过掩盖不纯洁的思维的面纱,艺术使得生命的目光变得可以忍受。

弗朗西斯·培根[②]认为,银色碟子上的金色苹果离幻觉相差无几。这些苹果属于传统的"剧场偶像"(Idola theatri)。他把真理与赤裸裸的、

① 柏罗丁(Plotinus,205—270),古希腊末期哲学家、神秘主义者。著有《九章集》,倡导"流溢说",认为宇宙万物皆来源于惟一存在的"流溢",他进而用"脱我"(eenosis)、"融一"(ekstssis)等概念来说明了这一主张。——译者

② 弗朗西斯·培根(Francis Bacon,1561—1626),英国唯物主义哲学家和科学家。他批判经院哲学和神学权威,揭示人类认识产生谬误的根源,提出了著名的"四假相说":"种族假相"、"洞穴假相"、"市场假相"、"剧场假相",主要著作有《论学术的进展》(1605)、《新工具》(1620)等。——译者

明亮的日光相比较。在日光中,世界的假面具、伪装和豪华特征还不及艺术烛光一半的美丽、壮观。按照他的说法,艺术家们自始至终都与假象密谋策划,他们不是追随真理倾向,而是追随与真理截然相反的艺术倾向。

在全部启蒙运动中都蕴含着艺术与真理这一反命题的前提,而这一前提恰恰从实际感觉出发,使艺术想象变得令人可疑。这就是对艺术阿谀奉承的、模糊不清的**经验论的**异议,是对艺术的金色浓雾的异议,然而,这些异议并非源自启蒙运动的独一无二的异议。因为除此之外,还有**唯理论的**异议,尽管从根源上看,这种意义属于柏拉图的逻各斯概念及其著名立场,即对艺术的特别激进的敌视立场。但是,在近代市民阶级斤斤计较的知性定向中,人们重新采取了这种对艺术的敌视态度。在此,人们还觉察不到马克思所标明的19世纪资本主义所特有的对艺术的敌视态度。当时,作为对"为艺术而艺术"(l'art pour l'art)的反击,龚古尔兄弟①向"公众"宣战。

光是这样一种古怪的询问就已经属于对艺术的敌视态度:当听到拉辛的《伊菲莱涅亚》(Iphigénie)时,一个法国数学家就问道:"这东西到底能证明什么?"(Qu'est-ce que cela prouve?)这种追问听起来特别滑稽可笑,因为它同样从专业拜物教视角注视艺术,但是,它与经验主义旗鼓相当,在敌视艺术这一固有的大潮流中,它站在**纯粹合理主义**一边。在所有理性主义新时代的巨大知性体系中,美的层面就这样意味深长地被取消了。从而,寓于美之中的想象就被视为科学上根本不可讨论的东西。

在法国古典浪漫主义时代,只有**艺术技巧理论**繁荣昌盛,尽管它以特殊的类型首先与诗学有关,例如,在笛卡尔那里,只有音乐的数学才引

① 龚古尔兄弟(Goncourt, Edmond and Jules),法国兄弟作家,即19世纪法国作家龚古尔·德·爱德蒙(Edmond de Goncourt,1822—1896)和他的弟弟龚古尔·德·儒勒(Jules de Goncourt,1830—1870)。——译者

起他的兴趣。此外,无论在笛卡尔还是在斯宾诺莎那里,我们都了解不到在理念与事实的秩序之间存在某种艺术这样一种假设。

甚至具有广博知识的莱布尼茨也至多引用若干艺术的实例而已,例如,在艺术中可以发现影子与不协调的作用所突出的某种和谐,因为对他来说,这一点十分重要:在一切可能的世界中,对最好的世界提出可利用的证明。在莱布尼茨那里,这种和谐之美虽然是一种在科学上对可认识的世界和谐的暗示方式,但这仅仅是一种含糊不清的暗示,正因如此,真理才会被放弃。因此,沃尔夫[①]学派的鲍姆加登[②]很晚才以特别奇异的方式,将理性主义美学转变成了哲学学科。也就是说,理性主义美学极端藐视美学对象,以至于对此在感到很抱歉。在感觉及其表象中,美学对象属于低级认识能力,仅仅起一种微不足道的作用。即使美在这一领域表现出完满性,但在价值上,它也根本无法与概念认识的完满的明确性相比拟。

理性主义对艺术的轻视可与经验实证主义并驾齐驱。但是,对艺术的敌视部分尚未穷尽。是的,在那里,充满了对艺术的憎恶,咬牙切齿,发出阵阵刺耳的声音,但是,这种憎恶不是来自理性,相反,来自至少追求**心灵**真实的信仰。于是,发生了破坏圣像运动,但在这种情况下,心灵主义者并不像经验主义乃至理性主义通常所作的那样反对艺术的金色浓雾,而是反对艺术的大陆,即反对在艺术中过分强调现象的态度。在此,听起来就是这样一种判决:美仅仅引诱人们走向表面,热衷于无本质的外观,从而偏离事物的本质。

柏拉图追问:“模仿影子的影子,其中有什么好处?”因此,他几乎从心灵角度生硬地制造了自身的逻各斯概念。另一方面,“不可为自己雕刻偶像,也不可做什么形象,仿佛上天、下地和地底下、水中的

① 沃尔夫(Cristian,Freiherr von Wolff,1679—1754),莱布尼茨的弟子,构筑了启蒙思想、天赋人权和自然哲学的体系,主要著作有《第一哲学即存在论》等。——译者

② 鲍姆加登(Alexander Gottlieb Baomgarten,1714—1767),德国启蒙主义哲学家、沃尔夫的弟子,主要著作有《伦理学》、《美学》2卷等。——译者

百物……”[1]这是出现于《圣经》中的第四条戒律，而且，《圣经》还提供了有关不可视的耶和华的圣像破化活动，禁止一切偶像崇拜的提示语。

人们相信，各种艺术全都通过熠熠发光的魔鬼之星来完成，艺术妨碍真实的、不发光的东西，甚至否定这些东西。这种判断正是敌视艺术作为宗教的、心灵学的立场。与此相称，在道德上，人们并非无缘无故地背离那些十分伟大的“作品”，进而有意识地转向不可视的、真正的“信念”(Gesinnung)。在这种无所不包的(可回溯到伯恩哈德·冯·克雷尔瓦克斯[2])意义上，清教徒主义在托尔斯泰那里达到了顶峰。托尔斯泰极度憎恨莎士比亚，极力反对关于美的风花雪月、男欢女爱作品。

甚至在天主教教义中，也含有对美的恐怖(Horror pulchri)，教皇马尔塞鲁斯执政期间就有计划地禁止丰富的教堂音乐，而且，这种对美的恐惧延伸到清教徒主义中，清教徒主义以极度明显的手段强调伦理道德的信仰，他们把言语当作实物并以此敬拜光秃秃的神。

因此，敌视艺术的形态五花八门，它们既存在于经验主义和理性主义中，也存在于心灵学和宗教的观点中，而这些反对美的形态均以合理的真理要求(Wahrheitsanspruche)出现。不仅如此，这些不同的真理要求(主观上，心灵学的观点也是这样一种要求)彼此间如此驳杂破碎，以至于它们常以不共戴天的面目出现。尽管如此，它们却沆瀣一气，一本正经地反对“假象的游戏”(das Spiel des Scheins)。

同样，这种情况总是令艺术家们深为感动，正因为如此，他们本身变得严肃认真。恰恰由于感觉到这一点，艺术家才不想当任何游戏者，相反，他们把这种游戏特征当作颓废的特征加以阻断，并且感到对真理问题负有义务。在伟大的现实主义作家的描写和小说中，“美”(Schönes)同样得到了惟妙惟肖的、形象的描写。这不仅仅是感觉确信层面上的形

---

① 参见《出埃及记》，第20章第4节。——译者

② 伯恩哈德·冯·克雷尔瓦克斯(Bernhard von Clairvaux，1091—1153)，法国神秘主义者、修道院长，1136年着手修建西多教团具有巴洛克风格的埃伯巴赫修道院。——译者

象的表达,而且是那个辽阔开放的社会关系、自然过程中的形象的表达。

荷马的现实主义得到了普遍承认,他精确而全面地运用现实主义,借助于此,生动地再现了几乎所有迈锡尼文明。关于《旧约 · 约伯记》第 37 章,自然研究者亚历山大 · 洪堡(虽然不是法国的数学家)表明了自己的观点:"乌云密布、狂风呼啸的天气过程,由于不同的风向而聚散离合的云雾,灰蒙蒙的雾气的色彩游戏,冰雹和隆隆雷声的产生等,这一切都是借助于个别的直观来形象地描述的。在文学作品中,早就提示过我们今日物理学家以科学的表达方式所表述的众多问题。但是,这些问题不可能得到令人满意的解决。"①

毫无疑问,对于每一部伟大的文学作品来说,这样的精确性和现实性都是独一无二的、本质性的,这种特性也经常出现在心灵的和宗教的文学作品以及《旧约 · 诗篇》之中。现实主义要求意味深长、耐人寻味,它反对平庸肤浅的、千篇一律的东西。艺术界(眼下至少小说界是如此)把这种荣誉加在荷马、莎士比亚、歌德、凯勒、托尔斯泰的头上,而且赞誉之辞节节攀高,似乎未曾有人出于对真理的热爱而对这些"游戏的巨匠"及其游戏作品提出怀疑。尽管艺术家们生动地描写了具体的现实,但他们并没有了结美的真理问题,他们至多通过可以想望的、重要的方式扩大并精确地表达了这个问题而已。因为在现实主义的艺术作品方面恰恰表明了这样一个事实:作为艺术作品,现实主义的艺术作品有着与众不同的根源,这种根源不同于艺术的、自然科学知识的根源,甚至也不同于各种认识根源。

文学作品独具珍贵的语言,但这种语言凭借其如此恰当标明的东西,同样不着边际地超越自身的既定状况。文学作品独具某种虚构的故事,这种故事在个人与事件之间自由地支配科学所完全陌生的特权。在双重意义和语言上,文学作品既是一种虚构故事,又是一种成熟的艺术。进言之,在具体观察过的对象中,文学作品借助于成熟艺术的虚构故事阐明时空间隙,在跌宕起伏的曲线中,使情节归于圆满完成。

① 亚历山大 · 洪堡:《宇宙》,Ⅱ,《短袖白法衣》,第 35 页。

无论如何,在现实主义艺术形象中,特别在长篇小说的艺术形象中,这种圆满(Runden)、超圆满(Überrunden)的作用极其巨大、无法估量,而且在最初没有呈现为现实主义的那些艺术作品中,巨大的假象也“超水平地”起作用。例如,某些作品搁置或超越现存的东西,并有意识地把它加以浪漫化,又如,远远地超出某种单纯的“主体”而在神话这一最古老的艺术养分中开花结果。

例如,乔托[①]的《拉撒路的复活》、但丁的《天国》、歌德的《浮士德》最后部分的《天空》等在细节上与所有现实性相距甚远,那么这些作品与关于真理的哲学问题到底有什么关系呢?毋庸讳言,在我们所获得的一切世界认识的意义上,这些作品的内容都是不真实的,但是意味深长的是,这些作品的形式与内容不可分割,其天衣无缝令人叹为观止。那么,这些作品又如何合法地与这个世界发生关联呢?这确实令人惊讶,在完全不同的层面上,即使不考虑数学,完全排除滑稽可笑,那个法国数学家也会不容反驳地说道:“这东西到底能证明什么?”

换言之,从哲学上看,关于艺术的真理问题也许与美的假象的现存描写有关,进而与多层世界现实中的现实的实在程度有关,与现存客体的相关概念的场所有关。在闪闪发光的艺术方面,乌托邦作为客体的规定性与现实可能性的存在程度一起到达证明(Bewährung)这一内涵特别丰富的问题。

对于艺术真理问题,可回答如下:在任何时候,艺术假象(künstelerischer Schein)都不是单纯的假象,而是一种笼罩在各种图像中的某种东西,即意味着仅仅在各种图像中方可标明的持续驱动的某种东西。[②] 在这种持

---

① 乔托(Giotto di Bondone,1266—1337),佛罗伦萨画派的创始人,意大利文艺复兴初期的艺术先驱,主要作品有《逃出埃及》、《犹大之吻》、《哀悼基督》等。乔托所画《拉撒路的复活》取材于《圣经·新约》,据传,拉撒路是耶稣的好朋友,入殓三日,死而复生。——译者

② 在布洛赫看来,重要的不是艺术作品的表面现象,而是艺术家或欣赏者的思想感情。人的愿望可以归结为一种图像,但在艺术创造者或欣赏者那里,这种愿望图像却表现为变幻无常的辩证图像。如果说卢卡奇关注的是艺术作品本身的存在论,布洛赫则关注创作意志和接受意志。——译者

续不断的驱动中,**艺术夸张乃至虚构故事都描述令人感动的现存东西中本身徘徊不定的某种东西,并且描述有关现实的东西的意味深长的前假象**(Vor-schein)。在此,所谓前假象也正是某种内含美的、用特殊方法可描述的东西。在此,我们揭露在个人的、社会的和自然的进程方面从未注意到的那种习以为常的或触目惊心的意义。

在形象、境况、情节和背景中,艺术把自身的素材运用到底,并以痛苦、幸福和意义等方式使这一切得到充分的表达。换言之,恰恰通过下述方式可到达前假象本身:创作行为出现在辩证开放的空间中的终极推动行为(Ans-Ende-Treibens)之中,从中一切美的对象都从美的角度得到表现。从美的角度表现美的对象,这意味着这种艺术图像乃是比直接地、感性或直接地、历史地显现的对象更加内在成功的、更加精巧形象化的更为本真的艺术图像。

作为前假象,这种精巧的形象化(Ausgestaltung)依然是假象,但它不是幻象,相反,艺术图像中显现的一切东西都朝着某种决断(Entschiedenheit)而变得敏锐或增强,尽管这种决断很少表现在现实体验中,但它完全植根于主体之中。这一点使我们辨认出有牢固基础的意识,使我们在剧院里观察到作为范例的教育机构。正像席勒以歌德为例所界定的美的现实主义一样,"前假象不是超越自然而是扩大自然。"美,甚至崇高就这样代表一种尚未形成的对象此在,代表一种精细刻画的世界在这个世界里,没有外在的偶然性,没有非本质性,更没有悬而未决性。这样,我们可以把从美学角度所尝试的前假象的口号(Losung)表述如下:**正如在基督教的、宗教的前假象中所表现的一样,如果这个世界不是被毁灭并且末世论地归于消逝,那么这个世界岂能归于完善呢?**在任何时候,艺术都通过自身个别的具体形态寻求这种完满性,即仅仅在这种具体的形态中,艺术才能寻求作为敏锐直观到的特殊性这一全体的完满性。然而,宗教却在总体性中寻求乌托邦的完满性,而且,个体实物的拯救被纳入总体之中,例如,被纳入下述教义中:"我重造一切。"人应该在此得到重生,社会变成神的国度(Civitas dei),自然神化为天国。

与此相反，艺术使一切变得圆满完整。作为“古典”艺术，艺术热爱航行，围绕所与的悬崖峭壁，沿着蓝色海岸自由航行，即使是作为哥特艺术，它本身也总是包含着超越性、均衡性、同质性等特征。在开放的空间中，只有音乐才起到炸开现存东西的作用，因此，与其他艺术自身不同，音乐本身也总是拥有某种古怪离奇的特性，仿佛它在美的或崇高的层面上旋即传达某种信息。

所有其他艺术都不是炸开这个世界，而是仅仅在世界的个别形态、个别境况、个别行为方面，从事纯粹而纯洁的描述。因此，这种前假象就有了充分的可见度。艺术并非幻象，因为它活跃在业已形成的东西的某种延长线之中，活跃在形态相适的业已形成的东西的面貌之中。

艺术创作无所不及，以至于有位古代作家尤维纳利斯①，为了表达暴风雨带给人所有可能的惊恐，竟把自身称作“气象作家”（potie tempestas）。艺术创作如此深远，以至于歌德在评注狄德罗②《关于绘画试论》时，坚决反对单纯仿造的自然主义，强调现实主义的“集中”这一特征：“这样，艺术家对产生自身的那个自然怀有感激之情，归还它第二个自然，但是，这第二个自然是一个被感觉到的、一个被思考过的、一个人性地完成了的东西。”这种人道主义化的自然本身同时又是凭自身圆满完成了的某种东西，但是，这东西并非（像黑格尔所教导的一样）按照某种完成了的理念的感性假象所圆满完成的东西，而是（像亚里士多德所规定的一样）在不断增强的隐德莱希的面貌方向上渐趋完成的东西。

正如亚里士多德所言，这种隐德莱希的面貌“典型地带来收获”。这一点令人强烈地联想起恩格斯的下述一段话：“现实主义艺术是典型境况中的典型描写。”不言而喻，在此，恩格斯定义中的“典型”概念不是意味着一般的东西，而是意味着具有重要特性的某种东西，简言之，是通过

---

① 尤维纳利斯（Decimus Junius Juvenalis，60—127），又译朱文纳尔，古罗马讽刺诗人。著有《讽刺诗》（Saturae）5卷16首，各首长短不一，最后一首没有写完。——译者

② 狄德罗（Denis Diderot，1713—1784），法国哲学家，百科全书派主要代表之一。哲学著作有《达兰贝尔的梦》（1769），小说有《修女》（1760）、《拉摩的侄子》等。——译者

某种示范性的机构决定性地发展了的事物的本质图像。

因此,在这条路线上有着美的真理问题的解答:**艺术乃是一座实验室,同时又是必须付诸实现的各种可能性的庆典**,这其中也包含着彻底被体验过的二者择一,而在这方面,这一事实过程是以结果一样的可靠的假象方式,即以世界之物的完满的前假象来付诸实施的。在伟大的艺术中,艺术家根据趋势的一贯性和具体的乌托邦,最明显地引入了诸如虚构故事一类的过分形象化的东西。

我们可以把对完成的呼唤命名为"没有神的诗歌的祷告"。那么,这东西究竟有多少付诸实践,并且不只是停留在美的前假象之中呢?这方面,不是为诗歌所决定,而是为社会所决定。首先人必须借助于阐明性的趋势要求对各种阻碍采取干预性的对抗措施,他才能有效地掌握历史,借助于此,在艺术的距离中,类似本质的东西也在生活的交往中成为日益增强的现象。

于是,这种结果也就是类似正确地形成的"突进图像"(Bildersturm),进言之,它不是被理解为对艺术图像的破坏,而是被理解为对艺术图像的突破。这也许不仅仅是为了在艺术图像中典型地开花结果,而是为了范例性地开花结果,即在某种含有示范性的东西中开花结果。在艺术不为幻象败北的地方,美、甚至崇高到处都是对未来自由的某种预见起中介作用的东西。一切东西常常归于圆满,从不归于封闭停滞:这就是歌德所谓"生命极限也是艺术的生命极限"。凭良心,最终内容上强调永不封闭的东西。

错误的闭关自守;作为现实的片断的前假象①

前假象时常显得圆满无缺,因为不能呈现完满性,它与美的图像格

① 在本节中,布洛赫指出了前假象所面临的现实危险,例如,停留于单纯的假象,转瞬即逝的残缺不全等。艺术作品有时并不反映对现实认识的恒久努力,相反,仅仅传达美的圆满假象。因此,布洛赫强调,在片面性、特殊性中,艺术家能够发现真正的艺术所蕴含的前假象。——译者

格不入。未被终结的东西总是外在地、独立地显现，因此，一个未完成自身意图的艺术家就对此感到十分不幸。只要事关充分的形式构造力，艺术家的这种反应就不仅完全正当，也是理所当然的。艺术技巧和能力的源泉在于艺术家对自己的事情了如指掌、专心致志。

但是，恰恰由于这种开放的操持的缘故，必须一再指出艺术的熟练技巧所导致的现实危险。事实上，这种艺术的熟练技巧不是来源于艺术能力本身，而是来源于前假象本身所固有的**单纯的假象**部分，尽管艺术家的表现又是充满丰富的想象力，但他通常满足于令人惬意的直观刺激这一单纯的假象。

是的，由于想象中的虚构或想象形成的虚构，单纯的假象可以显现一种特别装饰了的圆满性，这个时候，至少事实的严肃性妨碍、甚至中断与之密切相关的游戏。恰恰借助于此，单纯的假象（bloßer Schein）使各种图像非常轻率地、特别非现实地一起居住。这种假象仅仅保证称心如意的表面关系，而对超然于圆滑幻象的那种事实却全然漠不关心、无动于衷。对如此轻描淡写地显现事实的不信任甚至会有助于没有摩擦的幻象，而这种不信任更多是怀疑。

这种特性在文艺复兴时期的绘画中就显示了出来。在描画古代诸神时，这个时期的画家毫无畏惧，对圣者的描画同样没有笼罩着某种虔敬感。不久，这种特性同样显现在基于神话素材的文学作品中。卡蒙斯①在《卢济塔尼亚人之歌》中，让他的女神忒弥斯②以十分讽刺性的、荒诞不经的措辞说话，甚至像农神萨杜恩（Saturn）、朱庇特乃至所有登场的诸神也不过是“人凭借盲目妄想虚构的充满虚荣心的童话存在，仅仅服

---

① 卡蒙斯（Luís vaz de Camões，1524—1580），葡萄牙诗人、作家、海洋歌手。在史诗《卢济塔尼亚人之歌》（1572）中，他以达·伽马远航印度的事迹为主线，模仿希腊、罗马古典史诗，讴歌了卢济塔尼亚人的聪明才智和勇敢开拓精神，同时，他也为葡萄牙唱出了海洋的赞歌。——译者

② 忒弥斯（Themis），古希腊神话里主持正义和秩序的女神。按照《神统纪》，她是大神乌拉诺斯（天）和盖亚（地）的女儿，后来成为奥林匹斯主神宙斯的第二位妻子。——译者

务于充满刺激的神话歌曲”。尽管在此通过使用美妙的假象,在记忆中保存了神话内容,获得了某种前假象的可能比喻,但是它却以那个完成了的充满性(Gefülltheit)为手段,在没有中断的假象的地方装载这种充满性。

最后,另一个邀请发自这一方面,即**没有爆炸性飞跃的内在者**,这不仅是环绕一切艺术的古代要素,也是仿古的、经典的作品要素。尽管中世纪艺术包含着上述宗教的和超越的良心,但恰恰在其艺术中提供关于艺术类型圆满满足的若干实例。哥特艺术包含着这种良心,但其中也存在源于希腊古典均衡状态的某种引人注目的和谐。

尽管言过其实,但早期卢卡奇敏锐地指出:“这样,从教会中形成了一个新的城邦……从飞跃中,形成了尘世与天国的等级阶梯。在乔托、但丁那里,在沃尔弗拉姆、皮萨诺那里,在托马斯、弗兰齐斯库斯那里,世界重新归于圆满,深渊失去了实际深度的危险。但是,在黑黝黝的力量方面,深渊的全部黑暗并不失去某种东西,而是变成纯粹的表面,而且无拘无束地适应颜色的某种封闭的统一性。在完美的世界节奏体系中,对拯救的呐喊变成一种不协调的刺耳声,而且有可能造成一种新的,但是不亚于希腊水平色彩的、完美的和谐状态:这是一种不适当的异质性的强度。”①

当然,德国哥特艺术的分离派以及格吕内瓦尔德②的作品与这种类型的完成毫不相关。这里显现的美的本质根本不具有古希腊的优点,但是由于地中海沿岸中世纪的高度发展,它却越来越为我们所注视。在德国哥特艺术的分离派以及格吕内瓦尔德的作品中,的确包含着某种份量以及关联的某种完成性,这不仅是一种理想主义的根源,也是基于自身的最后的根源,即源于一切圆满艺术之原始图景的伟大全体(Pan)。所

① 卢卡奇:《长篇小说理论》,1920 年,第 20 页以下。

② 格吕内瓦尔德(Matthias Gruenewald,1470—1528),德国画家、德国后期哥特式艺术的倡导者,现存作品有油画 10 幅、素描约 35 幅,代表作为《伊萨汉姆祭坛画》。——译者

谓全体乃是世界的一者和一切,迄今它也被推崇为应有尽有的那个全体。因此,艺术作品中最后的内在诱惑无非是排除了一切锐利性的全体。因此,作为极端异教徒的世俗化方式,这种诱惑也就是希腊的平衡状态,亦即**没有爆炸的世界图景:星相神话**(Astralmythos)。在星相神话中,宇宙实际上是"装饰",也就是千篇一律地闪烁美。宇宙本身永远是无穷循环的物体,所谓一者且一切(Hen kai pan)不过是一个圆圈本身。换言之,这种宇宙本身既不是一个开放的寓言,也不是任何过程的片断,世界看上去就是一个好看的球体。

因此,在这种过分圆满化的形态中,艺术有理由时常具有泛神论的气质。反过来,在外部艺术的显现中,某种完美地被附加的体系也有理由带给我们某种心满意足的美的享受。对感性现象的欲望,对神性逼真的外衣的欲望,这种欲望肯定有助于某种泛神论的特征。但是,这种泛神论的强烈诱惑属于无和谐的、无障碍的关联性,同样,"宇宙"也没有"包罗万象"(Universum)的关联性。

因此,这一切都有不同的原因,因为在艺术作品中也存在某种真正的艺术熟练技巧,存在某种闭关自守的类似假象的封闭性,而这种封闭性首先掩盖上升的、内在的前假象。

然而,同样存在某种决定性的他者,即决定性的真实。一切伟大的艺术到处都显现自身作品关联性的称心如意和同质性。在这个地方,内在者不被推动到形式的、内容的封闭性的地方,本真的突进图像被翻开;在伟大的艺术作品自身依旧作为类似**片断的东西**表现的地方,它被破裂,被绽开。在在所难免的意义上,这与单纯的片断性的偶然性是不可比较的,恰恰在这个地方,某种事实性的、最富于事实类型的空房间(Hohlraum)与**非圆满性的内在者**一道开放自己。而且,恰恰在这个地方,美的乃至崇高的**美学的、乌托邦的意义**显示出自身的交往本色。只有这种过分被抑止的炸毁,即借助于回廊的宁静气氛而被移植的艺术作品才会变成这样一种纯粹的客观对象(Objet d'art),或者,更确切地说,在伟大的艺术作品中,本身业已形成的开放性赋予某种本真性的暗码以素材和形式。

艺术作品绝不是封闭的：当清漆喷出时，恰恰对无比美好的东西很有效验。① 当夕阳西斜、山影依稀可见的傍晚，对象表面一片苍茫或幽暗。对象表面的毁坏好似曾经产生过作品的那个纯粹类似文化的、意识形态的关联性。然而，这种对象表面的毁坏却显露出迄今始终存在的那个地方的深度。

在此，我们不是意指伤感的废墟，也不是意指那种尚未完成的雕像。就像古希腊的雕像一样，尚未完成的雕像与形体有着更紧密的联系，由此创造了更宏伟规模的统一性，更富于立体感的严密性。当然，这样的类型也需要拥有更好的形式，但并非无条件地拥有我们在此所感受到的那种加强的暗码。这种加强的暗码仅仅借助于瓦解的撕裂来发生，而在这种撕裂中包含着耐人寻味的十分特殊的意义。艺术作品瓦解客观对象，但同时占有客观对象的变化。按照这种方式形成的东西并非废墟或尚未完成的雕像，而是某种事后的片断，确切地说，比起某一场所和地点所规定的作品的终结性，这一点更正当地显示艺术的深层内容。

某种事后的片断变成这个样子，那就是在瓦解中趋向本质的东西成为伟大的艺术，当然，像埃及艺术一样，这种艺术本身有时也完完全全地被关闭。因为只有在产生艺术品的地方才会生成乌托邦的基础。如果我们始终需要批判地获取文化遗产，这种获取就包含特别重要的两个要素：其一是，自我消解那种为博物馆而制作的客观对象；其二是，同样消解那种艺术作品的错误的封闭性，这种封闭性喜欢就地拥有艺术作品，并使博物馆的沉思冥想越来越强烈。

从片断艺术作品中，这种孤岛般的特性不可遏止地涌现出来。而且，某种形象的效果化为充分开放的、诱惑性的象征形态。如果事后的片断现象与**艺术作品中自己所创的东西**相联系，这一点就尤其明显。换

① 根据布洛赫的观点，只有艺术的深层美才有助于克服艺术的表层美。特别是在未完成的作品事后的片断中，人们可以窥见艺术对象所蕴含的强有力的暗码。——译者

言之,所谓片断既不是在通常的、平常的意义上不可完成的片断,也不是由于偶然而没有终结的片断。相反,这种片断是在具体的意义上,由于出类拔萃的技能而未完成的作品,或者由于**乌托邦的压力而变形的**作品。

在伟大的哥特艺术中,情况就是如此,有时,在巴洛克艺术中,情况也是如此。巴洛克艺术由于其作品的所有力量拥有一所"空房间",而在背后隐藏着富有成果的黑暗。这样,尽管带有古希腊的泛神论色彩,但是,完全付诸实施的哥特艺术恰恰向我们说明了出于**不可终结性**(Nicht-Enden-Können)的那种具有核心意义的片断(Fragment)。尽管此后哥特艺术在通常的封闭意义上形成了片断作品,然而在特殊的意义上,哥特艺术具有本真性的片断特征,尽管这一点主要表现在仅仅暗示性地显现的某种"终极物概念"的惟一合法意义上。

在米开朗基罗那里,留下了比任何其他大师都更多的未完成作品,更确切地说,在其最本真的艺术事务中,这些作品总是显示出若有所思、引人沉思的神情。但是,这种神情并不是表现在他的绘画作品中,而是表现在他的雕塑作品中。因为,在绘画作品中,他的一切最初意图都归于终结,而在雕塑作品乃至建筑上,数不胜数的半成品都被搁置一旁,这一切半成品从未重新着手,而是永远地丢弃了。

瓦萨里①注意到,在米开朗基罗那里,最终大功告成的作品简直寥寥无几,这令他十分惊讶,而且越来越感到惊讶,他的这一发现无疑给艺术史发出了强烈信号。更令人惊讶的是,他指出,米开朗基罗所打算从事的目标与这位天才的力量和能力十分吻合。但是,究竟什么东西抗拒艺术的圆满、艺术的完成呢?这东西恰恰是与米开朗基罗自身中的伟大艺

① 瓦萨里(Giorgio Vasari,1511—1574),意大利画家、美术史家,所著《艺苑名人传》(1550)一书,长达百余万言,详述了自契马布耶以来的画家、建筑师及雕刻家,被誉为意大利艺术史的必读书;书中正式使用"文艺复兴"一词,并提出可按14、15、16世纪划分新美术发展的三个阶段,是有关意大利文艺复兴美术的最重要的资料,对后世影响很大。——译者

术热情相适应的东西,恰恰是在某一过分强有力的本性与某一过分艰巨的任务之间相一致的东西。也就是说,永远存在加以完善的地方,即无法达到完美性本身。因此,如此被推入一般的一种艺术热情,只能留下一个残缺不全的片断。

这种类型的片断既不是某种原始的类似寺院的成分,也不是不协调的大教堂的成分,而是良心:哥特艺术在事后(post festum)也还会发挥效应。

美学的完美度甚至能够促使非完美的作品趋向完美,正是在这个意义上,可以说米开朗基罗那些完成的作品,比如美第奇家族陵墓(Mediceergrab)里的人物和圣彼得大教堂的穹顶达到了无以复加的程度,成为艺术中的最高尺度。因此,归根结底,某种合法的、即实质性的片断要素就蕴含在这种最终类型的一切作品之中。例如,在歌德的《西东诗集》[①]、贝多芬的最后四重奏中,在歌德的《浮士德》中,一句话,在一切艺术领域里,都蕴含着这种片断要素,而在这一切领域里,不可终结性最终都成了伟大而不朽的东西。

在卓越地被完成的艺术中,这种内在的突进图像总是令人感动、扣人心弦[②]。如果我们为此寻找意识形态上继续起作用的根据,那么这种根据就在于通过《圣经》而诞生的旅程激情和过程激情之中,存在于末世论的良心之中。总体性存在于《出埃及记》(Exodus)和王国的宗教之中,这是一种惟一总体变化的、爆炸的东西,一种乌托邦的东西。

在这个总体性面前,不仅我们的良心显现出来,全部迄今业已形成的东西作为片断也显现出来,与我们的良心息息相关,须臾不可分离。作为片断或客观的断简残篇,我们的良心不仅存在于生物的局限性乃至听天由命之中,而且存在于最富于创造性的意义之中。在启示录和爆炸

---

① 《西东诗集》(West-östlicher Divan),歌德晚年受波斯诗人狄万·哈菲兹(Divan Hafez,1325—1390)的启迪而写下的一系列诗歌,发表于1827年。——译者

② 布洛赫把艺术作品的令人感动的图像描写为未完成的"突进图像"。这意味着,人通过总体性,从美的角度确认意识之中的期待感、预见等。——译者

性意义上,“瞧,我重新制造了一切”一语与一切艺术的总体性有关,并以启示录的精神感染所有伟大的艺术,根据这种精神,丢勒把他的哥特作品命名为“启示录变相”(Apocalypsis cum figuris)。

人依然是开放的,世界的进程依然是悬而未决的,在一切美学信息的深度中,情况也是如此:**这种乌托邦要素本身最彻底地内在于美学的内在者之中,这是十分悖谬的。**没有这种片断潜能,或许艺术想象力也能充分拥有世界的直观,甚至也能形成关于一切不同事物的人的统觉,但是,它并不具有任何相对概念。

因为正如世界处于邪恶之中一样,世界也出于这种邪恶而处于未完成性之中,处于试验过程之中。这一过程提出的形态就是暗码、比喻以及丰富多样的象征,但是,这些形态**本身全都还是片断、现实的片断,通过这些片断,世界过程开放地川流不息,并且辩证地前导其他的片断**。

片断性要素同样适用于象征,尽管在这方面,象征不是与过程有关,而是与“必要的惟一性”(Unum necessarium)有关。但是,恰恰借助于这一关系,并且由于此,这种关系才具有某种关系,而不具有某种业已到达的特征(Angelangtsein)。在这种情况下,象征同样包含片断。现实的象征本身是独一无二的,因为它并非单纯对观察者遮遮掩掩或对它自身清楚明白,而是它自身尚未显现出来。从艺术上看,或者超乎艺术来看,这一点正是片段的意义。

片断蕴藏在事物本身之中,它根据事物的未圆满及其变化状态(rebus sic imperfectus et fluentibus)而属于世界本身。作为客观规定(Objektbestimmung),具体的乌托邦是以作为对象规定的具体的判断为前提的,尽管作为片断,这种片断最终也一定会受到扬弃。

因此,一切艺术要素都无非是一切宗教的前假象,恰恰从这种根源和下述尺度中,一切艺术得以具体化:归根结底,这个世界上的片断特征乃是为了构造前假象而提出的阶段和素材而已。

关系到现实主义,一切现实的东西都拥有某种视域①

如果一个人完全依赖某一事物,或者完全忽略这种事物,那么这两种态度显然都是错误的。这两种态度都是外部的、表面的、抽象的,因为这种态度都是没有中介的直接的态度,所以都没有摆脱表面性。依赖事物的人往往固步自封,安于表面内容;忽略事物的人则往往沉湎于某种固有的、未整理的内在性之中,并逃遁到可消失的其他直接性之中。尽管如此,进行飞跃的人要比原本接受事物的人具有更高尚的人的类型。

尤其是,这种依赖事物的人做事小心翼翼、优柔寡断,但是,他同样是平庸的,即经验主义的。与此相反,进行飞跃的人做事狂热冲动,完全缺乏深思熟虑,总是无根据地到处徘徊。浅薄的经验主义和感情奔放的狂热主义者都在现实的滚滚洪流面前茫然若失、惊慌失措。但是,前者盲目崇拜所谓既定事实,裹足不前,而后者即空想家则好高骛远,想入非非,不过,这后者也许对于我们富有启发意义。

在这个世界上,经验主义者抓住个别的过程瞬间,并把这个瞬间凝固化为既定事实,以此仅仅适应物化的事实,对于经验主义者来说,某事成功与否完全要看这种物化的事实。与此相反,进行飞跃的人本身至少处于运动之中,因此,他坚持这样一种态度,即原则上他与现实运动必定没有直接的联系。

在艺术本身的形态中存在飞跃现象(das Überfliegen),尽管这种现象带有许多假象,唤起众多令人可疑之处,而这种疑窦丛生势必直截了当地、有意识地朝向某种不真实的梦的假象。但是,在艺术中却展现出具

① 在本节中,布洛赫结合时代问题、乌托邦问题,说明了艺术作品中的前假象。在布洛赫看来,前假象不同于既定现实中的直接图像。前假象乃是对本质的、普遍的世界图像的一个抽象比喻和中介,正因如此,现实主义艺术有别于自然主义艺术。根据布洛赫的前假象美学,一方面,艺术是辩证开放的世界的前提条件;另一方面,艺术是关于全体性的独特的类型面貌。——译者

体校正这种飞跃的路径。它的校正特征不仅见之于艺术中、绘画中，而且见之于人之中以及人心所整理的客体的见解、趋势之中。

这种具体的校正绝非来自卑躬屈膝的经验主义，也绝非来自与此相应的美学上的自然主义。因为经验主义和自然主义仅仅满足于确定实际存在的东西，而从未深入研究本质上发生什么、推进什么。[①] 与此不同，只要想象力还作为具体的面貌出现，它就不仅能够呈现感性丰富性，而且在现实体验的背后同样能够再现某种中介关系。

想象力不接受孤立的事实和孤立于全体的抽象的直接性这一表面关系，由此它展现出关于自身时代的全体性以及位于过程之中的那个乌托邦的全体性的现象关系。艺术恰恰借助于具有这种性质的想象力而成为认识，即借助于恰当的个别图像和富于特征的、类型的全体图景而成为认识。艺术跟踪现象中"重要的东西"，并予以详尽的阐述。同样，科学也借助于具有这种性质的想象力来把握诸现象中"重要的东西"，但是科学借助于永不停留于抽象水平的概念，借助于永不淡化或丧失现象的概念来成就这一点。在艺术和科学中，所谓"重要的东西"就是类似普遍的特殊物，这是关于辩证开放关系的当时事例，是关于总体性的当时富于特征的类型形象。在这个本真的总体性（Totum）中，同样存在包含所有时代瞬间本身的时代全体，并且这一时代全体重新被把握为一个瞬间[②]，但是，不是在某种业已成形的现实中，而是仅仅在视域中，这种本真的总体性才表现出广泛中介了的伟大作品。

歌德曾经说道：一切活生生的东西都围绕着一种氛围。一切现实的东西都是生命，都是过程，都会是客观想象力的相关概念，因此，一切现实的东西都拥有一个视域（Horizont）。一方面，视域是在自身黑暗中，内

---

① 布洛赫认为，经验主义盲目推崇既定事实，因而忽略了某种可能的本质事项。与此相对照，自然主义同样原封不动地接受既定事实，因而也不能摆脱表面特征。——译者

② 历史的各阶段包括各种历史事件，在此意义上，我们可以探究历史的全体性。但是，从整个人类史上看，各个历史阶段的全体性依然可以概念化为一个部分，即瞬间。——译者

在地、仿佛垂直延伸的某种东西；另一方面，视域是在世界之光中，外在地、仿佛水平地、辽阔地延伸的某种东西。这两种视域的背后都充满着同一的乌托邦，因此，在最终概念中，两者是一致的。在删去了展望性的视域之处，现实仅仅显现为业已形成的、死的东西，这正是在此自然主义者和经验主义者埋葬自身死者的那个死者。

恰恰相反，在到处都注视展望性的视域之处，现实显现为某种具体的、活生生的东西：即产生于某个未完成世界里的辩证过程的道路网。在这个世界上，如果没有宏伟的未来，亦即没有现实中的现实的可能性，那么这个世界就根本无法改变。总体性连同现实的可能性一起起作用。总体性并不是某一当时过程阶段的全体，而是必定与过程相联系的全体，因此，也必定是某种类似趋势的事实和具有潜在性质的事实。单单这一点已经是现实主义，而现实主义是任何一种图式主义(Schematismus)所不可通达的，因为图式主义事先就知道一切，它把自身单调的、自身形式主义的老框框当作现实。没有现实可能性的现实是残缺不全的，就像市侩的世界一样，没有承载未来的世界是徒劳无益的。在市侩的世界里，我们找不到新的目光，找不到艺术，找不到科学。**具体的乌托邦位于一切现实的视域中；现实的可能性直至最后还环抱着开放的、辩证的趋势和潜势**。用亚里士多德的话来说，运动就是“未完成的隐德莱希”，由于这种趋势和潜势，未封闭的质料的未封闭的运动最切合实际地贯穿到底。

18.“可能性”范畴的层次

人们经常表明，“某物能在”。或者，这东西能够完全不同于迄今为止的东西，因为某物可以经历各种变化。但是，如果没有事物之中或事物面前的可能性，这也许压根就是不可能的。这是一个十分辽阔的领域，对此，我们必须更多地提出询问。

我们谈论或思考“能在”(Kannsein)，这一事实绝不是不言而喻、理所当然的。在此某物依然是开放的,这东西可以有别于迄今所打算的东西,可以根据尺度调换位置,可以与众不同地加以结合或改变。在什么事情也不能做,什么事情也不可能的地方,生命将归于沉寂。否则,"现在一切东西都即将翻转"①这一富于青春活力的呼唤本身何以可能呢?

的确,在单纯的可能性中,有众多含糊不清的东西,同时还包含着粗俗的东西,不仅包含着流转易逝的东西,还包含着被视为流转易逝的东西。但是,人全身心投入可能性之中,有许多可能性要去完成,这是否表明,人首先是一个被造物呢?如果是这样,他也就明白,可能性概念与含糊不清并不重合,所谓可能性的类似开放的东西也绝非恣意妄为的东西。而且,无论在单纯的话语游戏中,还是在很快出现的严肃对话中,这个能在都合情合理、恰如其分。因此,有时最难理解的素材正是含有空洞要素的现存的可能性素材,对此有必要进行一番严密的分析和探讨。尤其是,如果没有这种严密的分析探讨,我们绝对看不见能在的不同层面。

形式的可能性②

当然,首先我们对于可能性可以说得很多,说话内容本身可以无所不包,词语可以无意义地罗列在一起。例如,尽可把词语凑合成如下:"一个圆的东西或";"一个人和"等等。除此之外,这些词语是**可说的**,但其中并不包含任何可能性。这些词语是无意义的"废话"(Unsinn)。

但是,与此不同,有时也存在并非无意义,但是荒谬的陈述,听众对这种发言,简直一头雾水,摸不着头脑。这就是说,有些陈述本身就自相

---

① 语出德国诗人乌兰德(Ludewig Uhland,1787—1862)的《春天的信念》(Frühlingsglauben,1812),诗云:"轻柔的风已经苏醒/现在一切东西都即将翻转。"——译者

② 从本节开始,布洛赫着手系统阐明可能性的各种范畴。形式的可能性是形式逻辑层面上的可能性,作为"形式上可能的某种东西",形式可能性使人的思维成为可能。——译者

矛盾,诸如“圆的四角形”一类的概念,或者,“他正在上一条业已开出的船”一类的判断。从其特征和述语上看,这种自相矛盾的意义是荒谬的,然而,这种陈述全然不是废话,而是荒谬(Widersinn)。与单纯可说的废话截然不同,这是一种思维的可能性的某种**形式上的**能在。因为在某种关联中,通常可被思考的一切恰恰使思维成为可能的东西。

甚至某些关联性不仅自身部分荒谬,而且完全采取**互相矛盾的**态度,然而作为互相矛盾的态度,毕竟还是表达了某种形式上可记录的关系,也就是说,这种互相矛盾的关系恰恰属于使思维成为可能的东西。因此,就存在诸如“易怒的三角形”、“博学的链式吊桥”或“雷声隆隆的马”以及其他无法理解的陈述。这种尖锐的陈述同时表明,那种单纯使思维成为可能的东西会多么漫无边际,不可范围。甚至“事物之间压根就没有关联性”这一陈述也不是彼此毫无关联,相反,在使思维成为可能的东西中,它同样具有某种无结果的位置。正如在出于非精确性的思维中充满恶劣的内容一样。在思维的可能性中,也存在恶劣的开放性。不仅如此,在这种恶劣的开放性旁边也存在良好的开放性,而这种开放性尤其在自相矛盾的形式上的能在中呈现出来。

事实的-客观的可能性[①]

因此,我们不仅能够说太多的东西,也能够思考太多的东西。不仅在思考中,而且在认识中都确实可以遇到这种能在。这种可能性不是漫无边际的,而是各自可命名的,并且根据众所周知的条件尺度,渐次可规定的。这样的名称和程度首先仅仅表现知识和认识的程度,而不是表现类似事实的对象本身的内在条件成熟的程度,在此可能的东西还不是严

---

① 在本节中,布洛赫探讨了既定现实条件下的“事实的和客观的可能性”。重要的是,在特定历史条件下,事实的和客观的可能性包含着诸多空白和不明确的要素。——译者

密的"类似事实的东西",而是某种"事实的东西",这就是被认识的"根据事实的东西"。①

因此,可能的东西首先表现为慎重的陈述,然后表现为某种有根据地坚持己见的陈述,并对其存在可能性有根据地进行**推测性**陈述。简言之,它是事实上、客观上有充分根据的可能性。条件或现实**证明**(Begründung)确实存在,不过这种证明尽管被意识到,但却无法实事求是地加以令人信服的陈述。一切东西都是可想象的,在这方面,某物一般都可想象为处于特定关联之中,但是,此外,这一点也适用于能在的**所有其他**种类:**可能性是部分地被制约的东西**,因此,只有作为被制约的东西它才是可能的。

由此出发,我们必须确定如此给出的定义,因为这个定义包含用于衡量自身变化中的一切可能性的标准。换言之,一切超然于可思考的东西的可能性都意味着某种开放性(Offenheit),因为它尚未十全十美,所以现存的条件根据也不够充分。这样,这种可能性只具备若干条件,但不具备一切条件根据,我们从这样的可能性中,还不能推断现实的东西。因此,下述古老的斯多亚学派的原理是有效的:"从潜在的东西中推导出存在的东西是无效的。"(a posse ad esse non valet consequentia)

现在,我们返回到与此有关的事实的可能性本身,在此同样关系到部分的限制性(Bedingtheit),然而,一经仔细考察就会发现,这种可能性乃是关于条件的惟一事实的和部分的**知识和认识**。这些限制形式是部分性的,也必定是部分性的,因为全体集结的条件不再是单纯猜测各种事件的出现(这种出现或多或少是可能的,即事实上是可能的),而是无条件地确认各种事件的出现。因此,如果在充分认识了现存条件之后,再来打赌某一事件的出现,那么这种态度是不正当的。因此,历史上,罗

① 在此译者把 sachlich, sachhaft, sachgemäß 分别译作"事实的"、"类似事实的"、"根据事实的",以表达三者程度上的不同。第一个用语指称"与事实同一的东西",第二、第三个用语指称"类似于事实的东西"。在此,"根据事实的"要比"类似事实的"更接近事实。——译者

马人的下述态度是卑鄙而愚蠢的：明知既定条件悬殊，还要法比尤斯·昆克塔托[①]孤注一掷，与汉尼拔[②]决一死战。

事实的或客观的可能性（此外，类似事实的、客观的可能性和现实的可能性也是一样，这一点，后面还要详细阐述）表现为一种假设性的判断；或者在微弱的确信中表现为一种有疑问的判断。假设性的判断与有疑问的判断的区别在于，前者以尚未证实的前提（Vordersätze）为条件。与此相对照，后者则在其形式中，对其前提保持沉默："今天可能下雨"、"留基波[③]也许存在过"、"宇宙射线可能来自银河系的一组群星"等。在此，除了以尚未证实的前提为条件之外，还以未知的事实为前提条件。

因此，作为一种实际情态规定，有疑问的判断（das problematische Urteil）乃是完全展现的判断：术语 P 归属于主语 S 这个能在的方式之中。属于这方面的一个特殊情况也意味着可能性的非本真的、虚假的判断。这些判断乃是未经任何研究而凭空接受的不充分的知识。迄今人们还几乎不把这种虚假的知识与真实的知识加以区别开来，但是，这种区别由于可能的等级缘故，总是如此显著地浮现在我们的视野里。

例如，某种虚假的情态判断（unechtes Modalurteil）就是这样一种判断："水可以通过电流而被分解。"但是，实际上，如果不存在任何新的条件，也许是妨碍性的诸条件，水将不断地通过电流而被分解。同样，这一过程的知识得到了充分的证明，关于它的一切条件一应俱全。据此，所谓判断的内容就毫无疑问了。

但是，某种令人可疑的东西只不过是接受上述原理的人的意识状态

---

① 法比尤斯·昆克塔托（Qintus Fabius Maximus Cunctator，?—前 203），古罗马政治家、将军，绰号"延误者"（Cunctator）或"疣"（Verrucosus）。第二次布匿战争中坚持以不战不和的拖延战略抵抗汉尼拔，并最终成功地率领罗马走出坎尼会战的惨败阴影而闻名于世。——译者

② 汉尼拔（Hannibal Barca，前 247—前 182），北非古国迦太基名将、著名军事家。——译者

③ 留基波（Leucippos，前 500—前 440），第一个完整论述原子学说的古希腊哲学家，他的学说后来为德谟克利特进一步发展。——译者

和知识状态而已,并且,在这种心理学的、教育学的观察中,即在外部的逻辑观察中,这种时髦的判断只不过是在形态上成形的,情态上被装扮起来的东西而已。事实上,这全然是定言判断(kategorisches Urteil)或肯定判断(assertorisches Urteil),而不是假言判断(hypothetisches Urteil)或有疑问的判断。因此,只有非教育学的陈述乃至研究陈述才是真正的事实性的、情态性的可能性。在这种情况下,对于定言陈述或肯定陈述而言,知识的诸条件作为某种**未被澄清的**(ein non liquet)东西而存在。这样,事实的和客观的可能性总是标志着科学的、客观的证实性的某种程度状态,其根据就是客观的现存条件即不完备的科学的**已知性**(Bekanntheit)。

这样,在此判断处于一种悬而未决之中,从而或多或少偏离了问题。更确切地说,判断的肯定或否定处于悬而未决之中,因此,停留在关于某种判断的单纯的判断(Beurteilung)或质的判断上。仅仅在这种某一判断的判断中,才寓居着事实上可能的东西,在进一步被塑造之前,事实上可能的东西就开始寓居于此。这种类型的事实可能性已存在于各门科学的假定或猜测之中,而这种假定或猜测导向了关于自然科学、历史科学乃至社会科学的某种现实的表述性的问题。

在某一有疑问的判断中,猜测预先推定主要条件或条件的团队关系,根据这种条件或关系,研究对象在其现实基础中得以说明,进而在其进程中得以理解。这一方法论的猜测引导自然科学试验的问题提法和条件变体,但是,另一方面,它同时充实独特的近似值。换言之,一个人临时设想的东西属于工作假说的图像。

晚期市民社会的相对主义者过度使用工作假说(Arbeitshypothese)这一表达方式,只要考虑到这一点,就会发现这一表达方式本身就包含着令人可疑之处。因此,我们宁可使用更古老、更坚实的表达方式:启迪学的原理(heuristisches Prinzip)。[①] 在假说性简化或在众所周知的某种

---

① 在此,所谓"启迪学的原理"系指古希腊科学认识方法论,语源上,它源自"我发现了它(heureka)"。——译者

假说性类推法中,这样一种原理或许起作用,借助于此,我们首先可以提出对历史-社会学类型中错综复杂的现象研究。

在方法论使用中,这一事实上可能的问题提法得以证实,或者,在猜测性条件关系方向上,由于研究者所从事的那个归纳法而得不到证实。当然,在这方面,某种如此无所不包的归纳法的同一结果,同样可以重新表现在某种事实的、客观的可能性的判断之中。因为即使最完备的归纳法也不可能是无所不有、数目齐全的归纳法,这就是说,某种包容全体条件因素的知识不可能在所有空间地域都同样有效,也不可能在同一时代都一仍其旧,原封不变。这样,在某种方法论猜测的归纳法的确认中,同样可以找到某种事实上可能的那个剩余,这就是称作比较概率的那个非全体的良知(Gewissen),在程度阶梯中,这种良知可上溯至"天文学的确信"。

那么,演绎法是一种详尽阐明的、充分的、本质的、普遍的条件基础,是什么时候都可以规定某物的宏伟形式吗?这是对的。演绎法不仅把归纳经验的特殊性认识为一个全体关系的要素,而且演绎法从特殊要素的普遍性出发,在某种传承的最高要求中,**借助于必然性**而推导出这种特殊性的认识。因此,演绎法不是在部分的制约性中,而是在全体的制约性中阐明特殊的要素。

这一点清楚地表现在第一结论形态的第一模式之中:"因为凯由①是人,所以他必死。"在此,人这一中项概念(Mittelbegriff)提供了关于必死性的完全充足的"本质根据"(Wesensgrund)。因此,也就产生亚里士多德称作一个完备的结论的东西,即一个必然的结论。"我把这样一个结论称作完备的结论,即它的必然性是明白易懂的,除了先决条件之外,并不需要任何其他的规定。"②这样,事实的存在可能性(Seinkönnen)就屈服于事实的存在必然性(Seinmüssen)。然而,那种被断定为另类存在的

① 凯由(St. Cajus,283—296在位),罗马皇帝。——译者

② 亚里士多德:《第一解析学》,第1章。

可能性乃至对立存在的可能性的不可能性仅仅见之于纯粹人工所造成的最高的抽象领域中，而且，这一点还仅仅限制在出自公理的可推导的东西内，或者仅仅限制在定理[①]（Theoremen）中占主导地位的内在的东西内。

各种公理（Axiome），数学的、逻辑的公理，甚至早期的天赋人权公理也都具有模仿的性质，但它们并不是随意假定的。如某些“空中理想主义的”（luftidealistiche），从事所谓与事实无关的数学公理的“基础研究”的人就不可救药地妄言，这些公理是单纯的游戏规则。即使在极其抽象简化的公理中，在最一般的形式中，各种公理也一定包含外在于思想的事实关系的某种摹写（Abbildung）。然而，这些公理被限制在自身纯粹构造性的统治地位这一特定领域之内，而这种界限尤其是流动性的。只要想到我们的欧几里得空间及其公理的纯粹“模棱两可的情况”，或者只要想到矛盾定理转变成基本的、犹如欧几里得的逻辑，而后又转变成辩证发展的逻辑，这一点就很清楚。

但是，这一切公理与亚里士多德所标明的“本质根据”（生效的事实的总体，即“隐德莱希”）还相距甚远。对此，这些公理被认为是太抽象了。而且，在严格的演绎证明意义上，“凯由”存在于第一结论形态的第一模式之中：他也是这个人的存在的中项概念。从中，亚里士多德不仅想要发现人的存在的完备的逻辑认识根据，同时想要发现死亡存在的无可逃避的现实根据。因为就像每一个其他的“本质根据”一样，人的存在也处于**过程**（Prozeß）之中。因此，在严格的意义上，人的存在并不能授予无例外的现象以及必死性逻辑的必然性。

所以，事实上必然的东西也仅仅表现为事实上可能的东西，尽管偶尔它以最微小的程度表现出来。总而言之，并非陷入封闭的、与世无关的图式主义，结论性认识的条件前提不会比开放的类似事实的东西本身更完备，因为类似事实的东西以自身的方式、概念、判断、结论等摹写事

① 本文“定理”一词源自希腊语“被观察的东西”（theorēma）。——译者

实性的东西。同样,在事实性的、客观性的领域中,可能的领域也以独特的方式(sui generis)占有很大比重。与懒汉的躺椅和固定不变的推导相反,类似事实的东西正是人们研究生存的内容。

类似事实的–客观相称的可能性①

迄今,我们探讨了开放的、持久的可能性,因为这种可能性不是固定不变的,或者不是了结的。在判断中,这种类型的"能在"就这样描述事实性的谨慎,但这种描述多半是以某种共振性问题(mitschwingende Frage)、某种事实性的保留条件的方式进行的。

但是,这种事实上的可能性不同于现在浮现的**类似事实**的可能性。换言之,事实上的可能性不是关于某物的我们的指示,而是这个某物本身的指示,即关于这样那样可变化的东西的知识。相比之下,类似事实的可能性不是靠不充分的**已知**条件而生活,而是靠不充分地**出现的**条件根据而生活。因此,类似事实的可能性不是标志各种条件的或多或少的**知识**,而是标志**对象自身之中以及自身的事实关系**(Sachverhalte)的或多或少条件化的东西。所谓事实关系,即"关于事实的"关系也就是认识的**对象**。属于事实关系的有两方面:一方面是关于对象性特征的所有类型;另一方面是对象性关系中内在的关系类型。因此,作为认识对象,情态事实关系哪儿也不与情态陈述这一单纯的认识**处理方法**相重合。情态陈述致力于单纯的认识**处理方法**,其类型属于例外、猜测、预先推定的概算、归纳概率或演绎推论等。与此相反,情态事实关系致力于某种依然开放的可能的东西,其途径通常是把现存的条件充分地孤立起来加以理解。因此,在此可能的东西显现为**对象性的–结构性的如此关系**(gegenständlich-strukturelles So-Verhalten)本身。

① 在本节中,布洛赫着手分析可能性的层次。类似事实的可能性和根据客观的可能性属于旨在达到完备之"善"的最后努力。——译者

以此,我们进入类似事实的、客观相称(Objektgemäßheit)的描写层次,显然,这一层次与单纯的事实性是有区别的。在我们处理类似事实的可能性中,这一点也造成某种学科差异。事实性仅仅涉及认识,而事实性的客观性愿望乃是一个认识论问题。与此相反,类似事实的东西与认识对象有关,按照新康德主义①的陈述,认识的对象并不是认识本身。因此,这个客观适合性的实际愿望乃是一种定言意义上的对象理论。

对象理论(Gegenstandstheorie)概念首先由迈农②明确表述,然而,这个概念在此纯先验地涉及与所谓此在无关的如此此在(Sosein)的特征。据说,这个如此此在独立于此在或对象的非此在,像鬼魂一样到处捣乱作祟。在此,迈农试举数学这种"与此在无关的知识"为范例,这一点更明显地表现在后期胡塞尔的现象学中。当然,据说这种知识乃是人为地摆脱了自身描写性的所有现实关系并在其抽象性中极度物化的某种知识。不仅如此,在此,在其行为的某种纯粹先验"描写"意义上,在其范畴的某种纯粹先验"意义分析"意义上,数学逻辑借助于"被括在括弧内的此在"而越发被物化了。与此相反,与现实有关的对象理论则是这样一种理论,即在先验特性中,比在认识理论中较少显示出某种"诱惑"(Verfuhrüng),因为对象理论的功能恰恰在于尽可能最忠实地履行现实描写的形态,尽管对象理论及其事实关系不仅必须区别于认识论过程的事实的东西,而且必须区别于本真的客体及其现实关系。

---

① 新康德主义(Neo-Kantianismus),19世纪末至20世纪初在西欧各国,特别是在德国广泛流行的一个提倡复兴康德哲学的流派,在德国又分为马堡学派和弗赖堡学派,马堡学派亦称西南学派,创始人是H·柯享,主要代表人物有P·纳托尔普、E·卡西勒等,弗赖堡学派的创始人为W·文德尔班,主要代表人物有H·李凯尔特、E·腊斯克等。——译者

② 亚历克修斯·迈农(Alexius Meinong,1853—1920),奥地利哲学家、心理学家、新实在论者,主要著作有《假设论》(1904)、《对象论》(1904)等。迈农在哲学上以提出对象论而著名。他认为"对象"不仅指存在着的具体事物和常存的共相,而且也包括那些非存在的东西,它们是并不存在但具有客观特性的对象。这样,我们就可以说,可能存在像圆一样的正方形的实体,进而可以超过对象存在的内容而对非存在的"对象"加以确切的描述。——译者

在此，我们在探讨客体理论[①]（Objektsthorie）之前，首先探讨对象理论，因为对象理论并不包含任何唯心主义，而研究性的、唯物主义的描写本身属于对象理论。通过这种描写本身，对象理论才面对类似客观的、现实的东西，但是，这种描写本身并不在类似客观的、现实的东西之中工作，也不与此同时发生。

进言之，对结构性事实关系的描写不再属于方法论的认识过程，因为它是某种认识的**结果**，只要描写还是根据客体的，确切地说，与现实的客体有关，那么它就是这样一种结果。认识结果的形态乃是**现实定义**[②]（Realdefinition），这不仅为语言标志乃至概念特征所陈述，也为对象性的构成特性所陈述。这种定义不仅典型地"简明扼要"，而且尚未展开，它恰恰根据客体的结构对象来体现客体，关于民族的社会主义现实定义就描写了现实的东西的简明对象，即不考虑所有令人陌生的、牵强附会的陈腐概念：民族主义者希特勒的小胡子、大都市芝加哥世界主义的旅店调味品等。也就是说，从民族的现实定义中，我们可以辨认出客体方面构成现实的结构。

对象理论乃是一种**范畴场所**，在此停留着最普遍的此在方式乃至最富于特征的、典型的此在形态。（如果对象理论不是这种范畴场所或近邻，那么范畴理论就会与全部现实哲学相重合，而且现实哲学同样会与范畴理论相重合。）这样，我们必须在具有类似事实性（Sachhaftigkeit）特性的层次、结构客观相称特性的层次内，着重区分这一层次中的可能性，并且特别明确地标明这种可能性。

如上所述，这方面重要的是对象与现实客体之间的区别：关于某物的纯结构性的可能性布局依然有别于这个现实的布局本身。就像在形

---

① 所谓"客体理论"是以规范为前提，旨在把握与主体无关的实际对象以及客观理念。尼古拉·哈特曼的《认识形而上学的基本特征》（1921）一书对客体理论进行了详尽探讨。——译者

② 所谓"现实定义"泛指使某一实体成为可能的基本条件，它规定一切现象的图像。在此意义上，布洛赫用"结构性"（konstitutiv）一词标明现实定义。——译者

形色色的纠缠不清的布局中一样，现实的布局本身也受到多种多样的妨碍、阻拦，以至于重新奏起现实之变态的凯歌。**类似事实的-客观相称的可能性为对象理论所把握、所界定**，因此在现实性范畴中，我们一定会发现某种独特的区别，而且由此界定的类似事实的-客观相称的可能性并非类似客观的-现实的可能性（das objekthaft-reale Möglichkeit）的多余加倍。

类似事实的可能性是按照结构的种属、类型、社会关系、法律关系等类似事实-部分条件化的东西。因此，在此部分条件化的东西便作为严格奠基在对象中的某种东西显现出来，并且假说性认识或疑难问题的认识以或多或少结构限定的方式向我们传达开放性。

此时，到处出现两类条件，即内部条件和外部条件。它们彼此**紧密地交织在一起**，相互作用，相互渗透，然而，两者一定保持各自的特性。即使两类条件几乎都得到满足，类似事实的、单纯的可能性也依然保持不变。一旦一朵花朵的内部条件本身齐全，它就会渐趋成熟而结果，可是，如果缺乏“好天气”这一充足的外部条件，那么花朵结成果实也仅仅是一种可能性而已。

相反，如果外部条件充分而内部条件薄弱就会导致更坏的后果。试想，即使天公作美，如果花朵内部有缺陷，它如何开花结果呢？又如，人总是接受可以解决的课题，然而，只有小部分人才发现解决课题的伟大瞬间，于是，这种解决也就越发被视为单纯的可能性，只不过是微乎其微的可能性而已。这方面，1918 年 11 月 9 日德国的革命运动归于无效就是一个实例。[①] 或者，在另一个时期，即丢勒之后，伟大的德国绘画艺术变得萎靡不振，收获甚微，尽管外部条件很优越，也不乏小公国的附庸风雅的意识形态和艺术作品的订购圈子。

因此，在某一小部分中，部分条件不以**两类条件的任何一类条件**而

① 1918 年 11 月德国爆发革命，11 月 9 日，威廉二世被迫退位，德意志帝国灭亡。德国革命促成魏玛共和国的成立，同时又促使纳粹党的崛起。——译者

下降,否则过度补偿就由于其他条件种类本身而不可能的了。当然,上述两类条件纠缠不清,紧密联系在一起,如果内外条件的结构越是敏锐地被把握,这种纠缠不清就越是清楚地显露出来,这就是说,这种显露需要借助于扬弃那种**模糊性**(Aequivokation),而这种模糊性由来已久,自古以来就包含在可能性这一对象范畴之中。

在此,可能性不仅意味着内在的、能动的行为“技能”(Können),也意味着外在的、受动的“行动能力”(Getanwerdenkönnen)。因此,不同的存在可能性分化为“不同的行动可能性”(Anders-Tunkönnen)与“不同的形成可能性”(Anders-Werdenkönnen)。只要这两个条件得到具体的区分,那么就会出现能动的可能性,即作为**能力**(Vermögen)、**潜能**(Potenz)的内在部分条件,就会出现作为**被动意义上可能性的**、**潜在性**(Potentialität)的外在部分条件。能力与潜在性恰恰紧密纠缠在一起:如果没有时代、环境、社会中的潜在性,没有这一外部条件的有用的成熟,就不出现任何积极的行动能力和能动的素质。不仅如此,如果没有主客条件的相互交织,没有引起与客观可能性因素的相互作用,这种能力就无能为力、无所作为。这就是说,能力必须与潜在性一同起作用,即根据外部条件的成熟这一潜在性的尺度来发挥作用,或者潜在性至少能被引入方法中。

但是,在这种情况下,并不意味着在自身最重要的意义上,仿佛外部条件本身并不属于可能性,即不属于宿命式的开放性。恰恰相反,作为主观“能力”的可能性乃是不同的行为能力,它是不可废除的行为能力,但是,在一切限定中,它却是**改变一切限定的**东西,同样,作为“客观潜在性”的可能性乃是不同的形成能力,它是不可废除的,却是可操纵的,是在一切限定中改变一切限定的东西。这两类条件总是这样地纠结在一起:没有不同的形成能力这一潜在性,也许潜能这一不同的行为能力就失去任何适当的行为空间,反之,如果没有潜能这一不同的行为能力,也许世界的不同变化能力就失去任何为人所中介的意义。

因此,可能性这一对象范畴也大都被揭示为一种特性,它不是借助于自身,而是借助于可改变东西中人的索取性的介入,即借助于**拯救概**

念(Heilbegriff)。当然,可能性也可部分地被揭示为可能的不可救药的概念,确切地说,不仅因为不同的行为能力,而且因为不同的形成能力,可能性包含着这一不可救药的概念,这一点同样使可能性向坏的空间变化,以至于陷入一种尴尬的困境,而这种困境的根源恰恰在于变化性之中。在此,同样可以蕴含某种局面的不确定性[①](Unsicherheit)。作为类似事实的可能性的否定存在,这种可能性屡见不鲜,从偶然遇见的事故可以伸展到像地狱一样爆发的法西斯主义,而且,作为可能性,法西斯主义不仅过去蕴藏而且现在依然蕴藏在资本主义的最后阶段之中。

这样,可能性的不可救药的特征暗中破坏上述拯救特征、希望特征,尽管这种特征本身同样存在于某种形式的可变化之中,但是,它不是存在于自身的不确定性之中,而是存在于自身的**可赢得性**、**积极的可扬弃性**之中。这不是充满困境的可能性而是充满祝福的可能性,作为类似事实的、十分能动的、另类的存在可能性,这种可能性从人可遇见的幸运一直伸展到自由的王国。在历史中,这一自由王国作为社会主义的可能性而发展起来并最终实现。当然,所有这种变化能力(Fortuna vertit,命运变化)都总是包含一部分偶然因素,但是,它以不同的形式重复。例如,存在诸如某种事故或幸运一类的单数的、直接的事件,但是,也存在某种不同的存在可能性,而这种可能性很少在表面上发生。黑格尔就以这种方式令人信服地区分了外部的偶然性与辩证中介的过程转变,确切地说,他把偶然性限制在纯粹外部的必然性上,从而把外部的偶然性与外部的必然性解释成是同一的。因此,在黑格尔看来,仅仅在直接的、没有得到中介的具体性之中,或者仅仅在过程的边缘上才形成偶然性:"直接具体的东西也就是相互外在、多少相互漠不关心这样一种特性的混合体,对此,恰好简单而独自存在的主体性(这无异于

① 20世纪70年代,布洛赫曾把西方资本主义的"腐而不朽"、东欧斯大林主义的"肆无忌惮"看作是一种"不确定性"。——译者

过程始点的重点)同样漠不关心,而且把各种特性托付给外在的,从而偶然的规定。"①

黑格尔的这一偶然性概念压根就具有不可信赖的含义,因为这一概念不是在自然中,而是在迄今为止的历史中外在地摧毁和扰乱正常的、典型的发展。但是,作为持续过程的可能结构,辩证中介的**开放性**与恶劣中介的**任意性**毫无共同性。当然,另一方面,这也不是说,在过程的不同存在可能性中,开放性仿佛就是每一个偶然事件和偶然性的严格的反面。

在过程中,不同的存在可能性(Anders-Seinkönen)是一个巨大的实验,这种试验尚未占有偶然事件或偶然性这一反面,既没有平静下来,也不占有这一反面的权限。相反,在不同的能在中,可能性借助于持续的但部分中介的特性,恰恰重新致力于可称作**更高阶段上偶然性**的东西。在最终可信赖的事物意义上,这种偶然性(Kontingenz)意味着**充满创造性的财富,即形成某物、创造某物的易变性**(Variabilität)**这一开放的财富**。这种易变性不是外在的易变性,而是合乎规律地、类似事实地中介的易变性,因为这种易变性恰恰是一种不可挫败的方向转变,尤其是一种不可穷尽的新形象。在此,某种所谓偶然性本身也不再单纯与外部必然性相重合,相反,它与某种合乎法则的必然性一道辩证地得到中介,恰恰形成盛开的、富有特性的开放世界的有秩序的、充实的发展。

虽然这种类型的偶然性也包含类似境况的成分,然而它并不是困境意义上的境况,而是新东西孕育过程的境况世界(mundus situatis)。也许,与每一种偶然性都严格对立的是这个封闭的必然的东西,因为这种必然性不再具有易变性,也不需要这种易变性。也许,这种**结构封闭的必然性**才是绝对充分条件化的东西,从中,内部条件,尤其是外部条件不仅得到充分的成熟,而且恰好得到重合。

当然,在封闭的必然性中,任何事物的对象性都没有得到深入研究,

① 黑格尔:《哲学全书》,第250节。

即对象性本身与自身全体的根据相重合。也许,正因如此对象性才具有结构上的必然性。

在斯宾诺莎关于神-自然的定义中,这种重合被设想为自因(causa sui)①,而且,就逻辑统一性的大得多的本质而言,在安瑟尔姆那里,这种重合还见之于"由于自身而存在"(a se esse)的自我证明之中。按照他的见解,最完备的存在是必然存在的,因为这种存在是由于它自身的本质性而存在的。因此,就像最完备的存在必然包含自身的本质一样,最完备的存在也必然包含自身的存在。

这一点无需得到确认,即这种类似客观的特性并不存在于自身定义的彼岸,除非在单纯地或多或少具体地可预先推定的"价值理想"(Wertidealen)中,瞥见基础与显现的完全重合。这样一种价值理想的框架乃是——在一切神学之外,并且反对一切神学——一种必不可少的东西(nottut),因此,自古以来,它就被标明为"至善"。然而,根据事物的未完成状态(rebus sic imperfectis),如此标明的东西还绝对不是现实的东西,而至多是处于结构的可能性之中的东西。当然,结构的可能性现在借助于"自因"的视域,或者借助于存在与本质的同一性而被证明为最为决定性的拯救范畴。因为本质与现象重合的地方同时也总是关于人的肯定的可能性结构路线的绝对基准点。

客观-现实的可能性②

当存在可能性毫无结果的时候,它几乎不表示任何意思。但是,可

① "自因"一词最早由托马斯·阿奎那引用,意思是"为自身的意志而存在"。但是,笛卡尔则认为,任何事物都不能创造自身的固有本质,因此他相信,神的本质包括一切实体的存在。根据斯宾诺莎的观点,神由于自身的本质,可以将自然作为必然存在加以结合。但是,"自因"概念后来被用作其他意义。例如,休谟将其用作心理学的反社会性图式,而康德则将其用作必然创造感官世界现象的本质概念。——译者

② 在本节中,布洛赫进一步简明扼要地说明了可能性范畴,即客观现实的可能性。在此,最重要的概念是质料、自然以及未来、预见等。——译者

能的东西总是拥有某种后果,因为可能的东西不仅在形式上被许可,或者客观上可猜测,抑或本身合乎客观地展现出来,而且在现实的东西本身中具有某种承载未来的特性。这样,也就存在**客体**的实际的部分制约性,正是在这种制约本身中,部分条件表现自身的实际可能性。

这样,人具有所有现实的可能性,那就是迄今在自身的历史中成为他的东西,尤其是还会无拘无束进步的东西。因此,人是某种可能性,但是,这种可能性并不是一棵孤立长成的橡树所创造的橡实,而是内外条件的全体、条件因子。而且,在不可穷尽的世界本身的全体之中,质料乃是关于一切形态的现实的可能性,换言之,一切形态都潜伏在"现实的可能性"这一母腹中,并通过过程从母腹中分娩出来。

在这一无所不包的现实的可能性概念中,"动态存在(dynamei on)"(可能性之中的存在)拥有自身的场所,亚里士多德把这个"动态存在"规定为质料。正像在事物本身中,赫拉克利特第一个注意到矛盾一样,在矛盾本身中,亚里士多德第一个认识到了现实的可能性。从这里开始,现实可能的东西可被视为基质:"由自然或艺术所造成的一切东西都具有质料,因为每一种变化着的东西都会成为或不会成为能力(dynaton),在一切事物之中,这种变化着的东西(是否成为能力)都是质料。"[①]这一点富有启发意义,一切事物都凭借某种潜在性活跃地显现出来,然而,在亚里士多德那里,自我实现的形式(隐德莱希)与质料依旧是被分离开的。换言之,隐德莱希以同一的尺度后退,并且本身成为质料,就像被动的潜能附加于主动的潜能一样。

与此相对照(ex contrario),阿拉伯严格的一神论者,即所谓摩塔卡琳(Motakhalim),亦即语言乃至启示信仰的导师们则激烈反对现实的可能性=质料这个定义。为了绝对地维护至高形式,即神的纯粹行为(actus purus)的无限权力,他们势必不是展开动态形态,而是展开世界之前第一位的东西中完全无意义的虚无。也就是说,神不是从质料中,不是从现

① 亚里士多德:《形而上学》,第7卷,第7章。

实的可能性中创造了世界,而是从虚无中创造了世界。

与此相反,中世纪泛神论的唯物主义哲学家们,如阿维森纳、阿威罗伊、贝纳的阿马里克①、狄特南的大卫②等则认为,现实的可能性乃是世界的基础质料,不仅如此,神的创造意志始终是质料的一个动因。是的,神与质料成为同一个东西。在阿威罗伊那里,所谓发展就是在宇宙自身中,借助于神的形态(dator formarum)而从质料中产生形态(eductio formarum ex materia)。这样,通过废除一切二元论,创造概念便显现为神质料(Gottmaterie)的自我运动、自我受胎。在神质料中,不仅包含着潜在性,同时包含着那个自身内在的潜能,它使某种外部世界的运动变成多余的东西。

对于这种半截子唯物主义③而言,所谓现实的可能性更多地与文艺复兴时期吉奥达诺·布鲁诺的理念相称。在布鲁诺那里,世界完全成了可能性的实现,而这种可能性的实现早已存在于统一的质料之中,并为这种质料所包含。现在,“能生的自然”(natura naturans)和“被生的自然”(natura naturata)这两个概念就在“持续的、永恒的、生育的、母性的质料”中上下归于重合,毫无二致了。通过大胆扩张亚里士多德的理论,现实的可能性的“基质”(Substrat)不仅成了形态的容器,而且同时成了根源。

布鲁诺这样写道:“因此,永远多产的质料……必然拥有意味深长的优先权,即惟一的实体性原则以及作为存在的和保持不变的东西而受到肯定……。从而,那些学者中的一些人(因为他们肯定考察了自然中的形式关系,正如亚里士多德和其他人以同一方向可以认识到这一点一样)也最终排除了下述内容:隶属于质料的形式的偶然特性和被视为行

① 贝纳的阿马里克(Amalrich von Bena,?—1206),经院哲学家、神秘主义学者,他的神学思想趋向泛神论,强调真正爱天主上帝的人不会犯罪。他因过分强调此理而受拉特朗第四届大公会议的谴责。——译者

② 狄特南的大卫(David von Dinant,?—1210),曾把亚里士多德著作译作拉丁语,倡导唯物论的泛神论,把神、精神、质料视为现实的三位一体的成分。——译者

③ 此处“半截子唯物主义”笼统地把神与质料视为等同,并以此说明世界创造动因的泛神论唯物主义。——译者

为和隐德莱希的那个优先权也都必然属于质料。”[1]也就是说,从中得出第一个结论,即当现实的可能性作为如此现实的东西被接受的时候,这种可能性也就把母腹与生育、生命与精神统一在质料之中,与此同时向四周蔓延开来。在这方面,母腹依旧是富有成果的,从而可以成为现实化的趋势和潜势并没有被封闭在质料基质之中。当然,在机械的、机械唯物主义中,这个“动态的”规定仅仅是毁灭了的某种东西而已。在此,作为丰满的东西,质料首先必然有理由收缩,因为在这方面,定量的自然科学并不能证明任何东西,因为全体力学充其量是对抗来世的撬棒而已。

但是,这种收缩同样是可能的,因为基督教经院哲学本身使亚里士多德的质料概念和前苏格拉底(同样关系到布鲁诺)的各种质料概念远离于“能生的自然”这一具有萌芽状态的领域。正因如此,对于机械论的、过分机械论的质料概念而言,特别是对于质料的死的影响而言,也许英国的自然研究者约翰·廷托尔[2]的下述话是十分适当的:“如果素材作为某种乞丐来到世界,那是因为在它那里,神学的雅各被剥夺了自身的第一个出生权。”

无论如何,仅仅机械地被把握的质料以后成了一种与历史无关的“大木块”(Klotz),而这种大木块仿佛从出生起就在冻僵的初始意义上,自身的全部现实可能性已变成了静态的现实。然而,亚里士多德的“动态存在”这一使突变成为可能的规定却继续起作用,并独自“加上必要的变更”(mutatis mutandis)而被纳入历史的和辩证的唯物主义。主观因素、各种条件的成熟、量到质的突变,甚至可变性,这一切全都在某种大木块质料中丧失了根基。作为某种机械运动的、同时机械化的量的东西,这个辩证的东西从质料上掉落下来,或者沦为质料上的“装饰形容词”(Epitheton ornans)。

---

① G·布鲁诺:《论原因、本原和一》,第60页。

② 约翰·廷托尔(John Tyndall,1820—1893),英国物理学家,于1861年首次提出“温室效应”,认为大气中的二氧化碳浓度居高不下会使地表温度上升,他还证实了空气中存在细菌。——译者

只有在未封闭的过程质料一旁,必然王国向自由王国的过渡才拥有一方天地。恰恰在被认为是最偏远的极限中,未来和自然、预先推定和质料才与历史唯物主义的到期的彻底性融为一体、浑然天成。**没有质料就没有任何(现实的)预先推定,没有(现实的)预先推定就无法把握任何质料的视域**。这样,现实的可能性就不是寓居在迄今存在的任何完成了的存在论中,而是寓居在总是需要重新证明的存在论中,就像这种存在论在过去、在全部自然中发现未来一样。

在旧的空间中,新的存在论以最富于成果的方式强调其新的空间。现实的可能性乃是从范畴角度向前推动作为**某种**过程的物质运动的东西。在物质运动所发生的那个前线上,现实的可能性正是这一**现实**的特殊领域。否则,质料岂能具有传达未来东西的特征呢?没有真正的开放性,就没有任何真正的现实主义。现实的可能性始于某种萌芽,而这种萌芽总是包含未来的东西。在这个萌芽中,预先形成的东西开始生长,以便得到充分的发展,但是并非这东西仿佛从一开始就拥挤在最狭小的空间上。"萌芽"自身依然期盼更多的跳跃,在展开自身中,素质把自身的潜能-潜在性(potentia-possibilitas)展现为更新颖、更精确的开端。因此,内在于萌芽和素质中的现实的可能性绝不是与世隔绝的完成品,即不是某种充分发展成的现存的小东西。确切地说,这种现实的可能性不是证明自身的公开性为单纯的分发或展开,而是将其证明为现实显示的发展。潜能-潜在性造成原始根源,并借助于重新潜伏起来的内容,一再独创性地将过程起源(Origo)的持续现象提升到一个新的阶段。

这样,劳动着的人就到达这种人化(Menschwerdung)的根源,他通过自身全部的其他历史改变自己,总是更精确地发展自己。是的,可以说,我们的"阿尔法",即人类的"直路"(der aufrechter Gang)蕴藏着坚贞不屈、百折不挠的素质,亦即蕴藏着通向自由王国的素质。虽然"直路"本身曲折多变,但人通过不断具体化的革命历史而获得精确的资质。直至无阶级的人,这种人的"直路"就是迄今为止的历史最终想要的素质可能性(Anlagmöglichkeit)。因此,现实的可能性不仅保持自身现实化的素质状态并向前推动这种状态，而且同样采取一种状态，即作为不断发展中的素质的总体与业已形成的现实处于根本对立的状态。这样，迄今显现为现实的东西也就为本质可能性的持续的“至高附加”(Plus-ultra)所贯穿，并且，在自身前面的边缘，为可能性的光芒所照耀。在几乎一切社会乌托邦中，这种照耀，即前假象的视域或多或少以抽象方式得到反映：**在心理学上**，这种照耀显现为向前的**愿望图像**；**在道德上**，这种照耀显现为人的**理想**；**在美学上**，这种照耀显现为自然客观之物的**象征**。

向前的愿望图像或多或少已经领悟了某一更美好生活一般的可能性，因此，这幅图像是十分明朗的、富于表演性的。理想则把或多或少实现了的可能性变为内容，这种内容就是某种试图变得更完美的人的存在以及试图变得更美好的社会关系。因此，在自身模范中，在核心布告牌中，这种理想鼓舞人心，给人树立光辉的榜样。理想的东西属于没有扭曲的、没有异化的完美的人的典型，具有人的尊严的无阶级的社会关系。最后，本质上，象征更是到处隐隐约约地把实现了的可能性变为内容，这内容就是自然中的存在与本质之间的没有异化的同一性。因此，象征不仅与我们息息相关，而且具有某种深层内容。与理想不同，象征是隐蔽的，即象征借助于强烈的“意义”激情显示自身的内容，这就是为什么象征并不像理想那样外在地、公开地显示或多或少实现了的可能性，而是仅仅内在地、隐隐约约地显示。因此，在很大程度上，这种内容尤其处于某种“意义”之中(正如在象征那里，可以用特殊的方式表达一样)，处于某种“暗码”之中。因为这种内容具有核心意义，所以，它的内容比理想的内容暂时微弱地显现。另一方面，重要的是象征与比喻不同：比喻可以不离开纯粹多样性的领域，重新把某一事物与截然不同的事物加以比拟。与此相反，象征恰恰指明某种意义的统一性。正因如此，与总是指明多义的多样性的比喻不同，真正的象征在自身的意义中最终归于一致，即恰恰在自身意义的核心中归于一致。

象征的历史源远流长，一直受到宗教的引导，但在核心问题上，象征还受到当时社会的制约，并在历史潮流中发生分歧。但是，象征和寓言的基本特征，即关于本质的“真实的和善的惟一性”（Unum Verum Bonum）却一如从前，为世世代代的人们所想望、所追求。然而，这一本质恰恰仅仅位于隐隐约约的可能性之中，而不会位于任何其他一目了然的地方。这样，至关重要的象征之物不仅在自身的**表达**中，而且在一切真正的象征那里，同样都还遮蔽在自身的**内容本身**之中，因为真正的象征内容**本身与自身完满的现象还保持着距离**，因此，它在客观上、现实上依然是一个暗码。

恰好从现实的可能性之光出发发生下述事件：在象征性概念中，我们关注并记录现实之核。在黑格尔的美学中，如果扣除若干客观唯心主义的措辞，迄今所谓现实概念就几乎仅仅是主观唯心主义地被把握了东西而已。这种概念之所以是主观唯心主义的概念，是因为对于有限的人类知性而言，每一种象征内容都仅仅作为某种掩盖了的东西得到描述。然而，在先验地现存的静力学领域里，那种被认为是完结了的东西的内容却没有任何距离地发出灿烂夺目的光辉。

但是，与此恰恰相反，真理可规定如下：象征之物仅仅从客观内容出发表达自己，而单个的象征则从客观的现实质料出发得到区分。单个的象征则把处于不同境况的隐蔽内容（Verhülltheits-Inhalt）和事实同一性内容（Sachidentität-Inhalt）当作各自隐蔽的东西和事实同一性的东西加以描摹。这正是对**现实暗码**、**现实象征**的独一无二的描摹，而这一点最终使象征传导自身的真诚。在此，所谓“真诚”意指意义的一致，而这种一致是与外部世界特定的、潜在的客体中那种意义现实结合在一起的。属于这方面的象征有塔、春；莫扎特《费加罗的婚礼》中的傍晚空气，然后，还有托尔斯泰《伊万·伊利奇之死》[①]中的暴风雪；托尔斯泰《战争与和平》中的遭受致命伤的安德烈·保尔康斯基头上的星空；《浮士德》结尾中的高山峻岭——这一切都是崇高的象征。

---

① 列夫·托尔斯泰（Lev Tolstoy，1819—1910），俄国著名文学家、作家和思想家，《伊万·伊利奇之死》发表于1886年，探讨了死亡主题。——译者

借助于塑造特点，文学作品比迄今为止的哲学更明确地把握了现实可能性的象征对象。但是，哲学却借助于概念的严肃性和相互关系的真诚来接受现实的可能性的象征对象。不过，这两者，即现实主义文学和哲学都开启了这样一种真理：在具有核心意义的事物意义上，世界本身充满着现实暗码和现实象征，充满着"事物的符号"（signatura rerum）。文学作品和哲学都发挥自身意味深长的作用，在这种作用中，两者都十分现实地指点关于意义的自身趋势和潜势，正是由于这种意义，很久以前，人与自身的事务就尽可能地得到了全新的启发。

部分条件，亦即这些素质的成熟条件的可能性使人全面检验人的意义范例，恰恰由于这种范例，这个世界才变得如此丰富多彩、有声有色。但是，这种人的意义范例恰恰是与成功范例多少保持巨大距离的范例，与完满现象多少保持巨大的"尚未"（Noch-Nicht）的范例，借助于如此多种多样的那个距离，人的意义范例不是显现成功，而是显现愿望图像、理想和象征。在表明自身创造的艰难过程中，这个世界的本质总体还没有在任何地方作为结果显现。一旦距离[①]被掩盖，就会出现抽象的、无耻的乐观主义。但是，一旦从"被中介的完善性"（vermittelte Perfektibilität）角度如实把握距离，即把握诸如"危险"（Gefahr）一类的一切特性，它就形成为与"臭名昭著"（Ruchlosigkeit）正相反对的战斗的乐观主义。

至此，我们探讨了现实的可能性、完善性这一素质状态中的本质。在此，所谓"可臻完善性"被视为人借以预见未来的自由的东西。根据马克思的最具体的预先推定，"可臻完善性"的实质就是"人的自然化和自然的人化"。这是废除了人与自然中、人与自然之间异化的协调之音，或者，这是非物化的客体与显现的主体、非异化的主体与显现的主体之间的协调之音。这种对完全位于现实本身之中的绝对真理的展望——其

① 在此，所谓"距离"（Abstand）是指事物的隐蔽矛盾与显露矛盾之间的间隔，问题在于，辩证地克服现象与本质之间的差异。布洛赫试图从"战斗的乐观主义"视角克服这种间隔，而卢卡奇则试图从存在论的总体性视角克服这种间隔。——译者

广度和深度对于禁止软弱无力的相对主义是不可避免的——重新开启现实的、本质的可能性。当然,通过这样的开放,还不能即刻开启内在于它自身的**现实的、本质的必然性**。因为如果假定这种现实的、本质的必然性,就等于成就一种完备无缺的条件,即成就关于本质的生存、生存的本质的不可避免的条件。在这种极端的非偶然性或无状况的这边,现实的、本质的必然性也仅仅作为一种首要的可能性,换言之,仅仅作为并非部分地与现实的东西一道存在的一种可能性。持续的过程、关于更美好生活的趋势性、中介性希望图像、欢欣鼓舞的理念、深层内容象征,甚至关于现实可能性的预先推定的现实展望等都把这一切当作地地道道的阵线特点坚持下去。

记忆:反对可能性的逻辑的、静态的斗争①

轻松地察看某物,就像翻开好多书页。某种"尚未"(Noch-Nicht)到处生活着,人之中蕴藏着那么多尚未被意识到的东西,世界之中蕴藏着那么多尚未形成的东西。但是,如果这些东西不是在可能性中活动,并致力于自身的开放性,就不会具有两种类型的"尚未"。

然而,令人惊讶的是,迄今人们对此还很少深思熟虑,也没有把它牢牢抓住。尽管可能性范畴众人皆知,随时都被使用,但逻辑上却是一个苦恼之处(Crux)。这个可能性范畴是这样一个范畴,那就是尽管在几个世纪中,它为哲学家们所强调并尖锐化,但它直到现在依然是最不明确的范畴。的确,这个范畴至少在存在论上为哲学家们密切注视过。因此,按照传统方式,它几乎仅仅在形式逻辑中才显现出来。即使范畴学说致力于关于可能的东西,这东西也主要不是被标明为客体规定而是被

① 在本节中,布洛赫批判性地探讨了为什么可能性概念被排除在整个存在论的讨论之外。因其开放性特点,很难把可能性概念规定为逻辑学的自明范畴。而且,因其可能性的易变特征,那些持静态世界观的学者往往忽视这一概念,有时干脆把它列入例外项目。——译者

标明为认识规定。

当然,一些逻辑学家们各自撰写过有关可能性的著作,像J·克里斯一类的逻辑学家[①], 像费尔维因(Verveyen)一类司空见惯的大小模仿者, 还有甚至自命为存在论者的N·哈特曼[②]等。但是,在哈特曼这个最后的模仿者那里,可能的东西仅仅被认定为概念关系,至于其他逻辑学家则几乎把可能性描写为"无", 即与实在毫不相干的东西。但是, 无独有偶, 那些独创性的哲学家们也同样引人注目地架空可能性概念的内容。这种态度首先根源于没有区分开关于诸条件的部分认识与部分现存的条件本身。因此, 人们重新把两类不同的事实视为等同: 混淆了某种客观上**决定**的事实情况的或然性**不确定**判断与某种客观上**不确定的**事实情况的肯定性**决定**判断, 即客观上现存的可能性。

"路德可能在家",就是或然判断;"不久以后月球火箭飞行是可能的",不言而喻,这是肯定判断。但是,第一判断与第二判断之间的差异并不清楚地显示出逻辑上,甚至心理学上的内在特性,相反,仅仅显示出**模态即外部世界的某一巨大的部分特征**。

如果可能性范畴仅仅被还原为猜测这一单纯的认识层面,那么外部世界的客观可能性就势必主观唯心主义地挥发殆尽。可是,在现实中,可能的东西并不能消除任何抵抗。这就好像一个人从未陷入某种危险状况,从未逃过一劫、从未避开危险或陷入困境一样。

于是,人们就把可能的东西变成单纯的"人神同形论的向内投射",好像通过反射和反应装置来适应客观的现实。世界就是非全体的部分有机体。从海葵目的动物到充满野性的野蛮人直至"聪明的人"(homo

---

① 克里斯(Johannes von Kries,1853—1928),德国逻辑学家,曾任莱比锡大学教授,著有《盖然性换算的原则》(1886)等。——译者

② 哈特曼(Nicolai Hartmann,1882—1950),早期著作受到马堡学派新康德主义的影响,后期受到胡塞尔现象学影响致力于现实主义存在论。他把存在区分为四个层次:非组织的、组织的、心理的、客观精神的,认为所谓认识就是认识与认识者无关的、业已存在的现实的行为,从而他的存在论否定了康德的构成主义认识论。主要著作有《认识形而上学的基本特征》等。——译者

spapiens),实际现实世界与客观可能性毫无共同之处。可能的东西脱离现实而成为"虚构",仿佛客观可能性概念根本不能满足民法、刑法等内容(赔偿责任、"给付不能的债务无效"〈impossibilium nulla obligatio〉、条件附带条款、过失等)。

齐格瓦尔特①把单纯的可能性正确地界定如下:"只要它包含了自身所是的那个东西的部分理由"②,它就是一个适合于单个的个人的东西。尽管如此,他还是把可能性概念视为主观上未确定的东西的某种表现,或者视为对我们有限知识的一种悲观绝望的表现。唯心主义者否定现实的可能性,动机有二:其首要动机在于,这种可能性过度增加或然性的模态判断,从而搞错对象模态与客体模态。但是,就否定现实的可能性而言,还要加上**第二个动机**,而且,这种动机也见之于那些大哲学家乃至绝非主观唯心主义的思想家中。

这里的障碍物(Sperre)与前一个障碍物并没有什么区别,前一个障碍物同样没有把新东西(Neue)加以深思熟虑,而新的东西与可能的东西实际上是两个姊妹范畴。所谓"障碍物"无异于根据某个阶级而限定的沿海航行,即围绕既定的东西乃至过去的东西到处游弋。障碍物厌恶那种反对积极的开放性和蓝色世界概念的**静态思维**。在诸如像亚里士多德、黑格尔一类的过程哲学家那里,我们可以发现这种厌恶,尽管前者提出了"动态存在"这一庞大构思,后者提出了现实的辩证法概念。

大多数人都热衷于确立某种完成的"一者"和"一切",即宇宙(Universum)强调其中实际存在着一切可能的东西。库萨的尼古拉③把"神"

---

① 齐格瓦尔特(Christoph Sigwart,1830—1905),德国逻辑学家,曾任蒂宾根大学哲学教授,致力于逻辑研究的普遍方法论,著有《逻辑学》2卷(1873—1878)、《逻辑学的先决条件》(1880)等。——译者

② 齐格瓦尔特:《逻辑学》,第1卷,1904年,第274页。

③ 库萨的尼古拉(Nikolaus von Cusa,1401—1464),中世纪末神秘主义哲学家,受到艾克哈特思想的影响。著有《无知的知》(1440)等,他通过旨在破坏神之内部对立的思维,强调"基督教是扬弃了一切对立的具体的逻各斯",以期扩大人的认识的条件和可能性。——译者

命名为"全能的存在"(Possest),甚至吉奥达诺·布鲁诺也把可能性搁置一旁,认为可能性无非是在世界整体中统统可以实现的东西。由于这种静态规定,人们尤其堵塞了开放的可能性的空间。因此,可能性的范畴概念总体上处于几乎完全未被开垦的处女地。在大概念当中,这个概念乃是最小的"本雅明"[①]。

这个概念看上去总像是某种新鲜的、即将来临的东西,然而,在此这东西并未得到应有的思考。在诡辩学者那里,一切坚固的东西都开始动摇,甚至他们也对可能性大加嘲笑之能事。正如高尔吉亚[②]所言,一切东西都是可能的,但是,任何东西都是不可能的,因为根本上不存在任何东西。存在者和非存在者以及二者之间的一切都是消亡的或生成的东西,因此,对于一方或另一方都可采取可能的态度。虽说麦加拉学派的学者没有采取更激进的态度,但他们把矛头对准核心部分,极力否定可能性概念。在此它们分明与爱利亚学派的所谓"不动的存在"联系在一起。麦加拉学派的狄奥多罗斯·克洛诺斯追随芝诺反对运动的证明,编造了他的所谓反对可能性的证明,这是很能反映其特征的。这个所谓的证明——被冠名为"行使妥效"(kyrieuon)——享誉数百年之久,被称作辩证法的杰作,究其原因,首先在于这样一种意图,即在自身方面接受了静态思维。[③] 狄奥多罗斯构成了如下三段论法:从可能性中只能产生可能的东西,而不能产生不可能的东西。但是,可能的东西并没有变为现实的东西,由此从可能性中产生了不可能的东西,即这个存在是另外一个存在。也就是说,这个可能性自身就是不可能的,只有现实的东西才被证明是惟一可能的东西。

---

① 本雅明(Benjamin),这个名字来自希伯来语,意思是"幸运之子"或者"安慰之子"。《旧约·圣经》记载,以色列先祖雅各(Jakob)的第十二个儿子,也是最小的儿子"本雅明",中文《圣经》译作"便雅悯"。——译者

② 高尔吉亚(Gorgias,前 483—前 375),公元前 5 世纪古希腊哲学家和修辞学家,著名的智者。——译者

③ 这方面,参见蔡勒:《柏林学会会议报告》,1882 年,第 151 页。

这样的三段论法软弱无力，并无多少说服力，然而，罗马斯多亚学派的学者却全盘接受了这个三段论法，这在爱比克泰德[①]、马尔克·奥勒留那里起到了十分重要的作用，借助于此，他们对脱离了可能性的、充满必然性的世界秩序感到心满意足。不仅如此，西塞罗后来把这种论证转达为“命运之爱”(amor fati)[②]。

对可能性的否定、新斯多亚主义、命运之爱，这三种思潮一脉相承，一直伸展到斯宾诺莎：“在永恒的视点下看事情”(sub specie aeternitatis)[③]，意即根据定义，一切可能的东西已被视为必然的、现实的东西。但是，因为斯宾诺莎所谓“永恒的视点”与无条件的根据-结果-关系相重合(作为世界的数学命运)，所以在这种视点之下看事情并没有任何部分限定的东西，即不再拥有任何可能的东西。

如果说，斯宾诺莎的“神”排除了在无限众多的可能性当中的选择权，那么莱布尼茨倒是在自身的神(实现者)面前使这种选择权扩展开来。甚至，在他看来，现存的世界乃是自身创造者无限实现诸多可能性的场所，在现存的世界之内，莱布尼茨还认识到了作为素材的可能性，尽管在各种可能性中并未出现任何现实的新东西，并不产生迄今为止的世界所不包含的任何东西。自亚里士多德以来，莱布尼茨是惟一伟大的哲学家，它赋予“最初的可能性”(primae possbilitates)以无数可能性，即其他的世界关系的空间。然而，这种“最初的可能性”只是重新生活在创造者的执行中，因而并非一下子高耸在这个世界可实现的可能性之上。

然而，斯宾诺莎凭借命运之爱的全部根本威力反对神之中的可能性，它规定：“万物只能在他们曾经被产生的状态或秩序中被神产生，不能在其他的状态或秩序中被神产生。”[④]鉴于这种可能性概念，这种规定

---

① 爱比克泰德(Epiktet，前60—?)，公元1世纪人，原为希腊斯多亚派哲人，后沦为罗马贵族的奴隶。——译者

② 西塞罗：《论命运》，第6、7章。

③ 斯宾诺莎：《伦理学》，第2卷，定理44，附录2。

④ 斯宾诺莎：《伦理学》，第1卷，定理33。

也就是狄奥多罗斯·克洛诺斯形而上学中的著名文体。

但是,这并不意味着对可能性概念的反感就此告终,这种反感重新活跃在本该可以相当辩证地敬重可能性概念的哲学之中。在康德、黑格尔那里就是如此。康德标示了理想,黑格尔则在自由意识中标示了进步。尽管如此,《纯粹理性批判》同样很少强调可能的东西,黑格尔的逻辑学和哲学科学百科全书也只是作了适当的修正(mutatis mutandis)而已。

因此,康德把可能性拉到纯思维形式一边,在他那里,所谓可能性既是"具有先验概念的事物的可能性",也是"仅仅能从经验现实的内部中取出的"东西。虽然在此所有纯思维形式或情态范畴都构成这样一种经验,即由范畴奠定的"诸现象的体系"的经验,然而,康德警告说,恰恰鉴于经验,对于情态范畴(可能性、现实性、必然性)必须慎之又慎。因此,他表述说:"情态动词本身具有特殊性,即一点也不把作为谓语所附加的那个概念扩展为客体的规定,而是仅仅表现关于认识能力的关系。"①

因此,康德根本就没有认识到客观的、现实的可能性,除了情态现实,他还添加了客观的、现实的东西,但那也只是通过直观而完全不是通过参与某种定言判断而获得的东西,即不是通过参与某种情态现实判断而获得的东西。尽管康德不惜付出二元论的代价,但他还是在固有的思维领域里,赋予可能性以可理解的某种经验空间。然而,这种思维领域并不属于进行认识的"理想"的空间。

此后,费希特使康德的这个假定强有力地动员起来:"你能够,因为你应当。"在此,可能性被用作能力,被用作"**潜力**"。在康德那里,一方面,一直占支配地位的是抽象的、具有政治意义的"理想":"扩大道德自由的统治";另一方面,可惜,可能性意味着某种**潜在性**,即对历史中这一理想目标的无限接近。②

① 康德:《选集》,哈特恩斯泰因版,第3卷,第93页。

② 按照康德的观点,在现实世界中,人不可能完全实现理想,人类的理想首先是道德自由的实践和道德自由占主导地位的世界,人不能一劳永逸地实现这个目标,但在历史的进步过程中,可以无限地接近这一目标。——译者

但是,如此把握的可能性并不具有任何类似客观的东西的现实特征。在先验唯心主义的经验世界中,并没有任何通向这种可能性的道路。康德的可能性也就成为“应该”的可能性、假定的可能性、理想的可能性,完全不以自身的特点而著称。正如在《一个视灵者的梦》①所言,它倾向于未来,倾向于“未来的希望”,但是,在某种“意识一般”的历史视域中,并没有为此留下任何空间。这样,不仅经验范畴的“知性”,而且作为“诸理念之母”的“理想”也限制了可能性概念的空间。

相比之下,黑格尔不是强调知性而是强调理性,那么在这位思想家那里,可能性最终处于什么状况呢?通常黑格尔是地地道道的客观唯心主义者,可是,令人惊讶的是,他却十分赞同地援引上述康德使情态概念远离现实客体的一段话,他对康德的见解表示完全同意,这在他那里实属罕见。

他给康德的引文附加了这样一段话:“事实上,可能性就是自身反映的空虚抽象,也就是以前所说的那个内部,只不过现在它被规定为扬弃了的、仅仅设定起来的、外在的内部。像这样的可能性无疑又可以**被设定为**一种单纯的样式、一个无内容的样式、一个无内容的抽象,或者更具体说来,被设定为只属于主观思维的东西。……特别在哲学里,必不可说:‘这是可能的’或‘这里还有另一种可能’,或诸如大家常说的,‘这是可以设想的’一类的话。”②

在另一处,黑格尔不仅把可能性把握为自身反映的空虚抽象,而且把它把握为现实的某种因素,于是,这个由他命名的现实的可能性就成了完全围绕业已形成的现实的圆圈。“因此,什么是实在可能的,它便不再能够是任何别的东西;在这些条件和环境之下,某物不能有其他的结果。”③

---

① 康德:《选集》,第2卷,第357页。
② 黑格尔:《哲学全书》,第143节。
③ 黑格尔:《逻辑学》,第4章,第211页。

在此,黑格尔对内容空虚的意见明确地采取敌对态度,他反对各种无用的、多余的变化问题,即"历史会发生什么情况",抽象的、不可企及的理想问题,"姑娘应该是她所是的样子","国家应该是它所是的样子",如此等等。但是,作为思想家,黑格尔并不思考未来,作为辩证法家,他仅仅思考过去的回归,他谈论某物以同一的方式出现,即以同一方式永恒发生,永远回归自身的圆圈。一句话,在此黑格尔也留露出某种反动态度,在他那里,反正谋求变化的哲学总是姗姗来迟。根据《法哲学》前言,人的思维只是"在现实完结了自身的形成过程并在自我完成之后"才得以出现。

在黑格尔的这一句子中,同样蕴藏着狄奥多罗斯·克洛诺斯那个业已形成的著名文体。在此,黑格尔庆贺过去,庆贺所谓无所不包的全部世界。在强有力的辩证法家那里,我们不胜惊讶,恰恰发现了这种静态思维的激情,也就是说,这种思维方式使得黑格尔完全不理会可能性,或者轻蔑地把它当作无关紧要的东西搁置一旁。黑格尔的下述定理更加鲜明地表明了他的终结过程的立场:"凡物内面如何,外面的表现也如何。反之,凡物外面如何,内面也是如何。凡现象所表现的,没有不在本质内的。凡在本质内没有的,也就不会表现于外。"①

当然,人们对此会坚持黑格尔《精神现象学》序言中的早期宣告:"我们这个时代是一个新时期的降生和过渡的时代。人的精神已经跟他过去的生活观念世界决裂,正使过去的一切沉入过去,并且着手进行自身的改造工作。"②从这一庄严宣告,理应得出某种结论,然而,黑格尔并没有得出相应的结论。不过,有一点还是值得称道的:"出生"的时代也就是产生这个时代的那个现实可能性的母腹,"自身的改造工作"必然拥有比自身反映的空虚抽象更强大的改变潜能和可改造的潜在性。

总之,广阔的可能性领域的逻辑学和存在论被静态思维的妄想扼杀了,按照这种静态思维,一切可能的东西早已在现实中布置好了。因此,

---

① 黑格尔:《哲学全书》,第139节。

② 黑格尔:《选集》,第2卷,第10页。

可能性就像从麦穗中长出谷粒一样无关紧要，或者就像游戏结束后伫立的棋子一样无关紧要。但是，真理乃是耸立在迄今一切哲学中的马克思主义的思维方式，问题在于，正确地解释世界，意即把世界当作辩证的、物质的类似过程来进行解释，当作永远开放的东西来进行变革。所谓改变可改变的世界就是关于可实现的现实可能性的理论和实践，这种可能性位于世界的前线、世界的过程一旁。在这个终极领域里，有着现实可能的东西，有着在一切沉思的、静态的哲学中无家可归的问题，有着世界自身的现实问题。现实的可能性尚未获得现象与现实本质的统一性，但在自身中最终赢得存在与本质的同一。

实现可能性①

人是这样一种存在，他还计划许多事情，还想做许多事情。他在自身的劳动中，通过劳动一再改变他自身。他一再站在界限面前，但是，他感知界限，他超越界限，从而这种界限就消失无踪了。

无论在世界里还是在人之中，人的特性都是坚忍不拔和耐心等待。我们战战兢兢，惟恐一败涂地；我们充满希望，渴望辉煌的成功。因为可能的东西既可成为虚无，也可成为存在。可能的东西既不是完全条件化的东西，也不是完全了结的东西。因此，如果不采取任何措施，那么守株待兔、一无所获。面对现实飘忽不定的东西，人们不得不从一开始就估量恐惧和希望。这是希望中的恐惧，恐惧中的希望。

因此，斯多亚派学者明智而过分被动地劝告人们，人不应定居在他所无法控制的境况的近处。但是，在人那里，积极的能力尤其属于可能性，因此，必须善于使用这种积极性和果敢性，只要出现这种积极的能力，希望就会赢得优势。

---

① 在上一节，布洛赫探讨了哲学家们对可能性的种种偏见和无知，在本节中，他继而探讨了关于可能性的实践问题。——译者

在此意义上，勇敢性（Tapferkeit）乃是对虚无中误入歧途的那个否定的可能性的对抗措施。但是，勇敢性仅仅是这样一个对策，即确保与现存各项条件进行最精确的中介，因此，勇敢性并非迅猛的、抽象的英雄行为，而是一种渐进的、具体的对策。这就是说，勇敢性与这些条件的发育成熟相中介，并且在社会议事日程上，与这种成熟的现行内容相中介。

只有这种与各项条件相中介的实践才是基于当时的可能性的实践，而这种当时的可能性恰恰存在于开放的历史和世界的全部可能性-存在（Möglichkeit-Sein）领域之中。在历史过程中，只有这样的实践才是有待判决的事情："人的自然化、自然的人化"从现实的可能性过渡到现实。一个未来的国度仿佛是可能性的一切总体，但是，通过历史的、趋势性的中介，这个国度是完全地、准确地可追寻的。

根据马克思的观点，正如时间是历史的空间一样，**未来的实践样式是历史的现实可能性**的空间，而且，这种时间样式总是位于世界事件的当时趋势之中。这是理论上、实践上可以考察的空间：未来的时间样式就在作出决定、打开新的视域的那个世界过程的前线上。朝向这种未来的过程乃是独一无二的质料，而这种质料恰恰通过人概括其全盛期，并构成圆满的结局。

这个"我们的"国度、或者尚未到来的"我们的"国度正走在这条路上，尽管这条道路崎岖不平，但它却是开放的、可通达的。在这条轨道上，人与事物联系在一起，人与世界以这种方式融为一体、浑然天成。数千年以前，因为人类的缘故，世界发生了决定性的震动，这个震动揭开了新的篇章，人类不太谦虚地称它为"世界历史"，但是这种夸张并没有持续很久。在世界历史的进程中，人及其劳动就以这种方式成了某种决定性的要素。利用劳动作为达到人化本身的手段；利用革命作为达到未来社会即当下社会所孕育的那个新社会的助产婆的手段；利用为我之物（Ding für uns），世界作为达到被中介的世界的手段，为此，自然处于几乎一次也没有被踏入的、完全绽开的可能性之中。这时，主观要素是试图转变事物的开放的潜能，客观要素是世界的可转变性、可变性的开放的潜在性。后者即世界的可变性就位于自身的法则框架之内,就位于自身新条件之下合乎规律地变化的法则框架之内。这两种要素总是相互交织在一起,处于辩证的交互作用之中。如果仅仅孤立地过分强调主观要素(将主观变成终极偶像),或者孤立地过分强调客观要素(凭借表面上的自由发展,将客观变成终极事实),那么主体与客体就一分为二,撕裂成两半。

主观潜能不仅与变化行为相重合,也与历史中的正在实现的东西相重合。人越是变成自身历史的有意识的生产者,主观潜能就越是与上述变化行为相重合。客观潜在性不仅与可变的东西相重合,也与历史中的可实现的东西相重合。独立于人的外部世界越是变成与人相中介的世界,这个世界就越是与上述可变的东西相重合。

借助于狂野的影响力和顽强的"种子"(Samen),正在实现的东西付诸实施,而且,在前人类的、外在于人类的世界中,借助于巨大的广度,正在实现的东西付诸实施。在此,尽管这种行为不具有任何意识或只具有虚弱的意识,但是,这种行为属于同样坚实的根源,恰恰从这里产生人的主观潜能。

然而,在过程上的质料的潜能和潜在性之中,人作为正在实现的主体——尤其是在他解除了虚假意识之后——更加肯定地概括核心潜能。这样,这一主体的核心潜能就愈发处于一种可能性之中,即处于一切事件的萌发性的核心旨趣(Kern-Interesse)之中,也就是说,这一主体的核心潜能愈发击中终极现实的可能性之根源和内容,愈发有可能与其相一致,是的,愈发有可能与其融为一体。

这样,所有这一类的定向都是无限的,但它位于严格的、前后一贯的延长线上,即显示出某种有意识的历史的生产,因此,它与那种不可识破的"厄运"(Schicksal)截然相反。据此,正在实现的东西本身的实现,正在形成历史的、刺激过程的适当显现等都可以规定为偏僻的、积极的、最深远的现实可能性之核。在此,现实条件几乎不再包括某种部分现存的条件。

然而,在此有意识的历史生产的全体是显而易见的,这就是社会和自然中被领会的、达到了的、扩张了的"自因"(causa sui)。因此,实现正在实现的东西，这个终极的现实可能性——这与终极的现实问题相等，即彻底改造社会和自然。终极的现实可能性的世界至少可以界定为可预先推定的“自因”世界，试举例表达如下：非物化的客体与显现的主体的一致、非物化的主体与显现的客体的一致。这正是人类发展的根本比例，是人类梦寐以求的遥远而切近的未来。

但是人类历史的枢纽在于自身的生产者即劳动的人。最终，这个劳动的人不再被外化、被异化、被物化，不再为剥削者的利益而受奴役。马克思是这样一个导师，他教导无产阶级废除这种奴役，达到人与自身及其正常的幸福相融合。不仅如此，他还把思想付诸实践。人在自身的历史中起到决定性的作用，但是，说到自然法则，人对它虽然有所影响，但却无法直接掌握它。我们把一些超常事件的动因抽象地假设为自然力，以泛神论的角度并非令人信服地称其为“能生的自然”。然而，在下述瞬间中，我们可以具体地接近自然，在那时，劳动的人（他是最强有力的、具有高度意识的、与其他自然不可分割的宇宙动因的一部分）开始摆脱自身迄今异化的、半匿名的状态。马克思是这样一个本质性的导师，他与全部世界事件的生产发源地实行最切近的中介，正如恩格斯所言，这个生产发源地就是在自然的某种可能的人化范围内，把所谓的“自在之物”本身变成“为我之物”。概言之，生活在自由的土地上的自由的人民乃是实现正在实现的东西的终极象征，也就是现实可能性一般之中的最激进的界限内容。

19. 世界的变化，或者马克思关于费尔巴哈的十一个命题[①]

很久以前，人们就被告知或听到过“向前的思维”（Das denken nach

① 在本章中，布洛赫详尽阐明了马克思《关于费尔巴哈的提纲》。在此，值得我们注意的不仅仅是马克思的费尔巴哈提纲，而是布洛赫考察马克思的独特视角。在他看来，马克思的提纲既是对时代的锐利分析，也是对“向前的思维”这一人的生活目标意志的鲜明刻画。——译者

vornhin)。只有胆小鬼才从这种思维中借故开脱自己,并且也只有撒谎者才采取含糊不清的态度。只有这两种人才把自己隐藏在广大的或棘手的外表中。为了不被逮住,它总是寻求不同于犯罪现场的别的地方。但是,真正的思维是悬而未决的,即使是事情渐渐水落石出时,也是如此。

马克思聪颖敏慧,早在十九岁时他就敏锐地意识到了本质性的问题。在现存致父亲的信中,他锐利地、完全地把握了主要命题。这类命题从一开始就渴望触及事情的核心,比方说,在徒劳无益的情况下,它哪儿也不赌输,而一旦意识到这一点,它就马上扔掉无用的牌。因此,任何时候这些命题都能够高屋建瓴、深思熟虑,而且,在任何时候这些命题都重新获得恰如其分的形式和精辟透彻的内容。从马克思的概要中,我们可理解的东西正在途中指明要点。现在借助于这些要点,向前思维的特征变得鲜明耀眼,因此,甚至是可能的转弯抹角也服务于向前的思维。当然,在这个指示性的内容中,我们未必总是能够立刻眺望其结论,虽然它经常以简短的形式被引用。因为重要的简述牵扯各种关系,我们只有长久回味,才有可能真正弄懂其深刻含义。

草拟时期

这样,知性必定总是重新保持这种意味深长的句子。众所周知,《关于费尔巴哈的十一个命题》是简明扼要的笔记汇编,其中包含着最简洁的指导性内容,可以说,在这个世界上,哪儿都没有如此新鲜活泼的文件。

1845 年 4 月马克思在布鲁塞尔写下了这些笔记,很可能是为《德意志意识形态》所做的准备工作。直到 1888 年恩格斯才把这些命题作为他的《路德维希·费尔巴哈和德国古典哲学的终结》一书的附录予以发表。在此,恩格斯在文体上略加编辑了马克思间或速记式的文本,但是,在内容上一仍其旧,未作任何变动。在《路德维希·费尔巴哈和德国古典哲学的终结》前言中,恩格斯写道:"这是一份供进一步研究用的匆匆写成的笔记,但是这些笔记作为包含着新世界观萌芽的第一个文件。"

费尔巴哈从纯粹思维出发强调感性直观,从精神出发强调人,他把人连同自然唤回为自身的基础。一如我们所知,费尔巴哈把人作为主导思想,他坚持"人本主义"和"自然主义"立场(不是把精神作为先驱,而是把自然作为先驱),以此向黑格尔告别,这对年轻的马克思产生了强烈影响。费尔巴哈的《基督教的本质》(1841)、《哲学改革的临时提纲》(1842)、《未来哲学原理》(1843)等对马克思起到了某种解放的作用。当黑格尔左派没有摆脱黑格尔,没有超越对这位唯心主义大师的单纯的内在批判时,这种作用显得尤其明显。十五年后,恩格斯在《路德维希·费尔巴哈》中回忆说:"那时大家都很兴奋,我们一时都成为费尔巴哈派了。马克思曾经怎样热烈地欢迎这种新观点,而这种新观点又是如何强烈地影响了他(尽管还有批判性的保留意见),这可以从《神圣家族》中看出来。"①当时的德国青年不是信仰天国,而是最终观望大地,即人的、尘世的大地。然而,马克思很快摆脱了对尘世人的存在的这种过分含糊的态度。《莱茵报》时期的创作活动使马克思比黑格尔左派甚至比费尔巴哈派都更密切地接触政治、经济问题。正是这种接触使得马克思从费尔巴哈所限定的宗教批判日益走向国家批判,从1841—1843年《黑格尔国家哲学批判》(Kritik der Hegelschen Staatsphilosophie)②中,我们可以看出,他已经走向对规定国家形式的那个社会组织的批判。马克思尖锐地提出了黑格尔关于市民社会与国家之间的区分,在他看来,这种区分本身比在黑格尔的追随者那里,甚至比在费尔巴哈派那里都蕴藏着更多的经济意识。马克思充满敬意地向费尔巴哈告别,首先仅仅作了某种纠正,或者仅仅作了若干补充,但是很清楚,他的社会视点从一开始就与费

① 恩格斯:《路德维希·费尔巴哈》,迪茨,1946年,第14页。

② 此处书名有误,应为《黑格尔法哲学批判》(Kritik der Hegelschen Rechtsphilosophie)。——译者

尔巴哈截然不同。1843 年 3 月 13 日，马克思在致卢格的信中这样写道："对我来说，仅仅在这一点上，费尔巴哈的警句是不对的，即它太多地暗示人的本性，而太少地暗示政治。但是，人的本性与政治的同盟是独一无二的同盟，借助于此，现在的哲学才能成为一种真理。"①《经济学-哲学手稿》(1848 年)同样包含着意味深长的费尔巴哈的庆祝会，当然，费尔巴哈的人类学唯物主义思想与布鲁诺·鲍威尔②的"头脑织物"是截然对立的。这部著作特别赞扬了费尔巴哈诸业绩中的如下业绩："费尔巴哈把'人与人'的关系设定为基本的理论原则，从而奠定了真正的唯物主义和真实的科学的基础。"③

但是，比起它所表现的东西，《经济学-哲学手稿》已经远远超出了费尔巴哈：在这部著作中，"人与人"的关系并非停留在费尔巴哈抽象的人类学一般上，相反，人的自我异化批判已经渗透到(从宗教过渡到国家)异化过程的经济核心。这一点尤其表现在黑格尔现象学的大部分内容中，从中马克思恰恰认出了劳动对历史的塑造作用，由此出发马克思精辟地解释了黑格尔的作品。但是，与此同时，《经济学-哲学手稿》也批判了这部作品，因为它把人的劳动活动仅仅理解为精神活动，而不是理解为物质活动。

因此，费尔巴哈的"一般人"旋即归于消失，政治经济学突然出现了，这最初在 1844 年与恩格斯一同着手的《神圣家族》一书中臻于完成。《经济学-哲学手稿》已经包含了这样的句子："工人自身就是一种资本、一种商品"④，照此说来，在此费尔巴哈的人的存在除了否定资本主义之外，别无其他。《神圣家族》把资本主义本身记录为最强烈的最后的异化

---

① 《马克思恩格斯全集》，第 1 卷，2，第 308 页。

② 布鲁诺·鲍威尔(Bruno Bauer，1809—1882)，黑格尔的学生，标榜为正统黑格尔主义者，早期受黑格尔、费希特等人影响，持一种进步的自由主义世界观。1842 年由于提倡激进唯物论而被新教教会剥夺教授职位，1843 年与马克思分道扬镳，转变成反犹主义者和反动分子。主要著作有《对观福音书作者批判》(1840—1842)等。——译者

③ 《马克思恩格斯全集》，第 1 卷，3，第 152 页。

④ 《马克思恩格斯全集》，第 1 卷，3，第 103 页。

根源。在费尔巴哈那里,“人的类型”(Gattungsmenschen)带有始终不变的抽象的自然性,而在马克思那里,人却显现为社会关系中某种历史变化的总体,尤其显现为某种对抗性的阶级总体。当然,异化包括两方面:剥削阶级与被剥削阶级,特别在资本主义社会中,异化还包括这种自我放弃、物化的最强有力的形式。

《神圣家族》这样写道:“但是,第一个阶级,即有产阶级在这种自我异化中感到自己是被满足的和被巩固的,它把这种异化看做**自身固有权力**的证明,并在这种异化中获得人的生存的外观。而第二个阶级,即无产阶级在这种异化中则感到自己是被毁灭的,并在其中看到自己的无力和非人的生存的现实。”①当时基于分工的东西、与阶级相称的生产方式和交换方式,概言之,各种资本主义要素都被证明为最终发现了的异化根源。至迟1843年起马克思就成为唯物主义者。1844年《神圣家族》诞生了唯物主义历史观,以此孕育了科学社会主义。马克思的《十一个命题》**形成于1844—1845年《神圣家族》与1845—1846年《德意志意识形态》期间**,这些命题不仅表明了向费尔巴哈正式告别,而且开启了高度独创性的遗产。一方面,《莱茵报》时期的政治实践经验以及费尔巴哈的立场使得马克思免受黑格尔的“精神”乃至黑格尔左派“精神”的影响;另一方面,与**无产阶级**有关的立场使得马克思转向因果的、具体的社会问题,即真正转向(从基础开始)人道主义。

不言而喻,在此所谓“告别”并非彻底的决裂。在《十一个命题》中,马克思向费尔巴哈告别,但即使在这之后,与费尔巴哈的关系也部分地延续在他的后期著作中。紧随《十一个命题》的是《德意志意识形态》,这是由于时间的缘故,即不久马克思移居他国。《十一个命题》所包含的批判内容也重现在《德意志意识形态》中,当然,在这方面,马克思对费尔巴哈的批判与对恶劣的黑格尔追随者的可怕攻击截然不同。费尔巴哈的理论属于市民意识形态,因此,在《德意志意识形态》中与布鲁诺·鲍威

---

① 《马克思恩格斯全集》,第1卷,3,第206页。

尔、施蒂纳①表面激进的破坏现象进行论战时,马克思不得不牵涉到费尔巴哈其人其说。然而,这位哲学家也部分地提供了前后一致的武器之柄,借助于此,马克思反对费尔巴哈,但尤其是反对黑格尔左派。

因此,《德意志意识形态》根本上以费尔巴哈之名开始,马克思从宗教批判出发,批判费尔巴哈仅仅致力于内在地、唯心主义地"克服"唯心主义。"这些哲学家当中没有一个人想到这样一种相互关系:德国哲学与德国现实的相互联系以及特有的物质环境与哲学批判的相互关系。"②不过,在另一方面,马克思强调费尔巴哈较之"'纯粹'唯物论者所具有的巨大优越性,因为他认识到人也是'感性对象'"。事实上,通过上述肯定恰恰标明了费尔巴哈对于形成马克思主义有多么重要,与此同时,对他的抽象的、无历史的人的存在的批判表明了马克思主义与费尔巴哈的思想相距甚远,甚至正相反对。

马克思对费尔巴哈的肯定意味着:如果不考虑作为"感性对象"的人,就很难从唯物主义角度彰显作为一切事物之根源的人的特性。事实表明,费尔巴哈人类学的唯物主义使得从单纯的机械唯物主义过渡到历史唯物主义变得容易些。马克思对费尔巴哈的批判意味着:如果不把人的本性具体化为实际存在的、社会活动的人,并且不是在具体的现实状况以及与自然的相互现实关系中把握人,即使动员一切"人类学",唯物主义和历史也会经常归于土崩瓦解。但是,在此费尔巴哈对马克思始终具有举足轻重的意义,因为他是惟一必须穿越同时代的哲学家。这一基本思想——马克思不仅对此作出了批判性反应,而且予以创造性的推进——本质上蕴含在费尔巴哈的主要著作《基督教的本质》(1841)之中,在这方面,还涉及《哲学改革的临时提纲》(1842)、《未来哲学原理》(1843)。

---

① 施蒂纳(Max Stirnen,1806—1856),德国哲学家,无政府主义的创始人之一,原名J·C·施米特,著有《惟一者及其所有物》。马克思恩格斯在《德意志意识形态》中对其观点进行了尖锐的批判。——译者

② 《马克思恩格斯全集》,第1卷,5,第10页。

对费尔巴哈的早期著作，马克思似乎几乎不重视，因为费尔巴哈至少直到 1839 年还在黑格尔的影响之下，并未提出独创性的思想。从这时起，费尔巴哈才把黑格尔的自我异化概念应用到宗教之中。从这时起，早期的黑格尔主义者才宣称自身第一个思想是“神”；第二个思想是“理性”；第三个即最后的思想是“人”。这意味着，正如黑格尔的理性哲学克服了教会信仰一样，现在与黑格尔相反，哲学开始树立人（包括作为人的基础的自然在内）。尽管如此，费尔巴哈并没有找到通向现实的道路，他恰恰把黑格尔方面的历史辩证法这一最重要的东西扔掉了。只有马克思的《十一个命题》才超出单纯的反黑格尔倾向而成为朝向可变化现实的路标，即人们得以从阶段性唯物论转向前线唯物论的路标。

分组问题

马克思应该如何划分这些命题，这是一个老问题，也是一个新问题。因为如前所述，这些命题不是为了印刷出版而是为了自我理解而执笔的，因此它们在好几点上是相互交叉的。如果把同样的内容带到别的地方，那么到处都看不到划分的理由和排序理由。因此，这一工作即把这些命题按相互关联性归类或组别划分，需要作出各种各样的尝试。在这一点上，人们试着保持号码顺序，一如《十一个命题》一样，按照严格的顺序归类。

这种忠于号码的分组看来是这样的：命题 1、2、3 编入思维中的理论与实践的统一之中；命题 4、5 编入矛盾中的现实理解之中；命题 6、7、8、9 编入现实本身的矛盾之中；命题 10、11 编入辩证唯物主义的社会场所和任务之中。这种编排的根据是**符号**的秩序。虽然这些命题在题目上有不少共同点，但在内容上却毫无共同之处。因此，一方面，在此依据数字的划分并没有显示出重大价值。就像《十二铜板法》①和十戒律一样，仿

① 《十二铜板法》，罗马最古老的法典，由民法、刑法和宗教法组成。——译者

佛所有这种秩序都在处理命题的秩序，以此把它变成某种永恒不变的法则。另一方面，所有这种秩序都显得十分卑微，拘泥于形式，仿佛它们是一套纪念邮票似的。但是，编号并非分类学，至少马克思并不需要这种替代品。

因此，我们不应从算术上，而应从哲学上划分这些命题，这就是说，诸命题的惟一秩序是自身的**主题**和**内容**。就我们所见，这方面尚未出现关于《十一个命题》的解说。但是，从共同的事实本身中出现某种解说，借助于此，我们能够领会这样一个结论，即马克思简短而深邃的语句继续创造着各种各样的关系。

于是，我们可以把这些命题划分如下：第一，与**直观**和**活动**有关的认识论命题（命题5、1、3）；第二，与**自我异化**、**自身的实际原因**和**唯物主义**有关的人类学、历史学组（命题4、6、7、9、10）；第三，与**证明**和**证实**有关的概括组或理论和实践组（命题2、8）。最后，出现最重要的命题，即**解答**。由于这一解答，不仅人的精神最终归于分解，而且通过它的实际应用，人的精神不再作为单纯的精神而存在（命题11）。

认识论组恰当地与第5命题一道开始，人类学命题则恰当地与第4命题一道开始。因为这两个命题标志着马克思相对地认可费尔巴哈的两个基本理论，而且，在各组的其他命题中，他重新超越这两个命题。在第5命题中，这个被接受的基本理论抛弃抽象思维，而在第4命题中，抛弃自我异化。在此，唯物辩证法的基本特征显示自身的映像，与此相称，在各组之内的个别命题之间存在着自由的、相互补充的呼声运动。进言之，在各组本身之间，发生持续不断的相互作用，这是一种相互关联的统一的全体。

认识论组：直观和活动（命题5、1、3）①

在此，马克思承认，思维行为同样仅仅从感性的东西出发。人的认

① 在本节中，布洛赫集中分析了费尔巴哈命题5、1、3，据此，他指出，马克思正是根据费尔巴哈命题批判了迄今哲学的抽象思辨特征。——译者

识始于与感性牵扯在一起的直观和概念，在此，一切唯物主义认识都显现自身。在这一点上，费尔巴哈想起了令人沮丧的时代，在这个时代，每一门学术的街口都回荡着精神和概念的音响。因此，第 5 命题强调了如下功绩：费尔巴哈"不满足于"头脑，他想在直观的基础上，寻找立足大地的那双"脚"。

但是，第 5 命题使这一点显而易见，那就是，正如只有费尔巴哈认识到的一样，那只感性地**进行观察的**脚还不能向前行走，并且不能抵达基础本身。如此直观的人根本不想运动，他停留在舒舒服服享乐的状态上。因此，第 5 命题教导人们：单纯的直观"不是把感性看作实践的、人的感性的活动"。而且，第 1 命题指责迄今全部唯物主义，即直观仅仅"在客体的形式之下"被认识，"而不是理解为人的感性活动、实践，不是从主观方面去理解"。因此，结果竟是这样，与唯物主义相反，"唯心主义却发展了能动的方面，但只是抽象地发展了，因为唯心主义当然是不知道真正感性的活动本身的"。迄今包括费尔巴哈在内的一切唯物主义都坚持无所事事的观察，然而，在这个地方恰恰出现了人的活动要素。而且它已经存在于感性的，即直接的作为基础开始的知识内；感性作为知识，作为认识的真正的基础决不相同于（凝视的）直观。

马克思在第 1 命题中如此强调的**活动概念**来源于唯心主义的认识论，确切地说，根本不是来源于唯心主义的认识论，而是来源于在市民时代发展起来的认识论。因为这一概念是以作为认识论基础的某种社会为前提条件的，在这种社会中，统治阶级本身通过活动，亦即通过劳动来凝视自己并得以确认自己。但是，只是在资本主义社会里才有这回事，在此，与所有前市民社会不同，统治阶级的劳动，应该说，统治阶级的劳动外表（Arbeitsschein）不再被亵渎，而是受到尊重。这一点出于追逐利润的必然性，而这种必然性恰恰寓居于激起生产力的这个利润社会中。

在古代奴隶社会里，在封建农奴社会里，劳动被看作是卑微的事情（在雅典，甚至雕塑家也算作庸俗的人），当然，这种风气并不反映统治阶级的**思想**。这种鄙视劳动的风气与企业家、资产者以及所谓"工匠人"

(homo faber)的意识形态截然有别。只是到了近代,这一进步的利润动力才开始获得解放,经过漫长的岁月,这一动力在市民时代进一步赋形,进而在上层建筑中得到确切辨认,并在经济基础本身中真正活跃起来。一方面,这种动力在道德上表现为所谓"劳动**风俗**"(Arbeitethos);另一方面,这种动力在认识论上表现为"劳动逻各斯"(Arbeitlogos)。加尔文主义的资本形成目标尤其劝诫所谓劳动风俗。这种资本主义的"积极生活"(vita activa)不仅代替了贵族阶层的闲暇生活,而且代替了安闲的、有学问的僧侣们的沉思冥想的生活。

与此相平行,在认识方面,劳动逻各斯具有显著差异,那就是,这个尤其在市民理性主义中过分提高的"生产"(Erzeugens)概念不同于古代哲学和斯多亚派所单纯接受的认识概念:认识即观看、视觉(visio)和被动的描摹。例如,按照原始的"观看意义"(Schau-Sinn),它从一开始就包含在"理论"(Theoria)本身之中。①

最后,柏拉图也是一个不可全盘相信的(cum grano salis)感觉论者。② 因为他所观看的东西始终关涉到理想、理念,所以这种观看本质上就是一种接受性的观看,而且,他的思维过程无例外地按照直观去把握。然而,即使是德谟克里特这位第一个伟大的**唯物主义者**(直到马克思,他是起主导作用的唯物主义者)也同样沉湎于这种与劳动全然无关的、**对劳动缺乏任何思考的**意识形态之中。同样,德谟克里特也是把认识仅仅作为被动的东西来把握的。他通过思维认识到真正现实的东西,但是,他仅仅根据微小物像(eidola)来解释原子的现实和结构的现实性,换言之,这种微小物像从事物的表面上脱落,由此汇入觉察的、认识的过程之中。在"非活动性"(Nicht-Tätigkeit)这一点上,柏拉图的认识论与亚里士多德的认识论之间并无任何区别。这两种认识论都形成于一种奴隶制

① 在希腊语中,"理论"(Theoria)一词,具有"观看"之意。——译者

② 在布洛赫看来,一如从前的唯物主义,诸如柏拉图一类的唯心主义认识论也是一种被动的、无活动的、静态的认识论,因此,他把这一类唯心主义认识论也一并归结为一种感性的唯物论。——译者

社会,在此,劳动活动普遍受到鄙视,因此这种活动绝不会反映在哲学上层建筑之中。

现在,显得十分悖谬的是,在认识论上,比起接近古代祖先德谟克里特的近代唯物主义,理性主义或时常远离柏拉图的近代**唯心主义**更强烈地反省了劳动过程。就像一面静静描摹的镜子错过劳动概念一样,在包括费尔巴哈在内的唯物主义者那里,比起"生产"这一热情,劳动概念反倒得到了更加唯物主义的处置,以至于根本无视主体与客体、客体与主体之间辩证的相互反映。

在近代唯物论者当中,惟有霍布斯通过基本原则,教导直到康德有效的一种理性的"生产":只有在数学上可构造的这种对象才是可认识的。借助于这一基本原则,霍布斯恰恰能够把哲学界定为数学、机械的运动理论,因而界定为唯物主义的哲学。然而,在霍布斯方面,也未能克服马克思所斥责的"客体的形式",既纯粹静观沉思的唯物主义。

另一方面,在唯心主义内部,出现了一种完全不同的解释,在那里,"生产"概念从"**几何学的结构**"变成**历史起源**的实际劳动概念。在黑格尔那里,这一点才大功告成。首先是《精神现象学》把认识论的劳动概念的动力付诸于**历史**-唯心主义的实践。这种态度远远超出单纯的**数学**唯心主义的"生产"激情。在手工制造时期,伟大的理性主义者笛卡尔、莱布尼茨、霍布斯基于这种激情使其部分或全部唯心主义生效。

费尔巴哈根本不理解黑格尔的现象学,再没有哪个哲学家比马克思在《经济学-哲学手稿》中更好地证明黑格尔的《精神现象学》的意义。马克思恰恰在这一点上,发现了《精神现象学》的伟大,那就是"他抓住了劳动的本质,把对象性的人、现实的、因而是真正的人理解为他自己的劳动的结果"。[①] 也就是说,马克思的这句话最好地解释了包括费尔巴哈在内的上述纯粹直观的唯物主义的根本缺陷:迄今唯物主义缺少所谓劳动这一持续波动的主观-客观关系。因此,唯物主义恰恰仅仅在"客体的形式

① 《马克思恩格斯全集》,第1卷,3,第156页。

下”把握对象、现实和感性,而把“人的感性的活动”放掉了。与此相比,正如马克思所言,黑格尔的现象学“站在现代政治经济学立场上”①。但是,相比之下,在认识论上,费尔巴哈却站在奴隶制社会、农奴制社会的立场上,这是因为他的唯物主义的基本特征是非活动、静观沉思。②

与此同时,马克思当然很清楚,市民的活动既非全部,亦非正当有理。这种活动不可能正当有理,因为这种活动不过是劳动的**外表**而已,因为创造价值绝不是从企业家开始,而是从农民、手工业者开始,特别是从雇佣劳动者开始。此外,在自由市场上,商品流通完全是抽象的、物化的、望不到边际的,因此之故,人们对这种流通只具有某种被动的、外在的、抽象的关系。所以,第1命题强调:对活动的认识论反映只能是一种抽象的反映,“因为唯心论当然是不知道真正现实的、感性的活动本身的。”

然而,市民唯物主义者费尔巴哈也想要摆脱这种抽象的思维,为此他不是寻求物化的思维而是寻求真正的对象,不过,恰恰在这个时候,他从这个现实的存在中放掉了人的活动。他并不是把人的活动把握为“对象化的活动本身”。这一点在《德意志意识形态》中重新得到了确切地阐明:“费尔巴哈特别谈到自然科学的直观,提到一些只有物理学家和化学家的眼睛才能识破的秘密,但是如果没有工业和商业,哪里会有自然科学呢?甚至这个‘纯粹的’自然科学也只是由于人们的感性活动才达到自己的目的和获得自己的材料的。这种活动、这种连续不断的感性劳动和创造、这种生产,正是整个现存的感性世界的基础,它哪怕只中断一年,费尔巴哈就会看到,不仅在自然界将发生巨大的变化,而且整个人类世界以及他自己的直观能力,甚至他本身的存在也会很快就没有了。当

① 《马克思恩格斯全集》,第1卷,3,第157页。

② 按照布洛赫的分析,近代唯物论试图在外在于人的行动的东西中寻找自身的对象,其结果,它势必忽视人的劳动对象与人的劳动活动之间的辩证法。反之,黑格尔的辩证法反映了姗姗来迟的德国市民的经济发展要求。因此,在黑格尔的哲学中渗透着“市民劳动风俗和劳动逻各斯”。——译者

然，在这种情况下，外部自然界的优先地位仍然会保持着，而整个这一点当然不适用于原始的、通过自然发生的途径产生的人们。但是，这种区别只有在人被看作是某种与自然界不同的东西时才有意义。此外，先于人类历史而存在的那个自然界，不是费尔巴哈生活其中的自然界；这是除去在澳洲新出现的一些珊瑚岛以外，今天在任何地方都不再存在的、因而对于费尔巴哈来说也是不存在的自然界。"①马克思以这段话决定性地表明，在费尔巴哈那里，人的劳动恰恰被把握为某种完全无家可归的对象。然而，马克思强调，在这个围绕人的世界上，劳动乃是极其重要的，或许是最重要的对象。

按照马克思的这一见解，决定一切的那个存在就在于人自身之中。这一点带来十分惊人的后果，而这种后果尤其使命题3 变得格外重要：这一命题不仅反对费尔巴哈，也反对庸俗马克思主义者。因此，在这种真正的对象关系中，值得注意的是另外两个"感性世界"概念，即一个蹩脚的、一个经常被误解的概念，它们最切近地属于感性世界。

对感性世界的解释关系到两种人：一种是忙忙碌碌，热衷于活动的经验主义的宠儿；另一种是那个所谓脱离活动，炫耀直观优势的人。特别是后者把"情况"（Umstände）仅仅看作是环绕人的情况。这里涉及到所谓"**所与性**"（Gegebenheit），这是尤其客观的因而看起来涉及唯物主义的概念。然而，应该撇开这一点，那就是说，如果不是单纯地被赋予某物或能够赋予某物的主体，那么所与性概念就是合乎意义的某种相互作用概念。可是，在这个人的环境所构成的世界上，没有一种环境是不能为**人所加工的**。

因此，马克思谈论"物质"（Material），这就像只有通过商业和工业才能获得自然科学一样。事实上，表面观察仅仅显示现存所与的东西。反之，一路探究下去，我们正常环境的每一个对象都不是作为纯粹的数据显露出来。这东西毋宁表现为先前劳动过程的最后结果，而且，原材料

① 《马克思恩格斯全集》，第 1 卷，5，第 33 页以下。

借助于劳动而变成截然不同的物品。例如,从森林中获取木材,从岩石中雕刻各种模型,从大地地层中挖掘矿藏等。

至此,我们考察了"感性世界的"第一个被动性优势,这优势显然什么也不是,充其量仅仅在表面方位上适当有效、鼓舞人心而已。从一开始,所谓与活动无关的直观的第二个优势就利用某种完全合法的,甚至具有决定性意义的唯物主义概念,即**意识前的存在优先权**。从认识论上看,存在优先权乃是独立于人的意识而独立存在的外部世界,因而存在先于意识意味着,历史上物质基础领先于精神。但是,费尔巴哈重新把这种真理加以坚固化,在此,他通过忽略人的活动而把真理机械论地加以夸大。在正常人的环境领域里,存在对意识的独立性与存在对人的活动的独立性毫不相同。通过与外部世界的劳动中介,意识的这种外部世界的独立性及其对象性反倒很少被扬弃,这种独立性恰恰借助于此而最终得到表现。①

因为人的活动本身是一种对象性活动,这种活动并不脱离外部世界,所以通过劳动所发生的"主观-客观的活动"同样是外部世界的一部分。这种外部世界同样独立于意识而存在,这样,它本身不以"主体形式"显现,但它本身也不仅仅以"客观形式"显现。相反,人的劳动是"**主观与客观的相互中介**",但是,它恰恰重新包含历史的决定性存在,即经济的,特别是客观的意识。

对于费尔巴哈来说,一切存在都是前人类的基础,即自然基础都具有自给自足的优先性。换言之,费尔巴哈把连同人在内的存在看作是花朵,但是,他仅仅把它看作是花朵,而不看作是固有的自然力。人的生产方式发生于劳动过程,并调节自然的物质代谢,甚至调节作为基础的生产关系。但是,显而易见,这一切都带有意识自身,与此相同,每一个社

---

① 布洛赫这番话的意思是说:一方面,人通过劳动与周围世界和外部世界相接触;另一方面,人通过劳动有意识地改变周围世界和外部世界。因此,人的活动是联结主体与客体的媒介,布洛赫用"主客中介"一词标明了这种人的活动的媒介作用。——译者

会中的物质基础都通过意识–上层建筑而重新活跃起来。在这种存在与意识的关系中所涉及的东西,在经济存在的一切优先性方面所涉及的东西都在命题3中得到了出色的阐明。当然,这已是一种令庸俗马克思主义者大为恼火的阐明。但是,在这方面,这一命题赋予人的意识以"环境"中的最现实的位置,因此,这个位置就位于与人的意识一道形成的外部世界的内部之中。

机械论的环境理论主张:"人是环境和教育的产物,因而改变了的人是另一种环境和改变了的教育的产物。"针对这种片面的、时而完全自然主义的描摹理论(环境等于大地、气候),现在命题3确立了另一种胜过迄今一般唯物主义的真理:"环境正是由人改变的,而教育者本人一定是受教育的。"不言而喻,这一点并不意味着,环境的变化可以与客观的合目的性(它把主观因素与客观因素固结在一起)毫无相干地发生。毋宁说,马克思把我们引到一个论点上的两个前线战场,他既跟机械论的环境理论作斗争,又跟唯心论的主体理论作斗争,前者以存在的宿命论告终,后者以政变主义,至少以过分的活动乐观主义告终。

《德意志意识形态》中的一些段落肯定以这种方式补充了第3命题。确切地说,根据人与环境的最有益的相互作用,持续不断地引起主观与客观的中介,持续不断地采取辩证方式。这样,在历史的"每一阶段都遇到有一定的物质结果、一定数量的生产力总和,人和自然以及人与人之间在历史上形成的关系,都遇到有前一代传给后一代的大量生产力、资金和环境,尽管一方面这些生产力、资金和环境为新的一代所改变,但另一方面,它们也预先规定新的一代的生活条件,使它得到一定的发展和具有特殊的性质。由此可见,这种观点表明:人创造环境,同样环境也创造人"①。

如上所见,在此我们特别强调主体与客体之间的相互作用,而且把环境与人的关系置于人与环境的关系之前,尽管如此,人及其活动总是

① 《马克思恩格斯全集》,第1卷,5,第27页以下。

停留在物质历史基础之上。仿佛人及其活动不仅表现这种基础之根,而且能够推翻这种基础。根据马克思的观点,理念(理论)一旦掌握群众,它就变成一种物质力量。如果从技术角度、政治角度使环境起变化,那么这种力量多么巨大?而且,在物质世界之内,如此理解了的主观因素多么显而易见。

第3命题对《资本论》予以最后的阐明,它把人决定性地添加到外部世界,即自然里:"人就使他身上的自然力——臂和腿、头和手运动起来。当他通过这种运动作用于他身外的自然并改变自然时,也就同时改变他自身的自然。……土地本身是一种劳动资料,因为它给劳动者提供立足之地,给他的过程提供活动场所。然而,为了把土地用作农业劳动资料,重新以较高的劳动生产力为先决条件。"因此,人的活动连同其意识本身被解释为自然的一部分。这种意识是基于物质存在具有决定性意义的革命性实践,而物质存在又构成制约随后的意识的主要因素。

对于费尔巴哈这样一位并非感受到革命性使命,也从未超越作为类似自然的"种类生物"(Gattungwesen)的人来说,人类与日俱增的能动性没有任何意义。正因如此,在他的纯粹直观的唯物主义中,历史消失不见了,也正因如此,他也未能超出离群索居、静观沉思的行为。因此,他与客体的关系一直停留在古代贵族的气派上,即反复无常地与人的激情相对立。在自身宗教批判(而不是其他的)的焦点中,他提出了人的激情,但是,他再次把它仅仅看作是理论上的、现存自然的单纯花朵。因此,他高高地俯视实践,把实践仅仅看作是卑鄙的生意:"实践直观是一桩肮脏的、被利己主义玷污的直观。"①这段话直接涉及到第1命题,在第1命题中,马克思指出:在费尔巴哈那里,"对于实践只是从它的卑污的犹太人活动的直观形式去理解和确定"。

后来出现过多少诸如此类的傲慢自大?"被利己主义玷污的直观"越发被理解为所谓某种**纯粹**直观,然后则被理解为所谓意识形态上的"为真

① 费尔巴哈:《基督教的本质》,1841年,第264页。

理而真理”的直观。不仅如此,还出现过多少“骑术的科学”(equestrische Wissenschaft)?换言之,除了它自身之中的脏物之外,还形成过多少骑着马“超然于混战之上”(au dessus de la melée)的科学?[①] 多少科学的贵族(没有最优秀者)[②]背着正义感,意味深长地与卑污的实践勾结在一起?马克思富于先见之明,针对诸如费尔巴哈一类的对科学的纯粹理解,他早已确立了“革命的、实践批判的活动”的激情。这样,作为唯物主义者,马克思恰恰强调了存在于自身之内的生产活动的主观要素。在他那里,正如客观要素一样,这种主观要素也是某种**对象性**要素。这一点具有强有力的、恰恰反对庸俗唯物主义的结果。这一结果使得费尔巴哈命题的这一部分特别珍贵。没有这种已知的劳动要素本身,就无法理解人类历史的存在优先权。因为人的存在决不是呆板的事实(factum brutum)或既定的现实。

正如第1命题得出的结论一样,人类历史的优先权不能借助于卓越的直观活动来促成,而只能借助于“革命的、实践批判的活动”来促成。劳动者的人在各种“环境”中结成生气勃勃的主观与客观的关系,在马克思那里,这种劳动者的人决定性地属于物质基础。在世界中,主体也是世界的一部分。

人类学的-历史的组:自我异化和真正的唯物主义(命题4、6、7、9、10)

在此,得到承认的是,费尔巴哈始终是从人的异化这一事实出发的。第4命题说明了这一主题:费尔巴哈揭露了宗教形态中蕴含的自我异化。

---

① 在此,布洛赫用“骑术的科学”一词讽刺那种所谓超尘脱俗、与世无争的学术态度。这种态度貌似超然于权力、金钱之上,但实际上,间接地为统治阶级效劳,并为剥削阶级的剥削行为辩护。——译者

② 在希腊时代,所谓“贵族”原意为“最优秀者、君子、最有势力者”(aristoi),而后词义几经变化。在此,布洛赫借“贵族”一词的历史变迁,批判道貌岸然的“贵族科学”。——译者

也就是说,他的工作在于"把宗教世界归结为它的世俗基础"。但是,马克思继续写道:"但是,他没有注意到,在做完这一工作之后,主要的事情还没有做。"正如第6命题精确规定的一样,只要他把宗教的本质消解于人的本质之中,他就是把这一本质拉到某种世俗基础一边。

这种做法本身就是一种重要的事情,因为它特别敏锐地洞察到了人的愿望的一部分。费尔巴哈致力于"人类学的宗教批判",他从幻想愿望中推导出了全部超越的领域:诸神就在于变化了的人心渴望这一现实本质之中。与此同时,通过这一愿望本质(Wunsch-Hypostase)形成了一个想象的和现实的世界的世界的二重化。这时,人把自身最好的本质从此岸世界移入超世俗的彼岸世界中。因此,扬弃这种自我异化是适当的,这就是说,通过人类学批判和根源标明,把天国重新召回到人间。在此,费尔巴哈把人归结为抽象的"类",归结为完全未经阶级划分和历史划分的共同性,然而,马克思并没有停留在费尔巴哈的见解上,而是继续致力于一种新唯物主义的结论。

当费尔巴哈责备黑格尔将自身的概念过分物化时,他在经验上确定了自身抽象的、"类"的人的位置,但是,他所把握的人仅仅是内在于个别的个人的、脱离社会的、没有社会历史的人。因此,第6命题强调:"但是,人的本质并不是单个人所固有的抽象物,实际上,它是一切社会关系的总和。"是的,在排除社会性的情况下,费尔巴哈试图借助于这一自身空洞的弧线连接个别的个人与抽象的人性之间的关系,但是,这种做法只不过是拙劣地效仿斯多亚学派而已。

不过,应该承认,斯多亚学派的思想对近代市民社会的天赋人权、宽容理念继续发挥作用。在古代希腊公共城邦没落之后,斯多亚学派的道德同样回归到私人的个人领域:这正是马克思在他的博士论文中所描写的,"它那个时代的幸运;因此,在大家共有的太阳落山后,夜间的飞蛾就去寻找人们各自为自己点亮的灯光"①。但是,另一方面,斯多亚学派跳

① 《马克思恩格斯全集》,第1卷,1/1,第133页。

过一切民族社会的具体状况，把抽象的、“类”的人视为超出个别的个人的惟一宇宙。换言之，这种抽象的、“类”的人被视为适用于一切时代、一切民族的“一般见解”（communis opinio）乃至“正当理性”（recta ratio）。[①]这种抽象的、“类”的人乃是普遍的人类之家，而这种人类之家同样也是以普遍之善安排的。这个人类之家并不是业已消逝的古希腊城邦，而是意味着世界主义的政治形态：一方面，通过乐于助人的意识形态建立罗马和平（Pax romana），即世界主义的罗马帝国；另一方面，借助于抽象的乌托邦，建立在正直贤明的个人基础上的人类兄弟同盟。这样，人性概念等同于“类”和价值概念并非没有理由的，追本溯源，这一概念来源于小西庇阿（Scipio）的宫廷，而倡议者则是斯多亚学派的帕奈提奥斯[②]。费尔巴哈尤其从新斯多亚学派那里接受了自身抽象的、类的人的概念，新斯多亚主义出现在文艺复兴时代，就像斯多亚学派一样，新斯多亚主义在个体与普遍之间也重新描画了一条空洞的弧线。

新斯多亚主义的人性概念最终以抽象崇高化的“市民”（Citoyen）概念和人类一般的康德式的激情出现，而这种概念和激情集中反映了德国的、伦理的市民形象。当然，近代个体都是资本主义的个体，即不是围绕私人圆柱的个体，而且，他们的万能也不是可以消灭各民族的那个古代普世基督教教会团体（Ökumene）。相反，恰恰借助于古希腊城邦的理想化，市民人权的一般性把抽象的市民标榜为道德的、人道主义的“类”的理想。尽管如此，在此市民人权与斯多亚学派之间还是存在经济条件所

① 按照布洛赫的理解，斯多亚学派试图在个人之中把宇宙加以体系化。各民族应公平地生活在各自的土地上，其根据是斯多亚学派的自然概念。据此，所谓自然就是世界的普遍的策源地，它恩赐世界上的一切人丰饶和丰收。这种思维承认一切民族的平等权限，从而暗示一种“四海之内皆兄弟”的世界主义。斯多亚学派的这一思想后来与近代天赋人权思想相结合，并为启蒙主义思想家进一步发展为宽容精神。——译者

② 帕奈提奥斯（Panaitios，前 185—前 110），斯多亚学派代表人物，他把神学区分为诗人的“神话神学”、哲学家的“自然神学”和国家的“政治神学”。他认为神话神学是拟人的和虚妄的，毫无价值；自然神学是合理而真实的，但不宜流行；政治神学坚持传统崇拜，对公众进行教化，是绝对必需的。——译者

决定的重要类似点（否则，就不会出现17世纪、18世纪的新斯多亚主义）：这里跟那里一样，社会在个人之中原子化，这里跟那里一样，某种抽象的类、人性和人类这一抽象化的理想高耸于个人之上。

但是，马克思批判恰恰基于单纯个人的这种抽象性而把人的本质界定为“一切社会关系的总和”。因此，第6命题既反对费尔巴哈关于人性的无历史的观察方式，也反对与此有关的关于人性的纯粹人类学的类概念，尤其是，后一种人类概念乃是把众多个体单纯地、不言而喻地结合在一起的普遍性。

当然，马克思一定要坚持人类的**价值**概念，这一点清楚地表现在命题10之中。《神圣家族》前言以“现实的人道主义”术语开始——尽管在《德意志意识形态》中停止使用这一术语，这一术语关系到拒绝市民阶级的所有残渣余孽，关系到争取无产阶级的革命立场，关系到创建辩证的和历史的唯物主义。然而，第10命题强调的是某种正相反对的人道主义，即只能称作社会主义人道主义的“现实的人道主义”：“旧唯物主义的立脚点是市民社会，新唯物主义的立脚点则是人类社会或社会的人类。”

因此，真正的人性并非到处以“内在的、沉默无声的、把众多个体单纯地、不言而喻地结合在一起的普遍性”存在于一切社会之中。这种人性决不以任何现存的普遍性存在，相反，它存在于历史发展的艰难过程之中，并且只有通过共产主义才能重新获得。正因如此，新唯物主义立场，即无产阶级的立场不能废除人道主义的价值概念，问题在于，无产阶级实际上能否彻底实现真正的人性。① 社会主义越是科学的，它就越是具体地实现下述目标：它恰恰**把人当作自身关注的中心，把人的自我异化的现实废除当作自身奋斗的目标**。

可是，费尔巴哈的态度肯定不同，如上所述，他把人看作是某种抽象的“类”，仅仅给人配以极度崇高的圣礼仪式而已。因此，恰恰在命题9

① 布洛赫一贯强调，社会主义应当批判地继承市民社会的一切文化遗产。布洛赫关于遗产的观点，参见本书后半部分。——译者

中,马克思说明了他接受认识论命题组,反对费尔巴哈人类学的动机:"直观的唯物主义不是把感性理解为实践活动的唯物主义,至多也只能做到对市民社会的单个人的直观。"从而,马克思最终记述了认识论中的阶级障碍问题,在费尔巴哈的认识论中,这障碍同样也是阻挡革命**活动**的东西,是在人类学中阻挡**历史**的和**社会**的东西。作为一种宗教自我批判,马克思继续追踪费尔巴哈的人类学,这不仅仅是为了寻找他与费尔巴哈宗教批判的连贯性,而是为了重新解除偶像魔力,即费尔巴哈本人之中人类学的偶像化。因此,马克思从一般的、理想的人出发,越过单纯的个体,最终把讨论引导到现实的人和可能的人性的基础。

对此,我们有必要考察一下实际构成异化基础的那个进程。人们之所以把自身的世界二重化,并非仅仅是因为他们拥有某种支离破碎的、梦寐以求的意识。毋宁说,这种意识连同其宗教反射来源于近得多的纠纷,即某种社会关系的破裂。社会关系本身处于分裂和分化之中,从中显示上层阶级与下层阶级的对立,存在这两个阶级之间的斗争,而且,从中还笼罩着上层阶级烟雾弥漫的意识形态,而宗教意识形态只不过是众多意识形态之一而已。对于马克思来说,仔细观察这一阶级冲突,并且发现这种冲突的世俗基础正是必须完成的主要工作。因此,针对费尔巴哈抽象的人类学的尘世,马克思提出了具体的、历史的尘世。对此,费尔巴哈不屑一顾,因为他脱离历史,其思维方式完全是非辩证的,但是命题4却赢得了历史和辩证法:"事实上也就是,因为世俗基础愿意突显自己,并把自己突显为一个独立王国,耽于幻想,总是自我分裂状态地、自相矛盾地去解释。因此,世俗基础本身首先应当从它的矛盾中去理解,并在实践中使之革命化。例如,自从发现了神圣家族的秘密在于世俗家庭之后,世俗家庭本身就应当在理论上和实践中被消灭。"按照马克思的定义,为了成为真正的、激进的批判,即为了把握作为事物之本的根源(radix),宗教批判要求这样的工作:对建立在天国之上的社会关系进行批判,对其贫困、矛盾进行批判,以及对其矛盾的想象的解决方式进行批判。早在1844年发表的《黑格尔法哲学批判导言》中,马克思就十分动人地、明确无误地表达了这一点:"对宗教批判最后归结为人是人的最高本质这样一个学说，从而也归结为这样的绝对命令：必须推翻那些使人成为被侮辱、被奴役、被遗弃和被蔑视的东西的一切关系。”①在经过这种实际地、革命地发展了的批判之后，达到不再需要任何幻想的那种状态，即人们不再需要幻觉，也不需要替代品：“这种批判撕碎锁链上那些虚构的花朵，不是要人依旧戴上没有幻想没有慰藉的锁链，而是要人扔掉它，采摘新鲜的花朵。”②为此，我们首先要把世俗家庭当作天国的秘密去发现，同样在那里，发现那个成熟的经济唯物主义的“秘密科学”。对此，马克思在《资本论》中写道：“只要对罗马共和国的历史稍微有点了解，就会知道，地产的历史构成罗马共和国的秘史。”③

因此，为了使宗教的自我异化分析深深植根于一种真正的根源关系之中，这种分析原则上必须越过意识形态而走向较近的国家作用，走向最近的政治经济学，由此方能达到现实的“人类学”。由此方能获得“人与人、人与自然的关系”这一社会科学的根本见解。借助于此，命题7强调，“宗教情绪本身乃是某一社会的产物”，从而，我们切不可忘记——就像非历史的、非辩证法的费尔巴哈所做的一样——在产品之上存在生产行为这一事实。下述《资本论》中的一段话恰恰涉及这种最后的不彻底性，即费尔巴哈式的站不住脚的解决办法：“事实上，通过分析来寻找宗教幻像的世俗核心，比反过来从当时的现实生活关系中引出它的天国形式要容易得多。后面这种方法是惟一的唯物主义的方法，因而也是惟一科学的方法。那种排除历史过程的、抽象的自然科学的唯物主义的缺点，每当它的代表越出自己的专业范围时，就在他们的抽象的和意识形态的观念中立刻显露出来。”④在《德意志意识形态》中，马克思继续写道：“在费尔巴哈那里，唯物主义和历史完全归于瓦解。”他就这样确定了辩证的、历史的唯物主义与旧的机械唯物主义的原则性区别。“只要费尔巴哈是唯物主义者，在

---

① 《马克思恩格斯全集》，第1卷，1/1，第614页以下。

② 《马克思恩格斯全集》，第1卷，1/1，第608页。

③ 马克思：《资本论》，第1卷，迪茨，1947年，第88页。

④ 马克思：《资本论》，第1卷，迪茨，1947年，第389页。

他那里就不出现历史,而且只要他考察历史,他就不是唯物主义者。"[1]

费尔巴哈本人就表述说,向前(鉴于自然基础)他是唯物主义者,但向后(鉴于伦理甚至宗教哲学)他是唯心主义者。在费尔巴哈的唯物主义中,恰恰遗漏了社会、历史以及辩证法。费尔巴哈深知旧的机械唯物主义缺少人的生活,正因如此,这位哲学家在自身哲学的尽头,不可避免地造成了一种狼狈不堪的唯心主义。在自身的生活伦理中,他标明了这种尴尬的唯心主义立场,而且,在"星期日兄弟善感会"[2]这类过分要求中,他也表现出这种狼狈不堪的唯心主义态度。

正如命题9所表明,在此重新蕴含主导地位的仅仅是"'市民'社会中个别的个体的直观",但是在费尔巴哈那里,引人注目的还是表面上完结的"**宗教**",他仅仅从人类学角度推导出这种宗教,而没有对其进行任何社会批判。按照这种方式,费尔巴哈的宗教批判根本就没有触及宗教内容,而仅仅涉及这样一个事实,那就是,迄今人们把宗教移入一个彼岸世界,从而削弱了人及其尘世。

只要费尔巴哈凭借挥霍无度的资源,想要重新回忆起"人性",那么在这种还原中就无疑蕴藏着许多令人可疑的问题。在宗教所承载的艺术中,在乔托、格吕内瓦尔德[3]、巴赫[4]艺术中,最后也许在布鲁克纳[5]艺术中,谁恰恰想要无视深邃的人性?但是,对于费尔巴哈来说,比

---

① 《马克思恩格斯全集》,第1卷,第5章,第34页以下。

② 费尔巴哈认为,宗教是人类依赖感的产物,他根据"宗教"一词的原意即"联系"意义上理解宗教,试图建立一种普遍的"爱"的宗教。在此,所谓"星期日兄弟善感会"(Sonntags-Bruder-Empfindsamkei)是指联系人们感情的一种"爱"的宗教形式。——译者

③ 格吕内瓦尔德(Matthias Grünewald,1455—1528),德国画家,文艺复兴时期新技法的大师。现存代表作《伊森海姆祭坛画》(1510—1515)是多幅的宏伟画卷,包括基督诞生、受刑、复活以及圣安东尼故事等6幅图画。——译者

④ 巴赫(Johann Sebastian Bach,1685—1750),德国著名的作曲家、管风琴家。主要作品有《马太受难曲》、《约翰受难曲》、《勃兰登堡协奏曲》、《戈德堡变奏曲》等。——译者

⑤ 安东·布鲁克纳(Anton Bruckner,1824—1896),奥地利作曲家、管风琴家,浪漫乐派代表人物之一。他的创作涉及交响曲、宗教音乐、管风琴音乐和室内乐等,以交响曲著称。——译者

起这一切,内心、亲爱的兄弟、灵魂痛苦等是无与伦比的,在所有超宗教的东西中,他仅仅创造出某种“**主观的神学**”(Pektoral-Theologie)而已。

此外,他的“向前的唯心主义”不可避免地归于空洞无物,可以说把“父神”(Vatergott)的几乎无所不包的象征作为自在美德,而被他删除的只不过是天国的上帝而已。通常上帝意味着怜悯、爱、万能、创造奇迹,倾听各种祈祷。但是,费尔巴哈把这一切反转过来,仅仅把怜悯、爱、万能、创造奇迹,倾听祈祷称作是神性的。因此,全部神学的机构保持不变,所不同的仅仅是这种机构从天国的场所迁入带有物化的“自然基础”之美德的某种抽象对象之中。

但是,按照这种方式并不产生某种降低宗教人性遗产本身价值的问题(正如费尔巴哈怀有的意愿一样),相反,他的结论倒是导致降低宗教遗产的价值。就像恩格斯有理由指出,费尔巴哈死亡的宗教残余以一种恶劣的方式取悦于解除了魔力的那种市侩癖好。与此相反,即使考虑到宗教的思想、道德价值,马克思主义也不是“向前的唯心主义”,而是**向前的唯物主义、内容充实的唯物主义**。也许,这种唯物主义并不包括尘世上可以实现的那种解除了魔力的天国。辩证-历史的唯物主义将依靠自己真实地、总体地解释世界,并且将依靠自己确定世界的变化。于是,这个世界将变成人人称心如意的世界,这世界既不是指神话学的天堂,也不是指任何主人或上帝内容的世界。

理论和实践组:证明和检验(命题2、8)

在此,马克思否认思维是苍白无力的。命题2在感性直观上规定思维,强调思维通过感性直观并与感性直观一道开始。费尔巴哈使思维弄得很糟,因为在他那里,思维从个别的东西驶入一般的东西。这是他从唯名论角度估价的。但是,在马克思那里,思维决不糟糕地驶入一般的、抽象的东西,而是恰恰相反,他阐明了现象的中介关系和本质关系,但是在阐明之前,这种关系依然隐藏在单纯的感性现象之中。

因此,这种为费尔巴哈仅仅抽象地所容忍的思维乃是一种中介了的具体性,反之,无思维的感性乃是一种抽象的感性。当然,思维必须重新转向直观,以便通过直观证明自身为敏锐深刻的思维。但是,归根结底,在此直观决不是费尔巴哈意义上的那种被动的、直接的直观。毋宁说,这种证明无非是在这种直观的感性中得到理论上的**加工**,进而成为**为我之物**。说到底,这是理论上中介了的、理论上赢得了的**实践**。因此,思维功能大大超出感性直观的活动,思维活动是一种批判的、渗透的、启示的活动,从而,最好的证明就是这一决断上的实践试验。

一个真理如同一切真理,伴随着"为何"(wozu)这个问题。并不存在为了自身的缘故的真理,这种真理只不过是自我欺骗或想入非非而已。同样,在理论上,我们也不能充分地证明某种单靠自己而保持不变的真理。换言之,**并不存在内在于理论的可能而完全的证明**。在理论上,纯粹可完成的东西仅仅是部分证明,在数学中,这种例子比比皆是。但是,在此数学也仅仅证明是某个部分的特殊类型,也没有超出内在的"一致性"、逻辑上一贯的"正当性"。但是,所谓正当性还不是真理,按照自身认知的动因和合法性,真理的摹写以及力量深深地影响现实。换言之,真理不是一种理论-关系,而**是一种地地道道的理论-实践-关系**。

这样命题2证明:"人的思维是否具有客观的真理性,这并不是一个理论的问题,而是一个实践的问题。人应该在实践中证明自己思维的真理性,即自己思想的现实性和力量,亦即自己思维的此岸性。关于离开实践的思维是否具有现实性的争论,是一个纯粹经院哲学的问题。"在与世隔绝的思维的内在性意义上(包括机械唯物主义的思维在内),人的思维是否具有客观的真理性,这是一个纯粹经院哲学的问题。这个沉思冥想的寄宿学校乃是所有迄今真理概念的空间。

因此,通过强调理论与实践的关系,命题2显示出高度的创造性和新颖性。与此相比,迄今全部哲学实际上显示出"经院哲学"的面貌。正如我们注意到的一样,一方面,古代认识论和中世纪认识论完全没有反映人的活动;另一方面,作为市民的抽象活动,人的活动并未真正地与其客体相中介。在两种情况下,无论古代、中世纪的劳动轻视还是市民时代的劳动热情(没有指出劳动的具体性)充其量都把实践(技术的、政治的)视为理论的“应用”。迄今人们(正像马克思指出的一样)并没有认识到理论是一种具体的活动,实践是检验理论的标准,即没有把实践理解为旨在改变世界的杠杆性钥匙,没有把实践理解为反映人类强有力的创造活动的干预行为。

这样,正确的思维与正当的行动最终融为一体并成为同一个东西。人的活动以及偏袒的行为从一开始就在思维之中,因此,作为真正的结论最终显现出来。进行决断的色调就在这种结论之中,这种决断是自身固有的决断,不是事后追加的,不是从别的地方转移来的。在这种情况下,与单纯的理论“应用”相比,所有哲学史的比较都证实了理论-实践-关系的新东西。甚至后来当苏格拉底“知其不可而为之”时就是这样,当柏拉图想要在西西里贯彻自身的国家乌托邦时也是这样。在斯多亚学派中也是这样,这个学派的学者把逻辑学当作纯粹之墙,把物理学当作纯粹之树,把伦理学当作纯粹之果。在中世纪教皇教会的创立者奥古斯丁那里也是这样。中世纪末,在奥卡姆的威廉①那里也是这样,为了行将来临的民族国家,他成了教皇教会的唯名论的破坏者。

毫无疑问,在所有这些学者那里,社会实践任务绝无可取之处,然而,在他们那里,理论却引导其抽象的、不知所措的特有生活。于是,就像一个显赫的诸侯变成一个普通百姓一样,理论屈尊下跪、俯首帖耳,为了实践的“应用”,充其量只是把自身用作权宜之计的某种理念。

时至近代,培根率先敏锐地倡导市民实践的功利主义:他教导人们“知识就是力量”,他想要重新奠定全部科学,他的目标在于“发现的艺术”(ars inveniendi)。与纯粹理论科学和思辨科学截然不同,培根所谓“科学”乃是闭关自守、自给自足的科学,对此人们所能做的仅仅是适当

① 奥卡姆的威廉(William of Occam,1285—1349),英国中世纪哲学家,主张唯名论,以“奥卡姆剃刀原理”著称哲学史。——译者

的方法变更而已。然而,在他说来,真理的证明并不在实践之中,毋宁说,这种证明只被视为真理的果实和报酬。因此,在他那里,实践并不被视为真理的最后标准和明证。

还有许多哲学家谈论好些"行动哲学",这些人大都出身于黑格尔左派,在费希特和黑格尔的影响下,他们重新谈论费希特,其基本观点与马克思的实践标准十分类似。尽管费希特的"实践行动"表明,这种实践赋予重要的、国家政治观点以力量和路线,但是就像乙醚一样,这一切最终都挥发殆尽。最终,"实践行动"服务于这一目的,那就是,不是通过加工改造来改善非我的世界,而是整个地加以废除。可以说,这个基本(au fond)世界与敌对世界的"实践"所证明的东西仅仅是业已规定的费希特的"自我唯心主义"(Ich-Ideaslismus)的主观出发点,而不是与世界一道并借助于世界而形成的某种客观真理。

应该说,在众多哲学家中,最接近实践标准的当推黑格尔,他在其现象学中,独特地发现了劳动关系的基础。在黑格尔的心理学中,继续进行从"理论精神"(真理、表象、思维)到"实践精神"(情绪、冲动意志、幸福)的某种过渡,据信,由这种过渡综合性地产生"自由的精神"。也就是说,黑格尔把这种综合宣告为自己知道的意志,在此,所谓"意志"就是自己思考并认识的东西,在"理性的国家"中,它知道它所渴望的东西,并且渴望它所知道的东西。与此同时,在黑格尔的逻辑学中,我们已经发现,"实践理念"高于"观察的认识理念",在他说来,"不仅普遍性的品格而且现实性的品格"也完全归属于实践的善①这一前提,情况就是如此。列宁也叙述说:"黑格尔在'认识的理念'一章中……明确地表明了这一切观点,即在认识过程的分析里,实践充当链环……因此,当引入认识论的实践标准时,马克思把这一标准直接与黑格尔联系起来。参见《关于费尔巴哈的提纲》。"②

然而,在黑格尔的逻辑学的最后部分中——就像在他的现象学和详

① 黑格尔:《选集》,第5卷,第320页以下。

② 列宁:《哲学遗稿》,迪茨,1949年,第133页。

尽阐发体系的结论部分中一样——他也采取了与费希特一样的立场，即把作为对象、客体和基质的世界几乎完全归入主体之中。照此说来，最终不是实践而是“记忆”(Er-innerung)，[①]“现象的知识的科学”才配戴真理之冠。在他的《法哲学》序言结尾中，他还说过这样一段著名的话：“毕竟哲学总是姗姗来迟。作为世界的**思维**，哲学只有在现实完成并完结自身的形成过程之后才出现。”黑格尔这个与世隔绝的、循环运动的思想家画地为牢、反复兜圈子，仿佛坚守一座现存的古玩店，这导致用一种“隐蔽的实践”(Krypto-Praxis)击败了辩证的过程哲学家。

下面，暂且抛开马克思的实践理论，以便直接评估他的青年时代生活在他周围的人。当时，黑格尔左派不久也把实践理解为“实施方法”，并且把它理解为与此有关的东西。这就是青年马克思时代的“批判的武器”，即所谓“行动哲学”。但是，在此本质上起作用的仅仅是从黑格尔的客观唯心主义向费希特的主观唯心主义的某种倒退。甚至费尔巴哈也向布鲁诺·鲍威尔强调过这种立场。

此外，一系列所谓“行动哲学”始于切斯茨考斯基[②]饶有兴趣的《历史哲学绪论》(Prolegomena zur Historiosophie，1838)一书。作为一项必要任务，这部作品特别强调，为了改造世界而利用哲学。因此，在《历史哲学绪论》中，甚至可以发现这样一种呼吁，即努力研究历史的某种合理趋势：人们以此正当地行动；人们以此不是本能地而是自觉地形成世界历史；人的意志以此到达世界历史的高峰(也许通过黑格尔，理性将到达这一高峰)；我们以此不仅赢得一种前理论的实践空间，而且赢得一种后理论的实践空间。这些话听起来意味深长，但仅停留在一派冠冕堂皇的言词上而已。切斯茨考斯基的其他作品也完全没有产生影响，在他那里，“对未来的关心”总是非理性的、模糊不清的。切斯茨考斯基对思辨的拒

---

① Er-innerung，可译作“记忆”，但具有内在于主体之心的含义。——译者

② 切斯茨考斯基(August Cieszkowski，1814—1894)，波兰哲学家、经济学家，曾游学于意大利、德国、法国等地，在柏林期间，深受黑格尔主义的影响。主要著作有《历史哲学绪论》(1838)、《上帝与轮回》(1842)等。——译者

绝成为对理性思辨的拒绝,对人类活动的拒绝成为对"积极的直觉"的拒绝,而全部未来的意志最终以正统教会中的"阿门"这一通神论的祷告而告终。而且,这种祷告还是在《共产党宣言》发表后的时代出笼的。

最后,生活在马克思圈子本身中的那个布鲁诺·鲍威尔同样倡导一种行动哲学,甚至一种世界审判哲学,然而,这种哲学却是在一切主观主义哲学中最主观主义的哲学。当时,在弗里德里希·威廉四世的反动统治下,这个"批判的武器"受到了严格的考验,而鲍威尔临阵脱逃,退隐到个人主义,退隐到自我中心主义。鲍威尔所谓"批判的批判"只不过是在思维之中或在思维之间进行的一场战争而已。换言之,这种批判充其量是高傲自大的、自言自语的"为艺术而艺术"的精神类型。最终,受到鲍威尔个人主义的影响,施蒂纳发表了《惟一者及其财产》(Einziger und sein Eigentum)一书。

对此,马克思本人在《神圣家族》中说过具有决定性意义的话,这话建立在明白无误的固有事实基础之上,而且以真正的实践①及其不可混淆性为目标。为了革命实践的这一目标:这一目标始于无产阶级,充分吸收黑格尔辩证法方面富有成果的内核,但是坚决去除"业已枯萎的、丧偶的黑格尔哲学的抽象性"以及费希特的主观主义。不过,费希特这位富于美德、愤世嫉俗的哲学家在《封闭的商业国家》、《告德国人民书》中,至少强有力地指点了当时德国人的实践视野,他在自己的行动哲学中,试图把法国人完全驱逐出德国。与此相比,"批判之批判"仅仅在自我意识的塔特尔场②中奔跑不已。

在与马克思接近的、真诚的社会主义者穆塞斯·赫斯③那里,人的行

① 《马克思恩格斯全集》,第1卷,3,第189页。

② 塔特尔场(Tattersall)一词,源自英国伦敦的马匹交易市场。——译者

③ 穆塞斯·赫斯(Moses Heß,1812—1875),德国早期社会主义者、政治家、记者。1841—1843年创办《莱茵报》,开始任主编,以后当记者,热心于共产主义的宣传。1844—1845年期间,成为"真正的社会主义"的奠基人。以后曾加入在布鲁塞尔和巴黎的德意志工人协会,晚年加入德国社会民主党。主要著作和文章有《人类圣史》(1837)、《欧洲三头政治》(1840)、《行为哲学》和《论货币的本质》等。——译者

动带有这样一种倾向,即把自身从社会活动中分离开来,进而还原为伦理意识改革,但这种行动哲学并没有任何坚实的经济学理论的依托,本身也没有任何辩证地已知的趋势的行车时刻表。**因此,在马克思之前,实践概念完全不同于马克思意义上的理论与实践概念,完全区别于理论与实践的统一学说**。

马克思以前的学者完全依附于理论,对于他们来说,思维完全无需证明自身在纯粹科学上的“应用”,理论为自身生活和自身内在的自我满足不断提出证据。与此相反,按照马克思、列宁的观点,理论与实践恰恰持续地相互作用。理论与实践内在地相互影响,外在地相互转变,这样,实践同样以理论为前提,正如为了继续进行某种新的实践,实践本身重新解除或需要新的理论一样。如果一种思维能把具体的思维化作行动,那么在这个世界上,再没有比这种思维更富于价值的思维,同样,一种思维能够成为真理的王冠,那么在这个世界上,再没有比这种思维更高贵的行为。

如果思维有所裨益,那么在此肯定存在某种暖流。例如,助人为乐的意愿、对牺牲者的爱、对剥削者的憎恨等。这种情绪使一个人的党性充分运转起来,即使这个人完全没有关于社会主义的正确知识,这种情绪也会使这个人正确地去行动。但是,为认识本身所不领悟的爱的情绪却恰恰阻断准备就绪的、助人为乐的行动。但是,爱的情绪却容易满足于自身的卓越性,以至于容易成为唤起虚假行动的新的自我意识的烟雾。

在此,要说的并非像布鲁诺·鲍威尔那样的“为艺术而艺术”批判,而是一种没有批判的多情善感,即某种抑郁寡欢和含糊不清。在费尔巴哈本人那里,情况也是这样:他总是用自身暧昧不清的“情感”(Empindung)一词来代替“实践”一词。他力图缓和你与我之间“爱”这一一般的情感关系。因此,在此他也表现出取消每一种社会认识而自觉地倒退到单纯的个人关系及其永恒的、融化一切的爱的关系。他把人性变成十分柔弱无力的东西:“就其基础(!)本身而言,新哲学无非是对令人振奋的、情感本质的意识——它在理性之中并与理性一道肯定一切人(现实的人)内心之中表白的东西。”①这番话出自《未来哲学原理》,但是,事实上,它来自过去的、市侩的、牧师的见解。正如我们常见,这就像伪君子明修栈道,暗渡陈仓,进行巧妙的破坏活动一样。费尔巴哈的见解来自过去,而这种过去恰恰引起夸夸其谈的抽象的人类之爱,不是想把这个世界变得更好,而是作为恶劣的东西加以永久化。费尔巴哈描画“山上训众”的漫画,这种做法完全排除了不乏迫害肆虐的冷酷现实,松懈每一根阶级斗争之弦。正因如此,费尔巴哈流着虚伪的眼泪,极力推荐“社会主义”之爱,然而,这种态度难道不是渗透着对资本主义兴趣盎然的博爱吗?

因此,马克思和恩格斯写道:“人们对邪恶的现实和对宣扬爱的国度的憎恨……但是 1800 年来,这种爱好无成就,既没有改变社会关系,也没有建成自身的国度。由此出发,我们清楚地意识到,这个不能战胜憎恨的爱并不能赋予我们以社会改革所必需的强有力的行动力。这种爱消失在伤感的华丽辞令之中。借助于此,并不能消除任何现实的、实际的状态。爱借助于巨大的感情泡沫对人许下大量空洞的诺言,并使人昏昏欲睡、虚弱不堪。也就是说,匮乏赋予人们以力量。谁觉得**有必要**帮助自身,谁就帮助自身。因此,这个世界上的现实状况是:第一,今日社会中,资本与劳动、资产阶级与无产阶级的尖锐对立,这种对立在工业社会中已作为最发达的现象显露出来。第二,在今日社会中,**另一种**强有力的、沸腾的源泉是社会主义世界观,它要求社会改革……这种铁一般的必然性创造出旨在传播社会主义的努力和精力充沛的追随者。这种必然性将通过改造当代交通为社会主义改革开辟道路,与此相比,爱仅仅在这个世界的所有充满感情的心脏中熊熊燃烧。”②

16 世纪,托马斯·闵采尔不仅倡导过“密闭的信仰”,也倡导过“密

① 费尔巴哈:《选集》,第 2 卷,1846 年,第 324 页。

② 马克思:《反克利盖的通告,一个费尔巴哈的追随者》,1846 年 5 月 11 日。

闭的爱”,但是,以讹传讹,其意义在费尔巴哈时代已完全变味,并借助于变节分子和假社会主义者而广泛传播开来。当然“人类之爱”这一虚伪的说教只不过是一种充满敌意的、不共戴天的战争雾气而已,即反共产主义的战争武器而已。新编造的爱的口号只为战争的缘故,在费尔巴哈那里,业已显现出神秘主义也是因为这一缘故,尽管在此至少自称为是“向前的唯心主义”,是某种进步的思想。但是,在他充满内心的无形体的呼啸声中,在他人类学地所制造的父神中,不是隐藏着恶劣的缺陷吗?这缺陷正是所谓邪恶地解除了魔力的、摆脱了宗教的那种庸俗习气。

但是,如果今天人们谈论起神秘内容,那么鉴于时代精神条件,与艾克哈特大师的神秘主义不同,费尔巴哈的神秘主义充斥着更多唯心主义的闲言碎语。但是,他的神秘言论却扣人心弦,不断制造杀人的坟墓。今天,我们在此所发现的不是玫瑰花的迷雾,而是一种为资产阶级所喜欢利用的虚无。

因此,马克思在命题8中写道:“凡是把理论导致神秘主义的神秘东西,都能在人的实践中以及对这个实践的理解中得到合理的解决。”当然,神秘东西可分为两种类型:其一是,尚不清楚的疑难、现实中还不可理解的灌木丛一类的矛盾等费解的东西;其二是,被命名为本真的神秘主义的东西,例如为了黑暗自身的缘故而盲目崇拜黑暗。但是,单纯的不可识破性,甚至坠入“五里雾中”也会被诱入神秘主义。正因如此,惟有合理的实践才是人的解决办法,在人那里,这种实践(不是徘徊于灌木丛)乃是可坚持的、行之有效的解决办法。在谈论费尔巴哈时,马克思之所以使用“神秘主义”一词绝非无理由的,他恰恰对所谓“无害的抽象之爱”使用这个词,因为这种爱的说教留给我们棘手的“戈尔迪之结”。

我们重复一遍:费尔巴哈的神秘、含糊不清的爱的神秘肯定不是对后来出现的东西,即堕落和黑夜之非理性所采取的态度。费尔巴哈毋宁站在从黑格尔通向马克思的那条德国的拯救路线上,与此相比,叔本华通向尼采的路线是德国的不幸路线,而且这条路线导致十分严重的后果。只要人类之爱明确地被理解为对被剥削者的爱,并且继续发展为对现实的认识,那么这种爱无疑会成为社会主义的一种不可缺少的动因。

但是,由于甜蜜蜜的食糖,食盐有时也会变得索然无味。① 如果多愁善感的基督教徒陷于悲观绝望的失败主义,那么多愁善感的社会主义者就陷于法利赛人的公然叛变之中。因此,马克思同样抨击费尔巴哈的一种危险的夸夸其谈,即某种离群索居、孤芳自赏的爱、某种"主观的实践",因为尽管费尔巴哈喋喋不休地宣扬他的利他主义,并以巨大的宇宙之爱为目的,但是,这一切适得其反,只会起到倒行逆施的作用。如果爱之中没有党派分裂,即没有具体的憎恨极性,就没有真正的爱。如果没有革命阶级的观点这一党性(Parteilichkeit),就不会存在向前的实践,而只会存在向后的唯心主义。如果始终不重视人脑的优先权,我们就无法解决神秘内容,反倒会把解决办法变成神秘内容。因此,费尔巴哈未来哲学的道德结论既缺乏未来,也缺乏哲学。为了实践的缘故,马克思的理论使哲学与未来一并发挥作用,而伦理学最终具体化,变得有血有肉。

解答及其意义(命题11)②

在此,马克思肯定,未来是最切近的,也是最重要的。③ 但是,未来恰恰不能以费尔巴哈的方式到来,因为,费尔巴哈执迷于幻象,迷失了正确的航线。他自始至终都满足于这样观察事物:原封不动、听其自然。或者,更糟糕的是:他相信不得不改变事物,然而这只有在书本里才有可能,而世界本身对此却一无所知。世界对此之所以一无所知,是因为世界恰恰很容易为某种错误的描述所转变,甚至,在书本里也根本没有显

---

① 参见《路加福音》,第14章,第34节。——译者

② 在本节中,布洛赫分析了马克思《关于费尔巴哈的提纲》命题11。在他看来,问题不在于解释世界,而在于实现自由的国度这一实践。按照马克思的观点,通过"人的自然化和自然的人化",人类可以实现这一目标。——译者

③ 按照布洛赫的分析,马克思既批判黑格尔的实践概念,也批判费尔巴哈的实践概念。前者属于"隐蔽的实践",热衷于保存现存的古董品;后者属于"主观的实践",醉心于多愁善感、顾影自怜。——译者

露出任何现实的东西。在此,向外迈出的每一步都对画地为牢、怡然自得的那些书本带来冲击,并打乱那种躲在世外桃源的思想。

但是,通常忠实于事实的书本、学说同样试图千方百计地在自身的框架范围内达到一鸣惊人的程度。任何作品都无法超越时代而闭关自守、飘忽不定,也许有人像费尔巴哈一样制定**未来的**基本原理,但他也会战战兢兢,生怕从自身思维中产生描绘了的世界的变化。此外,如果这个人也像费尔巴哈一样,对政治表现出积极谋求或漠不关心的态度,那么公众也完全局限在进行阅读的读者身上,而他的手势和举动则不被关注。

思维的立场可以是某种新颖的立场,但它停留在某个单纯的眺望处。这样,概念并不产生任何介入性的指示。因此,马克思确立了简明而著名的反命题,即命题11:“哲学家们只是用不同的方式解释世界,而问题在于改变世界。”从而,马克思动人地标明了不同于迄今**每一个**思维冲动的某种冲动。

如前所述,简明扼要的句子有时比自身所是的东西更易于使读者了解全貌。著名的句子有时与自身的意愿相违,别具一格、自成一派:对此读者不假思索、想当然耳,或者读者将其生吞活剥、囫囵吞枣。于是,这种简明扼要的句子有时难免引起某种异议,在这种情况下,这种句子对知识分子怀有敌意,至少与知识分子相疏远,也许它本身与句子的意义没有隔阂。

那么,命题11的确切含义是什么?我们应当如何理解马克思的哲学思维呢?这个命题不可理解为或确切地说不可**误解为**某种实用主义的混合物。实用主义(Pragmatismus)来源于马克思主义完全陌生的地域,来源于一个敌视马克思主义的、精神上低贱的,尤其是丧尽天良、臭名昭著的地域。

尽管如此,正如美国人所常言,实用主义代表“忙碌之躯”(busy bodies),即勤奋,以此实用主义总是把自己与马克思主义联系起来,即荒谬地把马克思主义与美国的文化野蛮性相提并论。美国的实用主义建立在这样一种见解之上,即真理无非是生意上可利用的观念。因此,只要这种实用主义思维以某种实际成功为目标,并且事实上为这种成功提供某种适当的方法,那么就存在所谓"啊哈,原来如此"这样一种真理的体验。[①] 在威廉·詹姆斯[②]看来,商人代表"美国的生活方式"(american way of life),一定程度上,也代表普遍人的特征。可以说,商人恰恰被美化为乐观主义地推进生活的典型。这不仅是因为有必要把当时的美国资本主义尽可能点缀得五彩缤纷,更主要是有必要把一切阶级社会冒充为全部人类社会的发展趋势及其特殊的利益趋势。因此,实用主义从一开始就被视为那个不同的、可替换的逻辑"工具"的施主,借助于此,商人占据较高的社会地位,径直取得了所谓"人的杰出成就"。

但是,正如很难发现一个马克思主义的花花公子一样,也很难发现一个富于人性的商人。根据詹姆斯的说法,全世界的资产阶级很快认清了美国实用主义的真面目:剥夺每一个真理意志的终极社会不可知论。试想,两次帝国主义战争:第一次是1914—1918年的普遍的帝国主义战争;第二次是纳粹侵略者的部分帝国主义战争。两次帝国主义战争充分表明实用主义是骗人的马贩子意识形态。在此,问题不在于真理,但是问题也不在于这种意义,即仿佛真理至少是某种修饰得很好的"工具"。所谓"人性成就"这一玫瑰包装从一开始就破烂不堪。根据战争局面和经济状况,实用主义的诸理念就像交易所买卖的有价证券一样上下浮动、变幻不定,直到最终发现纳粹这一可耻的实用主义。对于德意志民族,即对于德国金融资本来说,有用的就是真理。促进生命,最大限度地促进利润并合乎这个目的的就是真理。因此,时代条件成熟后,这种论

---

① 1938年布洛赫流亡美国,美国并没有给这位马克思主义哲学家提供一份相称的工作,他事实上成了一个失业者。阿多诺得知后,呼吁德国流亡知识分子慷慨解囊帮助布洛赫,但布洛赫对此十分不快,他把这种帮助当作"乞讨"予以断然拒绝。——译者

② 威廉·詹姆斯(William James,1842—1910),美国哲学家,实用主义创始人之一。主要著作有《心理学原理》(1878)、《实用主义:某些旧思想方式的一个新名称》(1907)、《多元的宇宙》(1909)等。——译者

点便成了实用主义的结论。乍看上去,实用主义完全合乎“理论与实践”,显得多么无害、多么迷惑人心。在此,实用主义表面上拒绝为真理而真理,但它实际上否认为了生意的缘故而撒谎欺骗。在此,实用主义要求真理,甚至世界的“变化”是检验真理的标准,但这种要求只具有表面的具体化。

可以设想,在蔑视人类智力的人和事务主义者(Praktizist)之中,马克思的命题11会遇到令人目瞪口呆的伪造。当然,在道德上,社会主义运动中的事务主义者与实用主义毫无共同之处。他们的意志是清洁的,他们的意图是革命的,他们的目标是人性的。但是,他们没头没脑,完全忽略了这一点,即一点也没有注意到其中所包含的文化遗产的批判获取,这样,他们玩弄充其量是事务主义小手艺的“常识–错谬法”(trial-and-error-method),从而发生了方法论上令人想起实用主义的那个对马克思命题11的令人可怕的伪造。与实用主义相邻接的事务主义恰恰是这种伪造的结果,可是,人们时常蒙在鼓里,理解不了这一点。

但是,不能理解这种结果的人并不能防止愚昧无知。事务主义者至多为复杂理论作出短期担保,在马克思主义日光当中仅仅造成某种黑暗而已,究其原因,这黑暗出自自身固有的私人无知和怨恨,特别是,怨恨与无知很容易结合在一起。有时,为了说明这种疏远理论的立场,人们甚至完全无需事务主义,而仅仅需要某种活动。因为无思想的图式主义也是靠自身特有的、无所事事的反哲学(Antiphilosophie)而生活的。

但是,这种图式主义并不能引用关于费尔巴哈的最珍贵的命题,然后在误解中变成亵渎。所以,我们一再强调这一点:**因此,在马克思那里,某种思想之所以正确,并不是因为它是有效的,而是因为这种思想是正确的,它才是有用的**。列宁用中肯的格言表述了同样的内容:“马克思的学说是万能的,就是因为它是正确的。”他接着说道:“马克思学说是人类19世纪所创造的优秀成果——德国的哲学、英国的政治经济学和法国空想社会主义的当然继承者。”在前几行,他还表明:“马克思的全部天才正在于他回答了人类先进思想已经提出的种种问题。"[①]换言之，在理论方面，如果没有经济学的、哲学的深入调查，我们在现实实践上就举步维艰、寸步难行。因为社会主义理论家恰恰缺乏这种深入调查，所以总是存在现实的接触归于全盘落空的危险。如果要想获得社会主义其他实践的成功，这种现实是否永远都不应该图式主义地、单纯地加以解释？

即使是向伟大的实践思想家即最宝贵的真理的证人敞开一扇门，人们也会因为对命题 11 的某种有趣的错误解释而使其一再遭到关闭。通过这种方式，滑稽可笑地曲解命题 11 中所出现的最卓越的哲学胜利，人们认为恰恰可以听出某种反市民的实用主义的声音。因此，人们拙劣地错过尚未把握的、向我们走近的未来，而仅仅满足于与此相反的我们活动着的认识。合理性在这一实践路程中醒过来。如果说，合理性在人性的返乡路程上醒过来，那么相反，非理性则在毫无概念的实践中显现。因为如果理性的破坏陷入野蛮的非理性，那么理性的无知就会陷入愚蠢。在这件事上，尽管后者不会为人类流血牺牲，但会毁灭马克思主义。**因此，陈词滥调也是反对马克思主义自身的反革命行为**。因为马克思主义旨在实现人类最进步的思想，而不是旨在把它美国化。

至此，我们讨论了关于命题 11 的各种错误理解以及最近的曲解例子。这些错误解释同样需要作出阐明，恰恰因为命题 11 **至关重要**，如果考虑到"最佳品的腐化乃是最恶劣的腐化"（corruptio optimi pessima），那么这一命题就显得尤为重要。因此，我们对此必须比其他命题作一更严格的注解。

那么，在命题 11 中，原文字句的含义是什么？这一命题中的认识与变化之间的表面对立是什么？严格说来，并不存在任何对立。在马克思的原稿中，不是载有对立而是载有扩张之意的小品词"但是"（aber）缺失了。[②]

① 列宁：《马克思主义的三个来源和三个组成部分》，《选集》，第 1 卷，第 63 页以下。
② 《马克思恩格斯全集》，第 1 卷，5，第 535 页。

然而，我们同样没有发现某种"不是-就是"（Entweder-Oder）的选择。马克思责备迄今为止的哲学家，或者更确切地说，马克思使我们清楚地认识到，由于阶级障碍，迄今为止的哲学家们只是用不同的方式**解释**世界，而没有从事某种哲学思维活动。

但是，解释与沉思相类似，由此产生基于沉思的解释。因此，现在**非**沉思的认识被标明为一种新的、真正持有胜利的旗帜。不过，作为**认识**的旗帜，作为同一的旗帜，马克思——不是通过观察性的休息，而是通过批判性的行动——是在其主要著作中经过精深研究而树起这面旗帜的。马克思的主要著作纯然是行动的指南，但它不叫"成功的领导者"或"行动的宣传"，而叫"资本论"。换言之，资本论不是先于事物（ante rem）迅速行动的处方，而是在事物之中的（in re）行动指南。在这种棘手的现实中，马克思凭借仔细的调查研究，深入探究了哲学的关联性。借助于这一方针，马克思总体上把握了自然和社会中关于辩证的发展法则的必然性和认识。

因此，迄今哲学家们"只是用不同的方式**解释**世界"——命题 11 中的前半部分除了标明这一缺陷之外别无其他。但是，在后半部分，马克思仿佛朝向扬帆起航的"航船"（Schiffe），这是经过深思熟虑的极其有益而必不可少的航行，其目的在于发现旨在改变世界的某种新的、积极的哲学。毋庸讳言，作为驶向大海的航船，马克思肯定针对哲学发布了一道讨伐檄文。但是，在此**全然**不是针对沉思冥想的哲学本身，事实上，这种哲学在漫长的中世纪倒是具有举足轻重的意义。相反，在此马克思所讨伐的恰恰是**特定种类的**沉思哲学，即自身时代黑格尔追随者的哲学，这种哲学更多是某种非哲学（Nicht-Philosophie）。因此，在《德意志意识形态》中，马克思把批判的矛头最猛烈、最富于特色地对准这种追随者的哲学："须要跳出哲学的圈子并作为一个普通的人去研究现实。关于这一点，文献中有大量的材料，当然，哲学家们并不知道。如果这样做以后，你又和库尔曼或施蒂纳之流面逢，你就会发现，他们早就落在'后面'了，并且处于低级阶段。哲学和对现实世界的研究这两者的关系就像手淫和性爱的关系一样。”①鉴于库尔曼(当时虔诚的神学家)和施蒂纳之名,马克思已经十分清楚地表明,他的批判是针对哪一种人、哪一种哲学的。他的批判针对“哲学的吹嘘”(die philosophische Windbeutelei)。这种批判不是一概对准同样具有沉思特征的黑格尔哲学或其他以往伟大的哲学。最终,马克思深感缺憾,因为黑格尔不够具体,自亚里士多德以来缺少具有百科全书般丰富知识的人,没有人“研究现实的世界”。当时,与马克思观点迥异的人们也这样指责了黑格尔,众所周知,这些人都是普鲁士的反动学者,后来成为修正主义者和类似的“现实的政治家”。与此不同,马克思以完全不同的方式谈论迄今为止的现实哲学,即从某种创造性地继承真实的遗产意义上谈论迄今为止的现实哲学。

在此之前,即在1844年《黑格尔法哲学批判导言》中,马克思就已经明确地提出了这一论点:不**实现**哲学就不能**消灭**哲学,不**消灭**哲学就不能**实现**哲学。第一部分强调**实现**,这是就“实践家”而言的:“因此,德国的**实践**派要求**否定哲学**是正当的。该派的错误并不在于提出了这个要求,而在于仅限于提出这个要求,没有认真实现它,而且也不可能实现它。该派以为,只要扭过头去,背朝着它,嘟囔几句陈腐的气话,哲学的否定就实现了。它的眼光的狭隘就在于没有把哲学归入**德国**现实的范围,或者以为哲学甚至**低于**德国的实践和为实践服务的理论。你们要求人们必须从**生活的现实萌芽**出发,可是你们忘记了德国人民生活的现实萌芽一向都只是在他们的脑子里生长起来的。一句话,**你们不在现实中实现哲学,就不能消灭哲学**。”第二部分强调**消灭**,这是就“理论家”而言的:“它认为目前的斗争**只是哲学同德国这个世界的批判斗争**,而没有想到**现存的哲学**本身就属于这个世界,而且是这个世界的补充,虽然只是观念的**补充**。它对对方采取批判的态度,对自己本身却采取非批判的态度,因为它从哲学的**前提**出发,没有超出这些前提得出的结果,或把别处得来的要求和结果冒充哲学的直接要求和结果,虽然这些要求和结

① 《马克思恩格斯全集》,第1卷,5,第216页。

果——假定是正确的——只有**否定现存的(!)哲学**,否定作为哲学的哲学,才能得到。关于这一派,我们回头还要详细谈到。”(有关详尽描述出现于《神圣家族》和《德意志意识形态》中,其中包含着对堕落的沉思冥想、“认识的休息”等最艰深的批判)。“它的根本缺陷可以归结如下:**它认为,不消灭哲学本身,就可以使哲学变成现实**。”①

因此,马克思针对当时两个派别的态度开出了一幅解毒药,这是一对互为相反的“心灵治疗”(Medicina mentis):一方面,马克思要求当时的实践家更多地实现哲学;另一方面,马克思要求当时的理论家更多地消灭哲学。然而,在此哲学的“否定”(这是源于黑格尔的概念,本身在哲学上承载着意味深长的内容)特别涉及“**迄今为止的**哲学”,而完全不涉及每一种可能的哲学和未来的哲学。换言之,这种“否定”涉及为了自身的缘故而载有真理的哲学,涉及自给自足的、沉思冥想的哲学,涉及仅仅以好古的方式解释世界的哲学,但绝不涉及某种革命性地变革世界的哲学。在“迄今为止的哲学”中,甚至也存在与黑格尔追随者的哲学截然不同的哲学,即使在沉思冥想的态度中,也不乏“研究现实世界”的哲学,即德国古典哲学。德国古典哲学并非完全与实践无关,正因如此,它是“马克思主义三个来源和组成部分”之一。

马克思主义哲学中的崭新之处在于对世界基础的激进变革,而无产阶级革命的使命就是实现这一激进变革。但是,这种崭新的东西并不意味着这个惟一能够具体改变世界的特定哲学不再是哲学。② 因为它是前所未有的新东西,因此命题 11 后半部分中的认识恰恰与世界的**改变**有关。马克思主义**乃是**在世界的变化之前或在变化之中出现的**真正哲学**的最重要的理论和实践,正因如此,马克思主义乃是真正意义上的改变世界的思想。真正的哲学借助于长久的呼吸过程,借助于完整的文化遗

① 《马克思恩格斯全集》,第 1 卷,1/1,第 613 页。

② 在此,布洛赫暗示 20 世纪上半叶无产阶级革命运动中的虚无主义和盲动主义,即割断人类历史、否定全部传统文化遗产。——译者

产,而且,真正的哲学特别善于与紫外线打交道,应该说:善于与承载未来的现实的特性打交道。

在非真实的意义上,所谓"改变"多种多样,不具有任何概念。例如,匈奴人同样改变了世界;在恺撒的疯狂中,也存在某种改变世界的意愿;在黑格尔称作"混沌的完整摹写"的那个无政府主义中,在喋喋不休的饶舌者的精神疾病中,同样存在改变世界的意愿。但是,**纯粹的**改变,甚至朝向自由王国的思想改变却只能通过纯粹的认识,并通过经常精确地把握可支配的必然性才能得到实现。自那时起,这样改变世界的人一定是马克思、恩格斯、列宁等哲学家。无论是手头宽裕的实践家还是引经据典的理论家都不能改变世界。恩格斯称作"归纳法的毛驴"的那个经验主义者也不能改变世界。

哲学的变革在于不间断地认识现实的关联性。因为哲学不是关于其他科学的任何特有科学,所以它也正是所有科学中总体的特有知识和良心。哲学乃是进步性总体的进步性意识,因为这个总体本身不是作为事实存在,而是在巨大的生成关系中与尚未形成的东西打交道。因此,哲学的变革就依据下述诸尺度:局势分析、辩证趋势、客观法则、现实可能性等。这样,哲学的变革本质上发生于沉思和解释完全无能为力的未来视域中,但是也许发生于马克思主义可以认识的未来视域之中。有鉴于此,如上所述,马克思提出了反命题的交互强调:关于哲学的实现或消灭(针对"实践家"强调实现;针对"理论家"强调消灭)。

马克思把正确地理解了的两方面强调加以**辩证的统一**,众所周知,这种统一在上引《黑格尔法哲学批判导言》的结尾中得到了精确的表述:"哲学不消灭无产阶级,就不能成为现实;无产阶级不把哲学变成现实,就不可能消灭自己。"①一如马克思教导我们,只要无产阶级的消灭不被理解为阶级的消灭,而是被理解为人类异化的最显著的症状,那么这种消灭无疑是一种极其漫长的行动。这种彻底的消灭与共产主义的最后

① 《马克思恩格斯全集》,第1卷,1/1,第621页。

行动是相重合的。在《经济学-哲学手稿》中,马克思以展望(Perspektive)的口吻表述了这种内容。这种展望恰恰可被理解为哲学上最极端的"终末"(Eschaton)。"只有在社会中,人的**自然的**存在对他说来才是他的**人的**存在,而自然界对他说来才成为人。因此,**社会**是人同自然界完成了本质的统一,是自然界的真正复活,是人实现了自然主义和自然界实现了人道主义。"①在此,马克思试图表述世界变革的最后展望,从中闪现出他的思想的灿烂光辉。每一种实践都渗透着知识和良心,从中反映出遥远的总体。毫无疑问,这方面的思想不仅要求哲学的新颖性,也要求创造自然的复活行动。

阿基米德点;知识不仅涉及过去,本质上也涉及走近的东西②

起初,人的精神是强大无比的,但是,人的精神最后才了解到这一点。之所以最后才了解到这一点,是因为精神一直奔赴过去的、时常被错误地高耸的本质。因为人的精神成了某种真正的政治之歌,而人们最终甚至试图从观察过的东西和过去的东西中孕育发展出当下。

此外,当时的当下也不允许精神充当"乙醚"(Äther),③而是把它用作物质力量。

在这方面,了解时机重新变得十分重要,在这一时刻,马克思《关于费尔巴哈的十一个命题》与其他早期著作一道,强有力地闪亮出现了。对此,马克思在1848年《共产党宣言》中这样写道:"共产党人把自己的主要注意力集中在德国,因为德国正处在资产阶级革命的前夜,因为同17世纪的英国和18世纪的法国相比,德国将在整个欧洲文明更进步的

① 《马克思恩格斯全集》,第1卷,3,第116页。

② 在本节中,布洛赫创造性地阐明了马克思主义视野中尚未发现的未来的特征和要素。在此,所谓"阿基米德点"是指马克思主义理论中最基本的核心观点。

③ 在此,布洛赫强调"乙醚"的挥发性特征,意思是说,迄今精神不像"乙醚"一样直接作用于既定现实,而是像"催化剂"一样间接地起作用。——译者

条件下,借助发展广泛的无产阶级去实现这个变革,因而德国的资产阶级革命只能是无产阶级革命的直接序幕。”

因此,马克思的《关于费尔巴哈的十一个命题》产生了特别强烈的推动作用,这是费尔巴哈全然没有感觉到的新哲学的内容,这是在起源状态中(statu nascendi)立即向旧哲学提出的强烈抗议。在命题 4 中,马克思已经发现了“阿基米德点”,并以此为杠杆彻底颠覆旧世界,将其改造成新世界。这个阿基米德点蕴藏于今日“世俗基础”之中:“因此,对于这个世俗基础本身应当在自身中、从它的矛盾中去理解,并在实践中使之革命化。因此,自从发现神圣家族的秘密在于世俗家庭之后,世俗家庭本身就应当在理论上和实践中被消灭。”

那么,**这东西归根到底是什么**?《十一个命题》的出发点是什么,即十一个命题所发现的开创性的**革命哲学**是什么?然而,在此崭新之处不仅仅是指明了无产阶级的历史使命,尽管马克思决定性地使思维挣脱了直观观察,要求人们不要原封不动地接受事物,更不要把事物加以永久化。但是,在此崭新之处也不仅仅是批判地、创造性地继承德国哲学、英国政治经济学和法国社会主义的遗产,尽管这三种酵素,尤其是黑格尔的辩证法和费尔巴哈的革新性的唯物论对于形成马克思主义是必不可少的。

在此,所谓崭新之处乃是最终导向阿基米德点及其理论与实践的那种东西,是迄今任何哲学都没有显现过的东西,甚至在马克思本人那里也完全没有得到反映的东西。在《共产党宣言》中,马克思写道:“因此,在市民社会里是过去支配现在,在共产主义社会里是现在支配过去。”但是,现在与未来是不可分割的,占支配地位的现在**与未来的视域是一同存在的**,而未来的视域赋予现在以特殊的空间,即赋予新的可推动的、更好的现在以空间。也就是说,**在未来的视域中**,开创性的革命哲学最终开启趋向“善”的某种可改变性。在此,引导自身新视域的正是拥有新东西和力量的科学。

但是,迄今一切科学本质上都涉及过去的东西,充其量以此仅仅使过去的东西变得可观察而已。

这样,新东西始终停留在自身的概念之外,始终停留在某一过去之中,尽管在过去中,新东西的生成拥有其前线。这种思维持有从古流传下来的软弱无力的特点,而在商品形式中,这一特点变得十分突出。因为资本主义社会把人和物统统变成商品,不仅把异化带给人和物,而且使下述事实一目了然:思维的商品形式本身就是增强了的思维形式,即业已形成的固定事实(Faktum)。由于这一既定事实,人们特别容易遗忘生成的事实(das Fieri);由于物化的产品,人们很容易遗忘生产者;由于人的背后的固定现象,很容易遗忘在他们前面运动着的敞开的东西。

但是,知识与过去之间的错误的相互关系由来已久,其根源就在于,劳动过程在认识中全然没有得到反映,以至于如上所述,所谓劳动过程仅仅是一种地地道道的"观看"(Schau)而已。进言之,知识的对象地地道道是以某种方式布置了的某种东西,本质(Wesenheit)地地道道是某种过去存在过的东西(Ge-Wesenheit)。在此,恰恰隐藏着柏拉图的"回忆"(Anamnesis)。在对话篇《美诺》中,苏格拉底一边说"因为的确",一边教人观看太古中蕴含的灵魂,"寻求和学习某物完全是记忆"。

这正是这种沉思的古董品的魔力所在,而这种魔力驱使人们完全无视认识概念的所有社会改造因素。在马克思以前,哲学不仅仅是在静观之中,而是仅仅在静观之中,登记每一种静观,坚持所谓"**业已形成的关系**"。甚至,倡导发展的思想家亚里士多德也把"本质"理解为"什么曾是存在"(to ti en einai)[Was-war-Sein],即在封闭规定的意义上,在塑像般的成形意义上理解本质。"费尔巴哈关于人与人之间的关系的全部推论无非是要证明:人是互相需要的,而且过去一直是互相需要的。他希望确立对这一事实的理解,也就是说,和其他的理论家一样,只是希望确立对存在的事实的正确理解,然而一个真正的共产主义者的任务却在于推翻这种存在的东西。"甚至,在重视辩证过程的伟大思想家黑格尔那里,所谓"发生的事情"(Geschehen)也完全屈服于自身完结的现实,其中,"本质与自身的现象是一码事。"尽管如此,这种静观思维的效果是,"回忆”的精神恰恰在这样一个地方,即**在完全不取决于现在,甚至完全不取决于未来**的地方寻求自身的认识能力。在追问现在或未来的决定性问题时,知识和过去几乎仅仅处于酒馆里闲谈政治的状况之中,或者仅仅处于最近视的小市民的观点之中,在“**过去时的孤独**”(Abgeschiedenheit des Präteritum)中,即使没有终止永久的阶级观点,我们也仿佛有一种重返家乡般的感觉。

在时间上,客体越是落在后面,客体的封闭性越是适合于沉思冥想的休息,它就越是令人感到家乡般的感觉。因此,人们容许知识与过去的密切关系,认为十字军东征也比两次世界大战更富于“科学性”(Wissenschaftkeit),同时还认为,更遥远的埃及战争也比中世纪战争更富于“科学性”。于是,表面上,物理自然完全归于消逝,或者,似乎那里远远凹进去的仅仅是某种超埃及或埃及的潜能而已,这是以某种花岗岩形成的质料,对此,人们在方法论上欢呼雀跃,将其命名为“死的东西”。

但是,这一切在马克思主义中都显得迥然不同,马克思主义的力量恰恰深深地植根于现在之中。马克思主义是**新近出现的、普遍发生的事情以及变化的科学**,马克思主义恰恰在实际发生的事情中,在当时决断的现实性中,在支配未来的现实中,证明自身的可靠性和有效性。从马克思主义角度看,过去也不像尘封已久的古董品一样黑压压地堆积如山,因为正如一部阶级斗争历史一样,原始共产主义历史也不把自身最遥远的过去时代变成古色古香的博物馆。但是,历史也很少像在沉思冥想的市民时代那样把过去的时代变成脱离科学的延期清偿。

全部知识境况要求某种当下的决断,但是,市民社会的丰富知识大都不关乎这种决断:要么无可奈何地与此相对峙,要么如同最近表明的一样,超出所有阶级利益,以闻所未闻的无知,把自身愚蠢地出卖给反布尔什维主义。当然,17、18 世纪那些伟大的、纯粹的思想家无疑坚持当下与未来的内在联系,但是,甚至这些市民社会的无可比拟的先驱者也抱着徒劳的幻想或抽象的、过剩的理想而与正在出现的自身特有的革命阶级相对峙。① 也就是说,直到马克思为止,不仅仅是因为当时的阶级障碍,而是因为面对未来的障碍,这些人无例外地受到阶级障碍的限制。无论是"回忆"还是沉思的、静态的知识障碍都抗拒真实推进的、正在出现的东西。这种障碍因素持续越长久、越强烈,既定的一切思维就越是联合在一起。

但是,现在同样提出某种斩钉截铁的观点:在当下中,**知识与过去的关系**仅仅注意到某种狼狈不堪的东西;在未来中,这种关系则仅仅注意到秕糠、风、无形态的东西。② 在那里,**知识与趋势的关系**完全领会到自身科学的"为何"(Wozu)问题,即把自身的科学领会为这个世界上中介了的新建筑物。这样,马克思主义的辩证的和历史的未来趋势学乃是中介了**现实的未来科学和现实中的客观的和现实的可能性**。这一特点区别于形成了的东西的"回忆"以及全部变种,然而,这种区别也许不是显而易见、不言而喻的。这一特点不仅对于照亮人类解放的马克思主义方法有效,而且对于其中照亮了的、开放了的质料也同样有效。**惟当涉及马克思主义时,未来的视域才同作为前室的过去一道赋予现实以自身真正的维度**。

在此,难忘的还是阿基米德点本身的新场所,从这个场所出发,我们可以改天换地。这个场所同样没有远远落在过去的事情、已解决的事情后面。从前单纯地沉思静观的唯物主义曾经千篇一律地、枯燥无味地分析这个世界。其结果,这种唯物主义恰恰早已失去了自身祛除魔力的作用,以至于无遮无拦地、退行性地指向过去。这种唯物主义把历史现象溶解在生物学、化学、物理学中,直至溶解在一切事物、每一个事物的原子"基础"之中。这样,在有关学者那里,即使像马拉松战役一类的历史

---

① 此处指欧文、傅立叶、圣西门等所谓"空想共产主义者"。——译者

② 按照布洛赫的观点,马克思以前的知识仅仅关注过去的事实,其根源在于柏拉图的"回忆说"。但是,面对现实问题,一味关注过去事实的知识并不能找出客观而恰当的解答。因为这种知识一方面执著于封闭的、静观的东西,另一方面指向过去的事实,所以不仅无视现在的问题,更无视未来的问题。——译者

上意味深长的现象到头来也只剩下单调的体力活动而已。也就是说,在全部非历史的体力活动中,希腊人和波斯人连同这次战役的社会内容消逝得无影无踪。于是,这一切从生理学角度重新溶解在有机化学过程之中,而有机化学(反正都是一切生命的共同内容)最终着陆在恰恰作为一切事物、每一个事物的"基础"的那个原子的飞舞之上。因此,在某种总体力学的普遍性中,不仅尚需说明的马拉松战役完全消逝了,而且全部业已构筑的世界也都彻底没落了,这等于丧失了全部现象及其差异。除了发现这种凭借原子论的剖析之外,机械唯物论并没有发现任何要点。事实上,就像黑格尔有一次所言,在此真的一片黑夜,这黑夜"漆黑一团"。这里缺少一件极其重要的东西,那就是第一个伟大的唯物主义者德谟克里特称作"现象的拯救"(diasózein ta phainomena)的东西以及方法论上所要求的东西。在此,费尔巴哈不是提供自身的物理学,而是提供"人类学的"的唯物主义,正如《十一个命题》的全部要旨所承认,这对于年轻的马克思大有裨益。

从发展史上看,原子论乃至全部生物学都建立在所有坚实宽广的知识基础之上,但是,就像后来恩格斯在《自然辩证法》中所说的一样,这些科学仅仅在其出发点(starting point)上是如此。之后,对于马克思主义来说,关于历史的阿基米德点已不是原子论或生物学,而是劳动着的人。人借以满足自身需要的社会方式正是自然本身与社会的交换过程,即不是费尔巴哈意义上的人的抽象性,而是由马克思取而代之的"社会关系的总和":这一切现在都被视为关于历史和文化王国的惟一关系重大的、现实的基础。当然,与这种不可视的原子进程相比,同样也存在某种物质基础,即清楚鲜明地形成的东西,但是,作为清楚鲜明地形成的东西,作为历史刻画的特征,这种物质基础并不把历史现象和特征变成一片漆黑。相反,它第一次带给历史日光,真正的日光,在这种日光中同时蕴含着阿基米德点,即人与人、人与自然的关系。

因为历史唯物论截然不同于片面的自然科学,它并不采取任何静观的认识方法,所以它在自身阿基米德点的特殊场所里,不仅发现理论钥匙,而且发现实践杠杆。因此,马克思主义并不破坏这种杠杆,与此相称,努力创造某种不同于崇高的宗教体系的活生生的质料组织。①

因此我们再次回到命题10:“旧唯物主义的立脚点是市民社会;新唯物主义的立脚点则是人类社会或社会化的人类。”而且,按照意义,这种形式的世界变化仅仅发生于质的可颠覆性、可改变性本身之中。换言之,这种变化决不发生于纯粹量的、历史性的徒劳的、机械的“一再”(Immer-Wieder)之中。同样,也不存在本身不包括客观现实可能性视域的可变的世界。否则,现实的辩证法本身就会原地踏步不前。是的,在马克思主义的包容世界的辩证法中可以看出多得多的创造性力量,并且获得无穷无尽的科学。在《未来的守护神》中,赫尔德②颂歌式地、呼吁般地寻求希望:“生命的知识是什么!还有你/神的馈赠,预言家的脸!还有惩罚/预先歌唱的魔力的声音!”在马克思那里,恰恰**生命知识的希望**变成某种异乎寻常的事情,从而它真正地带有一元论的特征。世界的变革这一不同寻常的事情并不是封闭的,因为在可变化的、包含幸福的世界中,它本身就是惟一向前迈出的坚实步伐。因此,《十一个命题》可概括如下:社会化的人类与一个自身中介了的自然的同盟乃是通向家乡的世界的转变。

20. 概括/预先推定的特性及其极点:黑暗的瞬间——开放的适合性

但是,谁在我们之中冲动?一个不拥有自己的某种东西尚未出现,对此,我们除了说这东西在里面酣睡之外,什么也不能说。我们全然感觉不到脉搏在跳动,可是热血沸腾、心脏激烈地跳动。的确,如果没有附

① 所谓“活生生的质料组织”,广义上指包括人在内的一切生命体,狭义上指劳动着的人。——译者

② 赫尔德(Johann Gottfried von Herder,1744—1803),18世纪德国启蒙哲学家,著有《论语言的起源》(1772)、《人类历史哲学理念》(1784—1791)等。——译者

加任何扰乱,在我们的皮肤中就感觉不到任何东西。在我们之中,那个使我们感到刺激的东西本身并不受到刺激。就像编织物一样,健康的生命酣睡不醒,它隐藏在汁液中,在那里波涛汹涌。

脉搏与经历过的黑暗

因此,人活着却偏偏感觉不到。但是,正是这种直接的脉搏孤独地跳动,渴望、想象的行为和实现等并不从其发生的事情的直接黑暗[①]中涌现出来。但是,最终保持不变的黑暗大多是现在(Jetzt)本身,从中,我们作为经历过的存在总是处在我们之中。现在乃是体验的直接发源地所寓居的地方,或成问题的地方。因此,我们刚刚经历了的东西本身大多是间接的,也就是说,很少是业已经历过的东西。惟当某一现在恰恰是刚刚过去的东西时,或者,惟当这个现在是被期待的东西时,现在才不仅是经历过的东西,也是体验过的东西。

作为直接存在的东西,现在位于瞬间的黑暗之中。只有刚刚冒出来的东西,或者刚刚过去的东西才拥有某种距离,因为为了照耀,这些东西需要意识化的光线。我们所寓居的这个事实(Daß)、现在和瞬间(Augenblick)到处都挖掘寻找,却意识不到自身。因此,与此相称,刚刚经历过的东西的当时内容是觉察不到的。[②]

为了可能前进的场所

但是,在现在中冲动着的某物还在向前冲。因此,它从不织物式地

---

① 本文中的"黑暗"概念可理解为冲动或生命力,但它不仅仅是个人的心理概念"里比多"(弗洛伊德),而是社会经济领域里的哲学范畴"白日梦"。——译者

② 严格地说,现在的体验是体验不到的。因为我们一旦想要意识它,现在的体验就旋即成为过去的事实。这样,现在的体验并不停留在我们感知或期待的那个瞬间之中。——译者

停留在自身之中,因为生命的“事实”是贪得无厌的。尽管它的内部尚未显示出来,但是,从中显示出某种本己的东西,即这个冲动着的东西所未持有的东西,更确切地说,这东西在外面到处寻求某物,并且想要什么,亦即饿得慌。在此,所谓“外面”也就是主观愿望全神贯注的地方,它至少位于主观愿望可以想入非非的地方。如果自身所缺少的那个欲望(Dränge)周围只有纯粹狭隘的、令人窒息的、几乎固定不变的墙壁,那么就根本不存在各种欲望。但是,对于欲望来说,总有一些东西是开放的,因此,自身的欲求、愿望和行动就占有一席之地。尚未存在的东西也会渐渐生成,而且,可实现的东西以自身之中的质料为前提。在人之中蕴藏着这种开放性、梦想,其中还寓居着各种计划。开放性同样存在于事物之中,特别是存在于事物的前边,即生成成为可能的地方。在此,欲望可以通过行走、选择、分离,道路的选择和道路的发现而寻找活动空间和自由空间。不仅如此,对于我们来说,在道路之外,也许还存在某种与客观可能性相称的东西,在这上面,欲望并非无限地、不知餍足地继续进行下去。这种相称的东西本身并不是预先规定好的,也不受到任何保证。它既不是接受性的,更不是溶解性的,但是,它对自身的可能性有所准备,因此,这种可能性至少作为被期待的东西而被感觉到。但是,在事物和事件的过程中,肯定存在某种“仍然”(Noch)和“尚未”(Noch-Nicht),而这东西与真正的、从未现存的新的未来是同一个东西。一个贫乏的时代,即什么也不发生的时代,几乎丧失对新东西的感觉。这种时代生活在习俗惯例之中,对它而言,即将到来的东西并非任何新的东西,而仅仅是昨天的东西的精确重复而已。

但是,像今天这样的变革时代(其中,也许历史延续了数百年之久)正处于某种均衡状态中,这个变革时代屏住呼吸感受属于未来的某种东西,并且着手进行即将来临的东西方面的、即将来临的可能性方面的工作。这样的变革时代为我们特别体验可能性的相关概念,为打碎业已形成的东西提供了必要的场所。只有在开放的事物当中,这个冲动着的“现在”才有活动场所,惟其如此,它才能实现自身,才能日益显现自身的内容。

泉源与江口:作为绝对问题的惊讶[①]

当我们的愿望恰当地得到实现时,生命就来到从未到达过的地方,即"回家"(nach Hause)。但是,在某种尚未实现的可能性的这种可能的实现中,两种动机即泉源(Quelle)与江口(Mündung)变得十分重要。所谓"泉源"可通过"现在的黑暗"(Dunkel des Jetzt)来标明,从中产生某种实现的东西;所谓"江口"可通过"类似客观的背景的开放性"(Offenheit des objekthaften Hintergrunds)来标明,希望奔赴于此。

在此,我们认识到:在实现中,某物本身并未成熟,尚未得到实现,因此,它显得软弱无力。[②] 这种未成熟性标明自身是一再持续的趋势、一再破晓的潜势。因此,这里的黑暗瞬间、那里的恰当开放性可被标明为冉冉上升的东西的源泉和江口。这些东西乃是客观上与自身相称的那种预先推定意识的极点。

当然,"江口"可命名为终极状态的某种契机,但是,它的意义与其说是恰当的开放性,不如说是开放的**恰当性**。朝思暮想的东西或乌托邦的终极思维是恒久不变的,而且,这是惟一有效的不变性(Invarianz),这一不变性乃是方向中的惟一必要性(Unum necessarium),是乌托邦的终极状态到处都同一拥有的要素。[③]

这样,开放的恰当性并非在**持续奔流的**世界过程中,即在实验性的江口中清晰可辨,而是在某种预先推定的短暂而罕见的静止中清晰可辨。在这种静止中,我们总是体验到关于**某种一般的微弱的象征意向**。这种意向首先主观地、抒情诗般地显现,但是,在事实本身中,即在乌托

① 在本节中,布洛赫通俗易懂地说明了《乌托邦的精神》一书中的"活生生的瞬间黑暗"、"不可构造的问题"等专门术语。——译者

② 参见本书第16章中的"乌托邦剩余图像的第三理由:实现的疑难"。

③ 参见本书第17章中的"错误的闭关自守;作为现实的片断的前假象"。

邦终极状态的某种闪现中,这种意向却具有最牢固的基础。

对某种乌托邦终极状态的这种体验并不固定这种状态,否则,这种体验就不是纯粹象征意向(Symbolintention)的体验,也就不是乌托邦乃至核心乌托邦的象征意向。但是,事实上,这种体验击中**核心潜势**,确切地说,在自身之中,作为最后的问题引起共鸣。因为没有任何现存的答复,所以这个问题是可构造的;因为在现实世界的任何地方都没有潜移默化的质料,所以这个问题是可迁入的。我在《痕迹》一书中,提供了这方面的实例,讲到这里,我援引汉姆生①的话解释了"探寻的、深不可测的惊讶"②。

但是,在《乌托邦的精神》中,最后的象征意向被标明为"不可构造的问题的形态",就是说,它被标明为"任何现存的解答都无法搞定的不可构造的问题的形态"。"水滴滴答,在那里坐落着一所茅屋。外面是风、荒野、秋日傍晚。那里,重现一模一样的同一的东西。要不然,我们读书:在恶梦中,德米特里·卡拉玛佐夫惊奇地发现农夫一再喃喃自语'小孩'。"在此,我们预感到可以发现什么。在简短的、可鄙的、奇异的《婚礼之歌》的诗句中,歌德这样写道:"老鼠,只要可能的话,你就沙沙作响吧!好像拥有一块面包碎屑似的!"我们感到,在这个方向上蕴含着某种不可言状的东西,这就是在再次下山时,少年忘在某处的东西。老人告诉他:"勿忘最好的东西!"但是,谁也意识不到,这种不可显现的、深深隐匿的、硕大无比的东西在某个时候突然被发现。③

在此,我们注意到,也许这就是主体如此喜爱的动机和内容,尽管它们总是具有同一意义的动机和内容,但它们却带给每一个人不同的反应。在主体与客体之间,这些内容预示着最深邃的惊异,二者就在极其

---

① 克努特·汉姆生(Knut Hamsun,1859—1952),挪威作家,他的《大地的成长》(Markens Grøde,1917)荣获1920年诺贝尔文学奖。他的《饥饿》获得文学上的突破,标志着挪威新浪漫主义自传体小说的诞生,被视为挪威文学的经典。——译者

② E·布洛赫:《痕迹》,1930年,第274页以下。

③ E·布洛赫:《乌托邦的精神》,1918年,第364页。

强烈的震惊中瞬间归于同一。这样,不可构造的、绝对的问题便重新奔向瞬间,投入自身的黑暗中。不是作为光亮而是作为不可混淆的东西,瞬间提示现在的直接黑暗。只有在惊异的问题中,在探寻的惊异中,至少在内容上塑造这种黑暗的核心潜势时,现在的黑暗才会显现出来。在现在中推动着的内容、在此(Da)所接触的东西恰恰源于"停留一下吧,你多么美呀"[①],于是,想象的希望、期望的世界就会抵达目的地。

再论:经历过的瞬间黑暗;抓住当下[②]

说起来,在我们之中,可刺激的东西本身并不刺激。它在温暖而黑暗的地方酣睡不醒,很少因为感受到某物而醒来。内外刺激的感觉也参与这个潜入现在中的那个地点,即现在瞬间的黑暗。正如我们的眼睛很少看见盲点,即到达视网膜神经系统的部位一样,刚刚经历过的东西也很少为某种感官所觉察。

尽管如此,这个心灵中的盲点,这个经历过的瞬间黑暗也完全不同于遗忘了的东西或过去的过程黑暗。如果过去的东西越来越被黑夜覆盖,那么这种东西就会越来越被放弃。对此,记忆有所裨益,但是根源和发现物会被埋葬。是的,历史地过去的东西是有裂缝的,尤其对于进行观察的意识来说,这东西恰恰是可以客观化的。与此相反,刚刚经历过的瞬间黑暗停留在自身的小卧室之中。活跃的意识仅仅与某种刚刚过去的东西有关,或者仅仅为某种被期待的、行进的体验和体验的内容而存在。[③] 本质上,刚刚经历过的瞬间本身连同自身的内容是不可视的,我

---

① 语出歌德《浮士德》。——译者

② 在本节中,布洛赫探讨了"瞬间体验"的哲学意义。他认为,柏格森、胡塞尔等未能真正阐明瞬间体验的意义。因为他们从一开始就没有考虑到渴望的强度。"抓住当下",语出贺拉斯《歌集》第4卷。——译者

③ 在此,布洛赫把不易认知而被埋没了的东西分为两类:其一是,消失在过去的无意识中的一般事实;其二是,被遗忘的刚刚经历过的瞬间。特别是,后者很难长时间保持记忆。因为它不仅要求直接类推的关联性,还要求期待这一前提条件。——译者

们越是强烈地凝神专注于此,它就越是变得确实可靠。在这个根源上,在经历过的瞬间黑暗之中,在逐点的直接性之中,全部世界依然漆黑一片。那么,在逐点的直接性之中,一切体验都逐点地、原子式地**在瞬间中作为这种东西**发生吗?活力论心理学家否认这一点,他们把心理体验解释成没有脉搏的某种心灵之流。尽管詹姆斯容忍"意识的及物部分"(transitive parts of consciousness),但是,他把心理生活看作一条河流。大多数活力论者,特别是柏格森把心理生活视为人工的抽象,视为科学的和理想的抽象,即所谓按照数学模式创造出来的东西。照此说来,瞬间也不是滑动的、悄悄的、直接的现存,而是被创造出来的虚构。

然而,在这一点上,对瞬间的这一切否定都是完全站不住脚的。因为逐点的脉搏属于生命,它本身并非任何虚构。与此相比,活力论者的意识之流本身倒是某种抽象。因为在这种意识之流中,恰恰缺乏令人信服的脉搏。脉搏这一生命之流的要素区别于那种风平浪静的、持续推动的意识之流。恰恰在这一点上,意识之流的图像显示出自身特有的抽象性,那就是它几乎不再包含任何现实之流,确切地说,它本身具有静止不动的特点。在这一点上,活力论者的意识之流也缺少现实之流,即它既非指明泉源,亦非指明江口,尤其是它不意指惟一具体的流程概念,即过程,而过程本身又是由各种中断,亦即关联性的辩证契机形成的。当然,过程也不是按照某种自身物化的机械论观点"组装"这种契机而形成的。因此,过程归功于辩证契机的非连续性特征,一如黑格尔所言,归功于"生命力的脉搏"。

在这一点上,詹姆斯和柏格森不仅落在黑格尔后面,而且倒退到与黑格尔更亲近的,即反辩证法的休谟那里。与活力论者的那种单纯直观,即把一切东西加以物化的没有脉搏的抽象性、意识之流等相比,休谟关于"时间与意识的不可分要素"(invisible moments of time and consciousness)要具体得多。

甚至在胡塞尔那里,至少在所谓"行为的连续性"(Aktkontinuum)中与时间特性有关的问题上,我们可以体验到某种正当性。"一旦觉察到某种运动,就发生每一瞬间都把过去作为现在来把握的行为,从中构造出运动本身的实际阶段。”他继续说道:“时间的流逝不仅仅是完全的流逝,而是每个阶段都属于某一个形式和同一的形式。……这种形式在于,某个现在由某个印象构成,并且后意象(Retention)的尾巴同前意向(Protention)的展望一道并入这种印象中。”①

如果没有自身实践中的那个“现在当中”(Jetzt-Inmitten),我们就根本不能想象流逝,甚至无法辩证地理解时间概念。这个“现在当中”甚至连时间也不是,按照柏拉图的说法,它是“特殊的某物”,由此产生现实运动之流的时间(不仅仅是时间观点),并且从中运动与不安宁的安宁本身归于统一。柏拉图比詹姆斯和柏格森更精通非连续性的连续性,因此,他把瞬间决定性地表明为“突发之物”(to ezaiphnēs)。在此,瞬间作为运动与安宁、安宁与运动之间的动量出现:“只要还维持安宁状态,或者运动持续不断,那么任何东西都不会从安宁过渡到运动,从运动过渡到安宁。相反,瞬间这一特殊的某物位于运动与安宁之间,在此它不属于任何时间。在瞬间中并出于瞬间,运动才过渡到安宁,安宁的东西才成为运动。”②

尤其是,与通向江口的某种安宁之流有关,浮士德计划的要旨和与此相近的神秘主义本身并不把瞬间当作抽象化的概念。“停留一下吧,你多么美呀”,歌德的这句名言能够把瞬间表达为某种至高无上的瞬间,这个瞬间正是那个日臻完善的、坚定不移的持续瞬间。在此意义上,艾克哈特的神秘主义把这种瞬间强调为完美无缺的“滞留的现在”(nunc stans)。

这样看来,尽管这一切言论意见不一,但它们有个共同点,那就是都承认某个现实的现在。这一点有别于活力论者的抽象之流。并且,最终保留下来的是脉搏,它同样赋予意识的间歇性瞬间以适当的模式,或者

① 胡塞尔:《关于内在时间意识的现象学》,1928 年,第 391、476 页。——译者
② 柏拉图:《巴曼尼得斯篇》,56D－E。

确切地说,作为相应物,脉搏发生在肉体之中。从脉搏的跳动出发,在搏动中,心灵的瞬间得以体验到自身的现在,并且,在向前突进中,也得以经过一切瞬间。

当然,在这种直接性之中,我们并不能更多地领悟许多突发的东西,而且,被感知的东西仅仅延伸到微小地步,以至于我们恰恰会把经历过的瞬间体验为黑暗的东西,并把它标明为黑暗的东西。在这一点上,出现一个决定性的问题,而在迄今全部问题中,这个问题都把纯粹心理学驱赶出去:这个经历过的黑暗乃是对客观瞬间黑暗的写照。也是说,那种强烈的时间要素并不持有自身(Sich-nicht-Haben),因为在时间和过程中,这种时间要素本身还不能作为内容上的要素得到显示和发展。因此,不是最遥远的东西而是**最近的东西才笼罩在漆黑一片中**,因为最近的东西即是最内在的东西。**在这种最近的东西中蕴藏着此在之谜的症结**。

最强烈的现在的生命本身尚未清醒过来、尚未被经历过、尚未展现出来。所以,它很少是此在(Da-Sein)或明显的此在(Offenbar-Sein)。“生存的现在”推动一切,并从中一切受到推动。在迄今存在的东西中,这个生存的现在是最不可体验的东西。它在世界当中不断地活动。那个实现者极少意识到这个积极的瞬间黑暗乃是自身的一部分。

由此,还产生十分奇异的现象,即人尚未像样地生活。因为生命就意味着在场,它既不是以前也不是以后,既不是生前品尝也不是死后品尝。在最简单而最基本的意义上,耕耘、采摘一天,意味着具体地对待现在。但是,我们最切近的、最本己的、持续不断的在场恰恰杳无音讯。从这方面出发,人恰恰尚未真正地生活。

“抓住当下”(Carpe diem)这一口号接踵而来,人们漫不经心地享受这个当下。看上去,这个口号如此简单而流行,然而,在实际生活中,它却很少作为现实的收获显露出来。再没有比流行的“抓住当下”更逃避当下的东西了,如果考察先于事物(ante rem)的语言维度,就再没有什么东西比这更乏味的语言了。因此,收获一天的欲望并不是一蹴而就,当然也不乏例外。但是,如果人们逗留当下,侈谈瞬间享乐,事实上就以舒舒服服的躺椅混淆了"抓住当下"。因此,"抓住当下",本是注重原始的强烈的舒服感,但显然仅仅是灯红酒绿的奥尔巴赫酒店或投机取巧的市侩占有欲。

如上所述,①尽管莱瑙和克尔恺郭尔把"抓住当下"看作并非毫无疑问的口号,但他们也把它看作是很值得思考的拙劣问题。他们由于把情人的图像与渴望中的情人本身视为等同而受到谴责和诅咒。也许,生命的脆弱无处不在,然而,埃及的海伦娜的重大题材却通过软弱无力、浪漫的热情、某种乌托邦的神经症②充分表明了不可穷尽的现在生命的渴望。

通常的"抓住当下"既没有摆脱单纯的印象侧面,更没有摆脱诱发快乐契机和痛苦契机的表面特性。与贺拉斯③的解释相反,这种"抓住当下"本身是漫不经心、不容耽搁和没有当下的。简言之,就像缺少乌托邦特性的某种好奇心一样,通常的"抓住当下"也恰恰从一个"瞬间"跳到另一个瞬间,过一天算一天,因此不具有存在的强大力量。"抓住当下"这一真正的契机接触仅仅存在于强烈的生命体验以及此在(不论是固有的此在,还是时间此在)的鲜明的转折点上。

卓越行动的人显示出"抓住当下"的真正范例,在必要的瞬间作出重要抉择,因此,他绝不错过千载难逢的好机会。莫姆森④举例说明了恺撒方面这种非凡的能力,他把这种能力称作"天才的冷静",并意味深长地继续写道:"恺撒不为过去的回忆和未来的期望所动,他热情地生活在此刻,这归功于他的超凡的能力。在每一瞬间,他都凭着集合起来的坚韧

---

① 参见本书第16章中的"失望的第一理由:'没有你的地方有幸福'";"失望的第二理由:独立化的梦与海伦娜传说的双重意义"。

② 布洛赫把莱瑙和克尔恺郭尔恋爱史中的病理反应诊断为一种"乌托邦的神经症",因为他们都没有明确地区分恋人图像与实在恋人。事实上,人们有时也区分不开真正的实际生活与人工的虚构生活。——译者

③ 贺拉斯(Quintus Horatius Flaccus,前65—前8),古罗马诗人,主要作品有《讽刺诗集》2卷、《长短句集》等。——译者

④ 莫姆森(Theodor Mommensen,1817—1903),德国历史学家,著有《罗马史》(1864—1879)等。——译者

力量去行动,这也是由于他的过人的能力。”

但是,阶级社会的大多数案犯都有**看不透的**历史瞬间,那么,作为这种案犯之一,恺撒根据自身的历史内容同样能够抓住历史所给予的那个瞬间吗?这种情况实属罕见,因此,歌德所提供的范例只能作为独一无二的特例。歌德是伟人,而且不是案犯,但他展现了无可比拟的具体眼光。瓦尔密战役①炮声隆隆,就在当天歌德这样写道:“从这时起,今天世界史的一个新时代开始了,你们会说,你们赞同这个新时代。”但是,对诸如此类的划时代瞬间的再现并不多见。对下述通常难以觉察的瞬间的发现更是罕见:作为富于成果的动机的过渡性瞬间,在不可视的现在当中,作为广泛中介过去与未来之间相遇地点的瞬间。

于是,某种突发性的东西,即不是历史视域而是垂直击中的日光落到“直接性”上,这种直接性不是在直接的或稠密的障碍近处消失殆尽,而是显示出与日光的某种可中介性。在《波拿巴的雾月十八日》的前部分中,马克思、恩格斯为**识破性的**瞬间再现提供了境况分析的光辉范例。不仅如此,列宁毕生也鸟瞰历史,致力于精确把握这种再现,直至实现称作十月社会主义革命的那个深思熟虑的“抓住当下”。当然,这一切都以某种完全非沉思默想的态度为前提,即意识到重大事件本身的现实冲动能力,并使之付诸实现。在阶级社会中,这一点是不可实现的,阶级社会必然忽视这个现实生产者的成果。

然而,毕竟存在积极现实的正确道路,通过境况分析,也可以开始这种道路。境况分析以此为目标,阐明重大事件中驱动并依旧隐匿的最后的事实根据。同样,确定不移的是,全部社会都贯穿着对不可构造问题的这种并非仅仅是抒情的而且是绝对哲学性的体验。于是,作为绝对的惊讶,某种开始性的“抓住当下”就获得一种非同寻常的、真正的意义。不过,众多畏惧、单纯的象征意向重新存在于这种非显现的、剩下来的、

① 瓦尔密战役(Battle of Valmy),1792 年 9 月 20 日奥普联军入侵法国企图扑灭法国大革命力量,恢复君主制度,双方在法国马恩省的瓦尔密村庄进行一次大会战。——译者

有价值的、惟一的日常神秘主义(Alltagsmystik)之中。

在其他情况下,现在状态到处都是“非此”(Nicht-Da),而且,在这里这个“非此”还在形成**恰恰奏起音乐的那个沉默领域**。借助于此,不仅生存的东西处于匿名(Inkognito)之中,而且生存的主体处于匿名之中,因此,冲动的东西、生存的内容本身恰恰也处于匿名之中。为此,完整的“抓住当下”也许是决定性的,这样,尽管邻近也有这种直接的体验困难,但是,借助于这种邻近,生存的、现实的东西以及与时空邻接的环境将绝对不会模糊不清、困难重重。然而,瞬间尚未被注意到、尚未被观察到,**在自身尚未被意识到的前院中**,瞬间的**现在时**充其量是**尚未形成的现在时**。

经历过的瞬间黑暗,续篇:前景,有害的空间,满足的忧郁,自我中介[①]

“经历过的瞬间黑暗”(das gelebte Dunkel)如此强烈,因为它并不局限在自身直接的邻近(Nähe)上。相反,它同样对自身的环境与现在紧接的时间产生影响,然后,对与此(Hier)紧接的空间产生影响。这种影响阻止下述情况的发生,即无法按照通常的方式,适当地、安静地、远距离地观察现实体验的邻近,尤其是发生着的东西。由此形成特有的、不易观察的曙光,但这光亮既是当时现实的前景又是不易把握和知晓的曙光。

这方面,下述若干格言比迄今大多数思想家的理论更为人熟悉。例如,“织工都不知道他在织什么”,又如,“灯塔底部无亮光”。俄狄浦斯毫无觉察,他跟自己的母亲结了婚,是不是因为他自己妨碍了自己?他总算解决了从外面可观察的那个“斯芬克斯之谜”,但是,对近在咫尺的、自身的问题却束手无策。从距离出发,从习俗出发,无论怎样冒险前进,也

① 在本节中,布洛赫再次详细说明了“经历过的瞬间黑暗”,探讨了经历过的瞬间为什么是黑暗。——译者

理解不了“现在-时间”、“这里-空间”这一课题。一如常见,我们不由自主地泄露诸如此类的感情,偏爱凝固的、形成的、当下的东西,一旦使用物化的观察方法,我们就试图原原本本地表明上述临近、发生的以及生成的东西。于是,习惯把相互关联性撕得粉碎,而过去中的遥远距离则赋予这种相互关联性以动机。

当资产阶级历史学家描述临近的19世纪的历史进程时,他们十分难堪、不知所措。因为他们意识到迄今关于历史关联性的判断众说纷纭、莫衷一是。当历史逼近世界大战时,这些历史学家惊人的非科学性尤其触目惊心。这些学者们摇身一变,成了闲谈政治或赞美战争的首席教师。但是,这不是因为资产阶级分子按照阶级利益对现在的附属物采取非具体的态度,而是因为受到这种特殊的弱视以及意识形态的虚假利益限制而看不清现在的附属物。这样,所谓客观观察方式就全面崩溃了。对此,“邻近”(Nähe)可谓推波助澜,助纣为虐。资产阶级党性的错误判断特别热衷于打开现实的直接性,即单纯的观察所不能解决的难关的缺口。

通过风景画,我们也许能够清楚地说明所有这些难点以及与此相联的**现在-前景、这里-前景**。从绘画上看,所谓现实问题是,所描画的风景画究竟从哪里开始?画家并不描画自身,尽管他作为直接的内在之环,同样直接地位于风景之中。然而,直接性的第二连接之环,即作为绘画固有的前景是很难客观观察的。因为这是与画家的位置过分接近的位置。

恰恰由于邻近的混乱,导致空间前景的相对非形象化,导致画家与固有的风景无关。因此,不言而喻,被描绘的风景不仅仅是始于描绘它的画家,而且始于自身临近环境的那个依然分散的对象的彼岸。如果采用气泵物理概念,这一点就清楚了:对于绘画而言,前景是**有害的空间**,即在这样一种空间中空气尚未完全漏出来。这种情况正是直接性的气氛,正是现在和这里、邻近的持续黑暗和持续无秩序。

我们试问:“风景始于何处?”“相互关联的客观描画始于何处?”对

此，我们只能这样回答：在有害空间的彼岸，在远离该处的地方，恰恰在那里，直接性的黑暗连同自身支脉一起开始中止。而且，在进行观察的主体与被观察的客体之间到处都存在这种奇特的中间空间。恰恰作为独具一格的（sui generis）有害空间——从中未曾中介的直接性的气氛尚未得到充分的清除。因此，在方法论上，风景画的棘手前景相当于**发生的，即时间中发生的**现实性的困难。

当然，在此范围内，与空间上观察到的事物自身的浮雕相比，经历过的黑暗的发展无可比拟地多种多样，而且一如绘画构图所表明，其范例也是五花八门。这一点业已表明，作为空间前景，“这里的空间”最终移入风景之中，而且，借助于这种风景，仿佛这里的空间可以终结。在这种终结的安宁中，邻近的某种未解决的剩余物不再显露出来。与此相反，作为**时间前景**，“现在的时间”并非轻而易举地移入具体的、形态化的、可知晓的某种东西之中，尤其是，面对一种新的困难，同样不是**轻而易举地移入可知性**（Wißbarkeit）。在此，所谓“可知性”不是被动的静观而是**积极的趋势知识**（Tendenzkunde）。否则，这种可知性或许就完全而客观地赢得现在时间之后环绕着的时间，即**未来**。作必要修正的话，这就像风景画显现这里的空间背后的风景一样。众所周知，马克思主义并不是研究占主导地位的事件的基本科学，而是具体的趋势科学。马克思主义除了一步步地实现近期目标之外，还放眼未来，实现远景目标。与遥远的空间不同，未来的东西包含着自身**不可控制的**现在，即黑暗，尤其是，未来的东西包含着自身尚未封闭的现在，即新颖性和朝此向前突进的东西。仅仅在表面上，对于静观而言，过去才是封闭的东西，似乎与客观的空间和风景是可比较的。其实不然，过去只是在时间意识和时间阶段中，即在投入未来的怀抱之后才出现。因此，过去与客观化的风景和空间现实性相连接，并且，在其后面，作为完结的东西存在，从而，过去与客观化的风景是不可比较的。恰恰相反：现在的现实性包含着未来——越过一切过去的形态——在自身的前景现实中，在所有自身视域的周围中一再延伸。

这样,未来属于现实性(Aktualitä),以此未来与所有自身的前景客观性和视域客观性一道同样参与经历过的瞬间黑暗。因此,未来以自身的方式,即以规定自身**最本质的特性**的方式参与这种经历过的瞬间黑暗:作为观察(Betrachtung)被隐匿了,但是趋势知识同样也相对地陌生了。在《乌托邦的精神》中,首次表述了这一**瞬间与未来黑暗的关联性**:“只要不仅是我们,而且其他旋转了的部分悬而未决,只要我们把自身转向**未来的东西**,黑暗就越来越加强。尤其是,黑暗本身在逻辑上是新颖的,所以这种黑暗无非意味着我们加强了的黑暗,意味着我们受孕于子宫中的、日益扩大的广阔历史的黑暗。面对神这一激进的新问题,这一点也越来越加强了。对我们来说,神的存在未必仅仅是可视的存在。因此,在两个‘分离了的’现实①之间的运动关系中,全部世界就灵活地归于缩小。相反,在黑暗的无事件、非现实领域之中,神本身只作为**希望**、非自为存在(Nicht-Fürsichsein),像我们一样拥有自身。”②也就是说,按照这一可怕的表述,在自身完全的深度中,“经历过的瞬间黑暗”(das Dunkel des gelebten Augenblicks)与本质的但并非存在目标的存在方式本身归于重合。这里,从前所谓目标内容是指神话关系中的神,但是根据上述一段引文,是指诸如希望一类的尚未在场的、尚未创造出来的生存本身的目标内容。

但是,“抓住当下”或绝对目标内容就在于生存主体所处的同一根据中,由于同样的原因,就像生存主体一样,作为尚未实现的目标内容,绝对目标内容也尚需等待:由于同样的理由,尚未点燃的生存策源地乃是**具有神话学关系的动因和自我发展的质料之核**。因此,经历过的瞬间黑暗根源如此深远地伸展开来。在两种情况下,这种根源都如此确切地归入内容的新东西(Novun)和终极物(Ultimum)之中。经历过的

---

① 在此,所谓两个“分离了的”现实世界意指不可视的神的现实与可视的人的现实。——译者

② E·布洛赫:《乌托邦的精神》,1918 年,第 372 页。

瞬间黑暗根源同样属于未来:这种根源乃是包含在时间子宫中的东西,它有义务展示瞬间中内涵的东西。惟有这种强有力地提升的、开启了的东西的存在可能性才能给自己带来隐匿活动的瞬间非直接性。在新东西中,惟有这一开启了的超越存在才在内容上开启内在的生存。人的存在意味着人是历史事件的生存生产者。因此,在创造历史中,主体越是激进地把握自身,就越是更多地解决盲目的现实性,就越是干预性地将这种盲目的现实性作为辩证地中介的、广泛分化的过渡点来认识。通过这一历史的主题把握,经历过的瞬间黑暗的固有的、形而上学的黑暗还仅仅处于尚未被阐明或开始阶段中。然而,前景问题与“现在”和“这里”的裂缝一起在世界关联性摹写中终于很得要领、运用自如了。这成为中介了的过渡点问题,从中,世界史前线上的现实而具体的决定被扬弃了。

甚至在没有觉察到的情况下,这个生活中的裂缝也不会无影无踪。因为经历过的黑暗的发展并不局限在上述多种多样的前景(Vordergründe)上,相反,盲点,即直接进入的“现在”和“这里”的不可视性(Nicht-Sehen)同样出现在所有**实现**(Verwirklichung)行为上。是的,过分靠近的间隔只会使视野变得模糊不清,迄今现存的实现行为方式不是在某一前景上,而是在实现行为本身中变得昏暗起来。

如果没有纯粹的沉着冷静,而是急于采摘某种实现了的希望果实,那么真正的“抓住当下”也就受到这种实现的忧郁的限制。但是,在不可构造的问题中,关于核心惊讶的体验并不因此受到这种忧郁之害。因为这种忧郁仅仅包含此在的“现在”、“这里”和“在此”的闪电般的征兆,而且,这种核心惊讶并不局限在替代位置的、时常滑稽可笑的对象上,但也不局限在实现了的事实本身上。在实现本身中,在如此出色地预见的、醒悟的东西的现实-现实化的进入中,到处都有裂口乃至深渊。而且,这种深渊正是未被领会的生存本身的深渊。

因此,邻近的黑暗也为实现的忧郁提供最后的根据:在进入任何尘世的天堂时,它不能不对这种进入投下一丝阴影。但是,当必须实现过分超越的梦想时,或者当过分崇高的梦想使自身的完成遭受威胁时,这并不意味着只有失败的危险。同样,实践本身之中的某种残余也位于适当的目标尚未得到实现的地方,或者存在于巨大的梦的形象似乎完完全全、全心全意出现于现实的地方。存在这样一种实现,它不仅撇开实现者本身的行为,而且完全不包含实现行为。出现这样一些理想,它们对比起来分外清晰,以至于不仅显得与趋势无关,也显得抽象而固定。不仅如此,有时这些理想还把实现的东西当作未完成的、未实现的东西跳过去。恰恰在这种实现的忧郁中,一方面,在主体中显露出这个深深地尚未实现的东西;另一方面,在固定的理想中,尚未充实的要素受到批判。因此,**必须把实现的要素扩展为与未来社会的要素相同的面貌,并使之充分释放**。

诸如此类的实现问题已经见之于埃及的海伦娜这一实例中:当达到自身的实现目标时,与飘忽不定的、乌托邦的东西,即与仅仅具有存在和活动着的现实特征的东西相比,愿望内容或理想内容位于更黑暗的现实视点上。

重复一遍:“实现化”(Realisierung)扬弃沉思冥想的间隔,它也从未完全地作为实现化起作用,**因为在实现化本身的主观要素中,就具有任何地方都没有实现的东西**。授予此在的主观要素本身尚未在那里,它尚未确定(prädizieren)、尚未客观化、尚为实现。最终,在经历过的瞬间黑暗中,这一点得到宣告。在每一种实现中,这种匿名都全面妨碍某种完全的实现。一切人道主义的愿望之梦都朝着下述同一目标,即清除这种匿名,教育教育者本身,生产生产者本身,实现实现者本身。这些梦是最激进的,也是最富于实践性的愿望之梦。这样,**历史生产者的与日俱增的自我中介**不只是有助于具体实现具体的趋势-预先推定,而是有助于导出没有特别痛苦的残余的某种特有的实现。在此,必须克服这样一种持久的欠缺,它不仅标志着这个阴沉地滞留的生存本身的直接性,而且最终构成到达之中尚未到达的部分。在自身此在的周围,一个不再受到陌生东西牵累的人,一个得以自我实现的实现者——这就是作为完成的实现的边界概念。

在恐惧和幸福形态中,作为绝对问题的再一次惊讶;地地道道的乌托邦原型:至善[①]

如上所述,在现在中,冲动的东西同样在某种开放的东西中向前突进。但是,在这种开放的东西后面,存在心灵上的二重场所,由此出发,这种冲动的东西期待自身的成果,并受到强有力的推动。这其中,一个空间是恐惧(Angst)。恐惧无处不在,其理由越不确定,恐惧本身就越强烈,但是在此,下述两种情况例外:也许源自不可用的里比多的神经症恐惧,还有危险局面中的正常的实际恐惧。

不过,恐惧同样涉及某种无条件的和最终的东西。尽管噩梦,甚至面对黑暗的儿童恐怖和幽灵恐怖等仅仅与返祖现象相邻接,但是,这些恐惧现象也都指明了恐惧的同一方向。对于宗教徒来说,地狱完全笼罩在这样的恐怖之中,此外,人们对陌生自然同样抱有外部恐惧,但是随着自然科学的进步,这种外部恐惧开始淡化了。借助于启蒙运动,人们对地狱的恐惧渐渐归于消失。然而,诸如形而上学的恐怖一类的极其尖锐的相关问题依然保持不变。恐惧的停留地点总是现在,即现在的黑暗以及处在黑暗中的某种浴血的裂缝。

毫无疑问,存在这样一种直接的恐惧,而且与实际形成了的某种可怕的现实恐惧相比,这种恐惧乃是某种不同的类型。这种恐惧的要素是**无法忍受的瞬间**,这是某种时常浮现的(但并非总是病理学的形态)、突然而至的惊骇本身。在发作之前,看上去癫痫的征兆就与这种特殊的无法忍受性密切相关。对此,偏执狂提供某种酷似恐怖之梦的图像,或提供某种白日恐怖之梦的图像。

---

① 在本节中,布洛赫分别探讨了恐惧与至善:前者带来不幸的惊讶,后者带来幸福的惊讶。——译者

毕希纳①关于发疯的诗人伦茨②的片断无可比拟地报道了这方面的恐怖景象。"您什么也听不见吗?"发疯的诗人问道:"您难道没有听见这地动山摇的声音吗?人们习以为常地把这种声音称作寂静。"而且,在毕希纳的《沃伊采克》中,恐惧到处都为莫名其妙的对象所激起,咆哮的毁灭、风、傍晚天空以及关于一切事物的不确定的否定的期待。从四面八方,可怜的魔鬼受到这种惊吓的威胁。恐惧显现在彼此相距甚远的一切证据之中,显现在对极不确定的黑暗方面以及现实可能性之中令人窒息的、僵固的虚无方面的期待之中。

在**丢勒的作品**《忧郁的女人》中,同样描画了这种无法图像化的图画,尤其是,这幅画的这一边和那一边都包含着某种占星术的关系。令女性形象映入眼帘的那一边是土星萨杜恩和填满画幅的象征物,只是由于镶有木星朱比特亲切面容的画框,人物形象后面的墙壁才被突然中断。尽管萨杜恩同样是不幸之星,但这颗沉思之星乃至收集物并不直接说明忧郁女人露出阴郁神色的原因。各种收集物仅仅存在于人物形象的眼睛之中,也许仅仅存在于前部分的天球之中,甚至也许存在于一只熟睡的蜷缩的狗之中,然而,并不存在于人物形象所凝视的对象的全体之中或客体之中。这一课题本身并不存在于图画之中,但恰恰从全体角度暗示自身残缺不全的特性。

德黑奥③恰当地指出了这一室内画的不和谐性:"人物形象的手中懒散地放着圆规,分散的、暗淡的光照耀在散漫的对象上,16 世纪学者书斋中那种风行一时的秩序荡然无存。在这一混乱不堪的《忧郁的女人》的总体与井井有条的《在家的希埃罗尼姆斯》之间,再没有其他更大的对比

① 毕希纳(Georg Büchner,1813—1837),德国剧作家,主要剧作有描写法国大革命的《丹东之死》、讽刺喜剧《莱翁采和莱娜》、悲剧《沃伊采克》和中篇小说《伦茨》等。——译者

② 伦茨(Jakob Michael Reinhold Lenz,1751—1792),德国作家,"狂飙突进"文学运动的主要参加者,1778 年精神失常,主要作品有《家庭教师》(1774)、《士兵们》(1776)等。——译者

③ 德黑奥(Georg Dehio,1850—1932),德国艺术史家,著有《西方教会建筑艺术》7 卷(1884—1901)、《德国艺术纪念物概论》(1905)等。——译者

物了。”

这究竟意味着什么？借助占星术手段，丢勒的图画《忧郁的女人》刻画了与某种可能的深渊相接触的恐惧，而这个深渊乃是无底深渊，从中任何降落均告破灭。这幅画刻画了一种昏呆木僵状态，其中某种在持续的现在中开放了的绝望凝望着什么。丢勒的《忧郁的女人》恰恰没有描画鬼魂、地狱，甚至也没有描画萨杜恩的确定性，但它却是关于**否定的惊讶**的一份无可估量的文献。因此，在否定的惊讶中，同样存在不可构造的绝对问题的形态，同样存在无法忍受的惊讶的瞬间。按其意义，与肯定的特性相比，这种形态和瞬间显得模糊不清。因为只在深渊的场所激进地预示不确定的恐惧时，它们才确切地显露出来。然而，在这个场所并非仅仅存在深渊，在这个世界上，也并非仅仅存在《忧郁的女人》中的蛇发女怪本身，相反，除了惊讶的木僵之外，同样存在某种希埃罗尼姆斯式的宁静的惊讶，而这种宁静有意图地显示依然开放的**其他场所**。因为在一切激进的情绪状态中，特别是在期待情绪状态中，看得见业已发现的视幻象、“原始语言的反义”等，并且在激进的惊讶中显露无遗。因此，同样的动机作为**肯定的惊讶**的幸福可以经常唤起否定的惊讶。在此，场所肯定是现在，然而，它并非现在的黑暗和寓于其中的浴血的裂缝，而是某种奇异地、不引人注目地确证了的东西。换言之，当肯定的象征意向打入这种黑暗时，希望开始发挥作用。

这一肯定的惊讶的要素是**强烈的安宁瞬间**，这一瞬间某种生存的和强烈的东西顺利地震动并且校正通常完全漠不关心的觉察或图像。托尔斯泰在《伊万·伊利奇之死》中，谈到暴风雪中傲然挺立的多年生灌木：暴风和寒冷十分敌视生命，周围的风景本身一片荒凉、极度孤寂。然而(或者正因如此)无法形容的内容是，荒凉的风景似乎比任何庄严结局都更集中地表达归心似箭乃至对问题的回答。托尔斯泰甚至把微小的、几乎可笑的核心内容与罕见的伟大瞬间紧密联系起来。在这一瞬间，人们多半领悟到或者似乎领悟到死亡的契机，“一和全有”(Ein und Alles)。在奥斯特里茨战役中，安德烈·保尔康斯基身负重伤，生命垂危，他仰望从未见过的壮丽星空,体验渐渐伸延开来的一道死亡曲线,同样,当安娜弥留之际,卡列宁和沃伦斯基也强烈地体验到了同样的死亡曲线。但是,换言之,这种与意义、永恒、全体的神秘合一(Unio mystica)又过分庞大、过分确定,过分地与其神学对象投合,以至于根本无法表述不显眼的反常性。作为已成为现实的东西,“家”(Haus)处于一切传统经验之中,这就好像人由于失明而看不见东西一样,或者由于身体虚弱而不能走进家里一样。

然而,非显现的象征意向与令人惊讶的瞬间之间的关系是不可缺少的,这些意向包含着某种像“至善”(Summum bonum)一样的萌芽以及某种绝对的、人性的和恰当的“此”(Da)。然而,这个宣告自身的“此”并不显现自己,而是处于单纯的现实的可能性之中,而且,在人之中,各种积极的象征意向仅仅唤起自身的标志而已。在预先推定的寂静中,这些意向唤起善良生存的可认识的和不可认识的名字。在核心的偏僻中,在与恐惧和震惊相近的地方,各种象征意向借助于同样突然的、同样非显现的专注来构思至善的生存。

终极乌托邦深深打动在如此客观的、同时类似客观的惊讶中的人心,此时,某种恐惧的内容完全可以与不可思议的东西交织在一起。恐惧的内容刻画不可思议的悖论,或者刻画尚未的规定性和尚未的决定性,而这都应归于本真的最后特性和趋势一般。在此,这种恰当性(人的自然化,自然的人化)到处都还是开放的:不是仅仅依据未来将会出现的情形,而是要依据眼下还无法确定的、将来可能因一次飞跃而超出迄今所获得的所有结果的内涵而作出判断,或者作出推测。

这一类东西发生于固有的“现在”之中,因为它尤其发生于“泉源”之中。而且,在泉源中,停泊着一座“江口”,至于能否到达江口,这是另一个问题。但是,作为**活生生的问题**,江口问题应当加在一切问题前面,换言之,作为对一般的追问,对尚未存在的一般的追问,这个问题应当加在一切问题前面。如上所界定,作为内在打入的最后的现实可能性,不可构造的问题及其惊讶问题涉及潜势的核心。借助于此,现在的可能性就这样内在地打入并延伸到我们的手中,寻找某种支撑物,从而终止无穷无尽。而且,这种支撑物恰恰发生在现实的可能性本身的冲动者方面。因此,在闪现的契机和恰当性的标志面前,惊讶的震惊明亮地显现,而这种显现与经历过的瞬间"小卧室"(Schlafkammer)中的生存的事实有着最精密的关系。经历过的瞬间黑暗恰恰表现预先推定的意识、预先推定的世界特性本身的某种极性,同样,现实的惊讶同开放的恰当性一道表现其他极性的内容。这两种极性剧烈地相互吸引,一般和欧米茄的象征意向指示阿尔法的黑暗和最接近的邻近。在自身江口的标志中,首次得到把握和解决的东西正是在经历过的瞬间黑暗中仍旧冲动着的、仍旧隐匿的泉源或世界的开端。

世界之结仅仅隐藏在生存的直接现实之中,这是十分虚弱的、十分微小的标志,它只能为预先推定的意识所把握和消解。同样,世界之结也只有通过这种最内在的事实意向的最强烈的邻近,即**通过邻近中的明证性**才能理出头绪。就这种明证性而言,如此程度的最邻近的、最精致的标志正是从前人们主观臆测的那个诸神的邻近(Götternähe)所留下的独一无二的东西。对于从前的人来说,这个诸神的邻近似乎包含着最完美的存在(Ens perfectissimum),因而这个邻近肯定是事物最内在的核心。

真正的神秘主义的伟大前假象本身停留在实验性的形态之中,因为从中这东西也作为最后的、现实的象征所显现的东西与精致的标志相连接,并且全盘接受这种标志。恰恰在此站立着从容不迫的前假象,站立着作为庄严结局的田园牧歌式的图像。这种图像就是老子淡而无味地命名的那个世界之"道"(Tao),而且,也正因如此,这个世界之"道"才具有最刺激性的滋味。安宁和深度总是植根于这种非显现的东西之中,而且,作为可标明的东西被保留下来。"但是,这个秘密抽屉在每一件客体中未必包含着巨大的地图和重要文献。诚然,在过去时代里,某种巨大的包装物提供一切深度,并把诸神、天国、权力、壮丽、王冠等一切东西视为本质的东西。相反,奥德修斯却在睡梦中无声无息地回到绮色佳

(Ithaka)。当他刚刚入睡时,他乘坐的船不知不觉地停泊在故乡的港口。此后,那个奥德修斯就被称作没人(Niemand),而那个绮色佳正是存放笛子的地方,突然给出某种非显现的东西的地方,或者朝思暮想的东西终于纳入眼帘的地方。这一点如此确定、如此直接地明晰,以至于发生向尚未被意识到的东西、深邃的同一性、真理、事物的解决办法的某种飞跃,而这种飞跃是不可消退的:一旦观察者突然寻找客体方面的最后的意义意向,无名的面孔就作为到处埋置终极状态的要素出现在世界之中,并且不再离开这个世界。"①

雷声(Donner)相信,它是最后的闪现,是自身显现的表达方式,但是,它最终沦为颓废的东西。② 因为最终有效的东西是无声的、单纯的。但是,在不可显现的惊讶中,在一切前假象之前和之后,终极状态尚未得到设置,这一点不仅表现在否定的乌托邦方面,也表现在肯定的乌托邦方面。正如乌托邦,在自身的终点上油然而生一样,在自身的最后阶段上,乌托邦也同样尚未现实化,因此,乌托邦既不是悲观主义及其虚无的否定性,也不是乐观主义及其全有的肯定性。在无条件的惊讶中,在这两种乌托邦本身之间,还存在着某种尚未铁定的两者择一的危险交叠。换言之,这种尚未铁定的东西类似客观的东西处于世界的"江口"问题之中。

然而,如果考虑到目标内容的乐观主义前景,希望和震惊同样拥有强有力的优势,最佳的目标内容同样拥有持续不断的开放性,即拥有迄今从未屈服的历史过程本身。一切白天还都不是夜间,一切夜间还都孕育一个早晨。人类所想望的"善"难免遭到失败,但这种失败本身包含着自身未来的可能的胜利。在历史和世界之中,只要其他更美好的一切东西未被穷尽,情况就是如此;只要这个现实可能的东西连同自身辩证的

① E·布洛赫:《乌托邦的精神》,1923年,第248页。

② 在本段中,布洛赫把惊讶的瞬间所终止的客观可能性的终极状态和目标内容的实现瞬间比作"雷声"。——译者

乌托邦的过程尚未被最终固定下来,情况就是如此。

在过程中,愿望、意志、计划、前假象、象征意向、单相的暗码等拥有空间,在过程中,拥有可能的天国。而且,恰恰凭借自身的最佳条件,最终的象征意向停留在家乡般的不可构造的问题之中:“停留一下吧,你多么美呀!”正如现在所作出的决定一样,这一方向的不变量最终导向不具有任何古代要素本身的独一无二的原型。这就是说,**到寓居在邻近明证性之中的那个纯粹乌托邦的原型上去,到作为某种尚未知晓的、出价高得多的东西的至善上去**。至善这种原型乃是拥有最幸运惊讶的不变性内容的东西,也许在瞬间中,自身占有物就是并作为这一瞬间变化的那个东西,亦即自身得到完全解决的那个事实(Daß)。因此,至善的原型不是太古的,甚至也不是历史的,因为它未曾赋予任何独特的显现,对它而言,也许这种显现也只是近似地满足其图像而已。

为了填满自身的最佳条件(Optium),至善这种原型也很少借助于柏拉图的回忆说,即很少返回到某种完满性(Vollkommenheit)的太古之中。这一不可构造的幸福的原型向何处去?这仅仅是本身未曾充分显现的根源,而不可构造的幸福的原型回归到这种根源之中,并通过自身的欧米茄首先达到阿尔法,然后达到阿尔法与欧米茄同时显现着的根源。因此,在其明亮的部分中,不可构造的-绝对的问题的全部形态环绕或围绕进入欧米茄成功的这个特点的最佳效果,这时,事实的阿尔法之谜或世界的推动就作为解决了的东西走出来。

于是,至善也许成为完全成功了的成功的显现:因此,它同样脱离显现;因此,它本身是不可显现的,即它是那个不可显现的象征意向的乌托邦的至高,而在这个至高方面,每一种显现都转入事实本身中。至善所标明的最基本的渴望内容存在于酝酿中的匿名中,它也完全一样存在于渴望这一内容的人心中。然而,至善所预期的一切目标总是标志着关于更美好生活的梦的尖端,在出色推动了的过程中,自身乌托邦的总体持续地控制江口和趋势。

根源之中的“否”，历史之中的“尚未”，最后的“无”或“全有”①

直接作为现在发生的东西本身还是很空虚的。现在中的事实是空洞的，这东西仅仅是不确定的、作为某种酝酿的“否”（Nicht）而已。在作为“否”的东西中，一切都在着手并开始，在这“否”的周围，一切东西都得以构筑。这个“否”并不在“此”（Da），但是，它是某个“此”的“否”，所以它并非简单的“否”，相反，它同时是“非此”（Nicht-Da）。“非此”本身无法忍受“否”，相反，推动性地涉及某物之“此”。所谓“否”意味着匮乏某物，而且意味着逃避这种匮乏。因此，“否”意味着向自身所缺乏的东西的活动。

于是，借助于“否”这一概念，可以描绘一切生命体的冲动能力，如冲动、欲望、追求，尤其是饥饿。但是，在这种冲动能力中，某一“此”之“否”显现为“非有”（Nicht-Haben），确切地说，不是作为“无”（Nichts），而是完全作为一种“否”显现。因为这个“否”是每一个向着某物活动的开始。因此，它恰恰绝不是某种“无”。相反，首先我们必须尽可能严格地区分“否”与“无”，这两个概念之间包含着关于概念规定的全部冒险。“否”位于根源之中，它意味着依然空洞的、未规定的、未决定的东西，意味着趋向开始的出发点。反之，“无”乃是某种确定的东西。“无”以某种努力为前提，即以最终受挫的那个长久爆发的过程为前提。而且，“无”也不是像“否”一样的创造性冲动，而是毁灭性的破坏。经历过的瞬间黑暗与“**否**”有关，而否定性的惊讶则与“**无**”有关，就像肯定的惊讶与“**全有**”（Alles）有关一样。

尽管“否”是空洞，但它同时是摆脱这种空洞的冲动。在空洞所中介的饥饿中，在这种缺乏中，“否”恰恰作为“对空虚的恐惧”（horrou vacui）

① 在本节中，布洛赫着重阐明了“无——尚未——全有”这一尚未存在的存在论的两个基点：过程与变化。在此重要的是，介于“否”与“有”之间的“尚未”。——译者

出现，也就是说，恰恰作为"**对无之否的厌恶**"出现。而且，在这一点上，特别是在这一点上，范畴论的基本范畴（基本特征）只有通过情绪理论才可通达。因为深深延伸到存在论之根的东西不是无情绪的概念或无情绪化的思维，而只能是情绪。因此，本身显得如此抽象的概念，如"否"、"无""全有"连同自身的区别，如饥饿、绝望（毁灭）、确信（拯救）统统变成同义的东西。正像人的基本情绪阐明存在论的基本概念一样，这些概念阐明人的基本情绪，借助于此，可以辨认它所产生的、所点燃的、所阐明的强烈的素材。

在此，存在论的基本概念也可标明为"否"、"无"或"全有"。在关于剧烈活动着的世界素材的最简短术语中，在其三种主要动因中，我们可以辨认出这些概念。因此，这些鲜明而简洁的基本概念标志着现实的范畴，即绝对现实的区域范畴。因为自身简明的存在论反映客观的情绪内容，即最近似地反映三种主要动因中过程物质的内容强度。

但是，"否"无法忍受自身的状态，于是这个"否"首先刻画强烈的、最终"具有类似利益**根源**的特征"（der Interessehafte Ursprung），即刻画"类似事实的东西和实现的东西的（Daßhaft-Reasierende）特征"。"尚未"（das-Noch-Nicht）刻画物质过程中的趋势，即过程化的、倾向于显现自身内容的根源。"**无**"或"**全有**"刻画这一趋势中的**潜势**，即在物质过程最前面的前线领域上的我们的否定的或肯定的要素。但是，这种潜势重新仅仅涉及强烈的根源内容，即在其饥饿中，涉及所想要的欲望的满足，涉及这种利益的刻骨铭心的满足状态。

此外，如同我们注意到的一样，在饥饿中，在匮乏中，居间促成的东西恰恰是作为"对空虚的恐惧"的空洞（直接的生存事实的零点）。这种对空虚的恐惧乃是原创性的事实因素和确定因素，是强有力的实现因素，是使世界运转起来的因素，是使事情继续进行下去的因素。作为分发事实内容的实验场所，这种对空虚的恐惧使事情继续进行下去。

在此，一切事实存在的起点都位于尚未中介的黑暗本身之中，即位于现在的黑暗或刚刚经历过的瞬间黑暗之中。所有世界活动的指令都直接发生在这个黑暗之中,而且,这个黑暗并非远离时间开端,也并非位于人类无法忆及的太古年代,相反,这个黑暗是某种早已发生了的开端,是持续不断的或覆盖宇宙的开端。换言之,作为直接的、无变化的东西,根源的黑暗停留于最近的邻近或每一个生存本身的持续事实之中。这个“事实”(Daß)是指每一瞬间都尚未得到解决的东西。直接的生存自身将“为什么存在某物”这一谜语问题作为自身固有的问题提出来。通过每一瞬间重新创造的事物,我们领悟到对这个问题的表达。世界作为过程乃是一个实验(Expriment),其目的在于解决一再提出并到处推动着的根源问题。

在上面,我们把这一没有得到解决的问题标明为隐藏在没有解决的生存的事实中的“世界之结”。这样,在自身直接的“此在”(Da-Sein)中,世界在每一瞬间都重新创造,而这种持续性创造同样表现为世界的保存,即世界过程的保存。开端的起点、起点的逐点被称作根源和世界根据,二者恰恰处于那个“现在”和“这里”。但是,“现在”和“这里”尚未露出自身,也就是说,尚未逃脱,尚未越出自身。

因此,尽管这种根源的“否”正是最终推动历史的东西,并赋予历史过程以自身规定的东西,但是,它本身尚未历史地成为自身所是的东西。根源停留在穿过时间运动的、同样也尚未越出自身的那个核心匿名上。因此,如果时间拥有眼睛,那么每一经历过的瞬间都会成为瞬间中一再发生的那个世界开端的目击者。**作为未显露的东西,每一瞬间都处于世界开端的零年**(Jahr Null)**之中**。开端一再发生在时间之中,直到事实根据的不确定的“否”通过世界过程及其形态的实验性规定而在内容上或者成为“无”,或者成为“全有”。**因此,每一瞬间都同样潜在地包含世界完成的日期和自身内容的日期**。

借助于此,“否”不知不觉地卷入自身的“什么”或内容的客观化中,只要它还是某种中介了的东西,它就发生变化。但是,这种变化是持续不断的,因为“否”本身现在处于时空过程中,它不仅设置这种过程,而且从中实验性地分发自身的内容。现在,这个不断地重新设置的创造不是业已形成的东西的保存,而是生成意义上的保存,亦即关于事实核心内容的实验。不仅如此,这个持续不断地重新设置的东西历史地促成某种特别卓越的观点,即促成某种历史上新东西的突破。这样,作为尚未显现的东西,生存的最基本内容势必历史地、继续不断地萌发出来,从而,形成的过程一再正面显现这一没有到来的东西,即从未存在过的东西,或过程汹涌而入的、最终过程倾向于注入的那个视域上的新东西。

然而,在面向自身果实的这一核心调查中,存在着完全多种多样的充沛特性,而且,其中不仅包括一再可能的新东西,同样也包括持续不断的匮乏,即对尚未发现的某一东西的持续不断的匮乏,对尚未发现的某物的匮乏。因此,正如寻找惟一的、善的解决办法的进步形态所表现的一样,时空上的影响领域不亚于为无数瓷器碎片、碗碟,野兽、蜥蜴类怪物所覆盖的领域。

但是,如果"否"在自身中继续进行,它也就同时不可避免地表现为**"尚未"**(Noch-Nicht)。从发生学的、历史的视角看,它必然作为这种"尚未"出现。"否"作为"尚未"穿过并超越已形成的东西。在一再启程的、未完成世界的前线上,饥饿成为一种巨大的生产力。**作为过程的尚未**(prozessuales Noch-Nicht),"否"恰恰把乌托邦变成一切客体中的片断,即未完成的现实对象。因此,世界作为过程本身乃是关于自身饱和的解决办法的实验,亦即关于自身满足的王国的实验。

如上所述,"否"表现为饥饿,而且与内心活动内容相连接。"否"意味着人所想要的、打算的东西,意味着渴望、愿望、意志、白日梦,意味着对某一匮乏之物的一切想象。但是,"否"也同样表现为对自身之中已形成的东西的不满,因此,正如推动着的东西位于一切生成下面一样,继续推动着的东西位于历史之中。迄今,在对某物的一切规定中,这个"否"都显现为不安宁的否定,这一点表明:这个宾词(Prädikat)并不是自身主词(Subjekt)的最后恰当的规定。因此,我们能够把过程中的"否"辨认为积极的、乌托邦的"尚未",辨认为乌托邦地、辩证地继续推动着的否定。

这是一种在积极的设定本身中成长起来的否定,尤其是从"全有"的恰当的终极状态出发的否定,在这种终极状态中,“否”独特地安定下来,即在自身所想要的东西中得到积极的解决。当然,在所有已形成的东西中,“尚未”也破坏或消解矛盾。就被规定的某物和牵涉面很大的问题而言,之所以发生这种矛盾恰恰因为每一个规定阶段都必然重新成为障碍。换言之,在成为“全有”的趋势中,没有一种已形成的东西都已经是某种成功的东西。

但是,关于已形成的东西的矛盾既表现在过程主体中,也表现在过程客体中,二者乃是同一活动现实的两个方面。[①] 在意识或人的主体中,主观矛盾造成不充分的或阻碍性形成的已形成的东西;在客体中,则造成与此相称的客观矛盾,即造成已形成的东西本身中所产生的那种客观矛盾,作为最近预期到达的成熟的趋势,这种矛盾源自生产力所中介的生活方式。在此,“尚未”提出客观上可解决的任务,它所提出的任务越多,它就越确定,实现某物的趋势也就越强烈。

但是,有件事情一定要抓紧并亟待决定:**作为单纯的尚未**,“否”在主观上、客观上都会使不恰当形成的东西动荡不定,换言之,“否”不能以规定的方式内在地爆炸不恰当形成的东西。爆炸(Sprengung)只不过是破坏。就定义(per definitionem)而言,根据事实,破坏行为只可与即刻的“无”有关。因此,当寻求自身的“全有”时,在死亡和生成中,就像“否”与“无”结合在一起一样,同样“否”也与“全有”结合在一起。正像破坏一样,消亡也已通过这样的事实而建构,那就是凭借过程的转换并作为转换来显现“无”或“**挫败**”。但是,在消亡中,总是显现着尚未充分的“**全有**”,而这个“全有”尤其使得艺术杰作中的相对**成功**成为可能:否则,过去就会完全被遗忘,就不会有部分解救了的东西和可解救的东西。这种杰作可称作历史和贮放成熟。

“否”、“尚未”与“全有”的结合指向自身的目标,这种结合被规定为

① 在布洛赫看来,“业已形成的东西”与其说是完全成就的东西,不如说是“变化过程中或多或少成就的东西”。因此,它还不能表现为完全实现的东西。——译者

下述说明和认识:这个宾词并不是某一主词的最恰当的规定。或者,具体地说:“根据情势不变状态”(rebus sic stantibus),人和全部世界仍处于前历史以及流亡之中。①

与此相反,“否”、“尚未”与“**无**”的结合并非指向自身的目标,但是,这种结合却是一种**应用**,即借助于破坏的虚无从事辩证的否定,亦即在破坏非恰当形成的东西的意义上,借助于内在的爆炸而从事辩证的否定。但是,这一“否”的辩证应用根本不遮蔽上述“否”与“无”之间、起点与对空虚的恐惧之间的根本区别。如果说前者是破坏的可能定义,那么后者是“永恒的死亡”(Mors aeterna)。

“否”的辩证应用也全然不遮蔽反历史的“前显现”(Vor-Erscheinung),在此,所谓“前显现”含有作为无条件毁灭的“无”,即是在历史中一再出现的一座强盗窝。因为恰恰在这座强盗窝中,一部分历史、一部分日光从一开始就被毁灭。

从断然的强力(Mächtigkeit)上看,这种断然的“无”的“前显现”并不具有任何辩证法,即没有进步的否定之否定。诸如伯罗奔尼撒战争,三十年战争一类的破坏并不是辩证的转变,而纯粹是不幸;尼禄、希特勒等的耻辱,所有这些撒旦式的突然爆发都属于最后深渊的龙形怪物,而不属于历史的提升或进步。

然而,辩证法的应用关系与前述应用关系截然不同,这种关系的发生**不是由于“无”的断然显现,更不是由于内在否定的事实**,而是由于持续不断的历史过程。于是,“无”完全为最好的东西服务,而破坏行为则变成否定的,尤其是变成创造性的否定之否定。这样,借助于“无”,辩证法就在于这一点上,即一切尚未成功的存在者本身都带有自身消亡的萌芽,由于此,我们同时对那些沾沾自喜、执著于当时的暂时成就的人无情

① 所谓“前历史”是指尚未实现真正人类生活的历史,所谓“流亡”是指失去家乡的人的无家可归状态。乌托邦的工作就是寻求未来人类的新家乡,以结束这种无家可归的悲惨状态。——译者

宣战。这种战争必然与“尚未”的经常不满相联系，并且为此效劳：排除通向“全有”路上不恰当的东西，从已形成的存在进入九泉之下的“不再存在”(Nicht-Mehr-Sein)之中。

是的，通过“无”，辩证法甚至与业已形成的东西的巨大复合体相联系，而从过程中，这个复合体**不是作为全有的而是作为单纯的万物或宇宙**突现出来。从巴门尼德到斯宾诺莎的所有纯粹的哲学宇宙观都把这个“已形成的存在”置换为“全有”。万物(Das All)首先被理解为占星术神话的万物，然后被理解为泛神论的万物，然后被理解为“全有”的机械代理人，而且作为既定世界以及自身满足的总体概念占据一席之地。这样，万物仿佛是不活动的运动的全体，仿佛是已形成的东西的和谐，其中，生成的差异和个体的亏空就像巨大的数目一样得到平衡。照此说来，万物乃是从无秩序中逃脱出来的某种积极的安定性。

但是，通过“无”，辩证法甚至还包括世界的破坏，并且借助于“无”的应用，证明了宇宙的暂时性。在物理学上，阴间冥府被标明为冷酷的死亡；与此相反，在神话学上，阴间冥府则被标明为世界之火。但是，在物理学上，阴间冥府也标志着某个其他万物或宇宙本身的诞生，甚至标志着某个总体实现着的“全有”的诞生。新的天国、新的地球、启示录的逻辑等假定这样一个前提：通常撒旦式地被评价的“破坏之火”辩证地改变功能。**每一个降临节都包含着作为被利用的、被战胜的虚无主义**，甚至也包含着作为胜利中耗尽的死亡。① 虽然挫败和破坏不断威胁每一个过程和实验，而且成为一切希望方面的永久棺材，但它也是借以打破不恰当的静态的手段。

尤其是通过“无”，辩证法干预全部重要的**实证性**(Positivitäten)，在此，所谓“实证性”不是指称自身面临的危险性，而是指称自身重要的背景，指称**自身明证性的难度**。在这种难度中，存在着在家的暗无天日，它

① 在《希望的原理》第52章中，布洛赫论及地狱中呈现的一部分灿烂的空间。——译者

包含了粗糙、阴森可怕的因素，在崇高的宗教中，这一点同样妨碍单纯的粉红色（Rosenrot）。①

只要某种宗教为廉价的光泽、腐朽的神化所制造，黑暗就会阻止肤浅化。在黑暗之处，人们恰恰通过不平坦（Nichit-Glätte），通过地狱的粗糙以及天国的崇高而相遇。人的战栗乃是人性的最佳部分，因此，在崇高的战栗中，一切光滑的东西、一切约定的解决办法都恰恰为"无"所设想、所共同缠绕。

在上述丢勒的《忧郁的女人》中，主人公绝望地凝视着虚无，但是，这种失望情绪却带有肯定的惊讶或在确信意义上接受所有的利用因素和教养因素。的确，惟当通过世界上高耸的"无"的意识，把表面上的天国变成严肃认真的世界时，才会出现某种软着陆的、"全有"的**重要的不可显现性**。迄今，"全有"为对宇宙的欢呼或王位、权力、壮丽等所遮蔽。这样，"无"的前移状态对**"全有"本身的辩证法赋予根本的权力**，在历史中，"无"的前移状态试图越发强烈地出现，不是越发强烈地被历史遮盖吗？

在主体中，在过程世界的趋势和潜势中，乌托邦向前推进、深入人心。旧的存在论被炸开了，在它后面留下的是某种所谓到达了的、甚至完成了的"此"。因此，有意识的现实过程之路恰恰提升一种固定化的，甚至实体化的静态存在的丧失，这正是一条**上升着的、感知了的"无"的道路，特别是还以此通向乌托邦的**道路。

现在，这个乌托邦完全领悟到世界中的尚未和"无"的辩证法。但是，在现实的可能性中，它一点也不回避**绝对的"无"与绝对的"全有"之间开放的两者择一**。在自身具体的形态中，乌托邦乃是趋向"全有"之存在的、经过鉴定的意志。也就是说，现在在这种形态中，某种存在的激情开始发挥作用，换言之，存在的激情转而批判从前以为是已完美论证过

① 一切领域中都存在"无"这一具有破坏特征的存在要素，因此，位于"全有"前阶段上的现存事物受到"无"的妨碍。换言之，红色光泽有时为黑色光泽所中断，或者失去鲜艳的色泽。——译者

的秩序,即成功地存在的世界的秩序,甚至天国的秩序。但是,在这一点上,这种激情却作为某种“尚未存在”以及指向至善的希望起作用。不仅如此,在“无”中,历史还在继续行进,但是,即使在充分利用那个“无”之后,存在的激情也不无视破坏的危险,甚至也不无视假说上仍旧可能的**某种“无”的定义**(Definitivum eines Nichts)。在此,问题取决于战斗的乐观主义的作业:如果没有战斗的乐观主义,无产阶级和资产阶级就会在同样的野蛮中归于毁灭;如果没有战斗的乐观主义,在广度和深度中,海洋就仍旧没有岸边,午夜就没有即将来临的作为定义的“东点”(Ostpunkt)。于是,这种定义标明历史过程的绝对徒劳,而且,这就像尚未发生过一样,几乎将历史进程排除在外,在肯定的意义上,这种定义无异于**某种实现一切的“全有”的定义**。

因此,最终留下的是绝对的“无”与绝对的“全有”之间的可变的两者择一:在此,这个绝对的“无”就是乌托邦的注定了的挫败;这个绝对的“全有”——在自由王国的前显现中——就是乌托邦的注定了的实现或与乌托邦一样的存在。“无”的凯旋最终被设想为神话学上的地狱的实现;“全有”的凯旋最终被设想为“尚未存在的存在论”上的天国的实现。[①]

事实上,**“全有”无非是回归自身的人与通过自身的努力而成功的世界的同一**。事实句子(Daß-Satz):从一开始就有行为;“全有”句子(Alles-Satz):在此,把不可企及的东西付诸行动。这两种反唯心主义的句子规定着自我鉴定性的质料趋势曲线。我们的意向和不变量就在这一点上:人的自然化,自然的人化——这是一个与人实现总体中介的世界。

---

① 布洛赫反对下述二元论:“全有”成就一切,“无”败坏一切。因为一方面,所谓“全有”不是一种静态状态,因此,其中也包含着否定、绝望和徒劳等因素。另一方面,所谓“无”也不是清一色的邪恶、破坏和毁灭,而是部分地包含着辩证地可显现的明亮因素。因此,“全有”与“无”应被理解成或多或少相互关联、相互补充的关系。——译者

乌托邦并非持续状态;但是"抓住当下",即抓住作为真正的当下的真正的东西①

无论如何,现在(Jetzt)仅仅作为暂时的东西并不是正确的,而且,也不会是正确的。但是,某种无限的延续的梦也很少给在场的享乐制造困难,或者逃避这种享乐。但是,如果乌托邦不指明现在,寻找它所分给的当下,它就徒劳无功,毫无价值。作为真正的当下,作为一个不再源自现在的乌托邦,这种乌托邦恰恰把过去,同时也把环绕的空间一同拼合起来。

的确,纯粹可中介的、暂时的现在是微不足道的,因为这种现在是流逝的,并让位给下一个现在,所以从中一事无成。因此,当让·保罗说这番话的时候,他觉得言之有理:"如果心中只有瞬间,你就可以说,在我周围和我心中一切都是空虚的。"但是,如果他把过去,甚至把未来加以物化,他对此就理解错了。如果他以浪漫主义和唯心主义方式对待过去和未来,完全不想进驻当下,他对此就理解错了。尽管他停留在真正感受了的经历过的瞬间黑暗之中,他也同样绝对地停留在记忆中,甚至在希望中,但他不仅贬低尚未充分的、极其浅薄的"抓住当下",而且贬低如下的一切现在时:"以后,在光辉的记忆中,或者,以前,在灿烂的希望中,你们都绝不会优美地体验到美好的日子。这样,你们既没有记忆,也没有希望,宁可要求当下的每一天。而且,在时间穹隆这一椭圆形的两极上,人们仅仅听见轻轻的天体的乐声,而在当下的中间什么也没有听见。这样,你们宁愿在中间固守、倾听,但谁也不能体验过去和未来。因为过去和未来是我们内心的两个不同的类型:伊里亚特和奥德修斯,失而复得

① 在本节中,布洛赫明确阐明了"抓住当下"与乌托邦的关联性。惟当接近终极目标时,具体的乌托邦的视域才作为当下事实出现。由此存在的东西与人在根源上渴望的东西归于同一。——译者

的弥尔顿的乐园。你们全然不想听见,也不想接近天堂的美妙乐声,为的是,装聋作哑,在某种畜牲般的当下盘踞筑巢。”

对于未来,让·保罗的唯心论甚至赋予了充分的当下和现实性,但是,在此表现出极力贬低这种可把握性,因而把人的努力加以物化,把乌托邦变成某种永世长存的东西。“我追问:如果创作变成生活,我们牧羊人的世界变成牧羊场,每一个梦一天之间成真,那么会怎样呢?我们的愿望只会变得崇高而不能兑现,崇高的现实只会产生崇高的文学艺术、崇高的记忆和希望。在田园乐土中,我们由于乌托邦而受苦,而且,我们注视所有太阳上的某种深邃的星空渐渐离去——就像这里一样,我们为之唉声叹气。”①

当然,这种描写仅仅忧郁地表明了作者的立场,而且流露出作者对未来的冷嘲热讽态度,不仅如此,他还不厌其烦地诉说预言性思念的终结性,并警告那种虚假的“乌托邦主义”,在他说来,这种乌托邦主义把某种田园乐土视为上升了的避暑胜地或终极愿望的巨大牧场。在田园乐土的情况下,人们从一开始就受到与逃避、疲倦相反的情绪的推动,当然,在这种饱食终日、无所用心的地方,逃避很容易继续运转,恰恰在田园乐土中,人们重新渴望逃避乐园,并为此扼腕叹息。

与歌德、哥特弗里德·凯勒等一道,让·保罗典范地表达了德语的直观形象性和世界的金色丰饶,可是,最终他本人作为一个大师却永远地拒绝了乌托邦。在他那里,这也是具有民主政治意义的事件,他为了“德国的黎明”的缘故,力图最终挣脱对非现在的纯粹浪漫主义的梦想爱好。因此,让·保罗本人对现在时、对乌托邦的现在时的意志赋予了结束语:“就像通常囚犯被束缚在尸体一样,当下被束缚在过去。而且,未来的东西也拉紧另一个终端。但是,将来它会自由的。”

再也没有什么东西比具有无限旅行的乌托邦更违反乌托邦的良知了。无限性的追求就是眩晕、地狱。不应当只谈乌托邦而不谈当下,至

---

① 让·保罗:《巨人》,45,圆圈,结束。

少应当谈到乌托邦式的现在时,这一点好比这样一个实例:我们应当关注实际的落脚点而不应只关注飞逝的瞬间或单纯的味道点(Schmeckpunkte)。当不再需要任何乌托邦时,也就指向“最后”(zu guter Letzt)目标。存在(Sein)像乌托邦一样在。希望的本质内容不是希望,相反,恰恰通过使希望开花结果,这种内容才成为无距离的此在、现在时。乌托邦只为人们想要到达的当下而工作,这样,当下最终是最后预期的无距离性,即最终零星地散布在一切乌托邦的距离之中。正因如此,我们不能用恶劣的东西和现存的东西应付、敷衍乌托邦的良知,正因如此,我们为了看见实际的星星和地球,我们需要最辽阔地伸展的望远镜,而这望远镜叫做“具体的乌托邦”:正因如此,乌托邦并不打算与客体保持永恒的距离,相反,它想要与客体相重合,想要主体与客体打成一片。

这个事实(Daß)不会永远被投入计划和过程里,因为这个事实,而且为了阐明这个事实,人像奥德修斯一样航行世界,而且也不会像奥德修斯那样停止航行。因为这个事实的强度并非在无限过程中,而是在自身的根据中渴望惟一勉强的根据。在中途上停留的某种根据同样十分恶劣,而且比绝对化的中途本身还要恶劣。然而,每一个根据都是正当的,在这种根据中,终极状态本身的当下动机并没有被遗忘,恰恰相反,这些动机通过与预先推定的终极目的(至善)相一致的意志而得到保留。

这样的动机存在于每一项革命工作之中,存在于作为消灭哲学的无产阶级的实现之中,存在于作为哲学实现的无产阶级的消灭之中。它存在于因艺术前假象而不熟悉的自我存在的一切表现的策源地之中;它本身存在于否定惊讶的昏呆中,这就像在一阵肯定的惊讶中一样,包含着通知抵达大陆的某种信号。这其中,一定包含着乌托邦的现在时,而且恰恰在开始**扬弃主体与客体之间距离**的意义上,在自我扬弃乌托邦的距离的意义上,包含着乌托邦的现在时。**意向磁针越是接近极性,它就越是下沉**。[①] 扬弃主体与客体之间的距离,借助于此,统一地点(Einheit-

① 当我们临近某一目标时,会突然感到浑身无力或心理乏力。——译者

punkt)预先有意识地渐渐领悟。在此,乌托邦意识的两个极性,即黑暗的瞬间与作为事实意向性的开放的恰当性便陷于极点而重合。

在这一点上,乌托邦不是按意义继续行进,相反,它融入这一现场的内容之中,也就是说,乌托邦与自身不再陌生的世界一道,融入事实内容的在场之中。作为这样的在场,这样显现的同一性是可预期的目标,但是,遗憾的是,它仅仅是可证明的,而在任何地方,它都还没有作为已形成的东西存在。不过,它不容反驳地存在于任何地方都不会中断的意向之中,存在于显而易见的历史过程和世界过程本身之中。

任何决定性的徒劳和"无"都不能中断这一历史过程和世界过程。因此,回归自身的人与自身成功的世界的同一性表现为乌托邦的纯粹界限概念,是的,在乌托邦中,并且恰恰在具体的乌托邦中表现为至高无上的乌托邦(Utopissimum)。然而,在希望中,这个最为渴望的希望被称作"至善",这种希望同样表现最终目标的信仰,在人类解放斗争中,每一项坚实的目标设置都参与这种终极目标的信仰。

在同一性的意义上,这个"全有"乃是人在根源上所想要的东西的那个一般。这样,这种同一性就位于黑暗中的一切白日梦、希望、乌托邦本身之中,而且,这种同一性同样也涂抹着具体的乌托邦的金色背景。每一个坚实的白日梦都想要作为"家乡"(Haimat)的这种二重基础,这种梦乃是迄今一切形成的体验中尚未发现的、尚未体验的"尚未的经验"(Noch-Nich-Erfahrung)。

21. 令人狂喜的形态中的白日梦:帕米娜或作为性爱许诺的图像①

现在,燃烧我心灵的东西越来越强烈。我把它扩大得更辽阔、更明亮。在脑子里,这事情真的几近完成。尽管这也是漫长的过

① 在本章中,布洛赫探讨了恋人心中的愿望图像。——译者

程,但是,此后我仿佛一眼就能看见某个美丽的图像或某个心灵中的美人。此后,我仿佛绝非相继感受以后到来的图像,而是,在无拘无束的想象中,同时一并聆听一切。

——莫扎特

温柔的早晨

越是经历少的人,越是多做梦。尤其是,当尚未找到自身对象时,爱早已描绘了它的图像。在可爱的形象栩栩如生地出现之前,爱已经模糊地想象了它所爱的女人或男人。在年轻人的梦中,时常出现某种迷人的眼神、某种花一般的容貌、某种婀娜多姿的走路姿态,甚至觉得所提到的恋人看起来一定是一幅灿烂的样子。这样,恋人的特征历历在目、挥之不去。而且,外部刺激必定与这种特征相适应,否则,这种刺激就不会作为一种爱的火焰熊熊点燃。

因此,在此,外部刺激不仅仅是在被某人吸引之后才第一次点燃,而是出自内在爱好,从一开始就做好了点燃的准备。这就是说,虽然某一未来恋人形象的特征还看不清楚,但是,可以清楚地、有选择地打听到这个形象的特征。一个在心中萦回的恋人外表就这样飘忽不定,朝着少男少女所期待的,甚至期待的方向进展。清晨,一个有着妩媚的目光、美丽的容颜的恋人翩翩走进甜蜜的梦中;有一天,心爱的人含情脉脉地站在门前的远处。好多少男少女很早就狂热地选择了心中的理想恋人图像,因此这幅图像持久地发挥作用。

有时,这幅恋人图像的选择发生在家庭中,即发生在父母的个别特征中,有时发生在大街上邂逅的某个人身上,有时发生在一幅描摹的面孔中。在此,大多数的恋人图像都停留在内在形态上,这是关于不为人知晓或尚不可企及的东西的梦。少男少女们朝思暮想心中的恋人图像,并长久地独自爱恋梦中的恋人。

通过肖像画产生的效应

如果男人显现在梦中一幅图像中，那么他就会在姑娘的脑海中清楚地表现出来。因此，从前姑娘们相信，在安德烈亚斯之夜[①]可以看到她的未来的男人。或者，她们跑到女巫那里打听桃花运，女巫先让她们陶醉在一种恐怖的好奇心中，然后在所谓尘世镜中指给她们看未来的丈夫。**海尔布隆的小凯蒂与格拉夫·维特·冯·斯特拉尔[②]的相遇别开生面，独树一帜，他们**的关系超越时空而灿烂夺目地显现在令人联想起梦游症的除夕之夜里。艾尔莎·冯·布拉曼特陷入同样的狂喜状态，目不转睛地凝视她的骑士。甚至，王宫里的海伦娜首先也作为这种图式出现。

但是，这之后，通过世俗化的手段，主人公更多地体验某种魔力，渐渐浮现关于恋人的本真的肖像。这多半是出于意愿，但有时也出于性爱魔力所强制的非意志。这种不可抗拒的魔力从美丽异性的剪影、相片一直延伸到尚未知晓的女人的代表性绘画。此外，原创性作品能使一个人特殊的气息所提升的感情陷于重重危险，甚至使之变成一种危险。最初，人们有理由通过某种童话来命名如此出现的爱的媒介。

通过格林关于忠实的约翰的童话，我们可以了解到这种爱的媒介："我死后，"老国王对忠实的约翰说道，"你应当指给我的儿子看我的整个城堡，但你千万不要指给他看长长的过道里的最后房间，那里藏着黄金屋顶的公主画像。如果他看见这幅画，他将感受到对她的炽热的爱，以至于昏厥而倒下，由于它的缘故，儿子将陷入巨大的危险之中。"尽管如此，年轻的国王还是偷看了被禁止的绘画，而且，义无反顾，不怕危险，直

① 安德烈亚斯之夜（Andreasnacht），指11月30日圣·安德烈亚斯祭日。——译者

② 两人系德国剧作家克莱斯特（Heinrich von Kleist，1777—1811）的喜剧《海尔布隆的小凯蒂》中的人物。除夕之夜，美丽的女子海尔布隆的小凯蒂做了奇异的梦，梦见天使牵着风度翩翩的格拉夫·维特·冯·斯特拉尔走进了她的房间。于是，她一见钟情，心甘情愿地把身心献给了这个未来的新郎。——译者

至赢得心仪的情人,把她领回家。

因此,由于肖像画发生爱的魔力,尤其是,这种魔力与类似的魔力不同,即不是被描绘的图像击中某种现实的东西,而是翻转过来,被描绘的图像击中观察者,从被描绘的客体出发,观察者感受到性爱气氛,催生想象的翅膀。通过绘画这一凸透镜,一个遥远的太阳的魔力霹雳般地击中前面的人,于是,阳光就在他那里,激起巨大的乌托邦的骚动。

通过被描绘的图像的预先推定,赋予观察者这种爱的陶醉作用,与格林童话里的描写相比,在源自《一千零一夜》的卡拉夫王子和图兰朵公主的故事中,这一点得到了更详尽的描写。卡拉夫王子想要无动于衷地观察这幅危险的图兰朵画像,而且这种态度带有几分必胜和凶残的特征,甚至在这幅画像中,他巴不得发现某种错误或瑕疵。然而,卡拉夫王子却马上陷入某种爱的烈火中,这烈火恰恰来自内心燃烧的前假象(Vor-Schein)。这个中国人的题材由东方传入欧洲骑士那里,成为他们的梦中形象,后来逐渐演变成所谓加里恩的阿玛迪斯(Amadis von Gallien)的逸事。

加里恩的阿玛迪斯乃是欧洲梦幻骑士的原型,有一天他见到奥丽亚娜画像,但她不是中国公主,而是英国公主。尽管如此,肖像画的魔力充满着东方韵味的温柔的爱。受到这幅画的魔力驱使,加里恩的阿玛迪斯历经无数冒险、艰难险阻,奔赴这个当时闻名于世的世界。此外,他还觐见古巴比伦的苏丹,拜会地狱幽灵,直到与奥丽亚娜终成眷属,结为伉俪。奥丽亚娜投入骑士的怀抱是由于他付出的超乎寻常的代价。在寻找夫人的全部路段上,阿玛迪斯始终保持着图兰朵作为图像所许诺的礼物,而且在赢得了夫人之后,他也没有丧失这一许诺的礼物。席勒仅仅在文学上加工了"图兰朵"(Turandot)主题,但是,在《玛丽亚·斯图亚特》[①]中,第一次出

① 在剧本《玛丽亚·斯图亚特》(1801)中,席勒将玛丽亚·斯图亚特塑造成了一个文学世界中永不凋零的"高贵女性",典范地体现了他的悲剧理念、思想意识、生活信念和对所处时代的是非判断和价值取向。——译者

场的莫迪默尔站在女王画像前,一幅绚丽图像的魔力照射出耀眼夺目的光辉:

有一天
当我环顾主教的房间时
一幅女性画像赫然映入眼帘
激动人心、伟大神奇的魔力
强有力地攫住我至深的心灵。
我情不自禁,呆呆地站在那里
主教对我说:您理所当然
为这幅画像所深深打动。
这是世上活着的女性之中最美丽的女性
也是万人最值得悲伤的女性
为了我们的信仰她忍受一切悲痛
她受苦受难的地方正是您的祖国。

这样,莫迪默尔久久凝视法国的马利亚画像。从马利亚画像中,照射出天主教的感性的和超感性的光彩,而这种光彩使某个骑士心醉神迷,以至于错把苏格兰女王看作天国的马利亚。但是,哥特式以及巴洛克式骑士小说中的女性肖像和乌托邦却保留了下来:热情与虔诚的图像崇拜相结合,即与某种急剧替换的、世俗化的马利亚崇拜相结合。换言之,这种爱的激情使骑士成为珀尔修斯,使他解放安德洛墨达①,这种爱的激情使骑士成为十字军东征的斗士,奋不顾身,在所不辞,勇敢解救被囚禁的美丽女人。

现在,骑士们的旅行早已隐匿了踪迹,然而,在莫扎特那里,巴洛克

① 珀尔修斯(Perseus),希腊神话中达那厄和宙斯的儿子;安德洛墨达(Andromeda)系埃塞俄比亚公主。传说,珀尔修斯从海怪手中救出了她,并与她结婚。——译者

艺术这一远征的题材依旧以惊人而纯粹的方式余音缭绕、久久回响。例如,莫扎特的《魔笛》,不言而喻,在“塔米诺之歌”中,小画像也为此成为一幅不同凡响的画:“这幅画美丽动人。”这幅画中的女性就是帕米娜,她赋予一切梦中的爱情以最甜蜜的形态,而且,通过自身前假象的音乐,她表现出最真实的爱情形态。

帕米娜的精致小画像就在塔米诺的手中,从而紧紧地为他所环绕,并且深情地被隐藏在最温柔的框架里。在他的超尘脱俗的美丽之歌本身中,帕米娜含情脉脉地凝视着少年,无论作为他的富于魔力的图像,还是作为他的爱情音乐图像,她都深情款款,行走在塔米诺前面。借助于越来越强烈的粗犷旋律,源自《魔笛》的小画像重现在瓦格纳《漂泊的荷兰人》①这一图兰朵题材中。他的画像令年轻的姑娘森塔(Senta)着迷,使她的整个心灵充满了爱的希望:作为视觉形象,画像令人忧郁地挂在门扇上;作为音乐形象,画像处于超自然的舞蹈歌曲之中。由于执著的偏爱,瓦格纳的新巴洛克音乐完全改变了这一魔力。在《罗恩格林》②中,艾尔莎看见罗恩格林之前,他的幻影还远没有显现为一幅光彩照人的画像。与此相比,在《纽伦堡的名歌手》③中,当埃娃(Eva)与准备比赛的瓦尔特·冯·斯托尔津相遇时,他却间接地显现为一幅似曾相识的画像。

---

① 《漂泊的荷兰人》,瓦格纳从诗人海涅1834年改编的民间传说《赫伦·冯·施勒贝勒夫普斯基的回忆》中获得灵感而创作的歌剧。故事发生在18世纪挪威的一个村落。荷兰人向天神挑战而受到天谴,终生驾着“漂泊的荷兰人”号船在海上漂泊,除非找到一个真诚爱他的女人。森塔终日面对“荷兰人”的画像,突然见到他本人,一下子堕入情网。但是,森塔的情人艾里克对森塔苦苦追求,荷兰人以为森塔对自己不忠,返回船上,扬帆出海。森塔跑上悬崖,大呼她对荷兰人的爱是忠贞不渝的,于是跳入海中。森塔得救了,双双升上天堂。——译者

② 《罗恩格林》,三幕歌剧,瓦格纳编剧并谱曲。故事来自中世纪德国叙事诗《圣杯骑士罗恩格林》、《帕西法尔》以及其他传说。——译者

③ 《纽伦堡的名歌手》,瓦格纳的三幕歌剧。故事发生于16世纪中叶德国的纽伦堡。城镇里的金匠波格纳(Poger)宣布:他会将女儿埃娃(Eva)嫁给仲夏节歌唱大赛的优胜者,而那人必须是一位名歌手。然而,埃娃早已与年轻骑士瓦尔特(Walther)相恋了。书记官贝克梅瑟(Beckmesser)亦有迎娶埃娃之意,他也参加了歌唱比赛,但瓦尔特得到名歌手鞋匠萨克斯(Hans Sachs)的襄助,终于打败对手贝克梅瑟,赢得美人归。——译者

“我很早就在画像中看见过他，一想到这里，我就马上心如刀割，在大卫图像中，丢勒大师把他描绘给了我们。”具有典型意义的是，在歌剧中的巴洛克建筑物上，总是频繁地悬挂图兰朵的画像。

这样的范例举不胜举，这些范例无一例外地刺激人们做梦，并许诺某种东西。在此，无需强调图像激发梦，甚至也无需强调这种图像本身的出类拔萃。是的，甚至在遥远的童话、歌剧题材中，我们也体验到某种温情脉脉的乌托邦的生动照片。陀思妥耶夫斯基在《白痴》中，通过罗果津的叙述，让梅什金公爵听到娜塔莎·菲利波夫娜的故事，让他看见她的美丽的画像。他注视着她痛苦而大胆无畏的表情，情不自禁地把姑娘的照片放在嘴唇上热烈地狂吻起来。

这张照片体现了陀思妥耶夫斯基文学世界中一个人的全部矛盾，体现了内心痛苦中对美的“警告”（Menetekel）。[①] 这幅图像不仅激发起梅什金公爵发现这个女性的意愿，而且也激发起他通过爱来解放她脸上痛苦的表情的意愿。她的画像，不仅使他思念她的超凡脱俗的美，而且使他思念她的纯洁无邪的童年。对于一个生病的圣者或贤明的傻子来说，他完全有理由借助于这幅女性图像向她敞开心扉、倾诉衷肠。然而，被陶醉者除了经常面临笼罩情人的那种危险之外，还要亲身感受情人的痛苦，尽管这个情人本身离他十分遥远，身处异国他乡，与爱相距甚远。这一点除了造成她的绝世之美之外，还造成她的最深远的诱惑。甚至在不幸的、矜持的图兰朵公主的画像后面，处于蛟龙暴力状态下的那个“安德洛墨达”的原型也仍然起作用。

最终，如果这个令人陶醉的偶像并不停留在任何文学作品中，甚至也不停留在最优秀的雕像中，情况会怎样呢？如果这幅偶像根本就不是为美女所描画，而是为爱情的魔力所描画，情况又会怎样呢？归根结底，后一种情况发生在上述源自肖像魔力的偶像中，并且这种偶像仅仅发生在最纯粹的梦中女性中，在最忠实的做梦者那里，就存在

① Menetekel，源自《圣经》，指自动出现于墙上的文字，预言了古巴比伦帝国的灭亡。——译者

这种最纯粹的梦中女性：在杜尔西内娅与堂吉诃德[①]那里。因此，堂吉诃德的杜尔西内娅正是所有图像情人的集中体现。她既是警告性的梦中图像，也是完美的乌托邦图像。堂吉诃德的故事演绎得十分滑稽可笑：以可笑的不幸描写不幸的幸福图像。把一切性爱的纯粹梦浓缩为原始现象，直到使杜尔西内娅成为不可发现的女性(fremme introuvable)。但是,这幅情人的图像也创造幸福生活处境中的第一个强有力的清醒之梦。在此,梦中情人这一意象(Imago)不仅被替代,而且被打发到未知的陌生领域里。

相遇、订婚的光环[②]

与此不同,当做梦者确实观察到女性的时候,她的图像又是短暂易逝的。于是,在他的脑海中,同样移动着某种事件图像,即获自第一印象或最后印象的图像。因此,尽管第一印象可能会十分短暂,但在记忆中,它却作为原始印象本身持续不断,并不断被勾勒、染色。换言之,对暂时的、消逝着的东西的目光充满痛苦地、不充分地保留下来,但在记忆中留下的却是形象化的、决定性的东西。

然而,如果他遇见单相思的、冷冰冰的、令人窒息的爱,那么,他宁愿为了忘却内心痛苦而迅速向情人挥手告别。于是,心中留下的就不是第一印象,而是最后印象,即用少许漂亮的面目特征装饰了的某种错过的幸福图像。

在两种情况下,这种印象都作为记忆图想得到保存,尽管如此,除了经历过的幸福之外,最终什么也不拥有,相反,它仍旧处于可能存在过的

① 《堂吉诃德》，文艺复兴时期西班牙作家塞万提斯（1547—1616）的代表作。堂吉诃德是一个理想主义者，他的显著特点是脱离实际，耽于幻想。杜尔西内娅是堂吉诃德的梦中情人，为了赢得虚无飘渺的她的芳心，他不惜去巴塞罗那参加与“星月骑士”的决斗。——译者

② 在本节中,布洛赫探讨了蕴含在异性相遇以及订婚中的愿望图像。——译者

充实之中。这种病态的意象会重新存在于这种光环之中,并且会重新与某种最人性的爱的类型相联系。海涅的诗句:

我伫立在黑暗的梦中
久久凝望着她的图像

这首诗就以这种毫无结果的方式进入极度悲哀的气氛之中。默里克[①]的《佩雷格丽娜之歌》同样描写了这种缠绵悱恻的神秘存在,但是,它不是多愁善感而是震撼人心地描写了这种存在:

啊,昨天,在一处明亮的少年大厅里
在纤巧地插上的蜡烛的闪光里
当我在响声和玩笑中忘记自己的时候
你款款而至,哦,令人怜悯而美丽无双的悲痛图像
这是你的精灵,你轻轻地坐在餐桌旁
我们陌生地坐在那里,忍住沉默的痛苦
突然,我忍不住大声抽泣
手牵着手,我们不得不离开了这所房屋。

这是一幅活生生地存在过但未曾实现的愿望图像,这幅图像乃是爱的痛苦的象征,在现实生活中它并不存在,但在诗人脑海中它却永不消逝。这幅图像仿佛是在早晨暮色中漫游的、永远复归、永远分离的瞬间影像。在默里克的《莫扎特》中,这种同一的图像动机,即永远流浪的“开始”(Anfänge)得到了重复,尽管这一图像动机过分虚弱,但是同样得到

---

① 默里克(Eduard Mörike,1804—1875),德国诗人、小说家。他的诗歌大部分赞美大自然,有些是用民歌风格写的抒情诗和叙事谣曲,还有一些是幽默的田园诗和牧歌。他的作品《佩雷格丽娜之歌》(Peregrina-Lieder)象征爱与死亡,用朴素的民谣风格讴歌了自然的灵感体验。——译者

了不可名状的把握。[①]

在小说中，这位描写佩雷格丽娜的诗人讲述了一位年轻的新娘（另一个幸运的新娘）与莫扎特的相遇以及这次相遇的残照："不知谁刚刚清扫并整理好了大房间，不一会儿她穿过房间走上楼去。只有刚刚拉上的房间绿锦缎窗帘才容许柔和的暮色，她抑郁寡欢，静静地站在钢琴前。就在几小时前，他还站在钢琴前，这一切对她恍如一场梦。她陷入沉思，长久地凝视着他最后触摸过的键盘，然后，她轻轻地关上琴盖，她妒火中烧，索性拔出钥匙，以免另一个人的手重新把它打开。"在此，仿佛为某种短暂而意味深长的现实所环绕。此外，在此至少预示着她的思想图像、她的乌托邦图像，而这些图像正是通过未成就的爱而获得的。因此，对于她来说，他的图像仿佛是短暂的、再也寻找不到的意象，而这种意象也与源自支离破碎、残缺不全的现实激进地混合在一起。黑贝尔[②]就这样抒写了关于未知女人的一首悲伤之歌：

现在我的眼睛再也不能辨认你
尽管你从前走过我的身旁
我听见你的名字为陌生的嘴唇所提及
你的名字本身并不告诉我你的什么，
可是，你永远活在我的心中
就像一种声音活在寂静的空气里
我不能给出你的任何体形
可是，在我内心的坟墓里

---

① 1855 年默里克发表了中篇小说《莫扎特旅行去布拉格》。——译者

② 弗里德里希·黑贝尔（Friedrich Hebbel，1813—1863），德国剧作家，以现实主义悲剧而闻名。他尤其擅长揭示他笔下角色的复杂心理动机，特别是女性角色，他也创作喜剧、抒情诗，以及轻快的日记。主要剧作有《犹滴》（1839）、《玛丽亚·玛格达莱娜》（1844）、《阿格妮斯·贝尔瑙厄》（1851）、《吉格斯和他的指环》（1856）、《尼伯龙根三部曲》（1862）等。——译者

你的整个体形绝不会撕裂。

是的,甚至就成功的爱情而言,在自身开端中,也零星地散布着即将来临的或姗姗来迟的东西的图像。这种图像奇异地被精巧的偶像迷住,但是,这之后,在涌现着的早晨里,这种偶像消失不见了。在《克莱采奏鸣曲》[①]中,托尔斯泰让某个姑娘的红色皮带闪闪发亮,恰恰在此点燃爱的火花,即使是后来的禁欲回忆也没有遗忘这个皮带。例如,在歌德的《少年维特的烦恼》中,与无比幸福的闪光一道,主人公维特的绿蒂(Lotte)空间几乎完全瘫痪:绿蒂笑盈盈地站到前面,袖子和胸口上扎着蝴蝶结,轮廓鲜明、楚楚动人。她手里拿着黑面包,孩子们围绕着她。她把黑面包分发给孩子们,她的手势轻柔优雅,浑身洋溢着纯真的女性气息,她走在熠熠生辉的"善"的舞台上,显得婀娜多姿、光彩照人。在优美的开端中间,这个图像凸显出来,接着,还作为秘密的订婚形态保留下来,从而,美丽的女性形态就保存在自身未触及的风景之中。在此,没有任何一种小画像像帕米娜图像一样吸引眼球、扣人心弦,但是,在燃烧的爱中,帕米娜图像本身是凭借第一次目光而形成的,而且就像《纽伦堡的名歌手》中五重奏合唱团歌唱的一样,在这样的框架中,也以最富于情感的方式创造出"最宠爱的梦,天国般的黎明"。

太多的图像,在这之前的拯救,婚姻的光环[②]

一旦男人赢得了朝思暮想的女人,环绕她的虚构故事就像洪水一样退潮,然而,这一切都不会消失殆尽,因为太多的初始图像不情愿地化作

① 《克莱采奏鸣曲》(Kreutzersonata),贝多芬(Ludwig van Beethoven,1770—1827)所作的10首小提琴和钢琴奏鸣曲中的第九首。俄国作家列夫·托尔斯泰据此写了一篇同名中篇小说《克莱采奏鸣曲》(1882—1886)。——译者

② 在本节中,布洛赫阐明了结婚之后的爱的图像。诚然,结婚让人感到爱的幻灭,但另一方面结婚也给人一种成熟的爱的巨大满足。——译者

人的肉体。男人对情人一见钟情,女人对情人牵肠挂肚,但是,如果男人比女人更多地心怀梦的图像,那么他的初始图像也就更多地化作肉体。少男少女天真烂漫,男欢女爱,不时堕入童话时代的爱河中,对此,他们的心灵实际上往往虚弱不堪,他们一般来说畏惧实现,特别地憎恨结婚。在此,令人再次联想起莱瑙,他永远在荒凉的海洋上,仅仅与心爱的情人图像相交往。

就虚构的但同样可把握的形态而言,我们也会联想起霍夫曼笔下的宫廷乐队队长克莱斯勒。[①] 克莱斯勒在爱情中仅仅看见辉煌的天国图像,而在婚姻中仅仅看见打碎的大汤碗,但是,他不想用辉煌的天国图像交换破碎的大汤碗。"经历过的瞬间的黑暗"和特洛伊的海伦娜的物化行为都以同一的方式浪漫地曲线攀登,但是,作者从病理学角度描写这种图像,使之变得敏锐并使读者认得出这种图像。

甚至像易卜生一样的后期自然主义或半截子浪漫主义作家,也以特别富于教益的方式热情赞美或夸张地描写了作为纯粹的"早晨价值"(Morgenwert)的爱。在《爱的喜剧》中,主人公法尔克与施万希特之所以舍弃放荡不羁的生活方式,恰恰因为他们彼此真诚爱慕、心心相印,因此,他们的"青春之爱"就没有在婚姻中,即在落叶沙沙作响的现实中枯萎凋零、消失不见。当然,这有点夸张,但不比在此重复的、无所不包的话题,即有关梅涅劳斯对他的埃及海伦娜的妻子说得天花乱坠、不着边际。

不仅如此,易卜生的《爱的喜剧》也不比另一部作品《大海的女人》[②]那般夸张。在他的时代,《大海的女人》之所以臭名昭著,并非因为这部

---

① 这里提到的人物系E·T·A·霍夫曼(1776—1822)的未完成的长篇小说《公猫摩尔的人生观,附乐队指挥约翰·克莱斯勒的传记片断》的主人公。——译者

② 易卜生《大海的女人》(1888)讲述的是一个叫艾莉达的女子疯狂迷恋大海、迷恋一个陌生水手的故事。当丈夫终于得知她向往大海,向往自由之后,答应还给她自由,让她自己重新选择。可是,此时,她却突然发觉自己向往的并不是真正的自由,此刻的身心才是彻底自由的,于是,她作出了一个让她丈夫很惊讶的决定:选择继续留在他身边,并开始试着接受丈夫的孩子。——译者

作品被视为浪漫主义作品，而是因为这部作品被视为超现代作品：这部作品包含着同样的“初始价值情结”（Anfangswertkomplex）。① 女主人公艾莉达·万格尔把这种不可实现的初始价值情结加以物化，因而毁了自身的婚姻生活。当然，在性格上，艾莉达·万格尔疏远家庭，亲近大海。她总是一往情深地眺望大海，眺望她的初恋陌生男人，眺望他在遥远的大海中所形成的剪影。在此，本质性的东西是无限制的诱骗图像，这是一幅非现实的图像，但是，它却极其顽强地对抗自身面前呈现为“狭隘峡湾”的那个现实。

而且，抽象的、乌托邦的行业继续制作情欲作品。在长篇小说《意象》（Imago）②中，施皮特勒最终还描写了如痴如狂的梦中英雄和美丽绝伦的托伊达（Theuda）。她是一个忠实于自身的内心图像，鄙弃世俗情欲的女人，但是，另一方面，她与一个位高权重的“总督”结婚，仿佛成了“一块切下的面包”。然而，爱慕他的那个幻想诗人却不愿承认这个现实，他宁愿抛弃这个现实，以使颠倒了的世界重新变好，为此，他最终由一个感性的和超感性的求婚者重新转变成彻头彻尾的超感性的求婚者。

然而，托伊达的意象是不可实现的，与施皮特勒所说明的不同，对此诗人缪斯无法忍受。在爱情与婚姻中，也恰恰暗示许多关于实现的一般问题，这就是通过经历过的瞬间黑暗及其效应而发生的“渐弱音”（Decrescend）。

源自饥饿的痛苦产生先于事物（ante rem）的纯粹的梦的图像，这样，梦的图像显现某种不可见的状态，特别是显现比现实的东西更高的可能

---

① 按照布洛赫的爱情观，爱在尚未实现的时候更具爆炸力。换言之，对爱的期待胜过实现了的爱。在此，所谓爱的“初始价值情结”是指“不满足于自身实现了的爱，而谋求对爱的期待的完全满足”。——译者

② 卡尔·施皮特勒（Carl Spitteler，1845—1924），瑞士诗人、小说家。主要作品有史诗《奥林匹亚的春天》、《受难的普罗米修斯》，长篇小说《意象》等。施皮特勒着力刻画追求美与真理的贵族形象，精神分析学家弗洛伊德高度赞扬其《意象》，并把自己创办的精神分析杂志命名为《意象》（Imago），以此标明一个人幼年时形成后一直保存不变的所爱之人的理想化的概念。——译者

现实。乍看上去,很正常,多才多艺的宫廷乐队队长克莱斯勒本身全靠敌视一切愿望之梦的反浪漫主义者维持生活,全靠现实的律师维持生活。① 黑格尔这样写道:“即使是一个与世界有过诸多冲突、被迫四处流浪的人,最终他也多半寻找某一职位,遇见他的姑娘并与之结婚,从而,他跟其他人一样成为庸人。妻子操持家务,儿女满堂。如今,这个昔日天使般美丽的独一无二的女性差不多跟所有女人一样变成了所谓讨厌的女人:身为主妇,怏怏不乐。婚姻使她变成悍妇,结婚后留下的无非是无尽的内疚、悔恨而已。”②

但是,除了这种毕德麦耶尔式的庸俗习气之外,这方面,也许还真实地保留着好些值得玩味的东西。在婚姻这一阶段上,这就是与过分形象化的内容连在一起的那种“实现的忧郁”(Melancholie der Erfüllung)。在先于事物的爱之梦中,或者在事物的初始之中,正是这种实现的忧郁充满疑虑地把爱的愿望击退,从而使这种愿望作为遥远的爱而被与世隔绝,或被物化。在现实生活中,正因为自身的虚构性,本质上仅仅包含遥远之爱的那种虚构图像犹如一缕青烟转瞬即逝、无影无踪。人们越是确切地感受到这种虚构图像的幻灭,就越是鲜活地记起抽象的乌托邦。其实,这里正是关于乌托邦神经症的一个根源,也就是关于清醒之梦中遗留物的根源,在初始标志中,即在现实的纯粹首字母中图像凝固的根源。

然而,与此不同,情况有时是这样的:虚构的图像并不封锁即将到来的未来。虚构的图像不仅在自身中得到保存,而且想望在肉体和血液中得到保存。只要前假象不是仅仅在自身中主观地滋生蔓延,而是充分地被对象本身一同激起,那么这一点就成为事物本身的进程。因为在对象中,某一业已瞥见了的恋人意象完全能够指明那些面貌特征,这不是完全没有理由的。然而,并非每一个爱的对象都有力量通过意象而在想象

① 事实上,从1810年到逝世,E·T·A·霍夫曼一直过着一种二重生活:白天是法学家,夜间是艺术家。——译者。

② 黑格尔:《选集》,第20卷,第216页以下。

中把握恋人意象,进而使之向着自己走过来,甚至在易于接受的气质的情况下,或者原型与自身的图像在外表上相似的情况下也是如此。

特别是,当生动的恋人图像作用显现鲜明的明证性时,在客体本身中就肯定蕴含某种不可抗拒的诱惑,也就是说,在客体自身中,某种可靠的愿望图像至少以这样的方式显现,并且作为这种愿望图像的力量发挥作用。也许,在现实中,帕米娜所处的境况与塔米诺图像中显现的境况截然不同,但是,她所唤起的乌托邦的意象正是她自身固有的图像。于是,对于性爱而言,尤其有效的是适用于一切人的意象:这些人为心中的意象梦牵魂绕、心驰神往,他们是富于诗意天性(poetische Naturen)的人,他们与生俱有某种强有力的客观幻想部分。在良好的气氛中,这些人借助于想象力把握看似并非毫无根据的东西,并且通过现实的可能性,使之作为前假象散发出来。因此,在客体中,尽管爱可以成为某一客体自身的愿望图像,但是,爱矢志不渝,对爱的对象始终保持忠诚。所以,有时趋向自我超越的素质能够超越先天的、既定的东西,对客体方面的考验就借助于客体来实现,意象就找到宿营地。

如果通过某一图像无力曝光恋人意象,或者只有男情人具有诗意天性,情不自禁地陷入毫无根据的潮水般的非理性之中,情况会怎样呢?如果是这样,那么对他来说,实际上一切女人都好像是海伦娜。于是,在广义上,不可避免地显示出恋人图像的灾难。于是,在黑格尔所揭露的悍妇面前,抽身而去的不仅仅是爱的青春,万不得已时,不幸的婚姻只知道一种拯救手段,那就是呈现索然无味的、日复一日的家庭生活,而这种生活只不过是无动于衷的炼狱中的影子而已。

与幸福的婚姻不同,在这种不幸的婚姻中,不再出现过去感受过的那种美妙的爱情。在幸福的婚姻中,为检验某种基本存在过的梦的图像留下空间,亦即为展现梦的图像留下空间。这时,某种新鲜(Frisches)旋即得到检验,这种新鲜能够消除这一领域里初始之梦与冷漠无情之间全然习以为常的、太习以为常的二者择一。根据浪漫主义心理学,乌托邦的东西绝对不会局限在阿尔法上,这样,接踵而至的事物字母表也许仅仅是某一业已众所周知的疑难路程。

确切地说，**婚姻同样具有自身的特殊乌托邦，并且其中包含着某种光环**。婚姻与爱的初期并不重合，因此，婚姻决不会与爱的初期一同消逝。这种乌托邦恰恰源自爱的意象的检验，而且它的诗情总是拥有某种散文，当然，拥有最深背景的家的散文。家(Haus)本身就是一种象征，尤其在一切封闭性中，家是一种开放的东西的象征。家作为背景拥有家乡象征的目标希望，这种象征恰恰借助于大多数愿望之梦而得到保存，并位于一切梦的终点。在爱的初期图像面前，这种希望并不让步，这正是希望的独创性所在。恰恰相反，在《少年维特的烦恼》中，这种希望已向绿蒂的图像(Lotte-Bild)倾诉了衷肠，这是秘密订婚的所在，同时也是善的行为闪闪发光的戏剧所在。

当然，在此爱的愿望图像不是狂热图像，而且，本身从来都不是婚姻的一个要素。在爱的两心倾慕中，人已经摆脱了狂热。爱的愿望图像不是任何性的、社会的忧虑图像，更不是市民阶层中把婚姻变成市民机构的那种合理化的性欲。由于初始规定的期限，与工艺美术行业相比，婚姻缺少经验，然而，作为市民阶层内部的一种反抗，婚姻反对预先推定的庸俗习气。相反，婚姻意象恰恰围绕两个人设立家这一**发展空间**，并通过自身的许多锦绣前程超越庸俗习气。这一点尤其表现在社会主义社会里，在社会主义社会，家庭无需再设立摆脱生存斗争的避难所，而是使之继续运转为一目了然的团结互助。由于伙伴关系，夫妻成为家里的永久客人，根据特殊差异，这一本性充满着紧张对峙，尽管如此，这完全不是戏剧性的，而是史诗性的。幸运的是，在此保守的切斯特顿[①]说得很在理："一夫一妻制这一事物之所以取得成功，按其本性，它完全是非戏剧性的事物。试想，本能信任的悄然成长、共同的创伤和胜利、老习俗

① 切斯特顿(Gilbert Keith Chesterton，1874—1936)，英国作家，其写作活动涉及小说、评论、神学研究、随笔等各个领域，同时他还是新闻界的著名撰稿人。主要作品有长篇小说《诺廷山上的拿破仑》、《星期四的男人》；系列侦探小说《布朗神父》以及众多短篇小说、随笔、政论等。——译者

的积累、老玩笑的日臻成熟等。总之,健全的婚姻是一件非戏剧性的事物。”

尽管如此,婚姻与作为单纯道德补遗的爱相距甚远,与爱相比较,婚姻表现出某种奇异的新颖:性爱智慧的冒险。因此,婚姻乃是一种成败参半的圣餐仪式的实验,这种圣餐仪式既不能在性爱中发现,也不能在诸如迄今显现的某种社会共同体一样的事物中发现。婚姻显现为一种友好而严格地表明人的生命内容的乌托邦。同样婚姻不仅是检验初次相遇的瑰丽的帕米娜图像,而且是结束对她的爱的检验。确切地说,正是关于水火试验的音乐对塔米诺手中的帕米娜图像添加乌托邦的魔力。①

现在,音乐不再表示并意味着新娘,而是表示并意味着婚姻。不再表示并意味着狂热,而是表示并意味着恰恰称作婚姻的“爱的友谊”。帕米娜本身引导忠诚的音乐,或者远远超越这一意象所唤起的单纯的着魔状态。

在夫妻生活中,婚姻有助于夫妻双方开启并经受真理的考验,在日常生活中,坚毅地与异性交友。温馨之家的客人,细腻而炽烈的差异中安宁的统一,这一点成为婚姻的意象和光环,恰恰由于这个缘故,人们义无反顾,纷纷走进婚姻的殿堂。然而,众所周知,时常人们断定上错了车,找错了伙伴,这些人万念俱灰、追悔莫及,以至于把婚后的一切规则归结为束缚性的规则。在他们看来,如有例外的幸福,那几乎是偶然,而且,能够兑现最初所期待的远大真理的婚姻实属罕见。因此,婚姻不仅比全部新娘之歌现实,也比全部新娘之歌深远。

然而,婚姻有理由拥有自身的乌托邦:只有在这种婚姻形态中,“家”这一纷繁复杂的、隐秘的愿望图像才不知疲倦地工作,这正是对令人满意的意外惊喜和成熟的展望。爱的痛苦比不幸的婚姻要好一千倍。在

① 按照布洛赫的见解,一方面,音乐以熊熊烈火表现塔米诺的恋情;另一方面,音乐以潺潺溪水表现塔米诺与帕米娜的婚姻。——译者

不幸的婚姻中,有的仅仅是无尽的痛苦和徒劳无益。但是,比起婚姻这一伟大的航海,爱的大陆冒险之旅心不在焉、精神涣散。[①] 婚姻是永恒的航海,婚姻到老也不终止,即使一方死亡也不终止。[②]

崇高的一对,基督圣体或以宇宙形态和基督形态存在过的婚姻乌托邦[③]

迄今,人们把婚姻这一航船描绘得绚丽多彩,从中闪烁双重耀眼的光芒。婚姻的两种神话乌托邦以尘世和超尘世的颜色把自身显现出来。一种神话乌托邦可标明为"崇高的一对",这是贵族式的和异教徒式的;另一种神话乌托邦则作为基督圣体整理婚姻。尽管在母权制社会之后就马上出现了"崇高的一对"(hohes Paar)范畴,但迄今这一范畴还没有引起足够的重视。巴霍芬[④]以引人注目的方式研究母权制社会,总是把女人或男人(母权制社会或父权制社会)设立为既定社会的顶点。这时,崇高的一对发展了关于婚姻最本真的愿望图像,不仅在婚姻当事者的心目中,而且在他们的观察者的心目中,两人的结合都成了最美满的婚姻图像。在此,巴霍芬把每个女人和男人都想象为内在浓缩的图像,亦即女人是一个优雅的、允许善的行为的人,而男人则是一个强健的、主导善的行为的人。但是,两人的结合才成为祝福本身。男女结合显现为温柔与严厉、仁慈与权力、妓女与预言者的统一,在此,这一切都具有月亮与太阳、地球与太阳这一星相学的和神话学的背景。

---

① 在此,布洛赫把"恋爱"喻作陆地上的冒险之旅,而把"结婚"喻作驶向茫茫大海的冒险航海。——译者

② 在此,布洛赫似乎暗示原配死亡后再婚的男女。——译者

③ 很早以前,犹太人按照神话仪式,举行神圣的婚姻仪式。后来基督教到来后,人们才把基督圣体当作婚姻的模范图像。——译者

④ 巴霍芬(Johann Jakob bachofen,1815—1887),瑞士法历史学家、考古学研究者。他的代表作《母权》(Das Mutterrecht,1861)试图把人类社会划分为三个发展阶段:妓女母系社会、婚姻母系社会(母权)、父系社会。他的《母权》一书充满诗意表现和直观表达,对20世纪古代神话学的浪漫主义研究产生了深远影响。——译者

女人拥有灿烂夺目的月亮女神,或者拥有古老而明智的大地女神;男人拥有光芒四射的光的存在。在崇高的一对中,月亮和太阳可以或者应当共同作用于人的天空,并给予人们无限的安慰和温暖。崇高的一对的光环围绕着伯里克利与阿斯帕西娅①、所罗门王(Salomon)与莎芭女王(Saba),围绕着赫利俄斯人安东尼与伊西斯人克娄巴特拉,围绕着西门·马古斯②与海伦娜等。

最后,作为"潜能"(Dynamis)与"智慧"(Sophia),耶稣时代的诺斯替教派信徒西门与出身于泰勒斯的妓女海伦娜结婚。对于他们来说,通过重获这种原始的男人图像和女人图像,世界得以拯救。耶稣时代的西门和海伦娜崇拜贯穿整个中世纪,影响极其深远,而且,后来由于人的更替,被保存在浮士德-荷马与海伦娜的关系之中。

与此相对照,在晚期古希腊罗马时期,同样为崇高的一对范畴提供了富于冒险的范例:西西里太阳神巴尔的祭司埃里加巴尔(Eleagabal)皇帝与卡塔吉斯月亮女神塔米特的女祭司举行大婚,结为伉俪。换言之,白昼与黑夜、巴尔与塔米特百年好合、融为一体。在此,还渗透着其他星相神话(Astralmythos),例如,巴比伦的星相神话促使婚姻当事者以神本身的名义举行"神圣的婚姻"。当月亮女神把自身闪耀的形象性("原初根源与寂静"、"光与生命"、"概念与智慧"等)分给男人和女人时,太阳神就生活在"灵知"(Gnosis)之中,这样,太阳神就停留在"卡拉巴教"(Kabbala)之中。

基督教跟没有女人的神父在一起,基督教不容许或者不确定地容许尘世崇高的一对。然而,诺斯替教派和卡拉巴教的犹太教却与此截然相反。约1650年,冒牌弥赛亚沙巴蒂·萨维③把跟泰勒斯的海伦娜一样的妓女

---

① 伯里克利(Pericles,前495—前429),雅典黄金时期(希波战争至伯罗奔尼撒战争)具有重要影响的领导人。阿斯帕西娅(Aspasia,前470?—前410),希腊雅典的高等妓女,伯里克利的情妇,文学及哲学沙龙主持人。——译者

② 西门·马古斯(Simon Magus),《圣经》人物,称作"术士西门",即妄自尊大,想以金钱购买神的恩典的人,参见《圣经·使徒行传》第8章。——译者

③ 沙巴蒂·萨维(Sabbatai Zevi,1612—1676),土耳其犹太教牧师,犹太教卡拉巴教的狂热主义者,曾活跃于东欧地区。1648年自称弥赛亚,并预言地球末日来临。1676年被降职弟子处以火刑。——译者

萨拉迎娶为妻,并将其拥戴为身旁“第二个具有神性的人”。是的,塔米诺和帕米娜图像(来源于希腊根源)、浮士德和海伦娜图像(自西门·马古斯和泰勒斯的海伦娜图像以来就发挥作用)等都是诗意地领会太古的结婚的。这就在性爱上固定了的男女两人,“崇高的一对”范畴想要显现出某种奇异的东西,即在宗教礼拜中,至少在外部天空中没有同时出现的东西:想要借助于天上同一的强度,月亮与太阳同时显现在天空中。

是否“可怜的纳税人”(Misera contribuens plebs)也想到这种梦的图像,尚未确定。也许,他们仅仅满足于凝视神人所生后代的“半神”(Halgötter)。然而,在品行端正的人们之间,这样的男女结合图像还是通过每个年轻人的婚姻的神圣光环来进行的。在通俗文学作品中,这幅图像则明确地保存在诸如王朝配偶一类的婚姻上,例如,强盗与强盗夫妇、太子及其高贵的夫人等。不仅如此,还凭借消逝了的贵族背景,凭借消逝了的星相神化赋予婚姻以强烈的反光。与最美丽的妇女相称的配偶长期致力于性爱的完满图像,而这种幻想恰恰源自优雅与力量浑然天成的夫妇图像。

如上所述,基督教不再从神学角度论证崇高的一对,不过,这一理想的夫妻神话继续活在浮士德–海伦娜传说中,继续活在“帕米娜–塔米诺合一”(歌德在文学作品中,继续探讨过《魔笛》第二部)之中。在《西东诗集》的《苏雷卡书》①中,歌德就把婚姻看作“我们欢乐的图像”,并把它与初升的月亮和太阳联系起来,进而把月牙的纤细与初升太阳的粗犷的威力有机结合起来:

> 苏丹做得到
> 为了命名忠实人群中的最勇敢者
> 诱使至上的世界绝配

① 《西东诗集》,是歌德受波斯诗人哈菲兹(Hāfez, Shamsoddin Mohammad,1320—1389)影响而创作的诗集,共12卷,收入诗歌250余首。这些诗歌描绘了无与伦比的美人,还汇聚了诗人对爱情的体验,对时代、历史、人生的深刻观察和思考,许多诗篇闪耀着智慧的光芒。此外,还有大量的格言诗。——译者

终成眷属

男女性爱的统一得到了如此本质性的强烈表现，而且，即使天体的一切运动归于停止，它也不会休息。在更充实的意义上，人的统一是亚当与夏娃、男人与女人的统一，是太阳与月亮的一种圣事。但是，这方面基督教没有位置，这不仅仅是因为它是没有女人的神父，而且首先因为它是非星相神话的宗教。换言之，在月亮和太阳有规律地沉没的世界里，基督教没有任何位置。尽管这只是外表，但婚姻的**宇宙**乌托邦与基督教一道沉没了。

但是，这方面出现旨在许诺、约束他人的第二种内在面貌。献身与实力、女仆般的奉献与神圣不可侵犯的领导权不应仅仅是世俗范围的事情，而是与世界之外的事情相联系，并在世界之外的事情中得以完成。因此，婚姻的核心意义是女人与男人**婚后形成的基督的圣体**。在这一点上，同样具有随着婚姻才开始的某种图像，而且在婚姻中，借助于感性的和超感性的光辉，拥有作为自身性爱许诺的那个家。今天，数百万人依旧相信这样一种婚姻圣事，即他们是在天国永结同心的，而且，即使人世沧海桑田，这种婚姻也至死不渝。通过结婚，配偶本身实现一件圣事，作为儿童灵魂的创造者，他们本身已与神建立联系。

教皇庇乌斯九世①再三提醒，尽管婚姻是一件空洞的事情，但一切婚姻本身都是一件圣事。并非因为婚姻使人变得神圣，而是因为婚姻本身是神圣的，所以需要牧师的共同参与。进言之，婚姻是独一无二的圣事，一方面，它不是教会本身给予的圣事；另一方面，它是只有通过教会的批准才臻于完成的圣事。当然，对信者而言，通过全体人员的圣事（Sacramentum plenum）在婚姻中浮现一座巨大的金矿。“因我们是他身上的肢体，就是他的骨、他的肉。为这个缘故，人要离开父母，与妻子结合，二人

① 庇乌斯九世（Pius IX，1792—1878），第257任罗马教皇（1846—1878在位），意大利人，原名乔瓦尼·马利亚·马斯塔伊-费雷蒂（Giovanni Maria Mastai-Ferretti），通过强调马利亚受孕的纯洁性，强化了马利亚崇拜思想。——译者

成为一体。这是极大的奥秘，但我是指着基督和教会说的。”①

《所罗门之歌》②记载了苏拉米特对所罗门的爱，这首歌抒写了比葡萄酒更芬芳的乳房，描写了友人进入自己花园中，在园内放牧群羊，采集蔷薇花。③ 如此炽热的婚姻之歌转变成教会的观点，并且，富于寓意地表现为基督教与自身共同体的爱的交谈。换言之，婚姻既表现为身体的头脑献身，又表现为借助于头脑的身体纯化。

尽管亚当和夏娃犯有原罪，但是，人的身体是基督的四肢、圣灵的寺院。④ 因此，婚姻总是植根于基督以及共同体的婚姻之中，而这种婚姻的扩大乃至长久影响，这种婚姻的器官和映像就在于理性的创造物中。性爱交往和忠诚就以这种婚姻图像与宗教、社会交往紧密结合在一起，尽管这种交往只不过是与来世有关的基督教共同体形态中的交往。在使徒保罗那里，婚姻成为源自血统和出身的男信徒与女信徒的结合，以便在新的神的图像中彼此混为一体，并在新的家庭中，隶属于新的神的图像。“性合作社”（Geschlechtsgenossenschaft）成为根据理想的宗教礼拜合作社。

然而，对于这一奇迹的葡萄酒，创造物强力注入水和不幸，尤其是，完全不属于基督教形态的社会更是热衷于此道。在晚期罗马、封建、资本主义社会里，基督圣体恰恰没有在社会关系中清楚地表现出来。然而，在避难所中，毕竟关于葡萄树桩、葡萄枝蔓的乌托邦还起作用，在阶级社会内部，家庭作为避难所想要坚守婚姻的非对抗性特征。尽管表现出强烈的父权-家长制特征，而且表现出强烈的外在于世界的逃避特点和初始特点，也没有爱的乌托邦。

基督教的婚姻乌托邦有过这样一种爱的乌托邦，即极端重视婚姻本

---

① 《以弗所书》，第 5 章，第 30—32 节。

② 所罗门（Salomon，前 965—前 926），大卫的儿子，以色列王。《所罗门之歌》又叫《雅歌》，拉丁文的意思是“赞美之歌”，希伯来原文的意思是“歌中的歌”。《所罗门之歌》的创作背景是希伯来君主制的黄金时代，国王似乎是在赞美他自己的婚姻，新娘是一位叫苏拉米特（Sulamith）的美丽乡村姑娘。——译者

③ 参见《旧约 · 雅歌》，第 6 章，第 2 节。——译者

④ 《哥林多前书》，第 6 章，第 15—19 节。

身,约束性地强化婚姻图像。至少,家长制这一基本特点以及作为"头脑的"男人被列入宽松秩序的爱的共同体中,在这种共同体中,不应该再有统治;在两人之间,不应该再有任何孤独。"不是惟一的基督徒就不是基督徒"(Unus Christianus nullus Christianus),在此,这一隐秘的集体原则反映着婚姻的"信、爱、望"。[①]

爱的成像[②]

现在,一种梦成为现实,因此,这种梦并非总是停留在记忆中。即使这种梦想不被带入坟墓,它所发现的爱的躯体也会慢慢衰老。死亡并不能切断爱,但是它可以切断对它而言是可视的、活生生的某种东西。我们追随源自第一印象的探矿叉(Wünschelrute)[③],从而发现梦寐以求的纯正黄金,可是蹉跎岁月,我们已垂垂老矣。但是,这之后,清醒梦想重又制造生动的画像,于是,它留下挥之不去的爱的"**成像**"(Nach-Bild),即作为实现了的但又不是实现了的爱。

这一图像源于没有实现的爱的朝圣者幻影(Peregrina-Vision),这种幻影美丽诱人,从未远远地、可能地向昔日恋人图像实现告别。因为幸运的恋人可以通过死亡而成为朝圣者,只要死亡对这对恋人是陌生的,仅仅在表面上把两人隔断,那么情况就是如此。毫无疑问,在此存在漫无边际的自我欺骗,在通俗文学作品中,就弥漫着在记忆或所谓爱的祝福中滋长起来的这种自我欺骗。在任何地方都没有谈到这种漫画,甚至也没有以比较客观的方式谈论神化的记忆。相反,如果在有生之年还不能形成对象,那么任何爱的成像都是可疑的。然而,恰恰在自身的光辉灿烂中,爱的成像却是确实可靠的。

---

① 参见《新约·哥林多前书》,第13章,第13节。——译者。

② 在本节中,布洛赫寻求蕴含在"成像"这一昔日恋人图像中的乌托邦要素。——译者

③ 中世纪一种器械,据信,可用来找寻金矿或水源。——译者

正如在朝圣者的幻影中一样,这种情况在记忆中一再出现希望,不仅如此,从成像中还出现某种许诺。泰奥多尔·施托姆①的中篇小说《三色紫罗兰》,两次围绕这个问题进行了讨论。在儿童时代,主人公内心中就激荡着永不满足的、记忆犹新的愿望图像,他用玫瑰花点缀死去的母亲画像,无论继母怎样责怪,他也忘不了自己的亲生母亲。成年后,他心中涌动着另一幅图像。他第二次结婚,可他脑海中久久浮现死去的妻子的图像。他要么踽踽独行,要么把自己关在孤寂的书房里,与桌上死去的两个女人的画像为伍。在朝向花园的窗户旁边,有条小路伸向小屋,可他很久没再踏进这座小屋。就在那里,回眸的目光消逝了,就在那里,成像时而消逝,时而复活:"天空布满乌云,月光一丝不泄,在小花园中,茂密的灌木好似一团黑漆漆的东西。在黑色的金字塔形状的针叶树之间,小路一直通向小屋。在这密密麻麻的针叶树之间,一块块白色的砾石闪烁不定。在难以排遣的孤独中,男人向下瞧去,从他的梦幻中,突然浮现一个可爱的人影,这人影不再是活着的人。他看见她在小路上漫游。他觉得他在走近她的身边。"施托姆笔下的主人公就这样屈服于死者的诱惑,于是,出现某种本真的、完全棘手的不忠实:在梦幻中,抛弃第二个妻子,与一个影子通奸。

值得注意的是,在伟大的文学作品中,很少出现这种令人惴惴不安的成像。如果一个罪犯仅仅由于走出葬礼后的筵席而摆设结婚宴席,这对于复仇者哈姆雷特来说,问题该有多么严重。然而,莎士比亚的《冬天的故事》②却充满了性爱成像的力量,这种力量始终在国王的罪责意识中

---

① 泰奥多尔·施托姆(Theodor Storm,1817—1888),德国小说家、诗人。主要作品有抒情诗《1848 年复活节》、《在 1850 年秋天》和《离别》(1853);短篇小说《一片绿叶》(1853);中篇小说《茵梦湖》、《迟开的玫瑰》、《三色紫罗兰》等。——译者

② 莎士比亚《冬天的故事》(The Winters Tale)是充满牧歌情调的 5 幕剧,主要情节取材自 1588 年出版的罗伯特·格林的浪漫田园诗《潘多斯托:时间致胜》。剧情大意是,西西里国王列昂特斯怀疑王后赫美温妮与人私通,将她投入监狱,并勒令把婴儿帕笛塔丢弃到一个荒无人烟的地方。有一天,他听到王后赫美温妮死去的消息,万分悲痛。但是,宝丽娜不仅救出公主帕笛塔,而且使赫美温妮塑像复活,让她与列昂特斯破镜重圆。——译者

起作用:在赫美温妮的塑像前,国王深感悔恨和内疚难当,心中充满了对她的思念之情。只有在这里,在莎士比亚深奥而轻快的戏剧中,国王才通过深刻的诙谐使她回心转意,他千方百计投入过去,以便把她重新变成当下。只有在这里,某种过去的、非过去的生命塑像才重新成为活生生的塑像。

这是童话的解决办法。在实际生活中,通常围绕"性爱成像空间"(Nach-Bild Platz),到处都有棘手的纠纷。这个令人焦虑不安的性爱成像空间只不过是昔日恋人图像的记忆而已。在此,另一种美丽爱情的性爱成像空间很容易诱使人们畅饮女巫端上来的迷魂汤。

然而,我们必须区分错误的成像与正确的成像。错误地付诸实施的成像将导致终结新生活的图像,并把过去的生活纳入虚假的现在之中。可以说,在心灵的透镜中"反复映照"的一切缺点就是这种错误的成像。与此相反,恰当经受考验的成像可能是最富有成果的,这种成像既不意味着借助于回味的回心转意,也不对死者的盲目崇拜。因为正确的成像在过去中期待并迎接某种尚未形成的东西,在这个领域里,散发出永不消逝的光芒。于是,死去的恋人迁出单纯的记忆,意象不许徒劳地怀念恋人图像,相反,像未来的一颗星星一样闪闪发亮。

在歌德的《潘多拉》①中,透过现存世界的具体性,埃庇米修斯注视爱的成像,尽管这种注视是透明的。在此,消逝了的潘多拉以近乎现实的面貌出现:

---

① 歌德的《潘多拉》作于1807—1808年。潘多拉(Pandora)的意思是"美丽完美女人的化身",因"潘多拉的盒子"而出名。古希腊语中,"潘"是所有的意思,"多拉"则是礼物,"潘多拉盒子"即为"万恶之源"。据传,宙斯命令赫尔墨斯把潘多拉带给普罗米修斯的弟弟埃庇米修斯做妻子,并送给潘多拉一个密封的盒子,里面装满了祸害、灾难、瘟疫等。潘多拉禁不住诱惑,打开了宙斯送给她的盒子,不料,各种灾祸从盒子里纷纷飞了出来,从此,各种各样的灾难充满了大地、天空和海洋。但是,还有一种说法是,为了挽救人类命运,智慧女神雅典娜在该盒子底层悄悄放入惟一一件美好的东西:"希望"。因此,只要人在,希望就在,人活着,也就希望着。布洛赫本人对"潘多拉盒子"的解读,详见本书第22章。——译者

她千姿百态,飘然而至
她飘荡在河水上,她漫游在原野上
依照神圣的尺度,她发出光芒和强音
仅仅是完善形态,纯化内容
赋予对象和自身以至高的威力
她给我显现青春形象和淑女形象。

在但丁的贝雅特丽采(Beatrice)[①]那里,这种性爱许诺找到了自身最寂静的威力,在但丁看来,他与贝雅特丽采的神圣相遇乃是与完美性的持续相遇。在神圣的死亡中,照亮彼岸世界,亲自走向、迎接这个未来,并期待、感受和完成这个未来。在此,总是不可理解地发生类似安慰(Troshaftes)的东西。在此,被视为成像的那个恋人表明是源自"贝雅特丽采"女性这一昔日恋人。因此,这幅昔日恋人图像很少作为许诺告终,因此,对于这幅图像,可靠的忠诚树立希望,但不仅在坟墓一旁树立希望,也在当下树立希望。

22. 象征形态中的白日梦:潘多拉的盒子;剩下的财产[②]

一切梦都具有这样一种特征,那就是对它而言,愿望图像多半都以徒劳无功而告终。因此一切梦都无法忘记这一缺失的东西,也正因如此,在一切事物中,梦处处坚守敞开的大门。当令人愉快的对象似乎畅通无阻时,这扇大门至少是半敞开的,而这个半敞开的大门就叫做希望。

① 但丁九岁时爱上一个名叫贝雅特丽采的八岁小女孩,那小女孩长大后跟别人结了婚,而且不幸早逝,但是,但丁始终爱恋着她。他不仅为她写了处女作诗集《新生》,而且在《神曲》中让她成为一位仙女,凭借她自身的力量,由炼狱进入天堂。——译者

② 古人的白日梦首先是通过"潘多拉盒子"来表现的。布洛赫考察了这一神话插曲如何历史地被接受,由此指出在尚未完成的世界中也存在某种否定性肯定的闪光。——译者

如前所述,没有无恐惧的希望,也没有无希望的恐惧。在飘忽不定之中,希望与恐惧相互维持对方,更何况希望还能够借助于勇敢者压倒勇敢者。

可是,希望也许是骗人的鬼火,或许是某种内行的东西,某种在自身中预先思考了的东西。例如,总是引人注目的潘多拉神话就是通过一个女人,但以极端恶魔般的方式把希望带给人类。潘多拉像帕米娜一样温柔体贴,像海伦娜一样妩媚可爱。但是,由于邪恶或邪恶的意图,潘多拉被派往人间,而且,就像在亚当和夏娃的原罪神话里一样,她以普通的蛇的面貌出现。宙斯为了报复盗取火的普罗米修斯,把她派往人间。她是一个充满诱惑力的绝美的女人,但是,当她把装满危险礼物的闭锁盒子送给普罗米修斯的时候,他严词拒绝了这份礼物。可是,埃庇米修斯(名副其实的"后觉者")却禁不住这份礼物的诱惑,这样,潘多拉便打开了带来的盒子。根据赫希俄德[①]描述的神话,从那时以后,人类就遭到了这只盒子所有的各种各样的灾祸的侵袭:疾病、忧虑、饥饿、畸形等纷纷飞出来了。在"希望"飞出来以前,宙斯只是出于所谓怜悯才最终关闭了盒盖。但是,这是充满矛盾的神话或神话版本。因为希望——宙斯也想要以此来安慰普罗米修斯所创造的人类——超然于他们的弱点之外,处在一些明显的灾祸中间。在赫希俄德的版本中,希望与灾祸的区别仅仅在于,它停留在盒子里,也就是说,它恰恰没有在人类中传播开来。但是,赫希俄德的传说难以自圆其说,除非希望作为灾祸涉及自身的欺骗性,并且涉及仅仅表现自身的那种无力感。

因此,古人塑造了 elpis[②] 一词,并赋予该词以温情脉脉、面带神秘面纱、逃之夭夭等特点。这样,斯多亚派学者就像把恐惧、害怕远远甩在后面一样,也想把希望远远甩在后面。但是,永志不忘的希望(Spes)仍然

① 赫希俄德(Hisiod,前 800—前 700),继荷马之后古希腊最早的诗人。主要作品有《工作和时日》、《神谱》等。赫希俄德重新整理荷马的史诗,重构了希腊神话,他忠实于荷马的表述,但同时致力于宙斯的秩序。——译者

② 希腊语 elpis(望),是一个中性词,词意为等待、推测、假定和预见等。——译者

在起作用,对此,安德烈亚·皮萨诺①在佛洛伦萨洗礼厅的大门上予以形象的描绘:尽管希望长有搏击长空的翅膀,但它久久坐着等待;尽管希望鼓起强健的翅膀,但它像坦塔罗斯②一样,双臂无助地朝向某种不可企及的恐怖。

因此,希望比回忆贫乏得多,就确定性而言,希望显示某种灾祸。尽管希望千姿百态,但它缺乏牢固基础,这是肯定的。然而,即使是没有牢固基础的希望也不能被列入世界的一般灾祸范畴之内,即不能把希望与疾病、忧虑等范畴相提并论。更何况,有牢固基础的,亦即与现实的可能性相中介的希望与灾祸,甚至与鬼火相距甚远,不可同日而语。至少希望是半敞开的大门,令人愉快的对象尽可畅通无阻,正因为这扇半敞开的希望大门,世界绝不会变成监狱,世界也绝不应该作为监狱存在。

古人苦苦寻找希望,时间越长久,就越渴求希望。因此,以后的希腊神话版本(歌德的《潘多拉》也学会了这个版本)不是把潘多拉带来的嫁妆描写为各种不幸的容器,而是把它描写为装满一切财富的容器乃至神秘的盒子。在这个版本中,潘多拉盒子乃是潘多拉自身,即"一切才能",其中充满了一切刺激、礼物、幸福的赠礼等。根据希腊神话版本,当这个盒子被打开时,这一切美好的东西都飞了出来,但是与罪恶不同,一切美好的东西恰恰都飞走了,从而在人们当中未能传播开来。因此,在盒子里至少留下了独一无二的财富,即希望。希望使一无所有的人鼓足勇气,面对尚未出现的东西,坚强勇敢,永不放弃。在希望消逝的地方,世界中悬而未决的过程也必定丧失殆尽。

这样,长此以往,惟一正确的是潘多拉盒子的第二个版本。因为希望是留给人的惟一财富,希望并非一开始就是已成熟的财富,但它也绝不是已毁灭的财富。**主、客观上**,我们可以把希望的基本特征标明为半

---

① 安德烈亚·皮萨诺(Andrea Pisano,1270?—1348?),意大利建筑家、雕刻家、炼金术士。——译者

② 坦塔罗斯(Tantalus),主神宙斯之子,因泄露天机被罚永世站在有果树的水中,水深及下巴,口渴想喝水时,水即减退,腹饥想吃果子时,树枝即升高。——译者

敞开的大门以及基督降临节的黎明。希望这一半敞开的大门乃是**未完成世界的盒子以及显现自身潜势的那个带有各种火花(暗码、肯定的象征等)的空房间**(Hohlraum)。

就存在的最令人喜爱的历史象征而言,潘多拉盒子犹如一间小室深邃地温暖地打开自己;不仅如此,像陆地旁的舱房一样,潘多拉盒子点燃家的承诺之光。凭借存在之物中最强烈的风景象征,潘多拉盒子犹如敞开的大海热情地打开自己。当阳光渗透天空,天色破晓之际,地平线上布满了夹杂着暴风雨的傍晚的云雾,甚至还布满了金黄色的早晨的云雾。在傍晚前,我们怎能不赞美这样一个壮美的一天。这两种风景**同样也是哲学的前景**[①]**,归根结底,这是对希望的唯物主义的某种开放的回答,是对新的总体世界的渴望和献身**。这一总体或全有依然处于过程及其趋势中,并且,凭借乌托邦的终极状态要素日益接近潜势中的过程前线。幻象及其从未存在过的财富从潘多拉盒子中统统飞走,但是,现实的、有根据的希望却保留下来。在希望中,人成为人之为人,世界成为世界之为人的家乡。

正如我们根据真正的秘密(事实之谜、乌托邦的总体等)来理解具体的预先推定一样,我们也出于同样的理由,根据启蒙(对幻象的破坏)来理解具体的预先推定。这样,乌托邦既是最大限度地抛弃幻象的乐观主义,也是最大限度地孕育抉择的乐观主义。因此,已知的希望要素并不脱离总体上有分寸的,即自然停止的马克思主义的理论-实践。的确,**机械**唯物主义比马克思主义真实。但是,如果机械唯物主义把一个同样愚蠢的世界乃至半个的和狭隘的世界单纯地解释为机械的世界,那么它就是不真实的。按照机械唯物主义的观点,世界无目的地运动,所谓运动无非是关于生成与灭亡的旧的循环运动,并且锁定在永远同一的必然性

① 在此,布洛赫用“舱房”和“地平线”二词形象地刻画了哲学的两种目标前景:其一是“期待陆地目标,眺望茫茫大海的舱房”;其二是,“展望暴风停息后早晨灿烂的地平线”。——译者

的链条上。但是，世界并非如此。在世界中，发生着继续进行的矛盾，在世界中，更美好的生活、人化、为我之物等在现实地成为可能，在世界中，发展和向前的发展可能性等拥有自身的位置。现实地敞开的世界乃是辩证唯物主义，而这种唯物主义并不具有任何机械论的蛋壳。就像机械唯物主义一样，辩证唯物主义与作为创造者的知性的唯心主义、造物主（Demiurg）①的精神的唯心主义、僧侣世界观、来世本质等也相距甚远，可谓天壤之别。而且，辩证唯物主义与个体的静力学，尤其是与唯心主义一道所崇奉的那个世界的全体毫无共同之处。

人无法完备地、充分地思考物质（Materie）②。物质的时代同样也是我们所是的时代，物质既非具有总是同样的数量，亦非具有总是自身的充分的重量。**不仅运动（运动本身作为第一个矛盾）和表面上自我矛盾的"人神同性论"是物质的生存方式，而且表面上比"人神同性论"矛盾得多的诸如预先推定一类的东西也是物质的生存方式。**预先推定是通过希望而被感知的，并且，预先推定是通过客观的和肯定的趋势-潜势概念而被塑造的。这样的曙光女神的特点不仅一再出现在人的、历史的领域里，鉴定和包容这个领域的风景，而且一再出现在绝非纯粹量的、循环运动的那个自然的领域里，鉴定和包容这个领域的风景。在这样的曙光女神特点中，在与人的、历史的领域的中介中，也恰恰存在家乡图像的暗码，然而，迄今人们还很少根据客观的、现实的可能性彻底反思早晨的国度（Morgenlands）。

世界素材的塑造持续不断，直到激起最强烈的生产力、"存在、所予之物"（Existere，Quod-ditas）这一真正的核心；世界素材的塑造持续不断，直到尚未的潜势成为全有、异化了的东西成为同一性、周围环境成为中介了的家乡。即使在建设一个无阶级社会之后拯救任务和人化这一素

---

① dēmiourgos，柏拉图哲学用语，原意为"巧匠"。——译者

② 德文 Materie，含有质料、物质、材料、素材等含义，译者根据上下文，译成质料或物质。——译者

材问题仍然起作用。尽管目标的希望与错误的满足注定不一致,但是,目标的希望与革命的彻底性必将一致:弯曲的东西变成笔直的东西,不完全的东西变成完全的东西。

第3部分

过渡:镜中的愿望图像
(橱窗陈列品、童话、旅行、电影、戏剧舞台)

23. 打扮得更美

不是每一个人都卖弄风情。但是,大多数人都想要讨人喜欢、引人注目,并且乐此不疲。在这方面,最外在的方式是最轻松的方式。飞蛾变色,好像它被灼热了一样。在别人面前,好些人竭力卖弄自己。

打扮得花枝招展,这是一件容易学会的事情,但是,这短暂易逝,经不起岁月沧桑。如常言道,女性和求职的男人惯于表现自身最佳的一面。那些以最快速度将自己推销出去的人如此说。自我被兑换成可通行的、灿烂夺目的商品。自我格外关注别人如何表现,别人穿什么衣服,橱窗里陈列什么,不时还亲自到商场走一走。

当然,没有人会喜欢以前自己未曾想望的东西。人们为外面美丽的包裹物、手势和事物所吸引,同样,他们为自身渴望已久的东西所吸引,即使这东西模糊地活跃在他们的脑海里,他们也容易受到这东西的诱惑。可以说,平头针、化妆品、陌生的蘸水钢笔等有助于梦摆脱黑暗的洞穴。这时梦走出来,装模作样、搔首弄姿,要么稍稍激励现存的东西,要么干脆改变现存的东西。但是,梦的愿望并非无所不能,它并不能完全改变一个人,至少这个人的愿望是真实的。在这种摆好姿态的行为中,梦的愿望确实背叛了自己。

但是,单纯从传统上看,愿望向上走,具有这种上进心的年轻人对自身所处的状态很不满意,但他绝非对富有的人或贫穷的人不满意。因此,他对这些人友好地报以微笑。他完全依照那副图像的样子:依照图像的样子,他看到了自己的模样,更确切一点说,他让人看到了他的模样。

"人美在于貌"①,这是年轻人如此许可的一切,即借助于小市民的冲动而渴望成为更好的主人的一切。但是,与此恰恰相反,"人美不在于貌",这种美是任何穿着打扮都无法仿效的。因此,在爱慕虚荣的小市民阶层那里,哪儿都充斥如此庸俗不堪的东西了。我们的生活犹如闪闪发光的金子,它外在于领带,也不取决于很少戴领带。

24. 今天镜子告诉我们什么

我被允许服务。

——格言

苗条的身材

自己都不瞧一眼,这是一件不同寻常的事情。但是对小职员来说,这通常意味着末日来临。如果他还没有完蛋,而且他也不想遭遇这个厄运,那么他这个似乎还像求职者一样的人应当有意显得干净利落并穿着得体。

更衣需要一面镜子,通过它主人的眼睛看出某种威胁性的东西。如果职员想要获得他老板的信任,就应当向老板希望的一样,穿他喜爱的特定样式和颜色的衣服。在走进人群之前或上班前不久,照镜子的人相信看见了自己的面貌。是的,正如他相信看见了自己所想望的自己一

① "人美在于貌"(Mehr scheinen als sein),指赶时髦,华而不实,即"绣花枕头,一肚子草"。与此相反,"人美不在于貌"(Mehr sein als scheinen),指追求心灵美,即在从事哲学思维活动的意义上,追求内在的真、善、美。——译者

样,他也只好相信自己看见了一个赏心悦目的自己。

就像毫无褶皱的衣服一样,职员想要苗条的身段和光滑如镜的面孔,并且始终如一、保持不变。因此,他处于表面上的优势,但这种优势只不过是现实的主人对小人拥有的优势。也就是说,镜子反射给他的不是他自身所想望的自身面貌,而是主人所想望的自身面貌。就像商店里清一色的手套,售货员千篇一律的微笑,这种特点具有统一的规格。在恐惧和孤寂下,皮笑肉不笑,这正是如今子虚乌有的那种美国主人的标志。因此,职员念念不忘的就是千方百计地讨人喜欢,对别人像鸡蛋一样光溜圆滑,像破壳而出的喧闹的小鸡一样小鸟依人。①

顽强地屈从

出售某物的人得讨人喜欢。姑娘应当像她所是的样子,小伙子应当学会控制自己,这样,他们在外面才能谦卑地表现自己。正如统治阶层在遭受没落的惩罚时,需要这种谦卑的表现一样。在受雇者方面,女性由粉红色组成,男性由蜂蜡组成(但谅必都很干练)。男女两性都需要好好表现,为此,在街道上、在每个公共场所里,都挂满了各式各样的镜子,以便映照善男信女的每一种姿态、每一个踪影。

橱窗镜子般闪亮,陈列商品越发堆积如山,顾客就越发趋之若鹜,一睹为快;小市民也挡不住诱惑,忍痛掏腰包。一般读物、美国西部电影素材提供许多这样的图像,即值得想望的、舒适的、徒劳无益的虚假图像。在此,欺骗性的路标比比皆是:喜欢跳舞的牲畜、被链子锁上的人的旅行、阉人婚礼的光辉等。这一切都是谎言,尽管这些谎言甜蜜入耳,但又是不可能实现的。人们不时陶醉于这种甜言蜜语,但是,一到家里,就不得不打扫恼人的屋子,擦洗令人厌恶的餐具。

① 在此,布洛赫形象地用鸡蛋和小鸡比喻丧失了自我的小市民的劣根性和奴性。——译者

看起来,惟一借以摆脱荒凉孤寂的出路是体育。在短跑起跑线上,人们感觉到真正惊心动魄的愿望。对于小市民来说,生活的竞赛几乎已经死亡,因此,只好逃向体育竞赛。但是,运动场地如此狭小,以至于向前突进的比赛形式、严肃认真的姿势却一动不动。游泳选手仅仅在水中刷新纪录,但是,老板却在利润中刷新纪录。当然,两者存在差异:这里产生截然不同的最好成绩,这成绩源自忍耐中的严肃认真、屈从中的坚忍不拔。如果商人想要成为商场冠军,他就需要吞咽失败的郁闷,胜不骄、败不馁,在恶劣的比赛中,也要显示出端正的表情。这里并没有谎言,这是在生存竞争中胜出的陌生胜利者,实际上,这种优胜劣败的生活正是资本主义人生道路提供给人们的。站在拳击场,拳击手狠狠地揍对方,但是,最好的接受者却作为观众站在绳索前。当铃声响起时,真正的冠军就是吃了上钩拳之后,很快站起来的那个人。因此,他尤其使那些支持不倒翁的人称心如意,欢呼雀跃。

25. 新的衣服,辉煌的橱窗陈列品

天鹅绒制的衣领点缀得漂漂亮亮。

——格言

谁也脱离不开自己的皮肤,但是,很容易进行新的包装,一切都可以用穿衣来进行打扮。就像新的一天一样,早晨展开一件新的衬衣。一件新的大衣足以掩盖刚刚释放了的囚犯的所有过去。这种可以选择的衣服恰恰把人与动物区别开来,而首饰比衣服更悠久,它至今被用来点缀富贵华丽的衣服。

特别是为了性感,妇女在各式各样的衣服中试穿最新款式。她穿上另一件衣服,仿佛变了一个人,但这也属于女性华丽服饰的精美泡沫。但是,这种试穿各种衣服的愿望,同样始于裁缝所能给予的那种十全十美、变化不定的假象。因此,定居悠久,依恋故土的人总是穿着同样的衣

服反倒感到舒适自在。相反,另一种漂亮的人,一旦发现裤子没有裤线,就立刻感到缺少了褶痕。

漂亮地布置的橱窗

然后,这个人悠闲地朝着充满生气的街道望去。灯光在树木之间闪烁不定,那亮光是从广场末端的明亮的建筑物里透射过来的。显然,灯光在呼唤人们。但是,在此召唤顾客的正是橱窗后面熠熠闪耀的商品。橱窗里的陈列品附有纸样,为的是激起高雅的生活愿望。最初,橱窗是随着开放的资本主义市场一道出现的,最具典型意义的是,在美国西部始终保留着橱窗的固有特点:首先唤起那些"囊中羞涩"的人的需求。其目的在于,满足商人本身的内心愿望:"赚钱"。

因此,好的橱窗肯定暗示什么。店主每次都摆放展现全体的部分商品,而这一部分商品本身又仅仅是提示性的商品,这样驻足在橱窗前的人就变得心神不定。食品店里,精美食品与雪白的瓷碗摆在一起,这不能不引起人们的食欲。咖啡、茶、烧酒等最好经得起上着红漆的代尔夫特陶器①的考验。荷兰和印度的异国气氛使顾客昏昏入睡。

这里是一家瓷器店。商店中间放着一张铺有桌布的餐桌,上面烛光雪亮地照耀着瓷器和水晶碗,这些瓷器静候像自身一样讲究高贵的顾客。这里也有高档女士成衣:难以想象的纤柔的姑娘挽起成套女服超尘脱俗、美丽绝伦,仿佛超越时空,来自一个陌生的彼岸世界,以至于尘世的女人望而却步。这里也有裁缝沙龙,专为总经理或梦想成为类似大人物的人制作高档西服。独一无二的双排纽扣的男大衣醒目地挂在英式家具的椅子上,在旁边等候顾客的还有质地柔软的帽子、猪皮手套、犹如出自古代佛洛伦萨图书封面的皮鞋等等,琳琅满目,应有尽有。

然而,流浪者和大多数诸如此类的人根本买不起这些商品。即使偶

① 代尔夫特陶器(Delfter Kacheln),荷兰产陶器,通常是青色、白色。——译者

尔唤起躁动不安的占有欲,但这些商品昂贵如天价,也就干脆死了这份心。然而,在家具店的橱窗后面,更多追求幸福的人则可发现许多梦寐以求、眼花缭乱的东西:餐室、卧室、工作室、沙龙——这一切都目不暇接,就像一张舒适的床摆放在那里。

一个年轻的官员已经无需在空旷的公园里想入非非,它只需把新娘轻轻地扔进家具店里的卧床即可。在玻璃窗后面摆满的绒毛被褥、橙红色家具中,他凝视着最合法但很可能实现的市民的愿望:这个梦之家只属于我们两个人。梦中的美好之家不仅充满着甚至超出自身实际生活水平的家具,也充满着一再用作化装舞会的那些大众货:旧时土耳其宫中白奴用的宽沙发椅、加利福尼亚餐具柜、浮士德式的漂亮工作室等等。

在陈列橱窗的每一个角落都形成梦想,以便没有钱但富于梦想的人多掏钱、大破费。再没有比橱窗装饰人员更理解做这种梦的人了。他不仅陈列各种商品,而且展现人与商品之间形成的诱惑图像。他从玻璃窗和幸福出发,构筑一幅幅诱惑图像,而且,行人所从事的这种资本主义诱惑图像的构筑工作——紧靠这种诱惑图像的是凄凉的贫民窟和毫无慰籍的市侩街道——纯粹以人性为基础,但同时催人进一步遗忘这种人性。

的确,小市民忐忑不安,然而他绝无反抗心理,因为玻璃窗后面的魔力一点也不显示它是可妒忌的、明显的占有者。小市民恰恰以优雅而可嘉的目光肯定他面前的那些昂贵的陈列品,并且深信,有朝一日主人会塑造他们的生活,为他们购置一切。这朵花、这瓶香水是送给妻子的,我们的生活一定丰富多彩……但是,从哪里发现这种生活呢?

在圣诞节时刻,人们不是给自己送礼物,而是给别人送礼物。这时,世界都市的商业街一下子变得虔诚笃信。灯光广告两倍、三倍地发红光,人的一切愿望此起彼伏,变成蓝色、黄色、绿色。人们喝干酒瓶,吐着浓浓烟雾,到处都用商品制成一个所谓“耶稣圣婴”(Christkind)。一幅多么滑稽可笑的图像,就像过分拥挤的陈列橱窗是一个欺骗性的陈列橱窗一样。被倒入海里的那种咖啡,人们也就不必展出了。

广告的火焰

但是,商品总需要赞美自己的标牌。在价格竞争中,标牌不仅使商品在陈列橱窗中灿烂夺目,而且尤其使商品讨人喜爱。被展示的、评论的陈列品、大钟就意味着广告。这种广告除了把人变成财产的拥有者之外,尤其把顾客变成最受尊敬的圣者。

从前,与资本主义不同的国家也有过某种广告,但是,它与其说是谋生奋斗的手段,不如说是心满意足的自我赞扬。这种广告并不局限在某一商品上,它甚至极力嘲弄商品。今天人们仍然讽刺性地把煤炭企业称赞为“阴曹冥府”。在古代北京就已经出现如下商行招牌:一家篮子商店叫“十美德”;一家鸦片商行叫“三倍的正直性”;一家酒店叫“最美丽街坊”;一家木炭商行叫“万美喷泉”;一家煤炭商行叫“天国刺绣”;一家肉铺商行叫“黎明的羊肉店”,如此等等。但是,这些招牌纯属虚构,作为诱惑和夸张手段,这些招牌的出现先于资本主义广告,但其目的绝不是赚取更多的金钱。

如今,广告专家比橱窗装饰人员更优美地弹奏梦想这架钢琴,在天花乱坠的广告刺激中,梦想不做任何反抗,直到某一顾客在其中归于成熟。现在出现下述一连串大西洋口号:“当下购买新年帽子不再是费用问题”;“呼吁菲利普·莫里斯”;“纯洁与大酒瓶,就是百事可乐”;“现代设计就是现代设计”;“别克汽车,成功企业家的汽车”。《纽约时报》确信,购买女士袜子收益颇丰,不啻获得真正的新生:“范·拉尔特丝袜朝朝暮暮覆盖着您的荣耀长腿”;节约,对最后呼喊的愿望以及朝霞为先生提供一个价位低廉的情人幽会处:“霍华德衣服,眺望明日世界的风格。”

广告大都用商品制造魔力,但是,一旦人们购买商品,其中的一切魔力也随之烟消云散。一个美丽如画的女士一边在太阳穴上涂抹科隆香水,一边从先生那里取出一块瑞士巧克力,这幅广告显然暗示业已实现的幸福图像。对于被引诱的梦之鸟而言,陈列橱窗和广告无异于资本主义独一无二的捕鸟用的胶杆。正如马克思所言,如此辉煌而吹嘘的商品成为诱饵,借助于此,商人想把别人的钱吸引过来,并且想把每一种现实的、可能的需要变成脆弱的购买欲。全年的圣诞节、复活节购买力的炫耀,一切可以吹得天花乱坠的商品都描画成可能的事情。这样,公司的职员就受到鼓舞而不发脾气。与日俱增的大量灯光以及腐败的柏林 W 商业街①全有助于增加资本主义社会的黑暗面。

26. 美丽的假面具,三 K 党,五光十色的杂志

是的,我拥有妈妈的美貌,
但我也拥有爸爸的金钱。
——爵士音乐

旨在改变自身的嗜好强烈地引诱当事人。于是,人不仅仅是穿上新的衣服,而是在其中面目全非了。对此,手段不是衣服,而是伪装。然而,这种伪装愿望完全不是日常的面具产生的。假面具(Maske)首先是具有威尼斯特征的面具(Larve)②,它藏匿甚至否定迄今生活中显现的自我。于是,家庭主妇、商人消失不见了,取而代之的是他们自身的色彩斑斓的图像。

在众多情形下,刻意伪装起来的人一事无成,但是,这种人偶尔也尝到微小成就感。对于市民来说,假面具不仅使他看上去像过节一样英俊潇洒,而且允许他想入非非,自由自在地采取行动。是的,如果他伪装成罪犯、刽子手或帕夏③的话,这个假面具就非常得体,往往比他身上的日

① 此处"W"为缩写,似乎指柏林 Wedding 商业区。——译者

② "Larve"一词有可能来自拉丁语"面具"或者"鬼魂"。"Larve"也称之为 volto 面具,主要是白色,具有威尼斯特征,通常与三角帽和斗篷搭配。——译者

③ 帕夏(Pascha),史称土耳其、埃及等国的高级军官和官吏,后泛指轻视妇女,喜欢让妇女伺候的人。——译者

常衣服,即被迫穿上去的裙子更为合适。因此,他抛出了关于自己的梦以及一个色彩鲜艳的或大亨的梦。如果不受阻碍,一个人就会意识到,在生活中伪装起来的人究竟能起到什么作用。因此,他绝不仅仅是伪装成刽子手、强奸杀人犯、王子等。一个出色伪装的人是去掉了伪装的人,所以,他看起来是一个深藏不露、城府很深的人。

曲折的道路

在公开场合,很少有人像一只色彩斑斓的动物一样惹人注目。令人惊讶的是,这些人并不一定为了致富而犯下更多的罪过。所有的罪犯,即使他们是社会败类,他们也都出身于市民阶层,他们的愿望就是要过一种富裕阔绰的生活。在他们看来,像有钱人利用白昼一样,一个人可以通过犯罪即利用黑夜来一夜暴富。

毫无疑问,对于穷人来说,也就是受到阻碍的剥削者来说,存在某种持续的刺激,即渴望走进罪犯渊薮,渴望投入战场和欺骗活动。相对而言,在小市民阶层中,拥有左轮手枪的渴望很少下降。尽管有众多的星期五连环杀人事件,但是,拥有枪支的愿望仍然停留在计划之中,因其后果要求良好的神经承受力。

一则古老的格言说:"仅仅梦见别人所犯罪行的人是正直的人。"但是,即使在化装舞会之外,伪君子也致力于他所想望的那个人,即王子。是的,在重大罪犯那里,这个欺骗活动也往往披着职业服装:曲折的街道应该同时是彩色的、阴森可怕的。而且,罪犯本身不仅喜爱为小市民所笼罩的无政府主义的浪漫主义,也坚持无政府主义的浪漫主义。因此,那些无人照管的青少年就通过流氓团伙,引诱血腥图像。但是,事实上,也存在滑稽可笑的谋财害命、杀人越货,尤其是强奸杀人。在一种梦的游戏中,这些人首先怀着复仇心理扮演杀手,因此,增加了欺骗性。他们甚至写自供信来嘲弄警察。这种充当角色的欲望是很强烈的,尽管在这方面最终起作用的还有其他意图。我们可以通过证据说明这种渴望和意欲本身的作用。此外,这种渴望和意欲令人可怕且富有意义。1930年前后,在杜塞尔多夫发生了十九起强奸杀人案,犯人屈特恩给警察写了这样一封匪夷所思的信,其内容完全是一种令人发指的罪犯风格:血淋淋的嗜杀成性、恬不知耻的幸灾乐祸,甚至假仁假义的热情和卑鄙龌龊的及时享乐。这个强奸杀人犯擅长双重恐怖,他这样写道:“也许你们对我的行为感兴趣。因为我的起点位于另一个地区。下述一段话理应受到你们特别的注意。事情始于朗根费尔德(位于科隆北部)。如果这件事办妥,我也就万事大吉了。那里生活着一个女孩,无论在道德上还是在思维上,她都不能与一个孩子相比。这个女孩不会属于我,这一事实逼迫我做一切可怕的事情。即使我付出生命,她也必须死。我想把她毒死,但是,她那纯洁无瑕的身体战胜了毒药。现在我把握了更好的时机,傍晚,我的那个女孩肯定从希尔登回家。路标随信附上。她就是我的下一个牺牲者。”后来,从苏拉菲亚①卫生间寄出的信就以下述拙劣的诗句结束,但其内容完全确实:

在帕彭德勒山脚下
杂草丛生,一片荒凉
在打X号的地方
1.5米深处埋有一具尸体。

这封信放在镶有黑边的黑色信封里。不难看出,从这种矫揉造作的杀人行为中,作案者体验到一种巨大的自我享乐。纳粹参与者都一致表示,他们后来十分有趣地接受了强盗杀人犯、道德强奸杀人犯。恰恰以这种特别的方式,曲折的道路配备了极端残暴的愿望图像,其中还包括终极刑场,由于其难以想象的残暴,基督教市民不得不饱受数百年之久

① 苏拉菲亚(Schlaraffe),源自中古高地德语“Slur-Affe”,意为“无忧无虑的享乐家”——译者

的不幸:不是被处以车磔之刑、四马分肢,就是被活活烧死。

借助于惊恐的成功①

不难猜测,在实际生活中,诸如此类的可怕图像同样渴望戴上假面具。不仅在化装舞会上,而且在白天,自吹自擂的人都想戴上假面具和风帽。不仅仅在旧式的私人罪犯那里,假面具从化装舞会中涌现出来,而是在法西斯那里,从政治现实中一本正经地涌现出来。在白天,假面具也公开地挥舞这种来自黑夜的长剑,当然这里隐藏着不可告人的政治意图。"狼牙"、"火车车厢的惊愕"等假面具是供一同旅行的经商旅行者取乐的,但是,这些狂欢节的面具俨然变成了警察的标志。在欢乐协会化装舞会上,某一阿爸扮演了被私刑拷打的法官,而他却被人们一致宣布为当晚最成功的法官。现在类似的角色在大街上频频上演,但是,名副其实、无可指摘。

在火车上,一个犹太人穿着短裤,脖子上挂着一块诙谐的牌子,身边那个犹太宝贝留着一头短发,人们朝着他们嗤之以鼻、同声大笑,直到响起另一阵哄堂大笑。心理退行突然爆发了,阿帕琛②、死者头颅、穿火红长睡衣的男子等使大街小巷一下子热闹起来,而警察则把这一切弄得加倍地不安全。在狂欢节上,暴露无遗的小市民的所有愿望旋即变成放火、杀人愿望,这种愿望与政治谋杀、三K党、蒙面男子的愿望何其相似,与把世界逼入真正野蛮的错误暴动何其相似。法西斯主义的江湖骗子拿起狼人假面具,它沉迷于半疯狂的名字,沉迷于恐怖小说的舞台背景。进言之,这种舞台背景逐渐变成通俗小说,但是,也逐渐变成市侩精神分裂症的有效利用、有利构筑。

因此,苏拉菲亚乃是紧急关头的产物,它同样出现在美国的西部。

---

① 在本节中,布洛赫阐明了小市民意识是怎样被纳粹利用的。——译者

② 阿帕琛(Apachen),巴黎、布鲁塞尔等地的流氓或暴徒。——译者

在此，三K党这一反动的地下运动在美国南北战争之后开始占上风，然后在第一次世界大战之后重新起主导作用。这帮暴徒穿着带风帽的、印有黑底白色标志的化装舞衣，他们手持火炬，看上去幽灵般阴森可怖。标志形态形形色色，其中有长弯猎刀，有球体、半月、十字架、蛇、星星、青蛙、车轮、心脏、剪子、鸟、牛群等。这个暴力团体自命为“看不见的帝国”(Invisible Empire)。这个帝国的顶端是“皇帝的魔术师”，然后是“巨龙”、“巨人”、“独眼巨人”等等。此外，还有“团体与狼”、“团体与雕”，这些团体的名称与化装舞衣的形象是一致的。但是，在山上集会时，这个团体点燃一把十字架火炬。通过这种假面具，极端的异类愿望野蛮地丰富多彩了，借助于此，从禁忌中制造了嗜血成性的巴比特。[①] 如美国的诸杂志想象的一样，这个团体效仿印第安人故事和图腾信仰，甚至效仿中世纪的王家法庭，完全沉浸在黑暗中世纪的迷信、野蛮和狂暴之中。因此，这个团体的假面具乃是法西斯主义的第一套制服，而且，他们的口号首先是用自身的愿望染成右派“革命”，即私刑“革命”。在这方面，1868年4月，阿肯色州暴力团体提出的下述口号富于启发意义，也许这个口号标志着第一次出现的私刑运动的开端：

K K K

特殊命令第2号

兄弟的灵魂；殉教者的影子；来自血腥原野的幻影；布鲁图斯的追随者！！！

集合，集合，集合。——当影子集合在一起，月色朦胧、星光摇曳时，飞向会馆，用暴君之血洗你的手吧；凝视那宣告有罪的叛徒的名单。时间已到。鲜血必须涌流，真理必将得到拯救：

---

① 美国作家刘易斯(Sinclair Lewis，1885—1951)小说《巴比特》中的主人公。作者通过巴比特这一形象，把唯唯诺诺、沾沾自喜的美国人的特性描写得淋漓尽致。“巴比特”这个名字从此成为鼠目寸光、惟利是图的庸俗市侩的同义词。——译者

在黑暗中行进
埋葬在水中
不要作声
不要听信谣言，
高超而果敢地斗争
复仇！复仇！复仇！

这话听起来不啻强奸杀人犯屈特恩援引的罪犯语言，然而，披上了貌似革命的盛装。据说，在现实的原始人中，戴假面具的人借助于自身的蒙面可以深入到面具所表现的那个存在之中。例如，戴狮子面具的野蛮人成为狮神本身，他相信能够作为狮神而行动。当跳舞的伊斯兰托钵僧围绕自身的轴心旋转时，他把自己视为围绕太阳旋转的天体，以此他在想象中把太阳的力量拖到自己身上。

文明化的野蛮也使用假面具，但是，其目的有所不同，诸如法西斯主义一类的食人者之所以戴假面具，绝不仅仅是为了他们的理想而参与杀人，而是为了激起惊骇，在惊恐中麻痹人们。当大资本呼唤假面具时，当真的"月光苍白，星星颤抖"时，当"水晶之夜"①来到大街时，假面具就牢牢地铸在人们的脸上了。

成功的书，甜蜜的故事

但是，这种改变自身的愿望也可以在令人愉快的领域里漫游。因为在一切犯罪图像的背后都隐藏着小市民的甜蜜愿望，而野蛮的巴比特首先逃入这种愿望里。在描写成功的书中，即在散文和诗歌中可以发现这

① "水晶之夜"（Kristallnacht），又译作"碎玻璃之夜"，1938年11月9—10日，纳粹大规模地袭击以柏林为中心的犹太人店铺，所谓"水晶之夜"一词即源于纳粹对犹太人店铺玻璃的疯狂破坏。——译者

种愿望,在描写甜蜜舒适的感觉和情节的故事中,一句话,在杂志故事中可以发现这种愿望。所谓"成功的书"(Erfolgsbücher)是这样一本书,它允诺了历经千辛万苦通向恰当的幸福之路。这种书业已是能够装门面的书,就像用一只手套就能熟练摆弄牛排的那个法国厨师一样。这些书附有生存斗争的建议者,每当美丽的女王或幸运儿遇到阻碍时,他就赋予殷切的希望。

插图教人良好的规矩,有助于所做的事情的解释,最终,在巨大的舞台造型中,表明了男职员所追求的目标:这个职员坐在上司家的餐桌旁,而他身旁坐的是多半被征服的那个上司的女儿。一夫一妻制以这种嫁入方式得到改编,于是,成功之书徐徐落下帷幕。在北美,这类故事广泛流传。"如何赢得朋友并影响人们",这恰恰属于工作。在一则"可想望的生活大众指南"按语中,这样写道:"怎样度过您的生活;您健康的秘密;爱情与婚姻;怎样赚钱;魅力之道;如何敏锐您的记忆;未婚,但是——;爱没有年龄界限;如何谈论书、戏剧、音乐等等。"简而言之,在此展现的是漂浮在小市民愿望之海的一座真正的灯塔,而且,这座灯塔导向十全十美的巴比特,即导向有信誉的巴比特愿望目标。

迄今,我们考察了小市民合理的成功过程及其胜利的代价。但是,至少小市民也具有令人惊讶的、非理性的愿望。这种愿望唤醒人之中的"秘密力量",并确认这一事实:"今天在许多先生那里,对职业生活的强烈要求正导致提前剥夺他们的最佳力量。"秘密力量造成某种富于磁性的力量。在与异性交往时,这种力量使当事者消除羞怯,使他成为擅长交际的人。甚至男人也乐意把他的生命航船之舵拱手交给女士。

成功的书甚至涉及关于性知识的各种建议,但是,这种建议并不是为了单纯追求性欲补偿的男女,也不是为了单纯"偷看下流场面的人"(Voyeurs)。范·德·维尔德①所著《完整的婚姻》达到了市侩世界观的

---

① 范·德·维尔德(Theodor Hendrik van de Velde,1873—1937),荷兰妇科医生,所著《完整的婚姻》首先在荷兰与德国走红,接着很快被翻译成世界各国文字。——译者

顶峰,这是一部可尊敬的下流书,也是间接地通向性欲的迂腐路标。对于一般读者而言,这部书早已成了关于"爱的艺术"(ars amandi)的书,然而,对于葡萄酒商贩而言,这是一部内部出版物,成了掺有威士忌的母乳。与此同时,出现了某种代用品,用以代替从前聪明的、告诫的忏悔神父。但是,爱消失了,保险公司留下了。因此,每一部成功的书都致力于保险公司,或者献身于通向保险公司的那种商业本能。换言之,经济拮据的羔羊的"富有的结算"(well-to-do-Bilanz)这一重要的美国生活方式剩下了,但是,十全十美的男女同房这一梦的小说却沉没了。

最后是一则保险广告,看上去十万火急,将发生错过最后一次机会的危险:由树林和湖水环抱的高贵而隐居的家,在栅栏前站着一个亲切友好的信差,他正带给培植蔷薇的家长和打瞌睡的夫人保险金。生活的向导许诺这一切,并把散文内容转变为诗的内容,即转变为粉红色的生活内容,这是执笔成功之作的那个大众作者在实际生活中根本无法体验的生活内容。

到头来,一切描写过高追求的书都令人失望,因此,读者并非无所用心地读这些书。杂志故事向读者提供古老而新鲜的故事,从中读者重新体验到上升路线中伪装了的履历:除了金钱和荣光,一纸空文。而且,借以晋升的诀窍一模一样,那就是一如厄普顿·辛克莱[①]曾经所言,"不可能的偶然诀窍"。

一个女仆与卓有成就的金矿挖掘者或一个具有一颗金子般纯真心肠的男人结婚,婚后不久,这个男人时来运转,发现了一座价值连城的石油矿。贫寒的女速记打字员为了购买丝袜省吃俭用,但是,她遇见一个年轻的职员,开始爱上了他。他有机会与她做一次简朴的郊游,这使他忽然发现他的情人的高贵本质,但是,他最终发现她本人就是

① 厄普顿·辛克莱(Upton Sinclair,1878—1968),美国小说家、评论家,主要作品有描写科罗拉多州煤矿工人罢工事件的《煤炭大王》(1917),抨击垄断资本家的《石油》(1927),揭露政治腐败和警察暴行的《波士顿》(1928),反映芝加哥劳工情况的《屠场》(1966)等。——译者

他的领导，于是，喜出望外，把新娘领回家。听起来，简直不可思议，不是吗？又如，一个贫穷而英俊的小伙子奋不顾身地拦住了惊跑的烈马，他以这种惊心动魄的方式结识了富有的女继承人，于是，她就成了他的妻子。这种离奇的故事无异于位于垄断资本当中的自由娱乐的黄金床。

借助于不可思议的偶然，这种纯粹的私人变革、杂志故事显示出，一个人如何飞黄腾达跻身于上流社会。在最富有的人的圈子里，这种故事居间调停篱笆外的目光，居间调停充满希望的目光，特别是居间调停美国数百万人当中蔓延开来的"头彩"这一劣质烧酒史诗。这一切都混合着以往德国庸人的情绪，而这种情绪源于"毛绒时代"（Plüschzeit）①的腐朽生活方式，并且历经数百年而不衰。"我知道百里香盛开的一家银行。"抑或，玛尔丽特②以这种方式写道："于是，响起快乐的钟声，这钟声响彻冬天的壮丽原野，在年轻人的心中，这声音犹如幸福之声，为一生带来幸福和美。"抑或，一曲地道的浪漫主义之歌："在农家多么舒适暖和！所有的房间都点起花花绿绿色彩遮掩的灯，比起往年，雪下得早，初雪纷飞，银装素裹，催逼黎明来临。所有炉子中，烧得通红的结实的劈柴都欢快地噼啪作响，外面，大前庭里的一座巨大的瓷砖壁炉散发出暖暖的热流。"抑或，浪漫主义、魔力般地描写庸人对贵族高原地区的敬畏，尽管同样用坚实的散文格调加以美化："这座古老的城堡，从外面看，一片阴沉，沉默无语，但里面却生气盎然，妩媚迷人——墙上低垂着奢华的锦缎，门帘用厚重的织物制成。这城堡将给我们上演一场多么陌生而充满幻想的戏剧！每扇门都潜伏着隐秘的诡计，但是沿着昏暗的走廊，爱连接情人间温柔的纽带。"

---

① 德国表现主义剧作家卡尔·施特恩海姆（Carl Sternheim，1878—1942）把他出生的1878年称作"毛绒时代"，借以讽刺俾斯麦时代德国的腐朽生活方式，后来，"毛绒沙发"、"毛绒衣服"、"毛绒床"等为标志的"毛绒时代"成为虚荣和浮华的同义词。——译者

② 玛尔丽特（Eugéne Marlitt，1825—1887），最初是歌剧歌手，自1863年起，因听觉障碍转而从事写作，她的大众小说大都以大自然和伤感爱情为主题。——译者

就以这种贵族故事,杂志故事带给人们最震撼人心的体验,并以这种资本主义图像带给人们最惊人的信仰奇迹。杂志故事善于用上流社会的深度和平来感染小市民,挖空心思地教导他们大力传播并完整无损地保持这种和平。关于成功之梦的所有故事总是热烈地拥抱幸福的结局,显示出资本主义的贵族特征。不存在其他的结局,也不可能存在其他的结局。借助于此,杂志故事把上流社会的寄生虫生活描写成一种崇高的秩序:财富乃是恩宠。

可怜的魔鬼①并不造反,他独自飞向城堡里的女继承人。杂志故事就这样称心如意、不可思议,然而,它这样我行我素,不受任何竞赛规则的干扰,这已经截然有别于能动的因而憎恶贵族庸人那种幸福主题的通俗小说。总之,在如梦如幻的镜像中,即在描写了美梦成真的通俗小说中,除了不可思议的偶然之外,什么也没有发生。这一通俗小说梦想把美好的祝福带向幸福之巅,然而,只是凭借全部大西洋的魔术,无谓地增加堂吉诃德的廉价的、无意义的希望而已。

27. 更美好的幻想:集市、马戏、童话和通俗小说

鸭崽子,鸭崽子
格蕾特尔与汉泽尔
没有跳板,没有桥梁
把我们搭载在你白色的脊背上。

——《格蕾特尔与汉泽尔》

然后,我们去睡觉。但是,我没有睡,我醒着,我寻求帮助。我聚精会神地考虑一个决定。这时,我想起读过的一本书,标题是《莫雷纳山脉的匪窝或所有身陷困境的天使》。当爸爸回家入睡时,我

① 此处,指不甘落后,一心向上爬的小市民。——译者

从床上下来,把自己锁在小房间外,轻轻穿上了衣服。然后,我写了一张字条:"你们不可用沾满鲜血的手工作。"我把字条放在桌子上,衣兜里揣了一块干面包,还有玩保龄球赢得的少量硬币。我下了楼梯,悄悄地开门,深深地、抽泣地吸了一口气,但是声音很低,谁也听不到。然后,压低脚步声,走出市场,从小径走出来,直奔隆维策尔大路,这条路越过利希特施泰因和茨维考而通向西班牙:一个扶助困境者的高贵的强盗的国度。

——卡尔·迈①:《我的生活与奋斗》

海员的惊险故事,加上恰当的海员方式
灼热与寒冷,暴风雨与信风
船舶、群岛、冒险方式
被放逐者、宝藏和海盗。
所有古老的英雄行为和魔术
多么长久地压制我全部的心灵
告诉我水手的方式
你们激奋了,你们自作聪明的年轻人。
听我说!——然而我过分狂妄
如果你们清醒,无论金斯顿、巴兰坦还是库珀
也许都忘得一干二净
年轻时,我对他们多么着迷。
原来如此,我沉默着,
与我的英雄一起
压抑地走进坟墓

① 卡尔·迈(Karl May,1842—1912),德国大众探险作家,专写一些印第安人题材的游记与历险小说。他很少旅行海外,但一生写下以异国风情为背景的探险小说50多卷。晚年他离开德国,仅仅是为了到东方和美洲一游。——译者

这正是早已吞没了他们及其事业的地方。

——斯蒂文森①:《金银岛》,致犹豫不决的买主的献诗

通过无计划的漫游,通过想象力的无计划的漫
步,常常惊醒猎物,这样,井井有序的哲学就
可以把这些猎物带入秩序井然的家务中。

——利希滕贝格②

傍晚也许是讲故事的最好时机。无关紧要的邻近的东西消失了,而遥远的东西却更好地、更接近地显现出来。"从前有个"这句开头语不仅仅意味着像童话一样的某个过去,而且意味着多姿多彩的或轻松愉快的地方。如果变得幸福的人尚未死去,那么他今天仍会生活在那里。在童话中,也存在痛苦,但这种痛苦逐渐好转,确切地说,一再好转。温柔的、被虐待的灰姑娘走向她的母亲坟墓旁的一棵小树。小树摇动自己、震动自己,一件华丽而耀眼的衣服掉了下来,灰姑娘从未穿过如此绚丽的衣服,她的拖鞋一下子变成金鞋。童话最终成为金灿灿的、美好的东西,在那里,幸福绰绰有余。在此,小英雄和穷人恰恰到达生活变得无比美好的地方。

聪明者的勇气

并非所有的人都是如此温柔的,这种善良尚须等待。于是,他们走出去,寻找自身的幸福,聪明地对待恶劣的环境。勇气和诡计是他们的盾牌,知性是他们的刺矛。因为单是勇气并不能对付肥胖的主人,更不

---

① 斯蒂文森(Robert Louis Stevenson,1850—1894),英国作家,小说《金银岛》是其代表作。——译者

② 利希滕贝格(Georg Christoph Lichtenberg,1742—1799),18世纪下半叶德国的启蒙学者、思想家、讽刺作家、政论家,著有《格言集》等。——译者

能把主人从权力之塔上摔倒在地。对于弱者来说,知性的诡计是合乎人情的一部分。因此,童话确实了不起,在克服各种困难的过程中,童话总是绝顶聪明。在童话中,获得成功的勇气和诡计与实际生活中的勇气和诡计截然不同,不仅如此,正如列宁所言,总是存在现存的革命因素,而这种因素正是革命者借以虚构既定路线的必要条件。

当农夫还处在农奴制度中时,童话中的小伙子征服了国王的女儿。当有教养的基督教界善男信女在女巫和魔鬼面前瑟瑟发抖时,童话里的士兵自始至终欺骗了女巫和魔鬼。只有童话才强调"愚蠢的魔鬼"。

在童话中,黄金时代不仅得以寻求而且得以映现,在黄金时代中,天国之路得到完整展现、一目了然。但是,今天的童话即使占有天国也不能欺骗我们。因此,童话呈现出一个倔强的、烧着了的火红的孩子,一个阳光的孩子。我们可以抓住豌豆的卷须攀援到天国里,在那里,一睹天使如何碾磨金钱。

在童话《死神教父》①中,可爱的上帝亲自向一个可怜的男人提议做他孩子的教父,但是,这个可怜的男人回答说:"我并不渴望你做教父,因为你赐给富人富裕,赐给穷人贫穷。"这里,在勇气、冷静和希望中到处都充满着一种启蒙精神,其实,这种"人穷志不穷"的精神远在这则童话之前就已经存在。

在格林的童话里,勇敢的小裁缝,即一个打死七只苍蝇的人独自出门闯荡世界,因为他认为,小作坊太小,英雄无用武之地。路上,他遇见一个巨人,他捡起一块石头,双手使劲一捏,捏得石头滴出了水。巨人捡起另一块石头,朝空中一抛,石头飞得那么高,用肉眼几乎看不见了。然而,裁缝压倒了巨人,他不是把一块石头,而是掏出一块软软的乳酪来,轻轻一捏,乳酪就变成了浆,然后,从口袋里抓出一只小鸟,往空中一抛,

① 《死神教父》,源自格林童话,大意是,从前有一个穷人,他拒绝认上帝为他的孩子的教父,因为上帝并不公平,他也拒绝认魔鬼为他的孩子的教父,因为魔鬼骗人、害人,后来,他认死神为他的孩子的教父,因为死神使人人平等。——译者

小鸟欢欢喜喜地飞走，再也没有出现。这则童话的结尾是，聪明的裁缝战胜一切阻碍，赢得了国王的女儿，获得了半个帝国。因此，在童话里，一个裁缝可以变成一个国王，他毫无禁忌，排除大人物的全部充满敌意的恶作剧而成为一个显赫的国王。

在群魔乱舞的世界上，另一个童话主人公，一个小伙子跑出了家，他试图全面领教恐惧，他点燃尸体取暖，在该诅咒的城堡里，他跟幽灵玩保龄球，小伙子最终捕捉恶魔的头目，以此获得了一件珍宝。在童话里，魔鬼本身易受欺骗，一个可怜的士兵就聪明地欺骗了魔鬼：他答应魔鬼出卖自己的灵魂，条件是魔鬼给自己的鞋装满黄金。但是，这只鞋有个窟窿，士兵在放鞋的地面下挖了一个深坑，这样，魔鬼不得不背来一袋又一袋黄金倒入鞋子里，直到第一声鸡叫，魔鬼仓惶逃之夭夭。因此，在童话里，不言而喻，有窟窿的鞋子是最有用的东西。

像童话般的唾手可得的手段同样不乏启蒙要素，对单纯的愿望嗤之以鼻，并不能使人垂头丧气。从前，在愿望得以实现的时候，人们就开始构思了关于青蛙王子的童话。因此，童话不提供作为行动的代用品，但是，童话里聪明的小丑却学会了绝不会使人产生敬佩感的艺术。巨人的力量仅仅被描写为一种装满窟窿的力量，而弱者却通过这个窟窿战胜强者，最终获得全胜。

会摆满丰盛酒菜的小桌子，灯的幽灵

在童话中，迄今闻所未闻的好东西大起作用。尤其是，对于弱者而言，舒适便利的愿望中的东西特别富于魔力。格林童话里会摆满丰盛酒菜的小桌子、金驴和袋子里的棍子最显著地发挥这种作用：一个主人公，一个可怜的、被遗弃的年轻人到一位木匠那儿当学徒，当木匠谢世时，他从他那里得到了一张外表不漂亮却神通广大的小桌子。只要有人说："小桌子，美味来"，它就瞬间摆满美味佳肴（也许，没有一个厨师能够像它那样出色地、飞快地弄来酒菜），而且旁边还有一大杯红葡萄酒。此外,还有创造奇迹的驴子随心所欲地前吐后拉金币。最后,从袋子里出现棍子或有魔力的武器。如果穷人没有这武器,即使他变得富有、幸福,他也不能存在于这个世界上。

与其他童话相似,“会摆满丰盛酒菜的小桌子”也包含着魔力愿望:在豪夫的童话中,小穆克的飞翔的拖鞋及其探矿杖就是如此。在童话《塞德的命运》中出现一块木头,在沉船下面,这块木头旋即变成一只海豚,把主人公塞德箭一般地载到岸上。格林童话《拉斯廷老兄》描写了一只背包,在这只背包里,拉斯廷可施魔法变出他所想象的一切,烧鹅、八条鳄鱼等。最终,他把背包扔进天堂之后,与背包一道进入天堂。格林童话《女水妖》中有一个巨大的棍棒,冲着追来的水妖,孩子们朝身后扔刷子、梳子、镜子。刷子变成一座长满荆棘的大山,梳子变成无数颗牙齿,镜子再变成一座光滑的山峰,这山非常光溜,以至于任凭水妖怎么爬也爬不上来,水妖只好放弃追孩子们了。

在童话中,游戏和魔力统统拥有通行证,愿望成为命令。旅行的劳累被略去,时间和空间的区分也不成问题。在安德森那里,把一只飞行的箱子带进土耳其的国度,幸运的长筒胶鞋把一个司法顾问带回到15世纪的哥本哈根。在《一千零一夜》中“魔马”飞到天上,在那里,最强有力地实现愿望的那个“灯的幽灵”袖手等待它的到来。最说明特点的恰恰是,这个内容丰富的童话《阿拉丁与神灯》被构建为一无所有的人实现其纯粹愿望的器具。香料被点燃,烟云缭绕,虚伪的叔父嘟囔着深奥莫测的语言,随即进入洞穴后,发现藏有无尽的珍宝,这些珍宝全是以阿拉丁的名字堆积成的。一个地下花园出现了,树上不是长满了果实,而是长满了宝石。戒指的奴隶以及灯的幽灵(Geist der Lampe)出现了——两种产生幻觉的原始愿望不仅渴望所向披靡的权力,也渴望无所不能的财富,就像“会摆酒菜的小桌子”一样,这种愿望并不仅仅局限在某一财富上。灯带给他的主人所渴望的一切、无限的一切。灯的幽灵授予主人无尽的财富、肉体的美、当下的骑士的艺术、像幽灵般言谈的优美。

灯的幽灵具有地球上任何人都不具有的超凡能力:一夜之间建造宫

殿、宝库、宫厩和军械库。石头由耀眼的碧石和雪花石膏组成,窗户由璀璨的宝石组成。一条简单的命令:一瞬间,神灯把中国的宫殿调到突尼斯,然后重新调回到原处,可是,在风中,大门前的毯子却纹丝不动。

此外,魔板也是不可忽视的,魔板告诉那个虚伪的叔父世界上一切事情的发生过程:"有一天白天,他设计了一个沙板,在上面画了各种形象,并仔细研究其形象结果,不久,他提出了这些形象的结果:分明是母亲和女儿。"这是同一个泥土占卜板。突尼斯的巫师借助于这种魔板获悉远在中国的财宝,于是,阿拉丁得以发掘这笔财宝。

纯粹的愿望,即"王道"(via regia)旨在最便捷地(在童话中)到达自然本身所是的东西,因为在童话之外,自然拒绝给予自身所是的东西。在这种童话类型中,利用技术手段和魔法手段发掘宝藏全然是最神奇的童话本身。因为被发现的财宝象征着突然变化乃至突然幸福的奇迹。在阿拉丁的童话中,敏锐的感觉和香料是不可缺少的,同样,在闻名于世的埃德加·爱伦·坡[①]的《金色的甲壳虫》中,在斯蒂文森的《金银岛》中,单是敏锐的感觉就已经足够扣人心弦。

技术的、魔法的童话就这样间接地或迫不得已地面向占有物。童话随时把事物的变化变成现存的日用品。童话不是描绘几乎每个人都必须把短被子拉长,而是描绘一张舒适自在的自然的安乐椅。"会摆酒菜的小桌子"企图用一则童话来标明所有家乡地区,同样,创造奇迹的"神灯"也企图用一则童话来标明安乐国(Schlaffenland)。烧烤了的鸽子的意义在于:仿佛已经听到某个社会的童话,仿佛已经听到某个国家的童话。这童话在其财富上十分简单,但是它比任何东西都更接近人的生命。

① 埃德加·爱伦·坡(Edgar Allan Poe,1809—1849),19世纪美国短篇小说作家、诗人、评论家、编辑,他的小说《莫格路谋杀案》、《神秘的玛丽·罗杰》和《失窃的信》等被认为是现代侦探小说这一文学体裁的起源,他的《乌鸦》(1845)被誉为世界文学界最著名的诗歌之一。——译者

“乘着歌声的翅膀，心爱的人，我带你飞翔”①

一个想要领教恐惧的男孩只做虚弱无力的梦。勇敢的小裁缝几乎无意地获得了公主，因为他只是在路上与她偶然相遇。童话主人公都发现自身的幸运，但是，并非所有的幸运都已在他的梦中对他清晰地活动起来。

在心理学上，只有后来的童话主人公，因并非拙劣的艺术童话或童话传说（诸如豪夫、A·霍夫曼、凯勒等风格迥异的作者）才呈现出童话人物形象，即梦想的、乌托邦的本性。试想，豪夫童话中的小穆克，他独自出门闯荡世界，**寻找**自身的幸福：“当他看见地上有一块陶瓷碎片在阳光下闪闪发光，他就捡起来藏好，并且深信它将变成最美丽的钻石。当他望见远方一座伊斯兰寺院红彤彤的圆屋顶好似燃烧着的火焰，一座湖泊亮晶晶如同一面明镜，他便会欣喜若狂地向它们飞奔而去，满脑子以为自己抵达了一处仙境。然而，可惜啊！一走到近处，所有幻象都消失得无影无踪了，只是催促他想起自己的累乏，想起饿得咕咕叫的肠胃，想起自己还是置身在会死的尘世间。”

A·霍夫曼的童话《金罐》**浪漫主义地**解释了“源自新时代的童话”，童话主人公大学生安泽尔穆斯是另一位稀奇古怪的、但同样属于天生童话类型的主人公。安泽尔穆斯脑海中同样充满了梦想，而且，精神世界对他不是封闭的，正因如此，他在实际生活中是一个迂腐可笑、笨得要命的人。“我们说过，大学生安泽尔穆斯陷入……一种精神恍惚的苦思冥想状态，因此，他对日常生活中的任何外部接触都表现出麻木不仁。他感到，他的内心中某种陌生的东西在躁动，这给他造成了充满喜悦的痛苦。这痛苦正是思念，而思念对人预兆着某种其他更高的存在。他最喜

① 在本节和下一节中，布洛赫叙述了童话、艺术、通俗小说等文学体裁中的愿望故事。——译者

爱的是,一个人穿过草地,漫游树林,从自身寒酸生活的束缚中解放出来。只有在他凝视自身的内心世界时,他才或多或少找回自己。”

但是,安泽尔穆斯最终赢得了光彩夺目的泽尔彭蒂娜,尽管他不得不同接连发生的阻碍他的倒霉事作斗争,不得不同伪装成背运和邪恶的敌视力量作斗争。在建筑家林德豪斯特的绿椰树房间里,在明亮的水晶中的强烈三和弦中,泽尔彭蒂娜闪亮出现,由于她的存在,安泽尔穆斯意识到了自身的价值。安泽尔穆斯前往大西洋,在那里,他与日光亲王的女儿一起移居骑士封地。他早就对那里的奶牛场着魔,作为内在感觉的财产,在梦中已经无数次拥有了这座奶牛场。这就是安泽尔穆斯,来自没落德国的大学生。不仅如此,在他旁边还徘徊着艺术童话的所有其他愿望,源自堂吉诃德的传说,特别是堂吉诃德不是倾听行动力量的召唤,而是仅仅倾听强烈的想象力的召唤。

凯勒的传说《骑士处女》中的骑士切恩德尔瓦尔德就是这种异想天开的人物。他优柔寡断,完全缺乏决断力,对现实之外发生的事情一无所知。他越是脱离实际,他就越是熟悉梦想念头。“当不断燃烧的火热的念头侵袭他的整个心灵时,他总是裹足不前,因为他认为,只要内在地、纯粹地保持这种念头,似乎万事大吉。尽管他喜欢聊天,但是,在带给他幸福的那个适当时刻,他却一句话也说不出来。他的思想不仅先于他的嘴,也先于他的手,以至于与自身敌人的斗争中几乎经常吃败仗,当对手已经站在自己面前时,他仍然犹豫不决,不敢采取最后的行动。”

这时,有人捎给这位爱空想的骑士一则消息,尽管这消息发生在与梦想全然无关的现实世界当中,但是,它与满足自身想象力的那个对象相当吻合。切恩德尔瓦尔德很少旅行,有一天,他在旅行中遇见了伯爵夫人贝尔特拉德,一个年轻的、极其美丽的富寡。当他停留在她的城堡时,他很快陷入了热恋之中,但是,他沉默寡言,恋恋不舍地离去。此后,整整四个月,切恩德尔瓦尔德无时无刻不在思念遥远的伯爵夫人,这时候他看到一则印有皇帝手令的骑士马上比武的布告,说是伯爵夫人想要亲临现场,向获胜者挥手致意。他坚信,时来运转,神一样的少女从中调解，真正的骑士将得到她的恩宠，妙手将引导他的胜利。

骑士终于踏上比武之路。可是，不久，他重新陷入他过去的图像和念头之中，他一厢情愿地预先推定，精心润色他的梦的工作。“现在，在他的想象中接连发生行将展开的冒险，并且在最美好的东西中消失了。是的，当他骑马穿过夏天绿色的原野时，他已经跟恋人进行了一整天甜蜜的对话，在此，他向她预报最美好的发现，在妩媚的快乐中，她的脸颊泛起了红潮，但是，这一切仅仅存在于他的天真浪漫的想法中。”

但是，冥思苦想阻碍了他的步伐。当骑士到达比武场所时，比武已经过去了。对他来说，一切都归于徒劳，天上的处女似乎没有填满梦想愿望与现实之间的坟墓。然而，戏剧性的场面出现了。原来，贝尔特拉德爱慕切恩德尔瓦尔德，当她发现他没到场时，她毅然女扮男装，披着他的盔甲参加比武，英勇战斗。不仅如此，迟来的梦想家不胜惊讶，他发现一个跟他长得一模一样的获胜者，即新郎竟坐在美丽的伯爵夫人身旁。他心乱如麻，妒火中烧。他穿过队列，想看清楚这个以假乱真的竞争者，这时贝尔特拉德身旁那个跟他相像的人一瞬间消逝得无影无踪，伯爵夫人随即把目光转向真实的切恩德尔瓦尔德，她若无其事，让人一点也觉察不到个人转换。“当贝尔特拉德对切恩德尔瓦尔德说起亲切熟悉的画室时，只有他还蒙在鼓里，不知所云。这时，他不假思索地回答在某个地方，即在梦幻中多次提到的话题。是的，过了一些时日，他才觉察到，现在他正在跟她交谈的话题正是他整日骑马想入非非、白日做梦的东西。”

这样，骑士与伯爵夫人幸福了。就像特有的童话一样，幸福从特有的梦中产生出来，而且，美梦成真，以圆满的结局收场。童贞女马利亚本身无异于一个信仰之梦，有助于做梦者通过柔情蜜意的、几乎招致毁灭的一厢情愿过渡到仙境。当然，从处女马利亚的内在行为中，既不出现迂腐的安泽尔穆斯，也不出现软弱的切恩德尔瓦尔德，从她那里，人们并不能获得仙女传说的基础。

“继续向着恒河的原野，那里我知道最美的地方”

但是，这种类型的早晨并非仅仅是从内部提供的。在街道上，小穆克欣然捡起一块耀眼的陶瓷碎片揣进衣兜里，这块碎片在它所处的“外部”原野上透射出亮光。早在人的愿望图像的内在性发生之前，这些碎片就激起自然的童话般的特征，特别是通过云雾激起这种神奇的特征。在云雾中，在遥远的地方，第一次出现一个层层叠叠的奇妙的世界。

孩子们把白色的穹顶云看作冰山，看作天上的瑞士，在城堡上，人们也能发现比地面更高的地方，甚至直插云霄，在青年人那里，这种向往本来就是最确实的存在。落日时，启程的晚霞更加强了这种印象。

在塞尔玛·拉格洛芙①的传说《尼尔斯的奇遇》中，小伙子一边听着鸟儿悦耳地歌唱，一边飞往富于传奇色彩的南方。在南方的大地上，耸立着天国的城堡，在汪洋大海上点缀着如家乡一样的幸运的瓦克瓦克岛。因为对大多数人来说，对海洋的第一个印象源自遥远的天国，而且一直延伸到天际。因此，就童话般的视角而言，云雾不仅是城堡或冰山，也是天国海洋中的一座岛屿或一条航船，而白云飘浮的蓝天映照着茫茫大海。然而，在我们的头顶上，那遥远的地方就是大海的空气与云雾浑然一体的地方，甚至是不受海岸限制的或重新映照大海的地方。

也就是说，所有显现蓝天的童话都消失在一座巨大的天国的海洋之中。童话里的旅行轻松地走向海岸，特别是为想象力所攫住的旅行走向启明星。在一切场合下，星相神话的残余仍然起作用，从“天上的星星”到“星星落银币”的童话一概如此。这些正是比鸟儿飞得更远、更高的童话，这样，人们也就无需飞向基督教的天国了。即使没有这一切效果，童

---

① 塞尔玛·拉格洛芙（Selma Lagerlöf，1858—1940），瑞典女作家，主要作品有短篇小说集《无形的锁链》（1894）、《昆加哈拉的王后们》（1899），长篇小说《伪基督的奇迹》（1897）和《耶路撒冷》（1901—1902）等。——译者

话也拥有自身神奇的洞察力,凭借这种洞察力,童话把某种特有的情绪光辉传遍全宇宙,而且从中一切东西都散发出诗意的芳香。

因此,在凯勒的《绿衣亨利》中,童话竟使玛格丽特夫人与彩虹一道飘浮起来,一如与一个使者一道飘浮起来。小穆克与众不同,他在一个未知的世界中,借助于陶瓷碎片寻找心中的乌托邦,而它比失去魅力的世界包含更美的东西,对此,他无需羞愧,反倒值得自豪。玛格丽特夫人靠出售搁浅遇难船只冲上岸的废品和珍品而生活,于是,隐匿不见的东西重新渗入她的店铺,从中她听得见大海深处的新的声响。在此,借助来自遥远的国度和异教徒的图书,阳光本身给予了清晰的说明。

"一切对她都富有意义,充满活力。太阳照射在擦亮的桌子上,同样照射在一杯水上,这时,七种赏心悦目的颜色对她就是一种直接的壮美绚丽的阳光的反射,这应该是天国本身之中的反光。他这样说道:'难道你们没有看见美丽的鲜花和花环,还有绿色的栏杆和红彤彤的丝巾吗?难道没有看见这金色的小钟,这银色的浴场吗?'阳光频繁地照进小屋,留下一束束亮光,她觉得仿佛隐约看见天国的倩影。"

凯勒是**现实主义者**,他接受和描写了玛格丽特夫人这种幼稚的行为。在这种纯洁无辜的情绪中,毕竟这种幼稚的行为推进着趋向太阳的渴望,不仅如此,这种冲动成就一切活着的人并装饰一切活着的人。如果某个遥远的地方像海洋里的贝壳一样怒吼,它就显示出港灯一样的棱镜面貌,玛格丽特夫人稀奇古怪的愿望之光。对此,童话并不反对。

甚至,童话之梦是可以标明的,这就是,梦能够起草自身海岸的某种形式地图。为此,童话都要援用外部空间,梦就在其中自由活动,由此梦无忧无虑地塑造幻想图像,童话式地整理既定生活,从而在生活的直接空间中被选择、被接受。

在梦想童话《丛林男孩》中,吉卜林①让他的主人公男孩起草这样一

① 吉卜林(Rudyard Kipling,1865—1936),英国小说家、诗人,主要作品有诗集《机关打油诗》,短篇小说集《山的故事》,长篇小说《消失的光芒》、《基姆》等。——译者

幅十分精确的地图,他就循着这幅地图旅行。在此,香港是位于“梦的海洋”当中的一座岛。在它的海岸,坐落着“充满仁慈的城市”(Merciful town),“在那里,穷人早已脱贫,患者忘记了哭泣”。在梦中,丛林男孩跟他从小就思念的姑娘一道骑马出游三十日。借助于他的愿望地图的夜光,男孩同梦寐以求的丛林女孩跃马扬鞭,穿过沙丘、草原,穿越“出于奇迹的非理性的山谷”。

尽管吉卜林后来长大成人并作为殖民地的军官到达东亚,但在东亚的现实性面前,梦的国度并没有消失。香港是一座城市,而且是一座弹丸之岛,但是,梦的地图依旧有效。

戴警官定期被邪恶的现实唤醒,然而,梦的地图在现实世界中并未褪色。在这类童话中,主人公的愿望图像时常与单纯的夜梦混合在一起,尽管如此,从夜梦中,主人公并不强求本真的白日梦的感性化。主人公的梦想就是去往理想国度印度,就是亲眼目睹梦中的理想公主。最终,吉卜林童话中的魅力恋人并不仅仅是孤独男人所思念的姑娘。孤独的男人喜欢用梦幻首饰过分打扮姑娘,并把她放置于海市蜃楼之中。相反,丛林姑娘同样是绝对存在的,在特有的、同一的梦想中,她与主人公相知相遇。这样,最终两个人在实际生活中发现梦的主题,并且,在现实的爱情神秘主义中,彼此重新发现他们梦中的印度。于是,对一个更高秩序的现实的印度的梦成为一种许诺和动机,成为幻想素材和不可反驳的背景。

但是,除了白云、蓝天、彩虹以及远离恒河周围的**东方一般**之外,是否还存在某种神话般的外部世界,从而童话作者很容易把童话的动机与外部领域里的现存东西连接起来?在那里,丛林男孩觉得在家里一样,在那里,他接受热带丛林,无拘无束地把目光自由地转向外国。在童话中,外国就是本国,就是家乡。南太平洋、土耳其的灰色天空、东方集市市场的拱顶、神秘的住宅等,这一幕幕东方的景色都听任最亲近的童话愿望,同时接受这种愿望。究其原因,绝非简单:的确,绝大多数童话素材都来源于东方,尤其是来源于印度,因此,我们倾向于东方并非偶然。

在格林式的某些童话中,尽管上述反叛性格尚未达到顶点,但是,奇迹般的东西、冒险和富有魔力的风景等都得到了淋漓尽致的表现。这些特征造成一千零一夜的原型光辉。这种原型光辉可以位于香港之岛中,或者可以位于丛林姑娘本身的意象,即奇异女子之中。在梦中的印度洋中,在愿望图像中,童话从遥远的地方停靠岸边并亲自出航。

集市中的南方国度和马戏①

对于青年人来说,遥远的异国他乡异彩纷呈,撩拨人心,并且活生生地展现在眼前。在颜色和形态上,异国他乡的图像就像鲜肉一样红艳艳,像彩旗一样多姿多彩,也许只有意大利的屠户才呈现这种五色斑斓的特点。在此,**货摊**不敌集市,可谓小巫见大巫。在打扫得干干净净的集市上,轮流上演各种娱乐活动,同时一再上演漏洞百出的、被揭穿的魔术。这魔术好像来自一个反常的陌生地方,尽管显得浅薄鄙俗、眼花缭乱,但是,比起那些令人不愉快的公演毕竟还是富有内容。然而,市侩们对这种古老的青年人和人民之友的游戏感到十分恼火。

这样,这个为演出而搭建的船舶戏台就缓缓驶入港口,这戏台满载着南方国度(Südsee)的简单纯洁又十分复杂的情感。在短时间内,帐篷船舶就固定在尘土飞扬的城市中。帐篷上印有淡绿色的或血红的绘画,其中为救援海上遇难者而作的感恩画与女子闺房相交错。

马达驱动机械琴,在一种陌生而油腻的非人的气氛中,乐器发出喘吁吁的、懒散的声响。有时,乐器为蜡像女郎伴奏,这个女郎用螺丝固定在入口旁,随着乐声,翩翩起舞。可是,有时由于荒唐可笑的脱臼,这个女郎从上紧螺丝的蜂蜡中摇身变成跳舞的女人,时而还傲慢地把头朝后

① 在本节中,布洛赫探讨了蕴含在集市中的旅行和愿望图像。集市通常每年举行一次或数次,每当举行集市时伴有马戏等各种游乐活动,同时展示各种人形。在德国,集市每年 12 月举行,在此,布洛赫主要论及南欧以及西亚的集市。——译者

一仰。观众全都吓得战战兢兢,鸦雀无声。只有紧跟其后的兜售者才泰然自若、无所畏惧,他把这个世界赞扬成这个样子:“这个世界拥有像新娘卧床一样甜蜜的秘密。如果在这张卧床旁的某个边缘生出怪胎,那么它就藏有另一个灵床的秘密。”“一旦这个女士脱光她那匀称的上身,你们就看见人的雕像的秘密了。”但是,他还说道:“晚上九点整,在人们的死亡时分,迈斯托斯教授使一具埃及的木乃伊苏醒过来。”一个稀奇古怪的人向观众展示纯属附属小礼堂的病态艺术。吞剑者、吞火者、舌头脑袋刀枪不入的人,毒蛇巫师以及活生生的水族馆等,无奇不有。面貌酷似苋蒿的土耳其人、长有南瓜脑袋的人,还有硕大无比的女人都聚集在那里:“自然在这些躯体上浪费了太多的材料,当这些躯体发育到最充分的时候,体重多达二百公斤。”为了传达反常的陌生世界的讯息,一再出现各种童话,还有惊险小说:东方迷宫、地狱复仇、鬼怪城堡等。

这就是集市,一个五彩纷呈的梦幻世界,尽管在美国的大城市中,这种梦幻世界日益混杂着高音喇叭、技术化的开玩笑娱乐场所等因素。然而,可以说,在集市中依然保留着憧憬南方国度的中世纪传统。在“**更高的秩序**”这一渊源于中世纪传统的集市中,尽管**马戏**的演出形式全然没有帷幕,但它本身无疑是一出吸引人的、娱乐性的演出。因为戏台奇迹多次在某个屋顶下发生,戏台演出频繁在某个场所举行,所以,在那里各种动物纷纷逃出围栏。这样,从南方国度中产生出罗马大斗兽场或**马戏**。当然,这里肯定缺乏蜡人像、假死、机械管风琴,因为马戏中一切都生气勃勃、活龙活现。

集市致力于掩盖舞台、陈列柜、帷幕等,与此不同,马戏是完全开放的。马戏恰恰造成这种特点。是的,马戏熟悉艺术,它是基于诚实表演的惟一诚实的艺术形式。在观众面前,在纯圆圈周围,任何地方都不可能形成某种墙壁,然而,马戏也使用陌生化手法,如空中翻跟头就是人的身体所能奉献的绝技。马戏提供这种高难动作,令人叹为观止,以至于产生某种幻觉,但是马戏不是骗术。年长的读者还记得,马戏也许是史前的艺术,最初由诚实的流浪者在绿车里制作。尽管如此,马戏艺术体现市民艺术的诚实性，堪称市民艺术的典范。

马戏是一种集会场所，它除了更衣室和动物窝棚之外，无需其他舞台后面的空间，不仅如此，观众可以在休息中观赏这种喜闻乐见的艺术。在高高的天棚下悬挂着吊架，一切都在跑马场里借助于明亮的灯光进行。马戏富于魔力，扣人心弦，一个特有的理想世界来自滑稽可笑的丑角艺术和精确而轻快的身体动作。马戏的类型很少改变，严密的动作、滑稽的表演、体操造型等亘古如斯，这些类型如约而至，就像我们看见马戏全景一样：大象、狮子、四周小跑的骏马、执鞭子的指挥先生、幕间表演的马术教练、女骑手、跳绳者以及其他施放烟幕者（Ärialisten）、一半像气仙一半像在死亡边缘上嬉戏的空中飞人、驯兽师和折断锁链者，等等。

马戏给人带来无尽乐趣，民众百看不厌，就其原因，休息中出现的小丑大有裨益。自伊丽莎白时代以来，小丑就以奇装异服出现，闪闪发亮的、涂脂抹粉的浪子，带有红球鼻子的、黑白快乐嘴巴的流浪者，直到戴王冠的乞丐、愚蠢的小丑等等。所有人物都来自某个宜人的圆形剧场的人物，而且更是后半场马戏演出的演员或哑剧演员。小丑演出大都在诸如“角斗士进行曲”一类的最美妙的音乐中开始，并与“循此苦旅，以达天际”（Per aspera ad astra）进行曲一道结束。马戏今天仍然是色彩缤纷的大众演出或引起轰动的表演图像。这好比在罗马圆形剧场上演的最令人高兴的阿拉伯幻想曲。

货摊和帐篷所反映的东西很少被重现，甚至超现实主义表演装置也是如此。尽管游戏有点阴森可怕，蜡像令人毛骨悚然，小丑披上了费解的、闪亮的衣服，但其幻境还是非同寻常的。只有梅林克①才拥有这种特有的童话天赋，从这个世界中获取特有的通俗文学读物素材，其描写诙

① 梅林克（Gustav Meyrink，1886—1932），奥地利作家，“极简主义”（Simplicissimus）的一员，其幻想小说风格追随霍夫曼（E. T. A. Hoffmann）和爱伦·坡（E. A. Poe）的传统。他的作品《戈伦》（Der Golem）是一部以布拉格为舞台，探索弥赛亚主义、卡巴拉教、佛教等宗教传说的成功之作。——译者

谐、亲和、卑劣、阴森可怕，可谓无所不包、兼收并蓄。穆罕默德·达拉谢考（Mohammed Daraschekoh）把东方蜡像馆描写如下："入口处的马达放缓速度，懒洋洋地驱动一种类似管风琴的乐器。突然，一种踉踉跄跄、上气不接下气的音乐与一种尖锐刺耳的声音一道演奏，这声音高亢又沉闷，从中某种奇异的东西被瓦解，这声音仿佛从水下传出。蜂蜡的气味和燃烧的油灯位于帐篷里。节目：东方的珍珠法特梅（Fatme）已经演完。观众涌来涌去，或者通过蒙着红布的窥视孔，向里窥视墙壁上一幅画笔粗糙的舞台环状背景画，描绘的是德里城被攻克的生动场面。蜡人沉默地站在一口棺材前，这口棺材里躺着一个艰难呼吸的垂死的土耳其人，他那被炮弹击穿的胸膛裸露着，伤口的边缘烧焦，泛出淡青色。当蜡像睁开青灰色的眼睑时，像钟表发条一样的沙沙声轻声地渗透箱子。"

在此，达拉谢考不仅描写了蜡像人形，也令人印象深刻地描述了蜡像馆内令人惊骇的氛围，但是集市与马戏同样不乏相互关联的梦之光。梅林克的《戈伦》[①]是关于集市的童话通俗读物，他的通俗小说[②]《绿脸》同样零散地含有观看马戏而获得的体验和灵感。尽管在他的通俗小说中，《戈伦》没再探讨黏土人形，但至少描写了得不到任何加付金额的货摊秘密。在此听得见从大街那边传来单调的、令人心烦的风笛声，月光静静地洒在卧床的脚端，一幅苍白的牌子看上去就像一块板油，房间没有一扇门。作为居民，戈伦生活在布拉格城市的某个地方，他的房屋上，有石头砌成的屋檐，客人们抓住屋檐，看了又看，接着纷纷出溜下来，因为石头光溜得就像一块润滑油脂一样。

还有一个美丽的女人米丽安[③]在徘徊，对她的描写是一个日臻完成

---

① "戈伦"字意为哑巴人形。据犹太传说，这个用黏土制成的哑巴人形具有排山倒海、摧枯拉朽的力量，能够拯救受尽迫害的犹太人。——译者

② "通俗小说"（Kolportage），亦译作"通俗文学读物"或"廉价的低级趣味的图书"。梅林克的长篇小说《绿脸》发表于 1917 年。——译者

③ 据《圣经·旧约》，米丽安（Mirjam）是先知摩西的姐姐，她本人也是一个先知。在希伯来语中，马利亚（Maria）一词是从米丽安（Mirjam）变形而来的。——译者

的清醒之梦。米丽安的家位于晨光中，十六岁以下访客一概无法进入她的房间，一如无法进入藏有希腊秘密的货摊，无法进入恒星的生命。《戈伦》罕见地把雅各布·伯麦①式的神秘与滑稽的幽默不和谐地混合起来，而这种混合却恰恰具有这个领域里的独特的文献资料，以至于进入超现实主义的门庭，但是，这种混合涉及模棱两可的、寓言中双头动物的、纯粹比喻的样式。

达利②的绘画——有时甚至包括马克斯·恩斯特③的绘画——活动在由娱乐和深度组成的类似混合大气之中，是的，这些绘画一方面带给人愉快；一方面带给人恐惧。这种绘画模式既诙谐又不寒而栗，从蜡像中，我们也能感受到像美杜莎一样令人恐惧的凝视的目光。在不同程度上，梅林克以及全部集市魔术师（无论是演员还是作者）无疑都是无稽之谈。然而，尽管通俗文学很刺眼，具有可欺骗性、廉价和无规则等特点，但是，其中寓居某种渴望，本身并不是无意义的。这是对世界之中偏僻的、奇异的现存形象图像的渴望，是对稀奇古怪的客观特性的渴望。当然，达利和梅林克都是无人可以相比的，不过，他们也不是不言而喻的，有时他们恰恰受到某种鄙视的恐惧，某个伟大的作家一向擅长并献身于离奇而罕见的、邪恶而诙谐的风格和体裁，但他却对梅林克采取了一种形而上学的羞辱立场。

这个作家就是戈特弗里德·凯勒，在《梦之书》（1848）中，他这样描述了当时方兴未艾、如火如荼的通俗文学读物。“我进入一间蜡像小房间。看上去，当权者的社会十分邋遢、冷落，渗透着一种令人吃惊的孤独。我赶紧通过一处闭锁的解剖收藏室。在此，人们发现，用蜂蜡人工

---

① 雅各布·伯麦（Jakob Böhme，1575—1624），文艺复兴时期德意志神秘主义哲学家。——译者

② 达利（Salvador Dail，1904—1989），西班牙超现实主义画家和版画家，与毕加索、马蒂斯一起被认为是20世纪最有代表性的三个画家。——译者

③ 马克斯·恩斯特（Max Ernst，1891—1976），德裔法国画家、雕塑家，超现实主义艺术和达达运动的领军人物。——译者

仿造了人的身体的绝大部分，而大部分蜡像都处于患病的、可怕的状态，这是关于人的境况的一种最奇异的一般收藏。看上去，这些收藏似乎在商议造物主的某个地址。这个可尊敬的社会的美观部分乃是由一个长长的玻璃容器行列组成的人体形态。在玻璃容器中保存着从最小的胚胎到业已形成的胎儿这一未来人的形态。这些胎儿并不是用蜂蜡制成的仿制品，而是自然生长的生命体，在酒精中，他们居于十分深奥的位置。这种沉思越发引人注目，更何况，年轻人本来就充满期待地想象这种收藏的青春时代。但是，从邻近走钢丝演员的小茅屋里，突然传来伴有锣鼓演奏的喧嚣的歌声。房间与房间仅仅用薄薄的板壁隔开，当隔壁有人走钢丝时，墙壁便剧烈地颤动起来。在那里，小观光客全神贯注地观看走钢丝的人，可是不一会儿，他们跟着那边响起的狂野的波尔卡的拍子翩翩起舞：仿佛出现一种无政府状态，但我不相信，地址得到了实现。”

这就是凯勒的相关描述，在此他的幽默再次引人注目，不仅如此，在此他的冷嘲热讽的思想深度有助于读者感受到双重风趣的幽默。远古的民众乐趣决不是简单的，但也不是颓废的，它保存在集市里，从中移居国外，继往开来。

一出戏就在边区那里，入场券十分便宜，但是，拥有保存完好的意义，拥有奇特的、乌托邦的图像，这一切都贮藏在了不起的陈列中，贮藏在粗野的背景之中。这是一个人迹罕至的世界，迄今人们还很少调查这个世界的特殊的愿望地带。就像在巴洛克艺术中上演过的那一幕一样，在这里最终胜出的还是那个叫“奇妙”（Curiöses）的东西。

通俗小说中的野蛮童话

在童话中，并非一切从一开始就温和地进行。童话中出现巨人和女巫，他们把孩子关起来，使他们整夜不眠，误入歧途。与这种过分温和或急迫的蓝天不同，也存在孩子们很少观看的童话类型，即一种粗野的、近乎凶猛的类型。孩子们拒斥这种童话,这不仅因为这种童话内容粗俗低劣,而且他们不喜欢刺花纹的“汉泽尔和格蕾特尔”。

因此,凶猛的童话属于冒险故事,今天它首先作为通俗小说继续存在下去。**通俗小说**的面貌表露出某种公认的野蛮本质,而且经常是这番情景。然而,通俗小说无例外地表现童话特征。因为与杂志故事不同,通俗小说的主人公不是守株待兔、静候幸福。因此,即使当他接获一包抛来的钱袋时,他也不会弯腰鞠躬。相反,通俗小说的主人类似于民间童话的“穷鬼”(Schwartenhals)①,他大胆地把尸体抛入烈火中,他足智多谋,使魔鬼上当受骗。通俗小说的主人公是一个勇敢的人,他一无所有,并没有什么可失去的。

一定程度上,通俗小说肯定从市民家庭中冲出来的小流氓,肯定他们潜逃溜走,但小说主人公大难不死。当他环游了人口密集的亚洲城市返回故里后,他获得荣誉和地位。通俗小说的梦就是永远摆脱平淡无奇的日常生活,最终获得幸福、爱和胜利。冒险故事映现的光辉与杂志故事截然不同:如果说后者的主人公通过与富裕女人的婚姻而获得这类幸福,那么前者的主人公则通过出游梦中的东方而获得这类幸福。杂志小说不切实际,充满颓废的传说,相比之下,通俗小说具有来自骑士小说的,即来自加里恩的阿玛迪斯的最后的、可认识的假象。

因此,如同我们从最古老的英雄史诗中了解到的一样,通俗小说的自吹自擂的人酷似《瓦尔塔里之歌》②里的瓦尔塔里,能够同时制服十个骑士;酷似洛德尔国王传说中的强人阿斯庇安(Aspian),据传,阿斯庇安徒手把一只狮子抛向墙壁,把它摔得粉身碎骨。但是,通俗小说反对市侩,反对在二十岁的时候就已经确定墓志的那种生活,反对围绕炉子角落转的令人窒息的环境。

① 德语 Schwartenhals,又译作“可怜的魔鬼”(armer Teufel)。——译者

② 《瓦尔塔里之歌》(Waltharilied),一部出自 10 世纪的英雄歌曲,由圣·加尔的埃克哈尔特所作。——译者

由此产生充满野性的真正的童话类型,散发出斯蒂文森世界的浓厚的童话气息:“炎热与寒冷、暴风雨与信风、船舶与岛屿、各种冒险方式、被放逐者、珍宝、海盗”等。这一组童话气息一再包含某种臭鱼烂虾气味(Ludergeruch),特别是当这种气息仿佛没有决断也行得通的时候,即没有文学的斯文也能自圆其说的时候更是如此。这种臭鱼烂虾气味具有二重意义,其一,可以指示三K党和法西斯主义者,是的,对于二者而言,这种气味是某种特殊的刺激手段;其二,这种臭鱼烂虾气味也恰恰指示贪图安逸的资产者有理由对穷鬼点燃的熊熊营火表示不信任。

每一部冒险史都打破“祈祷吧,工作吧!”这一基督教道德。与这种道德相反,在通俗小说中,首先流行的是诅咒,其次流行的是海盗船。在此,受到重视的不是君主的忠于职守的士兵,而是离经叛道的射手。强盗小说表现另一种特征,即这种小说自古以来就受到穷苦百姓的欢迎,而且,通俗小说家知道这一点。强盗也是由于当权者而没落,他与普通民众都有一个共同的敌人,在这种情况下,他在农民中经常拥有据点。

因此,与颠倒黑白的警察报告不同,意大利、塞尔维亚,尤其是俄国关于强盗的传说具有某种不同寻常的启蒙价值。席勒的剧作《强盗》[①]就以下述箴言开始:“打倒暴君!”(In Tyrannos)可以说,《强盗》是戏剧文献中的经典现象,其中,强盗与布鲁图斯可以交换形象。这里正是不成熟的地方,但通俗小说恰恰具有真正的革命代用品的作用,在任何体裁中,都没有像通俗小说中那样充分表现这种革命代用品的作用。如果席勒凭借他特有的天才,选择通俗小说这一体裁,那么今天的通俗小说就会是全然不同于那种骑士小说和寻宝故事的另一种体裁。

从通俗小说中,三K党和法西斯主义仅仅标上犯罪缩写,并建立一片荒无人烟的地区。与此相反,真正的通俗小说寻求非同一般的目标,即从荒野的监禁中获得解放:主人公麻醉蛟龙,拯救少女,机智地克服困

---

① 席勒的剧作《强盗》发表于1781年,1782年首次在曼海姆剧场上演,立即引起社会的强烈反应。——译者

难,突破重围,逃出监狱,向敌人复仇——所有这些剧本都属于自由和荣光。这种栩栩如生、生气勃勃的民间话本不是渊源于法西斯主义,而是渊源于浪漫主义时代的革命行动。

因此,1789 年法国大革命前后,除了席勒的《强盗》之外,出现了许多拯救剧本,确切地说,拯救童话。就像寻找财宝者挖掘洞穴里的宝藏一样,作家挖掘监狱里的囚徒。而且,重要的是,《费德里奥》的脚本是基于描写同一个情节的通俗小说。

众所周知,费德里奥情节是最鲜明的、最烈性的通俗小说,而且它属于解放之歌。暗无天日的深深的地牢、象征抵抗的手枪、起义的信号以及梦寐以求的营救:这些事情绝不会存在于新的、高水平的图书中,它也绝不会显现在日常生活中,相反,这些事情只能来源于从黑夜到晨光这一最强烈的、现存的紧张之中。通俗文学鲜明地反映最高的、合法的愿望图像,特别是使这种愿望图像曝光,必须根据这一点,重估通俗小说这一文学体裁的价值。在此,下落不明的意义新鲜活泼地跃然纸上,像在童话中一样,在此,不可遗忘的解放的意义在等待读者。

主人公历经千难万险,最终赢得幸福的结局:蛟龙除了锁链之外,没有留下任何残余,寻找财宝者发现自已朝思暮想的金币,夫妻双双把家还,等等。像通俗小说一样的童话是最出色的空中楼阁,但它是一座位于良好空间的空中楼阁,只要这种空中楼阁能够与单纯的愿望行为完全吻合,它就是合适的。这种空中楼阁最终来源于黄金时代,而且想要重现于某一现在的瞬间中、幸福中,这幸福想要穿过现在的黑夜到达明天的黎明。归根结底,资产者对这样的故事感到啼笑皆非,而今日称作大银行的巨人则根本不相信穷人的力量。

28. 旅行的刺激,古董,阅读惊险小说的幸福

啊,在柏林的暗淡气氛中
人们在七月大都生病了

在德累斯顿银行
我当上现金外勤人员,该有多好!

如果内心走进所有遥远的地方
哦,黑暗的喜悦就像管风琴一样咆哮
因为远在天涯海角
不得不逃离三十万公里以上。

年轻人有救了,他摆脱了沉重的负担
分娩这个美妙的梦
就像一个人阅读自身的通缉令
逃向遥远的地方,在浴室里进晚餐。

在德累斯顿银行
想到飞黄腾达的股票持有人
悲哀地擦拭我静静的眼泪
天地孤影,默默地压制这卑劣的冲动。

——彼得·舍尔[①]

现在,我遥望纽伦堡的尖塔和灰蒙蒙的烟雾,我简直误以为,我看到的不是某个独一无二的城市,而是整个世界。

——约翰:《布茨巴赫漫游小册子》

如果同样的事情日复一日,我们会无聊得发疯。就渴望新事物而言,旅行的欲望大有裨益。在踏上旅程前,旅行就已经充实人的期待感,而且,在旅行当中,旅行使人尽享观看的乐趣。在旅行中,无可救药的愿

① 彼得·舍尔(Peter Scher),19世纪德国作家。——译者

望消失了，就像垂暮的老处女的冥顽不化的愿望消失了一样。通过旅行，不仅日复一日的乏味生活，而且很久困扰我们的愿望都无影无踪了。但是，这种梦想也会远离它所切合的那个时代，因为它永远都不会一再得到实现。有人年轻时渴望一架柯达相机却没有得到它，可是，成年后，即使他完全有能力购买它，他再也找不到自身所想望的那种相机了。这些东西虽然在当时提供了极端的娱乐，但是，它们却不可能适时地满足那个特定时期的需求。随着时间的推移，对某一相机的饥渴变得模糊了。是的，如果我们过分长久地、徒劳地执著于某一目标，或者恰恰按习以为常的方式着手某一目标，那么，到头来几乎每一目标都会变得模糊不清。

美丽的陌生[1]

每一种旅行都必须是自愿的，以便旅行者从中感到乐趣。这方面，旅行者首先需要一种乐于动身的心态，至少不是厌恶动身。当终于乘汽车或火车出发时，他的第一个感觉就是决定即将来临的事情。被迫或出于职业而旅行，即没有带给我们直接幸福的旅行并不是旅行。通常人们想不起旅行，有时仅仅出于无聊才去旅行，这样，无聊与旅行同行。无聊好似行李和命运，它们与上了锁的箱子一道轰隆隆地被拖过铁轨。于是，火车就不具有令人愉快的特性，尽管它毫无例外地向着人们所想望的方向精确地行驶。

出差的人、海员、流亡者并非都是在旅途中，尽管流亡者有可能踏上解放之路，但是，他同样体会不到愉快的旅行气氛。在这种被迫或出于职业的情况下，旅行无异于被放逐到国外，或被流亡到一座孤岛。就像在电梯里或工厂里一样，日夜运转着的传送带，并非春天里随风飘动的

---

① 布洛赫认为，旅行的本质是对某种陌生的美的向往，因此，他试图从对这种美乃至狂热中探求旅行的根本理由。——译者

那种蓝色的气体。

无论如何，旅行带给我们幸福，因为旅行不包括任何附加要求，它使我们暂时摆脱家庭琐事，而且，旅行也不包括任何外部要求，旅行意味着彻底的改变。此外，资本主义时代的旅行者不是请求者，而可能是消费者，否则，他早就失去了这样一个富有魅力的陌生世界了：在这个世界里，他饱食终日、无所事事；在这个世界里，他无拘无束、恣意妄为。尽管这一点是真实的：在异国他乡，再没有比一个外国人本身更富于异国色彩的了。然而，作为**市民**狂热者，这里的外国人并不注意异国他乡的日常生活。虽然他至少想观察那里的经济贫困现象，但是，对于他来说，这种观察并不能弥补名胜风景的变化。

在陌生的地方，他经常通过可怕的主观主义的视角看待那里的事物。而且，因为这种愿望图像多半充满异国色彩，所以他到处都感到绝望。例如，意大利不存在灯笼节，因此他感到格格不入。除此之外，也有其他反应。因为事情本身未奏效，所以，他把古老的愿望图像提得过高。但是，除了业已获得的、半途而废的经验之外，未经启发的愿望图像也不是完全令人绝望的。不过，这种愿望图像仍然是未经启发的图像，因此，它还不能冷静地、适当地深入到现存的东西中。平常的旅行者孤陋寡闻，大都被旅店、导游、汽车旅行等孤立起来，因此，与在家的感受相比，他对异地贫困的感受远不真实。

但是，另一方面，通过自身赋予对象的那种特有的陌生化，同一个市民可以抛弃日常生活的愚钝，而且，一旦若有必要，他就能够在对象中发现意义，在日常生活中，只有一个干练的画家才能揭示这种意义。在此，陌生化（Verfremdung）与异化（Entfremdung）是正相反对的概念。在市民的私人世界里，将一切变得焕然一新的五月之旅乃是独一无二的旅行。通过旅行的另一种悖谬，生气勃勃的陌生化得到强有力的支持，换言之，通过旅行的另一种悖谬，现在这一点不仅发生在市民狂热者身上，而且，事实上也与表面上开放的并列空间有关。

由此形成某种空间的时间化、时间的空间化，特别是当旅行者的观察场所迅速交替时,更是形成这种时间化和空间化。这样,跟往常一样,旅行时间仅仅为空间所充满,而且,跟往常一样,空间仅仅成为时间的媒介。因此,发生迄今为止习以为常的知觉秩序的某种翻转,发生这样一种特殊的时间,即在**运动的**、**变化的**、显现的空间中**充实了的**时间。悠久的冒险故事就以这种方式彻底展示空间,扰乱其神秘的僵硬呆板。如果本身作必要的修正,那么每一种旅行都是靠这种变化之梦的悖论来生活的。

首先在年轻人之中,特别在一对恋人之中,旅行更具这种特点。爱本身就是一种旅行,一种全身心奔向新生活的旅行,因此,通过爱,共同经历到的那片异地的价值成倍增长。恋人所居住的那条街道已经使他神魂颠倒,所有最微不足道的标记,她的住房、窗户、灯笼、树木等都深深地把他迷住。如果两人踏上爱情之旅,这种魔力就越发神奇,不可阻挡。在他们那里,就像斟满酒杯的啤酒一样,无比新鲜的爱反正夺走初次沸腾的泡沫,而内心的性爱变化也寻求外部世界的变化。

旅行者特有的惊讶与不熟悉的国家以及陌生-美丽的城市结合在一起。于是,日光也照耀在这片冷漠无情的异域,生气勃勃的事物也随之充满了美丽的姿势。在旅行中,漫游者、道路和目标融为一体。正因如此,当相爱男女离别时,他们就把初次相遇的地方以及一同旅行的地方当作最美好的体验。市民新婚履行也仿效这种模式,尽管他们在这种旅行中也置办部分嫁妆。性爱十分感人地把世界的每一个偏僻角落都变成塞特拉岛。对于性爱来说,一切美的东西都无异于逃避梦幻、诱惑和开放。

印度的爱情经典《爱经》(Kamasutra)就以这种十分细腻的方式劝告人们:性行为之后,一方应该向恋人展示崇高的、特别的、非同寻常的东西,即艺术作品或星星图像。在大多数人那里,他们的首次真正的爱情旅程都留下梦幻般美妙的回忆,特别是,在青少年那里,这种回忆最强烈地笼罩着乌托邦的气息。陌生的地方密封着朝向陌生地方的所有从前的愿望。美丽中的陌生化集中反映跟恋人一同度过的那个城市的傍晚和黑夜，当时的情景在白天也历历在目。

旅行和性爱很接近，旅行与别的东西相联系，就此而言，旅行与缪斯的工作相似。如果一个人逗留在某个地方，体验无限美好的东西，那他想必千方百计地实现这个不寻常地方的重大意义。对于这种计划和希望产生重大影响的东西正是某种远离通常消遣的东西，甚至是预先形成的东西起作用的、塑造性的环境。在罗马某一乡村别墅的走廊里，一张农家桌子上放着葡萄酒，下面是古老而有力的拱形支架，借助于此，人们放眼仰望万里晴空——在此，似乎万事如意，随心所愿。一旦人们眺望"语句之河"（Fluß der Sätze）中伟大的自然和伟大历史的对象，那么就出现从中所映照的、维苏威火山①和王室山②传达给河水的神奇面貌。这是一种十分精致的迷信，但是拥有异乎寻常的因素，它可以校正信仰，使其臻于完成。出于不同于性爱的、创造性的激情，雪莱③在旅行罗马帕拉丁丛林中时，撰写了他的著名诗篇《解放了的普罗米修斯》。在前言中，他强调，他想要对庄严的过去负责，他想要经受住过去的考验。

但是，与此相反的内容也会起到同样的作用。易卜生的《诺拉》④形成于阿马尔菲（Amalfi）诺曼底人的一座瞭望塔，而歌德的女巫厨房场景则创作于意大利波各赛别墅的花园：在此，形成鲜明对照的是，文学作品的形成场所和情节内容不仅十分孤立地发展，而且，在通常情况下，作者和作品的对立风景也从未显现出如此相互补充的局面。易卜生写道："向北继续行进，烟雾和女巫也继续增多。""但是，恰恰在参天松树下，即在南欧的晴朗天空下，可塑造的女巫的烟雾显著增多。"甚至歌德的《瓦

① 维苏威火山（Vesuv），意大利南部一座活火山。——译者

② 王室山（Monreale），意大利西西里岛巴勒莫省的一个市镇，位于巴勒莫以南10公里卡普托山的山坡上。俯瞰着名为"金色贝壳"的肥沃山谷，出产柑橘、橄榄和杏树，人口大约3万。——译者

③ 雪莱（Percy Bysshe Shelley，1792—1822），英国浪漫主义诗人，主要作品有《云》、《致云雀》、《致月亮》、《悲歌》等，他的著名长诗《解放了的普罗米修斯》（1819）对古希腊神话作了新的处理和升华。——译者

④ 易卜生的《诺拉》通译《娜拉》，又译作《玩偶之家》。——译者

尔普吉斯之夜》①也是在南方构思出来的。任何家乡特征都不能改变作品与散漫的日常生活之间的界限,更不能制造这种界限乃至使边缘模糊不清。就像高耸入云的山峰一样,每一个意味深长的对象都二重性地提升自身的意义。在这种情况下,陌生化借助于补充作用(或无需补充作用)而使作品自身的伟大性获得自由。归根结底,这一切都是旅行者对希望的陌生化作用。

以上通过性爱探讨了两种形态,即爱的形态和创造的形态。最后,概述一下与陌生化有关的、屡见不鲜的转变:旅行的新颖性甚至把**在家里的习性**也加以陌生化。如此形成了的内心冲动称作思乡(Heimweh)。按字义,这种冲动就是通过异地而拨动和替换的一种思念之情。但是,思乡不仅起于匮乏的日常对象所致的不快,而且除了由于丧失特定世界所致的思乡之外,也存在某种创造性的思乡。这种思乡把人们许久以来麻木体验了的孤零零的环境本身渲染成灿烂的颜色,是的,把它加以乌托邦化,从而使其获得新的赏心悦目的侧面。于是,就像出发做旅行之前或在旅行当中一样,思乡为某种愿望图像所承载。

同一的、时常显得不合理但时常合理地加以美化的记忆就拥有上述愿望图像,而这种被美化的记忆不仅随后完成旅程本身,而且富于异国情调地标明乌托邦的地方。思乡与旅行之间的差别在于,思乡的美化在回乡时归于消失,而旅行的图像则事后(post festum)更富于异国色彩,甚至获得某种变化,以此参与文学艺术等充满诱惑力的美好的愿望国度(Wunschland),或者能够参与这种美好的愿望国度。尽管贺拉斯说过:穿越海洋旅行的人仅仅改变区域图像,而不能改变自身,但是至少改变了区域图像,如此简单的情形包含着某种布景的改变,即从变化了的意识内容中,意味深长地滋长出想要测量内容的变化了的意识状态。

---

① 布罗肯山(Brocken)坐落在德国萨克森州,它海拔1141.1米,是德国北部和哈茨山区(Harz)最高的山。相传在每年的5月1日前夜,女巫们会在布罗肯峰上跳舞。歌德笔下《瓦尔普吉斯之夜》(Walpurgisnacht)即是浮士德、靡菲斯特和众魔女魔男在布罗肯山相聚的淫乱狂欢夜。——译者

当然，旅行的刺激多半与主观美有关，因此，这种刺激添加了单纯观察者的陌生化作用，并且涂上了上升的事物的单纯的愿望图像的色彩。在异国他乡，没有哪一个人比异邦人更富于异国色彩，异邦女子本身也绝不是陌生得够瞧的。不仅如此，生活在那里的本地人除了狂热的旅行者看不见的那种特有的困境之外，本身也热衷于异国情调，渴望到异地旅行。这里的居民同样向往狂热旅客的故乡。这一切都出于同样的原因，即双方都具有类似异化的现存主观愿望。因此，人们不难看出，在每一种旅行体验中，本来蕴含着多么复杂的主观性，而且，想要深入到这种主观性最终所能制造的、变化了的意识形态领域有多么困难。之所以如此困难，是因为这种意识形态领域不仅想要把发现的内容合理化，而且能够把这种内容合理化。

歌德的《意大利之旅》同样了不起地、客观地指向主观性，其实现途径是尽可能地寻求前古典时期的艺术作品和反巴洛克艺术思潮，不过，由于这种主观性，歌德对意大利了解不多。但是，旅行至少从这个遥远的地点走向另一个美丽的他者的愿望图像。在陌生的地方，这个遥远的地点与自身新近发现的惊讶一道，时常生气勃勃地披上神秘的面纱。正因如此，旅行图像事后也能够与艺术很接近，是的，这方面的其他变化成为某种最后旅行的集结图像。

在濒临死亡的时刻，上了年纪的人常常谈到记忆中值得留恋的情景，谈到自身浓缩的人生道路上的亲朋好友、人物、对象等——这一切记忆犹新，就像在摇篮里听到的儿歌，或在家里唱的歌曲一样。尤其是，他的脑海里浮现一幕幕旅行图像——这些图像历历在目，事后还用乌托邦的艳丽色彩再次美化他的心灵。其实，人们在第一次注视巨大的对象时，这种最后的调味品就已经起作用，它燃烧着、遮盖着人的感受，或者强化对事物的味道。不仅历史，而且地理学也唤起热情，在这一点上，两者包含着最佳内容。当然，这种热情更加仔细地审查——不仅与习性形成强烈的对照——在自身场所和地点上会合起来的对象并使之得到开放。

19 世纪的遥远愿望和历史化的房间

源自 10 世纪的故事？“谁在深夜里冒风飞驰？”

——舍费尔①

自从旅行变得舒适方便以来，长途旅行不再是遥不可及的事情。旅行带有更多的家庭特点，比起从前，侵入他国的习俗也淡薄了许多。昔日人们骑马漫游，经历各种在所难免的艰险，19 世纪取而代之的是火车这一新的交通工具。与今日航空线相对照，19 世纪，在世界范围内，惊人地快速开辟了铁路网。没有什么比铁路更把旅行引向方便的途径了。两次世界大战旨在扰乱这一有益的进步。

无论如何，19 世纪实现了这一目标，旅行者乘坐快车安静地疾驰而过某一地点，按照古老的旅行手册，从前那里是匪徒出没的地方，但是，在家里的危险生活并没有那么昌盛。② 但是，美丽的陌生地方为此却变成了小市民假日盛宴的地方。

而且，出现了所谓旅行业，它不仅办理旅行业务，也廉价地解释与旅行业有关的从前的愿望图像。于是，开始出现名胜古迹观光。这类名胜古迹被写入准备好的世界旅游指南中，即把旅游地约定为意大利、东方等。1864 年，从前的铁路管理员路易·斯坦根组织了后来受到热烈欢迎的团体旅行。这种旅行不仅展现了他对意大利的适度的异地向往，也展现了他对东方的适度的异地向往。旅客们纷纷向闪烁浪花的苏莲托致意，还有蓝色的亚得里亚海、考尔夫珍珠岛，称作东方山口的开罗以及巨

① 约瑟夫·维克多·冯·舍费尔（Joseph Victor von Scheffel，1826—1886），德国作家，著有《塞金根的号手》（1854）、《爱克哈特，10 世纪的故事》（1855）等。在此，作者所引“谁在深夜里冒风飞驰？”，语出歌德诗篇《魔王》：“谁在深夜里冒风飞驰？是父亲带着他的孩子；他把那孩童抱在怀中，紧紧搂住他，怕他受冻。”——译者

② 在此，布洛赫暗示，随着交通手段的发展，盗窃手段也变得精明高超。——译者

大的金字塔等等。包括小费在内的一切费用都得到担保,一切进展顺利:预先付款总额,所有款项都注有讲解。

但是,自20世纪中叶以来,随着中产阶级日益富裕,无管束的旅游业也越来越合理化了。为参观世界各地,人们编制8天、14天,4周到6周的旅行目录。只有登山运动才提供没有开辟的场地,才提供特别遥远的,即反映崇高愿望的场地。

人们对地球上最后仅存的探险之旅以及对神秘的非洲和北极兴趣盎然,有关这方面的读者与日俱增。南森[①]的书《穿过夜和冰》配有大量的北极照片和彩色印刷:北极定点、北极华盖,从而给读者提供了花钱买不到的关于自然的印象。

当然,一般旅行者索性带着他的全部家庭舒适装备(living rommen)到那里寻找这个花钱买不到的自然。旨在促进旅游业的可口可乐世界越来越逐一消灭人们梦寐以求的异类场所以及童话般遥远的访问地。

通过展开海上旅游,旅游业有力地拍打东方前沿,或者至少在家里,让"乘飞机周游世界"的图像传播开来,借助于此,旅游业首先赢得了全部组织化的基础。换言之,旅游业对扩大本国的世界市场,实现世界霸权愿望具有不断增强的宣传意义。因为帝国主义时代,欧洲人不仅大力提升旅游业,而且持续地美化旅游业。

但是,与此同时,陌生世界更加走样,变成畸形。充其量,这个世界在资本路程的反面领域里被迫往后退,而且,只要这个陌生世界还是另一个殖民地,它就被用作不动产产业的陌生广告条款。"除了西方之外,一切都注定灭亡",由此看来,这是一条有效的定理。

遗憾的是,对各民族生活方式的研究、对尚未消解的地方的概述、对这种真实的异域特性的具体觉察早已消失不见了。无论是歌德的《意大利之旅》还是赫恩[②]的《意大利之书》都表现了这一客观性,特别是表现

---

① 南森(Fridtjof Nansen,1861—1930),挪威极地探险家、海洋学家和社会活动家。——译者

② 赫恩(Victor Hern,1813—1890),德国艺术史家、散文家,著有《意大利之书》、《关于歌德的思考》(1887)等。——译者

了与自身获悉的民俗有关的客观性。然而，只要各国民俗不符合规范的眺望窗口，一向精明的贝德克尔[①]就不再表现民俗内容，或者极尽污蔑诽谤之能事。欧洲人相信，只要付出一点代价，他就能实现异地的美梦，即给异国人灌输大量相反的欧洲愿望。当然，再制作一则不动产广告条款，将“在家受不了”的一块广告牌交给某个人。如果旅行者认为，异地并不具有自身特有的意义，仅仅具有自身可比较的特点，那么，他也许就把异地仅仅当作与克雷费尔德、明尼阿波利斯或利物浦相反的地方。

照此说来，现在诸如意大利南部的教会节日一类的特性特别适合单纯的对照愿望(Kontrastwünsche)，或者依然保存完好的沙漠商队、骆驼市场和东方集市与家乡世界互不相称、格格不入。但是，在开启欧洲大门之前，中世纪并没有展现自身特色的某种特点，恰恰相反：访问者的家乡反倒成为访问对象。访问者与某个对照愿望图像毫无关系。尽管这种对照愿望图像并不比 19 世纪的对照愿望图像悠久，但毕竟比 18 世纪的对照愿望图像悠久得多。温克尔曼[②]引入这一愿望，用以追求“高贵的单纯性和安静的伟大性”，同样，在歌德那里，这一愿望也起作用，只要他不是评价意大利民族和风景，而是评价特定的意大利艺术作品，情况就是如此。歌德对德国的“烟斗柱子”感到厌烦，因此他对意大利现存的、占优势的巴洛克艺术视而不见。

与此不同，在阿尔及尔和摩洛哥图像中，德拉克洛瓦[③]另辟蹊径，试图寻找对立面，亦即浪漫主义的图像。他对猛兽、闺房女人、沙漠场景(见之于《凶残与活力》)等的激情不仅源自非洲的激情，也源自反路易-菲利普[④]、反市民王国的激情。德拉克洛瓦甚至出于真正的反古典主义，

---

① 贝德克尔(Karl Baedeker，1801—1859)，德国出版商，曾编订《莱茵河旅游杂志》，成为旅游指南的蓝本。贝德克尔也和古德(Guide)一样成为旅游指南的同义词。——译者

② 温克尔曼(Johann Wincklmann，1717—1768)，德国考古学家、艺术史家，著有两卷本《古代艺术史》(1764)等。——译者

③ 德拉克洛瓦(Eugène Delacroix，1798—1863)，法国浪漫主义画家，代表作有《希阿岛的屠杀》、《自由领导人民》、《但丁之舟》等。——译者

④ 路易-菲利普(Louis-Philippe，1773—1850)，法国国王(1830—1848 年在位)。——译者

劝诫人们应当在阿拉伯人那里发现真正的古典艺术。

但是,这些过去的对照愿望与后来19世纪的对照愿望是有区别的,这种区别不仅通过愿望载体的水准下降显现出来,也通过世界的水准下降显现出来。尽管这个世界一再遭到否定,人们还是努力寻求一个与自身的愿望相对照的世界。现在威尼斯表现出与克雷费尔德或利物浦截然不同的样子,借助于此,它很容易把自身显现为一座完全不同于利物浦的城市。然而,在这一点上,真实的威尼斯完全未介入其中。除非旅行社为外国人现场提供意大利之夜,所谓意大利之夜与北欧的工业之日有着天壤之别。但是,旅行社仅仅以这种方式给旅行者呈现从未听说过、从未看见过的场景,据说,这是外出旅游得到的一幅主观的甚至客观的场景。

人们从逃避和异地中,从对照图像中获得幸福之梦,而这种美梦在被引导的装饰品当中不断制作自身的旅行纪念品,而且到处弥漫着诸如"斯芬克斯之谜"一类的东西,而这些东西正翘首期待更好时代的到来。因为惟有撇开这种走了样的假面舞会时,美丽异地的奇迹才显现出来,换言之,只有就地利用原汁原味,才能把握意味深长的,甚至预兆不祥的对象。

特别是1850年以后,欧洲人住宅内的四壁本身面目全非了。人们从遥远的地方带来了无数装饰品,然而,在欧洲人特有的贫乏时代,这一切装饰品在自己的国度中是根本不存在的。人们回避所有白色的、未加掩饰的东西,仿佛从中觉察到一具尸体。在高度资本主义化的百年间,人们更加热衷于把自己伪装起来。毕德麦耶尔派喜爱未经粉刷的墙壁或质朴的绿色,他们的家具也十分简朴干净,比起过去的造型更明亮而美观。高高撩起的薄纱使日光射入更多的亮光,这亮光落在陈列柜、樱桃树木箱上,落在带有细长腿或匀称的柱子的干净的圆形桌子上,落在高雅的长沙发上。当时,人们把这全部存在称作"新希腊风格",因此,人们感到完全像在自己家里一样:到处都不是假象而是存在。这里散发出童话和潘趣酒的某种芳香,而与这种房间的芳香紧密结合在一起的是A·霍夫曼的艺术。

19 世纪中叶，这一切突然终止了。人们开始仿照异地的魔力，开始启用机械牛眼形玻璃。在卧室里，富裕起来的市民阶层放置贵族床铺，发幽古之情，把古代德国的、法国的、意大利的、东方的样式留作纯粹的纪念。不仅如此，还一再异想天开，把根本不存在的东西变成表面上存在的东西。在平日住所里，摆放着悬挂异国国旗的船舶模型。这是旅行的代用品，是的，在特有的四壁上的漫天旅行广告遂成为一种口号，部分是历史的、异国的口号。由此出现了德国经济繁荣年代[①]的各种打褶织物装饰品以及室内装饰的大杂烩，小人像、新发迹的豪华样品、丝绒、地图册等毫不相干的东西乱七八糟地聚集在一起。由此出现了作为骑士城堡的柜台、中古时代的长柄斧、富丽堂皇的土耳其闺房、伊斯兰教寺院的彩灯、水牛角等，一时成了趋之若鹜的时髦装饰品，简直是一派莫名其妙的蒙太奇。

这一切都位于微光之下，窗户上垂挂各种各样的帷幔，并且，拉下足以以假乱真的东方窗帘，为的是远离城市的喧嚣，保护全部自身的伪装。在这全部总和中，不时响起姊妹们的沙龙曲子，这些姊妹佩戴小蝴蝶、小喇叭，穿着小爱神一样的衣服。此外，还念念不忘所有虚假的洛可可式[②]饰品："小瀑布"（Cascades）、模型蝴蝶（Papillons）、游戏用自鸣钟（Carillons）、飞翔的紫罗兰（Pensèes fugitives）、寺院之钟（Cloches du monastère）、华沙的纪念品（Sourenirs de Varsovie），等等。再则，在房间里，吊着一根擦亮的杆子，上面挂起一幅巨大的波斯地毯（Kelim），仿佛航船上的桅杆和船帆。这样，整个房间就像一艘阿拉伯航船一样，在世界之海上来回游弋，或者停泊于某个印度城市的港口。在杆子一旁，少不了纺车和来自威尼斯的旅游纪念品：在摩天的穆拉诺[③]镜子前，悬挂珍

① 德国经济繁荣年代（Gründerjahre），指 1871—1873 年间。——译者

② 洛可可式（Rokoko），继巴洛克之后，欧洲 18 世纪建筑、艺术风格，以矫揉造作、纤细、华丽、烦琐为其特征。——译者

③ 穆拉诺（Murano），位于意大利东北边威尼斯外海的一群小岛，小岛之间或以桥梁相连，或以舟楫相通。——译者

珠小游艇。

但是,对这一切陈设(不言而喻,价格不等)而言,维也纳画家马卡特[①]的画室提供了所谓愿望伪装的样板,这里正是历史的、异国的伪装的原型。每一个商业顾问都由此受到启发,建议在墙壁上糊壁纸,直到在房角的画架上安置刚刚完成的油画。为了描写从未出现过的流行物的灿烂乌托邦,人们不得不把自身的毛笔浸入马卡特的内心深处。1886 年一个马卡特同时代的人这样写道:"通过奢侈的豪华和大师的艺术爱好,古斯豪斯胡同旁的工作室越来越赢得了某种美丽如画的、博物馆的特征,它反映马卡特的想象力,给人提供各种便利的辅助工具和榜样。借助于此,工作室得以维持自身的生存并介入它所环绕的那个辉煌的社交活动。于是,整个工作室变成了充满光彩熠熠的艺术作品的工作室。"

光彩熠熠的作品、提香[②]、威尼斯,尤其是东方国家——这正是这个如此充满市侩习气、无聊至极和悲观主义时代的梦的口号和逃避口号,亦即伪装的(Verkleidung)时代、堕落的时代、出色的伪装时代的梦的口号和逃避口号。

当时的小说同样盛行这种"伪装"风气,舍费尔的《爱克哈特》弥漫着古代德国的情调;费利克斯·达恩[③]的《为罗马而斗争》浸透着罗马和日耳曼风格;格奥尔格·埃伯斯[④]沉湎于埃及的情结中,如此等等。

这一切都处于牛眼形玻璃的亮光中,同样位于台伯河[⑤]和尼罗河的

---

① 马卡特(Hans Markart,1840—1884),奥地利画家。曾在当时历史画的中心慕尼黑学习绘画,1869 年回到维也纳大获成功,并成为社交界的名流。他的绘画风格夸张,有些接近鲁本斯,题材涉及神话、历史和寓言故事等,而且尺寸巨大,在德国和奥地利很有影响。——译者

② 提香(Tiziano Vecellio,1490—1576),意大利文艺复兴盛期威尼斯画派的代表性画家。——译者

③ 费利克斯·达恩(Felix Dahn,1834—1912),德国法学家、历史学家、作家,主要著作有《为罗马而斗争》4 卷(1876)等。——译者

④ 格奥尔格·埃伯斯(Georg Ebers,1837—1898),德国埃及学家、小说家,发现了埃及的医学纸草文。——译者

⑤ 台伯河(Tiber),即特韦雷河,意大利中部河流,流经罗马市。——译者

波光中。这一切都需要历史的陌生化,因为就满足骑士城堡的华丽之梦而言,异国的寓所并不十分充分,而且还因为外面的商业街更不会配备纺车。人们费尽心机,装饰外部建筑物,如果可以这样称呼的话,给建筑物披上奇装异服,例如,罗马样式的火车站、哥特式的邮局、印度风格的音乐厅以及摩尔人的猴子屋。

这个时代粗糙的机械主义并不能用一切手段掩盖自己,正因如此,它更想把自己遮住,把自己置身于巨大的住宅当中,然后,又想出了一个绝妙的旅行计划,那就是走入**自然**。在自然中,19 世纪会享受的人发现了某种本身无法安慰但装饰得很好的机械唯物主义的景色,即来自能量和素材的一种人造宝石的全景图。正如路德维希·毕希纳①所言,能量和素材乃是这样一种“原材料,由此建造拥有自身奇迹和美丽的全部宇宙”,然而,对于没有什么自身之美的假日来说,外面的风景便成了一个大赚噱头的精装本。

在此,启蒙主义者毕希纳甚至使用“女神”、“寺院”等字眼。当时多数住家都在窗户上贴上关于巍峨雪峰和阿尔卑斯山夕照的透视画,一到夜间,闪闪发光,照亮每一个角落。海克尔②的《世界之谜》一书大力渲染并嫁接素材和能量,在此书中,他写道:“真理的女神居住在自然的寺院里。”进言之,“真理的女神居住在绿色的森林里,居住在蓝色的海洋上,居住在冰雪覆盖的山峰上。”是的,在一定程度上,在世纪转折时期,马卡特的世界放松了对勃克林③和克林格尔④的批判。可以说,填满了古董品的寓所重新笼罩在古典气氛中,人们热衷于用东方国家饰品来换取纯粹

① 毕希纳(Ludwig Büchner,1824—1899),德国医生、哲学家,所著《能量和物质》(1855)当时被誉为唯物论的《圣经》。——译者

② 海克尔(Ernst Häckel,1834—1919),德国哲学家、医生、生物学家和艺术家。他倡导达尔文的进化论,致力于形态学、发生学、比较解剖学研究,率先启用“生态学”一词,主要著作有《自然创造史》、《人类的发生或人的进化史》等。——译者

③ 勃克林(Arnold Böcklin,1827—1901),瑞士画家,与印象派相反,倡导象征和幻想的绘画风格。——译者

④ 克林格尔(Marx Klinger,1857—1920),德国画家,新古典主义艺术的代表人物。——译者

的地中海国家饰品，当然，打褶饰品也没有完全销声匿迹。

这个房间仿佛全都戴上了白色和金色的假面具。关于煤气照明，人们参照凯撒·弗莱施伦①的《心中的太阳》，人们援引卡尔·拉松②历史小说结构的《太阳中的家》（1895），这幅画作为一种方式无法比拟，它已不再体现孟加拉人的闪光的生活方式。现在，这幅画除了表明所描绘的开罗女子奴隶市场以及沙龙椰子树旁一种“宁静的”（halkyonische）性爱之外，还表明朝气蓬勃的青春风格的性爱以及具有土耳其风格的德国文艺复兴的气氛。

在 19 世纪社会各阶层中，曾经普遍存在过特殊的离奇梦想，只有在这种梦中，才充斥大量拙劣的艺术品以及如上所述的所有荒诞不经的事情。在此，历史的、异国的和乌托邦的东西变成装饰对象，并且还配备了鲜明的召唤鬼神的功能，尽管掩耳盗铃、自欺欺人，但毕竟拥有召唤恶魔的功能。19 世纪，内宅屋顶的装饰几乎超过了整个房间，现在人们把自己家乡的自然寺院的、东方的塞浦路斯画与某种脱离派的、仿古的塞浦路斯画混为一谈。然而，塞浦路斯画作为风俗画，作为假象世纪的异国风情依然保持不变。因此，特别引人注目的是，海克尔主义者威廉·伯尔施③的一幅广告，他别出心裁，在上面描画了关于自然寺院“高贵赤裸”的帷幔：“一个更美好的、阳光明媚的未来世界，一个清除了希腊文化残余物的未来世界。在那里，风俗与纯洁，爱的春天带来的纯粹的崇高气氛和沁人肺腑的香气，这一切都不受干扰地一同驻扎在花草地中。与此相反，白色的寺院身披神圣的窗帘，静静地呈现最深邃的神秘生活和思想，并且高耸入蓝

① 凯撒·弗莱施伦（Cäsar Flaischlen，1864—1920），德国诗人和方言诗人，其作品早期倾向于自然主义风格，后期转向印象主义风格，著有《诗集》（1884）等。——译者

② 卡尔·拉松（Carl Larsson，1853—1919），瑞典画家，引领瑞典绘画的“青春风格”。他的作品大都是家庭生活趣事，使用大量的透明水彩，画中温馨的家庭气氛让他的画作受到全世界观众的喜爱。——译者

③ 威廉·伯尔施（Wilhelm Bölsche，1861—1939），德国作家，柏林自然主义小组成员，致力于用诗意语言表现自然科学，主要著作有《自然发生史》（1894—1896），小说《浮士德》（1885）等。——译者

天……我们何时才能够从错误的阴影深渊到达你的祝福之岛？”

显而易见，在此也不乏撩拨人心的窗帘，即人们在进入寺院的大门之前喜欢想象的某种古代的门帘。但是，这门帘不是被想象为船上的帆，而是被想象为恋人妩媚的内衣，或者被想象为早期沙龙里悬挂的双面地毯。然而，事实上并不存在花草地上这种带有窗帘的古代寺院，它同样是源于旅行图像的梦寐以求的对照图像。根据当时的展览，这种寺院不是大理石而是作为白色油画存在，在后期洛可可城堡花园中，同样，在古典主义风格的铜版雕刻上，有时它的原始图像显现为百音盒中的传动发声装置。在19世纪转折时期，美丽的陌生（schöne Fremde）到处都作为装饰起作用，即作为某种整理好的、想象的乌托邦起作用。尤其是，德国经济繁荣年代，在整个室内装饰和绘画领域里，都渗透着工厂制造的纯粹复制品的诅咒，这种虚假的祝福具体体现为某种“长毛绒”一类的异国特性，作为寓所的过道、陈设的全景。就像科林斯式圆柱一样，当时奢华的室内装饰和绘画实属难能可贵、值得赞扬，但是，当时这种装饰和绘画想必是最适当、最惬意的装饰和绘画。因为这种场合并不反映小市民一夜暴富的富丽堂皇，不是缺乏想象力，而是想象力的过剩。

古雅家具的气息，废墟的魔力，博物馆

自古以来，收集（das Sammeln）是一项特别麻烦的事情。收集一切，保存一切，这涉及贪欲和贪求，只要家里挤满了各种各样的收集品，情况就是如此。但是，收集者却乐此不疲，四处寻找，尽可能走遍每一个角落，追寻各种古旧器具、装置。只要这种着魔状态是足够外倾的，那么即使他为这种狂热状态所毁灭，他也心甘情愿，毫不介意。[①] 这显然是十分

---

① 按照布洛赫的分析，这种对古董品和古代艺术品的狂热追求反映出对古代生活方式的某种病态的执著心理，但是，也蕴含着对遗失了的美和过去安稳生活的向往。因此，在此意义上，不应无条件地全盘否定收集行为本身。——译者

矛盾的,但是,这种愿望是独一无二的,那就是收集者用希奇的东西把自己团团围起来,把时间上、空间上遥远的东西作为盒子来拥有。

所有东西都是可收集的:钮扣、葡萄酒标签、蝴蝶等,但特别常见的是邮票。在各种收集品当中,最贵重的猎物当属古代物品,即现已绝版的或异国艺术作品。在集邮者和瓷器收集者那里,也可发现这种对完美艺术品的癖好。某种收费标准与全套服务的愿望是相同的。物以稀为贵,这涉及到一枚受潮邮票的齿状边缘,它比一枚普通的完整邮票昂贵得多,或者涉及到一张侧面弧形的巴洛克五斗橱,它比前面弧形的抽屉贵两倍多。作为稀世珍品的发现者,商人的工作就是分类所有收集品,在很少创造性的分配生产中,他们的工作倒是富于创造性的。商人随心所欲,通过古董爱好者的剧烈竞争来调节价格。

尽管如此,艺术品的收集本质上不同于其他物品的收集,因为稀世珍品在自身领域里是不可重新制造、不可挽回的珍宝。今天,集邮以及诸如此类的收集与一百年前的收集相差无几,但是,与此不同,古代家具、丝绒、瓷器等具有某种遗失的财富、某种消逝的手工业、某种沉没的文化等特点。这些物品的价值取决于稀有性。如今机械商品千篇一律,而且越发单调乏味,与此不同,在古董商店中出现某种非标准化的财富,某种不断花样翻新的、令人惊愕的财富。如果产地彼此分开,相距五小时步行路程,那么最简单的上釉的陶器就已经各不相同。除了布哈拉和阿富汗之外,没有哪一个东方国家的地毯与其他国家的地毯相同。尽管两者都属于巴洛克风格,但是,在法兰克福橱柜与但泽橱柜之间的差异大得就像庭院大门与宫殿大门的差异。这一切特点都不可重复地统一在牢固的手工业品之中,每一件物品都与某种封闭的、缓慢成长的文化结合在一起。

因此,今天的古董收集热潮意味着背离机械商品,转向某种不可挽回的家庭图像(Hausbild),这同时意味着转向最舒适的、最充满幻想的家庭图像。收集家的情欲渊源于上个世纪,确切地说渊源于上个世纪的室内装饰,但是,这种情欲对今日各种古董收集形态依然发挥着强有力的影响。收集者的狂热不会减弱,因为收集古董带来的快乐比炫耀制作的复制品和所谓的风格家具都更有价值。

甚至假古董也大行其道,这适合新暴发户爱炫耀的罕见需求和装饰愿望。但是,所有真正的艺术品都是遭到资本主义破坏的某种确定形态的见证,都是从失去的美中保存了冲到岸上的财物。乘船前往古董品国度与浪漫主义的、反动的反资本主义毫无相干,但是,应该明白,晚期资本主义是艺术的不共戴天的敌人,特别是家用器具领域里的艺术的死敌。

作为从前出类拔萃的成功之作,古董品进一步形成幸运的全体,而从这种全体中产生相同的基础,产生相同的、充满幻想的收益。不言而喻,一切优秀的古董相互混合、相互衔接。试以维尔茨堡、乌尔姆的建筑为例,大门用纯粹洛可可风格制作,固若金汤、毫无罅隙,紧密衔接罗马式的大教堂。

不错,动身旅行的愿望同样基于收集真正的古董。这种愿望与从前某种可疑的异地魅力联系在一起,实际上,真正的居民并不知道真正的周边环境。但是,他知道某种神游古国的愿望,今天它依旧是借以逗留远古时代的一个重要组成部分:一种强烈的愿望,即在悠悠岁月里,借以**再现**遥远国度的愿望。这是源自安徒生的童话《幸运的胶鞋》的那个司法顾问的愿望,这个顾问借助魔力到达拥有哥特式建筑的哥本哈根。

许多富有魔力的童话都把炼金术士调派到古代的特洛伊或遥远的通道,这也是同一类型的愿望。一天,哪怕一小时停留于瓷器世纪,这是一场多么美妙的梦?特别是停留于古代雅典、罗马、拜占庭、孟菲斯、巴比伦等,更是一场美妙绝伦的梦。或者能够走遍古代的美丽街道、房屋,做一次向后的时间旅行,即做一次朝着死亡的时间旅行或自身出生背后的时间旅行。在庞培,访问者恰恰发现与事物进程相违的这种非自然的特定愿望的反照。一块庞培遗迹一定存在于那个古老的酒壶之中,活在音响之中,以此,巴洛克式橱柜门涉及威严的宫殿,涉及锡制碟子的遥远的光辉。

最剧烈的、通常相互交织的反光属于向后的旅行愿望，而这种愿望鲜明地反映在每一个塞得满满的古董商店中。在《驴皮记》中，巴尔扎克令人难以忘怀地描写了某种已知的系列愿望或镜像蒙太奇。在此，一个年轻的诗人，一个“陶醉于生活或死亡的”人走进了博物馆收藏库中。作为这样一个观阴癖者，他领会反常的蒙太奇，他经历在过去中、在遥远的地方上、在镜像画廊中，纵横交错的停留地点：“他不得不注视二十个不同世界的遗骨……鳄鱼、猴子、鼓鼓囊囊的巨蟒等龇牙咧嘴冷笑，瞅着教堂窗户。看上去，这些动物大口喘气，迅速攫取清漆盒，想要爬上枝形灯架上。一件塞弗尔花瓶——上面有雅科托夫人画的拿破仑——置放在为塞索斯特里①建造的斯芬克斯旁边……死亡的工具，短剑、陌生的手枪、秘密武器与五色斑斓的生活用具乱七八糟地混合在一起，瓷制汤盆、迈森碟子、透明的中国瓷杯、古代的盐桶、昂贵的糖果盒等。一艘带有众多风帆的象牙船盘旋在一动不动的海龟背上。一部汽泵穿进了一动不动的、威严的奥古斯都皇帝的一只眼睛……在这个世界的垃圾堆里，无奇不有：不仅有北美印第安人的烟管（Kalumet），也有伊斯兰教徒闺房的黄金绿色拖鞋，不仅有摩尔人的雅塔干②，也有鞑靼人的偶像。从士兵的烟袋、神父的圣体盒到皇帝的御座羽饰，应有尽有。此外，这些图像杂乱无章，充满了变化无常的、游戏式的过渡色调的剧烈混乱以及光明与黑暗之间的最强烈的对照。耳朵以为倾听到了中断了的呼唤，知性似乎请来了混乱中的永无尽头的悲剧，眼睛则相信觉察到了几乎无遮无拦的灯光。”

年轻的诗人缓和了在这所博物馆的收藏库中所萌发的那种绝望。他摇身变为骑士和印度神庙的舞伎，甚至变成下落不明的蜂蜡、铁、檀香木等。在他的周围，数以百计的时空压缩为某种独一无二的观点。“不久，他变成一个富于传奇色彩的海盗，给自己罩上海盗的十分忧郁的诗的光环。然后，他欣赏温柔的小画像，钦佩用以装饰一部昂贵的弥撒书

① 塞索斯特里（Sesostrie），埃及第十二王朝的国王。——译者

② 雅塔干（Jatagan），摩尔人使用的S形匕首。——译者

和手稿的蔚蓝色的、金色的图案,他重新忘记了大海的激动。一种充满和平的念头使他进入梦乡,重新跟科学结婚。他躺在一间深邃的小室里,通过这间小室的尖拱窗,眺望自身寺院的草地、森林和葡萄园。”

显而易见,通过如此放荡不羁的行为,巴尔扎克总是烦琐地述说**冲上岸的财富的蒙太奇**(Strandgut-Montage),但他并不诉说法国的室内装饰,更不诉说德意志第二帝国的室内装饰。巴尔扎克的震惊甚至也不是浪漫主义的精神,而是在废墟一旁的没落中,按新的方式感受到地地道道的巴洛克精神。巴尔扎克的古董品商店乃是过去时代和遥远地方的展览厅,因此,冲上岸的财物是富有寓意的。

现在,消逝了的现在变得自由,散发最后的美,这究竟意味着什么?于是,这个饱经风霜的遗物仿佛散发阴郁的、明朗的光,仿佛林中空地显现某种单纯的表面的东西。这样,在巴尔扎克那里,产生了矫揉造作的**废墟**崇拜。人们抱怨,人的身体和幸福的短暂性(Verganglichkeit),然而,这种短暂性当时不仅形态化为某种遗物,而且开启了某种奇异的、转义的价值。“借助苍白的尸体来炫耀”,这一点赋予巴洛克悲剧作品的结论以自身独特的装饰。瓦砾碎片旋即成为令人敬畏的东西,这东西仿佛从古希腊罗马文化中呆呆地凝视着这边。① 全部巴洛克式的矫揉造作的风格都反映这样一种双重光,它源于上升的市民阶层与一定范围内定调子的、困难而强大的新封建主义的互相混合。不过,在那里,短暂性作为崩溃中受到抑制的东西必定还在形成某种形式,因此,它绝不会堕入虚无主义的泥潭。在时代没落和普照这种没落的、可以说是未受触动的线条中间,废墟不得不采取中间立场。这一飘浮不定的线条仿佛在飘荡中采取持续的中间立场,因此,在巴洛克艺术意义上,废墟美丽如画,楚楚动人。

此外,对巴洛克时代的基督教而言,废墟使短暂性的目光与世界末日结合起来。短暂性与神化的这种混合不仅使古代废墟变得美丽多姿,而且使它变得令人敬畏。因此,在未受破坏的时代中,废墟不是一种愿

① 参见本雅明:《德国悲剧的起源》,1929年,第176页以下。

望图像而是一种惊恐,于是,废墟成为一种范畴,在此之下,古物首次成为令人虔诚的东西。不仅如此,巴洛克图像所包含的众多殉教者场景的余辉也依然照耀在过去之美的废墟上。

文艺复兴时期,艺术家们着力描写了古代寺院的废墟,这一点也使源于纯粹分解了的、仿佛可出示的这些范本维持下来。但是,以后两个世纪的巴洛克图像和版画广泛应用废墟,以便把作为尺度和对称性的古典范本变革为独一无二的巴洛克范本。① 瓦砾碎片成为某种特有的、决定性的反古典标志的新因素,成为永恒性借以安家落户的那个短暂性的比喻。这样,巴洛克艺术家们并不是把古代的残余当作完整无损的东西来修复,而是极力澄清瓦解中的苍凉之美。

正如在感伤主义者那里一样,甚至在皮拉内西②那里也把古希腊罗马文化当做壮丽的日落。皮拉内西的《罗马写景》(Vedute di Roma)十分精确地描写了这种日落景象,他的这些作品想要给人一种直观的效果,并且接受了温克尔曼所处世纪之初的废墟景象,但是,在此依旧是未完成的作品本身,其所期望的哀伤之美肯定是过甚其词。

本真的巴洛克艺术家全然沉湎于忧郁的、陶醉的幻想之中,而且,还热衷于把古希腊罗马文化的废墟置于当场压根就没有出现的地方。1650年问世的契索尔菲(Chisolfi)的《卡尔塔戈的废墟》(德累斯顿)是这种幻想类型的范例。在这幅画中,灌木、残垣断壁、滚下的散落的柱子等赫然醒目,在此,由于短暂性,古代的壮丽变得十分珍贵。无论如何,他所描绘的建筑物无拘无束、自由自在地表达画家的梦想。因此,在此可以说,基督教的哀歌拥有古代的赞歌。

巴洛克式的下沉也是一种伤感情绪,我们可以"从古代的战栗吹拂

---

① 在以下段落中,布洛赫基于遗产的观点,精辟地解释了巴洛克艺术的特征。——译者

② 皮拉内西(Giovanni Battista Piranesi,1720—1778),意大利版画家、建筑家,他的后巴洛克风格的绘画作品生气勃勃、雄伟优美,使他成为18世纪威尼斯画派的领导人物,代表作有《安东尼和克娄巴特拉》等。——译者

我们的地方"感受到这种情绪。因此,这种情绪不仅栖息在人工柱子的残余部分,栖息在坟墓上,也栖息在全部人工堆积的废墟上,因而栖息在施韦辛根①的公众花园中。再则,除了古代的废墟之外,进入我们视野的还有中世纪的城堡,这些城堡除了具有使人虔诚的特性之外,还特别适合于幽灵鬼怪出没。

早在古代,在《一千零一夜》中,废墟就已经是离群索居者的舒适停留场所。也就是说,这些场景成了惊险小说的合法场所,特别是在阴森森的、哥特式建筑的月光中,变幻莫测的那些场景成了18世纪开始的惊险小说的合法场所。

这种废墟善于多愁善感地矫揉造作,其作用截然不同于美国的恐怖袭击所遗留的那种惊世骇俗的实际作用。但是,气息(Aura)赋予过去以单纯的短暂性及其悲歌特性,这种气息与恐惧(Grauen)完全不同,后者缺少任何气息(除非它是无意义的气息),孤独地寓居在荒凉的窗户洞穴中。但是,如前所述,通过废墟魔力、废墟暗码等,当时的古董品范畴迅速增加,不过,这一范畴与19世纪的复古概念也相距甚远。对未完成作品的虔诚与对其予以补充的冲动截然有别。1820年有人发掘出米洛的维纳斯②,不久之后,整整一百年间,根据本性(ex ingenio),人们已数百次重新制作了断臂的维纳斯。如果巴洛克时代,人们发现了维纳斯雕像,他们也许恰恰会依据短暂性和有限性,在断臂方面予以完美的建造。但是,关系重大的是,除了"容光焕发的希波克拉底面容"③之外,今天废

---

① 施韦辛根(Schwetzingen),德国西南部一小镇,建造于1710—1716年,有座皇宫,风景优美。——译者

② 米洛的维纳斯女神雕像(die Venus von Milo),高约2.04米,神情端庄,肌体丰润,窈窕曲立,仪态万方,造型典雅至极,集女性美之大成。这尊女神雕像发现于公元1820年春,由一个名叫岳尔戈斯的希腊农民在爱琴海的米洛岛上一个山洞里的小庙废墟中发掘出土,所以被称作"米洛的维纳斯"。据考证,这座雕像制作于公元前130—公元前120年间。——译者

③ 人死亡前,指甲发黑,手脚发冷,嘴唇发青,耳冰冷紧缩,眼睛模糊不清,对这种垂危病人面容的具体描述,后世称作"希波克拉底面容"(facies hippocratica)。——译者

墟的目光依旧保持不变,处于铜绿色的激情之中,大理石块的统一中。那种铜绿色中所蕴含的激情愿望无所不及:从彩虹色的玻璃到帕埃斯顿[①](Pästum)的金色色调,从饱经风霜的砖瓦(僧侣和修女)到高贵的绿色的青铜器,如此等等。这种激情好似陈酿的葡萄酒,或者好似过得很好的生命的晚年,渴望一去不复返的从前的时代。换句话说,米洛的断臂维纳斯一点也不浪漫,但她对这种毁坏同样报以感激之情,对沧桑岁月带给她的大理石块的统一充满真挚的爱。特别在希腊雕塑领域里,米洛的断臂维纳斯在此显现为严格的形态,可与充满幻想的完整原作相媲美。

因此,被冲上岸的贵重财物到处都能显示出自身的意义,而这种意义使自身的原始状态以及从前的,甚至日常的关联性大大提高。在空虚的时代,最强有力地说明问题的东西当属博物馆。博物馆本身最初源于诸侯的宝库,直到19世纪才闪耀出自身富于教育意义的、令人钦佩、令人联想的光辉,这一点并非没有理由。总的来说,古董大部分的确都是某种不可挽回的、沉浸于过去水域之下的葡萄园。但是,在机械商品和形式主义的、无创造力的包豪斯建筑时代里,古董同样是一种乌托邦的标志,正是这个软弱无能的包豪斯学院[②]如此骄傲地接替了19世纪的装饰艺术。

某种发人深省的乌托邦的标志(充实、装饰、大量地围绕着想象等就是这类标志)不单单是曾经存在过的东西的标志,而是未完成的东西的标志。甚至某种现实的新创造本身也必然包含着古代的特征。不言而

---

① 帕埃斯顿(Pästum),是希腊人于公元前6世纪建立的殖民地,原名波塞冬尼亚(Poseidonia),为的是纪念希腊神话中的海神波塞冬。公元前273年被古罗马人同化时,改名为帕埃斯顿。帕埃斯顿的中心地带是三座几乎保存完好的多利克式神殿,被公认为是古希腊人建造的最伟大的、甚至比希腊本国的同类建筑还要出色的建筑。——译者

② 包豪斯建筑学院(1919—1933),通常简称包豪斯(Bauhaus),是一所德国的艺术和建筑学院,讲授并发展设计教育。德文Bauhaus一词由Bau-Haus组成(Bau建筑;Haus为名词,房屋之意),由建筑师瓦尔特·格罗佩斯(Walter Gropius,1883—1969)于1919年创立于德国魏玛。——译者

喻,这是一同工作并继续工作的古代,但不是可复制的古代。

新颖性的程度使一部作品变得十分伟大,但是,古代性的程度却使一部作品变得十分昂贵,在艺术作品中,这两种规定意见相合,从而该艺术作品继承甚至留给后世一笔文化遗产。与产生一切古董的手工业生产不同,机器创造其他生产条件。但是,今天资本主义所生产的机器人已经所剩无几,同样,某一机械商品与一般的力学及其平庸性相称的商品也没有最后的决定权。“婴儿产钳必须是光滑的,但是,方糖夹子绝不需要光滑。”①每一个真正的艺术家都热爱装饰,尽管由于力学和庸俗艺术品,装饰艺术大打折扣,真正的艺术品尚未为某一时代所钟爱。必须清除19世纪的力学暴行,这是拯救上述艺术品的先决条件——这当然是必不可少的条件(conditio sine qua non)。但是,在这种纯化的彼岸,还存在某种表现世界(Ausdruckwelt)的任务,这任务不是毁灭古董品的丰富,而是继续延伸既成的古董品的丰富。要把世界从力学的暴行中解放出来,这需要对颜色、形式、装饰等的某种强烈意愿,即使这些意愿没有受到祝福,那也摆脱了模仿者的拙劣的模仿行为。这种强烈的意愿表明,强烈的日光贯穿整个历史,直到普照机械商品所渗透的每一个角落,它的光辉充满着我们所有的博物馆,因此,它并没有在包豪斯学院和类似空虚时代的欢呼雀跃中归于熄灭。建筑学上的虚假进步越是突飞猛进,在古老的愿望中,古董品就越是化为一种非浪漫主义的某种新的“勿忘草”(Vergißmeinnicht)。

现行的现实性(Realität)具有足够充分的前假象,以便反对19世纪出现的所有抵押贷款,以便表达迄今人们所不熟悉的人的表现形态。这是一个标志,某一低劣的建筑,就是说绝大部分新的工具和街道并不腐朽不堪,而是在岁月进程中仅仅生了锈而已。同样,这也是一个标志,按照适当的时代,某一生来昂贵的物品与古老的遗产相连结,并且拥有自身的独特价值。

---

① 布洛赫:《乌托邦的精神》,1918年,第22页。

宫中花园和世外桃源①

现在这里美极了。昨天我们悄悄地走过湖泊、运河和小树林,我被这里的美景深深地打动了。仿佛感到诸神允许诸侯在周围创造美梦。当人们穿过此地时,仿佛听到一首为人所朗诵的童话,而且,那里充满着天堂般的原野的特征……

——歌德:《就德绍英国公园1778年致斯坦因夫人》

一个绿阴掩映的家,或者可以从那里眺望的家总是令人快活的。这个野外之家属于快乐之家,尤其是按照固有的愿望塑造的家:花园(Garten)。花园汇集和整理各种花卉,在那里,岩石和溪水变得十分温顺,还设有自动开启的墙壁。花园改变人的兴趣,同时也接受人的兴趣,它属于女性,属于塞特拉(Cythera)。

阿拉伯的花园与伊斯兰国家的闺房连接在一起,这一点不是毫无根据的,它是爱、惊奇和和平的一道风景。为此目的,花园具有使人凉爽而隐蔽的功能,此外,也不乏艺术喷泉、亭子和奇异的事情等。巴格达的卡里芬公园包含锡的小溪、注满水银的池塘,周围悬挂着金色的鸟笼,里面装着白天也嘹亮歌唱的耀眼的夜莺,树上埃奥尔斯琴②的琴声不绝于耳。爱的凉亭的墙壁都被打通,凉亭间,仅仅用象牙编成的金丝编织品隔开,借助于此,土耳其绿色的、东方国家的天空照耀当中。

迷宫向来讨人喜欢,镜面效果使恋人们的快乐倍增。最著名的迷宫位于阿拉伯巴勒莫宫中花园中,罗马人也早已从古代东方国家获得了这种艺术。就像美女戴上银色发夹和金色项链一样,东方国家的花园用金

---

① 在本节中,布洛赫进一步探讨了博物馆所传达的愿望要素。——译者

② 埃奥尔斯琴(Äolscharfe),亦称风神琴,古希腊乐琴,以风神埃奥尔斯命名,琴由风吹弦发出音响。——译者

属制品、玻璃花、中国玉等点缀——这不愧是关于自然本身、女性本能的一种最高雅的快乐之梦。

花园的第二个繁荣时期来自**巴洛克时代**。在此，西方的专制主义对东方的专制政体抱有浓厚兴趣，这使它同时触及了阿拉伯的幻想。这样，在17—18世纪的宫中花园中，其艺术尤其富于东方色彩，尽管也不乏新的、应急的代理因素。在巴洛克花园具有花园艺术的辉煌时期，这种新的因素都取得了胜利，但并没有获得全胜。作为庄严的、几何学上一望无际的陈列广场，巴洛克公园通常用作举行盛大的礼仪性节庆，届时，人们天性使然，到处都穿着节日的礼服上场。节庆在宫廷的边缘地区举行，一半显示数学的一丝不苟的精确特性，一半显示受到抑制的放荡特性。这时，庄严肃穆的场面表现出野蛮而滑稽的放荡行为，而这种行为与塑造一切人的那种巴洛克的象征愿望十分相称：紫杉篱笆中的亚当与夏娃；欧洲山毛榉中的圣·格奥尔格；用蔓延的常春藤制作的带尾巴的龙；头戴月桂冠的卓越诗人等。但是，巴洛克花园也塑造社会所想望和想象的东西的顶峰，在宫中花园里，人们尽管戴着“卷曲长假发”（Allongeperück），但是，通常在“不留肮脏的胡子”（sans la barbe limoneuse）的自然气氛中，举行盛大的宴会。然而，这一切显然都是对歌剧的模仿。

此外，灯火辉煌的自然不只是装装门面而已，即并非在当时高尚的人们所说的“热爱自然”那种意义上装装门面而已。因为自然作为合理的惊异乃是十全十美的伟大的风景画（Veduta），而且，自然作为古代社会境况与东方国家心境的混合，简言之，同时作为规则与奇迹的总和。洛可可艺术使一切领域中起作用的再现归于消逝，洛可可式的卷曲长假发也与自然相距甚远，但是，东方国家的情绪本身依然停留在理想的衣服中。

这里，新添加的还有大理石的愿望图像，大理石的比喻具有所谓嬉戏意义上的放松心情的作用：爱与优雅，拥抱仙女的那个带有山羊爪子的牧羊神，劫掠少女的纵情享乐等。这一切都压缩成一幅浪漫可爱的图像，令人联想起瓷器上天真烂漫的幼年形象。在绿色的阔叶树下，一口泉水若有所思地潺潺流淌，这情景催人唤起一种模仿的欲望，伊甸园就以这种色情的方式静静地藏匿在巴洛克花园的小树林中。就像东方国家的花园一样，伊斯兰国家的闺房实际上出现在户外，其精美雅致叹为观止，只有天主教意义上的闺房才可达到这种精美雅致。而且，在巴洛克公园中，我们同样能够认识到并非完美无缺的感伤主义的东方国家的风格，至少这种愿望世界再次集中在绘画作品上，在被描画的东西上我们能够感受到这种淡淡的哀伤。

巴洛克公园世界高度仿造古代风格，充满诗意的克劳德·劳伦①和英勇无畏的普桑②就以这种古风描写了南方的风景。因此，通过巴洛克公园，我们可以饱览富于东方和古代色彩的地中海：地中海满怀深情地凝视着灿烂的灌木后面的浅金色的日光，它还若有所思地凝视着圆柱式寺院，这一切都不像罗马而是像帕米拉（Palmyra）③一样显现。

在巴洛克花园中，风景画同样占据支配地位，尽管这是“逃出视野”（èchapèe de vue）而朝向无限，但是同样包含着隐蔽和丰饶。自然显现为关于代理（Repräsentation）和快乐的初步整理好的冒险，从而在风景画当中也包括某一魔力宫殿。

因此，巴洛克风景画越来越多地利用迷人的绿色来描绘住宅，而哪个地方都没有自动地产生出这种效果来。人们似乎背弃属于艺术对象的那种人工的存在，但是，就巴洛克花园而言，人们并不完全消除这类人工的存在。1750年左右，鉴于日益渗透的市民生活方式，在法国式的花

---

①　克劳德·劳伦（Claude Lorrain，1620—1682），巴洛克时代的法国风景画家，像普桑一样，一生大半在罗马度过。他的作品多为风景画，还常常点缀一些神话或宗教人物在景物中，庄严柔和，光线也十分微妙，有一种如诗的意境，代表作有《埃及女王克娄巴特拉在塔尔索登岸》、《示巴女王登船》、《赛奇的父亲向阿波罗索祭》等。——译者

②　普桑（Nicolas Poussin，1594—1665），法国画家，作品多为神话、历史题材，画风明朗、和谐，人物端庄、典雅，富有雕塑的形体美。代表作有《阿尔卡迪亚的牧人》、《诗人的灵感》等。——译者

③　帕米拉（Palmyra），又名塔德莫尔，位于叙利亚中部，地中海东岸和幼发拉底河之间的沙漠边缘的一个绿洲上。帕米拉古城遗址是叙利亚境内“丝绸之路”上的著名古城，现残存柱廊、凯旋门、王宫、雕像和贝勒神庙等古代建筑遗迹。——译者

园里,这类人造物开始遭到了背弃。但是,在一定程度上,**英国式**花园,即**天然风格的**花园开始时兴起来。英国式公园精心护理自身的荒原,把它当作一块垦殖的很好的处女地,而且,它细心对待自然中的人,精心处理好作为人的风景。看上去,英国式公园,还有经常跟法国式公园混合在一起的洛可可公园与宫殿相距甚远,而且,它对空旷的自然也不再设有任何界限。艺术家们不是优先描绘平面上具有人工特色的花园,而是优先描绘具有中等高度山脉的花园。浪漫主义即将来临,海德堡的美丽风景开始纳入画家的眼帘,苏黎世的湖泊,所谓自然公园本身,即未受到人的干预的大自然成为画家的首选对象。

但是,这样产生出来的东西又不是既定的东西,而完全是理想的自然,即阿迪生①和蒲伯②,尤其是卢梭所描绘的自然。这些人心目中的自然是一种多愁善感化的世外桃源(Arkadien),并且,英国式花园就是卢梭理想花园的出发点。在草地、小丛林、悲伤的牧场、芦苇湖泊和骨灰坛中,英国公园形成一个新的大花坛,就此而言,它与宫殿或家相距甚远。英国公园乃是一种感受结构或整个世界的浪漫主义之家。

究其根源,自然的完美状态就是一种理想花园:现在这一《圣经》中的想象成了异教徒的想象,它充满了一种天堂般的梦。看上去,荒原(Einöde)与人和植物世界形成极端的对极,但是,浪漫主义者也拐弯抹角地把它说成是浪漫主义的东西,进而把它同卢梭主义联系起来。

弗里德里希·施勒格尔③就这样说道:"在象征的和艺术的意义上,花园已是一种提高了的、美化的或神化的状态。但是,在荒野中,存在现实的自然本身,而这种自然本身的感情充满着那种深切的悲伤,同时具

---

① 阿迪生(Joseph Addison,1672—1719),英国散文家、诗人、剧作家和政治家,他的作品大都发表在期刊《艺术家》和《旁观者》上,他与他的长期搭档理查德·斯蒂尔在发展短篇诙谐散文方面成就斐然。——译者

② 蒲伯(Alexander Pope,1688—1744),英国新古典主义诗人、批评家。——译者

③ 弗里德里希·施勒格尔(Friedrich von Schlegel,1772—1829),德国浪漫主义理论家,在推动浪漫主义运动的宣传和理论建设方面起了重要作用。——译者

有如此神奇的吸引人的特性。”在他说来，沉没的东西，是的，偏远的东西特别吸引人，因为这东西本身就是活生生地为人享受的。自从哈勒①发表《阿尔卑斯山脉》的诗篇以后，在诗歌领域里，荒野和冰山渐渐占有了一席之地。荒野和冰山具有阴森可怕的特性，它们位于自然陷于远古混沌的那种边缘地带上，然而，它们却超出人类居住环境的界限，一直延伸到孤独的崇高领域里。

作为建筑的图像，英国式花园并不能理所当然地暗示这样的内容，但是，它的规划使人喜欢这种渐渐消失的暮色，或者乐意中断日常习俗。英国式公园也造成孤独和怪僻这一从巴洛克艺术接纳的稀奇古怪的东西。从洛可可艺术向英国公园过渡的花园中，我们可以发现特别富于教育意义和具有百科全书式意义的东西：最美丽的花园，即施韦辛根宫中花园。除了芦苇湖泊、骨灰坛之外，世界上最值得回味的东西聚集在仿造品和花园的正门之中，从而构成一座绿色的陈列厅。正是一座陈列厅表明的情调和愿望图像成为一座源自纯粹人工的、伤感的自然宝库。

绿色的紫杉篱笆和白色的诸神，鸟类饲养场和僻静的浴室，阿波罗寺院和伊斯兰教寺院——所有这些最早的蒙太奇的愿望结构都相聚在一起。人们可以找到墨丘利②寺院，密涅瓦（作为“智慧”的祭礼之梦，拥有地下小房间）寺院，一座人工废墟，一座植物寺院和罗马的水中要塞——这一切都把巴洛克和洛可可剧场移入开放式的公园。这是名人的快乐花园，是供高雅的自然节日用的场所和供散步的林阴道，但是，这上面依然散发着想象力的诱拐和冷僻的味道。在这个区域里，飘荡着《费加罗的婚礼》中苏珊娜的咏叹调。在这类花园里，响着莫扎特高雅的音乐，而在这旁边，艺术家们漫无边际地编造标新立异、稀奇古怪的画

---

① 哈勒（Albrecht von Haller，1708—1777），瑞士生理学家、解剖学家、诗人，他的一首题为《阿尔卑斯山脉》的诗篇唤起了人们对山脉的兴趣，从那时起山脉便成为画家、诗人及自然研究者广泛关注的题材。——译者

② 墨丘利（Merkur），罗马神话中的商业神。——译者

面,即源于历史、神话、陌生区域及其感伤的、奇异的全景画。在1768年致科林尼(Collini)的信中,伏尔泰[①]甚至这样描绘了这类公园的美丽绝伦:"在我死之前,我想尽一份义务,以聊以自慰:我想再看一眼施韦辛根,这一念头占据了我的整个心灵。"所有这类公园都配备建筑面具(Baumaskin),而在所有建筑面具中,永久缺少的是独一无二的面具,即教会的面具。人们不是要把教会而是要把世外桃源加以感性化和象征化:在巴洛克花园中,有着稀奇古怪的世外桃源,而在英国花园中,有着微风、月牙和夜曲。

极好的天气和夜的阿波罗[②]

当阅读时,也存在某种渐渐变得陌生的事物。特别是当风吹窗户飒飒作响,预兆不祥时,更是如此。但是,这样的气氛却使我们的感情变得粗糙,有时甚至加深敏感性本身。现在,这种敏感性已成为一种十足的市民阶层的欲望。当人们阅读的时候,就能获取这种敏感性,进而在靠背椅上也能产生这种情绪,甚至是不由自主的。在柔和的灯光下,一边贪婪地阅读吓人的文字,一边想入非非,这不仅仅是上个世纪的故事。在外面天气极其恶劣的情况下,温暖的房间尤其适合人们阅读,而且狂风呼啸恰好配合书中的情节。凛冽的寒风使得读者身陷一种诱拐的环境之中,这时读者感到奇特的是,整个陌生的东西都在激烈地反对壁炉里的火。

这种诱拐的环境出现在恐怖故事的开头。对此,荒凉的家、"可怕的鬼火"来得正是时候。甚至这种故事最适当地提供令人胆战心惊的、陌生的世界本身,例如,11月的阴沉之夜,撕裂心肺的叫喊声,在温暖地游

① 伏尔泰(Voltaire, 1694—1778),原名弗朗索瓦-马利·阿鲁埃(Francois-Marie Arouet),法国启蒙思想家、文学家、哲学家,主要著作有《亨利亚德》、《奥尔良少女》、《论各民族的风俗与精神》、《牛顿哲学原理》、《哲学通信》等。——译者

② 在本节中,布洛赫叙述了天气以及黑夜带给人的战栗气氛。——译者

览故事情节时,杂乱无章地萦绕心怀的幽灵般的事件等。尽管可以变卖或压低价格,但是,在此登陆并非截然不同的、偶尔把我们推向奥西恩①世界的那些愿望——风暴、原野、烟雾,风中吹散的呻吟声等。如前所述,这里确实起作用的是所谓"令人窒息的一发子弹"(der Schuß Chaok)、圣诞夜以及愿望中的恐惧感等。② 令人恐惧的愿望属于"原始词句的反向",它总是辩证的。如果没有这种可怕的愿望、不寒而栗的混合的情绪冲动、混合的对象,那么,夜的恐怖道具就不会如此阴森可怖,因为道具也充满着陌生化,而这种陌生化恰恰造成那种令人恐惧又激动人心的舒适惬意:**哥特式小说**。③

奥西恩时代的小说恰恰从恶劣的天气着手。1764年霍勒斯·沃波尔④的《奥特兰托城堡》问世,而后A·霍夫曼继续致力于幽灵题材的作品。让·保罗的《巨人》不仅探讨了闪烁不定的光、地狱,同样探讨了阿尔卑斯山、太阳和罗马等。如果这些作家没有描写夜光的最后的假象和沉没了的黑夜,那么我们就更无法想象爱伦·坡的作品了。

旅游图片表明,在某一偏僻的岩洞里,如同在深海洞穴里,居住着原始居民,他们整日碾磨海盐。这类故事的格调不是阿卡提⑤式的而是哥特式的。那里的风景充满着苦涩的盐水,充溢着漫漫黑夜,舞台布景成为备有家具的尼菲海姆。⑥ 黑暗的行程以及各种阴森可怖的景象,阶梯、

① 奥西恩(Ossian),传说中,3世纪爱尔兰英雄和吟游诗人。——译者

② 参见本书第14章:"恐惧之梦与愿望满足"。

③ 哥特式小说(Schauerroman),英语叫Gothic Novel,"哥特"一词最初来自条顿民族中哥特部落的名称。到了18世纪后期,"哥特"一词才成为一种新的小说体裁的名称。这种小说通常以古堡、废墟或者荒野为背景,故事往往发生在过去,特别是中世纪;故事情节恐怖刺激,充斥着凶杀、暴力、复仇、强奸、乱伦,甚至常有鬼怪精灵或其他超自然现象出现;小说气氛阴森、神秘、恐怖,充满悬念。1764年,霍勒斯·沃波尔(Horace Walpole)出版了著名小说《奥特兰托城堡》(The Gastle of Otranto),他在第一版上为书名加上副标题"一个哥特故事"(A Gothic Story)。从此,这种小说被命名为哥特小说。——译者

④ 霍勒斯·沃波尔(Horace Walpole,1717—1797),英国作家,他的《奥特兰托城堡》融古代传奇与现实主义小说为一体,开启了英国哥特小说的先河。——译者

⑤ 阿卡提(Attika),希腊半岛的一个地区,雅典所在地,古希腊文化中心。——译者

⑥ 尼菲海姆(Nifiheim),北欧神话中的严寒之国、冥府、阴间。——译者

夜、墓地、猫头鹰、钟表、不确定的光、谜一般的响声、陷落活门、哥特式房间、不折不扣的隐蔽处、带有极其生动的眼睛的可怕的绘画等等,这一切尤其真实地填满了哥特式小说。爱伦·坡的作品一再停留在令人恐惧的、特殊的幸运愿望之中:

"这的确是一个暴风迅急但十分美丽的夜晚,一个毛骨悚然、惊魂未定但十分了不起的夜晚。在我们附近谅必刮起了一股龙卷风,因为风向频繁改变其方向。浓密的乌云阴沉地下垂,黑压压地笼罩在房屋的尖塔上。但是,这并不妨碍下述觉察:风有意识地从四面八方驱赶乌云,并使之相互碰撞、交错翻转,但是,没有继续迁移。甚至非同寻常的乌云密度也不妨碍我们觉察这一切,但是,我们并没有发现月亮或星星的一丝微光,同样没有发现一道闪电。然而,在某种微弱照耀的非自然之光以及清晰可见的气体剧烈地燃烧着,这气体状的烟雾紧紧围绕并笼罩着整个房屋。"①

在哥特式小说中,这是对幽灵世界返祖现象的出色描写,再没有哪部作品如此驯化地、淋漓尽致地描写了这种返祖现象,苍白的光或者熏黑的火、踢踢踏踏的脚步声和敲门声、低劣地矫揉造作的但至少互不相称的魔术等。在此,最神奇的镜子被发现了,这面镜子总是发出耀眼的磷光,它表明一种非恐惧的体验。在哥特式作品中,霍夫曼最精确地描写了自身的毕德麦耶尔世界,他的这一独特目光恰恰规定了自身特有的现实主义理念。霍夫曼令人信服地指明了普通人的生存不幸与希望图像之间的巨大距离,但是,当他把这种不幸加以妖魔化,并把希望图像加以局部化时,他也就开启了现实世界中一个新的向度,在此,这一新的向度不仅仅是社会学现实主义的向度,而是借助于娱乐方式能够界定周围世界的向度。

确切地说,在压抑了的纯化中,在称作毕德麦耶尔的潘趣酒中,被遗忘的边缘境况沸腾起来。借助于幽默手段,霍夫曼曝光被遗弃方面所有

---

① 埃德加·爱伦·坡:《厄舍家的没落》。

还在延伸的东西,他十分精彩地报告了可以成就日常生活的一切东西。对于这个霍夫曼来说,午夜即是全部白昼时间。但是,面对所谓幽灵世界的恐惧,人既不是无助地归于沉沦,也不是面对幽灵世界的魔力总是认为自己有理。相反,就像童话中的主人公使用聪明的反作用力一样,在此人们唤醒最惊人的工具。他们把偏僻的幽灵世界翻转为人的光明世界。与自身的夜的背景相反,这个光明的世界蔚蓝色地显现为阳光灿烂,晴空万里的世界,从而成为一个充满人情味的人道主义的世界。

因此,在一部真正的哥特式小说《长子继承权》①中,法律顾问霍夫曼把孤立的达尼尔掷回到空虚的存在中去。在《金罐》中,档案保管员林德霍斯特奋力战胜了苹果树的幽灵女人赫卡特。而且,他的描写连续不断地推动陌生化,直到碧空万里的大西洋阳光普照、水天相连。这与古董商恐怖小说中那种毛骨悚然的情节形成鲜明对比,可谓迥异其趣、正相反对。

29. 舞蹈中的愿望图景,哑剧和电影国度

跳动着的大地,现在用脚来解放吧。

——贺拉斯②

希波吕忒:可是,这一切夜的现实,
还有它的一切意义都同时改变,
证明多于想象的游戏。
由此成为十分持久的全体,

① 霍夫曼(Wilheim Hoffmann,1776—1822),德国后期浪漫派的重要作家,一生共创作了五十多篇中短篇小说和三部长篇小说,此外还擅长作曲和绘画,写了两部歌剧,一部弥撒曲和一部交响乐,其小说大多结集出版。《长子继承权》(Majorat)为霍夫曼的中篇小说,收录于1817年出版的结集作品《夜作品》(Nachtstücke)第二部。——译者

② 引文出自贺拉斯:《颂诗》,Ⅰ,37。——译者

然而,稀奇美丽一如从前。
——莎士比亚:《仲夏夜之梦》

想要改变一下跳舞的动作,就要动身去做。跳舞时,我们自身与舞伴或团体结合在一起,从而成为交际工具。身体按拍子扭动,飘飘然,轻微陶醉,同时幅度不大,适可而止。尤其是跳舞时,男女舞伴若即若离,这种动作使人联想起性爱的动作,但是,这种动作是交际舞的一个基本特征,因为舞姿越是粗野,身体就越是显示出性感魅力。

但是,这一点并没有穷尽舞蹈的全部含义,因为舞蹈动作可以模仿其他的步伐或回转动作。尤其是在众多方面,俄罗斯所保存的民间舞蹈妩媚多姿、恰如其分,赋予劳动之后的快乐以应有的外形。但是,在性爱舞蹈中,也具有某种扬弃了的、与众不同的东西,显然,这是我们可感觉得到的,也是为我们所明显地感受到的。

舞蹈使人完全不像白天,至少不像平日一样动作,它出色地摹仿那种失去了的、从未占有的东西。舞蹈表现跳舞者旨在优美地动作的愿望,它用眼睛、耳朵、全部的身体表达这一愿望,因此,舞蹈仿佛就是现在。在此,无论是轻盈的、诙谐的舞蹈,还是严谨的、优雅的舞蹈,身体都以不同的姿态出场,并且进入不同的空间。在这件事上,存在某种不可思议的冲动,这种冲动使跳舞者越发剧烈地跳个不停。

新的舞蹈与旧的舞蹈

的确,动作越大,身体也容易歪扭。自1930年以来,人们还没有见过比爵士舞蹈更粗野、更卑劣、更愚蠢的舞蹈。当时,“吉特巴”(Jitterbug)、“布吉乌吉”(Boogie-Woogie)被视为一种无拘无束的痴呆,而且,这种舞蹈还带有刺耳的音响伴奏造成的持续不断的喧哗和骚动。这种美国的舞蹈动作震惊了西方国度,以至于“吉特巴”、“布吉乌吉”根本不被视为舞蹈,而被视为令人作呕的垃圾。跳这种舞的人不仅会被玷污,而且头脑会变得空虚。这种人不仅对自身所隶属的那些剥削者知之寥寥，而且，对为谁艰苦劳动，为什么送死也一无所知。

但是，说起真正的舞蹈，狭义上，作为某种道德纯化运动，它是在相同的道德崩溃中产生的，而这种道德崩溃在很大范围内带来了美国的污秽垃圾。然而，这种纯化运动并非针对爵士乐，究其原因，爵士乐早在第一次世界大战前就已经开始了。与同时代艺术产业改革相关联，这种舞蹈纯化运动对准19世纪温和的道德崩溃状态，对准那个时代令人作呕的社会现象，于是，在此爵士乐便摆出一副终结了的、令人可憎的面孔。

伊西多拉·邓肯①的新舞蹈学院，此后达克罗兹②的新音乐学院都试图从人的肉体中出示某种人的美丽图像。然而，在这样做时，这类学院难免着手兴建高屋顶建筑物，也就势必极端彰显舞蹈艺术家的世界观。在众多新舞蹈学院中，我们应当记住洛兰学院（Loheland-Schule），因为这所学院特别想望自然的舞姿。这所学院的学员在跳舞时，有意识地关注步伐轻盈和身体健壮的动物。

他们意在居高临下，一劳永逸地消除导致主人与奴仆关系的那种合目的地隐匿或冻结了的态度。跳舞人的四肢自由自在地活动，它不再拘泥于礼仪规范，甚至也不想与骑士风度有任何共同之处，而是仅仅灵活地“围绕身体中心表演”。

在观众当中，既有妇女也有男人，特别是第一次世界大战后，在德国，人们喜爱照镜子跳舞，在镜前、镜中，跳舞的人一边学习，一边转动。当时的装扮时尚是一个新潮的波希米亚人，一个某种程度上充满自然风格的、修长的、酷似击剑者的人，以此人们作为一个自由自在调教的人

---

① 伊西多拉·邓肯（Isadora Duncan，1877—1927），美国女舞蹈家，现代舞派创始人。——译者

② 达克罗兹（Emile Jaques-Dalkroz，1865—1950），瑞士音乐教育学家，首创达克罗兹音乐教育法，其教学中心是节奏，教学目标有三：第一，训练内在精神与情感的控制能力；第二，训练肢体反映与表达能力；第三，训练快速、正确、适当以及感性地感应音乐的能力。——译者

出现。

在人们惟一能够自然活动的地方所出现的舞蹈乃是民间舞蹈(Volkstanz),在那里,这是人们寻求的、随时都可以找得到的最佳舞蹈。只有这种民间舞蹈才真正拥有坚实的立足点,然而,腐化堕落的市民阶层的休闲舞蹈却一再丧失这一立足点。不仅如此,为了能够记起所谓的身体中心并架设好身体,民间舞蹈也不需要任何艺术行业。

资本主义进程不仅毁灭了传统服装,也蹂躏了节日习俗,但是,农村地区依旧长久地保存了民间舞蹈。与此相对照,一种社会主义的家乡之爱使民间舞蹈复苏,并使它变成了活生生的现实。民间舞蹈到处都泛起艳丽的民族色彩,也就是说如果它是真正的民族舞蹈,它就是绝对不可嫁接的。此外,如果民族舞蹈保持纯正,那么它也是一种证据和尺度,即可以用它来证明和衡量所有纯洁的、以分组形式成功表现出来的各种冲动和愿望的图像。

无论是德国的农村华尔兹舞(Lädler)、西班牙的波列罗舞(Bolero)、波兰的克拉科维克舞(Krakowiak),还是俄罗斯的戈帕克舞(Hopak),其形式都是严格的、可理解的,而且最重要的内容都是超出日常劳累的身心快乐。泰然自若和自由奔放的舞姿表明:“在这里我是人,在这里我可以成为人。”①特别是一个人与人们组成团体,按节奏翩翩起舞。单个的小伙子和姑娘一定要随时走到别人前面跳舞,所有舞蹈都有助于表现像“格鲁吉亚的山鹰”一样的崇高的传奇英雄,但是,本质上,它们都停留在一个团体(Gruppe)上,力求重新捕捉动作或结束动作。任何民间舞蹈都显示出这种一致性,人们从中可以记起公共牧场、公共耕地时代和古老的哑剧形式。

芭蕾舞起源于宫廷舞蹈,在根源上,它与民间舞蹈相距甚远,但是,它与以放松运动而自鸣得意的新舞蹈的艺术行业并不一致。芭蕾舞既与以自身身体为中心表演的洛兰学院的新舞蹈艺术行业相对立,也与所

① 语出歌德:《浮士德》,第1部,第940行。——译者

有类似人工自然一样波动的艺术行业相对立。

芭蕾舞一点也不向往自然,但是它向往某种优美的、庄严沉着的态度,这种态度与洛可可时代和法兰西帝国时代[①]相符,尤其与高雅的痛苦和冷静的欢呼相符。在薄纱和香粉构筑的云雾中,仿佛这种痛苦和欢呼的表达无声地指向挺拔而坚韧的脚尖。

古典芭蕾舞致力于某种相当精神化的手势,这种动作有助于表达人的内心世界,或者这种动作更好地与围绕其身体中心的单纯圆圈相对照。因为古典芭蕾舞描绘诸如肉体重心一类的人的风景,因而也应当标明缺乏重力的人的风景。另外,芭蕾舞还拒绝站不稳。

正如这种十分人工化的舞蹈标明的一样,在此,引人注目地出现与机械要素相关联的轻快的精确性。在这一点上,克莱斯特[②]试图证明木偶剧与芭蕾舞相当接近。按照他的观点,机械师必定置身于他的木偶的重心,并且使他的木偶做曲线运动。但是,"这种木偶具有反重力的优点"。如果木偶剧否定立足点,那么它比芭蕾舞所追求的精神灵魂的表现方式获得更完美的成功。"木偶需要立足点,这就好像精灵为了**掠过**立足点而需要立足点一样,并且就像为了通过瞬间阻力焕发其四肢的活力而需要立足点一样。我们之所以需要立足点是为了借此休息,从舞蹈的疲劳中得到恢复:显然,这瞬间本身并不是任何舞蹈,借助于此,除了尽可能使舞蹈行为变得无影无踪之外,并不能进一步着手任何事情。"

克莱斯特从这方面进一步论证木偶剧的优点:在人的自然的优雅中,木偶剧所缺乏的意识造成了众多混乱。因此,他的论点绝不针对非理性的偏见,而是针对木偶剧所从属的那个机械特性,赋于木偶剧以精确性和优雅的机械特性。在认识的其他方面,即在从头至尾完整的跨越

---

① 法兰西帝国时代(French Empire),指1800—1830年间拿破仑一世和三世统治时期。——译者

② 克莱斯特(Heinrich von Kleist,1777—1811),德国剧作家和短篇小说家,主要作品有《洪堡的弗里德里希王子》(1810)、《破瓮记》等,1840年分四次发表了《论木偶剧》一文。——译者

意识和认识之后,这种完美的优雅应当重新归于人。

如今,芭蕾舞与这样一种完整的跨越也相距甚远,芭蕾舞的完整理智表明,在此,事实上是借助于那种完美的优雅进行表现、塑造,而且,看上去这种完美的优雅就像木偶剧一样消除了重力。这就是芭蕾舞的优雅的解决办法,尽管这种解决办法不是任何机械概念,而是一种数学概念,确切地说,这是出于荣誉感而采取的立场。芭蕾舞的冷静理智就这样集妩媚与精确于一身。

因此,芭蕾舞充分考虑到与富于表现的、本质性的东西有关的精确性,在这方面,巴甫洛娃①的《垂死的天鹅》就是一个范例。在这部芭蕾舞剧中,女主人公展现了某种雪白的、纯洁的、老朽的东西。在日本芭蕾舞中,甚至一场会战也仅仅通过登场人物的若干有节制的、富于特征的扇子动作得到精确的表现。芭蕾舞是每一支深思熟虑的舞蹈的学校。在苏联,民间舞蹈以及其他五彩缤纷、质朴无华的的农村舞蹈百花争妍、竞相开放,这绝不是偶然的。特别是用实践理论家莫伊谢耶夫②的话来说,如果没有这种民间舞蹈,苏联芭蕾舞的当今表达方式是根本不可能的。同样,随着愿望情绪和后果,拥有哑剧和戏剧手段的民间舞蹈以及绝无戏剧要素的芭蕾舞均可用于同一的"舞蹈叙事诗"。因为芭蕾舞也受到混合形式的引导,所以苏联的芭蕾舞并不表现出任何语体失当。在塑造动作中,民间舞蹈富于手势的表达方式与芭蕾舞有节制的精确性逼真地结合起来。

从前表现主义的新舞蹈,异国特性

在一切东西瓦解的地方,不乏或未曾缺乏通向异域之路。甚至洛兰

---

① 巴甫洛娃(Anna Pavlova,1881—1931),俄罗斯芭蕾舞蹈家,以出神入化的控制能力、柔美优雅的风格和看似毫不费力的舞蹈动作著称。她在《垂死的天鹅》中的独舞表演最为成功。——译者

② 莫伊谢耶夫(Igor Alexandrowitsch Moissejew,1906—2007),苏联舞蹈家,1943 年建立民间舞蹈学校,培养专业民间舞蹈演员,致力于民间舞蹈与古典芭蕾舞技巧的相互融合。——译者

舞蹈学院也依稀包含这条途径,它通向具有强健步伐的、美丽的、架设好的动物动作。但是,围绕身体中心的表演并不充分,在此,市民社会的大部分青年人开始追求某种粗野的"动作"。

在此,全然没有反对资产者的人的图像的骚乱,不仅如此,青年人表面上的骚乱也没有成为法西斯主义的对立面。这里,即在舞蹈的反映中,存在奇特的教养,存在一定程度上也容易被误解的、肤浅的非理性的东西,从中,青年人与无拘无束的另类生活关系密切,并且到处寻求未开化的异域。

当他们打扮得像无法辨认的风俗画一样,并以这样的面貌跳起因佩考夫舞(Impekoven)的时候,他们的丑态就更加庸俗透顶、不堪入目。同样,在一所人智学舞蹈学校(anthroposophischen Tanzschule),一群出身良好门派的伊斯兰教男女僧侣婆娑起舞,跳起所谓"全身和谐舞",样子平庸至极,简直叫人发疯。但是,用当时的流行语来说,这种舞蹈十分富于"宇宙特色"。据说,在跳舞的僧侣的身体中,可以产生所谓以太肉体(Atherleib),此外,他们还借助于所谓宇宙生成力来吸收太阳丛。为此目的,这些人多半按照诗作字面意义来跳舞,这样所谓象征性的动作与每个诗句的元音相适应。这是一种最乏味的天文学训练,但是,这种训练连同全部人智学一道起着十分平庸而非理性的作用。

在地理学意义上,森特·玛赫莎①所提供的舞蹈风景显示一片十分陌生的异域,但是,同时显示一片十分远古的区域。这种舞蹈是从民间艺术角度,尤其是从艺术行业和神话角度得到装饰的,尽管这是完全错误的,但是,这是按照异国的愿望复制了印第安人的、暹罗人的和印度人的舞蹈。

舞蹈图像中的玛丽·魏格曼②(Mari Wigman)或者真正的表现主义

①　森特·玛赫莎(Sent M'ahesa,1883—?),生平履历不详,1910—1930年间,欧洲最负盛名的舞蹈表演家。——译者

②　玛丽·魏格曼(Mary Wigman,1886—1973),德国舞蹈家,表现主义舞蹈先驱,她拓展了舞蹈艺术,使舞蹈能反映内心活动,她的很多舞蹈作品的配乐由原始乐器演奏,具有极强的穿透力。——译者

与迄今作为非理性的小市民是无法比较的。魏格曼最大限度地向前推进了舞蹈的表现界限,在这超前的舞蹈及其想象的场景方面,许多东西都仅仅是暗示性的,但是,她的舞蹈很少是抽象的,也完全不是空洞的。在嘹亮的锣响中,风景围绕新的舞蹈伸展开来,在此,这风景看上去充满了阴间冥府与巴格达独特地相互交融在一起的情调,人们可以说,在这种独特的情调中,移动着夏卡尔①所注视的霍夫曼的世界。当魏格曼跳起比才的《阿莱城姑娘》之舞时,好像她自己就在阿莱城之中,而且,她的舞蹈极度改善了霍夫曼的世界,这世界乃是圣-桑②《死神之舞》(Danse macabre)的风俗画。

此外,魏格曼创办了自己的舞蹈学校,以其朦胧-激情般的天性参与了表现主义的阴面。除了表明自身乌托邦的耀眼光芒或明亮之外,表现主义还具有双重特征:既有着了魔似的飞翔的特征,又有飞翔的着了魔似的特征。在模棱两可的意义上,这一切舞蹈都属于狄俄尼索斯的特征,不仅原作的仿制品是如此,原作本身也是如此。如果没有尼采,也许永远不会出现新型舞蹈。狄俄尼索斯就在那里,他走到地下征召杀人者跳舞③,而且对于这种舞蹈来说,最终黑人雕像本身仅仅是通向金发野兽的一条弯路而已。其他的狄俄尼索斯就在那里,他赞扬反对精神沉重的舞蹈,当然,他在含糊的酒神颂歌中,赞扬生命之神,反抗把一切变小和变质的机械特性:"我的明智的思念出于我自身而呼喊、发笑,真的,在山上诞生的这个野性的智慧!——我的伟大的呼啸翅膀的思念。"④

在其短暂的终结中,这种呼啸翅膀部分地也不是让人思念遥远的海

① 夏卡尔(Marc Chagall,1887—1985),俄国超现实主义画家,作品色彩明亮而华丽,作品大都以"爱"为主题,想象力丰富,充满幻想,主要作品有《我与乡村》、《生日》、《双宿双飞》等。——译者

② 圣-桑(Camille Saint-Saens,1835—1921),法国作曲家,主要作品有《动物狂欢节》、《死神之舞》、《第一大提琴协奏曲》、《引子与回旋随想曲》等。——译者

③ 此处暗指希特勒第三帝国非理性的野蛮和暴力。——译者

④ 引文出自尼采:《查拉图士特拉如是说》,第三章《旧榜与新榜》。——译者

洋,而是让人承受附近法西斯主义的血泊。作为这样一种呼啸翅膀,已经歌唱其帝国主义的前提了。尽管如此,在狄俄尼索斯乃至表现主义中依然隐藏着多义性,如果没有这种生命之神的激情,甚至充满异国情调的舞蹈也就不会陷入如醉如狂的状态中。在狄俄尼索斯乃至表现主义意义上,舞蹈并不是装饰舞蹈,也很少是典型舞蹈,而是生命舞蹈,即借助于潜行、气喘、蹲伏等动作,不仅想要表现被压制的生命,也想要表现长有呼啸翅膀的解放了的生命。因此,魏格曼的世界无疑是来自表现主义舞蹈的独一无二的、最真实的舞蹈,甚至在这个世界的阴面上,也丝毫没有血迹和某个人物形态。她的舞蹈世界富于想象力,充满幻想,努力向上,从自身所遭受的、自身固有的黑暗走向光明。这种类型的原创性舞蹈作品乃是一份可继承的文化遗产,这份遗产再次使舞蹈以全新的面貌出现,以知道"向何而去"的面貌出现。

礼拜舞蹈,伊斯兰僧侣舞蹈,神圣的轮舞[①]

舞蹈总是人们进行比赛的第一个、活生生的形式。舞蹈把人们带入一个崭新的世界,这世界与人们习以为常所处的老家截然不同。特别是,原始的跳舞的人普遍感到自己整个地被迷住了。他的舞蹈始于如火如荼、恣意妄为的热情,但是,很大程度上,舞蹈本身应该是传导这种热情的工具。因为着了魔的人魂不守舍,心驰神迷,他恨不得马上变成能量,这能量聚集在自身之外,在部落之外,在灌木林荒野之中他的茅屋之外,在天上。

跳舞的原始人戴上描摹魔鬼的面具,使他当下看得见魔鬼,使他变成树木精灵、虎豹精灵、雷雨精灵等。但是,与此同时,原始的跳舞人以为,他隐藏于这些精灵之中,以此可以把自身的力量拖到周围人们那里。

① 对于伊斯兰僧侣来说,舞蹈乃是参与全体活动的宗教仪式,但是,基督徒最初拒绝舞蹈。不过,当年攻占巴士底狱的民众却用神圣的轮舞表达了内心的喜悦。——译者

他相信,从进行礼拜舞蹈的那个神圣的广场,秧苗、收获、战争等可以避免凶恶的魔鬼的侵害,从而他用好心的、情绪好的精灵把自己围起来。击鼓声、击掌声、单调而剧烈的鸣声等使他越发精神恍惚、昏昏入睡,从中惊骇本身推波助澜,并被纳入这种神志昏迷状态中。

不仅如此，重要的不仅仅是面具，而是不断移动的舞蹈，恰恰在其动感的跳跃中，面具剧烈颤抖，促使队列向前行进。在此，没有任何动作是任意的，每一步伐都是经过严格训练的、预先规定的，但是，每个动作都身不由己，就像每一次痉挛都不是任意的一样，而且，着了魔的原始人没有一种动作可以自己作主。具有魔力的舞蹈是经过这种痉挛的调教的，因而它一定是着魔的，并且声称是富有魔力的。这种舞蹈的载体因过分深思熟虑而变得无意识，而且因过分限制而变得无节制。

人们总是认为舞蹈属于黑夜,而且伴随着黑夜开始。的确,希腊人发明了舞蹈的限度。疯狂的舞蹈动作不仅在他们当中不适合,在他们的背后也不适合。但是,在他们那里,在众多放荡不羁的女人中,这种疯狂的舞蹈也时有发生,特别在新年,人们莫名其妙地蜂拥而出。恰恰在运动中,人们别出心裁地创造出某种文化的可视性和秘密,正如歌德所注视、所渴望的一样,在这种文化中,人们按照限度意愿,精确地创造出几乎谜一般的神秘:

> 在神圣的月光下,众仙女列队,欢聚一堂,
> 当三女神秘密地从奥林匹亚山走下,加入其行列的时候,
> 诗人偷听她们的谈话,倾听她们美丽的歌唱,
> 窥视她们充满神秘动作的沉默的舞蹈。①

① 引文出自歌德:《神圣的场所》(Geweihter Platz),载于 P·施达普夫编:《歌德诗选》,达姆施塔特,1967 年,第 201 页。——译者

但是,在仙女遥远的背后,在家的狂乱之女首先表现充满**神秘的、狄俄尼索斯**动作的沉默的舞蹈。狂乱之女的臂膀用毒蛇缠绕起来,她的混乱步伐召唤带有双性和牛头的巴克斯神。① 然而,就像在狄俄尼索斯深渊上所构筑的原始动作一样,关于夜之神、丰饶之神、深渊之神的描摹动作在同一程度上消失不见了。

这种狂乱之舞不仅出现在希腊,也出现在近东地区的国家,尽管表现形态不尽相同,但有其共同点:放纵的舞蹈仪式、神秘的黑夜祭礼。在母权制和父权制意义上,深渊得到双重构筑。这一点产生了新的、彼此不同的有魔力的舞蹈,但是,它在**抛弃放纵生活的尝试**中得到了统一。围绕生命之舞的弗里季亚舞,创造母权制意义上的和地下意义上的神,这种舞蹈甚至继续存活在风靡全球的五月之舞中。一对舞伴各自扎着与五月之树连接在一起的长长的彩带,这带子充分反映了舞蹈中紧密交织在一起的生成、消失以及新的生成。一对舞伴借助于彩带舞蹈参与幸运地所想象的、所期望的**地下的神秘编织活动**。但是,巴比伦的寺院舞蹈却创造父权制意义上的和天王星意义上的神,这种舞蹈再现天上七个行星阶段的某种上升,同时再现摆脱这个领域七个"面纱"的某种动作,从而人的精神纯粹地、完全地到达至高无上的神。

在伊斯兰教中,特别在伊斯兰僧侣舞蹈中,至今还保存着对这种不是地下之神而是**宇宙哑剧**的回忆。在此,舞蹈被视为一种准备工作,在某种程度上,甚至被视为"灵魂的更衣",这一切仅仅是为了能够参与天堂美女(Huri)乃至轮舞(Reigen)。但是,在伊斯兰教团中,天堂美女不仅被视为天堂姑娘,而且被视为星星精灵,这精灵操纵全部巴比伦的、迦勒底人的命运。伊斯兰僧侣围绕天堂美女旋转,想象着挤进她的温暖的怀抱,以此他试图与星辰相一致,进而使星辰的旋转自动反射在自身的舞蹈形象中,不仅如此,他还试图接受星星本身所围绕的那个**最初动因**

① 巴克斯神(Bacchus),古希腊、罗马的酒神。——译者

(primum agens)的溢出。

在12世纪,伊本·图法伊尔①把这一点说明如下:在同一时期,伊斯兰僧侣及其教团"把围绕天体的圆周运动当作神圣义务来接受"。借助于此,他认为最终把神的运动的余辉拖下来,这余辉不再是魔鬼的,而是恒星的,它使伊斯兰僧侣对外空有好感,对天文学有好感。不论是母权制神话还是父权制神话,不论是地上神话还是星相神话,有一点很清楚,那就是,这一切都试图重塑远古的、放纵的恍惚状态。当然,同样显而易见,在这种非基督教的文化中,萨满教因素与白日法则②总是同样重要。

但是,棘手的是,作为形体动作本身,舞蹈不再受到世人的欣赏。按其意愿,基督教不仅压制感性舞蹈,也压制宗教舞蹈。在犹太人那里,这种舞蹈作为恍惚状态至少已经招致异议:舞蹈属于巴尔祭司的可耻行为。巴尔祭司口吐白沫,围着祭坛一瘸一拐地走,③他们拥有自身的伊斯兰僧侣,在扫罗④时代,甚至像伊斯兰僧侣一样,犹太人的"预言家之群"敲锣打鼓、心醉神迷。正因如此,他们受到蔑视,而且也正因如此,人们惊讶地问道:"扫罗也在这些预言家之间吗?"⑤这样,当时犹太人的"预言家之群"更被视为非基督教的着了魔的人。此外,相传,大卫曾怀着崇敬之情,在约柜⑥前翩翩跳舞,对此,不仅他的妻子米甲(Michal)觉得贬低身份,大卫本身也承认有失身份,尽管在耶和华面前心醉神迷,倒也不乏神圣的征兆。

但是,在早期基督教和教会中,恰恰缺少这种神圣性。直到中世纪,

① 伊本·图法伊尔(Ibn Tofail,1105—1185),伊斯兰哲学家、医生。——译者

② 白日法则(das Gesetz des Tags),这里指希腊神话中宙斯支配天体的法则,后来,这一战争、法、命运等权能为阿波罗所统辖。——译者

③ 《列王纪上》,第18章,第26节。

④ 扫罗(Saul),古代以色列王(活动时期公元前11世纪)。扫罗妒忌大卫,但大卫在侍奉扫罗时,与其子约拿单结为莫逆之交,后听到约拿单在与贝里斯蒂人作战中被杀后,大卫曾作《弓之歌》来吊唁。——译者

⑤ 《撒母耳记上》,第10章,第5节。

⑥ 约柜(Bundeslade),指犹太人收藏的刻有摩西十诫的两块石板的木柜。——译者

作为宫廷舞蹈和民间舞蹈,舞蹈才开始活跃起来,但是,舞蹈也不是供礼拜仪式用的。680 年,基督教公会规定:“决不允许上演魔鬼所提供的、异教徒发明的游戏和舞蹈。”在基督教这片只允许超越心灵运动的地盘上,任何身体舞姿都找不到自身的立足之地。尽管天主教神父按规定步伐走在祭坛前,这使人想起罗马的寺院舞蹈,但是,这种步伐被压缩到最贫乏的象征暗示。不仅如此,天主教仪式的行列笨拙呆板,步态僵直拘谨。因此,在黑死病时期的鞭笞派①那里,心醉神迷的舞蹈仅仅突破了不合常规的生活方式而已。

此外,还有诸如弗拉 · 安吉利科②所描述的极度快乐的“轮舞”(Reigen)。这是一种运动的愿望存在,对于这种舞蹈来说,地上的肉体太重、太笨了。③ 尤其是被宣称有福的人和天使的运动是这样规定的,那就是,他们不是在空间里跳轮舞,而是怀有自身的运动空间,甚至形成自身的运动空间。正如托马斯 · 阿奎那所言,这地点恰恰适合于高度引人注目的运动乌托邦(运动的完满性),在此,不是天使围绕地点,而是地点围绕天使。天体不是以肉体方式延伸,而是以潜在方式延伸。

弗拉 · 安吉利科把天上的舞蹈想象成某种没有步伐、没有距离的东西,即把这种舞蹈想象成无需连续穿越其路程的飞行。进言之,作为非物质的东西,这种飞行轻而易举、毫不费力,并且无需认识任何分离的空间。但是,这样的舞蹈并非为人制造的。独一无二的基督教舞蹈不是被想象为地上的舞蹈,而是被想象为天上的舞蹈。然而,与富有魔力的参与(participation magique)不同,这种对天国舞蹈的愿望图像并不能引起人的运动或成为人的运动。

---

① 鞭笞派(Geißler),中古时期一种宗教派别,主张以皮鞭自笞忏悔。——译者

② 弗拉 · 安吉利科(Fra Angelico,1400—1455),意大利文艺复兴早期画家,多米尼加派修士。他只为教堂作画,而且只画宗教题材画,主要作品有《圣母子与天使、圣徒及捐助者》、《天使报喜》等。——译者

③ 《撒母耳记上》,第 6 章,第 22 节。

这种愿望图像依然存活在巴洛克时代，特别是，当画家将其欢呼的、飘浮的天使描绘在教堂拱顶结构上时，这种描画尤其富于生命力。但是，对于一个变成肉体的、没有翅膀的人来说，这几乎是不可实现的愿望之梦。因此，那种把每一个新的舞蹈艺术尝试都视为非基督教的东西，并非毫无根据的。但是，有些人偏偏把失重的飞行变成肉体的运动，这一点显著地表现在木偶剧中，此外，与某种彻底的非心灵的要素相似，芭蕾舞全盘接受了失重的运动。这样，舞蹈艺术便作为一种永无完结的艺术继续起作用，即把天上的失重要素转变成地上的肉体运动，进而赞扬肉体的美丽动作。不论是源自民间歌谣的民间舞蹈艺术，还是源自宫廷传统的舞蹈（即芭蕾舞）艺术，舞蹈艺术都会继续存在下去。

惟当奠定观众喜闻乐见的舞蹈的契机时，惟当“现在用脚来解放跳动的大地”（nunc pede libero pulsanda tellus）时，才会产生真正崭新的舞蹈艺术。对于自由大地上的自由的人民来说，最实体化的快乐恰恰与攻占巴士底狱及其后果一道出现。在攻占巴士底狱之前，并不存在伴随舞蹈的真正的快乐，而且，如果没有攻占巴士底狱，也不会出现民众载歌载舞、兴高采烈的场面。

聋哑剧与意味深长的哑剧①

舞蹈并不需要任何语言，舞蹈也不需要任何演唱。舞蹈向空间，向未知的领域，表明某种超越的东西，这东西处于语言中或者远离语言。舞蹈总是处在人们欢快跳舞的地方，特别是编组跳舞的地方，舞蹈具有传达的性质，就像舌头的**代替物**一样，多余的四肢辛勤劳累。在诸如法国哑剧中的丑角和哥伦玢娜（Colombine）一类的灵巧人物中，这一特征就已经得到了充分的体现，但是，当所有手势和表情都表现下述内容时，

---

① 布洛赫把聋哑剧称作“能够无声地并以实际行动指明本真地开放了的革命目标的光芒”。——译者

这一特征也就达到了顶点:“我爱你”,或者“我恨你”,或者万不得已时:“我由于忌妒而憔悴。”

在古代的滑稽戏(Mimus)中,特别在东亚的滑稽戏中,这种手势和表情极富表现力且意味深长,其寓意令人惊讶地详尽并充满说服力。这是因为人们亲近某种所谓“原始手势语言”(Gebärdensprache),也许,这种语言领先发生于有声语言(Lautsprache)。有声语言乃是思维的基础,而这种语言是在无声的、脸部表情这一表现能力基础上,借助于精神的东西发展起来的。

与无言的动物相比，人至少能够更丰富、更变化多样地表达某种关系，尤其在滑稽戏中，人可以惟妙惟肖地表达这种关系。只是在出现有声语言之后，手势语言才在人的、精神的层面上日臻完善起来。在温暖的南方，人们在语言之外，还培养出某种神情表达方式，这不仅因为南方人更强烈地表现出身体的柔韧性，也因为他们的情绪表达方式并未受到削弱或凋谢。尽管下层阶级不是如此，但至少中层阶级是如此。西塞罗①在他的关于演说家的书中，这样描写了南方人的情绪特征：“一切心灵的兴奋生性都出于表情和姿势（quendm vultum et gestum）。”

尽管希腊人并不特别爱好哑剧,但是,在他们来说,心灵的兴奋与身体的表现是紧密联系在一起的。具有典型意义的是,亚里士多德不是在他的关于灵魂的著作而是在他的关于修辞学的著作中探讨了各种情绪。因为在今天地中海沿岸的人们那里,所谓情绪也首先是在效仿演说家中得到具体的表现和说明。

意大利传统源远流长,受其影响,巴洛克艺术风格不是根除手势语言,而是极力夸张这种语言。这样,巴洛克时代特别辉煌地上演了哑剧。可以说,当时的意大利人,还有法国人形成了与人的姿势和风度有关的

① 西塞罗(Marcus Tullius Cicero, 前106—前43),古罗马著名政治家、演说家、雄辩家、法学家和哲学家。——译者

某种整体的自然词典。对此,在当时富于理性主义色彩的艺术理论中,巴托[①]强调指出:不仅非道德的民族,甚至动物也能立即理解手势语言。如此形成的艺术规范与巴洛克雕像处于相互作用之中,而巴洛克造型艺术同样十分重视富于表现力的姿态。当时,雕像也矗立在舞台上,而舞台上的演员从巴洛克雕像的出色表现中受益匪浅。当然,恰恰在此表明,每一种复杂的手势连同巴托的"关于自然的自然词典"都以训练有素的语言为前提,尽管这种复杂的手势语言排除有声语言并按照既定的方式简洁化。

对于不公正行为激愤的人,是因为他无力改变这种行为,于是,他仰天长啸,召唤神的复仇的闪电:诸如此类的内心态度不仅对于非道德的民族,甚至对于动物来说也是绝对无法理解的。是的,这种呼唤复仇的态度很少包含"自然",因此,如果撇开巴洛克时代的官方用语、巴洛克天主教以及由此观察到的宙斯闪电,那么,这种内心态度几乎是不可能出现的。

然而,在任何地方,如此创造的哑剧都没有装聋作哑,相反,当时哑剧比任何感叹词乃至长篇激情独白都更意味深长、更有说服力。在18世纪,哑剧《美狄亚与伊阿宋》[②]仍在火爆上演,这部哑剧具有极其丰富的感情内涵和情节素材,其效应远远超出伦敦舞台,享誉整个欧洲。在此,舞蹈女神特耳西科瑞[③]到处都与圣歌女神珀丽翰妮娅[④],即富于表情的音响女神结合在一起。当时,哑剧表情丰富,感人肺腑,激情四溢,不可范围。

自那以后,哑剧明显趋于衰落,但是它的幼芽嫩枝并没有完全消失。

---

① 巴托(Charles Batteux,1713—1780),法国艺术理论家、修道院长,他认为艺术是自然的模仿者,强调音乐和舞蹈的基本模仿对象是情感和激情,主要著作有《统一原则下的美的艺术》(1746)等。——译者

② 《美狄亚与伊阿宋》(Medea und Jason),希腊神话故事。美狄亚是科奇斯岛会施法术的公主,也是太阳神赫里俄斯的后裔,她与来到岛上寻找金羊毛的伊阿宋王子一见钟情,由此开始了两人恩恩怨怨、两败俱伤的悲剧故事。——译者

③ 特耳西科瑞(Terpsichore),希腊神话中主管哑剧和舞蹈的女神。——译者

④ 珀丽翰妮娅(Polyhymnia),希腊神话中主管乐器的女神。——译者

在无奈的衰落中,哑剧依然保持着某种重要的东西的残余,至少保留着独特的反响,以无声的游戏引起轰动。然而,无论如何,在观众的梦中,持续出现那种现存运动中可理解的沉默,在以前如此不同的梦的形态中,亦即在夜梦与清醒梦中,重新出现哑剧的游戏场面。在夜梦中,与声音相比,形态、事件、情节等显现得更逼真。而且,夜梦中的各种事件本身独自说话。在白日梦中,一系列的游戏和愿望无声无息地流逝。因为在大多数人那里,视觉想象要比听觉想象容易些。从白日梦王国中,无声的图像几乎自动地上升,与此相反,演说者与答辩者大多首先要在大脑中吃力地寻找某种东西。从这种压倒性的视觉存在上看,无论是夜梦的波浪,还是清醒梦的陶醉或意味深长的哑剧都提供一面镜子。是的,哑剧所讲述的那个无声的基础同样超出梦而延伸到并非总是健谈的生活领域里,即稳固的大地(terra firma)里。

由于难于启齿的羞耻,翻云覆雨的性交也是不可讨论的,还有激烈的斗争、庄严的接待以及每一个仪式的长长的路程等都作为某种原型记忆保留下来:原始哑剧(Ur-Pantomime)在古代的滑稽戏以前乃至很久以前就存在,这种戏剧与舞蹈相似并与舞蹈相重合,具有恒久的无声的魔力。

原始哑剧想要提升同样无声的自然力量:纳瓦霍人①手举火炬,在太阳运行轨道方向上绕圈跳舞,据信,伴随激越的舞蹈,太阳的图像得以默默无言地升起。在春节之际,阿兹特克人②甚至以哑剧形式表现旧魔鬼与新魔鬼的斗争。在日本,女祭司表演"神舞"③,通过所有神秘的流传下来的传说细节,竭力模仿太阳的出现。简言之,没有无哑剧的祭礼。氏族共同体必须传达用言语无法表达的那种手势语言所表明的东西。梦也是具有这种寂静的、富于表现力的游戏,在梦中,原封不动地保存着各

① 纳瓦霍人(Navajo),美国西南部一支土著部族,为北美地区现存最大的美洲土著部族群。——译者

② 阿兹特克人(Azteken),原居住在今墨西哥西北部地区的游牧部落。——译者

③ 神舞(Kagura-Tänze),日本祭神的舞乐。——译者

种形态的事件进行过程。同样,从本真的东西出发,白日梦也通过自身的动作,描画人所期望的事件进程,从而有意识地继续进行无声的过程。因此,我们也无法完全忘却已成形的、深思熟虑的哑剧。在上个世纪中,哑剧严重萎缩,以至于沦为对若干风俗惯例的一种粗糙的、滑稽而夸大的沉默表达方式。因此,我们有理由渴望而且能够把哑剧变成富于表现力的、崭新的戏剧形式。

在这方面,没有什么比电影中的哑剧这一奇特的新颖形式更振奋人心的了。当交叉的双臂和伸展的食指消失在场景里之后,这种哑剧就很快应运而生。第一个伟大的无声电影演员阿斯塔·尼尔森①痴迷于电影艺术,她颤动一下眼皮,耸一下肩膀都比数百个平庸的诗人富于艺术表现力,这时候,沉默无语尚未被视为愚蠢透顶。

自表现主义的舞蹈以来,人们同样试图革新哑剧,这样就出现了意义深远的有节奏的比喻,20 年代诗人保罗·克劳德尔②率先借助于瑞典芭蕾舞制造了这种有节奏的比喻。这种哑剧带有明晰的清醒之梦的标题:"人及其思念。"在此,回忆与思念在人周围嬉戏。人从熟睡中起床,为了自身和所有创造物的缘故而翩翩起舞。对此,克劳德尔说明如下:"一切动物,无边无际的森林中的一切噪声都分离开来,到这里来,以便一睹人的真面目……因此,在漫漫长夜里,饱受失眠症折磨的发烧病人踉踉跄跄地走出房间;被囚禁的动物一而再,再而三地扑向铁栏杆,但是,这铁栏杆是绝不会被冲破的。"一个妇女悄然登场,像是着了魔一样绕着一个男人转,这个人索性抓住她的面纱角。"但是,她一再绕着他转,这时,面纱开始从她那里展开,直到它像一只蝴蝶蛹一样笼罩他,但是,她几乎是赤身裸体。"③

---

① 阿斯塔·尼尔森(Asta Nielsen,1881—1972),丹麦女演员,她出演的无声电影主要有《黑色的梦》(1911)、《小天使》(1913)、《哈姆雷特》(1921)等,有声电影出现后,她只在影片《不可思议的爱情》(1932)里扮演主角。——译者

② 保罗·克劳德尔(Paul Claudel,1868—1955),法国剧作家、诗人,主要作品有《黄金头》(1890)、《正午的分割》、(1907)、《人质》(1911)、《缎鞋》(1930)等。——译者

③ 布拉斯:《新舞蹈艺术的本质》,1922 年,第 77 页。

布拉斯把这类比喻性舞蹈系列命名为富于格鲁吉亚特色的"一张生命的地毯"。这就是文学,但是,他能够从舞蹈系列本身出发,解释舞蹈系列:"这种系列乃是无限回归的、永不安宁的人的运动。换言之,由于人工化装和完成,最终它是未完成的系列,而且它本身也是重新发生的人的运动。"事实上,这类舞蹈创造了一系列并非无足轻重的哑剧,而这种哑剧尽管不包含从前的神秘主义素材,但是,同样致力于表现人的渴望及其清醒梦的形态。

如果普通人不是按其更一般的心驰神往的渴望来跳舞,而是最终为了建立并针对具体目标而跳舞,那么情况会怎样呢？这种情况出现在阿萨菲耶夫①的芭蕾哑剧《巴黎的火焰》之中:在路易十六举行举国庆典时,民众攻占了忒勒利宫,他的作品鲜活地再现了这一划时代的历史事件。在宫廷舞蹈的步伐素材与革命的"有希望"(ça ira)②之间的对立中,存在某种完全可理解的行为,这简直是无需任何言语的戏剧。

只要主要情节的意义在身体动作中得到中介,那么这一切都是可能的。因此,哑剧乃是一种特殊的光芒(Aura),它能够无声地并以实际行动指明本真地开放了的革命目标。"无言地表达故事"(saltare fabulam),也就是说,这一悠久的滑稽戏的声望恰恰使哑剧没有沉没或不可企及。是的,在富于表情的戏剧中,甚至有一半仍在使用"姿势"(Gestus)这一表达方式。实际上即使今天姿势也在制造戏剧(Schauspiel),制造游戏(Spiel)中的"观看"(Schau)。

借助于摄影机的新滑稽戏

现在引人注目的是,哑剧中的姿势如何才能像电影一样丰富多彩。

---

① 阿萨菲耶夫(Boris Asafiev,1884—1949),苏联作曲家和作家,他的著作包括斯特拉文斯基和格林卡作品研究,他的作品主要由芭蕾舞和吉他组成,其中包括描写法国大革命的《巴黎的火焰》(1932)以及《巴赫奇萨拉伊的泪泉》(1934)等。——译者

② ça ira,法语字面意思是"这将做"。——译者

因为早期电影中,姿势特别贫乏、粗糙,人物和背景闪烁不定,演技似乎拙劣不堪。屈膝求婚者、波浪般起伏的恋人——他们是早期电影中最精彩的部分。

但是,相当发达的电影本身很快赋予堕落的哑剧演员以第一次惊人的支持。对于他们来说,幸运的是电影不是始于有声而是始于无声,通过无声电影,人们发现了无与伦比的脸部表现力,这是迄今明确的身体动作的未知的宝藏。这种力量的源泉在任何地方都不是很明确的,因此,与通常的哑剧相比较,它的效果是无可争辩的,但是,在无言的游戏中,戏剧姿势的效果也是无可争辩的。

在电影中,一些动作可以直截了当地、自然而然地显现出来,因为凝视观众的电影演员无拘无束,同时与观众保持零距离的运动。摄影机顺便捎带眼睛,持续地替换观察者的视点,这样,观察者不再是剧场观众座位上的观看者,而是演员本身。

自从格利菲斯①首次使用特写镜头把人的意志深深地刻印在电影情节中以来,纷纷出现了各种面孔、肌肉戏要,绽开的痛苦、快乐、希望等。现在,观众通过某个极其孤立的人物的特写镜头,可以体验到看上去就像是肉体化的情绪本身。这种技巧比整个舞台上富于表情的演员留下更逼真、更深刻的印象。

但是,如果没有特殊的演员,也许摄影机的生命什么也不是。在无声电影中,演员集中磨练身体动作,以求精致、多样化。这条路恰恰从某种细微差别出发,也就是说,从以前哑剧的半截子艺术中,电影获得了特别令人惊异的高雅艺术。如上所述,阿斯塔·尼尔森最先把小型戏剧的身体动作带入无声电影里,取得了意想不到的轰动效果,这使电影决定性地远离了通常令人讨厌而声名狼藉的哑剧。通过这种小型戏剧,身体

① 格里菲斯(D. W. Griffith,1875—1948),美国导演,被誉为早期电影发展史上的开创性人物。他的主要作品包括《多利的冒险》、《一个国家的诞生》、《党同伐异》等。——译者

动作根本无法聚焦于微妙的音调(Zwischentöne)或表面上次要的东西,而且根本无法精确地扩大这种次要的东西。① 特别是,通过小型戏剧,演员更无法扮演迅速而易逝的姿态的过渡(例如,递给一支勺子,面对绝望的爱时,眼眉不住地颤动等),是的,在此简直无法扮演这类"瞧,这个人"(Ecce homo)。电影充满着来来去去的、全然映现的愿望运动——超然于总是令人眩晕的"梦工厂"(Traumfabrik)——或者充满着时代所期待的现实趋势运动。但是,为了能够用胶片讲解人物及其情节,这方面需要某种微型形象化的声调(Tonfall),不是基于言语而是基于姿势的声调。

在使用言语的谈话舞台上,这样的声调是理所当然的,而且它的效应是十分惊人的:"给我头盔"(Gebt mir den Helm),这是《奥尔良的少女》②中的第一句话。在这句台词中,着力强调了"给"这个词,同时,也敏捷地抽出了不属于"我"的东西,于是,19 世纪的全部宫廷戏剧归于终结,羞怯地着了魔的女英雄形象矗立在那里。戏剧重视台词并致力于台词的可视化,与此相比,好的电影把这种特征与身体和运动联系起来,显然,在这方面,**新的舞蹈**富有教益。

据此,这样一个不解之谜得到了解答:姿势如何恰好像电影一样丰富多彩。对于表现附带内容的微工艺学来说,电影的效应比哑剧强一千倍。从下意识和预见了的东西中,每一部优秀的、令人窒息的电影都装载着富于表现力的主管部门。进言之,对于批判的社会电影和革命电影来说,更无需杂货店和仿造物。

是的,不仅在人那里,奇异的、新颖的滑稽戏得到强有力的延伸,而

① 在布洛赫看来,戏剧主要关注主人公及其事件,而相对忽略周围人物及其事件,与此不同,电影既突出主人公,也关注周围人物及其事件。——译者

② 席勒的悲剧《奥尔良的少女》发表于 1801 年,描写的是英法百年战争时期,法兰西农家少女贞德的英雄事迹。贞德(Jeanned'Arc,1412—1431),被称为"奥尔良的少女"和圣女贞德,是法国的民族英雄、天主教会的圣女。英法百年战争(1337—1453)时,她带领法国军队对抗英军的入侵,支持法兰西查理七世加冕,为法国胜利作出贡献。后为勃良第公国所俘,宗教裁判所以"异端"和"女巫"罪判处她火刑。——译者

且在天性沉默的事物那里,这种滑稽戏也得到神奇的延伸。但是,如果导演能够赋予事物会说话的能力,那么这也是可以反常地加以讨论的。爱森斯坦[1]的《战舰波将金号》中,与船一道来回摆动的饭锅或者在敖德萨港阶梯上,孤立呈现出来的巨大的、粗野践踏了的靴子等就属于这种情况。电影《震撼世界的十日》并未显示彼得堡东宫里摇摇晃晃的卫兵,相反,仅仅显示一座巨大的水晶枝状吊灯开始轻轻地摇晃起来,然后越发剧烈地震动起来。究其原因,当然是由于隆隆的炮击声,但不言而喻,更由于凭借超感性的力量。

但是,电影**事物**中的这一哑剧也首先是从电影人的哑剧那里学来的。如果以前没有阿斯塔·尼尔森独特的睫毛颤动,或者没有她在特写镜头中伸出的握手动作,所有摄影机的艺术都无法表明这样的内容。尤其在电影中,19 世纪的题材全都表现令人讨厌的荒诞可笑的事情或阴森可怕的捉迷藏游戏。雷内·克莱尔[2]的杰作《草帽》(Chapeau de paille, 1927)是如此,有声电影《煤气灯》(1943)也是如此。

在草创年代,有声电影作为一种形式,当它作为剧场代用品来摄影时,给人造成这样一种印象:制造有声电影的人,仿佛第二次埋葬那个通过无声电影更新了的哑剧。然而,在对话沉默的地方,有声电影到处都用手势来表演,甚至还出现了一种特殊的额外哑剧形式,即只有借助于有声电影才能达到的哑剧形式。在此,人们也是从听觉角度接受电影事物的,电影事物以此还获得了全部特有的脸部表情层面。

我们可以说,有声电影实现了某种所谓听得见的哑剧的悖论,即与声响相联系的哑剧。麦克风通过银幕,通过毛线、丝线等,制造了可以听

---

① 爱森斯坦(Sergei Eisenstein,1893—1948),苏联导演、电影理论家,电影学中蒙太奇理论的奠基人之一。主要作品有《罢工》(1925)、《战舰波将金号》(1925)、《十月》(1927)等,理论著作有《蒙太奇》、《垂直蒙太奇》、《杂耍蒙太奇》等。——译者

② 雷内·克莱尔(René Clair,1898—1981),原名雷内·修梅特,法国演员、导演。他在法国导演的全部影片均由自己编剧,主要作品有《沉睡的巴黎》(1924)、《红磨坊的幽灵》(1925)、《巴黎屋檐下》(1930)等。——译者

得见的剪子剪裁的声音，制造了由此产生的各种各样的声音。雨滴拍打窗户的声音、银色的羹匙掉落在石板地面上的声音、嘎嘎作响的家具声，这一切都带有外部世界某种微工艺学的标志。不仅是电影背景像在无声电影里一样自由移动，而是某种声音背景及其响声也都转变成类似事物的动作。于是，迄今觉察不到的东西可以窥见了，甚至最轻微的沙沙声也窃听得到。通过麦克风，有声电影总能捕捉到停留在低声细语中的某种可怕的、阴险的内容，捕捉到接近手势和信号的动作。

总的说来，在川流不息的滑稽戏中，通过摄影术和麦克风，电影能够容纳全部的体验现实，从而电影拥有最强大的镜像、扭曲的图像以及浓缩图像。凭借这些眼花缭乱的图像，电影为现代人创造关于朝气蓬勃的生活图像的替代品和富于欺骗性的灿烂生活图像，但是，电影同样创造众多丰富多彩、形象直观的生活信息。

在制造虚假图像和欺骗图像方面，好莱坞可谓无与伦比、登峰造极。与此相反，现实主义电影本质上是反资本主义的，它不再追求所谓资本主义的最高成就。作为批判的、典型化的希望镜像，现实主义电影必定表现改天换地的那种白昼滑稽戏（Mimus der Tag）。最终，电影中的哑剧乃是关于现实社会的哑剧，就像这种哑剧表现出来的一样，其内容既是明智的，也是吓人的或鼓舞人心的。从而，电影中的哑剧创造充满希望的内容，许诺充满希望的未来。

腐朽而透明意义上的梦工厂①

日常生活越是单调，人们就越是阅读五光十色的书。但是，一本书要求读者蜷缩在房间苦读，一个人不能读着书走出去。只要读者从自身

① 在本节中，布洛赫对比分析了好的电影与颓废的电影。按照他的理解，尽管资本主义电影也不乏身心娱乐功能，但归根结底，这种电影无异于制造“腐败之梦”的梦的工厂。——译者

的环境出发,生动地认知阅读过的愿望生活,这种生活就历历在目、形象逼真。在此,读者究竟怎样解释这种想象的愿望生活是无关紧要的。

每个人心中都怀有爱,然而,某种高贵的社交晚会并不是赋予每一个人的,因此,并不是每个人都能完全想象得到这种晚会。与舞台相比,电影更迷惑性地展示这样的事件,借助于漫游的摄影机,电影仿佛是东张西望的来宾观察者本身的眼睛。在大多数情况下,电影更需要一幅银幕,以便观众看见沙漠和高耸的山脉,例如,蒙特卡洛①和西藏、游乐场等。

19 世纪,为了欣赏这样的远景,人们开设了独特的视觉娱乐场所,那时,这种场所就已经门庭若市。有一种所谓"皇帝全景"②:访客坐在按预定路线旋转的立体观测的观剧望远镜前,镜子后面展现来自五湖四海的彩色照片,一声铃声过后,这些照片一幅幅相继消逝。

尤其是,还有巨大的圆形全景,1883 年这幅全景在柏林首映,表现的是"色当战役"③,引起意外轰动。确切地说,仿佛访客身临其境,好像他就是一个现场目击者。蜡人、真实的战场、真实的大炮,描画的天幕等,从中访客一饱眼福,有幸亲历历史的一瞬间。背景形象十分出色,与其创作者的名声相称,他就是宫廷统一画家安通·冯·维尔纳。④

正像今天人们激烈争论电影是不是艺术一样,当时人们也对此争论不休:在平坦的地面上,展现这样一种照片汇编是不是艺术?不过,正如今天人们讨论"电影艺术"的艺术魅力一样,当时人们也讨论"全景"的艺

---

① 蒙特卡洛(Monte Carlo),摩纳哥的一个行政区,其中位于地中海法国利维埃拉和意大利沿岸的部分被称为富人和名人的国际游乐场。——译者

② "皇帝全景"(Kaiserpanoramen),早期电影艺术中出现的胶片立体镜,因照片看上去酷似皇帝俯视臣下,故得此名。——译者

③ 色当战役(die Schlacht von Sedan),色当为法国东北部一城市,位于阿登省马斯河畔,1870 年 9 月 1—2 日在此发生普法战争的一次重大战役。战争催生了德国第二帝国。——译者

④ 安通·冯·维尔纳(Anton von Werner, 1843—1915),德国写实主义画家,他拒斥现代艺术的实验精神,激烈批判蒙克等的现代派作品,主要作品有《蹲伏的男孩》(1867)、《德帝国的公告》(1877)等。——译者

术神情。鄙视这种汇编艺术的人,把安通·冯·维尔纳的绘画称作“自然主义的”绘画,相反,赞赏的人则注意到巴洛克艺术中的类似混合艺术、巴洛克式的圣诞耶稣诞生画、耶稣受难的各各他[①]地点。

1883年,新式的全景开始凭借蜡像、武器、油画和哑剧来表现“色当战役”。尽管这是对非在场东西的替代体验,但毕竟是一次技术胜利,1870年还未存在这种胜利。因为一到夜晚,剧场向导就预示“用电点亮白炽灯”以及“来自弧光的电喷泉”。[②] 电影不再需要这种设置,它本身完全是崭新的艺术,电影与这种艺术一道包含着来自新技术的、源于新素材的真正的艺术问题。电影之所以属于艺术,是因为它属于真正的哑剧。尽管如此,在体验生活替代品的时代,电影,正是这个电影并非不受惩罚地得到了发展,现代社会通过眼花缭乱的生活替代品使这个社会的成员分散注意力,或者通过意识形态的“电喷泉”(Electrofontaine)使他们受骗上当。

列宁把电影称作一种最重要的艺术形式,在苏联,电影至少发展为大众政治教育的最重要的手段。出于这种启蒙工作,苏联电影与众所周知的好莱坞电影相距甚远,它几乎脱离了粗野、虚假的消遣杂志的故事。由于美国的缘故,电影成了被亵渎的艺术形式。好莱坞电影不仅提供老套的庸俗艺术作品:情人热烈亲吻的风流韵事,令人胆战心惊的西部牛仔故事等,而且在此已不复存在狂热与灾难之间的任何区别。好莱坞电影无例外地利用这种庸俗艺术作品进行意识形态的愚弄和法西斯主义的煽动。[③] 当然,在以往美国电影中,有时也不乏社会批判本身,但是,面对美国资本主义现实,当时社会批判只不过是略施一点狡猾的批判性辩护而已。

---

① 各各他(Kalvarienberg),耶路撒冷城外的小山,据《圣经》记载,耶稣在该地被钉上十字架。——译者

② 参见斯特恩贝格:《全景》,1938年,第21页。

③ 从当今视角看,布洛赫的这种观点未免有点偏激,但是,毋庸讳言,20世纪40年代,美国的消遣电影理念与苏联的革命电影理念之间确有一条不可逾越的鸿沟。——译者

自从“自由的法西主义化”以来，社会批判本身荡然无存，人们充其量仅仅借助于艺术的批判之刺来反抗真理。伊利亚·爱伦堡①把20年代的好莱坞称作一座“梦工厂”（Traumfabrik），因此，好莱坞与单纯的消遣电影有关，与腐败的反光有关。但是，自从那时起，梦工厂遂成为一座毒品工厂，为此目的，这座工厂不仅给人提供“逃避的乌托邦”（“天边有座金矿”），甚至给人提供白色近卫队的宣传。在为法西斯主义愿望所操纵的想象力中，电影全景指明作为黑夜的曙光以及作为喜欢儿童和民众的莫洛赫神。

资本主义的电影极度颓废，它仿佛是被进攻战的技术打败的士兵。然而，某种**好的**工厂，某种批判地鼓舞人心的摄影机，某种从人的计划角度超越梦想的摄影机，无疑具有另一种可能性，过去是如此，现在也是如此。而且，这一点就在现实本身之内。

在电影中，一再公正显现的一切无非是那个独特地保持不变的东西。如此众多的失败，如此众多的鸦片，如此飞快的销售额，如此可怜的休闲，如此等等。我们已经说明，借以拯救电影的那些技术原因：观众对象与主体之间没有距离、没有西洋镜、观察者与现实一道漫游等。甚至在大众商品中，室内音乐哑剧也并未完全销声匿迹，相反，在好的电影中，这种哑剧依然占主导地位。好的电影恰恰通过近邻、枝节末梢、哑剧细节来开放辽阔的世界。此外，凭借电影技术，这一切细微末节也是可能的，而且，这种细节以及稳固化的分组本身的可推移性与白日梦十分接近、如出一辙。

然而，即使电影技术十分出色，有时也难免遭受挫败。就电影的内容，即电影的**特殊素材**而言，电影形成的那个时代正是资本主义的艺术蹂躏时代，在狭义上可以说，电影讽刺性地成了可利用的东西。

---

① 伊利亚·爱伦堡（Ilya Ehrenburg，1891—1967），苏联作家，著有长篇小说《巴黎的陷落》、《暴风雨》、《九级浪》等，1954年发表的中篇小说《解冻》在苏联文艺界引起巨大震动，1960年开始陆续发表长篇回忆录《人·岁月·生活》，在苏联及西方引起强烈反响和激烈争议，被誉为苏联“解冻文学”的开山巨作和“欧洲文艺史诗”。——译者

作为市民社会的崩溃时代,20世纪初也是迄今社会成员的分组(Gruppierungen)和共属性(Zusammengehörigkeiten)趋于支离破碎、流于表面的时代。因此,在绘画领域和电影领域,无论是在主观上还是在客观上,20世纪初都是可能的蒙太奇时代。由于蒙太奇变得可能,电影人也就无需任意地、非理性地描写客观事件的进程了。确切地说,在现象与本质本身的关系中,电影人能够使电影适应时代的变化。这里正是新的示意领域和物的主管部门,这个领域不仅实际地揭示和分离迄今十分贴近显现的各种客体,而且实际地揭示和联结市民关系秩序中看似相距甚远的客体。

与此相应,好的电影总是把这种现实主义地变得可能的可推移性(Verschiebbarkeit)应用于某一电影素材上。这样,苏联导演普多夫金①竟走到这一地步,他在《亚洲风暴》(1928)中断言:"电影汇集现实的要素,以便借此指明另一种现实。在电影中,固定在舞台上的那个时空尺度与现实尺度是截然不同的。"正如苏联电影所指明的一样,电影魔力与那个可摄影的历史和现实的透明性是联系在一起的,而且,这一点也充分表明,另一种社会乃至世界不仅显现在电影中,也受到当下各种因素的影响和阻碍。这正是源自电影的恰当而绝好的东西,特别是通过崭新的人物形象,电影使从中所能指明的透明的东西变得更简单容易些。

电影外观艺术既不是绘画也不是诗歌,更不是它们当中的最佳范例,但是,这种艺术提供一幅独一无二的**图像**,这幅图像不仅允许**活动**、**讲述**,偶尔还要求一幅特写镜头的描述的**静止状态**。由于这个原因,电影不是众多崇高的艺术领域里的各种不同艺术类型的混合图像,尽管莱辛的《拉奥孔》②界定了叙述性绘画与描述性诗歌的区别和界限。也许,

---

① 普多夫金(Vsevolod Illarionovich Pudovkin,1893—1953),苏联电影导演、演员、电影理论家,率先把戏剧中的斯坦尼斯拉夫斯基体系应用于电影演员的指导。他对电影特性、蒙太奇、电影声音等理论作出重要贡献,他的电影表演理论对世界电影表演产生了很大影响,主要作品有《母亲》(1926)、《圣彼得堡的末日》(1927)、《活尸》(1929)等。——译者

② 在美学巨著《拉奥孔》中,德国启蒙主义剧作家莱辛(Gotthold Ephraim Lessing,1729—1781),详尽辨析了绘画与诗歌的区别和界限。按照他的观点,造型艺术的使命是同时性地并列描述物体,而诗歌则根据时间之流描写行为。——译者

在崇高的艺术领域里,叙述性绘画与描述性诗歌是枯燥无味的。莱辛借助于身体把惟一的行为指派给绘画,并借助于行为把惟一的身体指派给诗歌。与此相反,电影技术则通过全部不同的身体把行为指明为绘画,即通过活动的、非静止的身体把行为指明为绘画。由于此,绘画描述的空间形式与文学说明的时空之间的界限也就归于失效。

电影乃是一种"自称的绘画"(Soi-disant-Malerei),因为电影可以表现全部对象,与舞台图像不同,电影视域如此宽广,足以表现一切绘画的内容。不仅如此,在有声电影中,这幅图像也总是第一性的,因此,一种"自称的绘画"本身现在成为相继出现的行为,一种"自称的诗歌"本身则成为相继出现的身体:与雕像不同,电影里的"拉奥孔"大喊大叫。无需僵死的鬼脸,电影也能大声呼喊,因为在特写镜头中,电影不是把这种静止指明为僵死状态而是仅仅指明为跳跃的状态,在此,每一种背景都根据前景来旋转。尽管电影仅仅是摄影的艺术,但是,电影的本质乃是愿望行为和愿望风景,在观众席中,这种行为和风景不可抑制地升高上涨。

30. 作为范例机关的戏剧舞台以及戏剧舞台中的选择

> 他们扬起眉毛坐下,
> 冷静地坐在那里,并且很乐意惊异。
>
> ——《浮士德》中的剧团团长

自古以来,特别急切的人们聚集在这里,强烈的冲动把人们引向付款处,引向没有任何窗户的空间,然而,这种冲动是多种多样的。其中,一部分人是出于无聊,只想在某个晚上买东西,那时,他心情很坏,或者精神涣散。今天一部部好的作品吸引越来越多的人的注意力,劳动者并非是想要消磨时间,而是想要充实时间。

观众希望在想象中消遣,也就是说,想要变得无拘无束。但是,并不是直截了当地或单纯地摆脱某物,而是自由地趋向某物。然而,观众之所以趋之若鹜,是出于某种可称作演戏的需求的东西。这种需求进一步扩大为诗意的东西,它不仅与依顺的或虚伪的欲望有关,也与见异思迁的尝试性的欲望有关。观众与演员本身分享这种欲望,在所有最佳情形中,通过演员,亦即通过演员当时所想象的东西,观众得到内在的满足。但是,观众乐于注视的并不是演员戏剧式地想象的东西,而是他以及全体剧团演员的感性形象以及对某物富于表现力的活跃的想象。尽管观众被卷入舞台生活,但他绝非因此就像某个消遣的朋友一样干脆从先前的日常生活中脱身。当舞台为观众准备所谓易消化的精神食粮时,他也不改变自身的品位。这种精神食粮与俗气的艺术作品相区别,因为后者甚至也不能供人消遣,而是使人痴呆。

帷幕徐徐升起,“第四墙”①消失不见了,取而代之的是开放的舞台空间,在这壮丽的外观后面,引人注目地、轻松愉快地发生某种意义重大的场面。现在观众终于摆脱了经常为日常事务所累的那个视野的狭隘性。奇异的富于决断性的人们、广阔的舞台、强有力的命运等聚集在一起。观众期待即将发生的事情,并与演员共同经历事情的结果。

根据范例的试验

观众不仅对即将发生的事情抱有期待,而且更多地受到真假难辨的演员的刺激。演员要求观众对某事做决定,至少决定他对表演本身是否满意。当一部客观戏剧上演后,观众便报以掌声或口哨,其中表明了一种决定,即使是如此好的电影也会遭到挫败。在此表明的不满之声,在此报出的掌声,有时径直传入敞开的舞台中:这种反应十分不

---

① “第四墙”(die vierte Wand),一般译作第四堵墙,戏剧术语。在镜框舞台上,一般室内写实布景只有三面墙,沿着台口的一面不存在的墙,被视为“第四堵墙”,其作用是试图将演员与观众隔开,使演员忘记观众的存在,而只在想象中承认“第四堵墙”的存在。——译者

同于来自文学读者那种无声的或充满激情的表态。观众之所以表态，是因为他在舞台上，实际看到了他想要看到的或他不想看到的东西，而这种观众表态远远超出单纯的趣味判断的决定。尤其重要的是，在每一部戏剧中都包含着具有表态能力的正式集会，与此相反，在书架上，总是只有某一单个读者的书籍。饶有兴趣的是，在布莱希特那里，这种观众的决定成为他的戏剧理论的要点，借助于此，观众的决定完全摆脱了单纯“美味的”（kulinavischen）趣味判断；借助于此，这种决定不仅评判被表现的人物、相遇、行动等，即“它们如何”，也评判“它们会如何”。

如同一部戏剧一样，一个人的成功并“不取决于他的主观感觉，而是取决于他所获得的客观评价”。为此，在导演和行动指南中，布莱希特十分敏锐地观察并深思熟虑地指出观众的决定，因为这种决定总是超越戏剧之夜，持续地延伸开来。特别是以积极的讲解方式，观众更好地投入日常生活中，也就是说，**在大胆的意义上**，实际地投身于**应当来临的那个事物之中**。

首先，观众不再单纯地被引入游戏之中。他神志清醒，并且设身处地思考情节及其演员，然而，他与演员同样处于对立之中。观众独特地“抽着烟不动声色地观察剧情”，这种态度是适当的①，但是，这不是大肆发泄其情绪的那个着魔的人，即他不是**担心**某物的人，而是幽默地学会享受剧情的人。游戏一定要使人感到娱乐，戏剧应当比以往任何时候都使人感到娱乐。是的，在此至少兽性的严酷比任何地方“戏剧有可能成为多余的”更虚假。② 但是，不应使观众所拥有的享受归于消解殆尽，而应对其循循善诱，使其活跃起来。

第二，演员本身决不应该与他所模仿的人物及其情节打成一片。演员始终仅仅是置身度外的示意者，他甚至作为批评者或赞扬者位于具体

---

① 布莱希特：《三分钱歌剧评论》。

② 布莱希特：《戏剧小推理法》，第 3 节。

人物一旁。他的动作不是反映直接的情绪而是间接地表明另一个人的情绪。不是通过动态的游戏而是通过叙事的游戏，不是保存概念——摆脱所有演员心灵的展示或所谓戏剧的性情——而是保存生命力、温和的热情和说服力。

恰恰鉴于叙事模仿风格的公众效应，布莱希特强调："顺便说一下，即使间或提到的东西，间或提到的叙事戏剧同样不是某种单纯的无戏剧的戏剧，并没有这么一回事：在这里，容许响起理性斗争的呼喊，在那里，容许响起情绪（Gefühl）斗争的呼喊。叙事剧很少放弃正义感、自由的冲动、正当的愤怒，甚至也不离弃其现存的一般感情，相反，叙事剧试图强化并造成这种一般的感情。因此，对公众而言，叙事剧赋予他们的'批判态度'并不是足够热烈的。"①

但是，演员们的这种客观化的态度与那种客观强调舞台场面的全部艺术手段是相一致的，布莱希特称其为"**陌生化**"（Verfremdung）。这意味着："作为本身封闭的场景，戏剧作品的特定进程应当通过铭文、噪音背景、音乐背景以及演员的表演方式等从日常生活、不言而喻的东西以及被期望的东西中得到扬弃或陌生化。"②于是，这种陌生化的效果便伴随各种奇异性出现，即科学的惊呆、哲学的惊讶等，借助于这种惊奇，观众不再心不在焉地接受既定现象乃至游戏现象，而是开始主动地提出问题，从而产生充满认识欲望的态度。因此，在擅长陌生化效果的教育剧《演员的忠告》中，布莱希特写道（恰恰把惊讶作为深思熟虑的开端）：

> 你们见惯了普通的东西。
> 但是，我们要求你们：
> 把不是陌生的东西当作陌生的东西！

---

① 布莱希特：《戏剧工作》，1952年，第254页。

② 布莱希特：《剧本》，Ⅵ，1957年，第221页。

把习以为常的东西当作不可解释的东西!
普通的东西会使你们惊讶。
把日常规则认作滥用
在你们认清滥用的地方
消除弊端吧!①

与无结果的文学不同,陌生化造成特别强烈的召唤,从而促使观众对预先推定的后果深思熟虑。长久没有变化的东西很容易被视为不可变化的东西,因此,戏剧中所反映的陌生化最终导致这样的后果:"从社会上富有影响力的进程中夺走熟悉的印章,今天这印章仍使社会进程免遭侵犯。"②

第三,也是最后要点:**戏剧乃是根据范例的试验**(Probe aufs Exempel)。在这一点上,人物态度和进程应当根据其对生活的有用与否,游戏般地加以深入刻画、详尽实验。可以这样说,布莱希特的戏剧想要以多种方式创造正确的生活态度。换言之,戏剧乃是一个实验室,即在小型的、游戏形态的舞台中,仿佛就在舞台案件中,实验正确的理论与实践,可以说,这种试验是把舞台案件隶属于试验性的、现实的紧要关头。

布莱希特的戏剧处于事物之中(in re),但又先于事物的(ant rem)实验,这意味着它不仅不带有某种仿佛不可试验的概念的现实的错误关系③,而且借助于教育学的手段戏剧性地展示这样的错误后果。不仅如此,布莱希特还试验性地描述了可能的二者择一,借助于舞台上澄清了的结局,每一个这样的二者择一都有一个了结性的结局。④

---

① 布莱希特:《"例外与常规"后记》,《全集》第2卷,法兰克福/美因河畔,1985年,第822页。——译者

② 布莱希特:《戏剧小推理法》,第43节。

③ 参见布莱希特:《教科书:"措施"》。

④ 参见布莱希特:《相反的教科书:"赞成者","反对者"》。

在布莱希特成熟的戏剧作品《伽利莱》中，这一类似艺术风格尤其得到了鲜明的表现。在此，可以提出这样一个问题，为了撰写主要著作的缘故，能否对伽利莱的反复无常采取公正的态度？凭借这一切，布莱希特追求“寓言戏剧”，在戏剧结构上致力于鲜明的、时常简化的范例以及不可避免的决定。观赏布莱希特的戏剧，促使人们一再明智地摆脱与继而发生的消息有关的抽象性。

我们在哪儿都找不到那种在胆战心惊的形态中表现的简单性。与此相对照，图式主义（Schematismus）意味着，在它可接近的领域里，表面上用五六个公式或“乌拉-结语”就已经学会了这一点。正因如此，图式主义憎恨布莱希特的戏剧。布莱希特的戏剧寻求一种独特的行为方式，在这种行为方式中，蕴含着惟一共产主义的，即一再重新试验的行为结论，并且，他的戏剧引导人们达到一种实际有用的东西及其理性，并使其对实际生活产生具体的效果。

寻求范例的另一种试验

演员本身首先学习，然后再教观众戏剧，这无疑是不寻常的。演员疑惑地、探究地看待戏剧，从而转变和再转变剧中人物及其情节。尽管如此，在一切戏剧中业已出现开放的形态，在那里，一个人、一种状况恰恰流露出自身持续的矛盾。只是在某个核心人物作为角色和社会功能单相地、不可避免地行动的地方，才没有这种自相矛盾的易变性。

奥赛罗①的忌妒心根深蒂固、绝不动摇，而且不会被设想成另一种样

① 《奥赛罗》（Othello）是莎士比亚的四大悲剧之一，大约写作于 1603 年，1604 年首演于伦敦。黑人勇将奥赛罗与元老的女儿苔丝狄梦娜相爱成婚，后中情敌的奸计，一怒之下掐死了自己的妻子。当他得知真相后，悔恨之余，拔剑自刎，倒在了苔丝狄梦娜身边。后世对于主角奥赛罗的看法不一：一是认为他是位坚强博大和灵魂高尚的英雄；其所以杀害爱妻，只是由于轻信；二是认为奥赛罗并不那么高尚，而是个自我意识很强和性格有缺陷的人。——译者

子,在所有自身后果和境况中,接二连三地产生这种强烈的忌妒心。同样,安提戈涅①从母权制角度接受并恪守“虔诚心”(Pietät),在他那里,这种铁石心肠也很少动摇,而克瑞翁从社交常胜的角度来看待“国家理性”。在此,冲突是不可避免的,鉴于某种解释及其导演的单纯暗示,也许另一种存在可能性、另一种情节可能性、另一种结局可能性是怪诞不经、不可理喻的。

但是,不是存在一系列伟大的多边本性的戏剧以及利用这种多边可能路径的戏剧吗?不是存在《哈姆雷特》吗?或者面对共和制和专制之间在所难免的二者择一,如此名不见经传的、无足轻重的斐爱斯柯②不也动摇不定地喃喃自语吗?在戏剧作品中,不总是业已存在许多其他可能的版本、事件经过、起点和各种评价吗?与歌德的《斯特拉》、最初稿本《塔索》相比,完成稿本《塔索》怎样呢?1776 年歌德充满和解地描写了斯特拉,但在 1805 年却悲剧性地结束了《斯特拉》。歌德在最初稿本《塔索》中,否定散文作家安东尼,肯定狂热诗人塔索,但在第二稿中,他对两人的看法却几乎恰恰相反。

当然,迄今为止的戏剧艺术以及杰出构成的戏剧作品很少涉及某种独特的理论与实践关系,更不涉及某种一再矫正画面中断的教程。③ 然而,即使不容改变的戏剧本身也不是任何寻求范例的试验,而是强调导向最终结果的某种范例。这时,无论寻找恰当的解答还是逃向恶劣的地方,这种戏剧都利用建议性的格言:“例证”(exempla docent)。尤其是舞台,不管那里有无说教性的评论,它已经变成了一个道德机构。

---

① 安提戈涅(Antigone),希腊悲剧作家索福克勒斯悲剧《安提戈涅》中的女主人公。安提戈涅是俄狄浦斯的女儿,她不顾国王克瑞翁的禁令,将自己的兄长,反叛城邦的波吕尼刻斯安葬,后被关在一座石洞里,自杀而死,而一意孤行的国王也遭致妻离子散的命运。——译者

② 斐爱斯柯(Fiesco),席勒剧作《斐爱斯柯在热那亚的谋叛》(1783)的主人公。——译者

③ 布洛赫的这一说法未免偏颇,因为至少莎士比亚、席勒的戏剧涉及理论与实践的关系。——译者

是的，与席勒相比较，布莱希特打算尽可能少地反映道德、教育因素，这是出乎意料的。作为友好的唯物主义者、教科书作者和学院歌剧教师，布莱希特却恰恰认为，从一座剧场上看，仅仅热衷于道德说教的戏剧也许根本就不是戏剧："例如，即使把戏剧变成一座市场，也绝不能把它提高到一种崇高的状态。我们必须看到，即使道德的东西并非令人愉悦，或者说道德的东西使人的感官获得享受，它也并不一定贬低一个人，也就是说，从中道德的东西有所获益。"①

尽管布莱希特拒斥舞台上的视觉广告和俗气艺术一类的内容简介和社论，但是，这并不妨碍贯彻他的旧纲领：意识形态塑造的纲领，训练有素的剧场决断等。因此，"这些纲领想要尽可能靠近教学场所和公共场所"。不言而喻，剧场可以成为可能的娱乐场所，它应当受到文学作品的影响，而不应当受到社论和"乌拉-顺应时势主义"的影响。正是这种广告时势主义根本不需要任何根据范例的试验，因为它反正无所不知，以至于把范例（Exempel）译成惟命是从的模范学生。与此相反，真正的艺术剧场由衷地为道德机关（moralische Anstalt）喜悦，借助于此，有效的启蒙和冲动的深度与艺术享受的深度成正比例。

在此，真正的艺术剧场有理由指向充满感官快乐的剧场假象以及歌剧这一进步的杰作。例如，《魔笛》、《费加罗的婚礼》等不仅赋予我们最高尚的艺术享受，同时赋予我们最积极的人性愿望图像。就像药品与说明书这一中介手段一样，通过进步戏剧的内容，剧场可以中介某种快乐的启发。在表演中，剧场本身作为一种中介起作用：通过斗争制造某种内容，或从制造了的东西中预先显现某种内容。"因此，对正确立场的选择乃是戏剧艺术的另一核心部分，它必须在剧场之外选择。就像自然变革一样，社会变革也是一项解放行动。在科学时代，剧场应当中介的是解放的快乐。"②

至此，我们考察了剧场。概言之，剧场显现为超然于决断性行动又

① 布莱希特：《戏剧小推理法》，第3节。

② 布莱希特：《戏剧小推理法》，第56节。

位于决断性行动中的一种决断性行动的寓所。只要根据范例进行这种试验，那么这一目标就一目了然，但是，为了达到这一目标，舞台作为前假象舞台应当从各种矛盾状态中看待人的行为方式。

读物，语言表情和舞台场面①

如上所述，一切优秀作品，观看比阅读更好。因为与读书相比，虽然在舞台前一个人感受不到充分的鉴赏魅力，但是，与观众一道更能感受到作出的共同的决定。但是，有时演出也令人惋惜，这时候，我们就想到阅读比观看更好。只有在这个时候，当演员们各自分得自己的角色，大致情节不是涉及雅各的一些言行，而是涉及"阴谋家"缪勒的时候，我们才想到阅读比观看更好。如果一个明星把作品当作借口来体现个人的体态和语言风格，那就更加大煞风景、令人不快。

此外，在相对朴实无华的表演中，同样因为个人气质，或者通常限于时间，演员在舞台上过快地背诵台词，尤其是当完成美丽的诗句或富于艺术性的套叠的长句时，演员语调语速变得过高过快，以至于观众不知所云，大有上当受骗之感。

在这种单调的机械背诵中，许多珍贵的东西消失了，就像一场障碍赛跑一样，观众对缺乏艺术性感到不舒服。与此不同，在慢慢咀嚼戏剧作品时，我们总能想象得到一道丰富多彩的风景。

但是，戏剧比读物更具好处，尽管我们可以借助于耳目尽情享受读书的快乐。这肯定有个好处，因为一个戏剧脚本写得再精彩，人们也不想把它束之高阁，而是想把它搬上舞台上演。这就像来自奥德赛的影子一样，它们不断拥向血液，以便能够言说，作出回复。② 一般情况下，一部

① 在本节中，布洛赫对比分析了阅读与演出，列举了演出中的语言表情等特征。下一节探讨作为乌托邦要素的戏剧幻想和期待感。——译者

② 迄今荷马的《奥德赛》无数次被搬上舞台，通过演出，观众可以感受到作品活生生的氛围。——译者

未上演的剧本不大可能是好剧本,在未上演之前,一部忠实于原作的剧本绝对不可能是最好的剧本,尽管每个剧本被搬上舞台都是在忠实于原作精神的前提下进行。在最好的情况下,戏剧演出具有闲聊、反驳等抒情特征,在这种特性中,发生一个接一个的行为、交点图像、登场、退场、浓密的空气等。可以说,不仅在席勒、莎士比亚的作品中缺少这些崇高的因素,而且在挤向舞台的通俗小说中,也难觅这些因素的蛛丝马迹。在这个世界上,任何一种戏剧都提供关于人物、变换场景的可视空间,这种空间正是演员,尤其是导演向观众展现的。只要处在情节中,亦即处在戏剧中,伟大的抒情诗就首先在情绪和反省的运动舞台上,简言之,在戏剧舞台上,被塑造成自身从属于其中的那个形态。正因如此,在此不言而喻,仅供阅读的诗篇被视为逃向戏剧的诗篇,布莱希特就写过如此意味深长且真实的诗句:

伊丽莎白女王时代的诗篇
为我们写下了傍晚的荒原
这是任何照明工人
都不可企及的荒原自身!

这句诗是真的,照明工人并不能到达这诗句,因为伊丽莎白女王的荒原一直诗意地被驱赶到自身最真实的本质,但是,在莎士比亚来说,这一切诗行都被写入**戏剧**之内,写入《李尔王》、《麦克白》的剧情之内。通过伟大的诗作不仅可以到达和超越傍晚的荒原,也可以阐明和讲解傍晚的荒原,这无疑是凭借关于自然诗作的核心威力①,但是,戏剧作品恰恰把诗意的荒原指明为大地,在这块大地上,戏剧**自身固有的作品**最终得以上演。特别是,这样一部完美的戏剧作品首先也把某种重要的休止(Pause)付诸实施,于是,在戏剧中,这种休止不仅可以出现在字里行间,

---

① 参见本书第 17 章中“作为可视的前假象的艺术假象”。

也可出现在登台演出之间。因此,倾听、敲击、注意遥远的呼唤、某种期待着的东西等尤其寓居在这样的休止之中,在开幕和落幕中均可使用这一重要的休止手段。

在威尔第的《奥赛罗》中,奇妙的小号乐曲预告总督使者的到来,歌剧的这一边或那一边来自莎士比亚戏剧的"休止"这一固有形式。也就是说,与戏剧读物不同,戏剧演出具有感性的体验现实(Erlebniswirklichkeit),从中未曾听见的东西公开地被听见,从中经验现实和遥远的东西历历在目,为人所共知,从中诗化的、浓缩的、圆满完结的东西就像血肉一样实实在在地出现。

在戏剧这一平面上总是通过动作(Mimik)来塑造文学作品。在此,所谓动作乃是"**语言动作**"、"**姿势动作**"以及舞台塑造者所创造的舞台布景的"**预感动作**"(Auramimik)。在此,舞台框架像一扇窗户一样起作用,通过这扇窗户,世界一直变化到可认识的、可视的和可听的程度。因此,剧院乃是哪儿都不能直接体验到的一种现实的新的社会公共机构,尽管这种现实是借助于与此有关的戏剧作品展现出来的。

在这种情况下,一切都取决于一个角色所特有的声音。是的,可以说,表演的人是一个声音模式,作为金嗓子,他天生就是为舞台而生的。因此,从一开始就存在语言形式,即改变并塑造声调的一种微妙艺术。现在,建立在语言动作基础上的基本声调(这方面,出色的表达方式源于布道者,哲学家施莱尔马赫①)不是来自某一人物的抽象轮廓,也不是来自形成于某一人物自身的那种陈词滥调。真正的基本声调只能源于登场人物的素质、联系和目标图像,因此,它源于性格及其环境所决定的行为可能性和存在可能性。在此,"性格"(Charakter)不是静态意义上被埋藏的、被雕塑的东西,而是标明对某种形成中的行动的规定。只有在这

① 施莱尔马赫(Friedrich Schleiermacher,1768—1834),德国神学家、哲学家、解释学家,被公认为现代基督教新教神学的缔造者。自1804年起,施莱尔马赫用22年时间翻译柏拉图,著有《论宗教》(1799)、《独白》(1800)、《批判至今为止的伦理学说》(1803)、《基督教信仰》(1821—1822)等。——译者

一方向上，才能如实地完成某种戏剧模式，只有从目标图像出发，才能改变戏剧声音模式。

伟大的导演斯坦尼斯拉夫斯基①就以《哈姆雷特》为例，人们在《哈姆雷特》中，就发现了一项崇高的任务："我为父亲报仇。"但是，人们也可发现一项更崇高的任务："我想发现存在的秘密。"但是，人们也可发现一项无上崇高的任务："我想拯救人类。"②

根据这一最后的"基本公式"，斯坦尼斯拉夫斯基导演的《哈姆雷特》连同一切障碍一道充分发展了哈姆雷特这个人物。当然，只要通过某种抽象的、不真实的、激情澎湃的高度，导演把语言动作中的艺术风格从传统上固定下来，那么这种艺术风格就变得十分棘手。鉴于席勒的情况，这一点依然是一个问题：如何才能把席勒慷慨激昂的诗句加以冷静而低沉地表达？鉴于瓦格纳的情况，不论在歌唱动作中还是在杂管弦乐中，这都是一个问题。在瓦伦斯坦③的语言本身中，谜一般地难以突破的是，附属宫廷剧场风尚的、令人伤感的或沸腾不息的热情等。尽管在新的拜罗伊特剧场中，这种古老的歌剧似乎一试身手，但是，同样谜一般地难以突破的是，巴洛克戏剧可以完全背离《尼伯龙根的指环》所使用的声调，尽情表现浅薄的女主人公以及胜利林阴大道。

在席勒、瓦格纳的原作中，这种陈旧性（Verjährtheiten）有其部分根源：两人都使用过分同一的修辞学，即时常强制不变的高度。但是，在席勒鲜明的逻辑语言力量中，在瓦格纳鲜明的对位法的表现力中，这种陈旧性同样起着某种调剂作用。席勒和瓦格纳的恢复原状意味着，在席勒那里，钢琴弹奏表现为沉思冥想，而在瓦格纳那里，表现为可唱的、美好

---

① 斯坦尼斯拉夫斯基（Konstantin Stanislavski，1863—1938），俄国演员，导演，戏剧教育家、理论家，主要执导剧作有契诃夫的《海鸥》、《万尼亚舅舅》、《三姊妹》、《樱桃园》，高尔基的《小市民》、《底层》等，著有自传《我的艺术生活》、《演员自我修养》等。——译者

② 参见特雷普特：《斯坦尼斯拉夫斯基的生平与作品》，第78页以下。

③ 瓦伦斯坦（Wallenstein），席勒名剧《瓦伦斯坦》里的主人公，历史上确有其人，他是捷克贵族，中古史上30年战争中神圣罗马帝国的军事统帅。——译者

歌唱(Bel canto)的无限旋律。在理查德·瓦格纳那里,音乐仿佛是恢复原状的(resitutio in integrum)更成熟的案例,它更多地发自内心,源自自身时代,因而就像一声春雷一样震天动地、经久不息;他的歌剧演出首先从歌唱动作出发,从而蔓延到歌剧的全部结构。

从这方面看,这一点更加重要,那就是瓦格纳歌剧的演出不仅恰恰适合于盛开的、鲜明的、强有力的东西,而且最终适合于作品的险峻的深度。表情动作连同舞台布景不再抑郁沉闷,散发酸臭味,台词不再带有雷鸣声、刀剑叮当声、冲浪声等刺耳的喧响,于是,表情动作和场景都变得温情柔和了。

在演员身体方面,现在**表情动作本身**设置借助于语言中介的戏剧行动,但是,可以说,在身体方面,这种动作本身也描述舞台布景中的事态。正如布莱希特的戏剧以及古代英国和西班牙的戏剧一样,这种舞台布景可以是十分简陋的,也可以是十分奢华的,就像从前迈宁根剧团①舞台布景和马克斯·赖因哈特②剧团舞台布景的若干范例一样。这种舞台布景可以把舞台图像中的文学作品本身像先兆一样扩展开来,而且像斯坦尼斯拉夫斯基的戏剧一样,使文学作品反映在舞台之中。

对斯坦尼斯拉夫斯基这个人,人们有理由说,他握有通向所有戏剧大门和房屋的钥匙,借助于类似一家之长的威力,他善于理解施托克曼博士出场的那个易卜生戏剧的房间、黑夜避难所的洞穴、沙皇别林狄(Berendij)的巨大房间等。与表情动作相似,在此产生既定的**预感动作**(Auramimik),这是由舞台布景指导者所创造的舞台布景。

演员们并非在卡尔德龙③的舞台或莎士比亚的舞台上练习这类动作,尽管这类舞台十分简陋,但它同样借助标签来暗示某个洞穴、某一森

---

① 迈宁根剧团由德国迈宁根市格奥尔格公爵二世所创,1874 至 1890 年间,该团先后在欧洲巡演 2594 场,引起巨大轰动。——译者

② 马克斯·赖因哈特(Max Reinhardt,1873—1943),奥地利(后归化美国)戏剧演员、电影导演。——译者

③ 卡尔德龙(Pedro Calderon de la Barca,1600—1681),西班牙剧作家和诗人,著有 200 多部作品。他的戏剧作品都是独幕宗教剧,主题强调对王室的忠诚以及荣誉的重要性,并以强烈的宗教情感为特点,最著名的戏剧有《人生如梦》以及《萨拉梅阿市长》等。——译者

林以及豪华的大厅等，而且也不乏匕首或作为必要道具的绳梯。不仅如此，讽喻的舞台图像还成为这些道具的放大，仿佛是这些道具在空间里的印痕和表现。

斯坦尼斯拉夫斯基的同事涅米诺维奇-丹坚科①以尖锐但充满预感的口吻，把这种表现动作连同舞台布景表述如下："如果人们在某一任意时机，无言地继续上演某一戏剧，而观众领悟到舞台上发生的事情，那么，这时可以说，这出戏的导演是很棒的。"事实上，在卡尔德龙那里，匕首同样被用于一种嫉妒剧中；在莎士比亚那里，绳梯被用于富于面部表情的爱情剧中。是的，在卡尔德龙那里，匕首就是自身外部形态中的嫉妒本身，而在莎士比亚那里，夜莺与云雀之间的黎明不再是非本质的现象，而是罗密欧与朱丽叶的爱情及其死亡的外部客观形态。

这种夸张本身并不偏离行动，而是把均质化的事物预兆(Ding-Aura)引入行动之中。就下述台词而言，情况就是如此，莎士比亚让哈姆雷特对演员们这样说道："在同一时期，应该充分考虑到戏剧内的必然时机。"②不言而喻，甚至在如此成功的表情动作及其舞台布景中，口语语言依旧是阿尔法和欧米茄。因此，这不是简单同意哑剧或者只是紧急扮演哑剧，而是在涅米诺维奇-丹坚科意义上，把成功的哑剧服务于文学创作。但是，从表情动作的表演上看，剧场乃是文学作品的最佳造型场所，但是，作为一种表情动作的表演，剧场并不取消造型艺术。

幻象，公正的假象，道德机关③

一个古老的问题是，实际上舞台扬弃什么，并且为什么目的而扬弃。

---

① 涅米诺维奇-丹坚科(Nemirovich-danchenko，1853—1943)，俄国剧作家，与斯坦尼斯拉夫斯基一道创建莫斯科艺术剧场。——译者

② 引文出自《哈姆雷特》第 3 幕第 2 章中的台词。——译者

③ 在本节中，布洛赫探讨了戏剧作品与现实的区别与联系，进而把对艺术领域的思想感情规定为"幻象"。按照他的观点，幻想既有社会革新倾向又有现实超越倾向。——译者

舞台致力于化妆,此外,还主要致力于用于审慎表演的各种装置和灯光照明。因此,舞台比任何其他艺术方式都更具假象(Schein),尽管舞台框架与现实相分离,但是,它使自身的假象成为现实的体验。

这一点同时赋予剧场既令人着魔又充满幻想的力量,但是,剧场比任何一种独特的、纯粹的艺术都更强调假象。是的,对于怀有一种不友好目光的人来说,舞台假象(Bühnenschein)与其说是光彩照人、栩栩如生的崇高形象,不如说是卑鄙龌龊、僵死凝固的蜡人形象。除了爱发牢骚的人,普通观众对舞台假象也时常抱有类似偏见,这些人对舞台假象所映现的某种高贵图像并没有任何现实的体验。

此外,也不乏所谓对戏剧英雄乃至戏剧殉教者的伪造现象。因为人们联想到实际生活当中的诸多虚伪,戏子(Kömodiant)的概念便自然产生。但是, 在当时, 演戏尚未成为“高尚的职业”的时候, 道德假象与戏剧假象之间的区别就已经一清二楚了。戏子无义, 虚伪透顶,而演员(Schauspiler)则改头换面,确切地说,使自己扮演的角色变得有血有肉。

就像女总督通过扮演没有实际经历过的角色给人显示新的空间一样,舞台也借助于演出的文学作品给人显示新的空间,但是,舞台与蜡人形象、所谓生动的形象乃至幻觉(Blendwerk)缺少任何联系。尽管如此,在适当的层面上,依然留下这样一个问题:如果至少不是**幻象**(Illusion),戏剧还存在吗?在市民美学中,“幻象”一词的使用带有贬义,然而,这一概念与“外表不真实的某物”相关联。在此,作为纯粹的、仿佛是高尚的假象,幻象并不指任何“前假象”(Vor-Schein)。

幻象以这种方式延伸到各个领域里,甚至延伸到所谓纯粹艺术领域里,尽管总是带有来自“剧场假象”的回响。E·哈特曼①《美的哲学》一

① E·哈特曼(Eduard von Hartmann,1842—1906),德国哲学家,著有《无意识哲学》,他试图把黑格尔的理性、自我扬弃思想、叔本华的意志观念、谢林的无意识理论等融为一体,构筑自身特有的实证知识。——译者

书内容的四分之三是市侩琐事,四分之一是概括,在此书中,他把幻象视为地地道道的艺术特征,并且把它定义为“对于客观美的假象的主观相关概念”。但是,对于这个假象,幻象实际上并不起任何作用。

自从康德、席勒以来,美就被定义为关于现实的显现(Erscheinung)的自由,而几乎所有随之而来的美学家都同意这种定义。“只要显现为自身所唤起的那个现实所接替,因而同样为它所服务的那个目的**现实**所接替”①,它就合目的地成为美的东西。但是,也许令人惊讶的不是哈特曼,而是席勒。美学上,席勒是康德忠实的追随者,可谓尾随其后,亦步亦趋。如果目的**现实**的自由真的应该是对于主观幻象的客观相关概念,那么戏剧假象就连我们至少将看到的那个幻象也不是。

当席勒自身把美命名为“乐善好施的幻象”时,在此强调的“乐善好施”也恰恰一劳永逸地、决定性地高扬了自身的幻象特征。“戏剧舞台被观察为某种道德机关”,这表明下述这种意义:“在剧场,我们把自身还给自己,我们的感觉被唤醒,拯救激情震动我们的本性,使我们热血沸腾,生气勃勃。”总之,所谓单纯的幻象恰恰植根于现实之中,并使其新鲜活泼,而且本身指给我们某种强有力的、可分娩的东西。借助于戏剧舞台上远离幻象的节目,席勒的上述陈述大大活跃了他的早期作品。在他那里,戏剧舞台正是道德机关,因此绝不能把戏剧舞台视为脱离现实的机关。但是,如果(或者因为)戏剧舞台是这样一个道德机关,那么(所以)每一种幻象特征都与这种机关互不相容。因为没有一种幻象旨在加强实现中的意志甚至趋向现实的意志。某个资产者从另一侧面把现实截然分开为艺术与理想,从而远远超出康德,在一定程度上,势必也满足作为幻象的戏剧。但是,事实是这样的:如果排除艺术中得到的意义和外部意义,那么在全部领域里,作为幻象的艺术也许就是谎言。这意味着,市民戏剧艺术恰恰发展了迷惑某物和预见不可能的事物的意图。与此相反,现存的戏剧假象哪里都不是幻象的假象,而**完全是“正直**

① E·哈特曼:《无意识哲学》,1887年,第174页。

的图像",它"处在形成了的东西的延长线中,处在自身成形的、适度的塑造之中"。① 剧场的演出是无休无止的,确切地说,作为范例机关,恰恰在这个世界的现实可能性中,剧场对这个世界的意志施加强有力的影响。

但是,现在为了使美丽的假象作用于这个世界,我们不应忘记这种假象。尽管舞台不是幻象或迷惑,但是,在它的彩色的纹章中,同样没有竖起的食指。众多清教徒出身的市民憎恨艺术,至少艺术作品对他们是十分陌生的。遗憾的是,在社会主义者那里,这种陌生性同样屡见不鲜,对于他们来说,剧场仿佛不是娱乐的场所,而充其量是带有调皮鬼和模范学生的星期日学校。如上所见,布莱希特恰恰把剧场召唤为训练场所,尤其是,他不是把剧场赞美为无动于衷地享受的舞台,而是赞美为形成意识的舞台。

但是,在布莱希特那里,剧场不应成为**毫无装饰的**道德机关,至少不应成为纠缠不休、令人厌烦的机关。恰恰相反,在此道德是通过娱乐来形成的,因此,布莱希特把娱乐视为"我们为剧场发现的最高尚的功能"。但是,由于戈特舍德②好为人师的立场,德国人思想上的道德机关并没有轻而易举地销声匿迹。为什么剧作家的一再宽容必须恳求得到"幸运之光"? 因为在关于德国戏剧的论文中,歌德把艺人的美丽而开朗的美确立为自己的目标,他坦率地这样承认:"也许,德国戏剧始于粗糙而虚弱的、几乎像木偶戏一样的戏剧。如果说,德国戏剧在南部德国就像跟家里一样获得了平稳的进步和发展,那么它也许借助于不同阶段,渐渐达到了强有力的、正当的水平。然而,戏剧历程的第一步却发生在北部德国不称职的人们那里,他们的所有戏剧都枯燥无味,缺乏创造力,他们不是改善戏剧,而是号称改良戏剧。"歌德就这样有保留地评价了戈特舍德的戏剧改革方案,歌德甚至对汉堡争论赞成与否,即对一个神职人员是否允许观看戏剧也斟酌再三,歌德并没有忘记席勒早期作品的题目,他这样写道:"遗憾的是,这场唇枪舌

---

① 参见本书第 17 章中"作为可视的前假象的艺术假象"。

② 戈特舍德(Johann Christoph Gottsched,1700—1766),德国文学理论家、作家,主要著作有《世界的真髓》(1733)、《为德国人写的批判诗学试论》(1730)、《按照古希腊罗马人的规则创建的德国舞台》6 卷(1740—1745)等。——译者

剑、难舍难分的争论迫使舞台之友把仅仅用于最高尚的感性剧场的东西冒称是道德机关。……对此，剧作家本身，即市民阶层出身的善良而摇摆不定的人们却心满意足、听之任之。他们凭借德国的忠诚和正直的知性着手创作，但他们丝毫没有觉察到，他们一味延续戈特舍德的平庸之道。”

这一尖锐的总结性概述与歌德的下述说法是相称的：著名的亚里士多德净化理论不是涉及和转向观众，而是涉及和转向戏剧人物。毫无疑问，即使如此，在歌德那里，这一说法也不是针对德国市民启蒙运动的公共福利作出的某种贵族反应。换言之，歌德之所以对世俗化的卑躬屈膝、阿谀奉承深恶痛绝，是因为这种卑劣的态度本身取决于道德机关，最终不可避免地降低戏剧水平。

总之，如果阿波罗没有缪斯，密涅瓦没有伊壁鸠鲁，那是不可想象的。唯心主义疏远艺术固然不合适，但是，唯物主义疏远艺术更不合适。然而，席勒借助于舞台所指的东西并非诸如戈特舍德家庭烘烤面包一类的枯燥无味、荒诞不经的戏剧以及以此获得的道德目的性，相反，它所指的乃是舞台以及以此形成的“法庭”。

只有通过丰富整个舞台，戏剧才能有效地服务于道德，正如在艺术中经常发生的一样，只有这种艺术形象化的道德才是最高尚的道德。孤立的完整性处于哈姆雷特的场景中，这场面迫使谋杀国王的凶手原形毕露。社会革命的道德机关处于席勒的《阴谋与爱情》、《威廉·退尔》以及歌德的《埃格蒙特》中。进言之，借助于嘹亮的布鲁图斯音乐，道德机关处于《费德里奥》中。

这个道德机关不仅仅是一所法庭，因为在布置好的场景中，甚至在恶魔凯旋的场景中，在唤起惊骇的罪恶图像的场景中，舞台也恰恰借助于这一切场景来显现拯救之路，至少显现其日光的标志。

概而言之，德国古典戏剧作品乃是一种伟大的尝试，即从支离破碎的阶级社会中，试图发展一种完整的、全面的人类。当然，这是一种抽象的尝试，因为它纯然建立在信仰和美学教育基础之上，但是，它无疑确立了一个值得注意的榜样。

直到今天人们才发现榜样的正确使命，在这种榜样的周围，全然没有空泛的抽象性或极度的悲惨内容。因此,至少像幻象一样,舞台的正直假象不会被目标的**现实性**所接替。相反,这种假象通过娱乐来寻求自身的提升。

错误的和正确的现实性[①]

优秀的作品反复上演,但是,这些作品从未作为同一作品反复上演。因此,为了每一个新生代,必须把戏剧作品重新搬上银幕,反复上演。如果另一个阶级占据正厅前排座位,戏剧表演的变化就显得特别刺眼。但是,舞台变化不定,因此显得破烂不堪。尽管如此,舞台也不是更衣室,虽然在更衣室的衣钩上,人们可以随时悬挂新的衣服。

应该说,某一古老的剧作中的人和舞台并不能完全地、激进地被"现代化"。任何情况下,时代的服装都保持不变,既定的作品就在其中演出。当然,也有不相一致的例子。在巴洛克戏剧中,古代英雄穿着十分入时,并且堂而皇之地登台表演。尽管巴洛克戏剧表演古代英雄,但这不是古代戏剧,而是自动记录的戏剧。因此,当巴洛克戏剧将其素材移入特有的普通-宫廷人物和冲突时,它还没有歪曲任何古代戏剧。

20 世纪 20 年代,考克多[②]构思了俄耳甫斯与欧律狄克两个人物形象,尽管这两个人物形象离创造性人物形象相距甚远,但仍然拥有某种深思熟虑的根源,例如,主人公穿着马球衫,戴着角边眼镜,颇富现代气派。这种打扮怪里怪气,但是,也没有引起观众的反感。

然而,偶尔也出现下述一些枯燥无味、啼笑皆非的恶作剧:哈姆雷特身穿燕尾服表演,或者收敛一点,把《霍夫曼的故事》[③]置于"铬镍酒吧

① 在本节中,布洛赫探讨了在既定现实中,观众如何生动而真实地接受戏剧作品。观众对戏剧作品的接受与现实性相称,这种接受有时是恰当的,有时是不恰当的。——译者

② 考克多(Jean Cocteau,1889—1963),法国艺术家,先锋派最成功、最有影响的导演,同时是颇有成就的诗人、小说家、画家、演员和编剧。——译者

③ 《霍夫曼的故事》系奥芬巴赫的三幕歌剧,取材自德国小说家 A·霍夫曼的小说,其中最著名的是第二幕:"霍夫曼的船歌。"——译者

间”（Chromnickel-Bar）里，或者，给席勒的强盗穿上无产者的工作服，给施皮格尔贝格戴上托洛茨基的面具，如此等等。

毕竟，所有这些乔装打扮都是针对早已过时的历史游戏作出的一种附庸风雅的，至少是夸张的逆转。只有下述不言而喻的事实才是正确的：每一部戏剧都是自身时代的产物，它既不是一场忠实的假面舞会，也不是一场迂腐的语言学家的训诂游戏。因此，舞台需要自身的更新，即需要到处都新颖的、重新增补的某种视野，然而，文学作品及其舞台图像的时代香气在哪个地方都不会挥发殆尽。因为新的视野的党性恰恰需要与文学作品所赋予的意识形态场所相称的人物和行动，尤其是，当憎恨与爱、渣滓与楷模等与作者应该指明的对象不一样时，更需要这种与意识形态场所相称的人物和行动。

作者根据舞台图像构思文学作品，因此，演员不应全盘扔掉舞台图像，而是为了可辨别性而适度改变舞台图像。为了可辨别性，在舞台图像中偷偷告诉观众现在业已成熟的阶级冲突。因此，戏剧不应现实地风格化，而应实际地现实化。正如在舞台图像中表现的一样，这一点在更新了的舞台照明中，在**舞台文本**的塑造中表现得更精确。

在此，除了可以利用早就熟悉了的删除方法之外，甚至还可利用改写作品的方法。只要文本的好多段落陈腐不堪、不成熟或处于未完成状态，就可以利用改写的方法。但是，作为必不可少的条件（conditio sine qua non），新加工者或补充者必须与作者思想接近、能力相配。卡尔·克劳斯①不仅从千篇一律的老一套中解救了奥芬巴赫②的文本，而且解救了他所中意的这一音乐的全部精髓。布莱希特把伦茨的《家庭教师》检验为一个植物人，而这个植物人从18世纪封建制度的悲惨人物进一步成长

---

① 卡尔·克劳斯（Karl kraus，1874—1936），奥地利诗人、剧作家、评论家和格言作家，主要作品有解剖战争根源的《人类的末日》（1922），法西斯主义的预言书《瓦尔普吉斯的第三夜》（1933）等。——译者

② 奥芬巴赫（Jacques Offenbach，1819—1880），德国歌剧作曲家，主要作品有《地狱中的奥菲欧》、《美丽的海伦娜》（1864）、《霍夫曼的故事》（1881）等。——译者

为20世纪资本主义制度的悲惨人物。

但是,厚颜无耻的导演、受挫的作者或充满忧伤的追随者想要把古代作品用作拐杖或生产代用品,这时候,问题就立刻变得很棘手。在文学领域里,结束语的补充者热衷于修补未完成的古典作品,一个典型例子是试图修补完成席勒的未完成作品《德梅特里乌斯》[①]。这类文学作品的补充者仿佛是上个世纪称作建筑家的那些可怕的城堡-宫殿修复者。就像后者一样,文学作品的补充者已不多见,与此相对照,大胆的导演一再根据同一个庸俗的政治"见解",把难以描绘的现实化的内容译成戏剧文本。

无论多么值得称赞,这一切作法都不是旨在作品反映内,而是旨在作品反映外使人看见某一趋势。某些戏剧表演呈现令人发指的,即前法西斯主义的趋势,这不只是令人联想起一台《威廉·退尔》的演出:在自由人的衰弱和润色的名义下,盖斯勒这个专横跋扈的总督竟作为"饶有兴趣"的人物被移入舞台的中心。甚至莎士比亚的喜剧《威尼斯商人》也不得不充当一部反犹主义的喧哗作品。因为即使在最恰当的趋势下,庸俗的政治现实化也会导致一个完全脱离作品的领域,即**丧失既定戏剧的领域**。当《玛丽亚·斯图亚特》如此被置于畸形的舞台上,使其从这一限度内移动时,这部作品就不再表达任何悲剧内容,而是表达伊丽莎白欢呼雀跃的凯旋。因为面对标榜法国天主教新封建制度的玛丽亚,伊丽莎白应当凭借某种无与伦比的戏剧学的重建,体现上升的资本主义制度。尽管从历史上看,这种结局自圆其说,但是,就已知的戏剧而言,最后一幕特别糟糕。尤其是,与19世纪80年代风尚中的某个宫殿修复相比,大有画蛇添足之嫌,非但无益,反而不合适。

在文学作品中,哈姆雷特这样的顶尖人物具有多种意义,只有在这种顶尖人物那里,演员才能夸张地表现也许迄今被忽略的人物特征,必要时,能够为这种夸张行为进行辩护,说明其理由。然而,演员必须根据

① 席勒于1804年逝世,生前未能完成剧作《德梅特里乌斯》,后来包括歌德在内的许多作家试图修补这部巨作,但均未如愿以偿。——译者

莎士比亚的剧本来照明哈姆雷特的性格特征，并且，导演只能进一步发展和完善这一特征。只有借助于这种发展和成熟，才会发生剧场上的变革，最终人们在舞台上反复援引杰作，而这些杰作通过自身的"画廊色调"、博物馆价值等吸引人们的注意力，使人们时常沉浸在幸福之中，感受到一种消逝了的乐趣。

同样，一个戏剧演员绝不能像扮演希特勒那样扮演理查三世①，相反，他应当通过忠实地表现莎士比亚其人及其时代，象征性地澄清理查三世的希特勒式的丑陋而凶恶的本性。至少就拯救的比喻而言，在同一作品里，里奇蒙德②以及围绕他的美好的早晨时光是同样有效的。但是，这种表现必须是意味深长、耐人寻味，而且，其中不应有所谓"永恒的"、"一般人的"历史杂货摊。但是，在此所谓"意味深长"意味着演员必须这样表达和表现古典戏剧：即不是从戏剧中压榨当下，而是使戏剧附带预示当下。

古典戏剧包含着暂时生生不息的冲突、冲突的内容和解决方案，由于这一特点，确切地说，在这一自身冲突和解决方案上，任何戏剧都显示仿佛超越和**统摄暂时的某种愿望**。是的，如果精通这种统摄的愿望，那么在诸如照明一类的暗示意义上，即使是当下撰写的作品也能够戏剧性地拥有现实的意义。在个人与共同体之间，在对立的两个共同体形式本身之间，存在一个漫长的社会过程，这一过程从古希腊的戏剧之始延伸到未来，直到非对抗性的社会为止。当然，在这种非对抗性的社会里，各种矛盾并未完全消逝无踪。这一过程戏剧性地集中在演员这一典型的载体当中，正因为这个理由，每一部伟大的戏剧都成为万古流

---

①　理查三世（Richard der Dritte，1452—1485），英格兰国王，1483 年到 1485 年在位。《理查三世》是英国剧作家威廉·莎士比亚的历史剧，大约创作于 1591 年，形象逼真地描述了理查三世短暂的执政时期。——译者

②　里奇蒙德（Richmond），莎士比亚《理查三世》中的人物，他意识到理查三世的阴险狡诈、玩弄权术等，在最后场面情不自禁地独白。通过这一独白，莎士比亚暗示人与人之间和解与和平不仅是短暂的，也是不可靠的。——译者

芳的不朽作品,因为它胜任新的现实性;也正因为这个理由,每一部伟大的戏剧都成为现实的作品,因为它肩负未来的使命:乐观主义的悲剧是透明的。

在《拉摩的侄儿》[1]中,狄德罗让演员说道:"众多的东西挡住石柱,上升的太阳普照万物,惟有门农石柱[2]发出迷人的响声。"与平常的石柱不同,这两根石柱意味着非凡的才能,但是,事实上,这两根石柱意味着黎明时分,伟大的戏剧作品具有持续不断的音效和现实性。也就是说,当导演朝向黎明这个方向时,他能最佳地设置戏剧。从《被缚的普罗米修斯》[3]到《浮士德》,导演乃是最真实的戏剧。导演并不需要附加的或添加的招贴广告,相反,恰恰需要形象直观的可视化。

正确的现实性的续篇:不是恐惧和同情,而是抗拒和希望[4]

然而,必须一再重新拟定戏剧作品的新尺度。从重大的新作品的此在中,从对这一作品的理解中,肯定能够提取这种新尺度。尤其是,与以前时代的愿望图像相比,社会主义时代的愿望图像更丰富、更现实,从这两种愿望图像的巨大差异中,我们能够提取新的尺度。换言之,我们可以把握到席勒称之为"悲剧对象的娱乐根据"的那种差异。在别开生面

---

① 狄德罗《拉摩的侄儿》(Le neveu de Rameau)发表于1801年,采用对话形式描写主人公拉摩的侄儿和"我"在咖啡馆里的谈话,表现了主人公性格中尖锐的、不可解决的矛盾。1805年,歌德把这部作品翻译成德文。——译者

② 门农石柱(Memnos Säule),指法老阿蒙霍特普三世的两尊巨大石像,自1350年以来,一直矗立在横跨尼罗河的底比斯墓地上,每当日出时,门农石像发出神秘的响声。——译者

③ 古希腊悲剧作家埃斯库罗斯写了三部曲:《普罗米修斯》,首演于公元前465年,第一部是《被缚的普罗米修斯》,写普罗米修斯盗取火种送给人类,激怒众神之王宙斯,被钉在高加索的峭壁上终日受罚;第二部是《被释的普罗米修斯》,写宙斯与普罗米修斯和解,赫拉克勒斯把普罗米修斯释放;第三部是《带火的普罗米修斯》,写雅典人崇拜恩神普罗米修斯,举行火炬游行。——译者

④ 在本节中,布洛赫阐明了他自身的戏剧观。在他看来,现代戏剧的重要情绪不是亚里士多德意义上的恐惧和同情心,而是抗拒和希望。——译者

的文章中,在随后的"关于悲剧艺术"中,席勒似乎还没有完全摆脱亚里士多德的悲剧定义。

此外,席勒在此不想把"悲哀剧"(Trauerspiel)与"悲剧"(Tragödie)①严格区别开来,而是笼统地认为两者都必须打动观众。从**感动**(Rührung)出发,亚里士多德获得了他的著名的悲剧目的学说:感动必须唤起恐惧(Furcht)和同情(Mitleid)这两种情绪。对此,席勒仅仅强调同情,但是,在亚里士多德的原著中,我们也发现预先把自身的英雄置于某种痛苦状态的那种人的悲剧。

对痛苦的恐惧以及对痛苦的同情戏剧性地引起一种升华作用,从而众所周知地使观众从痛苦的情绪中解放出来。这意味着,悲剧应当借助于悲剧性的升华作用,使情绪在生命中重新发泄其正常的能量。这就是亚里士多的所谓"净化"和"纯化"的意义。作为这种意义本身,净化和纯化恰恰通过戏剧性体验到的痛苦而始终包含感动在内。

当然,直到欧里庇得斯"感动"才被带入悲剧之中,因为在上述意义上,亚里士多德对欧里庇得斯的剧作同样产生了极其强烈的影响。但是,在这种情况下,其前提不仅是从感动出发的特殊的戏剧作品,而是一种泰然处之的态度:与其抗拒命运,不如始终顽强地忍受命运,即强调命运中的痛苦以及面对命运的失败。

在不可名状的痛苦中,整个古代奴隶社会都采取某种悲剧性的反叛行为,人们并没有注意到普罗米修斯是悲剧领衔英雄,或者至少不相信他是这种悲剧英雄人物,尽管埃斯库罗斯撰写了三部曲《普罗米修斯》,尽管人们知道悲剧英雄人物的境遇比诸神的境遇更好,甚至比命运更好。正如我们对十分陌生的恐惧或同情的纯化尤其具有悲剧性效果一样,这一点对于**戏剧方面的新鲜尺度**是富有启发意义的。

应当承认,虽然席勒强调悲剧的"同情"这一情绪,但他同样喜欢亚

① 在德语中,"悲剧"(Tragödie)与"悲哀剧"(Trauerspiel)含义不同。前者指亚里士多德意义上的传统概念,其主题是神的旨意;后者指基督教意义上的惨剧,其主题是拯救之前的偶然惨剧。——译者

里士多德意义上的悲剧效果。在席勒之前,莱辛在《汉堡剧评》[①]中,为悲剧的效果进行辩护,纯化了亚里士多德的戏剧理论,尽管他同样主张把恐惧还原为与我们自身相关的同情心。但是,与古代社会不同,市民社会是一种富于进取心的、动态的社会,因此,生活在这种社会中的人们只会误解悲剧对象的娱乐这一戏剧根据。如果说古代社会仅仅唤起带有恐惧和同情的纯粹被动情绪,那么,市民社会则通过悲剧人物,通过希腊悲剧,已经把完全不同的戏剧愿望加以现实化。

反正,恐惧情绪连同命运一道陷落,那么同情呢?在埃斯库罗斯的三部曲《普罗米修斯》以及与此相关的作品中,我们可以感受到这种感动,但是,与"惊羡"(Bewunderung)相比,这种感动轻微得多。是的,在如此发生了的情绪推移(Affektverschibung)中,在这种最富于本质特征的现实化中,可以觉察到更广泛的、截然不同的情绪。因为激起悲剧情绪的根本原因不再是恐惧和同情,但它也不仅仅是惊羡。

确切地说,激起悲剧情绪的根本原因乃是**抗拒和希望**(Trotz und Hoffnung),现在,这种情绪也见之于**悲剧性人物本身**之中。抗拒和希望这两种情绪首先是革命形势中的情绪,而且,在所谓命运面前,这两种情绪决不屈服。

在相互扶持的、充满胜利的人们那里,即对社会主义社会的主人公和戏剧艺术而言,抗拒归于消逝。就此而言,社会不再是充满对抗性矛盾的社会,相反,这种社会实质上与团结一致是相称的。但是,对于历经失败的胜利者来说,即对古典传统戏剧艺术的主人公来说,抗拒愈发显得重要。用黑贝尔的话来说,这种戏剧艺术猛烈地震撼沉睡的世界。

在市民社会的挫败中,作为一种战斗的乐观情绪,特殊的希望总是推动自身的悖论,并且不断塑造悲剧对象的最佳娱乐根据。与此相对

① 莱辛的《汉堡剧评》(Hamburgischen Dramaturgie)发表于1767年,是一部未完成的戏剧理论。在此,莱辛一方面扬弃了法国的拟古主义戏剧作品;另一方面高度赞扬了莎士比亚的戏剧作品。——译者

照,社会主义戏剧荣归故里,在此希望并不伴随上述悖论。当然,在市民社会里,在莎士比亚的最后一部浪漫剧以及歌德的《浮士德》等意义上,悲剧性的东西也得到了扬弃。

总而言之,作为一种明快的预先推定的意识,戏剧在其道德的、范例的机关中照亮某物。因此,我们不仅在批判的喜剧(Komödie)或游戏剧(Lustspiel)①中,而且在悲剧中感受到快乐。因此,我们恰恰好奇地关注悲剧英雄,甚至为真实的感动而紧张不安。也就是说,当崇高的悲剧作品徐徐沉入浑圆的地平线时,观众充满期望地等待早晨的黎明。

席勒曾经说道:"从未着手且哪儿都没有进行的东西决不会陈旧过时。"人们认为,这句话无疑是言过其实。但是,在这句话中,在如此之多的悲观主义的、唯心主义的听天由命、悲观绝望当中,依然隐藏着某种物质的内核。这句话听起来应当是:"从未着手且哪儿都没有进行的东西,然而作为人的尊严的事件摆在面前的东西以及形成这种东西的东西决不会陈旧过时。"因此,在戏剧作品中,"未来"(Zukunfut)这一生效的部分为戏剧作品的新鲜性提供本真的尺度,这一点既适用于批判当下的喜剧或使当下变得舒适惬意的游戏剧,也适用于极力彰显崇高性的悲剧世界。因为从戏剧主人公充满希望的效应上,我们清楚地意识到他们的没落并非千真万确,相反,未来这一因素从中冉冉升起。

31. 被嘲笑、被憎恶的愿望图像,自愿的幽默图像

如果有人斥资一亿马克给所有黑人抹上油画颜料,或者把非洲变成四角形,我绝不会感到惊讶。

——G·弗莱塔克:《新闻记者》②

① 在德语中,喜剧(Komödie)与游戏剧(Lustspiel)含义不同。前者是与悲剧(Tragödie)相对立的概念,后者大体上是指缺乏艺术性的幽默剧。——译者

② 弗莱塔克(Gustav Freytag,1816—1895),德国剧作家,主要剧作有《德国幽灵》(1845)、《新闻记者》(1854),戏剧理论著作有《论戏剧技巧》(1863)等。——译者

短语“如果”

人们对众多不快活的事情轻蔑地付之一笑。谁倒霉,人们就喜欢会心地微笑;谁聪明,人们就喜欢与之打交道。在此,特别乏味的游戏却引人注目地占有一席之地。有人因为丢了自己的钥匙而姗姗而来,这有多么可笑?人摆脱不了流鼻涕,对此,人们就像一个有趣的玩笑一样津津乐道。在此,微笑有助于大事化小,而且几乎是这样,仿佛附带地小事化了。

另一方面,不经意间,或者轻而易举地把不适合自己的东西,即因人而异、先入为主的东西转化为自己独有的东西,从中一个人也可以得到乐趣,而且这件事本身就很有意思。如果这样行得通就好,如果这样行不通,同样引起哄堂大笑。因此,有句谚语说:“如果没有‘如果’这个词,就有好多百万富翁。”或者,“如果愿望是马,所有乞丐都会骑马。”这些嘲弄是正确的,尽管听起来很奇特,令我们顿生疑惑。(因为在冷嘲热讽大行其道的地方,有些人能够以和颜悦色的口气散布喜悦的气息,而事实上,他这样做是在强迫人们接受并不习惯的东西。

因此,当一个梦想者向原始人预言道,“肉是可以烤着吃的,而且将来也可以烤着吃”,对此,这个原始人可能放声大笑。从古至今,那些喜欢突发奇想的人总是遭受众多嘲笑者的讥讽。事情就是一股风,而且像一切风一样变成水。虽然这不是所有的风,但庸人喜欢听这种风声。

“所有新潮的东西都无用”①

由此出发,人们最容易、最内在地嘲笑新东西。带来新东西者扰乱

① 在本节中,布洛赫锐利地剖析小市民对新东西的厌恶情绪,揭示了这一保守心理的劣根性。——译者

内心安宁,因为人们习惯于现存的一切,甚至习惯于有缺陷的东西。对于小市民来说,“不习惯”乃是笑话和反感的宝库。这与自身不确定的自我满足感紧密相联系。滑稽演员肆无忌惮地说出笑话,新的女士帽成为令人恐惧的对象。

现在,按照这一处方策划和配制未来的恶作剧。但是,顺便说一句,在截然不同的阶级中,如此炮制的笑话同样根深蒂固,而且,有着极其深远的历史根源。庸人靠笑话生活,靠对新东西的厌恶生活,但是,他对此一无所知,而且阴险狡诈是他自身固有的赘生物。

农民对自己不知道的东西同样不屑一顾。对他们而言,只要新东西是来自把他们抢劫一空的那个地主和城市,那他们就有充足的理由对新东西不感兴趣。农民长期保持他们获得的朴实勤劳的特性,在他们那里,拥有与小市民完全不同的经济基础,但是,他们同意小市民的观点:“所有新潮的东西都无用。”

对革新的畏惧有其另一种根深蒂固的理由,它几乎原型式地起作用:这是一种迷信,它来自作为远古魔力时代的残余。从波兰第一次引进铁犁铧之后,不巧赶上荒年,农作物歉收,农民就不假思索地把歉收归因于铁犁铧,并改用木制工具。这就是说,在美好的古代,即在木器、石器和青铜器时代并没有铁器,按照这一传统习俗,后来的一切材料都毫无用处。

同样,一切氏族都施行割包皮礼,这种祭礼乃是原始人祭的最后残余;他们继续制作并使用某种木刀、石刀。不允许用铁制工具制造和修理太古的大地之神(Erdgötter)寺院。与此相似,将古老的石刀的象征意义转移到祭司阶层:在罗马,平民获得了最后的圣职(sacerdo),而直到那时,这一职务一直是古老的贵族特权。在此,就像在古老的波兰农民那里,铁制工具对古老的大地之母(Erdmutter)构成严峻挑战一样,在罗马天主教那里,用德语做弥撒对天主教传统同样构成骇人听闻的威胁。

于是,对这种迷信而言,一切新东西都带有如下标志:“新东西中没有任何祝福。”落后的人们和非同时代阶层的人们与新东西简直格格不入、不共戴天,他们对新东西就像对未来善于利用一种古老的恐惧残余一样。在此,不习惯的东西以每一种形式成为异邦的、陌生的东西,从而成为被嘲笑的东西,这样,它就以引人注目的反击对待追求令人惊异的东西的愿望。

“虚无”;《另一个世界》

如果有人把新东西本身轻蔑地指给人看,幽默就变成放荡不羁的行为。阴险地将新东西当儿戏,或者把它消解在某种**令人兴奋的**恐惧之中。在这一点上,令人兴奋的东西总是标明这方面的娱乐:成为不再要求自身权利的某种东西,亦即成为习以为常的东西。在富于魔法的魔术剧中,很早就弥补了见证人,这种剧不是让观众从着魔状态中清醒过来,而是让观众陷入某种技术奇迹的阴影之中,即某种奇特而滑稽的阴影之中。

此外,愿望图像超出古老的界限,从而缩小成“感觉游戏”(Sensationsspaß)。一个喜剧演员可以教一个发明家。玩火绝技属于此例:在烧得通红的煤炭上行走自如的艺术,吞火吐火绝技表演等。1762年,吞火者珀维尔(Powelk)用舌头煎牛排,即在他的舌头上放一块烧得通红的煤球,然后在上面放一块牛肉将其烘烤成牛排。然而,在表演之前,他在舌头上偷偷涂了一层未知的防护剂。

视觉幻象属于此例,尤其是借助于镜面反射的艺术表演(Arbeit mit Spiegelreflexen),然而,自16世纪以来,这种表演被证明是幻象。切利尼[①]就曾报道过罗马大斗兽场演出期间,投射到浓烟上的幻象。为此,演员专用镜子是特意从鞑靼汗的宫廷引进罗马的。这是一个诡计:借助于

---

① 切利尼(Benvenute Cellini,1500—1571),意大利雕塑家,文艺复兴时期风格主义艺术代表人物,他最著名的金银工艺品是为法国国王弗朗西斯一世制作的盐罐与珀耳修斯雕像。——译者

镜子的作用,让活人一会儿消失不见,一会儿重新出现。蒙帕纳斯有座叫做"虚无"(Le Nèant)的戏台,这戏台上的人和东西一会儿消逝得无影无踪,一会儿从虚无中重又回复为此在。

1865 年托宾(Tobin)和佩普尔(Pepper)设计了"普罗特乌斯之柜"(The Cabinet Proteus),其中,男人和女人重复交替露面,或者双双赤裸裸地出现在爱之床上,或者双双穿着忏悔服出现在火刑场上。但是,看上去,蒙帕纳斯的"虚无"戏台并不造成这种效应,它仿佛在萨特[①]面前,想要使一切价值都归于无效,并且嘲笑一切进步:"一切进步都归于虚无。"

在对新东西的图像加以夸大的地方,这样的情形更是屡见不鲜。从一百年来的素材中,幽默杂志追问下述问题:"一百年后,人看上去是什么样子?"冷嘲者本身越是奇特地遭遇到他所预先描绘的丑脸,他的嘲笑就越是激烈。这时,漫画已经达到了幽默杂志所望尘莫及的高度。这方面,重要的是 19 世纪浪漫主义边缘文本的荒诞图画册:1844 年问世的格兰维尔[②]的《另一个世界》(Un autre monde)。

此书发表三年后,作者死于精神病院。在此,主题从旧世界转换成一个新世界,而转换的社会风气描述与地域的亲密风俗场景混合在一起。在扉页上,作者这样预言道:"变换、幻景、化身、上升、移动力……,变态、动物形态、石版形态、灵魂转生、神化以及其他的形态等等。"但是,这一预言并没有全都兑现,毕竟呈现在人们眼前的是一堆纷乱的乌托邦品种。这是改变了模样的人,有两只嘴巴,可以前后来回咬噬。工具很早就独立自主了,它们是由钢筋铁骨组成的巨大的昆虫,它们的四肢由钳子或杠杆组成,脑袋由铁匠铺的锤子组成,这些笨重的锤子频频点头铆钉。一切机器都靠蒸汽推动,它们自身几乎都成了蒸汽机:一只手握着一根振荡的活塞杆,可以充当乐队指挥。

---

① 让-保罗·萨特(Jean-Paul Sartre,1905—1980),法国作家、哲学家、社会活动家,主要哲学著作有《存在与虚无》、《存在主义是一种人道主义》等。——译者

② 格兰维尔(Jean Grandville,1803—1847),法国插图画家,主要作品有《花样的女人》、《善良市民的星期日》、《另一个世界》等。——译者

“无限的神秘”(Mystères de l'infini)同样被技术化了:木星、图形、地球以及火星等通过一座铁制桥梁联系在一起。在大得像一轮小月亮似的煤气灯的照耀下,这座桥梁渐渐显现出来。波德莱尔这样谈到格兰维尔及其图画:“这是一个病态的、文学的头脑。总是醉心于非法的杂交……这个人以超人的勇气度过了他的一生,并试图改良上帝创造的万物。”

但是,确切地说,惟一正确的是他具有一种天赋,发展巨大无比的技术世界,并且通过自身的诙谐来驱散自身的惊恐。在此,每一幅画都被画成漫画:技术使人变成了幸运儿,但是,技术这一手段同样把人从这一位置上拖了下来。在未来的法庭宫殿上,写着这样一个公理:“犯罪已被废除,剩下的只有激情。”(Les crimes sont abolis,il n'y a plus que des passions)——这是对无意义乌托邦的反叛性的嘲笑,其严重性达到了一个顶峰。就格兰维尔及其预言而言,情况就是如此。一个患精神分裂症的小市民,一个醉心于技术幻想的头脑太多地栖息在普罗特乌斯①和普罗米修斯身上,这使他欲罢不能,深受其害。如同所见,每一种奇异性都伴有作为自身反面的一部恶作剧。② 是的,在超现实主义的某些作品中,这种反面的东西是不难觉察到的。

除了超现实主义之外,在地狱蒙太奇中,这一点也得到了出色的证实。希罗尼穆斯·博斯③的作品《人间乐园》(paradisi voluptatis)就是范例,博斯之所以收集西班牙宫廷的“混合的新东西”(Misch-Nouveautès)纯然是为了消遣取乐的缘故。

看来,在过分偏爱异族的格兰维尔家里,本真的“幽默恐惧”(Wit-

---

① 普罗特乌斯(Prouteus),希腊神话中变幻无常、擅长预言的海神,后世多引申为变化多端的人,反复无常的人或见风使舵的人。——译者

② 参见本书第14章中“夜梦与白日梦之间的相互游戏及其融合”。

③ 希罗尼穆斯·博斯(Hieronymus Bosch,1450—1516),荷兰画家,他的作品《人间乐园》被认为是西方美术史上最神秘莫测的作品之一,例如,燃烧的废墟、奇异的鸟、拷问工具、性爱男女、伊甸园等,令人眼花缭乱,充满了魔幻元素,其背后的深蕴一直让研究者争论不休。——译者

zgrauen）与奇异性同样具有思想上的亲缘关系和相通之处，在他的家里，疯癫和笑话同时火山般地爆发出来。虽然这种兴高采烈显得有些轻率，但是它毕竟能够从可怕和日益恶化的隔绝状态中把我们拯救出来；幽默能够从人为造成的极端抽象和不健康的畸形怪物世界中把我们拯救出来，即从那个由技术导致的**黑色的乌托邦中**把我们拯救出来。

但是，在“黑色的乌托邦”中，幽默同时是客观的：作为某种“荒诞不经的东西”的开始，从语言学和事实上看，它源自“洞穴”（Grotte）或阴间，作为某种讥讽的父亲或兄弟，它恰恰是地狱所不可或缺的。有关这方面的若干图像已经表现在上述漫画中，即技术及其异族的令人恐怖的漫画中。但是，漫画带有幸灾乐祸的或冷嘲热讽的噩梦，带有对技术挑战及其绝望呼唤的惊恐万状。在格兰维尔的一幅画上，开启了天上巨大的眯缝眼。但是，这幅漫画并没有显现出未来的令人恐怖的景象，而且，格兰维尔的吓人讥讽也没有预先考虑到未来的庞大炸弹和原子弹。

阿里斯托芬的《鸟》和“云中的城市”[①]

当受到某人委托或怂恿时，对新东西的讥讽引起特别强烈的反应。统治阶级的一个使命就是反对盛行的不满及其图像。于是，统治阶级就到处寻求旧时代的赞颂者，远在浪漫主义地删除新东西之前，他们就给新东西刻上了讽刺性的印记。

与有产阶级相比，政治讽刺更接近被统治阶级，因为有产阶级过去生活在繁荣富足的环境中，所以他们宁愿养尊处优，竭力维护这种条件优裕的环境。因此，古代西西里滑稽演员的讥讽一直存活在人民当中，古代雅典喜剧作家不仅注视人民的嘴巴，也洞察人民的内心。这样，他

① 在本节中，布洛赫论述了阿里斯托芬《鸟》中的想象空间。一般认为，阿里斯托芬的《鸟》描写林间飞鸟建立一个理想社会，以此表达作者的乌托邦思想。与此不同，布洛赫认为，《鸟》是一部反乌托邦作品，作者借主人公肆意曲解社会主义乌托邦，把梦和想象断定为无价值的妄想。——译者

们对墨守成规的磨洋工的讥讽就博得了人民的一片笑声。

但是,在不幸的伯罗奔尼撒战争期间以及战争之后,讥讽带来了负面反应,即讥讽完全不是针对业已过时的东西,而是越来越转向自以为是的意欲本身。这时,凭借深思熟虑的手段,生活在德谟(Demos)①的人们把庸人的全部憎恨动员起来,并以这种憎恨来对付陌生的新东西及其类型。因此,第一个政治讽刺是反动的,它恰恰指向乌托邦。这一政治讽刺大师正是阿里斯托芬:他完成了若干有损于革命乌托邦的喜剧佳作。他的喜剧《公民大会妇女》(Ekklesiazusen)里的人物就不怀好意地讥笑妇女选举权和夫妻共同财产制计划。另一部喜剧《鸟》则不问青红皂白,就给社会主义的乌托邦一通嘲笑和讥讽。甚至"云中的城市"(Nephelokokkygia)②这一绰号也回复到"鸟",从那时起,人们就以此思考所谓未来的国家了。

两个雅典人建议鸟儿建立"云中的城市",他们有心飞到那里去定居。其中一个叫佩斯特泰罗斯(公民大会的朋友),他向燕雀、山雀、燕子"吐露心声",他教导它们,从前不是诸神统治世界,而是鸟儿统治世界,现在鸟儿理应重新统治世界。另一个叫埃尔庇德斯(宫廷官吏),他愚蠢地笃信空中的城市创建,即"云中的城市",人高高地栖息在天地之间,同时控制天与地。

鸟儿的国家应当成为自由的王国:培育和礼仪应被驱逐到另一个地方,在此,占统治地位的是"自然"。就像智者的启蒙思想所教导的一样,完全在"自然"先于"法律"的意义上,合唱队指挥转向观众唱道:

在你们之中,
有谁与我们鸟儿一起

① 德谟(Demo),古代雅典政治区域,"德谟"即乡村的村落,在城市则称之为"行政区",当时整个雅典共有139个德谟。——译者

② "云中的城市"(Nephelokokkygia),即空中楼阁,源自阿里斯托芬的《鸟》,它标志着由林间飞鸟建立的一个中间王国,后泛指没有现实根据和意义的一种乌托邦。

快乐地度过你们今后的日子
我亲切地邀请那个人。
法律禁止的一切
在你们那里厚颜无耻的东西
在我们鸟儿的王国
完全是美好的和有道德的东西。

但是，美好的和有道德的东西乃是自然的东西，由此可以看出，阿里斯托芬在情节中插入了一个伙计。这个伙计诬陷所有影响他达到目的的人。他甚至考虑颁布一项法律，目的是以极其恶毒和巧妙的手段对人进行诽谤，据此，“如果有谁绞死父亲、咬断四肢，他就获得荣誉。”

因此，在阿里斯托芬的《鸟》中，全部社会梦想都显示为一种犯罪与闹剧的混合物。除了变幻无常的云雾之外，甚至这部喜剧的“自然”也无任何坚实的基础。令人奇特的仅仅是云中的美丽城市，来自一切遥远的幸福之岛的奇妙反射，而这一切首先是通过讥讽这一媒介在文学上得到显现的。

快乐地出高价：卢西安[①]的《真实的故事》

自古以来，人们就谈论更美好的生活，好像这种生活在某个地方已经存在过。陌生的东西至少是另类的、闻所未闻的东西，从而它也能够显现为某种更好的东西。在旅行图书中，或在辛巴达[②]式的小说中，都曾报道过这类陌生形态的事物。

同样，有关国家的童话也时常选择这种陌生形态，然而，富于特性的

① 卢西安(Lukianos,120—180)，古希腊讽刺作家、演说家，著有《真实的故事》、《与诸神的对话》、《与死者的对话》等。——译者

② 辛巴达(Sindbad)，古代中东航海冒险故事的主人公，是一个虚构的巴士拉水手，生活在阿巴斯王朝时期。——译者

是,幸福的国度位于十分遥远的地方,位于某个南部大海人迹罕至的孤岛上。对此,各界所报道的奇迹可谓天花乱坠,简直无法核实。对这种谎言的最辛辣的讽刺当属卢西安的《真实的故事》(Vera historia),此外,闵希豪森[①]的离谱故事模式也在其中。哥特弗里德·布尔格[②]由此几乎逐字逐句地提取了若干故事,而托马斯·莫尔则翻译了卢西安的对话,他同样无拘无束地把他的乌托邦与船员的惊险故事联系起来。

从《真实的故事》中,拉伯雷的惊险的巨人图像也获益匪浅,这幅巨人图像展现了庞大固埃(《巨人传》中的人物)描述的大千世界,即使不算辽阔的海洋地区在内,这个世界也由二十五个王国和荒野组成。从文艺复兴视角看,在描写这种荒诞不经的故事方面,拉伯雷是惟一胜过卢西安的人。

卢西安对没落的、瓦解的社会持怀疑态度,作为一个单纯的讥讽者,他对乌托邦全然没有加以讽刺。但是,现在他的怀疑态度恰恰使他献身于纷乱无序的要素,而这种要素把奇迹知识形象化为独一无二的东西。如同以往的讥讽一样,在这种情况下,卢西安的虚构故事也极尽讥笑之能事,直到这种讥笑得以模仿并超越虚构故事本身。这样,卢西安得天独厚,蓄势待发,十分敏捷地、无忧无虑地描写关于不存在的东西的乌托邦幻想,他挥笔自如,随想而至,好像他自身就是幸福岛的一个居民。

如同野心勃勃的序言所表明,卢西安想要接替伟大的说谎者,他首先探讨的是奥德修斯,但他也探讨作家、哲学家、历史学家,尤其是探讨传奇地理学家。他特别讥笑安东尼奥·狄欧根尼[③]这个饶舌鬼。狄欧根尼在多达二十四卷的著作中,详细讲述过《图勒彼岸的奇迹》,对于这一事

---

① 闵希豪森(Münchhausen,1720—1797),德国男爵,青年时期曾加入俄国军队,两度参加反对奥斯曼土耳其帝国的战役。回家后他向记者讲述了许多离谱的冒险故事,例如,骑炮弹、前往月亮、拽着自己的头发逃出沼泽地等。——译者

② 哥特弗里德·布尔格(Gottfried August Bürger,1747—1794),德国狂飙突进时期诗人,主要作品有民谣《莱诺雷》以及关于闵希豪森男爵冒险故事的叙事诗。——译者

③ 安东尼奥·狄欧根尼(Antonios Diogenes,?—?),大约生活在公元1—2世纪的希腊作家,著有《图勒彼岸的奇迹》。在此,图勒(Thule)系指古代世界可居住人的最北地区。——译者

件过程,卢西安写道:"我并不因其虚构性而责备这些事件。但是,令我惊讶的是,他们对于会发现什么一点也不担心。我衷心希望作家和说谎者积极参与这个世界。作家没有能力报道事实(我所碰到的没有任何意义)。我事先表明惟一的真理,即我讲述了谎言。因此,我的故事始于既未曾听见也未曾看见的东西,我想要描述的是关于从未发生也不可能发生的事情。"

与五十个说谎者一道,卢西安扬帆启程,越过海格立斯石柱,乘风破浪,驶向自身的幻想国度,但是,他自己也讥笑这种王国的可能性。除了在月亮上,在高悬的尘世反射镜上,偶尔有所反映之外,这个众所周知的世界原封不动地留了下来。在未知的世界中,有着坦塔罗斯所渴望而宙斯扣留的一切。

卢西安利用自身的西西里家乡题材,这一原生题材后来重现在《一千零一夜》之中,重现在航海家辛巴达的故事之中。这里出现像翼龙一样的鱼,出现吞噬卢西安航船的大鱼,还有更多其他恐怖发光的奇异动物。此外,还出现酒精题材、文兰[①]题材等,这些题材重现了中世纪传奇旅行故事、地理发现图像等。

在海格立斯石柱彼岸的岛屿上,旅行者遇见了一串串巨大的脚印,这正是海格立斯的脚印或狄俄尼索斯的脚印。沿着狄俄尼索斯的脚印,旅行者抵达一条河,那里流淌着香甜的葡萄酒,鱼儿个个喝得酩酊大醉,河岸上的女人部分地变成了葡萄藤条,面对这幅景象,旅行者飘飘然,双重地沉醉在幸福之中。

另一方面,早在1700年前,卢西安就想到了分给月亮上的居民液态空气作为饮料。与此相比,卢西安也开了天大的玩笑,在月亮与晨星之间的太空里,庞大的蜘蛛布满可通行的蜘蛛网,好让人们在上面行走自如,来回穿梭。

但是,也有更离奇的内容:为了体验地理发现,他乘坐虚构之船行驶

---

① 文兰(Vinland),早期北欧航海家用以称呼北美东北部地区,可能指今日加拿大新斯科舍省(Nova Scotia)一带。——译者

在大西洋的路上。确切地说,他航行大西洋是为了体验“海洋的尽头是什么,对面海岸上居住着哪一种人”。这比塞涅卡[①]所谓“有朝一日海洋的带子会被撕碎”这一著名预言更富于先见之明,因为卢西安把大西洋对海岸的预言清楚地写进了他关于谎言和幻想的讽刺作品之中。

于是,这位真正的讲述者抵达一座神圣的城市。面对纯粹的魔力,他重新把这座城市描绘为索然无味的地方,而且,这座城市也完全由“不可能性”组成。卢西安甚至提供了一副绝好的,有趣的解毒剂,它有助于对抗说谎的作家,甚至也有助于对抗把梦想乌托邦化(utopisieren)的闵希豪森。然而,也留下了另一种情况,或者像闵希豪森一样,为了讲述夸张虚构的猎人故事,不惜把梦想乌托邦化,或者像乌托邦主义者(Utopist)一样,为了更强烈地炫耀自身的幸福之岛,不惜求助于旅行奇迹。当然,闵希豪森与托马斯·莫尔这两个人的意图存在本质区别,正如在方法论上,前者的吹牛撒谎与后者的幸福童话相区别一样。

即使最抽象的乌托邦主义者也不是仅仅拥有不可能性,即使乌托邦主义者的真实故事依然很糟糕,尚未兑现,本质上它也具有真正的可能性。

在这个世界上并不存在任何流淌葡萄酒的河流(Fluß),但是,同样不存在适合于一切人的充溢的河流(Überfluß)。重要的是,尽快摆脱这种快活的谎言,立即投入快活的使命。

自愿的和幽默的愿望图像

最后出现一种形迹匆匆的梦,这种梦乐意相信新的东西,但对它付之一笑。这种梦自愿地进行,无需任何外在的讥讽者,它生来就是幽默的。正因如此,梦中现存的东西**令人惊愕地**推移,从而不是作为真实可

---

① 塞涅卡(Licius Annaeus Seneca,前4—65),古罗马政治家、哲学家、悲剧作家、雄辩家、新斯多亚主义的代表,著有《道德书简》等。——译者

信的东西而是到处都借助于未来的东西出现。

对于这幅图像来说,不断更替的生物体提供了特别有趣的例子。在莫里斯·雷纳德[①]的长篇小说《莱涅博士》(Docteur Lerne)中,有个医生利用手术刀设法调换生物体的脑髓。这个医生在狮子的脑袋里装置小公牛的脑髓,或者,在人的脑子里装置猴子的脑髓,反之,在猴子的脑袋里装置人的脑髓。他就以这种移植方式改变和混合生物体的脑髓,他的亲侄儿在公牛的脑袋里疯狂地咆哮,因为他给这头公牛装置了他的侄儿的脑髓。很久以前,这个罪恶的医生就杀害自己,设计把自己的脑髓放入他的伟大的导师头脑里,从而他现在能够以这位导师的身体和身份生活。如果说上述故事乃是对外科医生犯罪渴望的嘲讽,那么在维里耶·德·利尔-亚当[②]的爱迪生小说《未来的夏娃》中,对这种渴望的嘲讽则拥有某种电气的、性爱的内容,尽管这是一种伴有机器海洋姑娘的集市戏台,但场景却十分活跃。

在此讲述的故事是借助于爱迪生这位美国神奇的人创造(改造)了一位女性。发明者依照德洛·埃瓦尔德的美丽恋人阿里西娅,为他制造了一个珍贵而逼真的女人。但是,技术上润色过的这个崇高的女性比现实的阿里西娅更妩媚动人。这个"自动化的电器人"是尖端技术的化身,它将纯金属、散发香气的肉体、新的谜一般的麦克风、唱机、电流等有机地组合在一起。(《未来的夏娃》发表于1886年。)

在《霍夫曼的故事》中,洛可可式自动化大师斯帕兰扎尼(Spallanzani)着手阐明的理念,日臻完善,炉火纯青,可谓达到了十全十美的地步。因为新的奥林比亚(Olympia)[③]实际上不再是任何机械木偶,而是女性的理想。

---

① 莫里斯·雷纳德(Maurice Renard,1875—1939),法国科幻恐怖小说家、法学家,主要作品有《莱涅博士》(1908)、《蓝色危险》(1912)、《奥尔拉克的手》(1920)等。——译者

② 维里耶·德·利尔-亚当(Villiers de l'Isle-Adam,1838—1889),法国象征主义作家,《未来的夏娃》系作者于1886年发表的一部科幻小说。——译者

③ 斯帕兰扎尼、奥林比亚均为雅克·奥芬巴赫歌剧《霍夫曼的故事》中的人物。——译者

爱迪生的发明路线当然不是新潮的，但是，他的最完美的处女（virgo optime perfecta）计划本身却更为古老陈旧。

在皮格马利翁[①]神话中，这样十全十美的处女被想象为极富魔力的女性，甚至爱神阿芙罗狄蒂对雕刻这位处女像的雕塑家也慈悲为怀，以至于赋予这尊完美无瑕的、不受任何烦恼损害的雕像以生命，使她变成实实在在的真人。

其他的故事则显得特别滑稽可笑。在一部保存下来的关于罗马学者笑话的片断中，在M·特伦提乌斯·瓦罗的《被解放的普罗米修斯》中这样描述道：巨人获得解放之后，开了一家美人制造工厂。在这家工厂里，一个穿着黄金鞋的富人订购一位“由奶油和蜂蜡组成的、吸引数百万蜜蜂蜂拥而至的”美丽姑娘。当然，这种幽默酷似爱迪生小说中的幽默，而且这种幽默的目标是古老的“人造人”（Homunculu），旨在仅仅培育作为十全十美的综合性少女。

在电子领域和乌托邦领域里，甚至在悖论领域里，H·G·威尔士[②]以其《时光机器》（Time-Machine）开辟了一条真正崭新的道路。鉴于他的小说内容，这部《时光机器》比他后来的作品，即关于“柠檬水般自由的”国家童话成功得多，形象得多。这部时光机器不是左右飞行，而是仅仅在时间轴上向前和向后飞行，因此不再需要想象的空间。

在实验室里，发明家在罕见的飞行器上荡来荡去，轻而易举地把操纵杆定位在未来之中。紧紧围绕这位发明家，时光机器形成黑夜，即未来的时光，形成早晨的日子，一小时之内形成下一周，形成未来的冬天和夏天。随着不断增长的机器转数，时光显现为白色的和绿色的反射。几

① 皮格马利翁，古希腊神话中的塞浦路斯国王。相传，他生性孤僻，喜欢一人独居，擅长雕刻，他天天与雕像作伴，把全部热情都放在自己雕刻的称作盖拉蒂（Galatea）的少女身上。后来，少女雕像终于被他的爱和痴情所感动，从架上走了下来，变成了真人。于是，皮格马利翁娶该少女为妻。——译者

② H·G·威尔士（Herbert George Wells，1866—1946），英国小说家、批评家，主要作品除了《时光机器》（1895）之外，还有《透明人》（1897）、《宇宙战争》（1898）、《当沉睡者醒来》（1899）等。——译者

十年飞速穿过,几百年弹指一挥间。

在跟自身空间站和房间相似的地方,驾驶者终于关掉了马达,转眼间,这已是公元802701年。在此,他遇见一群完全无害的、发育还停留在儿童阶段的侏儒,他们一边载歌载舞,一边用鲜花编成美丽的花环。但是,在地下居住着称作"莫拉克"(Morlaken)的生物,他们的皮肤黏糊糊、黝黑黝黑,是具有超凡智力的创造物。过去莫拉克是贫民,花人(Blumenmenschen)是游手好闲、昏昏沉沉的富人,现在这种关系被翻转过来,"花人"被"莫拉克"视为牛羊牧群,视为供他们享用的活的储备肉。

公元802701年,历经许多艰辛磨难之后,时光驾驶者终于返回到自身当下的朋友身边。他手捧现在地球上根本不存在的一朵鲜花。他信誓旦旦地许诺,只要他乘坐时光机器向另一种时光方向,即逝去的方向试飞,就能决定性地破解时光机器的全部秘密。

但是,威尔士确信,旅行者朝向过去飞行,再也不可能返回到现实中来,他也许定居在洪积世之中,或者更深地陷入过去之中,最终为一头鱼龙目①所杀害。

就这类有趣的玩笑而言,他娴熟地玩弄通俗时间概念,但很少娴熟地玩弄通俗游戏概念,据此,"人并不变化",即使数十万年之后也依然存在阶级。尽管小说把这个世界上游手好闲的阶级描写成可食用的肉类,而把地下工人描写成惟一有才智的、开凿水道的人,但是,最终还是十分反动地描写了整个莫拉克。

阿尔德斯·赫胥黎②超出威尔士的范围,借助于"美丽新世界"这一莎士比亚的讽刺性标题,进一步提供了这类反动性描写的实例。在这个未来的美丽新世界里,仅仅居住着条件反射人(Reflexmenschen),在机器

---

① 鱼龙目(Ichthyosauria),一种类似鱼类的大型海生爬行动物,大约生活在2.5亿年前至9000万年前的中生代。——译者

② 阿尔德斯·赫胥黎(Aldous Leonard Huxley,1894—1963),英国小说家、批评家,他的《美丽新世界》(1932),被视为20世纪经典反乌托邦文学之一,此外,他的作品还有《针锋相对》(1928)等。——译者

人和领袖支配下,这些人干净整洁、冷酷无情、麻木不仁。个人无情地被废除,社会就像开关装置一样起作用。赫胥黎把共产主义者的愿望图像与法西斯主义者的愿望图像相提并论,进而把他们的愿望图像视为一种白痴愿望图像。这简直幼稚可笑,他并不把垄断资本主义与生产资料的社会化区分开来。因此,标榜自由的资产者完全无力享受乌托邦的幽默,他的游戏以惊恐和愚蠢而告终。就像个人鼓动者赫胥黎所表明的一样,在此留下的仅仅是被谋杀的希望和反乌托邦而已。

就技术层面而言,如果人们不是坚持《未来的夏娃》,而是坚持《时光机器》以及类似的幽默小品,情况会怎样呢?社会主义正是具有自愿的、幽默的愿望图像的真正未来的类型。是的,在社会主义中,这种愿望图像能够形成一种独特的作品类型,亦即"**泛起泡沫的规划的**"作品类型。如果开始形成一个微小的黄金时代,许多愿望图像就都会被夸大,但是,再也没有什么东西是可以用漫画讽刺的。

32. 幸福的结局,看透弱点但还是辩护①

我想跳康康舞②
就像蓬巴杜夫人③一样,放荡不羁。
因为我们巴黎古怪的人
一心只想爱、爱。

——奥芬巴赫:《巴黎之爱》

---

① 在本章中,布洛赫概述了通俗小说中"幸福的结局"这一愿望图像。在资本主义社会中,"幸福的结局"仅仅给小市民一种逃避现实的满足感。与此不同,在社会主义社会中,追求美好结局的冲动可以成为明智的冲动,因为社会主义拥有和保持通向幸福的结局的独特道路。——译者

② 康康舞(Cancan),19世纪末流行于法国的一种狂热而奔放的舞蹈,跳舞时,表演女郎身穿波浪皱纹的长裙,提着裙摆左右挥动,并向前高高踢直腿,令人眼花缭乱。——译者

③ 蓬巴杜夫人(Madame de Pompadour),即珍妮-安托涅特·博松(Jeanne-Antoinette Poisson),妓女,也是法国国王路易十五著名的情妇。——译者

店员倚在一尊食糖圆桶上,片刻陷入甜蜜的梦乡。那时,他感到这尊食糖圆桶重重地压在心上,仿佛有二十五磅之重。从青年时代起,就像茅屋里的一只狗一样,这只食糖圆桶就被缚在杂货店里。如果有谁仅仅从未完成的废弃书本中,了解这个世界的生活,仅仅从天窗中了解日落,仅仅从侦探小说中了解晚霞,那么就在内部留下一片空白:南部的所有油桶,北部的所有鲱鱼桶都不会填满,印度的肉豆蔻花就不会芳香扑鼻。

——内斯特罗伊①:《他开个玩笑》

我们很熟悉,人们很愿意上当受骗。但是,这并不仅仅是因为大多数人都愚蠢透顶。相反,因为人们生来快乐却感受不到任何快乐,或者,因为人们强烈要求快乐,呼喊着想要快乐。第一种情况有时甚至把聪明的人也变成单相的、单纯的人。他们轻信荣光,以至于闪光的金子无需承诺什么,只要它闪光,他们就已经心满意足。吃一堑,长一智,但是,不一会儿,癖好复发,期望这一次不再受骗上当。在紧要关头,这种癖好重又焕发活力,不想错过千载难逢的好机会。但是,这期间,新生的、初出茅庐的孩子不断成长起来,而新的骗子总是插手也许同样是长处的那个弱点。

毕竟这种癖好偏爱幸运,尤其偏爱微笑,而且,在这种癖好中,也并非一概包含着被痛打的意见,即招致坏事的意见。并非只有骗子才利用弱点,只不过程度大小罢了。人们到处寻找美的颜色,即使是没有价值的书本,看上去也充满了尘封的美的颜色。但是,富于特色的是好事多磨,苦尽甘来,可以说,甜蜜的东西是渐渐增长或螺旋上升的。生活是令

① 内斯特罗伊(Johan Nestroy,1801—1862),奥地利剧作家、喜剧演员,主要作品有《恶魔隆帕齐瓦嘎本都斯,或三个堕落的人》、《楼下和楼上》、《护身符》、《来自市郊的姑娘》、《无足轻重的人》等。——译者

人可疑的,但是,归根结底,生活是值得的、上算的。“结果好,一切都好”,这样,即使是饱经风霜、老于世故的人也会为之深深感动。

在这方面,有许多东西都在斥责最后的假象。试看,过去这种假象曾经造成各种灾祸,今天这种假象更是与日俱增地造成各种灾祸。在劳动不再带来快乐的地方,艺术必须代劳,以便给人带来愉悦,让人因煞有介事而感到快乐,期待所谓“幸福的结局”。这一点有助于听者坚忍不拔、持之以恒。

法西斯主义的民族共同体或美国的生活方式(American way of life)最终并非一无所获,但是,它们丝毫也改变不了社会现实。电影观众和杂志故事的读者惊奇地发现粉红色的景象,仿佛这种景象就是当下社会中的规则。对于偶然的观众而言,只有偶然的因素才妨碍这种规则。

是的,在当今社会现实中,普通人晋升的机会越是微乎其微,赋予这种机会的希望就越是渺茫,资本主义制度下的这种“幸福的结局”就越是不可避免。此外,还要加上所谓良好的开端这一“道德”剂量,因为并非每个人都能大富大贵或飞黄腾达。在杂志世界中,并没有太多的糖果。相反,只有有德行的人才拥有一个银行户头,而等待邪恶的人的只有不幸。这样,在现实生活中便发生最厚颜无耻的价值翻转。

富人旅馆到处都由善人居住。相比之下,许多所谓恶人饥寒交迫,生活在贫民窟里、监狱里。统治阶级既不会废除这些不合理现象,更不会否定这些不合理现象。尽管如此,统治阶级却把穷人判定为道德上恶劣的人。这些话不啻是被撕破的宗教教义中的陈腐的星期日说教,现在已经完全沦为彻头彻尾的伪善。化妆品工业也不例外。马克思这样写道:“如果货币带着一边脸上天生的血斑来到世间,那么资本来到世间,从头到脚,每个毛孔都滴着血和肮脏的东西。”

因此,生活的出发点越是更久地、更多地戴上假面具,人们就越是需要这种尽头的诚实的幸福。但是,幸福的结局不仅史无前例地变得虚假不实,而且变得平庸肤浅,以至于仅仅局限在汽车广告和香水广告的微笑上面。衣着讲究的绅士淑女充分显示没落社会的上流社会,但是,这并没有像洛可可艺术一样把这种结局压缩成甜蜜的生活。

市民财富的幸福本身变得无耻而空虚，事实上，这种幸福比死者本身更接近虚无。尽管如此，这种业已在手的、规定了的幸福的结局仍然欺骗数百万人，这些人用这种虚无缥缈的结局代替教会的彼岸安慰，而且仅仅为了欺骗的缘故而规定了这种结局。在金黄色的美梦中，可怜虫蹦蹦跳跳，凭着温暖的幻觉，坚信美梦成真：在资本主义中，至少在资本主义体制下，凭借忍耐和等待，有朝一日一定会飞黄腾达。但是，对于一个小人物的生活来说，根本不存在交易所的利润。在他那里，任何玫瑰红都以"黑色星期五"①而告终。就视觉方面说，同样存在资本主义精巧绝伦的烟花爆竹，社会主义世界难以望其项背。但是，在所有蜿蜒逶迤的闪电、璀璨夺目的星盒（Sternkästen）、绚丽多姿的炸弹（Prachtbomben）以及黑夜女王等之后，接踵而至的是威力无比的闪光雷炸弹，这就是事情的最精彩部分和结束部分。

无论资本主义在幸福的结局这个闷葫芦里卖什么药，它的日子今非昔比，大德国死路一条，当然美国会第一个完蛋，强壮笑容也无济于事。在涂抹得花花绿绿的坟墓的这个世界中，美的东西以最平庸的方式变成极其可怕的战争开端。

综上所述，我们仅仅考察了所谓"幸福的结局"这一本身就是错误的假象的侧面。与此相反，不可听见的冲动（Trieb）却朝向美好的结果运作，这种冲动并不仅仅局限在盲目轻信上。即使骗子巧妙地利用这种冲动，它也不能完全（au fond）反驳这种冲动，正如"社会主义者"希特勒不能反驳社会主义一样。幸福的结局的冲动（happy-end-triebs）仅仅表明某种反抗自身理性的状态。但是，理性是完全可教导的、可校正的。

欺骗常常呈现出这种美好的结局，好像人们在不变的现行社会中，可以达到这种美好的结局，或者，在现行社会中人们业已达到这种结局。

---

① "黑色星期五"（Schwarzer Freitag），西方人忌讳的不吉日子，即13日与星期五重合的日子。——译者

借助于此,认识使腐朽的乐观主义破灭,但是,认识并没有使基于美好结局的迫切的希望(die dringende Hoffnung)化为乌有。希望深深植根于追求幸福的冲动之中,因此,希望是不可摧毁的,而且,希望始终是历史的一个动力。希望乃是对清晰可见的目标的期待和憧憬。为了这个目标而奋斗意义重大,犹如给乏味流淌的时间长河注入了强大的助推剂。如果幸福的结局的虚构(Fiktion)抓住某个意愿,或者,如果意愿通过损害和希望而变得聪明,或者如果现实处于一种没有重大矛盾的相对均衡状态中,那么,可以说这种结局的虚构就会改变一部分世界,这就是说,这些假设实际上造成了一种初始的虚构。

甚至如果我们有时坚信某物,我们就会获得一个悖论:就强大的敌人,就恶劣的或然性而言,迫切的愿望和快活的心态本身就是一种胜利。如果缺乏目标的意愿内容,即使是良好的或然性也会被束之高阁、珍藏不用。但是,如果目标明确,即使是不可能的东西也是可做的,或者至少后来成为可能的东西。

如果一个渴望挣断锁链的人,不是采取积极的生存态度,即一心一意地反抗锁链,那么他连一次也不能指望挣断或成功地挣断最薄弱的锁链环节。一个人的目标变得十分渺小,这个人也就变得十分渺小。与此相反,在这个世界上,胸怀大志、一往无前的人一定能够快乐地成就丰功伟业。因此,我们必须在死气沉沉的沼泽地与生气勃勃的新住宅之间作出必要的选择。

因此,无论在什么地方,下意识地脸红或自愿地害羞都是不适当的。如果我们感受到了任何障碍物本身,就已经意味着同时逾越了这种障碍物,因为碰撞障碍物这一事实是以超出这个障碍物的运动为前提的。因此,在这种碰撞中萌芽般地包含了这种运动本身。这是客观因素中的最简单的辩证法的同时性,这种因素首先使人的障碍物一时变得充实完善,然后使人动员起来,积极克服这种障碍。于是,意识与另一方面相中介,转入争取幸福的斗争之中。在对现存的东西的不满中,我们已经觉察到这一点,并且几乎得到如实的讯息传达。于是,心存不满的人就把各种现实问题看作是统一的社会问题:资本主义境况多么恶劣?对于这种境况而言,社会主义的开端显得多么迫切?其结果能有多好,将有多好?这样的追问把障碍物变成接力队,另一方面,这种追问的前提是,指向目标的幸福始终停留在在场的过程之中。对于经济合目的性的无条件见识证实这样一个事实:这些法规将被人们认知和应用,将在其过程中证明自身的价值,必将收获良好的效果。因此,社会主义也没有必要借用其他的颜色、习俗、力量等,社会主义仿佛并不缺少自身独特的颜色。当这种颜色和支架位于逾越了的障碍物这一边时,或者,当这种障碍物设置得截然不同,以至于它不容易被改变其功能,或者会错误地被改变其功能时,社会主义就没有必要借用其他的颜色、习俗、力量等。社会主义拥有和保持通向幸福结局的独特的道路,作为文化遗产(Kulturerbe),社会主义也恰恰来自自身特有的创造性力量和独特的充实目标,在此,既没有半点夸张,也没有任何精神羞怯。

19世纪下半叶,新发迹的市民阶层黔驴技穷,单靠自身的独特性已经捉襟见肘。因此,这个阶层开始收集各种装饰品和代用品,如小蝴蝶结、桌布、装饰过的房屋和图像、不可理解的图案、豪华的房屋正面、历史遗物等,凡此种种都是这个阶层独特性的替代品。与此相比,社会主义从不用陌生的牛犊来耕田,社会主义从社会批判角度揭露化妆舞会和骄傲自大,并从美学角度谴责这一切虚荣和傲慢。因此,市民阶层五花八门的装饰品与社会主义相距甚远。

在此,“创建期”[①]存在各种异物(Fremdköper),这在社会主义中尤其显著。对社会主义而言,文化遗产同样没有通向最佳客厅的可靠路径。政治上,革命无产阶级哪儿也不接近小市民阶层,在这种情况下,如何继承文化遗产呢?事实上,这样的继承是绝不可能实施的。因为如果一种实践在背后没有现实的理论,或者本身不具有现实的理论,那么这种实

① “创建期”(Gründerzeit),指19世纪德国和奥地利1873年股市大崩盘之前的经济发展时期。——译者

践在社会主义中是万万行不通的。是的,社会主义同样不能如此接受真正的文化遗产,即借以开始继承小市民阶层的文化遗产并从事自身的文化建设,好像这是一座业已完成的贝尔楼房(Bel-Etage),可以照旧继续修建。相反,社会主义建设冲动是文化史中的第一次道德建设冲动,旨在废除一切剥削及其意识形态,以此建设一个崭新的世界。社会主义这项事业既不是一片空白,也不是亦步亦趋,相反,这项事业力求红色与金色之间的颜色协调,一种显而易见的富丽堂皇、轮廓鲜明。

但是,在红色中,同时蕴含着金色,在传统中,金色与最好的东西有着内在的亲和力,并且形成古典特性,即不是作为从前的局部特性而是作为成长中的内容构成古典特征。① 因此,新鲜的空气和辽阔的广度属于这种结局,与此相应,在这种真实的结局中,人们不再依附于来自浮华装饰品的幸福的结局,并且不再依附于来自历史主义月桂树图式的幸福的结局。在通向真正的幸福的结局的流程中,有足够丰富多彩、兴高采烈的变革场所。但是,只有通过社会主义才能抵达这些场所。如上所述,任何障碍物,当我们把它当作它本身来感受时,它就已经被我们超越了。但是,如果人所追求的目标不是被预先描绘在真正的图像和概念之中,不是被置于一种重大的关系之中,那么,没有一种障碍物能积极地被超越的。

如果我们亲切地观察事情的结局,这结局并不总是轻浮和愚蠢的。追求美好结局的幼稚冲动可以成为明智的冲动,对终极目标的被动信仰可以成为富于经验的、充满呼吁的信仰。只要有谁能够超越对古老的、快乐的最后一轮舞的辩护,他就不仅仅是受邀观察饭局,而且部分地受邀进餐。渴望进餐的人对禁令偶尔神经过敏,他在想象与快乐的大筵席之间的现存社会形态中拼命地向前挤。与此相比,有的人压根就不相信任何幸福的结局,这种人就像甜蜜的骗子、婚姻骗子、尊奉为神的骗子一样,同样阻碍世界的变革。

---

① 在此,布洛赫用红色与金色形象地阐述了他关于文化遗产的观点。——译者

因此，就像带有人工条件的乐观主义一样，无条件的悲观主义同样加速倒转社会车轮。但是，前者毕竟不是那么愚蠢，以至于什么也不相信。这种带有人工条件的乐观主义既不把鸡毛蒜皮的生活诱饵永恒化，也不赋予人类以某种麻醉的墓碑面孔。这种乐观主义并非赋予这个世界以死一般悲惨的背景，即在它面前，并非根本就没有什么事情是值得去做的。

悲观主义本身属于腐化堕落，并且可以为这种腐化堕落效劳，与这种悲观主义不同，当经受检验的某种乐观主义从迷梦中恍然大悟时，它并不否认一般的目标信仰。恰恰相反，这种乐观主义寻找关于目标的正确信仰，并确证这种信仰。因此，一个改过自新的纳粹甚至比所有玩世不恭的人和虚无主义者享受更多的快乐。因此，不言而喻，社会主义的顽固敌人不仅仅是庞大的资本，而是司空见惯的漠不关心、悲观绝望。否则，也许我们面对的仅仅是庞大的资本。否则，即使在宣传鼓动中出现这一切错误，社会主义的胜利也不至于遥遥无期。因此，必须消除上述无条件的悲观主义，直到在最广大的人民大众中点燃社会主义的熊熊火炬，使他们了解到自身利益与社会主义的根本一致。

也就是说，无条件的悲观主义陷入一种瘫痪状态之中，而最痴呆的乐观主义会处于事后如梦初醒的一种昏迷状态之中。持这种乐观主义的人们对最低生活费用心满意足，他们天天为面包而斗争，并为这种斗争中的可怜胜利沾沾自喜，他们目光短浅，胸无大志，归根结底，这一切皆源自对目标的不信任。因此，对于这种不信任，重要的是首先进行突破。

资本除了传播虚假的幸福的结局之外，也致力于传播自身真正固有的虚无主义，这并非毫无理由。因为虚无主义具有最强烈的危害性，并且，与幸福的结局截然不同，换言之，虚无主义是根本无法加以校正的，它仅仅借助于自身特有的毁灭表现出来。真理乃是虚无主义本身的没落，作为剥夺的和解放的没落，这种虚无主义的没落导致一种无限社会化的可能的人性。

因此,作为清除障碍的、指导构造的东西,真理绝没有悲伤也没有冰河。恰恰相反,无论是现在还是将来,真理的态度都是批判的、战斗的乐观主义,这种乐观主义在业已形成的东西中,总是定位于尚未形成的东西中,总是定位于可推动的日光的可能性中。批判的、战斗的乐观主义时刻作好不间断地通晓趋势的准备,敢于冒险尚未成功的东西。

因此,在正确的意义和道路上,只要不出现绝对的徒劳(恶的凯旋),"幸福的结局"就不仅仅是我们的娱乐,而是我们的义务。在死者埋葬其死者的地方,也许有理由发生悲痛以及生存状态上的挫败。事实上,在假绅士这个叛变者参加革命,直到革命爆发的地方,只有虚幻徒劳的祈祷:"今天,请给我们日常幻象!"事实上,哪儿也没有兑现资本主义账单的地方,也许恰恰促使破产者把一瓶墨水泼洒到全部此在的笔记本上,使其到处蔓延开来。这样,整个世界显得一片漆黑,任何检验员都无法追究黑夜的策划者。

所有这一切都是彻头彻尾的欺骗,而这种欺骗比再也无法保存的那个耀眼夺目的外观更恶劣、更具危害。相比之下,历史源远流长,历史借以继续行进的工作乃是通向"善的存在可能性的事情"(gutseinkönnendensache),这一工作不是作为深渊而是作为山脉通向未来。人以及世界拥有足够美好的未来,没有对未来的这一根本信仰,任何计划本身都是徒劳无益的。

恩斯特·布洛赫年谱

1885年7月8日　生于德国路德维希港一个犹太铁路管理员的家庭。

1902—1903年　德国路德维希港高级中学求学。与恩斯特·马赫、特奥多尔·利普斯、爱德华·冯·哈特曼、威廉·文德尔班等哲学家书信往来。

1905—1906年　在慕尼黑利普斯指导下研究哲学。
在维尔茨堡研究哲学、音乐、物理学。

1908年　以《关于李凯尔特的批判讨论和现代认识论问题》为题获博士学位。

1908—1911年　在布达佩斯与卢卡奇结识。参加柏林大学格奥尔格·齐美尔的研讨班。继续从事始于1907年的关于"尚未被意识到的东西"的研究。

1912年　与卢卡奇旅行意大利。在海德堡参加马克斯·韦伯的研讨班。构思"认识对象的乌托邦趋势"主题。

1913年　与里加出身的埃尔泽·冯·施特利茨基结婚。

1918年　《乌托邦的精神》出版。执笔逻辑学手稿,后因纳粹遗失。

1921年　《作为革命神学家的托马斯·闵采尔》出版。妻子埃尔泽逝世。

1922年　与法兰克福出生的画家琳达·奥本海默结婚,不久离异。

1926年　与科拉考伊尔、阿多诺、本雅明等人结交。

1927年　与布莱希特、库特·魏尔、奥托·克勒姆勒等人结交。

1930—1933 年　《痕迹》出版。执笔《这个时代的遗产》。

1933 年　纳粹上台,被取消德国国籍。移居苏黎世。

1934 年　与罗兹出生的犹太建筑师皮奥特考斯卡结婚。

1935 年　参加巴黎反法西斯小组。

1936—1938 年　执笔《物质概念的历史与内容》。

1938—1949 年　移居美国。执笔《希望的原理》(最初书名为《关于更美好生活的梦》)、《天赋人权与人的尊严》、《主体-客体:对于黑格尔的解释》。

1948 年　被聘为东德莱比锡大学哲学教授。

1949 年　与妻子卡萝拉・布洛赫、儿子扬・罗伯特・布洛赫移居莱比锡。发表就任演讲:《大学,马克思主义,哲学》。《主体-客体:对于黑格尔的解释》、《希望的原理》第一卷、第二卷、《克里斯蒂安・托马修斯》、《阿维森纳与亚里士多德左翼》出版。

1955 年　获东德民族奖。任东德科学院正式会员。

1956 年　匈牙利起义。波兰骚乱。苏共 20 大与脱斯大林运动。在柏林大学黑格尔逝世 125 周年纪念大会上发表演讲:《黑格尔体系的威力》。

1957 年　与德国统一社会党发生多次冲突。被勒令退休。在莱比锡大学日趋孤立。

1959 年　参加西德美茵河畔法兰克福黑格尔大会。首次与美茵河畔祖尔坎普出版社签约出版《痕迹》、《希望的原理》三卷。

1960 年　旅行西德。在杜宾根、海德堡、斯图加特演讲。被聘为杜宾根大学客座教授。

1961 年　旅行拜罗伊特。与维兰特・瓦格纳结交。柏林墙修建,决定不返回莱比锡。发表杜宾根大学就任演讲:《希望会成为失望吗?》。

1964 年　获第一次德国工会联盟文化奖。

1967 年　获德国书页和平奖。

1969 年　被授予南斯拉夫萨格罗布大学名誉博士学位。

1972 年 《唯物主义问题》出版。

1975 年 《世界的实验》出版。被授予索邦大学、杜宾根大学荣誉博士学位。

1977 年 《哲学史中的中间世界》出版。《趋势-潜势-乌托邦》(全集补充卷)出版。

1977 年 8 月 4 日 因心脏麻痹逝世于杜宾根。

图书在版编目(CIP)数据

希望的原理.第一卷/(德)布洛赫著;梦海译.
—上海:上海译文出版社,2012.12(2023.3 重印)
(大学译丛)
ISBN 978-7-5327-5566-0

Ⅰ.①希… Ⅱ.①布… ②梦… Ⅲ.①西方马克思主
义—研究 Ⅳ.①B089.1

中国版本图书馆 CIP 数据核字(2011)第 172396 号

Das Prinzip Hoffnung(three volumes)
Ernst Bloch

图字:09-2007-702 号

希望的原理
(第一卷)
[德] 恩斯特·布洛赫 著 梦海 译
责任编辑/戴虹 装帧设计/胡 枫 李乐之

上海译文出版社有限公司出版、发行
网址:www.yiwen.com.cn
201101 上海市闵行区号景路159弄B座
上海信老印刷厂印刷

开本 890×1240 1/32 印张 19.75 插页 2 字数 505,000
2012 年 12 月第 1 版 2023 年 3 月第 3 次印刷
印数:6,001—7,000 册

ISBN 978-7-5327-5566-0/B·333
定价:128.00 元

大学译丛　书目

01　《西方哲学史》(上下两册)／[挪] G·希尔贝克,N·伊耶　著
02　《世界经济简史》／[美] 龙多·卡梅伦,拉里·尼尔　著
03　《传播学史》／[美] E·M·罗杰斯　著
04　《美国人：殖民地历程》／[美] 丹尼尔·J·布尔斯廷　著
05　《美国人：建国的历程》／[美] 丹尼尔·J·布尔斯廷　著
06　《美国人：民主的历程》／[美] 丹尼尔·J·布尔斯廷　著
07　《专制与民主的社会起源》／[美] 巴林顿·摩尔　著
08　《希望的原理》(第一卷)／[德] 恩斯特·布洛赫　著
09　《文明的进程》／[德] 诺贝特·埃利亚斯　著
10　《协同学》／[德] 赫尔曼·哈肯　著
11　《资本主义与现代社会理论》／[英] 安东尼·吉登斯　著
12　《社会学》／[英] 安东尼·吉登斯　著
13　《大众传播与美帝国》／[美] 赫伯特·席勒　著
14　《传播政治经济学》／[加] 文森特·莫斯可　著
15　《信息社会的知识劳工》／[加] 文森特·莫斯可　著
16　《宗教与资本主义的兴起》／[英] R·H·托尼　著
17　《希望的理由》／[英] 珍·古道尔　著
18　《自恋主义文化》／[美] 克里斯托弗·拉什　著
19　《“中产”中国》／[美] 李成　编著